Dictionnaire
du vocabulaire juridique
2015

D0996206

Dictionnaire du vocabulaire juridique 2015

SOUS LA DIRECTION DE RÉMY CABRILLAC

Professeur à la Faculté de droit de Montpellier

Les auteurs :
Christophe Albiges, Philippe Blachèr, Rémy Cabrillac, Séverine Cabrillac, Philippe Coursier, Étienne Douat, Philippe Grignon, Christine Hugon, Éric de Mari, Pascal Puig, Sébastien Robinne, Stéphanie Soler, Marie-Christine Sordino, Élisabeth Tardieu-Guigues.

LexisNexis®

LEXISNEXIS SA
141, RUE DE JAVEL – 75015 PARIS

Avertissement de l'Éditeur

Toute utilisation ou traitement automatisé, par des tiers,
de données personnelles pouvant figurer dans cet ouvrage
sont formellements interdits.

Le logo ci-dessus mérite une explication. Son objet est d'alerter le lecteur sur la menace que représente pour l'avenir de l'écrit, tout particulièrement dans les domaines du droit, de l'économie et de la gestion, le développement massif du photocopillage.

Le Code de la propriété intellectuelle du 1er juillet 1992 interdit en effet expressément la photocopie à usage collectif sans autorisation des ayants droit. Or, cette pratique s'est généralisée dans les établissements d'enseignement supérieur, provoquant une baisse brutale des achats de livres au point que la possibilité même pour les auteurs de créer des œuvres nouvelles et de les faire éditer correctement soit aujourd'hui menacée.

CHRISTOPHE ALBIGES

Professeur à la Faculté de droit et de science politique de Montpellier, a rédigé les définitions relatives au droit des biens, au droit des sûretés, au droit immobilier et au droit rural.

PHILIPPE BLACHÈR

Professeur à l'Université Lyon III, a rédigé les définitions relatives au droit constitutionnel, au droit du contentieux constitutionnel et au droit international public.

RÉMY CABRILLAC

Professeur à la Faculté de droit et de science politique de Montpellier, a rédigé les définitions relatives au droit des obligations et au droit commercial général.

SÉVERINE CABRILLAC

Professeur à la Faculté de droit et de science politique de Montpellier, a rédigé les définitions relatives à l'introduction générale au droit et au droit des personnes et de la famille.

PHILIPPE COURSIER

Maître de conférences à la Faculté de droit et de science politique de Montpellier, a rédigé les définitions relatives au droit social et au droit de la protection sociale.

ÉTIENNE DOUAT

Professeur à la Faculté de droit et de science politique de Montpellier, a rédigé les définitions relatives au droit administratif, au droit fiscal et comptable et aux finances publiques.

PHILIPPE GRIGNON

Maître de conférences à la Faculté de droit et de science politique de Montpellier, a rédigé les définitions relatives au droit bancaire, au droit de la consommation, au droit de la concurrence, au droit de la distribution, au droit des sociétés, au droit financier et au droit de la liquidation et du redressement judiciaires des entreprises.

CHRISTINE HUGON

Professeur à la Faculté de droit et de science politique de Montpellier, a rédigé les définitions relatives au droit processuel, à la procédure civile et à l'organisation judiciaire.

■ ÉRIC DE MARI

Professeur à la Faculté de droit et de science politique de Montpellier, a rédigé les définitions relatives à l'histoire du droit.

■ PASCAL PUIG

Professeur à l'Université de la Réunion, a rédigé les définitions relatives au droit des contrats spéciaux, au droit des assurances et au droit des transports.

■ SÉBASTIEN ROBINNE

Maître de conférences à l'Université de Perpignan, a rédigé les définitions relatives au droit des régimes matrimoniaux et au droit des successions et libéralités.

■ STÉPHANIE SOLER

Magistrate, a rédigé les définitions relatives au droit de l'Union européenne, au droit européen et au droit international privé.

■ MARIE-CHRISTINE SORDINO

Maître de conférences à la Faculté de droit et de science politique de Montpellier, a rédigé les définitions relatives au droit pénal et à la procédure pénale.

■ ÉLISABETH TARDIEU-GUIGUES

Maître de conférences à la Faculté de droit et de science politique de Montpellier, a rédigé les définitions relatives au droit de la propriété intellectuelle et au droit de la communication.

FRANÇOIS VIALLA

Professeur à l'Université de Pau et des pays de l'Adour, avait rédigé les définitions relatives au droit commercial général, au droit des sociétés et au droit fiscal, lors des trois premières éditions.

AVANT-PROPOS À LA PREMIÈRE ÉDITION

LE DROIT constitue une matière réputée touffue et aride, le langage juridique participant largement à cette réputation, comme en témoignent les caricatures universelles et intemporelles de l'homme de loi se complaisant dans un jargon incompréhensible au profane.

L'objectif de ce *Dictionnaire du vocabulaire juridique* est d'abord de combattre cette réputation en proposant à tous, en particulier aux étudiants, une définition claire et synthétique des mots spécifiques du droit afin de leur permettre d'accéder plus facilement à la compréhension de la matière.

Mais l'importance du langage juridique ne s'arrête pas à la simple découverte du droit. Le droit constitue une science dont la rigueur repose sur la précision du langage. Un terme juridique employé à la place d'un autre, un terme du langage courant employé à la place du terme juridique approprié, peuvent emporter des conséquences aussi fondamentales qu'indésirables. Ce *Dictionnaire du vocabulaire juridique* se veut ainsi le compagnon quotidien de l'étudiant en droit tout au long de ses études, et même au-delà dans sa vie professionnelle, afin de l'aider à choisir le mot juste.

Dans cette perspective, l'ouvrage est essentiellement conçu comme pédagogique.

Le choix des mots à définir s'est limité à ceux dotés d'un sens juridique propre, les mots du vocabulaire courant relevant d'un dictionnaire ordinaire ayant été délibérément exclus. Chaque mot ainsi retenu s'accompagne d'une définition la plus précise mais aussi la plus synthétique possible afin d'échapper à la tentation de transformer ce *Dictionnaire du vocabulaire juridique* en un manuel alphabétique. Dans le texte même de chaque définition, les autres termes également définis dans le *Dictionnaire du vocabulaire juridique* apparaissent en italique afin que le lecteur sache d'un simple coup d'œil qu'il peut éventuellement s'y reporter. Les définitions sont complétées, lorsque c'est possible et utile, par les références du texte législatif codifié ou non traitant de la notion et par un renvoi aux définitions des termes similaires ou connexes.

Puisse le présent ouvrage, œuvre collective fruit d'une amitié partagée au service de l'enseignement universitaire, faciliter à la modeste place qui est la sienne la tâche de nos étudiants, leur faire prendre goût à la matière juridique, et leur permettre de s'y épanouir pleinement et durablement.

Montpellier, le 1er juin 2002

Rémy Cabrillac

Professeur à la Faculté de droit de Montpellier

LISTE DES ABRÉVIATIONS

	Abréviation
Abrogé	ab.
Ancien	anc.
Annexe	Ann.
Arrêté	A.
Arrêté ministériel	A. min.
Autorité des marchés financiers	AMF
Charte de l'environnement	Charte Envir. 2004
Charte des Nations unies	Charte NU
Circulaire	Circ.
Code civil	C. civ.
Code de commerce	C. com.
Code de la consommation	C. consom.
Code de la construction et de l'habitation	CCH
Code de la famille et de l'aide sociale	C. fam.
Code de justice administrative	CJA
Code de justice militaire	C. just. mil.
Code de la mutualité	C. mut.
Code de la propriété intellectuelle	CPI
Code de la santé publique	C. santé publ.
Code de la sécurité sociale	CSS
Code de l'artisanat	C. artisanat
Code de l'aviation civile	C. aviation
Code de l'expropriation pour cause d'utilité publique	C. expr.
Code de l'organisation judiciaire	COJ
Code de l'urbanisme	C. urb.
Code de procédure civile	CPC
Code de procédure pénale	CPP
Code des assurances	C. assur.
Code des juridictions financières	C. jur. fin.

	Abréviation
Code des marchés publics	CMP
Code des ports maritimes	C. ports mar.
Code des postes et télécommunications	C. P. et T
Code des procédures civiles d'exécution	CPC ex.
Code du domaine de l'État	C. dom. Ét.
Code du domaine public fluvial et de la navigation intérieure	C. dom. publ. fluv.
Code du patrimoine	C. patr.
Code du sport	C. sport
Code du transport	C. transports
Code du travail	C. trav.
Code électoral	C. élect.
Code forestier	C. for.
Code général des collectivités territoriales	CGCT
Code général des impôts	CGI
Code minier	C. minier
Code monétaire et financier	C. monét. fin.
Code pénal	C. pén.
Code rural et de la pêche maritime	C. rur. pêche marit.
Constitution	Const.
Convention	Conv.
Convention européenne des droits de l'homme	Conv. EDH
Convention internationale	Conv. int.
Cour internationale de justice	CIJ
Déclaration des droits de l'homme et du citoyen	DDHC
Décret	D.
Décret-loi	D.-L.
Directive	Dir.
Étymologie	Étym.
Livre des procédures fiscales	LPF

	Abréviation
Loi	L.
Loi organique	L. org.
Loi organique relative aux lois de finances	LOLF
Notamment	not.
Ordonnance	Ord.
Pacte international	Pacte int.
Protocole	Prot.
Règlement de l'Assemblée nationale	RAN
Règlement de la Communauté économique européenne	Règl. CEE

	Abréviation
Résolution de l'Assemblée générale de l'Organisation des Nations unies	AG ONU, rés.
Synonyme	Syn.
Traité instituant la Communauté européenne	Traité CE
Traité instituant la Communauté européenne du charbon et de l'acier	Traité CECA
Traité sur le fonctionnement de l'Union européenne	TFUE
Traité sur l'Union européenne	TUE
Tribunal de première instance des Communautés européennes	TPICE
Tribunal pénal international	TPI

MODE D'EMPLOI

A contrario
Introduction au droit
Argument déduisant, lorsqu'une règle est prévue pour des situations déterminées, que la règle inverse régit les situations non visées.

● *Exemple*, l'article 6 du Code civil disposant que l'on ne peut pas déroger par des conventions particulières aux lois d'ordre public, on en déduit *a contrario* que l'on peut déroger par des conventions particulières aux lois qui ne sont pas d'ordre public.

▥ Voir aussi : *A fortiori, A pari*

A fortiori
Introduction au droit
Argument étendant l'application d'une règle juridique à une situation autre que celle initialement visée car cette situation correspond encore davantage aux raisons qui ont suscité l'adoption de la règle.

● *Exemple*, il est interdit de blesser autrui, *a fortiori* il est interdit de le tuer.

▥ Voir aussi : *A pari, A contrario, Ratio legis*

A non domino
Droit des biens
Formule latine qui désigne l'opération juridique, *vente*, *bail* ou *donation-partage*, conclue avec une personne qui

n'est pas le véritable propriétaire du bien.

A pari —————————— Mot d'entrée
Introduction au droit
Argument étendant l'application d'une règle juridique à une situation comparable à celle pour laquelle elle avait été prévue. Syn. : argument analogique, argument d'analogie, *a simili*.

● *Exemple*, l'article 205 du Code de procédure civile interdisant d'entendre les descendants sur les griefs invoqués par les époux pour un divorce, la jurisprudence a étendu cette interdiction aux conjoints des descendants.

▩ Voir aussi : *A contrario, A fortiori, Interprétation stricte*

A simili ▩ Voir *A pari*

Ab intestat
Droit des successions et libéralités
Désigne soit la *succession* ouverte sans *testament* (succession *ab intestat*), soit les *héritiers* (héritiers *ab intestat*) qui y sont appelés par la *loi* (littéralement « par suite de l'absence de testament »). Les biens de la succession ainsi désignée sont dévolus aux héritiers selon les règles fixées par le législateur.

C. civ., art. 731 et s.

Abandon
Introduction au droit
1. Fait de délaisser une personne ou une situation dont on aurait dû s'occuper.

▩ Voir aussi : *Abandon de domicile, Abandon de famille, Abandon d'enfant*
2. Renonciation à un *droit*.

Mot d'entrée

Définition du mot

Exemple

Voir : renvoi au mot défini

Matière juridique concernée par la définition

Renvoi au texte définissant le mot ou le régime de la notion définis (voir *Liste des abréviations*)

Voir aussi : renvoi à des mots connexes

A contrario

Introduction au droit
Argument déduisant, lorsqu'une règle est prévue pour des situations déterminées, que la règle inverse régit les situations non visées.

● *Exemple,* l'article 6 du Code civil disposant que l'on ne peut pas déroger par des conventions particulières aux lois d'ordre public, on en déduit *a contrario* que l'on peut déroger par des conventions particulières aux lois qui ne sont pas d'ordre public.

▣ Voir aussi : *A fortiori, A pari*

A fortiori

Introduction au droit
Argument étendant l'application d'une règle juridique à une situation autre que celle initialement visée car cette situation correspond encore davantage aux raisons qui ont suscité l'adoption de la règle.

● *Exemple,* il est interdit de blesser autrui, *a fortiori* il est interdit de le tuer.

▣ Voir aussi : *A pari, A contrario, Ratio legis*

A non domino

Droit des biens
Formule latine qui désigne l'opération juridique, *vente*, *bail* ou *donation-partage*, conclue avec une personne qui n'est pas le véritable propriétaire du bien.

A pari

Introduction au droit
Argument étendant l'application d'une règle juridique à une situation comparable à celle pour laquelle elle avait été prévue. Syn. : argument analogique, argument d'analogie, *a simili*.

● *Exemple,* l'article 205 du Code de procédure civile interdisant d'entendre les descendants sur les griefs invoqués par les époux pour un divorce, la jurisprudence a étendu cette interdiction aux conjoints des descendants.

▣ Voir aussi : *A contrario, A fortiori, Interprétation stricte*

A simili ▣ Voir *A pari*

Ab intestat

Droit des successions et libéralités
Désigne soit la *succession* ouverte sans *testament* (succession *ab intestat*), soit les *héritiers* (héritiers *ab intestat*) qui y sont appelés par la *loi* (littéralement « par suite de l'absence de testament »). Les biens de la succession ainsi désignée sont dévolus aux héritiers selon les règles fixées par le législateur.

C. civ., art. 731 et s.

Abandon

Introduction au droit
1. Fait de délaisser une personne ou une situation dont on aurait dû s'occuper.

▣ Voir aussi : *Abandon de domicile, Abandon de famille, Abandon d'enfant*
2. Renonciation à un *droit*.

A

Abandon de domicile
Droit des personnes et de la famille
Fait pour l'un des époux de quitter le *domicile* commun sans l'accord de son conjoint.

■ Voir aussi : *Abandon de famille, Abandon d'enfant*

Abandon de créances
Droit fiscal et comptable
Acte par lequel les banquiers ou créanciers de l'entreprise renoncent à tout ou partie d'un prêt pour atténuer les difficultés d'une entreprise. En application du 8° du 1 de l'article 39 du Code général des impôts, les abandons de créances sont déductibles du chiffre d'affaires.

Abandon d'enfant
Droit pénal
Crime ou *délit* constitué par le délaissement d'un mineur de moins de quinze ans, dans des conditions susceptibles de porter atteinte à sa santé ou sa sécurité.
C. pén., art. 227-1, 227-2

Abandon de famille
Droit pénal
Délit consistant dans le fait de ne pas exécuter intégralement pendant plus de deux mois une décision judiciaire qui impose le paiement de pensions ou prestations au profit d'un conjoint, d'un ascendant ou d'un descendant ou de s'abstenir de notifier à ce créancier son changement de domicile.
C. pén., art. 227-3, 227-4, 227-4-1

Abattement fiscal
Droit fiscal et comptable
Diminution opérée sur l'assiette imposable avant impôt.

Abonnement
Droit des contrats spéciaux
Modalité de certains contrats de services (*transport*, entretien, téléphone...) ou de fourniture (journaux, revues, eau, électricité...) permettant l'exécution échelonnée des prestations moyennant le paiement d'un prix, en tout ou partie, forfaitaire.

■ Voir aussi : *Contrat par abonnement*

Abordage
Droit des transports
1. Collision entre navires ou entre un navire au moins et un ou plusieurs bateaux de navigation intérieure.
C. transports, art. L. 5131-1 et s., L. 4132-1
2. Collision entre bateaux de navigation intérieure.
C. transports, art. L. 4131-1

Abornement ■ Voir *Bornage*

Aboutissants
Droit des biens
Bordure d'un *fonds* sur ses petits côtés.
■ Voir aussi : *Tenants*

Abrogation
Introduction au droit
Suppression d'un texte juridique par l'adoption d'une nouvelle disposition qui le remplace pour l'avenir.
■ Voir aussi : *Annulation, Revirement (de jurisprudence)*

Absence
Droit des personnes et de la famille
1. Situation d'une personne dont on ne sait pas si elle est vivante ou morte car elle n'a pas donné signe de vie depuis

longtemps, sans qu'aucun fait ne permette de conclure à son *décès*.

C. civ., art. 112 à 132

■ Voir aussi : *Disparition, Décès*

2. *Présomption* d'absence : situation d'une personne dont l'absence a été constatée par le juge des tutelles, mais qui est considérée comme vivante et dont les intérêts sont préservés en vue de son retour.

C. civ., art. 112 à 121

3. Déclaration d'absence : jugement du tribunal de grande instance constatant l'absence d'une personne afin de lui faire produire les mêmes effets que le *décès* établi, car l'écoulement d'un délai important laisse penser que cette personne est morte (délai de dix ans depuis le jugement constatant la présomption d'absence, à défaut de vingt ans depuis le jour où la personne a cessé de donner de ses nouvelles).

C. civ., art. 122 à 132

Absent ■ Voir *Absence*

Absolutisme
Histoire

Étym. : du latin *ab solutus* « dégagé de tout lien ».

1. Désignation du système politique de la monarchie des XVIIe et XVIIIe siècles.

2. Théorie selon laquelle la volonté du roi ne serait liée par aucune autorité terrestre.

Absorption de société
Droit des sociétés

Mode de *fusion* opérant une réunion des patrimoines sociaux par l'augmentation du *capital* de la *société* absorbante à hauteur du montant de l'*actif* de la société absorbée.

C. civ., art. 1844-4 ; C. com., art. L. 236-1

■ Voir aussi : *Fusion, Scission*

Abstracto ■ Voir *In abstracto*

Abus
Introduction au droit

Utilisation excessive, et comme telle sanctionnée, d'une prérogative ou d'une situation en elles-mêmes licites.

■ Voir aussi : *Abus de droit, Abus de faiblesse, Position dominante, Trouble de voisinage*

Abus de biens sociaux
Droit pénal

Délit visant les dirigeants d'une *société à responsabilité limitée, anonyme, par actions simplifiée ou en commandite par actions* qui utilisent consciemment les biens ou le crédit de la *société* de manière contraire à l'intérêt de celle-ci, à des fins personnelles ou pour favoriser une autre société dans laquelle ils sont intéressés directement ou indirectement.

C. com., art. L. 241-3-4°, L. 242-6-3°, L. 243-1, L. 244-1, L. 244-5

Abus de blanc-seing
Droit pénal

Délit abrogé par le Code pénal entré en vigueur le 1er mars 1994, incriminant l'apposition frauduleuse d'une mention écrite, soit dans un acte ne comportant qu'une signature, une *obligation* ou une décharge, soit dans tout autre acte susceptible de compromettre le signataire.

C. pén., art. 407 anc.

A

Abus de confiance
Droit pénal
Délit consistant dans le fait pour une personne détenant à titre précaire des fonds, valeurs ou un bien quelconque, de les détourner au préjudice d'autrui.

C. pén., art. 314-1

Abus de droit
Droit des obligations
Théorie en vertu de laquelle celui qui exerce un droit dans le but de nuire à autrui, voire en dehors de sa finalité sociale, engage sa *responsabilité civile*.

Droit fiscal et comptable
Afin d'en restituer le véritable caractère, l'administration fiscale est en droit d'écarter comme ne lui étant pas opposables, les actes constitutifs d'abus de droit, à savoir : actes fictifs, actes motivés par l'évasion fiscale.

LPF, art. 64

■ Voir aussi : *Comité de l'abus de droit fiscal*

Abus de dépendance économique
Concurrence
Pratique anticoncurrentielle consistant en l'exploitation abusive par une *entreprise* ou un groupe d'entreprises de l'état de dépendance économique dans lequel se trouve à son égard une entreprise cliente ou fournisseur. L'abus peut, notamment, consister en un *refus de vente*, des *ventes liées* ou des *pratiques discriminatoires*.

C. com., art. L. 420-2, al. 2

■ Voir aussi : *Pratique discriminatoire, Abus de position dominante*

Abus de faiblesse
Consommation
Fait d'exploiter l'état d'ignorance ou de défaillance physique ou psychologique d'une personne, avec ou sans contrainte, aux fins de lui faire souscrire un engagement contractuel dont elle ne mesure pas la portée.

C. consom., art. L. 122-8 à L. 122-10

Abus de majorité
Droit des sociétés
Utilisation par les associés majoritaires d'une société de leurs droits de vote contrairement à l'intérêt social, dans le seul but de favoriser la majorité au détriment de la minorité.

Abus de minorité
Droit des sociétés
Utilisation par les associés minoritaires d'une société de leurs droits de vote en assemblée générale dans le but de favoriser leurs intérêts propres, et ce au détriment de l'intérêt social.

Abus de position dominante
Concurrence
Pratique anticoncurrentielle consistant en l'exploitation abusive par une entreprise ou un groupe d'entreprises de sa position dominante sur le marché intérieur ou une partie substantielle de celui-ci.

C. com., art. L. 420-2, al. 1 ; TFUE, art. 102

■ Voir aussi : *Abus de dépendance économique*

Abus de pouvoirs ou de voix
Droit pénal
Délit visant les dirigeants d'une *société à responsabilité limitée, anonyme, par actions simplifiée* ou en *commandite par*

actions, qui utilisent consciemment les pouvoirs qu'ils possèdent ou les voix dont ils disposent, en cette qualité, pour en faire un usage qu'ils savent contraire aux intérêts de la société, à des fins personnelles ou pour favoriser une autre société ou entreprise dans laquelle ils sont intéressés directement ou indirectement.

C. com., art. L. 241-3-5°, L. 242-6-4°, L. 243-1, L. 244-1, L. 244-5

Abusus
Droit des biens

Attribut du droit de *propriété* qui permet de disposer librement d'un *bien* par un acte matériel ou juridique.

▪ Voir aussi : *Fructus, Usus*

Académie
Droit administratif

Circonscription administrative rassemblant plusieurs *départements* placés sous l'autorité du *recteur* d'académie.

L'académie est une modalité d'organisation de l'administration du ministère de l'Éducation nationale.

Acceptation
Droit des obligations

Manifestation de volonté du destinataire d'une *offre* de conclure le *contrat* aux conditions prévues dans cette *offre*.

▪ Voir aussi : *Consentement, Offre*

Acceptation à concurrence de l'actif net
Droit des successions et libéralités

Nouvelle expression issue de la loi du 23 juin 2006 se substituant à l'acceptation sous bénéfice d'inventaire. Cette *option* permet à un *héritier*, sous réserve de déclaration expresse au greffe du tribunal de grande instance dans le ressort duquel la succession s'est ouverte et *d'inventaire*, de n'être tenu du passif successoral qu'à hauteur de la valeur des biens qu'il recueille, en évitant la confusion de ses biens personnels avec ceux de la succession.

C. civ., art. 787 et s. ; CPC, art. 1334 à 1338

▪ Voir aussi : *Acceptation pure et simple, Renonciation à succession*

Acceptation pure et simple
Droit des successions et libéralités

Option de *l'héritier* qui fixe irrévocablement et rétroactivement sa qualité et l'oblige à répondre des dettes de la *succession* au-delà de l'actif qu'il recueille, c'est-à-dire sur son propre *patrimoine*. Depuis la loi du 23 juin 2006, il est possible pour l'héritier acceptant de demander au juge d'être déchargé en tout ou partie de son obligation à une *dette successorale* s'il avait des motifs légitimes d'ignorer cette dette au moment de son acceptation, lorsque l'acquittement de cette dette aurait pour effet d'obérer gravement son *patrimoine* personnel. L'héritier a cinq mois à compter de la connaissance de la dette pour saisir le juge.

C. civ., art. 782 et s.

▪ Voir aussi : *Acceptation à concurrence de l'actif net, Renonciation à succession*

Acceptation des risques
Droit des obligations

Théorie en vertu de laquelle l'auteur du dommage peut s'exonérer de sa responsabilité née à l'occasion d'une activité dangereuse à laquelle la victime a participé librement en connaissance de cause.

● *Exemple,* dommage causé à l'occasion d'une activité sportive à l'une des personnes participant à cette activité.

Accès au tribunal (droit d')

Droit européen

Possibilité effective d'être entendu par un *juge.*

Conv. EDH 4 nov. 1950, art. 6

Accès aux documents administratifs (droit)

Droit administratif

Depuis la loi n° 78-753 du 17 juillet 1978, par souci de transparence, les documents administratifs sont accessibles aux citoyens. Pour garantir ce droit, il a été institué une commission d'accès aux documents administratifs (CADA). Le décret n° 83-1025 du 28 novembre 1983 a voulu renforcer cette liberté d'accès.

Accession

Droit des biens

Mode d'acquisition de la *propriété* prévue par le législateur soit par production, lorsque le propriétaire récolte les *fruits* et produits de son bien, soit par incorporation d'une chose considérée *accessoire* au sein d'une autre principale.

C. civ., art. 546 et s., 712

■ Voir aussi : *Adjonction, Mélange, Spécification*

Accession artificielle

Droit des biens

Accession immobilière qui résulte du travail de l'homme, à la suite de plantations ou constructions.

C. civ., art. 553 et s.

Accession immobilière

Droit des biens

Modalité d'acquisition de la *propriété* immobilière à la suite soit d'une accession naturelle, résultant d'un phénomène de la nature, par *alluvion* par exemple, soit d'une accession artificielle.

C. civ., art. 552 et s.

■ Voir aussi : *Accroissement, Atterrissement*

Accession mobilière

Droit des biens

Modalité d'acquisition de la *propriété* mobilière à la suite d'un *mélange* ou d'une *adjonction* d'un meuble corporel à un autre ou d'une *spécification* liée à la création d'une chose nouvelle.

C. civ., art. 565 et s.

Accession à la propriété

Droit des biens

Faculté conférée à une personne non propriétaire d'obtenir la *propriété* d'un bien.

■ Voir aussi : *Location-accession*

Accessoire (théorie)

Introduction au droit

Principe qui suppose que la situation juridique de l'accessoire doit être la même que celle du principal.

■ Voir aussi : *Accessorium sequitur principale, Principal*

Accessoires de la créance

Droit des obligations

Sûretés réelles ou personnelles (*cautionnements, privilèges, hypothèques...*), ainsi que tous les droits procurant au créancier une garantie de paiement de sa créance (*droit de rétention, réserve de propriété*, actions en justice...) attachés à la *créance* et transmis avec elle à titre d'accessoire.

C. civ., art. 1692, 1250-1°

■ Voir aussi : *Cession de créance*

Accessorium sequitur principale
Droit des biens

Formule latine qui affirme qu'en matière mobilière et immobilière, l'*accessoire* suit le principal : la *chose* accessoire est ainsi soumise aux mêmes règles juridiques que la chose principale.

C. civ., art. 546, 566, 1018, 1406, 1615, 1692

■ Voir aussi : *Accessoire (théorie), Principal*

Accident médical
Droit des obligations

Événement entraînant un dommage résultant de l'activité médicale ou de la non-réalisation d'un soin nécessaire.

Accident de mission
Droit de la protection sociale

Accident survenu à un salarié alors qu'il se trouvait en mission pour le compte de son employeur, peu important que l'incident soit survenu à l'occasion d'un acte professionnel ou d'un acte de la vie courante, à moins que l'intéressé ait volontairement interrompu sa mission au moment des faits.

CSS, art. L. 411-1

■ Voir aussi : *Accident de trajet, Accident du travail, Assurance risques professionnels, Présomption d'imputabilité professionnelle, Rente*

Accident de trajet
Droit de la protection sociale

Accident survenu sur le trajet emprunté par le salarié pour rejoindre ou revenir de son travail ou encore, pour aller et revenir de déjeuner ; ce type de risque professionnel ouvre droit à une prise en charge par la Sécurité sociale au même titre que les accidents du travail et les maladies professionnelles.

CSS, art. L. 411-2

■ Voir aussi : *Accident de mission, Accident du travail, Assurance risques professionnels, Présomption d'imputabilité professionnelle, Rente*

Accident du travail
Droit social – Droit de la protection sociale

Accident survenu du fait ou à l'occasion du travail, soit sur le lieu et pendant le temps de travail, soit à un moment où le salarié était placé sous la subordination ou l'influence de l'employeur.

CSS, art. L. 411-1

■ Voir aussi : *Assurance risques professionnels, Accident de mission, Présomption d'imputabilité professionnelle, Rente*

Accipiens
Droit des obligations

Terme latin désignant la personne qui reçoit le paiement d'une obligation, par opposition au *solvens,* qui procède à ce paiement.

■ Voir aussi : *Paiement de l'indu*

Accises
Droit fiscal et comptable
Type particulier d'impôts indirects frappant certains produits spécifiques (alcool, tabac...).

Acconier
Droit des transports
Entrepreneur de manutention exerçant son activité dans les ports méditerranéens chargé, au cours d'une opération de transport maritime, des opérations d'embarquement, de débarquement et de manipulation à terre des marchandises ainsi que, le cas échéant, de certains actes juridiques (*réception*, reconnaissance, garde et *délivrance* des marchandises).

C. transports, art. L. 5422-19 et s. ;
D. n° 66-1078, 31 déc. 1966, art. 80 à 83
■ Voir aussi : *Stevedore*

Accord amiable
Droit commercial – généralités
Accord intervenant, avec l'aide d'un *conciliateur*, entre un *débiteur* et ses principaux *créanciers* ainsi que, le cas échéant, avec ses cocontractants habituels, dans le but de mettre fin aux difficultés de l'entreprise. L'*homologation* de l'accord par le tribunal met fin à la procédure de *conciliation*.

C. com., art. L. 611-7, L. 611-10, R. 611-39 et s.
■ Voir aussi : *Suspension provisoire des poursuites*

Accord atypique
Droit social
Norme collective conventionnelle du travail ne remplissant pas les conditions de conclusion d'une convention ou d'un accord collectif de travail. Il peut s'agir, par exemple, d'un accord conclu expres-

sément avec les institutions représentatives du personnel (en dehors des rares cas exceptionnellement introduits par la loi du 12 novembre 1996) ou encore, d'un usage implicitement instauré dans l'entreprise.
■ Voir aussi : *Accord collectif, Usage d'entreprise, Engagement unilatéral de volonté*

Accord collatéral
Droit international public
Convention au terme de laquelle les tiers à un traité consentent à certaines de ses dispositions sans toutefois accéder à la qualité de partie à la convention.
Conv. Vienne, 23 mai 1969, art. 35 à 37
■ Voir aussi : *Adhésion*

Accord collectif de protection sociale complémentaire
Droit social – Droit de la protection sociale
Normes collective conventionnelle de l'entreprise ou du groupe ayant la nature juridique soit d'une convention ou d'un accord collectif, soit d'un accord référendaire, soit d'un engagement unilatéral de l'employeur, et disposant d'un contenu portant sur des droits complémentaires à ceux servis par les régimes légaux.
CSS, art. L. 911-1
■ Voir aussi : *Accord atypique, Convention collective, Négociation collective, PSC (protection sociale complémentaire), Retraite supplémentaire*

Accord collectif de travail
Droit social
Norme collective conventionnelle du travail ayant la même nature juridique qu'une convention collective, mais dis-

posant d'un contenu limité à certains points seulement de la négociation collective.

C. trav., art. L. 2221-2

▪ Voir aussi : *Convention collective, Négociation annuelle obligatoire (NAO), Négociation collective*

Accord dérogatoire
Droit social

Accord collectif de travail permettant, à titre exceptionnel, de déroger à certaines règles d'ordre public dictées par le Code du travail. Par exemple, un *accord de modulation* permet de déroger aux règles relatives à la computation de la durée du travail.

C. trav., art. L. 2232-21, L. 3122-6

▪ Voir aussi : *Accord collectif de travail, Accord de modulation, Ordre public*

Accord en forme simplifiée
Droit international public

Engagement international qui entre en vigueur dans le droit de l'État par la seule signature émanant de l'autorité exécutive, échappant ainsi à la demande de consentement des autres organes constitutionnels.

Const. 4 oct. 1958, art. 52

▪ Voir aussi : *Ratification des traités*

Accord de mobilité interne
Droit social

Accord permettant à l'entreprise de se réorganiser en modifiant le lieu ou le poste de travail sans qu'il soit nécessaire de mettre en place la procédure de licenciements collectifs pour motif économique.

C. trav., art. L. 2242-21 et s.

Accord de pénibilité
Droit social – Droit de la protection sociale

Pour les salariés exposés aux facteurs de risque professionnel de pénibilité, les entreprises employant une proportion minimale fixée par décret de ces salariés, employant au moins cinquante salariés, ou appartenant à un groupe dont l'effectif comprend au moins cinquante salariés, sont soumises à une pénalité à la charge de l'employeur lorsqu'elles ne sont pas couvertes par un accord ou un plan d'action relatif à la prévention de la pénibilité, laquelle représente 1 % au maximum de la masse salariale soumise aux cotisations de sécurité sociale.

C. trav., art. L. 4161-1, D. 4121-6 ; CSS, art. L. 138-29 et s.

▪ Voir aussi : *Compte individuel de prévention de la pénibilité, Fiche individuelle de prévention, Pénibilité*

Accord de modulation
Droit social

Accord collectif de travail particulier portant sur les modalités de computation de la durée du travail dans l'entreprise et permettant de moduler celle-ci en fonction d'une durée hebdomadaire variable selon les périodes de l'année.

C. trav., art. L. 3122-9 à L. 3122-12

▪ Voir aussi : *Durée du travail, Heures supplémentaires*

Accord référendaire
Droit social – Droit de la protection sociale

Norme collective conventionnelle de l'entreprise ou du groupe ayant la nature juridique d'une convention ou d'un accord collectif, résultant de l'organisation d'un référendum auprès des salariés

A

de l'entreprise à l'initiative de l'employeur et portant sur des prestations sociales complémentaires à celles servies par les régimes légaux.

CSS, art. L. 911-1 et L. 911-5

■ Voir aussi : *Accord collectif de protection sociale, Convention collective, Négociation collective, PSC (protection sociale complémentaire)*

Accord national interprofessionnel (ANI)
Droit social – Droit de la protection sociale

Norme collective conventionnelle conclue au plan à la fois national et interprofessionnel entre les syndicats patronaux et salariaux représentatifs au plan national et portant sur des thématiques de droit du travail et/ou des questions de droit de la protection sociale pouvant faire l'objet soit d'un arrêté d'extension, soit d'un processus législatif (ex. : ANI du 10 décembre 1977 sur la mensualisation, ANI du 11 janvier 2008 sur la modernisation du marché du travail, ANI du 26 mars 2010 sur le harcèlement et la violence au travail, ANI du 13 janvier 2013 pour la sécurisation de l'emploi, etc.).

C. trav., art. L. 2261-15

■ Voir aussi : *Accord collectif de travail, Convention collective, Extension (d'une convention ou d'un accord collectif), Négociation collective, PSC (protection sociale complémentaire), Retraites complémentaires*

Accord de principe
Droit des contrats spéciaux
Avant-contrat par lequel les parties fixent les éléments d'un contrat futur sur lesquels leur consentement est d'ores et

déjà acquis et s'engagent, non point à conclure, mais à négocier les éléments sur lesquels leur accord n'est pas encore établi.

■ Voir aussi : *Punctation*

Accord régional
Droit international public
Mécanisme conventionnel de rassemblement d'États partageant certaines valeurs, bénéficiant d'une proximité géographique, et destiné essentiellement à assurer le maintien de la paix ou la mise en place d'une communauté d'intérêts.

Charte NU, 26 juin 1945, chap. VIII

Accord de Schengen
Droit de l'Union européenne
Accord créant, entre certains États membres de l'*Union européenne* (dont la France), un espace commun et sécurisé de libre circulation, garanti par une coopération douanière, policière et judiciaire renforcée (dit « espace Schengen »).

Accord 14 juin 1985 ; Conv. d'application 19 juin 1990

Accord de siège
Droit international public
Convention bilatérale conclue entre une organisation internationale et un État d'accueil ayant pour objet de préciser l'étendue de la personnalité interne de l'organisation sur le territoire de « l'État-hôte ».

Accord 26 juin 1947, *USA c/ ONU*

■ Voir aussi : *Organisation internationale*

Accords de l'Union
Droit de l'Union européenne
Accords de coopération conclus entre l'*Union européenne* et les États tiers ou

les organisations internationales et faisant partie intégrante de l'*ordre juridique* de l'Union européenne.

TFUE, art. 216 et s.

Accords interinstitutionnels
Droit de l'Union européenne
Actes de nature variée, formalisés par écrit ou non, conclus entre les institutions communautaires (*Commission européenne, Conseil de l'Union européenne, Parlement européen*) et visant à organiser leur participation au processus décisionnel par l'expression d'engagements communs ou réciproques (il s'agira, par exemple, de « déclarations communes » publiées au *Journal officiel de l'Union européenne*).

Accréditer
Droit international public
Désigner officiellement la personne disposant de la qualité diplomatique pour représenter l'État à l'étranger.

Const. 4 oct. 1958, art. 14

Accréditif
Droit bancaire
Synonyme de *lettre de crédit*.

Accroissement
Droit des biens
Extension naturelle de la *propriété*, encore appelée *atterrissement* ou *alluvion*, par l'effet d'un apport de terre d'une rivière ou d'un fleuve à un fonds riverain.

C. civ., art. 556
  ■ Voir aussi : *Accession immobilière*
Droit des successions et libéralités
Droit selon lequel la part d'un *héritier* renonçant ou d'un *légataire* dont le legs est révoqué ou caduc accroît de plein droit à proportion respective celle des autres *héritiers* ou *légataires*.

C. civ., art. 805, 1044

Accusatoire
Procédure civile
Type de procédure caractérisé par l'importance du rôle laissé aux parties dans le déclenchement et la conduite du procès, et dans la recherche des preuves.
  ■ Voir aussi : *Inquisitoire*

Accusé
Procédure pénale
Individu mis en examen et soupçonné d'un *crime* qui, en conséquence, fait l'objet d'une mise en accusation par le juge d'instruction ou la Chambre de l'instruction, afin d'être jugé devant une *cour d'assises*.

CPP, art. 181, 214
  ■ Voir aussi : *Mise en accusation*

Achalandage
Droit commercial – généralités
Souvent assimilé à la clientèle, l'achalandage correspond aussi aux éléments du fonds de commerce lui permettant d'attirer la clientèle.

C. com., art. L. 141-5
  ■ Voir aussi : *Clientèle*

Achat à tempérament
Droit des contrats spéciaux – Droit des régimes matrimoniaux
Se dit d'un achat dont le prix est payable par fractions échelonnées. En raison du danger que présentent de tels achats, le législateur a considéré qu'ils ne peuvent donner lieu à solidarité entre époux même lorsqu'ils portent sur des dettes ménagères de faible importance.

C. civ., art. 220
  ■ Voir aussi : *Dette ménagère*

Acompte provisionnel
Droit fiscal et comptable
L'impôt sur le revenu est acquitté par tiers provisionnels : 15 février et 15 mai, puis régularisation après l'envoi de l'avis d'imposition en août ou septembre (date limite : 16 septembre).
CGI, art. 1663 à 1668
▥ Voir aussi : *Impôt sur le revenu*

Acompte
Droit des contrats spéciaux
Somme d'argent versée à l'avance par l'une des parties à un contrat, constituant un paiement partiel et établissant la conclusion définitive du contrat.
▥ Voir aussi : *Arrhes*

Acquêt
Droit des régimes matrimoniaux
Synonyme vieilli d'acquisition. *Bien* acquis à titre onéreux pendant le *mariage* par des époux mariés sous un régime communautaire grâce à leurs *gains et salaires* ou à leurs *fruits et revenus de leurs biens propres* et qui a par principe le caractère de *bien commun*.
C. civ., art. 1401 et s., 1498 et s.
▥ Voir aussi : *Bien commun*

Acquis communautaire
Droit de l'Union européenne
Socle juridique législatif et jurisprudentiel de l'*Union européenne*.

Acquisition intracommunautaire
Finances publiques
Achat effectué par une entreprise d'un État membre de l'Union européenne dans un autre État membre de l'Union européenne. Le droit de l'Union européenne a prévu que la TVA sur ces acquisitions est due par l'acheteur au pays dans lequel a lieu la transaction.

Toutefois, à titre transitoire, le régime fiscal de la TVA intracommunautaire est celui du pays de destination (en raison de la variété des taux en Europe).
Dir. n° 77/388/CEE du Conseil, 17 mai 1977 ; n° 91/680/CEE, 16 déc. 1991 et n° 92/111/CEE, 14 déc. 1992
▥ Voir aussi : *Taxe sur la valeur ajoutée (TVA)*

Acquit
Droit des obligations
Reconnaissance écrite du paiement reçu émanant de l'*accipiens*.
▥ Voir aussi : *Quittance, Reçu*

Acquittement
Procédure pénale
Décision d'une *cour d'assises* aux termes de laquelle l'*accusé* traduit devant elle est déclaré non coupable.
CPP, art. 363

Acte abstrait
Droit des obligations
Acte juridique valable indépendamment de sa *cause*.

Acte administratif
Droit administratif
Acte pris par l'administration qui peut être soit un *contrat administratif*, soit un *acte unilatéral*. L'acte administratif est exécutoire (obligatoire) dès sa publication dès lors que certaines formalités ont été respectées. Tout acte administratif peut être contesté devant le juge.

Acte d'administration
Introduction au droit
Acte juridique correspondant aux opérations de gestion normale d'un patrimoine. Cet acte se distingue de l'*acte*

conservatoire, car il tend à mettre en valeur le patrimoine et de l'*acte de disposition*, car il ne le modifie pas en profondeur.

● *Exemple*, bail de moins de neuf ans, réparations courantes.

D. n° 2008-1484, 22 déc. 2008

▧ Voir aussi : *Acte conservatoire, Acte de disposition, Acte de la vie courante*

Acte apparent
Droit des obligations

Dans la *simulation*, acte juridique ostensible derrière lequel se cache la véritable volonté des parties manifestée dans *l'acte secret*.

C. civ., art. 1321

▧ Voir aussi : *Acte secret, Simulation*

Acte atypique
Droit de l'Union européenne

Norme de l'Union européenne de *droit dérivé* dite « hors nomenclature » en ce qu'elle ne fait pas partie des actes expressément énumérés dans les traités de l'Union européenne.

● *Exemple, accords interinstitutionnels*, résolutions et conclusions du Conseil de l'*Union européenne*.

Acte authentique
Introduction au droit - preuve

Acte reçu par un *officier public* compétent selon les formes prévues, ce qui permet de considérer comme vraies les énonciations constatées par cet officier, sauf contestation par une procédure compliquée et périlleuse : l'inscription de faux. On utilise, pour traduire cette qualité, l'expression « l'acte authentique fait foi jusqu'à inscription de faux ».

L'acte authentique peut être sur support papier ou électronique.

C. civ., art. 710-1

▧ Voir aussi : *Acte sous seing privé, Preuve, Inscription de faux, Authentification*

Acte d'avocat à avocat
Procédure civile

Forme simplifiée de *notification* des *actes de procédure* entre les *avocats* des parties, constitués dans une même *instance*.

CPC, art. 671 et s.

▧ Voir aussi : *Acte du palais*

Acte à cause de mort
Droit des obligations

Se dit d'un acte juridique dont les effets se produisent au décès de son auteur comme, par exemple, le testament.

▧ Voir aussi : *Acte entre vifs*

Acte collectif
Droit des obligations

Manifestations de volontés poursuivant un même but (ex. : décision prise par la majorité dans une assemblée délibérante).

▧ Voir aussi : *Contrat collectif*

Acte de commerce
Droit commercial – généralités

1. (par nature) Actes juridiques énumérés aux articles L. 110-1 et L. 110-2 du Code de commerce.

2. (par référence à son auteur) Actes juridiques accomplis par un commerçant personne physique pour les besoins de son activité ou par une société commerciale, en nouant des relations avec un autre commerçant (acte pleinement commercial) ou avec un non-commerçant (acte mixte).

A

3. (actes de commerce par la forme) Actes juridiques commerciaux indépendamment de la personne qui les accomplit (ex. : lettre de change).

C. com., art. L. 110-1, L. 110-2

Acte communautaire
Droit de l'Union européenne
Terminologie antérieure à l'entrée en vigueur du traité de Lisbonne, désignant un acte aujourd'hui nommé « acte juridique de l'Union européenne ». Cette terminologie reste employée pour désigner un tel acte juridique de manière générique.

Traité CE, anc. art. 249

Acte concerté non conventionnel
Droit international public
Documents politiques (communiqués, déclarations, accords interinstitutionnels) issus d'une négociation entre États fixant de manière informelle des règles de conduite à tenir suivant le principe de la bonne foi.

Acte conjonctif
Droit des obligations
Acte juridique dans lequel plusieurs personnes sont réunies dans une partie plurale (ex. : cobailleurs, cotraitants...).

Acte conservatoire
Introduction au droit
Acte juridique se limitant à préserver un *droit*, c'est-à-dire à éviter sa disparition. Il s'agit du type d'acte le moins grave, celui nécessitant le moins de pouvoir.

● *Exemple,* inscription d'une hypothèque, interruption d'une prescription.

▪ Voir aussi : *Acte d'administration, Acte de disposition, Acte de la vie courante*

Acte de décès
Droit des successions et libéralités
Acte destiné à constater légalement le décès d'une personne. Bien que dressé par *l'officier d'état civil* de la commune du lieu du décès, en principe, sur déclaration d'un parent du défunt, ses énonciations peuvent être combattues par l'apport de la *preuve* contraire.

C. civ., art. 78 et s.

Acte détachable
Droit administratif
Technique contentieuse par laquelle il est possible de détacher un acte juridique d'un autre. La technique de l'acte détachable conduira les requérants à demander au juge administratif d'annuler la *délibération* d'un *conseil municipal* autorisant le maire à contracter.

Acte de disposition
Introduction au droit
Acte juridique modifiant la composition du patrimoine par le transfert d'un droit réel ou par la souscription d'un engagement juridique important.

● *Exemple,* vente ou donation d'un bien, souscription d'un emprunt, bail de plus de neuf ans.

D. n° 2008-1484, 22 déc. 2008

▪ Voir aussi : *Acte d'administration, Acte conservatoire, Acte de la vie courante*

Acte entre vifs
Droit des obligations
Acte juridique dont les effets se produisent du vivant des parties (ex. : donation).

▪ Voir aussi : *Acte à cause de mort*

Acte de l'état civil

Droit des personnes et de la famille
Écrit établi par un officier *d'état civil* et constatant un des évènements affectant l'existence ou l'identification juridique d'une personne physique.

● *Exemple, acte de naissance, de mariage, de décès.*
C. civ., art. 34 à 54
■ Voir aussi : *État civil, État des personnes, Naissance, Décès, Mariage*

Acte de gouvernement

Droit administratif
Catégorie contentieuse désignant des actes insusceptibles de *recours pour excès de pouvoir* devant le juge administratif. Les actes de gouvernement concernent deux domaines principaux : les actes relatifs à la conduite des relations internationales (décision d'accorder la protection diplomatique) et les actes touchant les rapports entre les pouvoirs publics (décret soumettant un projet de loi au référendum). Cette catégorie ne cesse de se réduire car l'étendue du contrôle du juge a considérablement augmenté.

Acte individuel

Droit administratif
Acte administratif qui concerne nommément un ou plusieurs individus ou personnes. L'acte individuel s'oppose à l'acte réglementaire car son ou ses destinataires sont clairement désignés par l'administration.

● *Exemple,* nomination d'un fonctionnaire.
■ Voir aussi : *Règlement*

Acte d'instruction ■ Voir *Instruction*

Acte juridictionnel

Procédure civile
Acte par lequel le juge tranche un litige par application de la règle de droit.
■ Voir aussi : *Amiable compositeur*

Acte juridique

Droit des obligations
Manifestation de volonté destinée à produire des effets de droit (ex. : contrat).
■ Voir aussi : *Fait juridique*

Acte juridique de l'Union européenne

Droit de l'Union européenne
Norme de *droit dérivé* adoptée par une institution de l'*Union européenne*.
TFUE, art. 288 et s.
■ Voir aussi : *Règlement, Directive, Décision, Recommandation, Avis*

Acte de mariage

Droit des régimes matrimoniaux
Acte destiné à constater légalement le *mariage* de deux personnes.
C. civ., art. 76

Acte mixte ■ Voir *Acte de commerce*

Acte de naissance ■ Voir *Naissance*

Acte de notoriété

Droit des successions et libéralités
Depuis la loi du 20 décembre 2007 sur la simplification du droit, acte dressé exclusivement par un notaire destiné à faire la preuve de la qualité *d'héritier*. Cet acte est établi grâce à des déclarations *d'héritiers* ou de toute personne dont les dires peuvent paraître utiles affirmant qu'il est de notoriété publique que telle personne est le parent de telle autre. L'acte de notoriété fait foi jusqu'à

A

preuve contraire. Depuis cette loi, l'intervention de deux témoins étrangers à la succession, attestant qu'il est notoire que telle personne a la qualité d'héritier du défunt, n'est plus nécessaire mais reste possible.
C. civ., art. 730-1 et s.

Acte du palais
Procédure civile
Nom donné dans la pratique judiciaire au mode simplifié de *notification* des *actes de procédure* entre les représentants des parties constitués dans une même *instance*.
▪ Voir aussi : *Acte d'avocat à avocat*

Acte passé pour le compte d'une société en formation
Droit des sociétés
Acte juridique effectué pendant la période de formation d'une société par l'un des futurs associés. Ce type d'acte est destiné à être repris par la société.
C. com., art. L. 210-6 ; C. civ., art. 1843

Acte préparatoire
Droit pénal
Acte servant à préparer la consommation d'une *infraction*, accompli antérieurement au stade du commencement d'exécution dans l'*iter criminis* et, en conséquence, non susceptible de permettre le déclenchement d'une poursuite pénale au titre de la tentative punissable.
C. pén., art. 121-5

Acte de procédure
Droit processuel
Acte juridique, généralement soumis à des conditions de forme, permettant aux parties ou au juge d'introduire l'instance et de la faire progresser jusqu'à sa terminaison.

Acte recognitif
Introduction au droit - preuve
Acte écrit par lequel une personne se borne à reconnaître l'existence d'un droit déjà constaté dans un titre antérieur (il n'y a aucune intention de modifier l'acte antérieur). Cet acte se distingue de la copie car il est signé par les parties.
C. civ., art. 1337

Acte secret
Droit des obligations
Dans la *simulation*, acte juridique reflétant la véritable volonté des parties qui se cache derrière *l'acte apparent*. Syn. : Contre-lettre.
C. civ., art. 1321
▪ Voir aussi : *Acte apparent, Simulation*

Acte sous contreseing d'avocat
Introduction au droit - preuve
Acte sous seing privé revêtu également de la signature d'un ou plusieurs avocats et faisant foi de l'écriture et de la signature des parties à leur égard et à celui de leurs ayants cause sauf contestation par procédure de faux.
L. n° 71-1130, 31 déc. 1971, art. 66-3-1 et s.
▪ Voir aussi : *Acte sous seing privé, Acte authentique*

Acte sous seing privé
Introduction au droit - preuve
Acte établi par les parties et comportant leurs *signatures* quel que soit le support utilisé. Sa force probante est variable : il ne fait pas foi de son origine, ne fait foi de son contenu que jusqu'à preuve contraire et il ne fait foi de sa date qu'à

l'égard des parties et seulement jusqu'à preuve contraire.

C. civ., art. 1322 et s.

▪ Voir aussi : *Acte authentique*

Acte à titre gratuit
Droit des obligations
Acte juridique par lequel une partie fournit une prestation à l'autre sans contrepartie (ex. : donation).

C. civ., art. 1105

▪ Voir aussi : *Acte à titre onéreux*

Acte à titre onéreux
Droit des obligations
Acte juridique par lequel une partie recevant une prestation doit en fournir une en contrepartie (ex. : vente).

C. civ., art. 1106

▪ Voir aussi : *Acte à titre gratuit, Contrat synallagmatique*

Acte unilatéral
Droit administratif
Acte administratif unilatéral émanant de l'administration, doté de la force exécutoire et s'imposant aux personnes privées. Il est soit réglementaire (impersonnel et général), soit individuel (désignant un ou plusieurs destinataires). Tout *acte administratif* faisant grief est susceptible d'un recours pour excès de pouvoir. Dans ce cas, l'acte peut être annulé par le juge administratif.

▪ Voir aussi : *Acte administratif, Recours pour excès de pouvoir*

Droit des obligations
Manifestation de volonté d'une seule partie en vue de créer des effets de droit (ex. : testament).

▪ Voir aussi : *Contrat unilatéral*

Acte unique européen
Droit de l'Union européenne
Traité de révision des *traités de Rome*, signé à Luxembourg les 17 et 28 février 1986 et entré en vigueur le 1er juillet 1987, qui signe l'ambition d'une construction communautaire renforcée par l'achèvement du *marché intérieur* au 1er janvier 1993.

Acte de la vie courante
Droit des personnes et de la famille
Contrat que, par exception, le *mineur* peut valablement passer seul car l'opinion commune considère cela comme normal en raison de la faible importance, de la fréquence ou de l'utilité de ce type d'opération. Le contenu de cette catégorie varie selon les époques et selon l'âge du mineur.

C. civ., art. 389-3

▪ Voir aussi : *Acte conservatoire, Acte de disposition, Acte d'administration*

Actif
Introduction au droit
Éléments positifs, droits ou biens, susceptibles d'une évaluation pécuniaire entrant dans la composition du *patrimoine* d'une personne physique ou morale.

Actif disponible
Liquidation et redressement judiciaires
Ensemble constitué des liquidités de l'entreprise (caisse, solde provisoire de comptes bancaires à vue, valeurs réalisables immédiatement) et des sommes dont elle peut immédiatement disposer grâce aux réserves de crédit. Il est une référence dans la détermination de l'état de *cessation des paiements*.

C. com., art. L. 631-1, al. 1

▪ Voir aussi : *Passif exigible*

17

A

Action
Droit des sociétés

Titre négociable des sociétés par actions délivrées aux actionnaires, représentant une fraction du capital social et constatant les droits des actionnaires dans la société.

C. com., art. L. 228-1 et s.

■ Voir aussi : *Obligation*

Action (en justice)
Histoire romaine

Voies de procédure permettant de demander en justice la reconnaissance ou la sanction d'un droit.

■ Voir aussi : *Préteur, Édit*

Procédure civile – Procédure pénale

Droit reconnu aux personnes d'agir en justice afin de faire respecter les règles de droit.

Conv. EDH 4 nov. 1950, art. 6 et 13 ; CPC, art. 30 et s. ; CPP, art. 1er et 2

Action d'apports
Droit des sociétés

Titre remis à l'occasion de la réalisation d'un apport en nature à une société par actions.

Action cambiaire ■ Voir *Recours cambiaire*

Action de capital
Droit des sociétés

1. Action remise à un actionnaire en constatation d'un apport concourant à la formation du capital.

2. Action dont la valeur nominale n'a pas encore fait l'objet d'un remboursement à l'actionnaire.

C. com., art. L. 225-122, R. 225-117

■ Voir aussi : *Action de jouissance*

Action civile
Procédure pénale

Action en réparation du dommage directement causé par une *infraction* pénale, appartenant à toute personne qui en a personnellement souffert et pouvant être portée en fonction du choix de la victime devant les juridictions civiles ou pénales.

CPP, art. 2 et s.

Action collective
Procédure civile

Action en justice exercée au nom et/ou pour le compte d'une collectivité de personnes organisée ou non (ex. : action exercée par une association pour la protection des intérêts qu'elle défend, *class action* en droit anglo-saxon).

CPC, art. 31 ; CPP, art. 2 et s.

Action en comblement de l'insuffisance d'actif
Liquidation et redressement judiciaires

Action en *responsabilité civile* à l'encontre de dirigeants de droit ou de fait dont les fautes de gestion ont contribué à *l'insuffisance d'actif* d'une personne morale révélée lors de sa *liquidation judiciaire*.

C. com., art. L. 651-2, R. 651-1 et s.

Action en complément de part
Droit des successions et libéralités

Issue de la loi du 23 juin 2006, l'action en complément de part se substitue à la rescision lorsque l'un des copartageants établit avoir subi une *lésion* de plus du quart. Comme son nom l'indique, cette action permet au copartageant d'obtenir un complément de part, au choix du défendeur, soit en numéraire, soit en nature. Elle se prescrit par deux ans à compter du partage.

C. civ., art. 889 et s.

Action de concert
Droit des sociétés
Accord ayant pour objet la cession, l'acquisition ou l'exercice des droits de vote dans le but de mettre en œuvre une politique commune vis-à-vis de la société ou pour obtenir le contrôle de cette dernière.

C. com., art. L. 233-10

Action confessoire
Droit des biens
Action réelle exercée par *l'usufruitier* ou le titulaire d'une *servitude* afin de faire reconnaître son droit contre le *nu-propriétaire* ou le propriétaire du *fonds servant*.

※ Voir aussi : *Action négatoire*

Action en contestation d'état
Droit des personnes et de la famille
Action en justice visant à détruire une *filiation* établie.

C. civ., art. 332 et s.

※ Voir aussi : *Action d'état, Action en réclamation d'état*

Action en contrefaçon
Droit de la propriété intellectuelle
Action en justice visant à protéger et sanctionner l'usage non autorisé d'un droit de propriété intellectuelle, que ce soit de propriété littéraire et artistique ou de propriété industrielle.

Action directe
Droit des obligations
Action ouverte à un créancier, en son nom personnel, contre le débiteur de son débiteur.

● *Exemple,* action du sous-traitant contre le maître de l'ouvrage.

※ Voir aussi : *Action oblique*

Action estimatoire
Droit des contrats spéciaux

Action en *garantie des vices cachés* par laquelle l'acheteur demande une réduction du prix correspondant à la perte de valeur de la chose viciée.

C. civ., art. 1644

※ Voir aussi : *Action rédhibitoire*

Action d'état
Droit des personnes et de la famille
Action en justice visant à modifier *l'état* civil d'une personne.

※ Voir aussi : *Action en réclamation d'état, Action en contestation d'état, Recherche de paternité, Recherche de maternité, Rectification d'état civil*

Action extra-cambiaire ※ Voir *Recours extra-cambiaire*

Action à fins de subsides
Droit des personnes et de la famille
Droit pour un *enfant* dont la *filiation* paternelle n'est pas établie de réclamer en justice une aide financière à celui qui a eu, pendant la période de sa conception, des relations sexuelles avec sa mère sans avoir à prouver sa paternité.

C. civ., art. 342 à 342-8

※ Voir aussi : *Recherche de paternité*

Action de groupe
Consommation -- Concurrence
Procédure par laquelle une *association de consommateurs* représentative au niveau national et agréée peut agir devant le *tribunal de grande instance* afin d'obtenir la réparation des *préjudices* individuels subis par des *consommateurs* pla-

cés dans une situation similaire ou identique et ayant pour cause commune un manquement d'un ou des mêmes *professionnels* à leurs *obligations* légales ou contractuelles, à l'occasion : soit de la *vente* de *biens* ou de la fourniture de services ; soit lorsque ces *préjudices* résultent de *pratiques anticoncurrentielles*. L'action de groupe ne peut porter que sur la réparation des préjudices patrimoniaux résultant des *dommages matériels* subis par les consommateurs.

C. consom., art. L. 423-1 à L. 423-26, L. 411-1 ; C. com., art. L. 420-1 à L. 420-7 ; COJ, art. L. 211-15

■ Voir aussi : *Procédure simplifiée d'action de groupe*

Procédure civile
Action réservée à des associations nationales agréées de consommateurs permettant, à la suite d'une procédure unique statuant sur la responsabilité du professionnel, la réparation du préjudice matériel subi par différents consommateurs en raison de la violation d'une obligation légale conventionnelle d'une pratique anticoncurrentielle.

C. consom., art. L. 423-1

Action de *in rem verso*
Droit des obligations
Action ouverte à l'appauvri contre l'enrichi dans *l'enrichissement sans cause*.

Action interrogatoire
Droit des successions et libéralités
Issue de la loi du 23 juin 2006, l'action interrogatoire permet à un cohéritier, un héritier de rang subséquent, les créanciers successoraux ou l'État de sommer un héritier d'avoir à prendre parti à l'égard de la succession ouverte, passé

un délai de quatre mois après l'ouverture de cette dernière.

C. civ., art. 889 et s.

Action de jactance
Procédure civile
Nom antérieurement donné à *l'action en justice* par laquelle une personne sommait une autre personne qui se vantait publiquement d'être titulaire d'un droit, d'en apporter la preuve.

Action de jouissance
Droit des sociétés
Action dont la valeur nominale a été remboursée aux actionnaires par la société lors de l'amortissement de son capital et qui donne les mêmes prérogatives qu'une action de capital, sous réserve de la perte du droit au premier dividende.

C. com., art. L. 225-122, L. 225-198 et s.

■ Voir aussi : *Action de capital*

Action mixte ■ Voir *Matière mixte*

Action négatoire
Droit des biens
Action en justice par laquelle une personne conteste l'existence d'un *usufruit* ou d'une *servitude* sur un *fonds*.

■ Voir aussi : *Action confessoire*

Action nominative
Droit des sociétés
Titre financier indiquant, au contraire de *l'action au porteur*, le nom de son titulaire, dont l'inscription figure sur les comptes-titres de la société émettrice et se transmettant par *virement* de compte à compte entre intermédiaires agréés.

C. com., art. L. 228-1 ; C. monét. fin., art. L. 211-1, L. 211-15, R. 211-1, R. 211-2

Action oblique
Droit des obligations

Action ouverte à un créancier, agissant au nom et pour le compte de son débiteur négligent et insolvable, contre un débiteur de son débiteur.

C. civ., art. 1166

▪ Voir aussi : *Action directe*

Action paulienne
Droit des obligations

Action en *inopposabilité* (du nom du préteur romain Paulus qui l'aurait créée) ouverte au créancier agissant en son nom personnel contre les actes accomplis en *fraude* de ses droits par son débiteur.

C. civ., art. 1167

Action pétitoire
Droit des biens

Action en justice exercée par le titulaire d'un *droit réel* immobilier devant un *tribunal de grande instance* afin d'assurer la protection de ses prérogatives.

CPC, art. 1265

▪ Voir aussi : *Action possessoire, Action en revendication, Action au porteur*

Action au porteur
Droit des sociétés

Titre financier n'indiquant pas, contrairement à l'*action nominative*, le nom de son titulaire, dont l'inscription figure sur les comptes-titres de la société émettrice et se transmettant, avant la *dématérialisation des valeurs mobilières*, de la main à la main, par simple *traditio*. Leur transmission s'effectue désormais par voie de *virement* de compte à compte.

C. com., art. L. 228-1 ; C. monét. fin., art. L. 211-1, L. 211-15, R. 211-1, R. 211-2

Action possessoire
Droit des biens

Action en justice exercée pour prévenir ou faire cesser un trouble de la *possession* ou de la *détention* d'un immeuble.

C. civ., art. 2282, 2283 ; CPC, art. 1264 et s.

▪ Voir aussi : *Complainte, Dénonciation de nouvel œuvre, Réintégrande*

Action publique
Procédure pénale

Action exercée par les magistrats du parquet au nom de la société aux fins de sanctionner le coupable d'une *infraction* pénale, pouvant parfois être mise en mouvement par la partie civile.

CPP, art. 1er

Action en rapport
Liquidation et redressement judiciaires

Action en justice de l'*administrateur judiciaire* ou du *mandataire judiciaire* contre le *tireur* d'une *lettre de change* ou son donneur d'ordre en cas de *tirage pour compte*, contre le bénéficiaire d'un *chèque* ou contre le premier *endosseur* d'un *billet à ordre*, aux fins d'obtenir restitution du montant de l'effet de commerce payé après la *cessation des paiements* du *débiteur*, connue d'eux.

C. com., art. L. 632-3, al. 2

Action en réclamation d'état
Droit des personnes et de la famille

Action en justice exercée par une personne pour que soit établie sa *filiation*.

C. civ., art. 325 et s.

▪ Voir aussi : *Action d'état, Action en contestation d'état, Action à fins de subsides, Recherche de paternité, Recherche de maternité*

Action récursoire
Droit des obligations
Action par laquelle une partie, à l'issue d'un procès, se retourne contre un tiers tenu, en tout ou en partie, de la même *obligation* afin de lui faire supporter le poids de sa condamnation.

• *Exemple,* action du débiteur contre ses codébiteurs solidaires, action de l'assureur contre l'auteur du dommage...

Action rédhibitoire
Droit des contrats spéciaux
Action en *garantie des vices cachés* par laquelle l'acheteur demande la résolution (« rédhibition ») du contrat.

C. civ., art. 1644

▪ Voir aussi : *Action estimatoire*

Action en réduction
Droit des libéralités
Action en justice des héritiers visant à obtenir la réduction des libéralités excessives de leur auteur parce que portant atteinte à leur *réserve héréditaire* en dépassant le montant de la *quotité disponible*. Depuis la loi du 23 juin 2006, le délai de prescription de l'action en réduction est fixé à cinq ans à compter de l'ouverture de la *succession*, ou à deux ans à compter du jour où les *héritiers* ont eu connaissance de l'atteinte portée à leur *réserve*, sans jamais pouvoir excéder dix ans à compter du décès.

C. civ., art. 920 et s.

▪ Voir aussi : *Réduction des libéralités*

Action réelle
Droit des biens
Action en justice exercée afin d'obtenir la reconnaissance ou la protection d'un *droit réel* relatif à un bien mobilier ou immobilier.

Action en retranchement ▪ Voir *Retranchement (action en)*

Action en revendication
Droit des biens
Action en justice exercée par le titulaire d'un droit de *propriété* sur un bien *meuble* ou *immeuble* détenu par un tiers qui n'accepte pas la restitution.

▪ Voir aussi : *Action pétitoire, Action possessoire*

Actionnaire
Droit des sociétés
Associé d'une société par actions.

▪ Voir aussi : *Action*

Actionnariat des salariés
Droit social
Modalités particulières permettant aux salariés d'accéder au capital d'une société, que celle-ci soit leur employeur (actionnariat dans l'entreprise) ou non (actionnariat populaire).

C. trav., art. L. 3323-1 à L. 3323-3 et L. 3332-15 et s.

▪ Voir aussi : *Épargne salariale, Administrateur salarié*

Actor incubit probatio
Introduction au droit - preuve
C'est à celui qui réclame la reconnaissance ou l'exécution d'un droit d'en apporter la preuve. Cette expression latine peut se traduire par « La preuve incombe au demandeur ». Équivalent : *Onus probandi incumbit actori.*

C. civ., art. 1315

▪ Voir aussi : *Présomption*

Actor sequitur forum rei
Procédure civile
Adage donnant une compétence de principe au tribunal dans le *ressort* duquel se trouve le domicile du défendeur.
CPC, art. 42

Actualité de l'ordre public (principe d')
Droit international privé
Principe selon lequel le contenu de l'*ordre public international* auquel se réfère le *juge du for* pour écarter exceptionnellement la loi étrangère applicable évolue avec le temps et doit s'apprécier au moment où le juge statue.

Ad exibendum
Procédure civile
Action permettant à une partie de demander au juge d'enjoindre à l'autre partie ou à un tiers de produire un acte ou une *pièce* se trouvant en leurs mains.
CPC, art. 138 et s.

Ad hoc
Introduction au droit
Pour cela, à cet effet.
● *Exemple,* mandataire *ad hoc* : mandataire chargé d'un acte particulier.

Ad litem
Introduction au droit
Pour le procès.
● *Exemple,* mandat de l'avocat chargé de représenter son client dans un procès.

Ad nutum
Introduction au droit
À son gré (littéralement : sur un signe de tête).
● *Exemple,* révocation *ad nutum d'un mandataire* : révocation qui n'exige pas de formalités particulières.

Ad probationem
Introduction au droit
Littéralement : pour faire la preuve. Désigne une formalité nécessaire pour la preuve d'un acte.

Ad solemnitatem
Introduction au droit
Littéralement : pour la solennité. Désigne une formalité nécessaire pour la validité d'un acte (synonyme de *ad validitatem*).

Ad validitatem
Introduction au droit
Littéralement : pour assurer la validité. Désigne une formalité nécessaire pour la validité d'un acte.

Adage
Introduction au droit
Formule concise et éloquente énonçant une règle de *droit* traditionnelle. Syn. : Maxime.
■ Voir aussi : *Brocard, Coutume, Usages*

Adaptation (clause d')
Droit de l'Union européenne
Disposition du Traité sur le fonctionnement de l'Union européenne permettant aux institutions de l'Union européenne d'adopter des actes non prévus dans leur champ de compétence afin de réaliser l'un des objectifs visés par les traités.
TFUE, art. 352

Adhésion
Droit international public
Procédure d'engagement conventionnel caractérisée par le fait que le consente-

ment de l'État à être lié s'exprime postérieurement à l'entrée en vigueur du traité.

Conv. Vienne, 23 mai 1969, art. 15

■ Voir aussi : *Engagement conventionnel*

Adjonction
Droit des biens

Modalité de mise en œuvre de l'*accession* qui suppose l'union matérielle de deux choses mobilières corporelles appartenant à deux propriétaires différents, tout en restant séparables.

C. civ., art. 566 à 569

■ Voir aussi : *Mélange, Spécification*

Adjudicataire
Procédure civile

Nom donné à la personne qui ayant porté la plus forte enchère, se voit attribuer, à l'issue d'une vente, judiciaire ou volontaire, la propriété d'un bien.

CPC ex., art. L. 322-6

Adjudication
Droit administratif

Mode de passation des marchés publics. Le procédé est contraignant et aveugle car l'administration ne dispose d'aucune liberté de choix ; en effet, l'entreprise titulaire du marché est toujours la moins-disante (celle qui propose le prix le plus bas). Le Code des marchés publics a supprimé l'adjudication de notre droit public en 2001.

Procédure civile

Procédure de vente volontaire ou forcée dans laquelle la propriété d'un bien est attribuée au plus fort enchérisseur.

● *Exemple,* vente judiciaire des biens saisis.

L. n° 2000-642, 10 juill. 2000 portant réglementation des ventes volontaires de meubles aux enchères publiques ; CPC ex., art. L. 221-3 et L. 322-5 et s. ; C. civ., art. 2204 et s.

Adminicule
Introduction au droit

Élément rendant vraisemblable un fait et dont la production est un préalable exigé par la *loi* pour admettre l'utilisation de modes de preuve imparfaits.

C. civ., art. 347

■ Voir aussi : *Commencement de preuve par écrit*

Administrateur judiciaire
Liquidation et redressement judiciaires

Mandataire de justice inscrit sur une liste nationale recevant mission par la juridiction ouvrant une procédure de *sauvegarde* ou de *redressement judiciaire* de dresser le bilan économique et social de l'entreprise, assister ou surveiller le *débiteur* dans sa gestion ou assurer parfois celle-ci, assister le débiteur dans l'élaboration d'un *plan de sauvegarde* ou proposer, avec son concours, un *plan de redressement*. Il dresse, également, un rapport sur chaque projet de *plan de redressement* établi par les *créanciers* membres d'un comité, et peut demander au tribunal la cession totale ou partielle de l'entreprise.

C. com., art. L. 811-1 et s., L. 622-1, L. 623-1, L. 626-2, L. 626-30-2, al. 1er, L. 631-12, L. 631-19, L. 631-22

■ Voir aussi : *Liquidateur, Mandataire judiciaire*

Administrateur légal
Introduction au droit

Personne chargée en vertu d'une *loi* de gérer les biens d'autrui.

Droit des personnes et de la famille
Parent chargé de gérer les biens de son enfant *mineur*.

> C. civ., art. 389 et s.

■ Voir aussi : *Administration légale, Tuteur, Curateur*

Administrateur salarié
Droit social
Salarié élu par le personnel en qualité d'administrateur chargé de représenter les intérêts des salariés de l'entreprise au sein du *conseil d'administration* de celle-ci.

> C. com., art. L. 225-23, L. 225-27 et s.

■ Voir aussi : *Conseil d'administration*

Administrateur de société
Droit des sociétés
Mandataire social, membre du *conseil d'administration* d'une société par actions. Nommé pour une durée limitée par les *statuts* (trois ans), une *assemblée* (constitutive ou générale ordinaire ; six ans). L'administrateur est révocable *ad nutum* par une assemblée générale ordinaire. Lorsque l'administrateur est une personne morale, cette dernière doit se faire représenter par une personne physique.

> C. com., art. L. 225-17 et s.

Administration
Droit administratif
Au sens organique, ensemble des organismes publics (personnes morales de droit public et établissements publics subordonnés à l'État). Au sens fonctionnel, satisfaction de l'intérêt général au moyen des services publics et de la police administrative.

Histoire
« Ensemble des personnes et services qui administrent les affaires publiques » (1787) ou « administration publique » (1794).

Introduction au droit ■ Voir *Acte d'administration*

Administration conjointe
Droit des régimes matrimoniaux
Clause du *contrat de mariage* par laquelle les époux étendent la *cogestion* à l'ensemble des biens de la communauté. Il en résulte que tout acte d'administration ou de disposition sur les biens communs nécessite la signature conjointe des deux époux et emporte de plein droit solidarité des obligations. À l'inverse, les actes conservatoires peuvent être accomplis par chacun des époux seul.

> C. civ., art. 1503

Administration légale
Introduction au droit
Dispositions législatives organisant la gestion d'un *patrimoine* ou d'un ensemble de biens.

Droit des personnes et de la famille
Régime de protection des biens du *mineur* confiant la représentation de ses intérêts patrimoniaux à ses parents, titulaires de l'*autorité parentale*. Lorsque l'*autorité parentale* est exercée en commun, chaque parent est administrateur légal des biens de son enfant. On parle d'administration légale pure et simple. Si l'autorité parentale est exercée par un

A

seul parent, il est seul administrateur légal sous le contrôle du juge. On parle alors d'administration légale sous contrôle judiciaire.

C. civ., art. 389 et s.

■ Voir aussi : *Tutelle, Jouissance légale*

Administration de missions
Droit administratif

Type d'administration inventé après la Libération. Pour résoudre un problème particulier, le *gouvernement* crée une structure légère et lui donne une mission. Une fois la mission accomplie, l'administration de mission disparaît. Deux exemples existent en France : la Délégation à l'aménagement du territoire (DATAR) et le Commissariat général du plan.

Administration monarchique
Histoire moderne

1. Notion substituée approximativement à la *police* au XVIIIe siècle. Désigne les institutions et les hommes au service de l'ordre et du bien-être publics.

2. Ensemble des agents du roi : *officiers*, *commissaires*, commis et ingénieurs.

Admissibilité
Introduction au droit

Possibilité reconnue par la *loi* d'utiliser un mode de *preuve*. Cette reconnaissance oblige le *juge* à étudier tous les éléments de preuve qui relèvent de ce mode. À l'inverse, le juge doit écarter *a priori* tous les éléments de preuve appartenant à des modes qui n'ont pas été admis par la loi.

Admission
Droit international public

Procédure visant à conférer à un État le statut de nouveau membre d'une organisation internationale.

Charte NU, 26 juin 1945, art. 4

Admission des créances
Liquidation et redressement judiciaires

Décision du *juge-commissaire* reconnaissant l'existence et le montant de créances antérieures au jugement d'ouverture de la procédure de *sauvegarde*, de *redressement* ou de *liquidation judiciaire* et ayant fait l'objet d'une déclaration.

C. com., art. L. 624-2, L. 631-18, L. 641-14

■ Voir aussi : *Déclaration des créances*, *Vérification des créances*

Admonestation
Droit pénal

Réprimande constituant une mesure éducative prononcée par le juge des enfants ou le tribunal de police à l'encontre d'un mineur poursuivi.

Ord. 2 févr. 1945, art. 8 et 20-1

Adoptant
Droit des personnes et de la famille

Personne qui adopte et qui se voit ainsi attribuer la qualité de *père* ou de *mère* de l'adopté.

■ Voir aussi : *Adopté, Adoption*

Adopté
Droit des personnes et de la famille

Personne qui est adoptée.

■ Voir aussi : *Adoptant, Adoption*

Adoption
Droit des personnes et de la famille

1. Institution qui établit entre deux personnes (l'adoptant et l'adopté) des liens de *filiation* qui ne traduisent pas une descendance biologique, mais la volonté de l'*adoptant* d'intégrer l'*adopté* dans sa famille.

2. Création par un jugement d'un lien de *filiation* consacrant la volonté de l'*adoptant* d'intégrer l'*adopté* dans sa famille.

C. civ., art. 343 et s.

▪ Voir aussi : *Adoptant, Adopté, Adoption plénière, Adoption simple, Reconnaissance d'enfant, Filiation adoptive, Filiation légitime, Filiation naturelle*

Adoption plénière
Droit des personnes et de la famille

Adoption qui assimile totalement l'adopté à un enfant de l'adoptant et supprime tout lien juridique entre l'adopté et *sa famille d'origine*.

C. civ., art. 343 et s.

▪ Voir aussi : *Adoption, Adoption simple*

Adoption simple
Droit des personnes et de la famille

Adoption qui établit un lien de *filiation* entre l'*adopté* et l'*adoptant*, mais qui ne modifie pas les liens juridiques existant entre l'adopté et sa *famille d'origine*.

C. civ., art. 360 et s.

▪ Voir aussi : *Adoption, Adoption plénière*

Adultère
Droit des personnes et de la famille

Fait pour une personne mariée d'avoir des rapports sexuels avec une autre personne que son conjoint.

AELE ▪ Voir *Association européenne de libre-échange*

Aéronef
Droit des transports

Appareil capable de s'élever ou de circuler dans les airs, pouvant se soutenir dans l'atmosphère grâce aux réactions de l'air autres que celles produites à la surface de la terre.

C. transports, art. L. 6100-1 et s. ;
C. aviation, art. L. 121-2 et s.

Affacturage
Droit des obligations – Droit commercial – généralités

Contrat par lequel une personne, le *factor* ou affactureur, moyennant rémunération, paie la créance commerciale de son client, l'adhérent, et prend en charge le recouvrement de celle-ci en étant conventionnellement subrogé dans les droits de son premier titulaire. L'affacturage ou *factoring* est une opération de crédit et un procédé de mobilisation des créances commerciales à court terme.

C. civ., art. 1250-1°

▪ Voir aussi : *Bordereau Dailly, Subrogation*

Affaire en état
Procédure civile

Nom donné à l'affaire prête à être jugée, soit qu'elle ne nécessite aucune instruction, soit que celle-ci se trouve être achevée.

Affectation
Finances publiques

Procédé par lequel des recettes sont affectées à la couverture de certaines dépenses publiques. Le principe d'*universalité budgétaire* interdit toute affectation de recettes (règle de non-affectation des recettes). Cependant, la loi organique n° 2001-692 du 1ᵉʳ août 2001 autorise les affectations de recettes par ses articles 16 et suivants : budgets annexes, comptes spéciaux du Trésor, fonds de concours, attribution de produits et rétablissement de crédits.

Affectation des surplus de recettes
Finances publiques
Afin d'éviter que ne se reproduise l'affaire de la cagnotte par laquelle Lionel Jospin avait utilisé les surplus de recettes fiscales pour augmenter les dépenses courantes, le Sénat a proposé de réviser la loi organique n° 2001-692 du 1ᵉʳ août 2001. Ce qui fut fait par la loi organique n° 2005-779 du 12 juillet 2005 qui a ajouté un 10ᵉ à l'article 34 du texte initial. Désormais, l'article d'équilibre de la loi de finances de l'année fixe les modalités d'affectation des surplus de recettes fiscales. Depuis 2006, l'intégralité de ces surplus a été affectée au désendettement de l'État.

Affectio societatis
Droit commercial – généralités
Élément constitutif, d'ordre psychologique, de toute *société*, traduisant la volonté de chaque associé de contribuer à la réalisation de l'objet social.

Affermage
Droit administratif
Contrat administratif dans lequel l'administration délègue à une entreprise (le fermier) la gestion d'un service public industriel ou commercial sans avoir à assumer la charge des investissements. Le fermier se rémunère en percevant des redevances (prix du service) sur les usagers. La durée du contrat n'excède pas dix ans.

■ Voir aussi : *Concession*

Affermer ■ Voir *Fermage*

Affichage de la décision ■ Voir *Diffusion de la décision*

Affidavits
Procédure civile
Terme latin dérivé de *bonne foi*, essentiellement utilisé dans les pays anglo-saxons pour désigner les déclarations faites sous serment.

Affiliation
Droit de la protection sociale
Situation de rattachement à une caisse de sécurité sociale dans laquelle se trouve obligatoirement un assuré social du fait de son assujettissement à un régime d'assurance sociale.

CSS, art. L. 311-2, L. 312-2, L. 613-1
■ Voir aussi : *Assujettissement, Assurances sociales*

Affouage
Droit rural
Droit de prendre du bois, notamment à usage de chauffage, avec le consentement du propriétaire de la forêt.

C. for., art. L. 145-1 et s.

Affrètement
Droit des transports
Contrat par lequel une personne, le *fréteur*, met à disposition d'une autre, l'affréteur, moyennant rémunération, un *navire*, un *aéronef* ou tout autre engin de transport (bateau, camion...) ainsi que les moyens matériels et humains (équipage...) destinés à permettre la réalisation d'une opération de *transport*. Il existe plusieurs types d'affrètement :

l'affrètement à temps, ou *time charter*, qui est conclu pour une période et un circuit déterminés, l'affrètement au voyage, ou *charter*, qui ne porte que sur un voyage isolé et, en droit maritime, l'affrètement *coque nue* qui a pour objet la mise à disposition d'un *navire* sans équipage.

C. transports, art. L. 5423-1 et s. ; D. n° 66-1078, 31 déc. 1966, art. 1 à 30

Agence France-Trésor
Finances publiques

Cette agence de l'État a été créée par arrêté du 8 février 2001. Il s'agit d'un service placé sous l'autorité du directeur général du Trésor. L'agence travaille avec les spécialistes en valeurs du Trésor qui sont des banques accréditées destinées à placer les titres émis par l'État.

Types de titres permettant de financer la dette de l'État sur les marchés financiers :

– OAT (de 2 à 50 ans) 71 % de la dette négociable 2013 ;

– BTAN (de 2 à 5 ans) 17 % de la dette négociable 2013 (jusqu'en 2017) ;

– BTF (moins d'un an) 12 % de la dette négociable 2013.

▪ Voir aussi : *Trésor public*

Agence française du sang
Droit administratif

Établissement public administratif créé à la suite de l'affaire du sang contaminé par la loi n° 93-5 du 4 janvier 1993. L'agence est placée sous la tutelle du ministre de la Santé. Elle comprend un conseil d'administration et un président. Ses missions sont de définir la politique de transfusion sanguine et de coordonner les centres de transfusion sanguine

afin de garantir la sécurité des bénéficiaires.

▪ Voir aussi : *Service public*

Agences de l'Union européenne
Droit de l'Union européenne

Organismes créés par l'*Union européenne* dans des domaines diversifiés afin de remplir des missions techniques, scientifiques ou administratives.

● *Exemple,* Agence européenne pour l'évaluation des médicaments (sigle anglais EMEA), Agence européenne des droits fondamentaux (sigle anglais EFRA).

Agent d'affaires
Droit commercial – généralités

Commerçant qui, à titre professionnel et habituel, gère les affaires et négocie des contrats de toute nature pour autrui.

C. com., art. L. 110-1

Agent de change
▪ Voir *Prestataire de services d'investissement*

Agent commercial
Droit commercial – généralités

Mandataire, professionnel indépendant, chargé de négocier, et/ou de conclure des contrats, de vente, de location, de prestations de services, pour le compte d'industriels, commerçants ou autres agents commerciaux.

C. com., art. L. 134-1, al. 1, R. 134-15

Agent communal
Droit administratif

Agent public ayant la qualité de fonctionnaire territorial et affecté dans une *commune*. Le texte régissant le statut des fonctionnaires territoriaux est la loi n° 84-53 du 26 janvier 1984 portant dispositions statutaires relatives à la fonction publique territoriale.

Agent comptable
Finances publiques
Comptable public affecté dans un établissement public, une université ou un organisme de sécurité sociale.

Agent diplomatique
Droit international public
Représentant officiel de l'État à l'étranger ou au sein d'une organisation internationale qui bénéficie pour exercer sa mission d'un statut protecteur.

■ Voir aussi : *Ambassade, Lettre de créance, Lettres de provision*

Agent général d'assurances
Droit des assurances
Personne physique ou morale exerçant une activité indépendante de distribution et éventuellement de gestion de contrats d'assurance en vertu d'un *mandat* exclusif (« contrat d'agence ») conclu avec une ou plusieurs compagnies d'assurances.

C. assur., art. L. 511-1 et s., R. 511-1 et s., L. 520-1 et L. 520-2

■ Voir aussi : *Courtier d'assurance*

Agent immobilier
Droit immobilier
Personne physique ou morale exerçant à titre habituel une activité d'intermédiaire dans les opérations d'achat, de vente, de location ou de gestion d'immeubles et de fonds de commerce ainsi que les cessions de parts de sociétés donnant vocation à de tels biens.

L. n° 70-9, 2 janv. 1970 ; D. n° 72-678, 20 juill. 1972 ; D. n° 95-818, 29 juin 1995

Agent judiciaire du Trésor
Finances publiques
Haut fonctionnaire des Finances chargé de conseiller et de défendre les administrations publiques en vue de préserver les intérêts du Trésor public. D'abord restreints, les services de l'agent judiciaire du Trésor ont été récemment structurés dans une nouvelle Direction des services juridiques du ministère des Finances.

Agent de police judiciaire ■ Voir
Officier de police judiciaire

Agent de police municipale
Procédure pénale
Fonctionnaire placé sous l'autorité du maire à qui celui-ci confie l'exercice de missions relatives à la prévention, la tranquillité, la sécurité et la salubrité publiques sur le territoire de la commune et qui doit rendre compte des infractions dont il a connaissance à la police nationale.

CPP, art. 21-2 ; CGCT, art. L. 2212-5

Agent public
Droit administratif
Terme incluant les fonctionnaires, les contractuels, les vacataires et les personnels non titulaires de l'État, des collectivités territoriales et des hôpitaux publics. Au total, on compte plus de cinq millions d'agents publics en France.

■ Voir aussi : *Agent communal*

Agglomération
Droit administratif
Terme général désignant un établissement public de coopération intercommunale. Tout d'abord, la loi du 10 juillet 1970 a créé les syndicats d'agglomérations nouvelles (Cergy-Pontoise). Puis la loi n° 99-586 du 12 juillet 1999 a

permis aux anciens districts et communautés urbaines, ainsi qu'aux communautés de villes, de changer de statut afin de mettre en place une plus grande intégration fiscale. On a donc vu apparaître de nouvelles agglomérations urbaines dotées d'une fiscalité propre et d'une dotation globale de fonctionnement améliorée (Rennes, Montpellier, etc.).
CGCT, art. L. 5331-1

■ Voir aussi : *Dotation globale de fonctionnement (DGF), Taxe professionnelle (TP)*

Agios
Droit bancaire

1. Ensemble des frais perçus par la banque en rémunération des services rendus à ses clients.

2. *Intérêts* perçus par la banque lors d'une opération *d'escompte* et dont le montant est fonction du nombre de jours séparant la prise de l'effet et son échéance.

■ Voir aussi : *Escompte*

Agréage (vente à l')
Droit des contrats spéciaux

Promesse de vente dans laquelle le consentement de l'acheteur est subordonné à son agrément discrétionnaire (son « agréage ») donné ou refusé après dégustation de la chose.
C. civ., art. 1587

Agression armée
Droit international public

Recours à la force militaire prohibé par la Charte de l'ONU et justifiant la légitime défense de l'État agressé.
Charte NU, 26 juin 1945, art. 51

Agression sexuelle
Droit pénal

Acte consistant en une atteinte sexuelle contre une personne, commise avec violence, contrainte, menace ou surprise.
C. pén., art. 222-22

Agriculture
Droit rural

Activité humaine destinée à la maîtrise d'un cycle ou d'une fraction de cycle biologique de production végétale ou animale.
C. rur. pêche marit., art. L. 311-1

AGS (Assurance garantie des salaires)
Droit social

Système d'assurance obligatoire pour les employeurs dont la finalité est de garantir le paiement des salaires en cas d'insolvabilité de l'entreprise, notamment lorsqu'elle se trouve en état de redressement ou de liquidation judiciaire.
C. trav., art. L. 3253-6 et s.

■ Voir aussi : *Cessation des paiements, Redressement judiciaire, Liquidation judiciaire*

Aide à l'accès au droit
Procédure civile

Système d'aide à la consultation juridique mis en place par le législateur, incluant notamment l'information générale des personnes sur leurs droits, l'aide dans l'accomplissement des démarches et l'assistance dans les procédures non contentieuses.
L. n° 91-647, 10 juill. 1991, art. 53 et s.

A

Aide (ou *auxilium*)
Histoire médiévale
Service noble essentiellement militaire et éventuellement financier que le vassal doit à son seigneur avec le *conseil*.
■ Voir aussi : *Fief, Conseil (ou consilium)*

Aide judiciaire
Droit processuel
Nom donné jusqu'en 1991 à *l'aide juridictionnelle*.

Aide juridictionnelle
Droit processuel
Système d'aides permettant aux personnes à faibles revenus d'accéder à la justice grâce à la dispense ou à l'avance de certains frais, notamment d'*expertise*, et à la prise en charge totale ou partielle des frais d'*assistance* ou de *représentation* (avocat, huissier de justice).
L. n° 91-647, 10 juill. 1991 relative à l'aide juridique

Aide juridique
Droit processuel
Terme générique regroupant *l'aide juridictionnelle* et *l'aide à l'accès au droit*.
L. n° 91-647, 10 juill. 1991 relative à l'aide juridique

Aide personnalisée au logement (APL)
Droit de la protection sociale
Aide publique octroyée en présence d'une habitation (neuve ou ancienne) servant de résidence principale et ayant bénéficié d'une aide de l'État, à la condition que le propriétaire ou le locataire s'engage à respecter les termes de la convention conclue avec l'État ; son bé-

néfice ne peut cependant se cumuler avec l'allocation logement.
CCH, art. L. 351-2 et s.
■ Voir aussi : *Allocation de logement*

Aide sociale
Droit social – Droit de la protection sociale
Organisée au niveau du département, l'aide sociale constitue une forme de protection sociale au bénéfice des personnes les plus vulnérables ou dépourvues de protection sociale (aide médicale, aide aux personnes âgées, aide aux handicapés, etc.).
■ Voir aussi : *Assurances sociales*

Aisances et dépendances
Droit des biens
Formule notariale qui désigne l'ensemble des accessoires d'un *immeuble* vendu.

Ajournement
Procédure civile
1. Renvoi à une *audience* ultérieure.
2. Nom anciennement donné à *l'assignation* devant le tribunal civil.

Ajournement du prononcé de la peine
Droit pénal
Pouvoir appartenant à la juridiction correctionnelle ou, sauf exception, à la juridiction contraventionnelle, de différer le prononcé de la peine à l'encontre d'un délinquant après la reconnaissance de sa culpabilité, en assortissant éventuellement cette mesure d'une mise à l'épreuve ou d'une injonction, dès lors que le reclassement de l'auteur, la réparation du dommage et la cessation du

trouble provoqué par l'infraction sont en voie d'être acquis.

CPP, art. 747-3 et s. ; C. pén., art. 132-58, 132-60 et s.

■ Voir aussi : *Dispense de peine*

Aléa thérapeutique
Droit des obligations
Dommage résultant d'une intervention médicale non lié à une faute du médecin.

■ Voir aussi : *Accident médical*

Alibi
Procédure pénale
Argument utilisé pour sa défense par une personne soupçonnée de la commission d'une *infraction*, appuyé notamment sur la preuve de sa présence en un lieu autre que celui où l'infraction a été perpétrée.

Aliénabilité
Introduction au droit
Caractéristique des *biens* susceptibles d'*aliénation, c'est-à-dire de transmission.*

Aliénation
Introduction au droit
Résultat de la transmission de la *propriété* d'un *bien* à la suite d'un *acte à titre onéreux* ou *à titre gratuit.*

Alignement
Droit administratif
Délimitation des propriétés privées opérée par l'*administration* permettant d'incorporer certaines parcelles dans le *domaine public*. On parle alors de parcelles « frappées d'alignement » pour désigner les propriétés dont les limites seront remises en cause par l'administration.

■ Voir aussi : *Expropriation*

Aliment
Droit des personnes et de la famille
Aide matérielle qu'une personne dans le besoin est en droit de réclamer à certains membres de sa famille. Cette aide est limitée à ce qui est nécessaire pour assurer la subsistance de la personne et prend, en général, la forme de versements périodiques de sommes d'argent.

C. civ., art. 205 et s.

Alinéa
Introduction au droit
Partie d'un article de *loi*. L'alinéa commence à la mise en retrait du premier mot d'une phrase et se termine au saut de ligne suivant.

Allégation
Introduction au droit
Présentation par une partie des faits qui sont à l'origine de sa prétention.

■ Voir aussi : *Prétention*

Alliance
Droit des personnes et de la famille
Lien juridique créé par le *mariage* entre un époux et les parents de son conjoint.

■ Voir aussi : *Parents*

Allocation adulte handicapé (AAH)
Droit de la protection sociale
Prestation en espèces servie par les caisses d'allocations familiales au bénéfice des personnes adultes handicapées qui ne bénéficient pas d'une pension d'invalidité ou de vieillesse.

CSS, art. L. 821-1 ; L. n° 75-734, 30 juin 1975, art. 32 et s.

■ Voir aussi : *Allocation d'éducation de l'enfant handicapé (AEEH), Maison départementale des personnes handicapées (MDPH)*

Allocation d'éducation de l'enfant handicapé (AEEH)
Droit de la protection sociale

Prestation en espèces servie à la personne ayant la charge d'un enfant ou d'un adolescent handicapé (handicap au moins égal à 50 %) afin de lui assurer le bénéfice d'une éducation spécialement adaptée à son handicap (anciennement Allocation d'éducation spéciale).

CSS, art. L. 541-1 et s. ; L. nº 75-734, 30 juin 1975, art. 4 et s.

▪ Voir aussi : *Allocation adulte handicapé (AAH), Maison départementale des personnes handicapées (MDPH)*

Allocation de solidarité aux personnes âgées
Droit de la protection sociale

À défaut d'être titulaire d'une pension vieillesse d'un montant décent en ayant atteint un âge minimum, toute personne justifiant d'une résidence stable et régulière sur le territoire national bénéficie d'une allocation de solidarité aux personnes âgées (dite « minimum vieillesse »). L'âge minimum ouvrant droit à cette prestation est abaissé en cas d'inaptitude au travail.

CSS, art. L. 815-1 et s.

▪ Voir aussi : *Assurance vieillesse, Assuré social*

Allocation de logement
Droit de la protection sociale

Prestation familiale destinée à aider les personnes à réduire à un niveau compatible avec leurs ressources, de la composition de leur foyer et des conditions minimales de salubrité des lieux, la charge de loyer ou d'emprunt afférente au logement qu'elles occupent à titre de résidence principale.

CSS, art. L. 542-1 et s.

▪ Voir aussi : *Allocations familiales*

Allocations familiales
Droit de la protection sociale

Prestation familiale d'entretien servie, sans condition de ressources, aux familles à partir du deuxième enfant à charge.

CSS, art. L. 521-1

Allotissement
Droit des successions et libéralités

Opération consistant à répartir les *biens* du défunt en différents *lots* avant de les attribuer à chaque copartageant selon la part qui lui revient.

C. civ., art. 825 et s.

▪ Voir aussi : *Partage*

Alluvion
Droit des biens

Bande de terre le long d'un cours d'eau constituée par le dépôt progressif de sable, gravier, notamment, et appartenant, par *accession*, au propriétaire du *fonds* riverain.

C. civ., art. 556 et s., 596

▪ Voir aussi : *Avulsion*

Alternance
Droit constitutionnel

Situation politique caractérisée par un changement de majorité gouvernante à la suite d'élections populaires.

▪ Voir aussi : *Cohabitation*

Alternative à l'emprisonnement
Droit pénal

Peine ne comportant pas de privation de liberté, susceptible d'être prononcée à la place d'une peine d'emprisonnement.

Ambassade
Droit constitutionnel
Service public de l'État installé en permanence sur le territoire d'un autre État, dit *accréditaire,* dirigé par un chef de poste (l'ambassadeur) et bénéficiant de privilèges et immunités.

Aménagement foncier
Droit administratif
Politique rurale consistant à rationaliser l'utilisation des propriétés agricoles et des forêts. L'aménagement foncier a longtemps été dominé par la politique du remembrement rural (suppression des petites propriétés rurales, des haies et talus). Sur le plan organique, des sociétés d'aménagement foncier et d'établissement rural ont été mises en place (SA-FER).

Aménagement du territoire
Droit administratif
Politique initiée en France en 1963 pour équilibrer et équiper le territoire. Elle a consisté à développer les moyens de communication (train, routes, autoroutes), à créer des métropoles d'équilibre pour éviter la concentration excessive de la population à Paris et à régionaliser la gestion des activités économiques. Pour réaliser cette politique, le *gouvernement* a créé la délégation à l'Aménagement du territoire.
   ■ Voir aussi : *Administration de missions*

Amende
Droit pénal
Peine de nature pécuniaire prononcée par une juridiction pénale qui consiste à verser une somme d'argent au Trésor public.
   CPC, art. 32-1

Amende civile
Procédure civile
Amende prononcée par une juridiction civile pour sanctionner, soit le fait de se soustraire à une charge, soit un abus dans l'usage des voies de droit (ex. : refus d'un témoin de déposer ou exercice abusif d'une voie de recours).
   C. pén., art. 131-1 et s.

Amende forfaitaire
Procédure pénale
Procédure réservée à certaines *contraventions* des quatre premières classes, par laquelle le paiement d'une amende entre les mains d'un agent verbalisateur ou au moyen d'un timbre-amende éteint l'*action publique*.
   CPP, art. 529 et s., R. 49 et s.

Ameublissement
Droit des régimes matrimoniaux
Clause rarissime du *contrat de mariage* par laquelle les époux, ou l'un d'entre eux, font passer un ou plusieurs *immeubles* à l'état de *meubles* pour les faire entrer dans la communauté. Cette fiction n'a toutefois d'effet qu'entre les époux car, à l'égard des tiers, les immeubles conservent leur nature de biens propres.

Amiable compositeur
Procédure civile
Nom donné au *juge* ou à l'*arbitre* qui, à la demande expresse des parties, tranche le litige en *équité* et non par application des règles de droit.
   CPC, art. 12

Amicus curiae
Droit processuel
Nom donné aux personnes dont une cour sollicite l'avis, notamment sur des ques-

tions de droit (ex. : *amicus curiae* près les juridictions pénales internationales).

■ Voir aussi : *Expert judiciaire, Technicien*

Amnistie
Droit pénal

Mesure législative qui ôte à un fait son caractère délictueux, éteint l'action publique et efface la condamnation intervenue ou la peine prononcée, sans avoir d'effet sur les conséquences civiles du fait qui en bénéficie.

C. pén., art. 133-9 et s.

Amodiation
Droit administratif

Contrat de location d'une mine à une entreprise privée. La convention prévoit les droits et obligations des parties, en particulier le paiement du prix qui constitue une redevance pour services rendus.

■ Voir aussi : *Redevance*

Amortissement de la dette publique
Finances publiques

Terme technique désignant la réduction de la dette publique causée par le remboursement du capital aux créanciers des personnes publiques. Une faible partie des recettes de l'État a été affectée à l'amortissement de la dette publique. La majeure partie de l'amortissement de la dette de l'État résulte de l'émission de titres d'État à moyen et long terme. Pour la dette des organismes de sécurité sociale, il a été décidé depuis 1996 de l'amortir par un nouvel impôt (la *contribution pour le remboursement de la dette sociale*), les opérations étant confiées à la Caisse d'amortissement de la dette sociale.

Amortissement financier
Finances publiques

Remboursement normal des échéances en capital du contrat d'emprunt à la banque. Il peut aussi s'agir d'un remboursement *in fine* du capital. Cet amortissement correspond à l'entrée du bien dans le patrimoine de la collectivité publique.

Amortissement industriel
Droit fiscal et comptable

Mécanisme comptable permettant de prendre en compte la dépréciation d'un actif immobilisé du fait de la vétusté, de l'usure notamment.

Amparo
Contentieux constitutionnel

Voie de recours parallèle adressée par un particulier devant la Cour constitutionnelle et destinée à faire annuler un acte public qui porte atteinte à un droit garanti par la Constitution.

Const. Espagne, 27 déc. 1978, art. 161-1

Ampliation
Droit administratif

Double authentique d'un acte administratif adressé à l'intéressé. L'acte en cause porte la mention « pour ampliation ».

Amsterdam (traité d')
Droit de l'Union européenne

Traité de révision du *traité de Maastricht* sur l'*Union européenne*, signé le 2 octobre 1997 et entré en vigueur le 1er mai 1999.

Analogie ■ Voir *A pari*

Anatocisme
Droit des obligations
Transformation des *intérêts* en *capital* lui-même productif d'*intérêts*.
C. civ., art. 1154

Angarie
Droit international public
Sanction infligée à un État neutre en temps de guerre et consistant à réquisitionner ses navires moyennant indemnité.

Animus
Introduction au droit
Intention d'avoir tel ou tel comportement. L'utilisation de ce terme suppose, en général, que l'élément psychologique est nécessaire à la constitution de la situation juridique concernée.
Droit des biens
Élément psychologique de la possession consistant dans la volonté de se comporter comme propriétaire *(animus domini).*
▪ Voir aussi : *Animus donandi*

Animus donandi
Droit des successions et libéralités
Intention de faire une *donation.*
▪ Voir aussi : *Animus*

Annexion
Droit international public
Transfert imposé d'un territoire étatique vers le domaine d'un autre État à la suite d'une occupation militaire.

Annonce judiciaire et légale
Procédure civile
Formalité de publicité destinée à porter à la connaissance du public certains *actes juridiques* (ex. : modification des statuts d'une société).
L. n° 55-4, 4 janv. 1955 concernant les annonces judiciaires et légales

Annuité (d'emprunt)
Finances publiques
Total des charges d'emprunt dues par une collectivité publique pour l'ensemble d'une année budgétaire. Ce total comprend non seulement le paiement des intérêts (frais financiers) mais également l'amortissement du capital (amortissement financier). Le niveau de l'annuité d'emprunt est le point de départ de l'*équilibre réel* des budgets locaux.

Annulation
Introduction au droit
Disparition rétroactive d'une norme (ex. : loi, contrat...).
▪ Voir aussi : *Abrogation*
Droit des obligations ▪ Voir *Nullité*

Annulation (recours en)
Droit de l'Union européenne
Action introduite par un particulier, un État membre ou une institution de l'Union devant la *Cour de Justice de l'Union européenne* afin d'obtenir l'annulation d'un *acte juridique de l'Union européenne* contraignant.
TFUE, art. 263 et 264
▪ Voir aussi : *Carence (recours en), Manquement (recours en)*

Anomale ▪ Voir *Succession anomale*

Antichrèse
Droit des sûretés ▪ Voir *Gage immobilier*

Antidate
Droit processuel
Fausse date portée sur un document afin de le faire croire antérieur.

Apatride
Droit international privé
Individu qui ne possède aucune *nationalité*.

■ Voir aussi : *Étranger, Nationalité*

Apériteur
Droit des assurances
Société d'assurance, dite *société apéritrice*, chargée de représenter l'ensemble des coassureurs auprès de l'assuré et de coordonner les relations avec celui-ci (négociation du contrat, établissement de la *police*, encaissement des *primes*, règlement des sinistres...).
C. assur., art. L. 352-1, R. 331-31, R. 332-1

■ Voir aussi : *Coassurance*

Apparence (théorie de l')
Introduction au droit
Réunion d'un ensemble de détails qui, caractérisant en général une situation, rend légitime la croyance qu'un tiers a pu avoir dans l'existence de cette situation et lui permet de s'en prévaloir.

■ Voir aussi : *Bonne foi, Error communis facit jus*

Apparentement
Droit constitutionnel
1. Méthode électorale de répartition des sièges consistant à additionner les suffrages obtenus séparément par des listes ayant passé des alliances avant l'organisation du scrutin.
L. 9 mai 1951

■ Voir aussi : *Mode de scrutin*

2. Association d'un parlementaire à un groupe dont il n'est pas adhérent.
RAN, art. 19

■ Voir aussi : *Groupe parlementaire*

Appel
Droit processuel
Voie de recours ordinaire de réformation ou d'annulation exercée contre une décision rendue en *premier ressort* et permettant un contrôle de celle-ci en fait et en droit.
CPC, art. 543 ; CPP, art. 496 et s., 546 et s., 380-1

Appel en garantie
Procédure civile
Intervention forcée d'un tiers à un procès déjà engagé, provoquée par une partie pour faire condamner ce tiers à sa place ou pour lui rendre la décision commune.
CPC, art. 334 et s.

Appel incident
Procédure civile
Appel, consécutif à l'*appel principal*, interjeté par l'*intimé* contre *l'appelant* ou contre un autre intimé.
CPC, art. 548 et s.

■ Voir aussi : *Appel, Appel principal, Incident, Appel provoqué*

Appel a minima
Procédure pénale
Voie de recours formée par le ministère public, par laquelle il demande à la juridiction de second degré en charge de l'appel l'aggravation de la peine prononcée en première instance.

Appel d'offres
Droit administratif
Mode de passation d'un *marché public* régi par l'article 33 du Code des marchés

publics. L'administration doit choisir le « mieux-disant » ce qui ne signifie pas nécessairement l'entreprise la moins chère. Le choix porte en effet sur la qualité de la prestation (rapport qualité-prix). La procédure est obligatoire pour les marchés de l'État d'un montant supérieur à 130 000 € et pour les marchés publics locaux d'un montant supérieur à 200 000 € (chiffres hors taxes).

■ Voir aussi : *Adjudication*

Appel principal
Procédure civile

Nom donné au premier *appel* interjeté contre une décision d'une juridiction du premier degré et auquel pourront venir s'ajouter des *appels incidents*.

■ Voir aussi : *Appel, Appel incident*

Appel provoqué
Procédure civile

Forme *d'appel incident* interjeté par ou contre une personne non *intimée*, ayant été partie à la première instance.

● *Exemple,* Un litige oppose *Primus* – un acheteur de marchandises – à *Secundus* – son vendeur. Devant la juridiction du premier degré, *Secundus* avait appelé en garantie son propre fournisseur. La décision du premier degré exonère *Secundus* de toute garantie. Primus interjette appel contre *Secundus* et lui seul, mais celui-ci décide d'appeler en garantie, à titre subsidiaire, son fournisseur qui avait été mis hors de cause par le premier jugement, il forme contre celui-ci un appel provoqué.

CPC, art. 549

■ Voir aussi : *Appel, Garantie*

Appel public à l'épargne
Droit des sociétés

Dénomination, jusqu'en 2009, de l'*offre au public de titres financiers.*

Appelant
Droit processuel

Nom donné à la partie qui forme l'*appel principal.*

■ Voir aussi : *Intimé*

Appelé
Procédure civile

Nom donné à la personne appelée en justice soit pour défendre sa cause, soit pour être entendue comme témoin.

Appellation d'origine (AO)
Droit de la propriété intellectuelle

L'appellation d'origine est la dénomination d'un pays, d'une région, ou d'une localité servant à désigner un produit dont la qualité et les caractères son essentiellement dus au milieu géographique comprenant des facteurs naturels et humains. Cela peut aussi être une dénomination traditionnelle d'un produit issu d'une certaine zone géographique. Ce terme est aussi remplacé par celui d'indication géographique. Le statut de ces appellations est d'ordre public ; l'octroi de l'appellation est lié à une mesure de classement par l'autorité administrative.

C. consom., art. L. 115-1 et s. ; CPI, art. L. 721-1 et L. 722-1 ; C. rur. pêche marit., art. L. 641-5

■ Voir aussi : *Indication géographique*

Appellation d'origine protégée
Droit de la propriété intellectuelle – Droit de la consommation

Est au niveau communautaire le signe qui correspond aux AOC françaises. Peut bénéficier d'une appellation d'origine protégée un produit dont la production, la transformation et l'élaboration doivent avoir lieu dans une aire géographique déterminée avec un savoir-faire reconnu et constaté.

Dir. n° 98/34/CE, 22 juin 1998, art. 2

Appellation d'origine contrôlée (AOC)

Droit de la propriété intellectuelle

Peuvent bénéficier d'une appellation d'origine contrôlée les produits agricoles, forestiers ou alimentaires et les produits de la mer, bruts ou transformés, qui possèdent une notoriété dûment établie et dont la production est soumise à des procédures comportant une habilitation des opérateurs, un contrôle des conditions de production et un contrôle des produits. C'est une norme française.

C. rur. pêche marit., art. L. 641-5 et s. ; C. consom., art. L. 115-1

■ Voir aussi : *Indication géographique, Appellation d'origine, Appellation d'origine protégée*

Application immédiate de la loi

Introduction au droit

Règle selon laquelle la *loi* nouvelle régit toutes les situations juridiques constituées après son *entrée en vigueur*, mais aussi les effets futurs des situations en cours lors de cette *entrée en vigueur*.

■ Voir aussi : *Rétroactivité, Droit acquis*

Apport ■ Voir *Apport en société*

Apport en capital

Droit des sociétés

Apports en société réalisés en numéraire ou en nature et concourant à la formation du *capital social*.

Apport en industrie

Droit commercial – généralités

Apport réalisé dans certaines formes de sociétés par la mise à disposition par l'associé de sa force de travail, de connaissances, de savoir-faire... Ces apports ne concourent pas à la formation du capital social.

C. civ., art. 1843-2, 1843-3, 1844-1

Apport en jouissance

Droit commercial – généralités

Forme *d'apport en nature* par laquelle l'apporteur ne transfère pas la propriété du bien apporté à la société mais lui en confère simplement l'utilité, la jouissance.

C. civ., art. 1843-3

Apport en nature

Droit commercial – généralités

Apport par un associé d'un bien, immeuble ou meuble (corporel ou incorporel) ; cet apport peut être réalisé en propriété ou en jouissance.

C. civ., art. 1843-3 ; C. com., art. L. 225-3, L. 225-10, L. 225-14

Apport en numéraire

Droit commercial – généralités

Apport d'une somme d'argent par un associé.

C. civ., art. 1843-3 ; C. com., art. L. 225-3, L. 225-128 (SA), L. 223-7, L. 223-32 (SARL)

Apport partiel d'actif

Droit des sociétés

Apport en nature portant sur une branche autonome d'activité réalisé par une société au profit d'une autre existante, ou nouvelle. En contrepartie de son apport, la société apporteuse reçoit des titres de la société bénéficiaire.

C. com., art. L. 236-22

Apport en propriété
Droit commercial – généralités
Forme d'*apport en nature* par laquelle l'associé transfère la propriété du bien apporté à la société.

C. civ., art. 1843-3

Apport en société
Droit commercial – généralités
Biens, sommes d'argent, industrie que les apporteurs confèrent à la société et en contrepartie desquels leurs sont attribuées des parts de la société.

C. civ., art. 1832, 1835, 1843-1 et s.

Approbation
Droit international public
Mode d'expression du consentement de l'État à être lié par un traité déjà signé qui se distingue de la ratification par son caractère moins solennel et par le fait qu'elle émane d'un membre du gouvernement.

Conv. Vienne, 23 mai 1969, art. 14

▪ Voir aussi : *Ratification*

Apurement des comptes
Finances publiques
Modalité de contrôle de la régularité des comptes des comptables publics. Les comptes ne sont pas jugés par le *juge des comptes* mais simplement contrôlés par les comptables supérieurs du Trésor. Dans les finances locales, depuis 1988, les comptes des petites communes font l'objet d'un *apurement des comptes* relevant des comptables supérieurs du Trésor.

Arbitrage
Procédure civile
Mode non étatique de règlement des litiges dans lequel les parties confient le soin de trancher leur différend à des personnes privées.

CPC, art. 1442 et s.

▪ Voir aussi : *Compromis, Clause compromissoire, Sentence*

Arbitrage international
Droit international public
Règlement des litiges entre les États par des juges de leur choix suivant une procédure garantissant les droits de la défense et l'égalité des parties.

▪ Voir aussi : *Compromis d'arbitrage*

Arbitraire
Histoire
Dans l'acception péjorative qui apparaît au XVIIIᵉ siècle, s'oppose au principe de légalité pour désigner un régime de caprice ou de faveur injuste.

Arbitraire du juge ou *(arbitrium judicis)*
Histoire médiévale – Histoire moderne
Pouvoir laissé aux juges supérieurs en Europe de moduler la sanction pénale en fonction des diverses circonstances du délit.

Arbitre
Procédure civile
Nom donné aux personnes auxquelles les parties ont confié le soin d'arbitrer leur litige.

▪ Voir aussi : *Arbitrage, Juridiction arbitrale*

Aristocratie
Histoire moderne
Mode de gouvernement par les meilleurs, exclusivement appliqué à

l'Antiquité dans l'exposé des doctrines politiques. Étym. : du grec *aristokratia* (gouvernement des meilleurs).

Histoire révolutionnaire
Désigne la noblesse puis les groupes des traîtres ou des ennemis de la *Révolution*.
L. 27 mars 1793

Armateur
Droit des transports
Personne exploitant un *navire*, propriétaire ou non de celui-ci.
C. transports, art. L. 5411-1, L. 5411-2, L. 5511-1
▪ Voir aussi : *Affrètement*

Arme
Droit pénal
Tout objet conçu pour tuer ou blesser (arme par nature) ou qui est susceptible de présenter un danger pour les personnes car il est utilisé ou destiné aux fins de tuer, blesser ou menacer (arme par destination) ou qui ressemble à une arme par nature et qui est utilisé ou destiné aux fins de menacer de tuer ou de blesser (arme simulée). L'utilisation d'un animal dans le but de tuer, blesser ou menacer, est assimilée à l'usage d'une arme.
C. pén., art. 132-75

Arpentage
Droit des biens
Mesure de la *contenance* d'un terrain, effectuée par un expert, autrefois en arpents et désormais en mètres ou en ares, préalable à l'implantation de signes pour un *bornage*.

Arrérages
Droit des obligations
Termes échus d'une *rente*.

Arrestation
Procédure pénale
Appréhension d'un individu afin de le conduire devant une autorité administrative ou judiciaire.

Arrêt
Droit processuel
Nom donné aux décisions juridictionnelles des cours et du Conseil d'État (ex. : arrêts des cours d'appel et arrêts de la Cour de cassation).
▪ Voir aussi : *Jugement*

Arrêt des poursuites individuelles
Liquidation et redressement judiciaires
Principe selon lequel le jugement d'ouverture d'une procédure de *sauvegarde*, de *redressement* ou *liquidation* judiciaires interrompt, interdit ou arrête certaines *actions en justice* et *voies d'exécution* aux *créanciers* dont la créance a son origine antérieurement au jugement d'ouverture.
C. com., art. L. 622-21, L. 622-17, I, L. 631-14, L. 641-3, al. 1
▪ Voir aussi : *Suspension provisoire des poursuites*

Arrêt de principe ▪ Voir *Décision de principe*

Arrêt de règlement
Histoire moderne
Mesure de portée générale à caractère normatif prise par les *parlements* à l'occasion d'un procès et applicable pour leur ressort respectif. Manifestation du pouvoir réglementaire des *cours souveraines*.

Arrêté
Droit administratif
Acte unilatéral émanant d'une ou plusieurs autorités administratives. Au ni-

veau de l'État, chaque *ministre* peut prendre des arrêtés ministériels, plusieurs ministres peuvent prendre des arrêtés interministériels, les préfets peuvent prendre des arrêtés préfectoraux. Au niveau des collectivités territoriales, les arrêtés peuvent être régionaux, départementaux ou municipaux selon l'exécutif qui a signé (président du conseil régional, général, ou maire). Ces arrêtés doivent respecter les lois et décrets qui les conditionnent. Dans le cas contraire, ils peuvent être annulés par le juge administratif.

Arrêté de cessibilité
Droit administratif
Acte unilatéral intervenant au cours de la procédure d'expropriation pour cause d'utilité publique. Il s'agit d'un *acte individuel* par lequel le *préfet* définit avec précision la liste des biens ou droits pouvant être expropriés par l'*administration*.
C. expr., art. L. 11-8

Arrhes
Droit des contrats spéciaux
Somme d'argent versée à l'avance par l'une des parties à un contrat et offrant aux contractants une faculté de *dédit* moyennant, sauf stipulation contraire, sa perte par celui qui l'a versée ou sa restitution au double par celui qui l'a reçue.
C. civ., art. 1590 ; C. consom., art. L. 114-1, L. 131-1 à L. 131-3
▪ Voir aussi : *Acompte*

Arrondissement
Droit administratif
Circonscription administrative de l'État située à l'intérieur d'un département et placée sous l'autorité d'un *sous-préfet*. Dans les trois plus grandes communes de France (Paris-Lyon-Marseille), le territoire est divisé en arrondissements comportant chacun un *conseil d'arrondissement* et un *maire*.

Article 700
Procédure civile
Somme déterminée en équité par le juge, destinée à compenser, totalement ou partiellement, les frais exposés par une partie au procès, généralement la partie gagnante.
CPC, art. 700
▪ Voir aussi : *Dépens*

Ascendant
Droit des successions
Désigne la personne dont un individu est juridiquement issu : le parent, le grand-parent, etc.
C. civ., art. 205, 371-4 et 734
▪ Voir aussi : *Collatéral, Descendant*

Artisanat
Droit commercial – généralités
Activité civile par laquelle un travailleur indépendant, l'artisan, se livre à un travail majoritairement manuel secondé par des membres de sa famille ou d'un nombre restreint d'apprentis ou salariés.
L. n° 96-603, 5 juill. 1996 ; L. n° 2014-626, 18 juin 2014

Asile diplomatique
Droit international public
Accueil par une mission diplomatique, dont les locaux sont inviolables, de personnes étrangères poursuivies pour des délits politiques.
Const. 4 oct. 1958, art. 53-1
▪ Voir aussi : *Réfugié*

43

Assassinat
Droit pénal

A

Meurtre commis avec *préméditation.*

C. pén., art. 221-3

Assemblée constituante
Droit constitutionnel

Réunion des représentants du peuple chargés de rédiger une Constitution et éventuellement d'en approuver le contenu au nom du pouvoir constituant.

Const. 3 sept. 1791

※ Voir aussi : *Pouvoir constituant*

Assemblée générale
Introduction au droit – Droit commercial – généralités

1. Réunion des associés d'une société qui doit se tenir impérativement annuellement afin d'approuver les comptes de la société (assemblée générale ordinaire annuelle).

2. Extraordinaire : l'assemblée générale extraordinaire (AGE) est seule compétente pour procéder à une modification des statuts de la société et ce à des conditions de quorum et de majorité plus contraignantes que pour les assemblées générales ordinaires.

3. Ordinaire (AGO) : assemblée d'associés compétente pour toutes les questions concernant la société hormis celles entraînant une modification statutaire pour lesquelles une assemblée générale extraordinaire est nécessaire.

C. com., art. L. 221-6 et s. (SNC) ;
C. com., art. L. 223-26 et s. (SARL) ;
C. com., art. L. 225-96 et s. (Sté par actions)

Assemblée nationale
Droit constitutionnel

Instance parlementaire composée des députés élus par les citoyens au suffrage universel direct.

Const. 4 oct. 1958, art. 24

※ Voir aussi : *Parlement*

Assemblée nationale constituante
Histoire

Assemblée nationale ayant, entre autres pour vocation de rédiger une constitution.

Histoire révolutionnaire

Dénomination adoptée par les États généraux en vue d'élaborer la première Constitution française (20 juin 1789-30 sept. 1791).

Assemblée parlementaire
Droit européen

Institution du *Conseil de l'Europe* composée de représentants désignés en leur sein par les parlements nationaux et dont le rôle est celui d'un organe consultatif auprès du *Comité des ministres.*

Assemblée plénière
Procédure civile – Procédure pénale

Formation de jugement de la *Cour de cassation*, comprenant des représentants de toutes les chambres et chargée de connaître soit des questions de principe, soit des *pourvois* formés contre les décisions rendues après renvoi.

COJ, art. L. 421-5, L. 431-6 et s.

Assemblée territoriale
Droit constitutionnel

Organe délibérant d'un territoire d'outre-mer composé d'élus sur des

bases essentiellement démographiques.
Const. 4 oct. 1958, art. 74
▪ Voir aussi : *Territoire d'outre-mer (TOM)*

Assiette de l'impôt
Droit fiscal et comptable
Le terme désigne la matière imposable, ce sur quoi porte l'impôt : le capital, le revenu, la consommation, les bénéfices. La définition de l'assiette relève de la loi fiscale. Les services de l'assiette sont des services fiscaux qui ont pour mission de calculer et vérifier les bases des impôts.
Const., art. 34

Assesseur
Procédure pénale
Juge professionnel chargé d'assister le président de la *cour d'assises*.
CPP, art. 248 et s.

Assiette des cotisations
Droit de la protection sociale
Ensemble des sommes et avantages perçus par le salarié à l'occasion ou en contrepartie de son travail (salaire, primes, avantages en nature, etc.) servant de base au calcul des cotisations de sécurité sociale.
CSS, art. L. 242-1 ; A. min. 10 ct 20 déc. 2002
▪ Voir aussi : *Cotisations de sécurité sociale, Union de recouvrement des cotisations de sécurité sociale et d'allocations familiales (URSSAF)*

Assignation
Procédure civile
Acte d'*huissier de justice* par lequel le demandeur à l'*instance* cite son adversaire à comparaître en justice.
CPC, art. 54 et s., 750 et s., 836 et s., 855 et s., 908

Assignation à domicile
Procédure civile
Modalité subsidiaire de *signification* de l'*assignation* permettant lorsque celle-ci ne peut être faite à personne de laisser une copie de l'acte soit au *domicile* du destinataire, soit de laisser un avis de passage mentionnant que la copie doit être retirée à l'*étude*.

▪ Voir aussi : *Assignation*

Assignation à personne
Procédure civile
Qualifie l'*assignation* remise à la personne même de son destinataire s'il s'agit d'une personne physique ou à son représentant légal s'il s'agit d'une personne morale.
▪ Voir aussi : *Assignation*

Assignation à résidence
Droit international privé
Atteinte à la liberté de circuler d'un étranger sous le coup d'un arrêté d'*expulsion* par la désignation par les autorités publiques d'un lieu de résidence obligatoire.

Assises
Procédure pénale
1. Juridiction compétente pour juger les infractions qualifiées de crimes en premier ressort et en appel (cour d'assises).
CPP, art. 231 et s.
2. Période pendant laquelle siège la cour d'assises (session d'assises).

Assistance
Droit processuel
Mission donnée à une personne, généralement un *avocat*, d'apporter son aide

(rédaction de conclusions, *plaidoiries*) à une partie à l'*instance*.

CPC, art. 412 et s.

▪ Voir aussi : *Représentation*

Assistance éducative
Droit des personnes et de la famille
Règles qui permettent au juge des enfants de prendre, lorsque la moralité, la sécurité ou l'éducation du *mineur* sont menacées, des mesures de protection sans supprimer l'*autorité parentale*.

C. civ., art. 375 et s.

Assistant de justice
Procédure civile
Auxiliaire du *juge*, chargé de fonctions non juridictionnelles comme la recherche documentaire, l'organisation de la *mise en état* ou encore de la rédaction de projets de décision.

L. n° 95-125, 8 févr. 1995 relative à l'organisation des juridictions et à la procédure civile, pénale et administrative, art. 20

Association
Introduction au droit
1. Groupement de droit privé institué, dans le cadre de la loi du 1er juillet, par des personnes sociétaires qui mettent en commun leurs connaissances et activités dans un but autre que le partage de bénéfices.
2. Convention par laquelle les sociétaires décident de créer une association régie par la loi de 1901.

L. 1er juill. 1901

▪ Voir aussi : *Coopérative (société)*

Association de consommateurs
Consommation
Association de droit privé ayant pour objet statutaire la défense des intérêts collectifs ou particuliers des consommateurs.

C. consom., art. L. 421-1 à L. 421-3, L. 422-1 à L. 422-3

Association européenne de libre-échange (AELE)
Droit international public – Droit de l'Union européenne
Organisation européenne de coopération économique interétatique instituée par la Convention de Stockholm du 4 janvier 1960 en réaction à la constitution de la *Communauté économique européenne*, et créant une zone de liberté des échanges par la suppression des droits de douane et des *restrictions quantitatives*. Sont membres de l'AELE l'Islande, le Liechtenstein, la Norvège et la Suisse.

Association foncière agricole (AFA)
Droit rural
Association constituée par des propriétaires de terrains à vocation agricole, pastorale ou forestière, pour améliorer leur exploitation.

C. rur. pêche marit., art. L. 136-1 et s.

Association de malfaiteurs
Droit pénal
Groupement ou entente de personnes formé en vue de préparer la perpétration, caractérisée par au moins un fait matériel, d'un ou plusieurs crimes ou délits graves.

C. pén., art. 450-1 et s.

Association syndicale
Droit administratif
Association de propriétaires chargée de gérer les intérêts collectifs. Dans certains cas, le juge a considéré que la

nature juridique de l'association était un *établissement public*.

Associé
Droit commercial – généralités
Membre d'une société ayant effectué des apports et dont la vocation est de participer au fonctionnement et aux résultats de ce groupement.

Assujettissement
Droit de la protection sociale
Situation de droit dans laquelle se trouve une personne lorsqu'elle remplit les conditions de son rattachement (obligatoire ou facultatif) à un régime de sécurité sociale ; la décision d'assujettissement est normalement prise par la caisse d'affiliation et entraîne le versement immédiat de cotisations.
CSS, art. L. 311-2, L. 613-1
▧ Voir aussi : *Assuré social, Affiliation*

Assurance
Droit des assurances
Opération par laquelle une personne, l'assureur, s'engage, en contrepartie du paiement par l'assuré d'une rémunération (*prime* ou cotisation), à exécuter une prestation en argent en cas de réalisation d'un risque.
C. civ., art. 1964 ; C. assur., art. L. 100-1 et s.

Assurance décès
Droit des assurances
Contrat d'assurance *en cas de décès* par lequel l'assureur s'engage à verser un capital ou une rente à un tiers bénéficiaire lors du décès de l'assuré.
C. assur., art. L. 131-1 et s., R. 131-1 et s.
▧ Voir aussi : *Assurance-vie*

Droit de la protection sociale
Branche d'assurance d'un régime de sécurité sociale visant au versement de prestations sociales en cas de décès prématuré d'un assuré social au bénéfice des ayants droit de ce dernier.
CSS, art. L. 361-1
▧ Voir aussi : *AGS (Assurance garantie des salaires), Assurance veuvage, Assurances sociales, Prestations (sociales), Réversion*

Assurance veuvage
Droit de la protection sociale
Branche des *assurances sociales* destinée à assurer un soutien financier au conjoint survivant ainsi qu'aux enfants à charge d'un assuré social décédé de façon prématurée pour un motif non professionnel. Ces prestations prennent le plus souvent la forme d'une allocation veuvage servie pour une durée de deux ans et, dans des cas particuliers, jusqu'au départ à la retraite du bénéficiaire.
CSS, art. L. 356-1 et s.
▧ Voir aussi : *Assurance décès, Assurances sociales, Prestations (sociales), Assurance risques professionnels, Réversion*

Assurance risques professionnels
Droit de la protection sociale
Ensemble des dispositions issues du livre IV du Code de la sécurité sociale qui organise la protection sociale des salariés contre les risques d'accidents liés au travail et ceux de maladies professionnelles.
CSS, art. L. 411-1 et s.
▧ Voir aussi : *Accident du travail, Accident de mission, Accident de trajet, Maladie professionnelle, Rente*

Assurance-vie
Droit des assurances

1. Contrat d'assurance de personnes par lequel l'*assureur* s'engage à verser au souscripteur ou à un tiers désigné un capital ou une rente en cas de décès de l'assuré ou de sa survie à une date déterminée.

2. Assurance dite *en cas de vie* dans laquelle le risque couvert est constitué par la survie de l'assuré à un âge déterminé ou à une date déterminée.

C. assur., art. L. 131-1 et s., R. 131-1 et s.

▥ Voir aussi : *Assurance décès*

Assurances sociales
Droit de la protection sociale

1. Initialement, les lois de 1928 et 1930 ont institué en France un système d'assurances sociales destiné à garantir les travailleurs, avec l'aide de leur employeur, contre des risques sociaux identifiés.

2. Désormais, il s'agit de l'ensemble des branches d'assurance ayant en charge les risques sociaux élémentaires de droit commun (assurance maladie, assurance maternité et paternité, assurance invalidité, assurance vieillesse, assurance décès), par opposition aux risques professionnels.

CSS, art. L. 311-1 et s.

▥ Voir aussi : *Prestations (sociales), Assurance risques professionnels*

Assuré
Droit des assurances

Personne exposée au risque couvert par l'assureur.

▥ Voir aussi : *Souscripteur*

Assuré social
Droit de la protection sociale

Qualité de toute personne physique qui est obligatoirement assujettie à un régime de sécurité sociale et, par conséquent, affiliée à un organisme social.

CSS, art. L. 311-2, L. 615-1

▥ Voir aussi : *Affiliation, Assujettissement*

Assureur
Droit des assurances

Personne, généralement une société anonyme ou mutuelle d'assurance, acceptant de prendre en charge un risque dans un contrat d'*assurance*.

C. assur., art. L. 322-1 et s.

▥ Voir aussi : *Agent général d'assurances, Courtier d'assurance*

Astreinte
Procédure civile

Condamnation à une somme d'argent à raison de tant par période de retard (jour, semaine ou mois) prononcée par le juge pour contraindre un débiteur à exécuter son obligation.

CPC ex., art. L. 131-1 et s.

Atteinte sexuelle
Droit pénal

Terme général regroupant un ensemble d'actes illicites à caractère sexuel commis avec violence, contrainte, menace ou surprise ou commis sans violence et réprimé uniquement dans le cas où la victime est mineure.

▥ Voir aussi : *Agression sexuelle, Mise en péril des mineurs*

C. pén., art. 222-22 et s., 227-25 et s.

Atteintes à la dignité
Droit pénal

Délits consistant à déconsidérer la personne physique ou morale et constituant une discrimination, c'est-à-dire une distinction reposant notamment sur des motifs liés à l'origine ethnique, à la religion, au sexe ou à l'état de santé.

C. pén., art. 225-1 et s. ; C. civ., art. 16

Atteintes à l'état civil des personnes

Droit pénal

Délits ou *contraventions* qui violent les règles relatives à l'état civil des personnes, notamment pour ce qui concerne le nom, le mariage et le respect dû aux défunts.

C. pén., art. 433-19 et s., R. 645-3 et s.

Atteintes à l'exercice de l'autorité parentale et à la filiation

Droit pénal

Délits qui compromettent l'exercice régulier de l'autorité parentale par la non-représentation ou la soustraction d'un enfant mineur ou qui portent atteinte à l'état de filiation d'un enfant, par la provocation à l'abandon, la substitution, la simulation ou la dissimulation de celui-ci.

C. pén., art. 227-5 et s., 227-12 et s.

Atteintes aux intérêts fondamentaux de la Nation

Droit pénal

Crimes et *délits* qui portent atteinte à l'indépendance de la Nation française, son territoire, son potentiel scientifique et économique, son patrimoine culturel, sa sécurité et ses moyens de défense, ou aux relations de l'État français avec l'étranger.

C. pén., art. 410-1 et s.

Atteintes involontaires à la vie et à l'intégrité de la personne

Droit pénal

Délits ou *contraventions* désignant le fait de causer la mort ou des blessures à un tiers, par négligence, maladresse, imprudence ou manquement à une obligation de prudence ou de sécurité, sans que le résultat dommageable n'ait été recherché.

C. pén., art. 221-6 et s., 222-19 et s., R. 622-1, R. 625-2 et s.

Atteintes à la vie privée

Droit pénal

Délits consistant à porter volontairement atteinte à l'intimité de la vie privée d'autrui sans son consentement, par l'utilisation d'un procédé d'enregistrement, de photographie, de captation ou de transmission de paroles, d'images et de documents.

C. pén., art. 226-1 et s. ; C. civ., art. 9

Atteintes volontaires à la vie et à l'intégrité de la personne

Droit pénal

Crimes, *délits* ou *contraventions* qui, sous la forme de violences commises de manière consciente, lèsent la personne humaine, en entraînant des blessures ou le décès.

C. pén., art. 222-1 et s., 222-22 et s., R. 624-1, R. 625-1

Attendu

Introduction au droit

1. Raison de *fait* ou de *droit* énoncée par une *décision* judiciaire pour expliquer et justifier la solution rendue.

2. Paragraphe de la motivation d'une décision judiciaire.

▪ Voir aussi : *Dispositif (du jugement), Motif*

Attentat à la pudeur ▪ Voir *Agression sexuelle, Mise en péril des mineurs*

Atterrissement
Droit des biens
Amoncellement de terre, sable, notamment, constitué par un cours d'eau ou par la mer.
C. civ., art. 560 et s.
▪ Voir aussi : *Alluvion, Avulsion*

Attestation
Procédure civile
Témoignage écrit, en principe, soumis à un certain formalisme.
CPC, art. 200 et s.

Attestation Pôle emploi
Droit social – Droit de la protection sociale
Formulaire obligatoirement rempli et signé par l'employeur à l'issue d'une relation de travail afin de permettre à l'ex-salarié de faire éventuellement valoir ses droits au titre de l'assurance chômage.
C. trav., art. D. 1234-7
▪ Voir aussi : *Pôle emploi, UNEDIC (Union nationale des établissements d'indemnisation du chômage)*

Attestation de rejet
Droit bancaire
Attestation délivrée au bénéficiaire d'un *chèque* par le *tiré* ayant refusé son paiement pour défaut de *provision* suffisante.
C. monét. fin., art. R. 131-46
▪ Voir aussi : *Chèque sans provision, Protêt*

Attribution (principe d')
Droit de l'Union européenne
Délimitation des compétences de l'Union en vertu de laquelle ses institutions ne doivent agir que dans les limites des compétences que les États membres lui ont attribuées pour atteindre les objectifs définis par les traités, toute autre compétence relevant des États membres.
TUE, art. 5
▪ Voir aussi : *Proportionnalité (principe de)*

Attribution d'un nom de domaine
Introduction au droit
En France, l'attribution des noms de domaine est assurée par des offices d'enregistrements par l'intermédiaire de bureaux d'enregistrements. Les offices sont accrédités par l'État pour l'attribution des noms de domaines qui relèvent de la France. « Le ministre chargé des communications électroniques veille au respect par les offices d'enregistrement des principes énoncés aux articles L. 45-1 à L. 45-6. »
C. P. et T, art. L. 45-1 et s. ; L. n° 2011-302, 22 mars 2011
▪ Voir aussi : *Nom de domaine*

Attribution préférentielle
Droit des successions et libéralités
Avantage conféré par le *juge* à un copartageant consistant à lui attribuer préférentiellement la *propriété* d'un *bien* par voie de partage et à charge de soulte s'il y a lieu.
C. civ., art. 831 et s., 1476, 1844-9

Audience
Procédure civile
Phase orale de la procédure à l'occasion de laquelle les juges entendent les parties et prononcent leur décision.
CPC, art. 430 et s.
▪ Voir aussi : *Contradictoire (principe du), Jugement*

Audience foraine
Procédure civile
Audience judiciaire ayant lieu en dehors du *siège* du tribunal dans des communes dont la liste est fixée en fonction des nécessités locales.

▪ Voir aussi : *Chambre détachée*

Audience de procédure
Procédure civile
Nom donné dans la pratique à la conférence du président ou aux *audiences* du juge de la *mise en état*.

Audience solennelle
Procédure civile
Audience de la *cour d'appel*, présidée par le premier président, statuant, par exemple, en cas de *renvoi* après *cassation* ou sur les *recours* formés contre les décisions des organismes professionnels telles les décisions du *bâtonnier* ou du *Conseil de l'ordre*.
COJ, art. L. 312-2

Audite alteram partem
Histoire médiévale
« Écoute l'une et l'autre partie ». Formulation médiévale du principe du *contradictoire*.

▪ Voir aussi : *Utriusque partis allegationilus partis*

Auditeur à la Cour de cassation
Organisation judiciaire
Magistrats exerçant à la *Cour de cassation* des fonctions non directement juridictionnelles (ex. : recherche, préparation de décisions...).

Auditeur de justice
Organisation judiciaire
Nom donné aux élèves de l'École nationale de la magistrature.

Augmentation de capital
Droit des sociétés
Opération, rigoureusement encadrée, par laquelle une *société* procède à un accroissement de son *capital social* par exception au principe d'intangibilité du capital social.

C. com., art. L. 223-32 et s. (SARL) ;
C. com., art. L. 225-127 et s. (SA)

Auteur
Introduction au droit
1. Personne à l'origine de la transmission d'un droit.
2. Personne sous le nom de laquelle une œuvre est divulguée.
CPI, art. L. 113-1
Droit pénal
Personne qui commet ou tente de commettre une *infraction* en fonction des conditions prévues par un texte et qui réunit donc en elle-même l'intégralité des éléments constitutifs de celle-ci.
C. pén., art. 121-4

Authentification
Introduction au droit
1. Réception d'un acte par un *officier public* compétent et respectant les conditions de *forme* exigées, ce qui confère à l'acte la qualité *d'acte authentique* et oblige ainsi à considérer les éléments constatés par l'officier public comme vrais, sauf inscription de faux.
▪ Voir aussi : *Acte authentique, Inscription de faux, Officier public*
2. Expertise visant à vérifier les qualités, l'ancienneté ou l'auteur d'une chose.

Authentique ▪ Voir *Acte authentique*

Autodétermination
Droit constitutionnel
Consultation d'une population intéressée sur son avenir institutionnel et poli-

tique en vertu du principe de la libre détermination des peuples.

Const. 4 oct. 1958, art. 53

■ Voir aussi : *Sécession*

Autonomie financière
Droit administratif
Situation d'un *service public* non personnalisé qui dispose d'une autonomie grâce à un budget annexe et, le cas échéant, des ressources propres. L'État compte des budgets annexes qui doivent obligatoirement être des *services publics industriels ou commerciaux*, par exemple les services du contrôle et de l'exploitation aériens ou les journaux officiels. En raison de la construction communautaire, les budgets annexes de l'État ne constituent plus un mode de gestion opératoire des services publics. Ainsi en 1991 a été supprimé le budget annexe des postes et télécommunications, en 1993 a été supprimé le budget annexe de l'Imprimerie nationale. Les collectivités territoriales comptent également des budgets annexes (eau et assainissement, ports de plaisance). Leur autonomie financière est moins contestable, ils doivent être équilibrés.

CGCT, art. L. 2224-1 ; L. org. nº 2001-692, 1ᵉʳ août 2001, art. 18

Autonomie institutionnelle et procédurale des États membres (principe d')
Droit de l'Union européenne
Principe selon lequel le juge interne étant le juge de droit commun pour l'application du droit de l'*Union européenne*, cette application doit d'abord être assurée par le système juridique national, selon ses propres règles procédurales.

Autonomie des institutions (principe d')
Droit de l'Union européenne
Principe selon lequel les institutions communautaires ont le pouvoir de déterminer librement les modalités de leur organisation interne.

Autonomie de la volonté
Droit des obligations
Théorie en vertu de laquelle la volonté des parties constitue la source et la mesure des obligations contractuelles.

■ Voir aussi : *Consensualisme, Effet relatif des contrats, Force obligatoire (du contrat), Liberté contractuelle*

Autorisation
Introduction au droit
Permission qu'une personne doit obtenir d'une autorité pour accomplir un acte dont l'importance justifie cette exigence.

Droit des personnes et de la famille
Permission que le représentant d'un *incapable* doit obtenir pour accomplir des *actes* dont la gravité présente un danger pour le représenté. Cette permission est donnée par l'organe de contrôle, c'est-à-dire selon le cas par le juge des tutelles ou par le *conseil de famille*.

C. civ., art. 389-5, 389-6, 457 et s.

Droit des régimes matrimoniaux
Permission accordée par le juge à un époux d'accomplir seul un *acte* pour lequel la participation de son conjoint aurait été nécessaire, lorsque ce conjoint n'est pas en état de manifester sa volonté ou lorsque son refus à l'acte est contraire à l'intérêt de la famille.

C. civ., art. 217

■ Voir aussi : *Habilitation*

Autorité
Droit administratif
1. Terme utilisé pour désigner l'autorité judiciaire par opposition au pouvoir législatif et au pouvoir exécutif. Selon Montesquieu, le judiciaire n'est pas à proprement parler un pouvoir (*De l'esprit des lois*). La tradition constitutionnelle française utilise ce terme que l'on retrouve dans la Constitution du 4 octobre 1958.
2. Terme utilisé pour désigner les responsables de l'administration : les autorités administratives, l'autorité administrative. Les titulaires d'une compétence administrative, par exemple le maire ou le préfet.
▓ Voir aussi : *Autorité administrative indépendante*

Autorité (ou *auctoritas*)
Histoire romaine
1. Pouvoir en droit privé ou public qui augmente l'efficacité d'un acte juridique ou d'un droit (par ex., du vendeur à l'acheteur, du *Sénat* au *magistrat*).
2. Pouvoir dans les mains de l'empereur avec l'*imperium*.

Autorité administrative indépendante
Droit administratif
Désigne des organismes publics, non personnalisés, chargés de réguler un secteur spécialisé (Autorité de la concurrence, Autorité des marchés financiers, Médiateur, Conseil supérieur de l'audiovisuel). Expression qui contredit l'article 20 de la Constitution (le gouvernement dispose de l'administration et de la force armée). Certaines autorités administratives indépendantes (AAI) sont dotées d'un pouvoir de sanction ou

de décision. Sur le plan budgétaire, les AAI ont des crédits rattachés au Premier ministre ou à un ministre du Gouvernement. L'article 71-1 de la Constitution a été ajouté par la loi constitutionnelle n° 2008-724 du 28 juillet 2008, afin de créer un Défenseur des droits en suivant le modèle espagnol.

Autorité de la chose interprétée
Droit de l'Union européenne
Force obligatoire des *arrêts* interprétatifs de la *Cour de justice de l'Union européenne* saisie sur *renvoi préjudiciel*, à l'égard des *juridictions* nationales.
Droit européen
Force persuasive des *arrêts* interprétatifs de la *Cour européenne des droits de l'homme* à l'égard du *juge* et du *législateur* national.
Contentieux constitutionnel
Qualité juridique attribuée par la doctrine à certaines interprétations du Conseil constitutionnel distinctes des motifs revêtus de l'autorité de la chose jugée et susceptibles d'influencer les juridictions ordinaires.
Const. 4 oct. 1958, art. 62
▓ Voir aussi : *Chose jugée*

Autorité de la chose jugée
Procédure civile – Procédure pénale
Effets attachés à l'existence d'une décision juridictionnelle.
● *Exemple,* l'existence d'un jugement rendu empêche qu'un juge soit, à nouveau, saisi de la même affaire – même objet, même cause – entre les mêmes parties.
C. civ., art. 1350 et s. ; CPC, art. 480
▓ Voir aussi : *Force de chose jugée, Concentration des moyens*

Autorité de la concurrence
Concurrence
Autorité administrative indépendante dont les membres sont nommés par décret. Elle peut être consultée sur les questions relatives à l'organisation et à l'exercice de la concurrence par les commissions parlementaires et le gouvernement, et a la charge du contrôle des pratiques anticoncurrentielles.

C. com., art. L. 461-1 et s.

▪ Voir aussi : *Conseil de la concurrence*

Autorité de contrôle prudentiel (ACP)
Droit bancaire
Autorité administrative indépendante fondée en 2010, procédant de la fusion de la Commission bancaire, de l'Autorité de contrôle des assurances et des mutuelles, du comité des entreprises d'assurance et du comité des établissements de crédit, non dotée de la personnalité morale, chargée de veiller à la préservation de la stabilité du système financier et à la protection des clients, assurés, adhérents et bénéficiaires des personnes soumises à son contrôle.

C. monét. fin., art. L. 612-1

Autorité des marchés financiers
Droit financier
Autorité publique indépendante, dotée de la *personnalité morale*, chargée de veiller à la protection de l'épargne investie dans les *instruments financiers* et tous autres placements donnant lieu à appel public à l'épargne, à l'information des investisseurs et au bon fonctionnement des *marchés* d'instruments financiers. Elle apporte son concours à la régulation de ces marchés aux échelons européen et international. Elle dispose d'un pouvoir de réglementation concernant le fonctionnement des marchés et les règles de pratique professionnelle, de pouvoirs d'enquête, d'injonction et de sanctions.

C. monét. fin., art. L. 621-1 et s.

▪ Voir aussi : *Commission des opérations de Bourse (COB)*, *Marché réglementé*

Autorité parentale
Droit des personnes et de la famille
Ensemble des *droits* et devoirs conférés par la *loi* aux parents en vue d'assurer l'éducation et la protection de leur enfant *mineur* non émancipé et la gestion de ses biens.

C. civ., art. 371 et s.

▪ Voir aussi : *Déchéance de l'autorité parentale*, *Jouissance légale*

Auxiliaire de justice
Organisation judiciaire
Professionnel prêtant son concours soit au *juge* soit aux parties.

● *Exemple,* les *avocats*, les *huissiers de justice*, *greffiers*, mandataires judiciaires...

Aval
Droit bancaire
Cautionnement cambiaire par lequel une personne, appelée « donneur d'aval » ou « avaliste » ou « avaliseur » s'engage à payer tout ou partie du montant d'un *effet de commerce* en cas de défaillance de celui des signataires pour le compte duquel l'aval a été donné, appelé « avalisé ».

C. monét. fin., art. L. 131-28 ; C. com., art. L. 511-21 et L. 512-4

Avance
Finances publiques
Paiement anticipé du prix d'un contrat ou d'une prestation. Cette pratique est contraire à la règle du *service fait*, mais peut être justifiée par un besoin de démarrer des travaux plus rapidement. Des avances sur missions ou sur salaires peuvent être consenties aux fonctionnaires. Il s'agit d'une pratique très limitée, réservée à des cas exceptionnels strictement encadrés par les textes.

Avancement d'hoirie
Droit des libéralités
Donation directe ou indirecte faite par anticipation à un héritier réservataire, rapportable à la succession, imputable sur sa réserve et, subsidiairement, sur la quotité disponible, s'il n'en a pas été autrement convenu dans l'acte de donation.
> C. civ., art. 843 art. 919-1
> ▒ Voir aussi : *Libéralité en avancement de part successorale*

Avant-contrat
Droit des contrats spéciaux
Forme contractuelle de pourparlers destinée à préparer la conclusion d'un contrat définitif. Encore appelés contrats préparatoires, contrats provisoires ou contrats préalables, les avant-contrats sont des contrats ayant pour objet de négocier un contrat définitif (*accord de principe*, *lettres d'intention*...), réserver un immeuble à construire (contrat préliminaire), préférer un éventuel contractant (pacte de préférence), contracter (contrat-cadre) ou

consentir au contrat définitif (promesses de contrat).
> C. civ., art. 1589 ; CCH, art. L. 261-15, L. 271-1 et s.
> ▒ Voir aussi : *Punctation*

Avant dire droit
Procédure civile
Terme générique désignant les *jugements* par lesquels le juge, sans trancher le litige au fond, prend soit une décision provisoire (ex. : versement d'une provision), soit une décision permettant de préparer la solution définitive (ex. : mesure d'instruction).
> CPC, art. 482 et 483

Avant-faire droit ▒ Voir *Avant dire droit*

Avantage individuellement acquis
Droit social
Droit acquis, à titre individuel, par chaque salarié soit du fait d'une clause de maintien des avantages sociaux, soit à l'issue d'un processus de dénonciation ou de remise en cause d'une convention ou d'un accord collectif de travail, lorsque celui-ci n'est pas suivi par la conclusion d'un nouvel accord.
> C. trav., art. L. 2222-6, L. 2261-9, L. 2261-10
> ▒ Voir aussi : *Accord collectif de travail*

Avantage matrimonial
Droit des régimes matrimoniaux
Tout enrichissement qu'un époux peut retirer des *biens communs* au détriment de son conjoint et qui échappe, à certains égards, au régime des *libéralités*.

A

L'avantage matrimonial peut résulter soit des clauses d'une communauté conventionnelle, soit de la confusion du mobilier ou des dettes.

C. civ., art. 1516, 1525 et 1527

Avantage en nature
Droit social – Droit de la protection sociale

Partie de la rémunération accordée au salarié sous la forme d'un bien ou d'un service accordé par l'employeur ou par l'entremise d'un tiers gratuitement ou à un tarif préférentiel.

CSS, art. L. 242-1 ; A. min. 10 déc. 2002

■ Voir aussi : *Salaire, Assiette des cotisations*

Avenant
Droit des obligations

1. Modification conventionnelle apportée à un contrat initial.

2. Document constatant cette modification.

Avertissement
Droit fiscal et comptable

Ancien nom de l'avis d'imposition.

Aveu
Introduction au droit – preuve – Procédure civile

Reconnaissance par un plaideur de la vérité d'un fait qui lui est défavorable. L'aveu est judiciaire lorsque la reconnaissance est effectuée devant le juge, il est extrajudiciaire dans les autres hypothèses.

C. civ., art. 1354 et s.

■ Voir aussi : *Serment, Témoignage*

Avis
Droit de l'Union européenne

Acte juridique de l'Union européenne non obligatoire et exprimant la position d'une institution communautaire.

TFUE, art. 288

■ Voir aussi : *Recommandation*

Introduction au droit

Position d'une instance ou d'une autorité sur une question qui lui est soumise. En général, l'avis exprimé n'est pas juridiquement obligatoire, mais il possède une influence importante en raison de la compétence ou de la représentativité des personnes consultées.

■ Voir aussi : *Décision, Autorisation, Amicus curiae*

Avis conforme (procédure d')
Droit de l'Union européenne

Mode de participation renforcée du *Parlement européen* à la *fonction législative* appliquée en vue de l'adoption des actes de l'Union européenne par le *Conseil de l'Union européenne*, et consistant à associer le Parlement par l'obtention d'un avis qui lie.

■ Voir aussi : *Codécision (procédure de), Concertation (procédure de), Consultation, Coopération renforcée*

Avis d'imposition
Droit fiscal et comptable

Document émanant des services fiscaux détaillant la liquidation de l'impôt et informant le contribuable du détail des sommes à payer.

■ Voir aussi : *Impôt sur le revenu*

Avis consultatif
Droit international public

Opinion de la Cour internationale de justice sur toute question juridique qui

lui est posée par l'organe d'une organisation internationale.
Charte NU, 26 juin 1945, art. 56

▪ Voir aussi : *Cour internationale de justice*

Avis de mise en recouvrement
Droit fiscal et comptable
Titre exécutoire émis par le comptable public au redevable qui ne s'est pas acquitté de sa dette. Le titre s'impose à toute personne privée.

Avis à tiers détenteur
Droit fiscal et comptable
Titre exécutoire émis par les *comptables publics* permettant au *Trésor public* d'encaisser des recettes auprès d'un tiers. Par exemple, si un contribuable ne paie pas ses impôts, il sera possible de saisir les fonds directement sur le compte bancaire (le tiers détenteur est alors le banquier). Le titre s'impose au tiers qui ne peut s'y opposer.

▪ Voir aussi : *Avis de mise en recouvrement*

Avocat
Organisation judiciaire
Professionnel du droit et *auxiliaire de justice*, l'avocat assiste les justiciables, par son activité de consultant, de rédacteur d'actes et par ses *plaidoiries ;* parfois même, il les représente, notamment devant les *tribunaux de grande instance* de son *ressort* où il bénéficie du monopole de la *représentation.*

▪ Voir aussi : *Droits de la défense, Ordre des avocats, Assistance, Représentation, Barreau, Avocat aux Conseils*

Avocat au Conseil d'État et à la Cour de cassation ▪ Voir *Avocat aux Conseils*

Avocat aux Conseils
Organisation judiciaire

Officier ministériel bénéficiant du monopole de la *représentation* et de *l'assistance* des parties devant la *Cour de cassation* et le *Conseil d'État.*
Ord. 10 sept. 1817 relative aux avocats aux Conseils et à la Cour de cassation ; D. 28 oct. 1991 relatif aux conditions d'accès à la profession d'avocat au Conseil d'État et à la Cour de cassation

Avocat général
Organisation judiciaire
Représentant du *ministère public* près les *cours d'appel*, la Cour des comptes et la *Cour de cassation*, placé sous la hiérarchie d'un *procureur général.*

Avoir fiscal
Droit fiscal et comptable
Mode de réduction d'impôt dans les sociétés fiscalement opaques destiné à limiter les effets d'une double imposition au titre de l'impôt sur les sociétés et de l'impôt sur le revenu pour le bénéficiaire de dividendes. L'associé bénéficie d'une créance sur l'État égale à la moitié de son dividende venant en déduction de son impôt sur le revenu.

Avortement ▪ Voir *Interruption illégale de grossesse*

Avoué
Organisation judiciaire
Officier ministériel qui bénéficiait d'un monopole de la *représentation* des parties devant les *cours d'appel. Les avoués*

ont été supprimés par la loi du 25 janvier 2011.

CPC, art. 899 ; L. n° 2011-94, 25 janv. 2011, portant réforme de la représentation devant les cours d'appel

Avulsion

Droit des biens

Détachement d'une partie importante d'un *fonds* par l'effet d'un cours d'eau, dont la *propriété* est attribuée par *accession* au propriétaire du fonds de la rive inférieure ou opposée dès lors que le propriétaire initial de la partie de ce *fonds* n'en revendique pas la propriété dans le délai d'un an.

C. civ., art. 559

▪ Voir aussi : *Alluvion*

Ayant cause

Introduction au droit

Celui qui tient son *droit* d'une autre *personne* appelée auteur (ex. : le vendeur est l'ayant cause de l'acheteur).

C. civ., art. 1122

▪ Voir aussi : *Ayant cause à titre particulier, Ayant cause à titre universel, Ayant cause universel*

Ayant cause à titre particulier

Droit des successions et libéralités

Celui qui succède à un ou plusieurs *droits* déterminés de son auteur.

C. civ., art. 1014 et s.

▪ Voir aussi : *Ayant cause à titre universel, Ayant cause universel*

Ayant cause à titre universel

Droit des successions et libéralités

Celui qui succède à une quote-part du *patrimoine* de son auteur.

C. civ., art. 1010 et s.

▪ Voir aussi : *Ayant cause à titre particulier, Ayant cause universel*

Ayant cause universel

Droit des successions et libéralités

Celui qui succède à l'intégralité du *patrimoine* de son auteur.

C. civ., art. 1003 et s.

▪ Voir aussi : *Ayant cause à titre particulier, Ayant cause à titre universel*

Ayant droit

Introduction au droit

Personne ayant acquis son droit d'une autre personne.

Droit de la protection sociale

Personne physique qui ouvre droit à des prestations de sécurité sociale du fait du lien de filiation, d'alliance ou de dépendance économique qu'elle entretient avec un assuré social.

CSS, art. L. 161-14, L. 313-3 et L. 615-10

▪ Voir aussi : *Prestations (sociales), Assurances sociales*

Bail

Droit des contrats spéciaux

Contrat par lequel une personne, le *bailleur*, s'engage à mettre une chose mobilière ou immobilière à la disposition d'une autre, le *locataire* ou *preneur*, à en lui assurer la jouissance paisible pendant une certaine durée en contrepartie du paiement d'un prix, le *loyer*.

C. civ., art. 1709, 1711, 1713 et s.

Bail à cheptel ▪ Voir *Cheptel (bail à)*

Bail à colonat partiaire ▪ Voir *Métayage*

Bail commercial

Droit commercial – généralités

Contrat de bail relatif à un local consacré à l'exploitation d'un *fonds de commerce* ou artisanal, d'une durée de neuf ans renouvelable.

C. com., art. L. 145-1, L. 145-6, L. 145-9 ; L. n° 2008-776, 4 août 2008 L. n° 2014-626, 18 juin 2014

▪ Voir aussi : *Droit au renouvellement, Propriété commerciale*

Bail à complant

Droit rural

Bail rural par lequel le preneur loue un terrain nu pour planter une vigne, le raisin et le vin produits étant partagés avec le propriétaire.

C. rur. pêche marit., art. L. 441-1 et s.

Bail à construction

Droit des contrats spéciaux

Contrat d'une durée minimale de dix-huit ans et maximale de quatre-vingt-dix-neuf ans par lequel un propriétaire met un *fonds* à la disposition d'un preneur afin qu'il effectue des constructions, ce preneur étant en contrepartie tenu de remettre une fraction ou la totalité des *immeubles*, ou de payer un loyer éventuellement convenu.

CCH, art. L. 251-1 et s.

▪ Voir aussi : *Emphytéose, Concession immobilière*

Bail à domaine congéable

Droit rural

Bail rural par lequel le preneur bénéficie du droit d'exploiter le *fonds* loué et du *droit de superficie* sur les plantations et constructions effectuées.

C. rur. pêche marit., art. L. 431-1 et s.

Bail emphytéotique ▪ Voir *Emphytéose*

Bail à ferme ▪ Voir *Fermage*

Bail d'habitation

Droit des contrats spéciaux

Contrat de bail portant sur un immeuble à usage d'habitation.

C. civ., art. 1714 et s. ; L. n° 48-1360, 1er sept. 1948 ; L. n° 86-1290, 23 déc. 1986 ; L. n° 89-462, 6 juill. 1989 ; CCH, art. L. 353-1 et s., L. 441-1 et s., L. 632-1 et s.

B

Bail à long terme
Droit rural
Bail rural prévu par la loi pour une longue période, de dix-huit à vingt-cinq ans, assurant une stabilité au preneur et conférant au propriétaire certains avantages, notamment fiscaux.
C. rur. pêche marit., art. L. 416-1 et s.

Bail à métayage ▪ Voir *Métayage*

Bail à nourriture
Droit des contrats spéciaux
Contrat par lequel une personne consent à entretenir une autre jusqu'à son décès en garantissant notamment nourriture, logement et soins, percevant en contrepartie le versement d'une redevance périodique ou la remise d'un capital ou d'un bien.
▪ Voir aussi : *Rente viagère*

Bail pastoral
Droit rural
Bail ayant pour objet l'exploitation de pâturages qui sont situés dans les zones de montagne.

Bail professionnel
Droit des contrats spéciaux
Contrat de bail portant sur un immeuble destiné à l'exercice d'une profession autre que commerciale ou artisanale (relevant du statut des baux commerciaux), c'est-à-dire essentiellement libérale.
C. civ., art. 1714 et s. ; L. n° 48-1360, 1er sept. 1948, art. 1er ; L. n° 86-1290, 23 déc. 1986, art. 57-A ; L. n° 89-462, 6 juill. 1989, art. 2.

Bail à réhabilitation
Droit des contrats spéciaux
Contrat par lequel un organisme public ou para-public prend à *bail* pour douze ans des immeubles afin de les réhabiliter en accomplissant des travaux et les sous-louer pendant la durée du bail.
CCH, art. L. 252-1

Bail rural
Droit rural
Contrat qui a pour objet de confier à une personne, le preneur, l'exploitation d'un fonds rural.

Bailleur
Droit des contrats spéciaux
Personne donnant à bail une chose, c'est-à-dire s'engageant dans un contrat de *bail* à procurer la jouissance d'une chose à son cocontractant, le *locataire* ou *preneur*.

Ban
Histoire médiévale
Pouvoir de commandement du roi franc, puis des seigneurs, en vertu duquel ils légifèrent et exigent des services ou prestations de leurs sujets.

Bande organisée
Droit pénal
Groupement ou entente destiné à la préparation d'une ou plusieurs infractions, caractérisée par au moins un fait matériel, qui constitue une circonstance aggravante de certaines infractions.
C. pén., art. 132-71, 222-35 et s., 224-3, 225-8, 311-9, 312-6, 313-2, 321-2, 322-8, 442-2, 450-1

Bannissement
Droit pénal
Peine criminelle politique emportant interdiction de résider en France, abrogée lors de la réforme du Code pénal en 1992.

Banque

Droit bancaire

Établissement de crédit effectuant à titre de profession habituelle des *opérations de banque.*

C. monét. fin., art. L. 511-1

Banque centrale européenne (BCE)

Droit de l'Union européenne

Organe de gestion de la monnaie unique et de la politique monétaire européenne institué par le *traité* CE révisé à *Maastricht* et siégeant à Francfort. Elle succède à l'*Institut monétaire européen* au 1er juillet 1998. Son rôle consiste aujourd'hui à garantir la stabilité des prix dans les dix-huit États membres ayant introduit l'Euro. Le traité de *Lisbonne* en fait une véritable institution de l'Union européenne ayant la personnalité juridique.

Traité CE, art. 105 à 124 ; TFUE, art. 282

▪ Voir aussi : *Union économique et monétaire (UEM), Système européen de banques centrales (SEBC)*

Banque européenne d'investissement (BEI)

Droit de l'Union européenne

Institution financière communautaire indépendante créée en 1957, siégeant à Luxembourg et ayant pour objet de faciliter le financement de programmes d'investissement propres à l'*Union européenne* en vue, par exemple, de contribuer à la mise en valeur des régions de l'Union les moins développées.

Traité CE, art. 266-267 ; TFUE, art. 308, 309

Banque européenne pour la reconstruction et le développement (BERD)

Droit de l'Union européenne

Organisation internationale regroupant soixante-trois États, créée en 1990 et siégeant à Londres, dont l'objet est le financement du développement structurel et commercial des pays d'Europe centrale et orientale par la participation de l'*Union européenne* (en particulier à travers la *Banque européenne d'investissement*) et d'autres États, membres du *Fonds monétaire international.*

Banque de France

Finances publiques

Établissement financier créé par Bonaparte en 1800. La Banque de France a acquis le monopole de l'émission des billets de banque sur la place de Paris en 1803, dans tout le pays en 1848. Seul le traité de Maastricht est venu remettre en cause l'édifice de la banque centrale à partir de 1992. Son statut a été remis en cause par trois lois pour que puisse être créée la Banque centrale européenne en 1998.

Banque internationale pour la reconstruction et le développement (BIRD)

Droit international public

Organisation internationale spécialisée travaillant dans le cadre des Nations unies principalement pour des missions d'assistance financière auprès des pays en voie de développement.

Statuts BIRD Bretton Woods, 22 juill. 1945

B

B

Banqueroute

Droit pénal

Délit commis par une personne morale ou par une personne physique dirigeant ou liquidateur d'une personne morale de droit privé ou exerçant une activité commerciale, artisanale, agricole ou une activité professionnelle indépendante, consistant en l'accomplissement de faits frauduleux liés à l'activité de l'entreprise ou à sa comptabilité, après la cessation des paiements de l'exploitation ou avant, lorsque les faits reprochés ont eu pour objet ou pour effet de provoquer ledit état.

C. com., art. L. 654-1 et s.

Bans

Droit des personnes et de la famille

Publication officielle et obligatoire du projet de *mariage*, réalisée par affichage aux mairies du lieu de célébration et du *domicile* de chacun des futurs époux.

C. civ., art. 63 et s., 166 et s.

■ Voir aussi : *Publicité légale*

Barre

Procédure civile

1. Partie de la salle où plaident les *avocats* et où les témoins sont interrogés, ainsi désignée en souvenir de la barrière qui autrefois les séparait des juges et sur laquelle ils venaient s'appuyer.

2. Par extension, désigne les opérations ayant lieu devant un tribunal et les distingue de celles se déroulant selon une procédure extrajudiciaire.

● *Exemple,* les ventes à la barre sont opposées à celles ayant lieu devant notaire.

■ Voir aussi : *Adjudication*

Barreau

Organisation judiciaire

Personne morale de droit public regroupant l'ensemble des *avocats* inscrits auprès d'un *tribunal de grande instance* déterminé.

D. n° 91-1197, 27 nov. 1991 organisant la profession d'avocat, art. 1er et s.

■ Voir aussi : *Bâtonnier, Conseil de l'ordre des avocats, Conseil national des barreaux*

Base de données

Droit de la propriété intellectuelle – Introduction au droit

Recueil d'œuvres de données ou autres éléments indépendants, disposés de manière systématique ou méthodique et individuellement accessibles par des moyens électroniques ou par tout autre moyen. La structure de la base, entendue comme la présentation, l'organisation, ou encore la sélection et le choix des éléments composant la base, est protégée par le droit d'auteur, à condition d'être originale. Le contenu de la base, c'est-à-dire les données dans leur globalité, est protégé par un droit spécifique, appelé droit du producteur ou *droit sui generis*, à condition qu'un investissement financier, matériel ou humain substantiel, ait été consacré à sa constitution, sa vérification ou sa présentation.

CPI, art. L. 112-3, L. 341-1, L. 342-1

■ Voir aussi : *Droit sui generis*

Base juridique (contentieux de la)

Droit de l'Union européenne

Jurisprudence de la *Cour de justice des Communautés européennes* relative à l'obligation pour les institutions communautaires de préciser les dispositions des traités les autorisant à adopter un acte de droit de l'Union européenne et de respecter la procédure normative qui en découle (en particulier au regard du degré de participation du *Parlement européen* à ce processus). La « base juridique » de tout *acte communautaire* doit ainsi être précisée dans son visa.

Base mensuelle de calcul
Droit de la protection sociale
Somme fixée réglementairement servant de base de référence pour le calcul du montant des allocations familiales et de diverses autres prestations familiales.
CSS, art. L. 511-1 et L. 551-1
▪ Voir aussi : *Allocations familiales*

Bâtonnier
Procédure civile – Procédure pénale
Avocat élu pour deux ans, au sein de chaque barreau, il préside le *Conseil de l'ordre des avocats* et exerce, notamment, au sein de celui-ci, des fonctions administratives et disciplinaires.
L. n° 71-1130, 31 déc. 1971 portant réforme de certaines professions judiciaires et juridiques, art. 7 *in fine*, art. 21 ; D. n° 91-1197, 27 nov. 1991 organisant la profession d'avocat, art. 175 et s.

BCE ▪ Voir *Banque centrale européenne*

BEI ▪ Voir *Banque européenne d'investissement*

Bénéfice
Histoire médiévale
À l'époque franque, dotation viagère puis héréditaire concédée par le seigneur à un vassal. Supplanté par le mot fief à partir du Xe siècle.

Bénéfice de cession d'actions
Droit des sûretés
Moyen de défense, également qualifié de bénéfice de subrogation, invoqué par la *caution* afin d'être libérée de son engagement en raison d'une faute du créancier.
C. civ., art. 2314

Bénéfice de discussion
Droit des sûretés
Faculté conférée à la *caution*, poursuivie par le créancier, d'obtenir la suspension provisoire des poursuites afin que ce créancier saisisse au préalable les biens du débiteur principal.
C. civ., art. 2298 et s.

Bénéfice de division
Droit des sûretés
Moyen de défense qui permet, en cas de pluralité de *cautions*, à chaque caution solvable de demander au juge de n'être tenu que de sa part dans la dette.
C. civ., art. 2303
▪ Voir aussi : *Cofidéjusseur*

Bénéfice d'émolument ▪ Voir *Émolument*

Bénéfice d'inventaire ▪ Voir *Acceptation à concurrence de l'actif net*

Bénéfices
Introduction au droit – Droit des sociétés
1. Profits accomplis par une entreprise et qui permettent d'augmenter l'actif du patrimoine de cette dernière.

B

2. Bénéfices distribuables : bénéfice net d'une société (profits réalisés une fois déduits les frais généraux et charges d'exploitation) duquel on déduit les prélèvements accomplis pour constituer la réserve légale et, le cas échéant, les pertes des exercices précédents. Sur décision de l'assemblée générale, un tel bénéfice peut être distribué aux associés sous forme de dividende.

C. civ., art. 1832, 1844-1

BERD ▪ Voir *Banque européenne pour la reconstruction et le développement*

Bicamérisme
Droit constitutionnel

Composition en deux chambres – l'une dite *Chambre basse* ou des députés, l'autre dite *Chambre haute* ou Sénat – de l'organe parlementaire.

▪ Voir aussi : *Parlement*

Bien
Droit des biens

1. Objet mobilier ou immobilier qui peut être approprié.

2. Ensemble de *droits réels* et *personnels* présents dans le *patrimoine* d'une personne, portant sur des *biens corporels* ou *incorporels*.

C. civ., art. 516 et s.

Bien commun
Droit des régimes matrimoniaux

Bien qui, dans un régime communautaire, tombe dans la masse commune appartenant aux deux époux. Les biens communs sont composés principalement de tous les biens acquis à titre onéreux en cours de mariage, mais également de tous les *gains et salaires* et *fruits et revenus de propres* des époux. Il est partagé par moitié après la dissolu-

tion du régime matrimonial sauf cas particuliers (stipulation de parts inégales, recel...).

C. civ., art. 1401, 1421 et s.

▪ Voir aussi : *Acquêt, Bien propre*

Bien communal
Finances publiques

Une personne publique dispose de deux catégories de biens : les biens du domaine public qui sont insaisissables et inaliénables et les biens du *domaine privé*. Sur ces biens appartenant au domaine privé de l'État, des *communes* ou même sur des biens appartenant à des particuliers, les citoyens peuvent détenir des droits leur permettant d'en jouir. On appelle biens communaux ces propriétés grevées de droits appartenant aux citoyens en application des délibérations des conseils municipaux compétents.

Bien consomptible ▪ Voir *Chose consomptible*

Bien corporel
Droit des biens

Chose qui, en raison de sa nature, peut faire l'objet d'une appréhension matérielle et être objet de droits.

● *Exemple,* voiture, maison, meublé meublant...

▪ Voir aussi : *Bien incorporel, Meuble*

Bien dotal
Histoire – Droit des régimes matrimoniaux

Autrefois, *bien* qui, dans le *régime dotal*, était intégré à la *dot*, mais que le mari administrait seul sans jamais pouvoir en disposer.

▪ Voir aussi : *Bien paraphernal, Dot*

Bien fongible ■ Voir *Chose fongible*

Bien incorporel
Droit des biens
Droit de nature patrimoniale non susceptible d'une appréhension matérielle, auquel la loi confère la qualification de chose mobilière (ex. : clientèle).
■ Voir aussi : *Bien corporel, Meuble*

Bien insaisissable
Procédure civile
Bien bénéficiant d'une protection spéciale soit accordée par la *loi*, soit résultant d'un contrat ou d'une déclaration, qui interdit, sauf exception, qu'il fasse l'objet, en tout ou en partie, d'une *saisie*.

Bien paraphernal
Histoire – Droit des régimes matrimoniaux
Autrefois, *bien* qui, dans le *régime dotal*, était exclu de la *dot* et laissé à la libre administration et jouissance de l'épouse.
■ Voir aussi : *Bien dotal, Dot*

Bien présent
Droit des libéralités
Désigne dans une *libéralité* le *bien* que le *donataire* acquiert immédiatement du *donateur* lorsque celui-ci conclut l'acte.
C. civ., art. 943
■ Voir aussi : *Bien à venir*

Bien propre
Droit des régimes matrimoniaux
Bien qui, dans un régime communautaire, reste la propriété de l'un ou l'autre des époux. Sont notamment des biens propres les biens dont chaque époux avait la propriété ou la possession avant le mariage ou ceux qui leur sont échus

par voie de donation ou succession en cours de mariage.
C. civ., art. 225, 1404 et s., 1428, 1434 et 1435
■ Voir aussi : *Bien commun*

Bien réservé
Histoire – Droit des régimes matrimoniaux
Autrefois, *bien* commun qui était laissé à la libre administration, jouissance et disposition de l'épouse lorsque celle-ci l'acquerrait au moyen d'une activité professionnelle séparée de celle de son mari.

Bien vacant et sans maître
Droit des biens
Chose mobilière abandonnée ou non encore appropriée susceptible d'une appropriation.
C. civ., art. 539, 713
■ Voir aussi : *Res derelictae*

Bien à venir
Droit des libéralités
Bien que le gratifié d'une *libéralité* n'acquiert qu'au décès du disposant, s'il existe à ce moment-là.
C. civ., art. 943
■ Voir aussi : *Bien présent*

Bigamie
Droit pénal
Fait constitutif d'un *délit*, par lequel une personne mariée contracte un second mariage sans que le premier ne soit encore dissous.
C. pén., art. 433-20 ; C. civ., art. 147, 188, 189

Bilan
Droit fiscal et comptable
Tableau représentatif à une date donnée des comptes d'une entreprise ou société,

permettant de connaître la composition de son patrimoine.

C. com., art. L. 123-13, L. 232-1 et s.

B Bilan (théorie du)
Droit administratif

Théorie par laquelle le juge administratif effectue le bilan coûts-avantages entre deux intérêts publics. Cette appréciation concrète des situations dans lesquelles l'*administration* intervient dans l'économie a débuté pour la première fois en 1971. Il s'agit de cas très limités car le juge administratif ne contrôle pas le pouvoir discrétionnaire de l'administration.

▪ Voir aussi : *Compétence discrétionnaire, liée*

Bilatéralisme (ou méthode bilatéraliste) ▪ Voir *Règle de conflit bilatérale*

Billet au porteur
Droit bancaire

Titre de *créance* n'indiquant pas, contrairement au *titre nominatif*, le nom de son bénéficiaire et se transmettant de la main à la main, par simple *traditio*.

Billet de banque
Droit bancaire

Titre *au porteur* ayant cours légal émis par la Banque de France et utilisé comme monnaie.

C. monét. fin., art. L. 122-1, L. 141-5

Billet à ordre
Droit bancaire

Écrit par lequel une personne appelée le « souscripteur », s'engage à payer à l'ordre d'une seconde personne appelée le « bénéficiaire », une certaine somme d'argent à une date déterminée.

C. com., art. L. 512-1 et s.

Billet à ordre relevé (BOR)
Droit bancaire

Procédé de *dématérialisation* des *billets à ordre* consistant à remplacer leur circulation physique entre *établissements de crédit* par celle de données informatiques. La technique emprunte à celle de la *lettre de change relevé*.

▪ Voir aussi : *Dématérialisation*

Billets de fonds
Droit bancaire

Billets à ordre à échéances échelonnées souscrits au bénéfice du vendeur par l'acheteur d'un *fonds de commerce* pour le paiement du prix. Leurs porteurs successifs recueillent de plein droit le *privilège du vendeur de fonds* de commerce si la création des billets a été prévue dans l'acte de vente.

Bioéthique
Introduction au droit

Discipline réfléchissant sur les questions morales et juridiques suscitées par les progrès de la recherche médicale, notamment dans les domaines de la génétique et de la reproduction.

C. civ., art. 16 et s. ; C. santé publ., not. art. L. 1131-1 et s., L. 1211-1 et s., L. 1231-1 et s.

▪ Voir aussi : *Inviolabilité du corps humain*

BIRD ▪ Voir *Banque internationale pour la reconstruction et le développement*

Blanc-seing
Introduction au droit

1. *Signature* apposée à l'avance sur un document dont la rédaction sera ultérieurement établie ou complétée par la personne à laquelle il est remis.

2. Document signé par une personne et dont le contenu sera ultérieurement défini ou complété par la personne à laquelle il est remis.

Blanchiment
Droit pénal
Délit constitué par le fait, soit de faciliter par tout moyen la justification mensongère de l'origine des profits pécuniaires obtenus par l'*auteur* d'un *crime* ou d'un délit, soit d'apporter son concours à une opération de placement, dissimulation ou conversion du produit de l'une de ces *infractions*.
C. pén., art. 324-1 et s. ; C. monét. fin., art. L. 561-1 et s., R. 562-1, R. 563-1 et s.

« Bleus » budgétaires
Finances publiques
Documents budgétaires annexés au projet de *loi de finances* de l'année. Ces documents sont revêtus d'une couverture bleue qui signifie qu'ils sont obligatoires et font courir les délais constitutionnels. La loi organique n° 2001-692 du 1er août 2001 a profondément modifié la liste des bleus qui est désormais la suivante : le rapport sur la situation et les perspectives économiques sociales et financières de la nation (art. 50), la liste et l'évaluation par bénéficiaire des impositions de toute nature affectées à des personnes morales autres que l'État (art. 51), l'analyse des changements de présentation budgétaire (art. 51), la présentation des recettes et des dépenses en section de fonctionnement et section d'investissement (art. 51), l'analyse des prévisions de recettes budgétaires et des dépenses fiscales (art. 51), des annexes expliquant les recettes et les dépenses des *budgets annexes* et des *comptes spéciaux du trésor* (art. 51), les bleus des ministères qui ont été intégralement modifiés (art. 51). En effet, ils permettent de mesurer les coûts par *programme* ou par *dotation*.

■ Voir aussi : *Budget de l'État (loi budgétaire)*

Blocage
Droit bancaire
Procédure comparable, depuis 2009, à l'opposition sur compte bancaire, consistant pour l'utilisateur de services de paiement à demander à son prestataire de services de paiement ou l'entité désignée par ce dernier le blocage de l'ordre de paiement ou des données qui lui sont liées.
C. monét. fin., art. L. 133-17, I
■ Voir aussi : *Opposition sur compte bancaire*

Bloc de constitutionnalité
Contentieux constitutionnel
Ensemble des textes de valeur constitutionnelle utilisés comme normes de référence en matière de contrôle juridictionnel de constitutionnalité.
Const. 4 oct. 1958, Préambule, DDHC
■ Voir aussi : *Constitution*

BODACC
Droit commercial – généralités
Bulletin Officiel des Annonces Civiles et Commerciales. Ce bulletin est une annexe du *Journal officiel* dans lequel sont accomplies par insertion des informations concernant, notamment, les immatriculations et les radiations au registre du commerce et des sociétés.
C. com., art. R. 123-209 et s.

B

Bon de caisse
Droit bancaire
Titre à ordre ou *au porteur* émis par un commerçant en contrepartie d'un *prêt* portant intérêts et remboursable à une échéance fixe.

C. monét. fin., art. L. 223-1

Bon père de famille
Introduction au droit
Référence à l'attitude qu'aurait une personne normalement prudente et avisée. L'utilisation de cette expression indique que le comportement de la personne concernée sera apprécié *in abstracto*, c'est-à-dire par comparaison avec le modèle de la personne raisonnable (et pas au regard du comportement habituel de l'intéressé). Cette expression a été bannie du vocabulaire législatif et remplacée par la référence au comportement raisonnable.

▪ Voir aussi : *In abstracto, In concreto*

Bon du Trésor
Finances publiques
Titre correspondant à l'endettement à moyen et court terme de l'État qui utilise ce moyen depuis la Restauration. Les bons du Trésor à taux fixe et intérêts annuels (BTAN) représentent un endettement sur une période moyenne (deux à cinq ans). Les BTAN représentent un quart de la dette négociable de l'État. Les bons du Trésor à taux fixe et intérêts précomptés (BTF) servent à gérer la trésorerie de l'État pour des périodes inférieures à un an. Les BTF sont des titres assimilables sans paiement de coupon. Les BTF ne représentent qu'une faible part de la dette négociable (6 %). D'une façon générale, les bons du Trésor représentent une pratique ancienne

mais en perte de vitesse. En effet, la gestion active de la dette de l'État relève de plus en plus des obligations.

▪ Voir aussi : *Obligation assimilable du Trésor*

Boni (de liquidation)
Droit des sociétés
Somme revenant aux associés d'une société liquidée une fois accomplies les opérations de liquidation, remboursement des créanciers et restitution des apports.

Bonne foi
Introduction au droit
1. Conviction erronée d'agir conformément au *droit* (reposant sur une apparence trompeuse ou sur l'ignorance d'un élément) qui justifie une certaine clémence du droit.

C. civ., art. 549, 550, 2276

▪ Voir aussi : *Apparence, Erreur*

2. Comportement honnête et loyal que doit notamment adopter toute partie à un *acte juridique* à l'égard des autres parties.

C. civ., art. 1134, al. 3

▪ Voir aussi : *Solidarisme contractuel*

Bonnes mœurs
Introduction au droit
Règles générales de morale, en particulier sexuelle, auxquelles les parties à un acte juridique ne peuvent déroger par des stipulations contraires.

C. civ., art. 6

▪ Voir aussi : *Ordre public*

Bons offices
Droit international public
Intervention d'un tiers qui remplit une fonction d'entremetteur pour faciliter le

règlement à l'amiable d'un différend entre des parties.

Conv. La Haye, 18 oct. 1907

■ Voir aussi : *Médiation*

Bonus malus
Droit des assurances

Clause type de réduction ou de majoration des primes, figurant dans les contrats d'assurance automobile, en vertu de laquelle le montant de la *prime* est progressivement réduit après chaque période annuelle sans sinistre ou, au contraire, majoré après chaque sinistre imputable à l'assuré.

C. assur., art. A. 121-1

Bordereau de cession de créances professionnelles
Droit bancaire

Écrit par lequel une personne, appelée « cédant », transfère à un *établissement de crédit*, appelé « cessionnaire », la propriété de créances professionnelles afin de garantir un crédit consenti par le cessionnaire. Technique de *mobilisation des créances*, la cession par bordereau Dailly (sénateur à l'origine de la proposition de loi) permet de réaliser *l'escompte* des créances professionnelles (« cession-escompte ») ou de garantir un crédit quelconque consenti par la banque (« cession-garantie »).

C. monét. fin., art. L. 313-23 et s.

■ Voir aussi : *Crédit de mobilisation des créances commerciales (CMCC)*

Bordereau de collocation
Procédure civile

Titre remis à chaque créancier à la suite du règlement définitif d'une *procédure d'ordre* et lui permettant d'obtenir le paiement de la part correspondant à sa *collocation*.

■ Voir aussi : *Saisie immobilière*

Bordereau Dailly ■ Voir *Bordereau de cession de créances professionnelles*

Bornage
Droit des biens

Modalité de détermination de la séparation de deux terrains voisins non bâtis par des bornes, qui suppose l'implantation de signes.

C. civ., art. 646

Bourse de commerce ou de marchandises
Droit commercial – généralités

Lieu de réunion des commerçants agents de change et courtiers où s'effectuent des transactions commerciales et financières et où se détermine le cours du change des marchandises, du fret, des effets publics et autres dont le cours est susceptible d'être coté.

C. com., art. L. 131-1 et s.

■ Voir aussi : *Courtier*

Bourse de marchandises ■ Voir *Bourse de commerce ou de marchandises*

Bourse du travail
Droit social

Organisme normalement destiné à faciliter le placement des salariés ; actuellement ce terme désigne surtout un local mis à la disposition des syndicats de salariés par les municipalités.

C. trav., art. L. 5324-1

■ Voir aussi : *Emploi, Syndicat (professionnel)*

Bourse de valeurs
Droit bancaire
Dénomination donnée, jusqu'en 1996, aux places de négociation d'instruments financiers.
■ Voir aussi : *Marché réglementé*

Branche (d'un moyen)
Procédure civile – Procédure pénale
Subdivision d'un *moyen* correspondant à une des critiques développées dans celui-ci.
■ Voir aussi : *Pourvoi*

Brevet ■ Voir *Minute*

Brevet d'invention
Droit de la propriété intellectuelle
Titre de propriété industrielle accordé par l'INPI au titulaire d'une invention qui confère à ce dernier ou à ses ayants droit le monopole d'exploitation de l'invention pendant vingt ans sur le territoire où le titre est enregistré et à compter du jour de la demande.
CPI, art. L. 611-1 à L. 615-2

Brevet de perfectionnement
Droit de la propriété intellectuelle
Titre accordé par l'INPI à une personne autre que le titulaire de l'invention et portant sur le perfectionnement d'une invention brevetée. Le titulaire du brevet postérieur doit obtenir l'autorisation du titulaire du brevet antérieur pour exploiter son invention et *vice versa*.
CPI, art. L. 613-12 à L. 613-15
■ Voir aussi : *Certificat complémentaire de protection, Certificat d'utilité*

Brocard
Histoire
Terme ancien désignant un adage.
■ Voir aussi : *Adage, Coutume*

Bruxelles II ■ Voir *Convention de Bruxelles II*

Bruxelles II *bis* ■ Voir *Règlement Bruxelles II bis*

Budget
Finances publiques
Document récapitulant les prévisions et les autorisations de ressources et de charges pour une année. En principe, il existe un budget par personne morale de droit public ; cependant, des *budgets annexes* peuvent donner une autonomie financière à certains services publics non personnalisés.
■ Voir aussi : *Budget de l'État (loi budgétaire), Unité budgétaire, Universalité, Équilibre budgétaire*

Budget annexe ■ Voir *Autonomie financière*

Budget de l'État (loi budgétaire)
Finances publiques
La loi organique n° 2001-692 du 1er août 2001, relative aux lois de finances, dispose que le budget décrit, pour une année, l'ensemble des recettes et des dépenses budgétaires de l'État (art. 6, al. 2). Cependant, le budget n'est qu'un élément de la loi de finances dont le champ d'application dépasse celui du budget.
■ Voir aussi : *Budget, Universalité*

Budget opérationnel de programme
Finances publiques
Subdivision le plus souvent territoriale d'un programme dans le budget de l'État. Dans le programme des juridictions judiciaires, le ressort de la cour d'appel constitue le BOP. Un BOP est lui-même subdivisé en unités opération-

nelles, mais ces éléments du programme ne figurent pas dans la loi organique relative aux lois de finances.

Bulletin (ou vote blanc)
Droit constitutionnel
Suffrage d'un électeur non pris en compte dans le résultat du dépouillement en raison de l'absence de choix exprimé.

C. élect., art. L. 66

■ Voir aussi : *Bulletin nul*

Bulletin nul
Droit constitutionnel
Suffrage d'un électeur non pris en compte dans le résultat du dépouillement en raison du caractère illicite du choix exprimé.

C. élect., art. L. 66

Bulletin de paie
Droit social -- Droit de la protection sociale
Décompte détaillé remis obligatoirement au salarié par l'employeur selon la périodicité de la paye et faisant état du détail des éléments constitutifs de sa rémunération, des charges et contributions sociales y afférentes, ainsi que des éléments périphériques à la rémunération (ex. : remboursements de frais).

C. trav., art. L. 3243-1, L. 3243-2 et L. 3243-4

■ Voir aussi : *Salaire, Prime, Avantage en nature, Cotisations de sécurité sociale*

Bundesrat
Droit constitutionnel
Seconde chambre du Parlement allemand représentant les élus des États fédérés.

■ Voir aussi : *État fédéral, Bicamérisme, Bundestag*

Bundestag
Droit constitutionnel
Chambre des députés du Parlement allemand élus pour une durée de quatre ans.

■ Voir aussi : *Bundesrat*

Bureau (d'une assemblée parlementaire)
Droit constitutionnel
Instance collégiale composée de parlementaires élus par leurs pairs et chargée d'organiser les services et le travail d'une assemblée.

Const. 4 oct. 1958, art. 26

Bureau de conciliation
Droit social -- Procédure civile
Chaque section du conseil de prud'hommes ou, lorsqu'elle est divisée en chambres, chaque chambre comprend au moins une formation dont le rôle est de pourvoir à une tentative de conciliation des parties au litige avant que l'affaire ne soit évoquée devant le bureau de jugement. En cas d'absence de contestation sérieuse, cette formation peut prononcer, par voie d'ordonnance, certaines mesures conservatoires.

C. trav., art. L. 1423-13, R. 1423-2

■ Voir aussi : *Bureau de jugement, Conseil de prud'hommes*

Bureau international du travail (BIT)
Droit social -- Droit de la protection sociale
Institution administrative internationale, animée par des fonctionnaires internationaux, constituant l'organe exécutif permanent de l'Organisation

B

Internationale du Travail (OIT), dont le siège est situé à Genève (Suisse).

Traité de Versailles, 28 juin 1919, art. 387 à 427

B

Bureau de jugement
Droit social – Procédure civile
Formation paritaire du *Conseil de prud'hommes*, compétente pour tran-cher les litiges individuels nés à l'occasion d'un contrat de travail.

C. trav., art. L. 1423-12

■ Voir aussi : *Conseil de prud'hommes, Bureau de conciliation*

Buy-back ■ Voir *Vente avec promesse de rachat*

Cabinet
Droit constitutionnel

Organe restreint du gouvernement britannique, composé du Premier ministre et des ministres les plus importants, chargé de prendre les décisions politiques majeures.

■ Voir aussi : *Secrétariat du gouvernement*

Cabinet ministériel
Droit administratif

Ensemble des collaborateurs directs d'un ministre. Il comprend un chef de cabinet chargé des questions politiques, un directeur de cabinet pour les questions administratives et l'organisation générale, des conseillers et des chargés de mission. Les membres du cabinet sont nommés d'une manière discrétionnaire par le ministre qui peut les révoquer.

Cabinets de groupe (ou cabinets groupés)
Droit processuel

Regroupement, sur autorisation du *bâtonnier*, en un même lieu de plusieurs *avocats* non associés.

D. n° 91-1197, 27 nov. 1991, art. 155 *in fine* ; L. n° 71-1130, 31 déc. 1971, art. 7

■ Voir aussi : *Avocat*

Cadastre
Finances publiques

Documents détenus par les services fiscaux dressant l'inventaire des propriétés privées de l'ensemble du territoire national. Par extension, le cadastre désigne également les services qui rassemblent toutes ces informations qui servent à déterminer l'assiette des impôts et à connaître avec précision le patrimoine des particuliers. Le cadastre a été créé par Napoléon.

Droit des biens

Document administratif qui indique, pour toute commune, la surface et la valeur foncière de chaque parcelle d'*immeubles* bâtis et non bâtis.

CADES (Caisse d'amortissement de la dette sociale)
Droit de la protection sociale

Institution financière créée en 1996 (plan Juppé) pour prendre en charge (par l'emprunt) et apurer progressivement (par la CRDS) le déficit cumulé par la Sécurité sociale.

■ Voir aussi : *Contribution pour le remboursement de la dette sociale (CRDS), Contribution sociale généralisée (CSG), Cotisations de sécurité sociale, Loi de financement de la sécurité sociale*

Cadre commun de référence (*Common frame of reference*)
Droit des obligations

Corps de principes de droit européen des contrats qui serait destiné à devenir un instrument optionnel, c'est-à-dire s'ajoutant aux différents droits nationaux.

Cadre

Droit social – Droit de la protection sociale

Alors que le droit de la sécurité sociale a abandonné le fait de ranger les salariés dans la catégorie des cadres lorsque leur niveau de rémunération dépasse un certain seuil (plafond de sécurité sociale), le droit du travail distingue selon la formation reçue, les responsabilités assumées et le commandement exercé ; à ce titre, le droit de la durée du travail distingue trois catégories de cadres, lesquels sont rangés selon leur degré d'autonomie (cadres dirigeants, cadres intégrés et cadres intermédiaires).

C. trav., art. L. 3111-2 ; A. min. 10 et 20 déc. 2002

▪ Voir aussi : *Classification, VRP, Ouvrier*

Caducité

Droit des obligations

État d'un acte juridique valablement formé mais privé d'effet du fait de la survenance d'un événement postérieur (ex. : un legs devient caduc si le bénéficiaire décède avant le testateur).

▪ Voir aussi : *Nullité, Résiliation, Résolution*

Procédure civile

Extinction d'office de l'instance lorsque les parties n'ont pas saisi le tribunal dans un certain délai (ex. : quatre mois après l'assignation pour le tribunal de grande instance).

CPC, art. 406 et 757

Cahier des charges

Droit administratif

Document contractuel décrivant avec précision les obligations de l'entreprise chargée d'exécuter une tâche. Il a une valeur contraignante et sert de référence en cas de litige entre les parties. Dans un *marché public*, le cahier de charges comprend quatre cahiers : le cahier des clauses administratives générales, le cahier des clauses techniques générales, le cahier des clauses administratives particulières et le cahier des clauses techniques particulières.

Cahier des conditions de vente

Procédure civile

Document rédigé, au cours d'une procédure de saisie immobilière, par le créancier poursuivant, comportant l'état descriptif de l'immeuble ainsi que les modalités de la vente.

CPC ex., art. R. 322-10

Caisse (système des comptes de)

Finances publiques

Système de rattachement des charges et des produits à l'exercice. Le critère du système est la date de l'opération de caisse. Par exemple, pour une recette encaissée en janvier 2003, elle sera comptabilisée sur l'année 2003 même si elle correspond à des *services faits* en 2002. L'avantage est que la comptabilité correspond avec les avoirs en caisse. L'inconvénient est que l'on pourra jouer sur les fins d'années pour encaisser les recettes en décembre et payer les dépenses sur janvier, ce qui faussera les comptes. Cette technique appelée familièrement « faire la chenille » peut être contraire au droit de la comptabilité publique. Syn. : Système de la gestion.

▪ Voir aussi : *Exercice (système de l')*

Caisse des Français de l'étranger

Droit de la protection sociale

Organisme de sécurité sociale chargé de l'affiliation volontaire des travailleurs

français et assimilés se trouvant en situation d'expatriation.
CSS, art. L. 762-3, L. 762-4

■ Voir aussi : *Expatriation*

Caisse de base RSI (Régime social des indépendants)
Droit de la protection sociale

Organisme de sécurité sociale chargée d'affilier et d'immatriculer les personnes physiques relevant du régime des travailleurs non salariés non agricoles ainsi que du service des prestations d'assurances sociales.
CSS, art. R. 611-21 et s.

■ Voir aussi : *Caisses (locales) de sécurité sociale, Caisses nationales de sécurité sociale, Régime social des indépendants (RSI)*

Caisse noire
Finances publiques

Caisse contenant le produit de recettes occultes. Il peut s'agir d'une simple caisse, ou d'un coffre, contenant de l'argent liquide, ou d'un compte bancaire sur lequel sont placées ces sommes.

Caisse d'assurance retraite et de la santé au travail (CARSAT)
Droit de la protection sociale

Caisse locale de sécurité sociale qui, outre un rôle important en matière d'assurance retraite, intervient également en matière de prévention et de tarification des accidents du travail et des maladies professionnelles.
CSS, art. L. 215-1

■ Voir aussi : *Caisses (locales) de sécurité sociale*

Caisses (locales) de sécurité sociale
Droit de la protection sociale

Organismes de droit privé (nature proche d'une caisse mutuelle) appartenant aux structures et chargés de la gestion d'une partie du service public de la Sécurité sociale.
CSS, art. L. 211-1 et s.

■ Voir aussi : *Caisses nationales de sécurité sociale, Caisse d'assurance retraite et de la santé au travail (CARSAT)*

Caisses nationales de sécurité sociale
Droit de la protection sociale

Établissements publics à caractère administratif (sauf UCANSS) appartenant aux structures de la Sécurité sociale et chargés de gérer et de coordonner l'action sociale, au plan national, de la (ou des) branche(s) d'assurances sociales dont ils ont la charge (CNAMTS, CNAVTS, CNAF, ACOSS, CANAM, CNAVPL, ORGANIC...).
CSS, art. L. 221-1 et s.

■ Voir aussi : *Caisses (locales) de sécurité sociale*

Cambiaire
Droit bancaire

Caractère de ce qui a un rapport avec les effets de commerce.

■ Voir aussi : *Action cambiaire, Chèque, Effet de commerce, Lettre de change, Recours cambiaire*

Campagne électorale
Droit constitutionnel

Période légale durant laquelle les candidats officiels à une élection s'affrontent

dans le cadre de la réglementation élec-
torale.
C. élect., art. L. 52-4 à L. 52-18
■ Voir aussi : *Éligibilité*

Canaux internationaux
Droit international public
Voies d'eau artificielles, creusées sur le
territoire terrestre d'un État, reliant deux
portions de mer en empruntant les eaux
intérieures de cet État.
■ Voir aussi : *Fleuve international*

Canon
Histoire
Étym. : du grec *kanôn* (la règle). Décision des *conciles*. Désigne également un
article du code canonique.
■ Voir aussi : *Droit canonique (ou
droit canon)*

Canonistes
Histoire
Se dit des spécialistes du droit canoni-
que.
■ Voir aussi : *Droit canonique (ou
droit canon)*

Cantonnement
Procédure civile
Réduction, le plus souvent à la demande
du débiteur de l'assiette d'une *mesure
conservatoire* ou d'une *sûreté* à une
fraction du (ou des) bien(s) qui en est
(sont) l'objet pour en libérer le surplus.
CPC ex., art. L. 321-6

Capacité
Droit des personnes et de la famille
Aptitude à être titulaire d'un *droit* ou
d'une *obligation* et à l'exercer personnellement.
■ Voir aussi : *Capacité d'exercice, Capacité de jouissance, Incapacité*

Capacité d'ester en justice
Introduction au droit
Aptitude à solliciter le juge pour qu'il se
prononce sur le bien-fondé d'une prétention (que ce soit en qualité de demandeur ou de défendeur).

Capacité d'exercice
Droit des personnes et de la famille
Aptitude à mettre en œuvre personnel-
lement un *droit* dont on est titulaire.
■ Voir aussi : *Capacité de jouissance,
Incapacité d'exercice, Représentation*

Capacité de jouissance
Droit des personnes et de la famille
Aptitude à être titulaire d'un *droit* ou
d'une *obligation*.
■ Voir aussi : *Capacité d'exercice, In-
capacité de jouissance*

Capital
Introduction au droit
Masse de *biens* productifs ou improduc-
tifs conservés durablement constituant
l'actif du *patrimoine*.

Capital social
Droit des sociétés
1. Le capital social représente le montant
des apports que doivent effectuer les
associés soit en numéraire soit en nature.
2. Le capital social s'entend aussi du
montant de la valeur nominale des parts
ou actions émises. Sur le plan comptable
le capital social représente, au passif du
bilan, la dette de la société envers les
apporteurs. Cette dette est égale au montant de la valeur nominale des parts ou
actions émises.

Capital variable
Droit des sociétés

Se dit du *capital* d'une *société* non gouvernée par le principe d'intangibilité du capital. Dans une telle société, la souscription et la reprise des *apports*, l'arrivée et le retrait des *associés*, sont la règle. La clause de viabilité doit être inscrite dans les statuts et faire l'objet d'une publication régulière.

C. com., art. L. 231-1 et s.

Capitalisation (des intérêts) ▪ Voir *Anatocisme*

Capitation
Histoire moderne

Impôt direct par tête ou « taxe par tête » qui, à partir de 1695, vise à imposer tous les Français à l'exception du clergé.

Capitaux propres
Droit des sociétés

Ensemble des sommes dont la société dispose du fait des associés. Ils sont constitués du capital, des réserves ainsi que du report à nouveau. Les capitaux propres figurent au passif du bilan.

C. com., art. L. 123-13

Captation d'héritage
Droit des libéralités

Fait de s'attirer les bonnes grâces d'une personne par des manœuvres dolosives afin d'obtenir d'elle une *libéralité* entre vifs ou testamentaire. La loi met en place un certain nombre d'incapacités de recevoir fondées sur une *présomption irréfragable* de captation d'héritage dont le gratifié serait coupable. Ainsi du *mineur* qui ne peut disposer au profit de son *tuteur*...

C. civ., art. 907 et s.

Carence (recours en)
Droit de l'Union européenne

Action introduite par un particulier, un État membre ou une institution de l'Union devant la Cour de justice de l'Union européenne afin de voir constater une abstention illégale d'agir (abstention de statuer ou d'adresser un acte contraignant) de la part d'une institution, d'un organe ou d'un organisme de l'Union et qui doit être précédée d'une invitation à agir dans un délai de deux mois.

TFUE, art. 265

▪ Voir aussi : *Annulation (recours en), Manquement (recours en)*

Carnet de maternité
Droit de la protection sociale

Livret remis à la future mère, destiné à recueillir des informations médicales se rapportant à la grossesse, afin de favoriser un meilleur suivi médical de la femme et de l'enfant à naître.

CSS, art. R. 331-4

▪ Voir aussi : *Prestations (sociales)*

Carnet de santé
Droit de la protection sociale

Livret remis aux assurés sociaux par les organismes d'assurance maladie, destiné à recueillir des informations pathologiques, afin de favoriser un meilleur suivi médical de l'intéressé ; aujourd'hui, la carte de santé (électronique) s'y est substituée.

CSS, art. L. 162-1-1, L. 161-31 et s.

▪ Voir aussi : *Carte de santé, Assurances sociales, Prestations (sociales)*

Carrières
Droit des biens

Ensemble de substances minérales ou fossiles, présentes dans le sous-sol ou à la surface d'un *immeuble*, non considérées comme des *mines* par le Code minier et appartenant au propriétaire de l'immeuble avec une faculté d'exploitation soumise à une autorisation administrative.

> C. civ., art. 552, al. 3 ; C. minier, art. 105 et s.

Carte de crédit ■ Voir *Carte de paiement*

Carte grise
Droit administratif
Certificat d'immatriculation d'un véhicule délivré par le *préfet* et le ministère des Transports. Cette carte étant imprimée sur un formulaire de couleur grise, elle porte le nom de carte grise. La carte comporte le numéro d'immatriculation se terminant par l'indication du *département*. Sa possession est obligatoire pour circuler avec un véhicule immatriculé.

Carte nationale d'identité
Droit administratif
Carte délivrée par le ministère de l'Intérieur à toute personne de nationalité française qui en fait la demande. Elle est valable dix ans et sert à établir l'identité de son titulaire. Contrairement à une idée répandue, elle n'est pas obligatoire.

Carte de paiement
Droit bancaire
Type d'instrument de paiement.

> C. monét. fin., art. L. 133-4, c)

Carte professionnelle
Droit social
Carte d'identité professionnelle délivrée par les autorités administratives ou les organes corporatifs (ex. : carte de fonc-

tionnaire, carte de journaliste, carte de VRP...).

> C. trav., art. L. 7111-6 et R. 7111-1

Carte de santé
Droit de la protection sociale
Carte électronique individuelle interrégimes remise par les caisses à tout bénéficiaire de l'assurance maladie afin de permettre, outre un suivi médical de meilleure qualité (volet de santé), une télétransmission des prescriptions médicales en direction des organismes de sécurité sociale.

> CSS, art. L. 161-31

■ Voir aussi : *Carnet de santé*

Carte verte
Droit des assurances
1. Système interétatique et communautaire de règlement des sinistres provoqués, dans un pays membre, par des véhicules terrestres à moteur immatriculés dans un autre pays membre.

> C. assur., art. L. 211-4, R. 211-22

2. Carte internationale d'assurance, délivrée par le bureau central français des sociétés d'assurance contre les accidents d'automobiles, valant attestation d'assurance et destinée à faciliter la circulation internationale des véhicules.

> C. assur., art. R. 211-17

Cartel ■ Voir *Entente*

Cas fortuit ■ Voir *Force majeure*

Cas d'ouverture
Droit administratif
Terme contentieux désignant les possibilités d'exercer un recours. Par exemple, le *recours pour excès de pouvoir* permet à un citoyen de demander au juge administratif d'annuler un acte administratif. Ce recours comporte les quatre cas

d'ouverture suivants : incompétence, violation des règles de forme, violation de la loi et détournement de pouvoir.

Casier judiciaire
Droit pénal
Répertoire national et automatisé, regroupant les condamnations pénales rendues à l'encontre des personnes physiques et morales et des décisions diverses et comportant trois bulletins dont la destination à l'égard des tiers et le contenu varient en fonction de la loi.
CPP, art. 768 et s.

Cassation
Droit processuel
Anéantissement d'une décision des *juges du fond*, décidé par une Cour supérieure pour mauvaise application des règles de droit.
CPC, art. 604
■ Voir aussi : *Pourvoi, Cour de cassation, Conseil d'État*

Castration chimique ■ Voir *Traitement inhibiteur de libido*

Causalité
Droit des obligations
Condition de mise en œuvre de la *responsabilité civile* en vertu de laquelle la victime d'un *dommage* ne peut obtenir réparation que si un lien de causalité entre ce *dommage* et le fait illicite qui en est à l'origine peut être établi.
■ Voir aussi : *Causalité adéquate, Équivalence des conditions*

Causalité adéquate
Droit des obligations
Théorie de la *responsabilité civile* en vertu de laquelle seuls les événements ayant directement participé à la réalisa-

tion du *dommage* sont considérés comme ayant joué un rôle causal.
■ Voir aussi : *Causalité, Équivalence des conditions*

Cause
Droit des obligations
Raison pour laquelle on s'engage dans un contrat.
Selon la conception classique, la cause est la raison immédiate de s'engager.
● *Exemple,* dans un *contrat synallagmatique*, la cause de l'engagement d'une partie réside dans l'engagement de l'autre partie. Ainsi, la cause de l'engagement de l'acheteur est le transfert de propriété du bien par le vendeur, et la cause de l'engagement du vendeur est le paiement du prix par l'acheteur.
Selon la conception moderne, la cause est le motif déterminant qui pousse une partie à s'engager.
● *Exemple,* j'achète cette maison pour l'habiter ou pour en faire un tripot.
C. civ., art. 1131 et s.
■ Voir aussi : *Bonnes mœurs, Ordre public*

Cause réelle et sérieuse
Droit social
Fait objectif et conséquent permettant de fonder le licenciement d'un salarié ; le licenciement est abusif (et ouvre droit à des dommages-intérêts) lorsqu'il est dénué de toute cause réelle et sérieuse.
C. trav., art. L. 1232-1 à L. 1235-5
■ Voir aussi : *Licenciement, Rupture du contrat de travail*

Caution
Droit des sûretés
Personne tenue à titre accessoire de payer à un créancier une dette en cas de

défaillance du débiteur principal, sous réserve de l'exercice du *bénéfice de discussion*.
C. civ., art. 2288 et s.

Caution *judicatum solvi*
Droit international privé

Somme d'argent que devait verser tout *demandeur* en justice étranger pour voir sa demande examinée par un tribunal français et destinée à garantir les frais de procédure y afférents, voire une indemnité due au *défendeur*.

Cautionnement
Droit des sûretés

Contrat par lequel la *caution* s'engage personnellement à recouvrir le paiement de la dette d'un débiteur en cas de défaillance de celui-ci.
C. civ., art. 2288 et s.

Cautionnement réel
Droit des sûretés

Formule anciennement retenue, désormais remplacée par les termes « sûreté réelle pour garantir la dette d'autrui », par laquelle le garant affecte un ou plusieurs de ses biens, mobiliers ou immobiliers, afin de garantir le paiement de la dette d'un débiteur.
C. civ., art. 2334

Cavalerie (traite de)
Droit bancaire

Effet de complaisance tiré dans le seul dessein de permettre, avec les fonds reçus de *l'escompte* de la *traite*, le paiement d'un précédent effet de complaisance.

▪ Voir aussi : *Effet croisé*

CDI ▪ Voir *Commission du droit international*

CECA ▪ Voir *Communauté européenne du charbon et de l'acier*

CED ▪ Voir *Communauté européenne de défense*

Cédule
Finances publiques

La cédule était autrefois le feuillet sur lequel l'*administration* écrivait les revenus d'une même catégorie. Dans le droit fiscal de l'impôt sur le revenu, les différents revenus sont classés en différentes catégories (salaires, revenus fonciers, bénéfices industriels et commerciaux). Depuis sa création au moment de la Première Guerre mondiale, l'*impôt sur le revenu* est un impôt cédulaire.

CEE ▪ Voir *Communauté économique européenne*

Célibat
Droit des personnes et de la famille

État des personnes non mariées.

Censive
Histoire médiévale

Tenure paysanne concédée par le seigneur moyennant une redevance annuelle en nature ou en numéraire, le cens.

Censure
Droit constitutionnel

Vote de défiance d'une assemblée parlementaire mettant en cause la responsabilité du gouvernement.
Const. 4 oct. 1958, art. 49
Contentieux constitutionnel

Déclaration d'inconstitutionnalité prononcée par le juge constitutionnel dans le cadre du contrôle préventif de constitutionnalité de la loi.

Ord. n° 58-1067, 7 nov. 1958, art. 17 à 23

■ Voir aussi : *Constitutionnalité des lois*

Centrale d'achats
Distribution, concurrence

Société ou plus rarement *GIE*, agissant en tant que *commissionnaire* ou *mandataire* de ses membres appelés affiliés, dans le but de grouper puis transmettre leurs commandes auprès de fournisseurs afin qu'ils puissent bénéficier de prix plus avantageux. La plupart du temps, la centrale d'achats agit, également, comme *centrale de référencement* pour ses affiliés.

Centrale de référencement
Distribution, concurrence

Société – ou plus rarement *GIE* –, à laquelle sont affiliés des commerçants (distributeurs), ayant pour objet de référencer des fournisseurs après avoir négocié auprès d'eux des avantages tarifaires dont pourront bénéficier les affiliés. Elle peut prolonger sa mission par l'achat de marchandises pour le compte de ses affiliés auprès des fournisseurs, en intervenant ainsi comme *centrale d'achats.*

Centralisation
Histoire

Terme d'origine révolutionnaire (1794) recouvrant une réalité qui remonte au Moyen Âge et s'affirme au XVIIe siècle, dans laquelle le pouvoir est exercé dans un lieu unique.

Droit administratif

Organisation de l'*administration* dans laquelle le pouvoir appartient aux agents nommés par le centre et non par la périphérie. Le contraire de la centralisation est la *décentralisation*. La centralisation comporte deux modalités : la concentration et la *déconcentration*. Elle repose sur une valorisation du pouvoir hiérarchique. Elle est fondée sur la volonté d'unifier le droit sur tout le territoire (unité et indivisibilité de la République). Elle présente l'avantage de coûter beaucoup moins cher à la collectivité. Cependant, son inconvénient principal est de décourager les initiatives de la base et d'encombrer le centre.

Centre communal d'action sociale
Droit administratif

Établissement public administratif communal spécialisé dans l'aide et l'action sociales. L'une des principales tâches d'un CCAS est de distribuer des aides aux personnes les moins favorisées.

Centre de gestion agréé
Droit fiscal et comptable

Organisme privé reconnu par les services fiscaux servant à assister les personnes physiques et morales dans leurs formalités déclaratives fiscales. Des avantages fiscaux sont accordés aux contribuables qui passent par leur intermédiaire dans la mesure où la fraude fiscale y est quasiment inexistante.

■ Voir aussi : *Impôt sur le revenu*

Centre de formalités des entreprises (CFE)
Droit de la protection sociale – Droit des sociétés

Centre de formalités administratives auprès duquel les entreprises peuvent souscrire, en un lieu unique et sur un seul document, toutes les déclarations (fiscales, sociales, administratives, etc.)

qu'elles sont tenues de faire lors de leur création, de la modification de leur situation ou de leur cessation d'activité.

■ Voir aussi : *Employeur, Déclaration préalable à l'embauche*

Centre national de la recherche scientifique (CNRS)
Droit administratif

Établissement public administratif placé sous la tutelle du ministre de l'Éducation nationale existant depuis un décret du 19 octobre 1939.

CEPC
Concurrence ■ Voir *Commission d'examen des pratiques commerciales*

CEPEJ
Droit européen ■ Voir *Commission européenne pour l'efficacité de la justice*

Centre régional des œuvres universitaires et scolaires (CROUS)
Droit administratif

Établissement public régional chargé de gérer tous les services de la vie étudiante : distribution de bourses, logement étudiant, cités universitaires, restaurants universitaires. Chaque région comporte un CROUS placé sous l'autorité du conseil national des œuvres universitaires et la tutelle du ministère de l'Éducation nationale.

L. nº 55-425, 16 avr. 1955

Centre de transfusion sanguine (CTS)
Droit administratif

Organismes privés créés par la loi nº 52-85 du 21 juillet 1952, les centres de transfusion sanguine ont été profondément modifiés à la suite de l'affaire du sang contaminé par la loi nº 93-5 du

4 janvier 1993. Ces centres ont été intégrés au *service public* afin d'augmenter la sécurité des transfusions. La nature juridique des centres de transfusion sanguine peut être soit une association, soit un *groupement d'intérêt public*, soit un service hospitalier. Dans tous les cas, la tutelle de l'*agence française du sang* est forte.

Certaine (créance)
Droit des obligations

Caractère d'une créance dont l'existence est incontestable et dont le paiement pourra être poursuivi en justice.

● *Exemple,* créance non assortie d'une condition.

■ Voir aussi : *Exigible (créance), Liquide (créance)*

Certificat complémentaire de protection
Droit de la propriété intellectuelle

Tout propriétaire d'un brevet de médicament ou d'un procédé d'obtention de médicament, un produit nécessaire à l'obtention de ce médicament ou un procédé de fabrication d'un tel produit peut obtenir dans certaines conditions un CCP pour celles des parties du brevet correspondant à l'autorisation de mise sur le marché du médicament.

CPI, art. L. 611-2, 3º

Certificat de coutume
Droit international privé

Document rédigé en français par une autorité officielle ou par une personne privée et indiquant la teneur de la règle de *droit* étranger invoquée par une partie.

Certificat de décès
Droit des personnes et de la famille

Attestation du *décès* établie par un médecin et nécessaire pour procéder aux funérailles.

CGCT, art. L. 2223-42

Certificat d'investissement
Droit des sociétés

Le certificat d'investissement est un titre négociable issu du démembrement d'actions, il permet de bénéficier de l'intégralité des droits pécuniaires attachés à l'action, par opposition au certificat de droit de vote qui est représentatif du seul droit de vote attaché à l'action.

C. com., art. L. 225-186, L. 238-30 et s., L. 228-94

Certificat de nationalité
Droit international privé

Document délivré par le greffier en chef du tribunal d'instance à toute personne justifiant qu'elle a la *nationalité* française et permettant de présumer que la personne possède cette nationalité.

C. civ., art. 31 à 31-3

Certificat de non-paiement
Droit bancaire

Certificat constatant, après expiration d'un certain délai, le non-paiement d'un *chèque* et établi gratuitement par le *tiré* à la demande du porteur ou adressé à lui systématiquement après une nouvelle présentation infructueuse. La notification effective ou la signification du certificat au *tireur* vaut *commandement* de payer et permet l'obtention d'un *titre exécutoire* par un *huissier de justice*.

C. monét. fin., art. L. 131-73, al. 3, R. 131-48

■ Voir aussi : *Protêt*

Certificat d'obtention végétale
Droit de la propriété intellectuelle

Titre délivré par l'INPI à l'inventeur d'une obtention végétale nouvelle, lui conférant le monopole d'exploitation de cette dernière. Il confère à son titulaire le droit exclusif de produire, reproduire, conditionner aux fins de la reproduction ou de la multiplication, offrir à la vente, vendre ou commercialiser sous toute autre forme, exporter, importer ou détenir à l'une de ces fins, du matériel de reproduction ou de multiplication de la variété protégée.

CPI, art. L. 623-4 et s. ; L. n° 2011-1843, 8 déc. 2011

■ Voir aussi : *Propriété industrielle (droits de), Variété végétale, Obtention végétale*

Certificat de qualification
Consommation

Attestation délivrée par un organisme indépendant (distinct de l'industriel ou du commerçant) indiquant que le produit ou le service distribué est conforme à des normes décrites dans un référentiel faisant l'objet de contrôles.

C. consom., art. L. 115-27

Certificat de travail
Droit social

Document écrit remis par l'employeur au salarié au terme de son contrat de travail afin d'attester de la relation de travail professionnelle passée (identité des parties, date d'entrée dans l'entreprise, nature de l'emploi et date de fin du contrat).

C. trav., art. L. 1234-19

■ Voir aussi : *Rupture du contrat de travail, Licenciement, Démission*

Certificat d'urbanisme
Droit administratif
Document émanant de l'administration de l'État (cadastre), permettant de savoir si un terrain ou un bâtiment comporte des *servitudes* pouvant limiter les droits du propriétaire.
C. urb., art. L. 410-1
■ Voir aussi : *Permis de construire*

Certificat d'utilité
Droit commercial – généralités
Titre délivré par *l'INPI* au titulaire d'une invention et lui conférant le monopole d'exploitation de cette dernière pendant six ans à compter du jour du dépôt de la demande.
CPI, art. L. 611-2, R. 616-1 et s.
■ Voir aussi : *Brevet, Propriété industrielle (droits de)*

Certification
Droit bancaire
Mention apposée par le *tiré* sur le *chèque* par laquelle il garantit l'existence de la *provision* et s'engage à la bloquer au profit du porteur durant le délai de présentation.
C. monét. fin., art. L. 131-14, R. 131-2
■ Voir aussi : *Visa*

Certification des comptes publics
Finances publiques
Les comptes de l'État doivent être certifiés par la Cour des comptes depuis la loi organique n° 2001-692 du 1er août 2001. Ceux de la sécurité sociale doivent l'être également depuis la loi organique n° 2005-881 du 2 août 2005. La révision de la Constitution du 28 juillet 2008 a ajouté un article 47-II au texte constitutionnel afin de préciser que tous les comptes publics doivent obligatoirement être réguliers, sincères afin de donner une image fidèle du résultat de leur gestion, de leur patrimoine et de leur situation financière. Cette nouvelle norme signifie que les comptes publics sont désormais soumis à une obligation nouvelle qui les rapproche des comptes des sociétés privées.

Cessante ratione legis, cessat ejus dispositio
Histoire
Littéralement : la raison d'être de la loi cessant, la loi cesse elle-même. Adage signifiant qu'une disposition n'a plus à être appliquée si sa raison d'être a disparu.

Cessation des paiements
Liquidation et redressement judiciaires
État de l'entreprise dans l'impossibilité de faire face au *passif exigible* avec son *actif disponible*. Elle constitue le critère principal d'ouverture d'une *procédure collective*. En revanche, n'est pas en cessation de paiement l'entreprise qui établit que les réserves de crédit ou les moratoires dont elle bénéficie de la part de ses créanciers lui permettent de faire face au passif exigible avec son actif disponible.
C. com., art. L. 631-1 et L. 640-1
■ Voir aussi : *Redressement judiciaire, Liquidation judiciaire*

Cession ■ Voir *Plan de cession*

Cession-bail ■ Voir *Lease-back*

Cession de contrat
Droit des obligations – Droit des contrats spéciaux
Opération ayant pour objet de réaliser une substitution de contractant dans l'exécution d'un contrat (cession de bail, d'assurance, de contrat de travail...). Le

cessionnaire remplace le cédant dans le contrat conclu avec le cédé.

C. trav., art. L. 1224-1 ; C. assur., art. L. 121-10 ; CPI, art. L. 132-16 ; C. civ., art. 1601-4, 1717, 1743 ; C. com., art. L. 145-16 ; C. rur. pêche marit., art. L. 411-35 ; L. nº 84-595, 12 juill. 1984, art. 19 et 20 ; L. nº 89-462, 6 juill. 1989, art. 9

■ Voir aussi : *Cession de créance, Cession de dette*

Cession de créance
Droit des obligations

Contrat par lequel un créancier cédant transmet au cessionnaire sa créance contre le débiteur cédé.

C. civ., art. 1689 et s.

■ Voir aussi : *Cession de contrat, Cession de dette*

Cession de dette
Droit des obligations

Contrat, en principe prohibé par le droit français, par lequel un débiteur cédant transmet au cessionnaire sa dette envers le créancier cédé.

■ Voir aussi : *Cession de contrat, Cession de créance*

Cession de droits litigieux
Droit des obligations

Cession d'une créance dont la validité fait l'objet d'une contestation en justice.

C. civ., art. 1699 et s.

Cession de droits successifs
Droit des successions et libéralités

Convention par laquelle un *héritier* appelé opère *cession* gratuite ou onéreuse de ses *droits* dans la *succession* à un cohéritier ou à un étranger.

C. civ., art. 780, 889, 1696 et s.

■ Voir aussi : *Droits successifs*

CFE ■ Voir *Caisse des Français de l'étranger*

Chaîne de contrats
Droit des obligations

Succession de deux ou plusieurs contrats portant sur le même objet pouvant donner naissance à des actions de nature contractuelle entre parties à ces différents contrats. Une chaîne de contrats est dite homogène si elle est composée de contrats de même nature (ex. : plusieurs contrats d'entreprise), hétérogène si elle est composée de contrats de natures différentes (ex. : un contrat de vente et un contrat d'entreprise).

■ Voir aussi : *Effet relatif des contrats, Groupe de contrats*

Chambre
Procédure civile – Procédure pénale

Subdivision d'une juridiction.

● *Exemple,* la *Cour de cassation* comprend plusieurs *chambres* civiles et une chambre criminelle.

Chambre d'accusation
■ Voir *Chambre de l'instruction*

Chambre d'agriculture
Droit administratif

Établissement public consultatif chargé de représenter les intérêts des agriculteurs dans un *département*.

Chambre des appels correctionnels
Procédure pénale

Formation de la cour d'appel composée d'un président et de deux conseillers, compétente pour connaître des appels interjetés contre les jugements rendus en

premier ressort par les tribunaux de police et les tribunaux correctionnels.
CPP, art. 510 et s.

Chambre de commerce et d'industrie
Droit commercial – généralités
Établissement public administratif composé de commerçants et d'industriels élus par leurs pairs. Les chambres de commerce et d'industrie ont pour mission de représenter les intérêts du commerce et de l'industrie auprès des pouvoirs publics, elles assument encore des missions administratives.
C. com., art. L. 711-1 et s., L. 713-1 et s., L. 712-1 et s.

Chambre de compensation
Droit bancaire
Lieu où est réalisé par *compensation* le règlement entre banquiers de leurs *créances* et *dettes* réciproques. Sur les marchés à *terme* ou optionnels, la chambre de compensation assure la *compensation* de toutes les transactions, la surveillance des positions de comptes, l'appel des marges et, le cas échéant, la liquidation d'office des positions. Elle garantit ainsi la bonne fin des transactions.
C. monét. fin., art. L. 131-34, L. 440-1 et s., L. 464-1 ; C. com., art. L. 511-26

Chambre du conseil
Procédure civile
1. Nom donné à la salle attenante à la salle *d'audience* où les juges se retirent pour délibérer.
2. Par extension, désigne les *audiences* se déroulant hors de la présence du public.
CPC, art. 433 et s.
▪ Voir aussi : *Huis clos*

Chambre des députés ▪ Voir *Assemblée nationale*

Chambre détachée
Organisation judiciaire
Chambre d'un *tribunal de grande instance*, détachée du *siège* de celui-ci par *décret en Conseil d'État* pour juger dans son *ressort* des affaires civiles et pénales.
COJ, art. R. 212-18
▪ Voir aussi : *Compétence territoriale*

Chambre de l'instruction
Procédure pénale
Formation de la cour d'appel composée d'un président et de deux conseillers qui a succédé à la chambre d'accusation, compétente pour statuer sur l'appel interjeté contre les ordonnances rendues au cours de l'instruction et dotée de pouvoirs propres tels que l'examen des demandes d'extradition, de réhabilitation judiciaire ainsi que l'exercice des sanctions disciplinaires à l'encontre des officiers et agents de police judiciaire.
CPP, art. 191 et s.

Chambre de métiers
Droit commercial – généralités
Établissement public administratif composé d'artisans élus par leurs pairs. Les chambres des métiers ont pour mission de représenter les intérêts de l'artisanat auprès des pouvoirs publics.
C. artisanat, art. 5 et s.

Chambre régionale des comptes
Finances publiques
Juridiction administrative spécialisée créée par la loi de décentralisation n° 82-213 du 2 mars 1982. Elle exerce trois grandes compétences : *contrôle budgé-*

taire des collectivités territoriales, contrôle juridictionnel des comptes des comptables publics locaux, contrôle de la gestion des ordonnateurs locaux. Chaque région comporte une CRC.

C. jur. fin., art. L. 210-1

▪ Voir aussi : *Juge des comptes, Cour des comptes*

Chambres civiles
Organisation judiciaire
Nom donné aux cinq *chambres* de la *Cour de cassation* statuant en matière civile *(lato sensu),* réparties en trois chambres civiles *(stricto sensu),* une chambre commerciale et une chambre sociale.

COJ, art. L. 431-1 et s.

Chambres réunies
Organisation judiciaire – Procédure pénale
Ancienne formation de jugement de la *Cour de cassation,* remplacée depuis 1967 par *l'assemblée plénière.*

Chancelier
Histoire médiévale – Histoire moderne
Grand officier de la couronne, gardien du sceau royal ; chef de la justice. Ce ministre peut être disgracié mais conserve alors son titre sans ses fonctions.

Chancellerie
Droit administratif
Service administratif dépendant du rectorat de l'*académie,* chargé de la tutelle de l'État sur les *universités.*

Change
Droit financier
1. Opération d'échange ou vente de monnaie ou valeur contre une autre. Le change est manuel lorsque l'opération

consiste en un échange immédiat de billets ou monnaies libellés en devises différentes.
2. Taux auquel est réalisée l'opération d'échange ou de vente.

C. monét. fin., art. L. 524-1 ; C. com., art. L. 110-1, 7°

Changement de régime matrimonial
Droit des régimes matrimoniaux
Faculté offerte aux époux mariés depuis plus de deux ans de changer en tout ou en partie et sous certaines conditions leur *régime matrimonial.* La loi du 23 juin 2006 a supprimé l'homologation judiciaire sauf en présence d'enfants mineurs ou d'opposition d'un enfant majeur et/ou d'un créancier. La liquidation du régime matrimonial modifié, requise à peine de nullité par la loi du 23 juin 2006, ne l'est qu'à la condition d'être, depuis la loi du 5 mars 2007, « nécessaire ».

C. civ., art. 1397 ; CPC, art. 1300 et s.

Chantage
Droit pénal
Délit constitué par le fait d'obtenir ou de tenter d'obtenir une signature, un engagement, une renonciation, la révélation d'un secret ou la remise d'un bien, de fonds ou de valeurs, sous la menace de révélations ou d'imputations de faits pouvant porter atteinte à l'honneur ou à la considération.

C. pén., art. 312-10 et s.

Chapitre budgétaire
Finances publiques
Ancienne unité de vote du budget (1831) divisée en articles. Le budget local est encore voté et exécuté en chapitres. Le budget de l'État n'est plus voté par

chapitre depuis 1959. La loi organique n° 2001-692 du 1er août 2001 a décidé que l'unité de vote serait la *mission* (subdivisée en *programmes* ou *dotations*).

■ Voir aussi : *Spécialité (principe de)*

Charges
Droit des libéralités
Obligations grevant une *libéralité* dont la non-exécution par le *donataire* entraîne la perte de cette dernière à moins d'en solliciter la révision en justice.
C. civ., art. 900-2 et s.

Charges du mariage
Droit des régimes matrimoniaux
Ensemble des *dettes* liées au train de vie du ménage auquel les époux doivent contribuer, s'ils n'en décident autrement, à proportion de leurs facultés respectives.
C. civ., art. 214, 1448, 1449, 1537 ; CPC, art. 1282 et s.

Chargeur
Droit des transports
Propriétaire des marchandises transportées par voie fluviale ou maritime.
C. transports, art. L. 4451-1, L. 5422-1 et s.

■ Voir aussi : *Connaissement*

Charte des droits fondamentaux de l'Union européenne
Droit de l'Union européenne
Déclaration proclamée le 7 décembre 2000 lors du Conseil européen de Nice puis officiellement adoptée dans sa version définitive le 12 décembre 2007, à laquelle le *traité de Lisbonne* donne valeur juridique contraignante et énonçant les droits civils et politiques, mais aussi économiques et sociaux, devant être garantis à tout citoyen européen sur le territoire des États membres de l'*Union européenne*.
TUE, art. 6

Charte internationale des droits de l'homme
Droit international public
Textes de références en matière de protection internationale des droits de l'homme adoptés dans le cadre de l'activité des Nations unies constitués essentiellement de la Déclaration universelle du 10 décembre 1948 et des deux Pactes du 19 décembre 1966.

Charte des Nations unies
Relations internationales
Acte constitutif de l'organisation des Nations unies élaboré par les représentants de cinquante États lors de la conférence de San Francisco (avr.-juin 1945) et signée le 26 juin 1945.
Charte NU, 26 juin 1945

Charte-partie
Droit des transports
Document écrit constatant le contrat d'*affrètement* maritime et énonçant les obligations des parties.
C. transports, art. L. 5423-14 ; D. n° 66-1078, 31 déc. 1966, art. 2, 5 et 18

■ Voir aussi : *Affrètement*

Charte sociale européenne
Droit européen
Traité international signé à Turin le 18 octobre 1961 entre les États membres du *Conseil de l'Europe*, entré en vigueur le 26 février 1965 et énonçant une liste de droits sociaux variés (en matière d'emploi, de protection sociale, mais aussi de santé, de logement, d'éducation) que les États signataires s'engagent

à respecter. L'organe de contrôle du respect de la Charte est le *Comité européen des droits sociaux* (CEDS).

Chartes
Histoire médiévale

Textes officiels comportant reconnaissance de certains nombres de droits en faveur d'une communauté plus ou moins large (villes, provinces).

Chef d'État
Droit constitutionnel

Organe suprême de l'exécutif représentant l'État sur la scène internationale et investi d'une autorité morale ou régulatrice au sein des pouvoirs publics.

▪ Voir aussi : *Président de la République*

Chemin d'exploitation
Droit rural

Chemin destiné, de manière exclusive, à la communication et à l'exploitation entre divers fonds. Faute de titre, un chemin d'exploitation est présumé appartenir aux différents propriétaires riverains.

C. rur. pêche marit., art. L. 162-1 et s.

Cheptel (bail à)
Droit rural

Contrat par lequel le propriétaire d'un troupeau d'animaux confie celui-ci à une personne tenue de le garder et de le nourrir.

C. civ., art. 1800 et s. ; C. rur. pêche marit., art. L. 421-1 et s.

Chèque
Droit bancaire

Écrit par lequel une personne appelée le « tireur » donne l'ordre à un *établissement de crédit* ou assimilé, appelé le « tiré », de payer à vue une certaine

somme d'argent soit à une troisième appelée le « bénéficiaire », soit à son ordre.

C. monét. fin., art. L. 131-1 et s.

Chèque barré
Droit bancaire

Chèque portant au recto deux barres parallèles apposées quasi systématiquement par le *tiré* sur les formules délivrées aux clients. Il ne peut être payé qu'à un *établissement de crédit* ou assimilé, un chef de bureau des *chèques postaux* ou un client connu du *tiré* s'il ne porte entre les barres aucune désignation, la mention banquier ou terme équivalent (« barrement général »). Si le nom d'un banquier figure entre les barres (« barrement spécial »), le chèque ne peut être payé qu'au banquier désigné.

C. monét. fin., art. L. 131-44, L. 131-45

Chèque de casino
Droit bancaire

Chèque émis sur papier libre ou formule imprimée par un tiers au profit d'un établissement de jeu pour le *paiement* d'une *dette* de *jeu*.

Chèque certifié ▪ Voir *Certification*

Chèque emploi service universel (CESU)
Droit social

Chèque ou titre spécial préfinancé de *paiement* permettant à un particulier soit de rémunérer et de déclarer un salarié occupant à son *domicile* un emploi de services à la personne ou des assistants maternels agréés, soit d'acquitter tout ou partie du montant des prestations de services à la personne fournies par des organismes ou personnes habilités. Il est accompagné d'un volet social permet-

tant, en cas d'emploi direct, de déclarer le salarié, qui doit avoir donné son accord à l'utilisation de ce mode de *paiement* et avoir été préalablement informé sur le fonctionnement de ce dispositif.
C. trav., art. L. 1271-1 et s., D. 1271-1 et s.

Chèque emploi très petites entreprises
Droit de la protection sociale
Service dont l'adhésion, autorisée, dans certains secteurs d'activité, permettait à une entreprise n'employant pas plus de cinq salariés, de s'acquitter simplement des principales obligations administratives liées au recrutement et à l'emploi d'un salarié : déclaration unique d'embauche, signature d'un contrat de travail, déclaration des cotisations sociales, production du bulletin de paie. Il pouvait comporter un moyen de paiement afin de rémunérer les salariés. Il a été remplacé en 2008 par le titre emploi-service entreprise.

Chèque postal
Droit bancaire
Chèque établi sur les formules délivrées par l'administration des postes aux titulaires de *compte courant* postal. Ils relèvent d'une réglementation spécifique.
C. monét. fin., art. L. 755-7-3

Chèque-restaurant ▪ Voir *Titre-restaurant*

Chèque sans provision
Droit bancaire
Chèque dont la *provision* n'est pas préalable, suffisante ou disponible. Depuis 1991, son émission ne constitue plus, en tant que telle, un délit pénal. Demeurent cependant pénalement sanctionnés, le retrait ou blocage intention-

nel de la provision après l'émission du chèque dans l'intention de porter atteinte aux droits d'autrui, *l'endossement* ou l'acceptation d'un chèque sans provision, l'émission de chèques au mépris d'une injonction ou interdiction.
C. monét. fin., art. L. 163-2
▪ Voir aussi : *Opposition sur compte bancaire*

Chèque-vacances
Droit social
Titre nominatif de paiement acquis, avec la contribution financière de *l'employeur*, par le salarié aux revenus modestes qui a épargné en vue de l'acquisition. Ils peuvent être remis en paiement des dépenses effectuées pour les vacances sur le territoire national aux collectivités publiques et aux prestataires de services agréés et, pour celles effectuées sur le territoire de la Communauté européenne, à certains prestataires.
Ord. n° 82-283, 26 mars 1982, art. 1er

Chèque de voyage
Droit bancaire
Titre émis par un établissement de crédit à l'ordre d'un client, d'un montant égal à celui versé par lui, permettant d'obtenir des fonds de n'importe quel bureau ou correspondant de la banque.

Chiffre noir de la délinquance
Droit pénal
Différence entre le volume de la *criminalité* réelle et celui de la *criminalité* apparente qui résulte des statistiques policières.
▪ Voir aussi : *Criminalité*

Chirographaire ▪ Voir *Créancier chirographaire*

Chose
Droit des biens
Objet mobilier ou immobilier caractérisé par son existence matérielle propre et susceptible d'être objet de droits.
▪ Voir aussi : *Bien*

Chose commune
Droit des biens
Chose utilisable par tous, comme l'air notamment, dont l'appropriation est prohibée.
C. civ., art. 714

Chose consomptible
Droit des biens
Chose qui a vocation à être détruite dès sa première utilisation (ex. : matière première).

Chose corporelle ▪ Voir *Bien corporel*

Chose fongible
Droit des biens
Chose mesurée par sa qualité et sa quantité, qualifiée aussi de chose de genre, et susceptible d'être remplacée par une autre (ex. : billets de banque). Une chose non fongible, appelée corps certain, ne peut être remplacée en raison de ses caractéristiques.

Chose frugifère
Droit des biens
Chose mobilière ou immobilière susceptible de fournir des *fruits* périodiquement.

Chose de genre ▪ Voir *Chose fongible*

Chose jugée ▪ Voir *Autorité de la chose jugée, Force de chose jugée*

Circonscription d'action régionale
Droit administratif
Terme qui désignait les ancêtres des *régions*. Il s'agissait seulement de *circonscriptions administratives* de l'État entourant une métropole d'équilibre. Les circonscriptions d'action régionale ont duré de 1960 à 1972, puis elles ont été transformées en établissements publics régionaux par la loi n° 72-619 du 5 juillet 1972 et enfin en collectivités territoriales par la loi de décentralisation n° 82-213 du 2 mars 1982.
▪ Voir aussi : *Région*

Circonscription administrative
Droit administratif
Terme désignant une division du territoire de l'État. Le *département* est une circonscription administrative de l'État (*déconcentration*) et en même temps une collectivité territoriale (décentralisation). Le département est divisé en plusieurs circonscriptions appelées *arrondissement*. Depuis 1960, les *régions* sont aussi des circonscriptions de l'État regroupant deux à huit départements.

Circonscription électorale
Droit constitutionnel
Cadre territorial d'une élection politique déterminé par une division législative du territoire national appelée découpage électoral.
L. n° 86-1197, 24 nov. 1986
▪ Voir aussi : *Mode de scrutin*

Circonstances aggravantes
Droit pénal

Faits ou qualités visés expressément par un texte pénal de manière générale (la récidive) ou spéciale (en fonction des incriminations), qui entraînent l'aggravation de la *peine* habituellement encourue pour l'*infraction* en cause.

C. pén., art. 132-71 et s.

Circonstances atténuantes
Droit pénal

Faits liés à l'infraction ou qualités de l'auteur appréciés par le juge, lui permettant de prononcer une peine moins forte que celle qui figure dans le texte d'incrimination. Le mécanisme des circonstances atténuantes a formellement disparu en 1994 depuis l'entrée en vigueur du Code pénal en raison de la suppression des *minima* des peines, mais il conserve une grande actualité au travers des modalités de personnalisation des sanctions.

C. pén., art. 132-17 et s.

Circonstances exceptionnelles
Droit administratif

Théorie jurisprudentielle créée pendant la Première Guerre mondiale. La légalité s'impose à l'administration dans les circonstances normales ; toutefois, en raison du principe de *continuité* des services publics, le juge administratif reconnaît que la légalité peut être atténuée en raison des circonstances exceptionnelles. L'article 16 de la Constitution de la Ve République reconnaît un pouvoir spécial au président de la République en cas de circonstances exceptionnelles. Cette théorie ne peut être appliquée que si elle est justifiée et pendant une période limitée.

Circulaire
Droit administratif

Acte administratif émanant d'un ministre ou d'un haut fonctionnaire servant à guider le comportement des agents placés sous sa responsabilité. La jurisprudence a distingué les circulaires réglementaires des circulaires interprétatives, seules les premières constituent des actes administratifs faisant grief et donc susceptibles de recours pour excès de pouvoir. En droit fiscal, l'article L. 80-A du Livre des procédures fiscales permet aux contribuables de se prévaloir de circulaires émanant des services fiscaux.

Circulation des marchandises, des personnes, des services et des capitaux (liberté de)
Droit de l'Union européenne

Principe des « quatre libertés » réunies au sein du *marché intérieur* institué par le *Traité CE* et visant à l'élimination de toute entrave à la circulation des biens et des personnes au sein de la l'Union européenne.

TFUE, art. 28 et s.

Circulation des travailleurs (liberté de)
Droit de l'Union européenne

Droit, pour tout travailleur ressortissant d'un État membre de l'*Union européenne*, d'accéder à un emploi et de l'exercer sans entrave ni discrimination fondée sur la *nationalité*, sur le territoire d'un autre État membre.

TFUE, art. 45 et s.

■ Voir aussi : *Établissement (liberté d')*, *Prestation de services (libre)*

Citation directe
Procédure pénale
Modalité de saisine directe du tribunal de police ou du tribunal correctionnel, par laquelle la victime ou le ministère public met en mouvement l'action publique afin que l'auteur d'une infraction soit jugé, sans qu'il y ait instruction.
CPP, art. 550 et s.

Citation en justice
Procédure civile
Acte de procédure informant une personne qu'elle doit se présenter devant une juridiction.
■ Voir aussi : *Assignation*

Citoyen
Droit constitutionnel
National d'un État titulaire des droits civiques et politiques.
Const. 4 oct. 1958, art. 3
■ Voir aussi : *Vote*

Citoyenneté européenne
Droit de l'Union européenne
Qualité conférée à toute personne ayant la nationalité d'un État membre de l'*Union européenne* et lui octroyant certains droits (ex. : droit de circulation et de séjour, droit de vote et d'éligibilité aux élections municipales dans l'État de résidence).
TFUE, art. 20

Civil Law ■ Voir *Romano-germanique*

CJCE ■ Voir *Cour de justice (de l'Union européenne)*

Class action
Introduction au droit
Mécanisme anglo-saxon désignant une action permettant à un individu d'agir pour l'ensemble d'un groupe de personnes affectées par la même difficulté, sans l'obliger à réunir initialement le consentement formel de tous. Syn. : Action de groupe.

Classement
Droit administratif
Décision administrative par laquelle un bien relevant de la propriété privée est incorporé au *domaine public*.

Classement sans suite
Procédure pénale
Décision du ministère public de ne pas déclencher l'action publique à l'encontre d'une personne, en vertu de ses pouvoirs découlant du principe d'appréciation de l'opportunité des poursuites.
CPP, art. 40

Classification
Introduction au droit
Répartition d'un ensemble d'éléments en catégories distinctes afin d'affiner leur analyse et de traduire ou de suggérer des différences dans les règles qui leur sont applicables.
■ Voir aussi : *Qualification*

Clause
Droit des obligations
Stipulation prévue par les parties à un acte juridique.

Clause abusive
Distribution, consommation, concurrence
Clause ayant pour effet ou pour objet de créer un déséquilibre significatif entre les droits et les obligations des parties au contrat aux dépens du non professionnel ou consommateur.
C. consom., art. L. 132-1, R. 132-1 à R. 132-2-1

Clause d'accroissement ▪ Voir *Tontine*

Clause d'adaptation ▪ Voir *Adaptation (clause d')*

Clause d'administration conjointe
▪ Voir *Administration conjointe*

Clause d'agrément
Droit des sociétés
Clause introduite dans les statuts d'une société permettant de soumettre les cessions de parts ou actions à l'approbation des autres associés ou d'un organe de la société.

Clause « alsacienne »
Droit des régimes matrimoniaux
Encore appelée clause de reprise d'apport ou clause de liquidation alternative, elle permet, au moment de la dissolution par *divorce* d'une *communauté universelle*, à chacun des époux de reprendre les biens tombés en *communauté* de son chef et non constitutifs *d'acquêts*. Longtemps contestée malgré une pratique notariale avérée, elle a été validée par la loi du 23 juin 2006, à condition de figurer dans le *contrat de mariage* ou un acte modificatif du *régime matrimonial*. Selon la Cour de cassation, cette clause ne confère aucun avantage matrimonial à l'époux qui en bénéficie. Elle n'est donc pas révoquée par le divorce des époux.
C. civ., art. 265

Clause d'ameublissement ▪ Voir *Ameublissement*

Clause d'approvisionnement exclusif
Distribution
Clause par laquelle un distributeur s'engage – souvent pendant une durée limitée – à ne se fournir en marchandises ou prestations de services qu'auprès d'un fournisseur déterminé.
▪ Voir aussi : *Exclusivité (clause d')*

Clause attributive de compétence
Procédure civile
Clause par laquelle les parties à un contrat modifient le jeu normal des règles de *compétence d'attribution ou de compétence territoriale* afin de confier la connaissance de leur litige à un tribunal qu'elles déterminent à l'avance.
CPC, art. 48 et 93

Clause attributive de juridiction
Droit international privé
Disposition contractuelle désignant les *juridictions* d'un *État* compétentes en cas de litige et dérogeant en cela aux règles de *compétence judiciaire internationale*.

Clause de célibat
Droit des personnes et de la famille
Disposition d'un *acte juridique* imposant à une partie, comme condition du maintien de l'acte, l'*obligation* de ne pas se marier.

Clause commerciale
Droit des régimes matrimoniaux
Clause du *contrat de mariage* prévoyant la faculté pour l'époux survivant d'acquérir ou de se faire attribuer un ou plusieurs *biens propres* de l'époux prédécédé, généralement un *fonds de commerce*. Elle constitue un pacte sur succession future exceptionnellement autorisé. La loi du 23 juin 2006 a ajouté un important alinéa 2 à l'article 1390 du Code civil permettant au *conjoint survivant* d'exiger des *héritiers* qu'il lui soit consenti un *bail* portant sur l'*immeuble*

dans lequel *l'entreprise* acquise ou attribuée est exploitée.
C. civ., art. 1390 et s.

Clause compromissoire
Procédure civile

Clause d'un contrat par laquelle les parties décident de confier à un *arbitre* le soin de régler les litiges qui pourraient naître relativement à ce contrat.
CPC, art. 1442 et s.

▪ Voir aussi : *Compromis*

Clause de dédit
Droit des obligations – Droit des contrats spéciaux

Clause d'un contrat conférant à l'une des parties ou aux deux la faculté de se désengager (de se *dédire*) en renonçant à l'exécution du contrat moyennant, généralement, le paiement d'un prix.

▪ Voir aussi : *Arrhes, Dédit, Rétractation*

Clause d'échelle mobile
Droit des obligations

Clause permettant d'indexer la valeur d'une prestation sur la valeur d'un bien ou d'un service.

Clause d'exclusivité ▪ Voir *Exclusivité (clause d')*

Clause générale de compétence
Droit administratif

Traditionnellement, la formule signifie pour la commune que le conseil municipal règle par ses délibérations les affaires de la commune. Cette clause introduite par les lois de 1884 pour les communes et de 1871 pour les départements a été supprimée par la loi n° 2010-1563 du 16 décembre 2010 portant réforme des collectivités territoriales.

Désormais, la clause est par principe supprimée pour les départements et les régions mais pas pour les communes. L'objectif est d'éviter les financements croisés qui ruinent les budgets locaux.

Clause d'habitation bourgeoise
▪ Voir
Habitation bourgeoise (clause d')

Clause de *hardship*
Droit des obligations

Clause, fréquente dans les contrats internationaux, en vertu de laquelle les parties à un contrat s'engagent à le renégocier en cas de bouleversement de circonstances économiques.

▪ Voir aussi : *Imprévision*

Clause d'indexation
Droit des obligations

Clause en vertu de laquelle le montant de *l'obligation de somme d'argent* due par le débiteur varie en fonction d'un élément extérieur de référence appelé indice.
C. monét. fin., art. L. 112-2

Clause de main commune ▪ Voir *Main commune*

Clause de mobilité
Droit social

Clause incluse dans un contrat de travail par laquelle un salarié accepte de faire ultérieurement l'objet d'une mobilité géographique unilatéralement décidée par l'employeur.
C. trav., art. L. 1221-1, L. 1231-5

▪ Voir aussi : *Contrat de travail, Employeur, Prêt de main-d'œuvre*

Clause de la nation la plus favorisée
Droit international public
Engagement conventionnel (traité de base) aux termes duquel un État (concédant) accepte d'étendre au profit d'un autre État (bénéficiaire) certains avantages commerciaux ou douaniers qu'il pourrait consentir, dans un traité ultérieur, à un nouvel État.

▪ Voir aussi : *Relativité des traités*

Clause de non-concurrence
Droit commercial – généralités
Clause par laquelle une personne s'engage vis-à-vis d'une autre personne à ne pas exercer d'activité de nature à la concurrencer. Ces clauses, pour être licites, doivent être limitées dans le temps et dans l'espace, être proportionnées à l'objet du contrat.

Droit du travail
Clause interdisant à un ancien salarié ou mandataire social de concurrencer l'entreprise pour laquelle il a travaillé ou travaille. Cette clause n'est licite que si elle vise à protéger les intérêts de l'entreprise, est limitée dans le temps et dans l'espace, donne lieu à une contrepartie financière et n'empêche pas le salarié d'exercer l'activité qui lui est propre.

Clause de non-rétablissement
▪ Voir *Clause de non-concurrence, Bail commercial*

Clause or (ou clause valeur or)
Droit des obligations
Clause par laquelle le débiteur s'engage à payer le créancier en monnaie métallique or ou à lui payer l'équivalent dans la monnaie de paiement, ce qui permet au créancier de ne pas subir la dépréciation de la monnaie de paiement.

Clause pénale
Droit des obligations
Clause fixant forfaitairement le montant de dommages et intérêts dus par le débiteur qui n'exécuterait pas son obligation.
C. civ., art. 1152, 1226 et s.

Clause de prélèvement moyennant indemnité
▪ Voir *Prélèvement moyennant indemnité*

Clause de prix catalogue
Distribution
Fixation dans un catalogue annuel ou semestriel du prix des marchandises ou des prestations de services du fournisseur à l'attention de ses clients, le plus souvent distributeurs.

Clause de reprise d'apport franc et quitte
▪ Voir *Reprise d'apport franc et quitte*

Clause de réserve de propriété
Droit des contrats spéciaux
Clause d'un contrat, généralement de vente ou d'entreprise, ayant pour objet de différer le transfert de la propriété du bien pendant une période déterminée, le plus souvent jusqu'au complet paiement du prix par l'acquéreur, afin de garantir la créance du vendeur ou de l'entrepreneur.
C. civ., art. 2367 et s. ; C. com., art. L. 624-16 et s.

Clause résolutoire
Droit des obligations
Clause prévoyant que le contrat sera automatiquement résolu en cas d'inexécution de ses obligations par l'une des parties.

▪ Voir aussi : *Résolution*

Clause de sauvegarde ■ Voir *Sauvegarde (clause de)*

Clause de sécurité syndicale (*Closed shop*)
Droit social
Clause convenue entre un employeur et une organisation syndicale afin de limiter la liberté d'adhésion syndicale au profit du syndicat signataire ou encore, afin de favoriser l'embauche, la promotion ou la carrière de salarié du fait de leur appartenance syndicale.
C. trav., art. L. 2141-1, L. 2141-5 à L. 2141-8
■ Voir aussi : *Liberté syndicale, Grève*

Clause de style
Introduction au droit
Stipulation contractuelle que l'on retrouve fréquemment dans tous les *contrats* d'un même type et qui tend à être reproduite par simple habitude, ce qui permet parfois d'en écarter l'application au motif que les parties n'y ont pas réellement consenti.

Clerc
Procédure civile
Collaborateur d'un auxiliaire de justice, fréquemment d'un officier ministériel, compétent pour effectuer certains actes entrant dans le monopole de l'officier.
● *Exemple,* les constats établis à la demande des particuliers peuvent être dressés par un clerc d'huissier de justice habilité à procéder aux constats.

Clergé
Histoire
Ensemble des ecclésiastiques ou des clercs d'une Église, d'une ville, d'un pays.

Clergé régulier
Histoire
Clercs vivant en communauté et obéissant à une règle de vie commune (moines, religieux).

Clergé séculier
Histoire
Clercs qui vivent dans le « siècle », c'est-à-dire au milieu des laïcs (évêques, curés).

Clientèle
Introduction au droit -- Droit commercial -- généralités
Subjectivement entendue, la clientèle représente les clients, les relations d'affaires attirées par une activité commerciale, artisanale, libérale... Objectivement entendue, la clientèle est constituée des éléments attractifs, corporels ou incorporels, des clients, relations d'affaire d'une activité commerciale, artisanale, libérale... Librement cessible, une clientèle est traditionnellement considérée comme élément d'un fonds de commerce et aujourd'hui d'un fonds artisanal ou libéral.
■ Voir aussi : *Fonds*

Closed shop ■ Voir *Clause de sécurité syndicale (closed shop)*

Clôture des débats
Procédure civile
Mesure d'administration judiciaire mettant fin aux débats et interdisant le dépôt de nouveaux arguments ou de nouvelles *pièces* à l'exception des *notes en délibéré* destinées à répondre soit à une demande d'éclaircissement du juge,

C

soit aux observations du *ministère public.*

CPC, art. 442 et s.

■ Voir aussi : *Contradictoire (principe du)*

Clôture de l'instruction
Procédure civile
Mesure d'administration judiciaire mettant fin à l'instruction devant le tribunal de grande instance et devant la cour d'appel, soit parce que celle-ci est achevée, soit pour sanctionner la négligence d'une partie.

■ Voir aussi : *Ordonnance*

Clôture pour insuffisance d'actif
Liquidation et redressement judiciaires
Hypothèse de clôture de la procédure de *liquidation judiciaire*, intervenant lorsque la poursuite des opérations de liquidation est rendue impossible en raison de l'insuffisance d'actif, caractérisée lorsque le produit de la réalisation des actifs du *débiteur* et des actions et procédures engagées dans l'intérêt de *l'entreprise* ou des *créanciers* ne permet plus de désintéresser, même partiellement, les créanciers.

C. com., art. L. 643-9, al. 2, R. 643-16

CNRS ■ Voir *Centre national de la recherche scientifique*

CNUCED ■ Voir *Conférence des Nations unies pour le commerce et le développement*

CNUDCI ■ Voir *Commission des Nations unies pour le droit du commerce international*

Coassurance
Droit des assurances
Couverture d'un risque important par plusieurs *assureurs* qui s'en répartissent

la charge sans *solidarité* et dans la limite d'un plafond garanti par chacun (le *plein d'assurance*).

C. assur., art. L. 352-1, R. 331-31

■ Voir aussi : *Apériteur, Réassurance*

Coauteur
Droit pénal
Personne participant à la commission d'une infraction et réunissant en elle-même tous les éléments constitutifs de celle-ci, ce qui permet de lui conférer la qualité d'auteur, aux côtés d'autres protagonistes qui remplissent les mêmes conditions.

C. pén., art. 121-4

Droit de la propriété intellectuelle
La qualité de coauteur appartient, sauf preuve contraire, à la personne sous le nom de qui l'œuvre est divulguée. Cette qualité suppose une participation personnelle à la création de l'œuvre.

CPI, art. L. 113-1

Cocontractant
Droit des obligations
Partenaire avec qui une partie conclut un contrat.

● *Exemple,* l'acheteur est le cocontractant du vendeur.

Code
Introduction au droit
Ensemble structuré de règles juridiques, le plus souvent d'origine législative, applicables à une matière.

Code de déontologie
Introduction au droit
Ensemble des règles d'ordre éthique et professionnel applicables à une activité.

Codébiteurs

Droit des obligations

Personnes tenues au paiement d'une même dette, conjointement ou solidairement.

Codécision (procédure de)

Droit de l'Union européenne

Terminologie antérieure à l'entrée en vigueur du *traité de Lisbonne*, aujourd'hui « procédure législative ordinaire ». Mode de participation plénière du *Parlement européen* à la *fonction législative*, appliqué en vue de l'adoption des *actes communautaires* par le *Conseil de l'Union européenne*, et consistant à associer totalement le Parlement par la recherche d'une position commune puis, à défaut, par la réunion d'un comité de conciliation en vue d'aboutir à un projet commun subordonnant l'adoption de l'acte. De procédure d'exception, cette procédure tendait à devenir le droit commun du processus décisionnel.

Traité CE, anc. art. 251

■ Voir aussi : *Avis conforme (procédure d'), Concertation (procédure de), Consultation, Coopération politique européenne (CPE)*

Codicille

Droit des successions et libéralités

Disposition ajoutée à un *testament* pour le modifier, le compléter, le révoquer.

Codification

Introduction au droit

Élaboration d'un code et par extension code ainsi adopté.

Codification à droit constant

Introduction au droit

Rassemblement de règles juridiques éparses applicables à une matière sans leur faire subir de modifications autres que de pure forme.

L. 12 avr. 2000, art. 3.

Coexistence pacifique

Relations internationales

Rapports entre États de tolérance mutuelle de régimes politiques et sociaux contradictoires privilégiant la diplomatie sur le recours à la force et caractérisant la conduite des États occidentaux et des États socialistes dans la seconde moitié du XXᵉ siècle.

Coffre-fort ■ Voir *Contrat de coffre-fort*

Cofidéjusseur

Droit des sûretés

Terme qui désigne plusieurs personnes engagées, solidairement ou non, en qualité de *cautions* pour une même dette.

C. civ., art. 2302 et s., 2310

Cogestion

Droit des régimes matrimoniaux

Mode d'administration de certains *biens communs* parmi les plus importants (immeubles, exploitations, fonds de commerce, parts sociales...) nécessitant obligatoirement et à peine de nullité le consentement des deux époux.

C. civ., art. 1422 et s.

■ Voir aussi : *Administration conjointe*

Cohabitation

Droit constitutionnel

Discordance politique entre la majorité présidentielle et la majorité parlementaire.

■ Voir aussi : *Régime parlementaire*

Coin fiscal
Finances publiques
Champ soustrait à l'imposition du fait d'une lacune dans l'application des textes fiscaux. Économie d'impôt.

Coïndivisaire
Droit des biens
Membre d'une *indivision* titulaire d'une part du bien indivis.

Colitigants
Procédure civile
Parties à un même procès se trouvant dans une même position.

Collaborateur
Introduction au droit – Droit commercial – généralités
Personne qui concourt à l'activité professionnelle d'une autre personne de manière régulière ou irrégulière. Se dit du *conjoint* collaborant à l'activité de son époux chef d'une entreprise commerciale, artisanale ou agricole. Le conjoint collaborateur, bien que n'étant pas associé d'exploitation ou salarié, bénéficie de certains droits particuliers de type présomption de mandat.
C. com., art. L. 121-4 et s.

Collaborateur des offices de notaire
Procédure civile
Nom nouvellement donné aux anciens clercs de notaires.
D. n° 2007-1232, 20 août 2007, relatif à la formation professionnelle dans le notariat, art. 15

Collaborateur occasionnel
Droit administratif
Personne qui, sans avoir la qualité d'*agent public*, a contribué à l'accom-plissement d'une tâche relevant normalement des *services publics*.

● *Exemple,* le sportif sauvant une victime de noyade en l'absence du maître nageur sauveteur.

Collatéral
Droit des successions
Parents appartenant à la même famille en raison d'un auteur commun, mais ne descendant pas les uns des autres (les frères, les sœurs, oncles, tantes, neveux, nièces, cousins sont ainsi des collatéraux).
C. civ., art. 734
◼ Voir aussi : *Ascendant, Descendant*

Collaboration
Procédure civile
Mode d'exercice de la profession d'*avocat* dans lequel le collaborateur exerce tout ou partie de son activité dans le cabinet d'un confrère sous la responsabilité de celui-ci et moyennant une *rétrocession d'honoraires.*
D. n° 91-1197, 27 nov. 1991, organisant la profession d'avocat, art. 129 à 135

Collatéral, collatéraux
Introduction au droit
Situation de *parenté* d'une personne par rapport à une autre indiquant qu'elles ont un ascendant commun, mais qu'elles ne descendent pas l'une de l'autre.

● *Exemple,* frère et sœur, neveu et oncle.
C. civ., art. 742

Collationnement
Procédure civile
Vérification de la conformité soit de deux titres (ex. : d'une copie à l'original)

soit d'objets à leur description (ex. : collationnement des biens saisis).

Collectif

Finances publiques ■ Voir *Loi de finances*

Droit des obligations ■ Voir *Acte collectif*

Collectivité publique
Droit administratif

Terme générique désignant l'ensemble des personnes morales de droit public ayant la qualité de *personnes publiques* territoriales : *communes*, *départements*, *régions*, *Collectivités territoriales d'outre-mer*.

Collectivité territoriale
Droit administratif

Terme constitutionnel désignant les *personnes publiques* territoriales décentralisées (Const., art. 72). Selon la Constitution, les collectivités territoriales sont les *communes* et les *départements* ainsi que les *territoires d'outre-mer*. Toute autre collectivité territoriale est créée par la loi. Il a suffi d'une loi ordinaire pour créer la *région* en 1982 qui n'est devenue collectivité territoriale de plein exercice qu'après les élections du 16 mars 1986. Les territoires d'outre-mer ont un statut régi par des lois organiques (Const., art. 74). La collectivité territoriale de *Corse* dispose d'un statut particulier comprenant une plus grande autonomie fiscale. Les trois plus grandes villes françaises disposent également d'un statut particulier. En effet, Paris est à la fois un département et une commune divisée en arrondissements ; Lyon et Marseille ne sont que des communes mais comportent un découpage en arrondissements (avec chacun un maire et un organe délibérant).

■ Voir aussi : *Conseil d'arrondissement*

Collectivité territoriale de Corse
■ Voir *Corse*

Collectivités territoriales d'outre-mer
Droit administratif

Elles comprennent la Polynésie française, les Îles Wallis et Futuna, et Saint-Pierre et Miquelon.

■ Voir aussi : *Département d'outre-mer (DOM)*

Collégialité
Droit processuel

Formation de jugement composée de plusieurs juges.

Collocation
Procédure civile

Fixation de l'ordre dans lequel les créanciers doivent être payés.

■ Voir aussi : *Bordereau de collocation*

Colportage ■ Voir *Démarchage*

COMETT (programme) ■ Voir *SOCRATES (programme)*

Comité économique et social
Droit de l'Union européenne

Organe consultatif de l'Union européenne, composé de représentants des catégories économiques et sociales nommés pour cinq ans et qui émet à destination des institutions de l'Union des avis permettant d'associer l'ensemble des catégories socioprofessionnelles des États membres aux actions de l'Union.

TFUE, art. 300 à 304

Comité d'entreprise
Droit social

Institution représentative du personnel à caractère collégial, dotée de la personnalité juridique, réunissant l'employeur et une délégation d'élus du personnel, laquelle est munie par la loi de prérogatives notamment en matière d'information et de consultation ; lorsque l'entreprise compte plusieurs établissements autonomes, elle compte un comité central d'entreprise accompagné de comités d'établissements.

C. trav., art. L. 2321-1, L. 2327-1

▪ Voir aussi : *Comité de groupe, Délégué du personnel, Délégué syndical, uvres sociales*

Comité d'entreprise européen
Droit social

Institution représentative du personnel issue de la transposition d'une directive communautaire du 22 septembre 1994 et mise en place dans les grandes entreprises européennes (divers critères d'effectif, d'implantation géographique et de nombre d'établissements sont pris en compte), pouvant même suppléer parfois le comité de groupe.

C. trav., art. L. 2341-1 à L. 2341-4

▪ Voir aussi : *Comité de groupe, Comité d'entreprise*

Comité européen des droits sociaux (CEDS)
Droit européen

Organe consultatif de contrôle du respect de la *Charte sociale européenne* (également appelé le Comité d'experts indépendants), qui établit des rapports adressés au *Comité des ministres* du *Conseil de l'Europe* sur la violation par les États des droits sociaux protégés par la Charte.

Comité d'évaluation et de contrôle
Droit constitutionnel

Organe de l'Assemblée nationale, composé de trente-deux députés, chargé de conduire des expertises afin d'informer l'Assemblée et de l'aider à évaluer les politiques publiques.

Comité de l'abus de droit fiscal
Droit fiscal et comptable

Instance consultative créée par la loi du 13 janvier 1941 et codifiée par l'article L. 64 du Livre des procédures fiscales. Saisie à la demande de l'administration et depuis 1987 par les contribuables pour rendre des avis en matière d'abus de droit. Le comité est composé de sept personnes nommées par le ministre des Finances, il est présidé par un conseiller d'État.

▪ Voir aussi : *Abus de droit*

Comité de groupe
Droit social

Institution représentative du personnel mise en place au niveau d'un groupe d'entreprises ; son rôle est cependant plus réduit que celui conféré par la loi au comité d'entreprise auquel il vient se surajouter.

C. trav., art. L. 2331-1 à L. 2331-6

▪ Voir aussi : *Comité d'entreprise, Délégué du personnel*

Comité des ministres (du Conseil de l'Europe)
Droit européen

Institution du *Conseil de l'Europe* composée de représentants des gouvernements nationaux (ministres des Affaires étrangères ou représentants permanents des gouvernements) et investie du pouvoir décisionnel, ainsi que de la surveillance de l'exécution des arrêts de la *Cour européenne des droits de l'homme*.

Conv. EDH 4 nov. 1950, art. 46, § 2

Comité des régions
Droit de l'Union européenne
Organe consultatif de l'Union européenne composé de représentants des collectivités régionales et locales des États membres nommés pour cinq ans et ayant pour objectif d'associer les collectivités territoriales à la mise en œuvre des actions de l'Union par ses institutions.

TFUE, art. 300, 305 à 307

Comité des représentants permanents (COREPER)
Droit de l'Union européenne
Organe délibératif et administratif de préparation des décisions du *Conseil de l'Union européenne*, composé de diplomates et d'experts nationaux.

TFUE, art. 240

Comitologie
Droit de l'Union européenne
Pratique institutionnelle d'association de comités consultatifs au pouvoir d'exécution de la législation de l'Union européenne détenu par la *Commission européenne* et qui encadre parfois très étroitement l'action de cette dernière.

Commandement
Procédure civile
Acte d'*huissier de justice*, fondé sur un *titre exécutoire*, enjoignant à son destinataire, soit de procéder à un paiement, soit d'exécuter une obligation.

● *Exemple,* libérer un local.
CPC ex., art. L. 221-1, L. 411-1, R. 221-1, R. 411-1

Commandement de l'autorité légitime
Droit pénal

Cause d'irresponsabilité pénale qui entraîne la justification d'actes accomplis en exécution d'un ordre donné par une autorité publique, légitime et compétente, sauf dans le cas où cet ordre serait manifestement illégal.

C. pén., art. 122-4

Commanditaire
Droit des sociétés
Type d'associé d'une *société en commandite simple ou par actions*. L'associé commanditaire est apporteur en capital mais ne contribue pas à la gestion de la société, il n'a pas la qualité de commerçant et ne répond en principe des dettes sociales que dans la limite de son apport en capital.

Commandité
Droit des sociétés
Type d'associé d'une *société en commandite simple ou par actions*. L'associé commandité est gérant de la société, il a la qualité de commerçant et répond des dettes de manière indéfinie et solidaire avec les autres commandités.

Commencement d'exécution
Droit pénal
Acte qui a pour conséquence directe et immédiate de consommer une *infraction* avec l'intention de la commettre et qui est indispensable à la caractérisation d'une tentative d'infraction punissable.

C. pén., art. 121-5

C

Commencement de preuve par écrit

Introduction au droit – preuve

Élément émanant de celui contre qui il est produit et qui rend vraisemblable le fait allégué, mais qui ne peut servir de *preuve* complète car il lui manque une condition de *fond* ou de *forme* pour constituer la preuve admissible (ex. : écrit non signé, lettre, registre, acte authentique irrégulier, déclaration, refus de comparaître ou de répondre). La production d'un commencement de *preuve* par écrit rend admissible la preuve par *témoins*.

C. civ., art. 1347

■ Voir aussi : *Copie, Adminicule*

Commerce

Droit commercial – généralités

Activités économiques définies aux articles L. 110-1 et suivants du Code de commerce (anciens art. 632 et 633).

C. com., art. L. 110-1 ; Ord. n° 2009-866, 15 juill. 2009

Commerce électronique

Droit commercial – généralités

Activité économique par laquelle une personne propose ou assure à distance et par voie électronique la fourniture de biens ou de services. Entrent également dans ce champ les services tels ceux consistant à offrir des informations en ligne, des communications commerciales, des outils de recherche, d'accès de récupération de données, d'accès à un réseau de communication ou d'hébergement d'informations, y compris lorsqu'ils ne sont pas rémunérés par ceux qui les reçoivent.

L. n° 2004-575, 21 juin 2004, art. 14

Commerciale ■ Voir *Clause commerciale*

Commettant

Droit des obligations

Personne qui charge une autre, le *préposé*, de l'exécution d'une mission et en assume la responsabilité civile.

C. civ., art. 1384, al. 5

Comminatoire

Droit processuel

Adjectif évoquant une menace (ex. : l'astreinte a une fonction comminatoire car la menace financière qu'elle constitue incite à exécuter).

Commissaire

Histoire moderne

Agent de l'*administration* monarchique institué par lettres de commission et révocable *ad nutum* par le roi.

Commissaire adjoint de la République

Droit administratif

Terme désuet qui désignait entre 1982 et 1987 les *sous-préfets*.

■ Voir aussi : *Commissaire de la République*

Commissaire aux apports/à la fusion

Droit des sociétés

Personne chargée d'apprécier sous sa responsabilité l'évaluation d'un bien apporté en nature à l'occasion de la constitution d'une *société à responsabilité limitée* ou d'une *société par actions* ou d'une *augmentation de capital*. Selon les cas, le commissaire est désigné par les *associés* ou par décision de justice. Dans le cadre d'une opération de *fusion*, le commissaire à la fusion est chargé

d'apprécier la valeur des actions ou parts de sociétés participant à l'opération.
C. com., art. L. 223-9, L. 225-8, L. 225-14, L. 225-147, L. 236-10, L. 236-23

Commissaire aux comptes
Droit commercial – généralités

Personne, physique ou morale, choisie par les *associés* sur une liste *professionnelle*. Le commissaire aux comptes a pour mission principale de procéder au contrôle, à la certification des comptes sociaux (établis par les dirigeants sociaux) dont il garantit la sincérité. Il est en outre habilité à déclencher une procédure d'alerte s'il a connaissance de faits pouvant compromettre la pérennité de l'exploitation. La désignation d'un commissaire aux comptes n'est obligatoire que pour les groupements dont le capital est supérieur à un *montant fixé par décret*.
C. com., art. L. 221-9 et s., L. 223-35, L. 225-218 et s.

Commissaire-enquêteur
Droit administratif

Personnage-clef dans une enquête publique. Par exemple dans une procédure d'*expropriation* pour cause d'utilité publique, aucune déclaration d'utilité publique ne pourra être prise sans enquête préalable. Le commissaire-enquêteur dirigera l'enquête en recueillant toutes les dépositions du public.

Commissaire à l'exécution du plan
Liquidation et redressement judiciaires

Personne désignée par décision de justice entre l'*administrateur* ou le *mandataire judiciaire* pour veiller à la bonne exécution du *plan de sauvegarde* ou du *plan de redressement* du *débiteur* soumis à une procédure de *sauvegarde* ou

de *redressement judiciaire*. Il poursuit les actions introduites pendant la *période d'observation* par l'*administrateur* ou le *mandataire judiciaire* et est également habilité à engager des actions dans l'intérêt collectif des *créanciers*. Si la situation du débiteur permet une modification substantielle du plan au profit des créanciers, il a également qualité pour saisir le tribunal.
C. com., art. L. 626-25, L. 626-26, al. 1er, L. 631-19

Commissaire du gouvernement
Droit administratif

Fonctionnaire nommé par un ministre pour exercer un contrôle *a priori* dans un organisme placé sous tutelle. Ainsi, les entreprises publiques comptent dans leur conseil d'administration un commissaire du gouvernement doté de larges pouvoirs.

Commissaire de police
Droit administratif

Fonctionnaire du ministère de l'Intérieur recruté par concours de catégorie A et placé sous l'autorité du *préfet* ou du préfet de police. Le commissaire de police est un personnage essentiel du service public de la police nationale. Il a la qualité d'*officier de police judiciaire*, ce qui l'habilite à exercer des enquêtes et à prendre une part active dans la procédure judiciaire.

Commissaire-priseur judiciaire
Introduction au droit

Officier ministériel bénéficiant d'un monopole pour organiser les ventes forcées, aux enchères publiques, des *meubles corporels* et pouvant organiser des ventes volontaires.

Commissaire de la République
Droit administratif

Terme désuet qui désignait entre 1982 et 1987 les *préfets*.

▪ Voir aussi : *Commissaire adjoint de la République*

Commission
Introduction au droit

Rémunération versée à un intermédiaire pour l'accomplissement de son travail.

▪ Voir aussi : *Commission (contrat de)*

Commission d'accès aux documents administratifs (CADA)
Droit administratif

Autorité administrative indépendante présidée par un conseiller d'État créée par la loi n° 78-587 du 17 juillet 1978. La commission a le pouvoir de faire respecter la liberté d'accès aux documents administratifs pour que le citoyen puisse connaître de manière transparente les actes de l'administration. La CADA rend chaque année un rapport sur ses activités, émet des avis sur les demandes de documents non satisfaites par l'administration et propose toute modification des textes relatifs à cette question.

▪ Voir aussi : *Accès aux documents administratifs (droit)*

Commission des clauses abusives
Consommation

Organisme consultatif dépendant du ministère de la Consommation ayant pour fonction de rechercher dans les contrats entre consommateurs et professionnels les clauses abusives. Cet organisme émet aussi des avis sur les modèles de conventions habituellement proposés par les professionnels à leurs contractants non professionnels ou consommateurs.

C. consom., art. L. 534-1 et s.

▪ Voir aussi : *Clause abusive*

Commission (contrat de)
Droit des transports

Contrat par lequel un *commissionnaire* de transport organise dans son intégralité une opération de transport de marchandises pour le compte d'un client, commettant.

C. com., art. L. 132-3 à L. 132-9

Commission départementale de la coopération communale
Droit administratif

Organisme consultatif présidé par le *préfet* et composé d'élus locaux chargés de tenir un état de la coopération intercommunale et de proposer au préfet un schéma départemental de coopération intercommunale. Créé par la loi n° 92-125 du 6 février 1992, il a pour objectif de pousser les *communes* à mutualiser leurs ressources afin de mettre en œuvre une gestion partagée des *services publics*.

▪ Voir aussi : *Coopération décentralisée*

Commission départementale des impôts
Finances publiques

Organisme paritaire et consultatif composé de représentants des contribuables et des services fiscaux et présidé par le président du *tribunal administratif*. La commission a pour mission de fixer certains forfaits et de donner un avis sur les procédures de redressement. La commission peut prendre plusieurs formes selon les impôts.

LPF, art. L. 59 A et R. 60-1

Commission du droit international

Droit international public

Organe subsidiaire de l'ONU, créé le 21 novembre 1947, composé de trente-quatre membres élus pour cinq ans par l'Assemblée générale des Nations unies, spécialement chargé de développer progressivement et de codifier le droit international public.

AG ONU, rés. n° 174

▪ Voir aussi : *Organisation des Nations unies (ONU)*

Commission des droits et de l'autonomie des personnes handicapées (CDAPH, anc. COTOREP)

Droit social – Droit de la protection sociale

Au sein des Maisons départementales des personnes handicapées (MDPH), la commission des droits et de l'autonomie des personnes handicapées (CDAPH, anc. COTOREP) est chargée d'accorder la qualité de travailleur handicapé aux personnes dont les capacités physiques de travailler ou de conserver un emploi sont réduites et de se prononcer sur les mesures utiles à leur reclassement compte tenu du taux d'incapacité reconnu.

C. trav., art. L. 5211-2, R. 5213-1 à R. 5213-4

▪ Voir aussi : *Allocation adulte handicapé (AAH), Allocation d'éducation de l'enfant handicapé (AEEH), Incapacité, Invalidité, Maison départementale des personnes handicapées (MDPH)*

Commission d'examen des pratiques commerciales (CEPC)

Concurrence

Commission ayant pour mission de donner des avis ou de formuler des recommandations sur les questions, les documents commerciaux ou publicitaires, y compris les factures et *contrats* couverts par un secret industriel et commercial, et les pratiques concernant les relations commerciales entre producteurs, fournisseurs et revendeurs, qui lui sont soumis. Elle exerce, en outre, un rôle d'observatoire régulier des pratiques commerciales, des facturations et des *contrats* conclus entre producteurs, fournisseurs et revendeurs qui lui sont soumis.

C. com., art. L. 440-1

Commission d'équipement commercial

Droit administratif

Organisme institué en 1973 sous le nom de commission d'urbanisme commercial pour contrôler et limiter l'implantation des grandes surfaces en France. La loi n° 93-122 du 29 janvier 1993 a institué des commissions d'équipement commercial.

C. urb., art. L. 451-5 et s.

Commission européenne

Droit de l'Union européenne

Institution de l'*Union européenne* représentant les intérêts de l'Union, composée de commissaires indépendants nommés pour cinq ans et chargée du pouvoir général d'initiative dans l'élaboration de *la législation de l'Union* par le *Conseil (de l'Union européenne) en association*

107

avec le Parlement européen, ainsi que de son exécution.
TUE, art. 17 ; TFUE, art. 244 et s.

Commission européenne pour l'efficacité de la justice (CEPEJ)
Droit européen
Institution créée le 18 septembre 2002 au sein du *Conseil de l'Europe* à Strasbourg, réunissant des experts des quarante-sept États membres assistés d'un secrétariat et ayant pour objet l'étude des systèmes judiciaires nationaux afin d'évaluer le respect, en leur sein, des recommandations sur la justice et les droits fondamentaux élaborées par les institutions du Conseil et découlant, notamment, de la *Convention européenne des droits de l'homme.*

■ Voir aussi : *Cour européenne des droits de l'homme*

Commission européenne des droits de l'homme
Droit européen
Organe non juridictionnel institué par la *Convention européenne des droits de l'homme* et ayant fonctionné jusqu'au 31 octobre 1998 aux fins d'examiner la recevabilité et le fond des requêtes introduites pour violation des droits fondamentaux énoncés dans la Convention.

■ Voir aussi : *Cour européenne des droits de l'homme*

Commission d'indemnisation des victimes d'infractions
Procédure pénale
Juridiction située dans le ressort de chaque tribunal de grande instance, compétente pour se prononcer sur l'indemnisation à accorder aux victimes d'une infraction dont le préjudice n'a pu être

réparé, dans des conditions fixées limitativement par la loi.
CPP, art. 706-3 et s., R. 50-1 et s.

Commission mixte paritaire
Droit constitutionnel
Réunion de sept députés et de sept sénateurs qui, à la suite de l'échec de la navette parlementaire, tentent de rédiger un texte de loi acceptable par les deux assemblées.
Const. 4 oct. 1958, art. 45

■ Voir aussi : *Navette*

Commission nationale de l'informatique et des libertés (CNIL)
Droit administratif
Autorité administrative indépendante créée par la loi n° 78-17 du 6 janvier 1978 sur l'informatique et les libertés. La commission est chargée par la loi de contrôler tous les fichiers publics et privés afin de garantir le respect de la vie privée des citoyens. La commission garantit également un droit d'accès et de rectification des informations qui concernent les particuliers.

Commission des Nations unies pour le droit du commerce international (CNUDCI)
Droit international public
Organe lié à l'Assemblée générale des Nations unies, créé le 17 décembre 1966, en vue de réduire ou supprimer les obstacles juridiques qui entravent le commerce international. La CNUDCI se compose de dix-neuf États membres élus par l'Assemblée générale de l'ONU, représentant les principaux systèmes juridiques et économiques du monde.
AG ONU, rés. n° 2205, 17 déc. 1966

Commission d'office

Procédure civile – Procédure pénale
Désignation par le *bâtonnier* d'un *avocat* pour assurer la défense d'une personne qui n'a pas pu ou n'a pas souhaité en choisir un elle-même.

CPC, art. 1186 ; CPP, art. 113-3, 116, 274, 317, 417
▪ Voir aussi : *Droits de la défense*

Commission des opérations de bourse (COB)

Droit financier
Dénomination donnée jusqu'en 2003 à l'autorité administrative indépendante chargée de veiller à la protection de l'épargne investie dans les instruments financiers et tous autres placements donnant lieu à appel public à l'épargne, à l'information des investisseurs et au bon fonctionnement des marchés. Elle disposait d'un pouvoir de réglementation concernant le fonctionnement des marchés et les règles de pratique professionnelle, de pouvoirs d'enquête, d'injonction et de sanctions. Elle a été remplacée par la loi n° 2003-706 du 1er août 2003 par *l'Autorité des marchés financiers.*
▪ Voir aussi : *Marché réglementé*

Commission parlementaire

Droit constitutionnel
Organes, permanents ou temporaires, composés de parlementaires en charge de préparer les décisions ou de collecter les informations de l'assemblée.

Const. 4 oct. 1958, art. 42
▪ Voir aussi : *Commission permanente*

Commission permanente

Droit constitutionnel
Organe de travail d'une assemblée parlementaire spécialisé et en charge d'examiner les projets et les propositions de lois avant la discussion en séance plénière et de suivre l'action du gouvernement.

Const. 4 oct. 1958, art. 43
▪ Voir aussi : *Commission, Parlement*

Commission rogatoire

Procédure civile – Procédure pénale
Mission confiée par une autorité judiciaire, généralement un juge, à une autre autorité judiciaire, le plus souvent un officier de police judiciaire, d'exécuter à sa place un acte judiciaire (ex. : une mesure d'instruction).

CPC, art. 730 et s. ; CPP, art. 151 à 155, D. 33 à D. 36

Commissionnaire

Droit des contrats spéciaux
Intermédiaire du commerce chargé d'accomplir un acte juridique en son nom propre pour le compte d'un commettant.

C. com., art. L. 132-1 et s.

Droit des transports
Intermédiaire chargé d'organiser, en son nom et sous sa responsabilité, un transport de marchandises pour le compte d'un client.

C. com., art. L. 132-3 à L. 132-9 ; D. n° 90-200, 5 mars 1990

Common frame of reference (CFR)

Droit des obligations – Droit européen
▪ Voir *Cadre commun de référence*

Commodat

Droit des contrats spéciaux
Terme désignant, avant son abrogation par la loi n° 2009-526 du 12 mai 2009, le prêt à usage.

▪ Voir aussi : *Prêt à usage*

Common Law
Introduction au droit

Système juridique des pays anglo-saxons dont la caractéristique principale est d'avoir instauré la *jurisprudence* comme source principale du *droit*, la *loi* n'étant que secondaire, par opposition aux pays de *Civil Law* ou pays Romano-germaniques.

■ Voir aussi : *Romano-germanique*

Communautarisation
Droit de l'Union européenne

Transfert d'une matière relevant du droit de l'*Union européenne* d'une zone de simple coopération politique entre États membres (deuxième et troisième *piliers communautaires*) à la zone d'*intégration communautaire* constituée par le Traité CE (premier pilier).

Communauté d'agglomérations
Droit administratif

Établissement public de coopération intercommunale créé par la loi n° 99-586 du 12 juillet 1999. Cette nouvelle structure permet d'unifier le statut des anciens *districts*, *communautés urbaines* et *communautés de villes*. Selon la loi, le territoire de la communauté d'agglomération doit être contigu, ce qui interdit les communes isolées. L'avantage de cette formule est de faciliter l'institution d'une taxe professionnelle de zone et de faire bénéficier le *budget* de ressources supplémentaires (DGF).

■ Voir aussi : *Agglomération*
CGCT, art. 5216-1 et s.

Communauté de communes
Droit administratif

Établissement public de coopération intercommunale créé par la loi n° 92-125 du 6 février 1992. La loi prévoit que les communes s'associent dans cet établissement pour créer un espace de solidarité avec des buts communs.

CGCT, art. L. 5214-1 et s.

Communauté de droit
Droit de l'Union européenne

État de droit propre à l'Union européenne, caractérisé par l'existence d'un *ordre juridique* fondé sur des institutions et une législation propres à l'Union et l'existence d'un système de contrôle supranational du respect de cet ordre juridique par la *Cour de justice de l'Union européenne*.

Communauté économique européenne (CEE)
■ Voir *Communauté européenne (CE)*

Communauté entre époux
Droit des régimes matrimoniaux

Nom donné à tout *régime matrimonial* dont une partie ou la totalité des *biens* forment une masse destinée, à sa dissolution, à être partagée entre les époux, ou entre les *héritiers* de l'un d'eux et l'époux survivant.

C. civ., art. 1400 et s., 1497 et s.

■ Voir aussi : *Communauté légale*

Communauté européenne (CE)
Droit de l'Union européenne

Organisation mettant en place un *marché intérieur* de libre circulation des marchandises, des personnes, des services et des capitaux, et caractérisée par l'instauration d'un *ordre juridique* supranational entre les États européens ayant ratifié le *traité de Rome (traité CE)* modifié par les *traités sur l'Union européenne*. La *Communauté européenne* était dénommée *Communauté économi-*

que européenne avant le traité de *Maastricht. Elle se voit substituer la terminologie d'«* Union européenne *» par le traité de* Lisbonne.

▨ Voir aussi : *Lisbonne (traité de)*

Communauté européenne du charbon et de l'acier (CECA)
Droit de l'Union européenne

Organisation instituée par le *traité de Paris* signé le 18 avril 1951 entre six États européens (dont la France et l'Allemagne), qui prévoyait la mise en commun des productions et des politiques industrielles et sociales dans les secteurs du charbon et de l'acier. Elle faisait partie du premier *pilier communautaire* de l'*Union européenne* jusqu'à sa disparition en juillet 2002.

Communauté européenne de défense (CED)
Droit de l'Union européenne

Traité signé entre les six États européens membres de la CECA le 27 mai 1952 à Paris et visant la mise en commun des moyens militaires ainsi que la création d'une armée européenne sous commandement supranational, mais n'étant jamais entré en vigueur en raison de l'opposition d'une partie de l'*Assemblée nationale* française à sa ratification.

Communauté européenne de l'énergie atomique (CEEA ou Euratom)
Droit de l'Union européenne

Organisation de l'*Union européenne* régie par le Traité instituant la Communauté européenne de l'énergie atomique entre six États membres de l'Union européenne (dont la France), qui prévoit

la mise en commun des moyens et des politiques touchant à l'industrie nucléaire aux fins de favoriser le progrès et la coopération dans ce domaine.

Communauté légale
Droit des régimes matrimoniaux

Régime matrimonial de la communauté réduite aux acquêts, applicable à tous les époux mariés depuis le 1er février 1966, qui n'ont pas choisi un autre régime matrimonial par contrat de mariage.
C. civ., art. 1400 et s.

Communauté urbaine
Droit administratif

Établissement public de coopération intercommunale créé par la loi du 31 décembre 1966 pour structurer les agglomérations de plus de 50 000 habitants. Certaines communautés urbaines ont d'ailleurs été imposées par la loi (Bordeaux, Lille, Lyon et Strasbourg). Depuis la loi du 12 juillet 1999, les communautés urbaines ont été incitées à se transformer en *communautés d'agglomération*. L'objectif d'une communauté urbaine est de gérer des services publics transférés par les *communes* membres.
CGCT, art. L. 5215-1 et s.

Communauté de vie
Droit des personnes et de la famille

1. Devoir du mariage regroupant l'*obligation* de cohabitation (*obligation* d'avoir une *résidence* commune) et le devoir conjugal (*obligation* d'entretenir des relations sexuelles avec son conjoint).
C. civ., art. 215

111

2. Fait pour deux personnes d'avoir une résidence commune liée à l'existence entre elles de relations sexuelles.

C. civ., art. 515-1 et 515-8

■ Voir aussi : *Pacte civil de solidarité (PACS), Concubinage, Devoir conjugal*

Communauté de villes
Droit administratif

Établissement public de coopération intercommunale créé par la loi n° 92-125 du 6 février 1992 pour les communes des zones urbaines. La loi du 12 juillet 1999 a décidé que les communautés de villes seraient transformées en *communautés d'agglomération* ou en communautés de villes.

CGCT, art. L. 5216-1 et s.

Communautés européennes
Droit de l'Union européenne

Avant l'entrée en vigueur du *traité de Lisbonne*, désignait l'ensemble des traités communautaires formant le premier *pilier* de l'*Union européenne* et composé de la *Communauté européenne du charbon et de l'acier* (*CECA*, disparue en 2002), de la *Communauté européenne (CE)* et de la *Communauté européenne de l'énergie atomique (CEEA ou Euratom)*.

Commune
Droit administratif

Collectivité territoriale constituant la base de l'administration de la République. Les organes de la commune sont le *conseil municipal* (organe délibérant) et le *maire* (exécutif). Les élections municipales ont lieu tous les six ans et leur mode de scrutin varie selon un seuil de plus ou moins de 3 500 habitants.

CGCT, art. L. 2111-1 et s.

Histoire

Lorsque le mot prend une majuscule, désigne la tentative d'un gouvernement révolutionnaire à Paris entre le 18 mars et le 28 mai 1871.

Commune renommée
Introduction au droit - preuve

Déclaration d'individus qui n'ont pas personnellement constaté ce qu'ils évoquent, mais qui l'ont seulement entendu dire. Ce mode de *preuve* est rarement admis.

C. civ., art. 415, al. 3

■ Voir aussi : *Témoignage, Acte de notoriété*

Communication
Droit de l'Union européenne

Acte informel de la *Commission européenne*, sans valeur juridique, qui lui sert à informer les destinataires individuels de ses décisions du sens de son action (avant le déclenchement d'une procédure en *manquement*, par exemple).

Communication au ministère public
Procédure civile

Fait de porter une affaire à la connaissance du *ministère public*.

• *Exemple,* le ministère public doit avoir communication des affaires relatives à la tutelle des majeurs.

CPC, art. 425 et s., 798

Communications électroniques
Droit commercial – Consommation

Émissions, transmissions ou réceptions de signes, de signaux, d'écrits, d'images ou de sons, par voie électromagnétique.

C. P. et T, art. L. 32, 1°

Communication des pièces
Procédure civile

Obligation mise à la charge d'une *partie* qui invoque une *pièce* à l'appui de ses *prétentions,* de la communiquer en temps utile aux autres parties à l'*instance.*

CPC, art. 132 et s.

■ Voir aussi : *Contradictoire (principe du)*

Commutation de peine
Droit pénal

Effet d'une forme de grâce présidentielle qui substitue une peine moins forte à celle qui a été prononcée dans la condamnation.

C. pén., art. 133-7 et s.

Commutative (justice)
Introduction au droit

Justice qui tend à rétablir ou à maintenir l'équilibre antérieur, sans prendre en considération les données sociales de la question. Cette justice est fondée sur l'égalité arithmétique entre les justiciables.

■ Voir aussi : *Distributive (justice)*

Comourants
Droit des successions et libéralités

Personnes décédées dans un même événement sans qu'on puisse déterminer l'ordre chronologique des décès et dont l'une au moins est héritière de l'autre. L'ordre des décès est établi par tous moyens. Si l'on peut toutefois déterminer cet ordre, la *succession* de chacune des personnes décédées est dévolue sans

que l'autre y soit appelée, sauf jeu éventuel de la *représentation.*

C. civ., art. 725-1

Comparution
Procédure civile

1. Fait de se présenter devant la juridiction pour défendre sa cause.

2. Devant les *juridictions de droit commun,* la comparution résulte de la constitution, c'est-à-dire de la désignation d'un *représentant* (avocat).

CPC, art. 467 et s., 751, 899

■ Voir aussi : *Défaut*

Comparution immédiate
Procédure pénale

Procédure rapide de jugement en matière correctionnelle, ayant remplacé la procédure dite de flagrant délit, par laquelle l'action publique est déclenchée par la saisine directe du tribunal correctionnel, lorsque la peine d'emprisonnement encourue est au moins égale à deux ans ou à six mois en cas de flagrant délit et que les éléments de l'espèce rendent l'affaire en état d'être jugée. Cette procédure ne s'applique pas aux mineurs, aux délits de presse et aux délits politiques.

CPP, art. 393 et s.

Comparution volontaire
Procédure pénale

Modalité de saisine du tribunal de police, du tribunal correctionnel ou de la chambre des appels correctionnels par laquelle la personne poursuivie se présente spontanément devant la juridiction de jugement après avertissement du ministère public.

CPP, art. 388, 512, 531

Compensation
Droit des obligations
Extinction de deux dettes réciproques jusqu'à concurrence de la plus faible.

● *Exemple,* si A doit à B 500 € et B doit à A 300 €, par compensation, A ne devra plus que 200 € à B et la dette de B envers A sera éteinte.

C. civ., 1289 et s.

Compétence
Procédure civile
Aptitude d'une juridiction à connaître d'une affaire.

▪ Voir aussi : *Compétence d'attribution, Compétence territoriale*

Compétence d'attribution
Procédure civile
Détermination de la compétence d'une juridiction en fonction de la matière ou des sommes en litige.

● *Exemple,* le tribunal d'instance est compétent pour connaître des actions en bornage.

Compétence discrétionnaire, liée
Droit administratif
La compétence de l'administration varie selon le rapport de légalité de son action. Si un texte fixe des objectifs et des moyens à l'*administration* en ne lui laissant quasiment aucun choix, elle se trouvera dans un rapport de compétence liée. Dans ce cas, le contrôle du juge sera étendu. Si, au contraire, l'administration a reçu des textes des objectifs sans que les modalités ne soient précisées, elle disposera d'un pouvoir discrétionnaire d'appréciation (choix du moment et des moyens de son action). Dans ce cas, le contrôle du juge sera très restreint car le juge ne peut se substituer à l'administration.

▪ Voir aussi : *Bilan (théorie du)*

Compétence exclusive
Procédure civile
Matière réservée à certaines juridictions.

● *Exemple,* les tribunaux de grande instance ont une compétence exclusive en matière de filiation.

Compétence judiciaire internationale du juge français
Droit international privé
Ensemble des règles applicables au juge français, saisi d'un litige comportant un ou des éléments d'*extranéité* et déterminant le domaine de sa compétence en ce cas.

C. civ., art. 14 et 15 ; Conv. Bruxelles 27 sept. 1968 ; Conv. « Bruxelles II » 28 mai 1998

Complainte
Droit des biens
Action possessoire exercée par le possesseur ou le détenteur d'un bien afin de faire cesser un trouble actuel porté à la possession.

CPC, art. 1264 et s.

▪ Voir aussi : *Dénonciation de nouvel œuvre, Réintégrande*

Compétence territoriale
Procédure civile
Compétence déterminée en fonction de critères géographiques relatifs soit à la résidence des *parties*, soit à l'objet du litige et permettant de désigner, entre les tribunaux de même nature, celui qui connaîtra de l'affaire.

CPC, art. 42 à 48

Complainte
Procédure civile

Nom traditionnellement donné à l'*action possessoire* ouverte au détenteur d'un bien afin de faire cesser un trouble actuel porté à sa possession.

CPC, art. 1264 et s.

■ Voir aussi : *Action possessoire*

Complice
Droit pénal

Personne dont la participation à la commission d'une infraction ne réunit pas tous les éléments constitutifs de cette infraction, mais qui, dans des conditions déterminées légalement, provoque, incite, assiste ou aide à la préparation ou à la consommation de cette infraction par une action volontaire, au côté de l'auteur principal.

C. pén., art. 121-6 et 121-7

Composition pénale
Procédure pénale

Procédure par laquelle, avant le déclenchement de l'action publique, le ministère public ou une personne habilitée propose à un majeur ou un mineur d'au moins treize ans qui reconnaît avoir commis un délit dont la peine encourue est de cinq ans maximum d'emprisonnement ou une contravention, d'exécuter une prestation ou de verser une amende de composition, l'accomplissement de ces obligations éteignant l'action publique. Cette procédure n'est pas applicable aux homicides involontaires, aux délits de presse et aux délits politiques. La composition pénale doit être validée par une ordonnance d'un juge du siège.

CPP, art. 41-2 et 41-3

Compromis
Procédure civile

Accord par lequel les *parties* à un litige déjà né décident d'en confier le règlement à un *arbitre*.

CPC, art. 1442-2

■ Voir aussi : *Arbitrage, Clause compromissoire*

Droit des contrats spéciaux ■ Voir *Compromis de vente, Promesse unilatérale de vente*

Compromis d'arbitrage
Droit international public

Traité international *ad hoc* exprimant le consentement de deux États de recourir à l'arbitrage et mentionnant les règles de compétences des arbitres ainsi que celles retenues pour trancher le litige.

■ Voir aussi : *Arbitrage international*

Compromis de vente
Droit immobilier

Expression utilisée par la pratique notariale pour désigner l'acte sous seing privé constatant une *promesse synallagmatique de vente* immobilière avant sa réitération par acte authentique.

Comptabilité
Droit fiscal et comptable

Méthode de tenue des comptes d'une entreprise permettant la présentation de sa situation financière par l'établissement de documents comme l'inventaire, le bilan et le compte de résultat.

C. com., art. L. 123-12 et s.

Comptabilité publique
Droit administratif

Comptabilité des personnes publiques et en particulier de l'État. Elle est régie par le décret n° 62-1587 du 29 décembre 1962 portant règlement général sur la comptabilité publique. La comptabilité publique concerne les recettes et les dépenses, la trésorerie, le patrimoine et les engagements hors bilan des personnes publiques. Les acteurs de la comptabilité publique sont les *ordonnateurs* et les *comptables publics*.

▪ Voir aussi : *Budget*

Comptable principal
Droit administratif
Comptable public ayant sous sa responsabilité un ou plusieurs comptables secondaires. Les comptables principaux ont la particularité de rendre leurs comptes au *juge des comptes* en y joignant ceux de leurs comptables secondaires.

Comptable public
Droit administratif
Terme général désignant les fonctionnaires nommés par le ministre des Finances pour exécuter toutes les opérations de recettes et de dépenses dont sont chargées les *personnes publiques*. On distingue les comptables de l'État et les comptables des collectivités territoriales. Ils sont accrédités auprès des ordonnateurs dont ils doivent être séparés. Les comptables publics sont personnellement et pécuniairement responsables de leurs actes devant le *juge des comptes* et le ministre des Finances.
L. n° 63-156, 23 févr. 1963, art. 60
▪ Voir aussi : *Budget*

Compte administratif
Droit administratif
Document tenu par l'ordonnateur d'une *collectivité territoriale* ou d'un *établissement public* et permettant de retracer l'exécution du *budget*. Le compte administratif doit être transmis en préfecture

après avoir été voté par l'organe délibérant. Il comporte trois colonnes : la première pour les prévisions budgétaires, la deuxième pour les réalisations, la troisième pour les restes à réaliser. Soumis au *contrôle de légalité*, il doit être rédigé de manière sincère. Le *préfet* peut saisir la *chambre régionale des comptes* si le compte administratif est en déficit.

Compte courant
Droit bancaire
Convention par laquelle les parties affectent en compte l'ensemble de leurs *créances* réciproques pour leur règlement instantané par fusion dans un solde disponible.

Compte de dépôt
Droit bancaire
Compte à vue ayant pour objet l'enregistrement des opérations de dépôts et retraits modifiant le dépôt initial effectué par le titulaire.

Compte d'exploitation
Droit fiscal et comptable
Ancien document comptable fondu, avec le compte de pertes et profits, dans le compte de résultat.

Compte de gestion
Finances publiques
Ensemble de documents que le *comptable public* est tenu de rendre au *juge des comptes*. Il comprend la comptabilité budgétaire, la comptabilité générale (livre journal et grand livre), la comptabilité des valeurs inactives et l'ensemble des pièces comptables de toutes les opérations de recettes et de dépenses, sur trésorerie et sur patrimoine.
D. n° 2012-1246, 7 nov. 2012

Compte personnel de prévention de la pénibilité
Droit social – Droit de la protection sociale

Le compte personnel de prévention de la pénibilité, tel qu'initié par la loi du 20 janvier 2014 portant réforme des retraites, permet à chaque salarié employé dans des conditions particulièrement pénibles de totaliser des droits à la retraite – comptabilisés sous la forme de points et selon des modalités restant à définir par décret – lui permettant soit d'anticiper légèrement son départ de l'entreprise, soit de bénéficier en fin de carrière d'un aménagement de son temps de travail par un passage à temps partiel, soit encore de suivre une formation professionnelle.

C. trav., art. L. 4162-1, D. 4121-6 ; CSS, art. L. 138-29 et s.

▪ Voir aussi : *Accord collectif de pénibilité, Fiche individuelle de prévention, Pénibilité, Retraite*

Compte joint
Droit bancaire

Compte ayant plusieurs titulaires bénéficiant tous d'une *solidarité* active vis-à-vis de l'*établissement de crédit*, lequel stipule systématiquement dans la convention de compte la solidarité passive des cotitulaires.

Compte de paiement
Droit bancaire

Compte détenu au nom d'une ou de plusieurs personnes, utilisé aux fins de l'exécution d'opérations de paiement.

C. monét. fin., art. L. 314-1, I

▪ Voir aussi : *Services de paiement*

Compte de pertes et profits
Droit fiscal et comptable

Ancien document comptable fondu, avec le compte d'exploitation, dans le compte de résultat.

Compte de résultat
Droit fiscal et comptable

Compte obligatoire d'une entreprise consistant en l'enregistrement de l'intégralité des produits et des charges au titre d'un exercice et permettant de faire apparaître au titre de cet exercice un bénéfice ou une perte, après déduction des provisions et amortissements.

C. com., art. L. 123-13 et s.

Compte à terme
Droit bancaire

Compte ouvert auprès d'un *établissement de crédit* dont les sommes déposées par le titulaire sont bloquées jusqu'à une date arrêtée le jour du dépôt et produisent des intérêts créditeurs à un taux fixé par le Comité de la réglementation bancaire et financière.

▪ Voir aussi : *Compte à vue*

Compte à vue
Droit bancaire

Compte ouvert auprès d'un *établissement de crédit* dont le titulaire peut retirer à première demande le montant du solde provisoire créditeur. Les sommes déposées ne produisent pas d'intérêts créditeurs au profit du titulaire.

▪ Voir aussi : *Compte à terme*

Comptes spéciaux du Trésor
Finances publiques

Ensemble de comptes que les ministres sont autorisés à utiliser pour compléter leurs *crédits budgétaires*. La loi organique nº 2001-692 du 1er août 2001 relative aux lois de finances a réduit le nombre de catégories de comptes spéciaux du Trésor de six à quatre : il s'agit des comptes d'affectation spéciale, des comptes de commerce, des comptes d'opérations monétaires et des comptes de concours financiers.

■ Voir aussi : *Affectation*

Computation
Introduction au droit

Mode de calcul des délais.

CPC, art. 640 à 647

■ Voir aussi : *Délai, Dies a quo, Dies ad quem, Jour férié ou chômé, Prescription*

Concentration
Concurrence

Regroupements de sociétés et opérations de restructurations de ces sociétés répondant à des impératifs économiques (conquêtes de nouveaux marchés, abandon de secteurs déficitaires) se traduisant, soit par une modification du capital social de ces entreprises, soit par la disparition de certaines des sociétés participantes.

C. com., art. L. 430-1 et s., R. 430-2 et s.

■ Voir aussi : *Fusion, Apport partiel d'actif, Scission, Filiale*

Concentration des moyens
Procédure civile

Principe de procédure d'origine prétorienne en vertu duquel les parties sont tenues de formuler dès leur première demande l'ensemble des moyens au soutien de leurs prétentions.

■ Voir aussi : *Autorité de la chose jugée*

Concepts autonomes
Droit européen

Notions définies par la *Cour européenne des droits de l'homme* indépendamment des *qualifications juridiques* nationales des mêmes termes.

Concertation (procédure de)
Droit de l'Union européenne

Avant l'entrée en vigueur du *traité de Lisbonne* instituant la « procédure législative ordinaire », mode de participation renforcée du *Parlement européen* à la *fonction législative*, appliqué en vue de l'adoption des *actes communautaires* par le *Conseil de l'Union européenne* en matière budgétaire, et consistant à associer le Parlement par la recherche d'une conciliation au sein d'un comité paritaire, bien qu'à défaut, le dernier mot appartienne au Conseil.

■ Voir aussi : *Avis conforme (procédure d'), Codécision (procédure de), Consultation, Coopération politique européenne (CPE)*

Concession
Droit administratif

Contrat administratif par lequel une personne publique (le concédant) délègue la réalisation d'investissements importants à une entreprise privée (le concessionnaire). Le concessionnaire doit gérer le *service public* selon un *cahier des charges* et percevoir des *redevances* sur les usagers pour se rémunérer. La durée de la concession est longue pour amortir les immobilisations. Le concessionnaire est choisi librement par le concédant après une mise en concurrence.

Concession commerciale
Distribution
Contrat par lequel un commerçant appelé concessionnaire assure en *exclusivité* la revente et la distribution des produits d'une autre personne appelée concédante (commerçant ou industriel) sur un territoire déterminé.

■ Voir aussi : *Distribution sélective, Franchise (contrat de)*

Concession immobilière
Droit des contrats spéciaux
Contrat par lequel le propriétaire consent, pour une durée d'au moins vingt ans, la jouissance d'un *immeuble* bâti ou non à un concessionnaire qui peut y effectuer une construction ou accomplir tout aménagement indemnisé au terme du contrat, mais tenu de verser en contrepartie une redevance annuelle.

■ Voir aussi : *Bail à construction, Emphytéose*

Concession de voirie
Droit administratif
Contrat administratif par lequel une *personne publique* (le concédant) confie la réalisation d'investissements importants à une entreprise privée (le concessionnaire). Le concessionnaire doit gérer le *service public* selon un cahier des charges et percevoir des *redevances* sur les usagers pour se rémunérer. La durée de la concession est longue pour amortir les immobilisations. Le concessionnaire est choisi librement par le concédant après une mise en concurrence.

Concile
Histoire
Assemblée d'évêques destinée à régler des questions de dogme ou de discipline ecclésiastique. On distingue les conciles universels ou œcuméniques (réunissant les évêques du monde entier), nationaux et les conciles provinciaux.

Conciliation

Procédure civile
1. Recherche d'un règlement amiable d'un différend conduite soit par un *juge*, soit par un *conciliateur de justice*, soit par un particulier.

2. Accord par lequel des personnes mettent fin à leur différend.

CPC, art. 21, 127 à 131

■ Voir aussi : *Médiation, Arbitrage, Conciliateur de justice*

Droit commercial - généralités
Procédure judiciaire offerte aux personnes exerçant une activité commerciale ou artisanale, aux personnes morales de droit privé ainsi qu'aux personnes exerçant une activité professionnelle indépendante, éprouvant une difficulté juridique, économique ou financière avérée ou prévisible sans pour autant se trouver en *cessation de paiement* depuis plus de quarante-cinq jours. Elle a pour objet de rechercher, avec l'aide d'un *conciliateur*, la conclusion avec les principaux *créanciers* d'un accord amiable destiné à mettre fin aux difficultés de l'entreprise. À la demande du *débiteur* et après avis des *créanciers* participants, le *conciliateur* peut également être chargé d'une mission ayant pour objet l'organisation d'une *cession* partielle ou totale de l'entreprise qui pourrait être mise en œuvre, le cas échéant, dans le cadre d'une procédure ultérieure de *sauvegarde*, de *redressement judiciaire* ou de *liquidation judiciaire*.

C

Elle a succédé en 2005 à la procédure de *règlement amiable*.

C. com., art. L. 611-4 et s.

▪ Voir aussi : *Accord amiable, Règlement amiable*

Conciliateur de justice
Procédure civile

Personne chargée par l'autorité judiciaire de faciliter, à titre bénévole, le règlement amiable des différends.

CPC, art. 129-1

▪ Voir aussi : *Conciliation, Médiateur, Arbitre*

Conclusions
Procédure civile

Présentation orale ou écrite des *prétentions* et des *moyens* des parties.

▪ Voir aussi : *Contradictoire (principe du)*

Conclusions récapitulatives
Procédure civile

Dernières *conclusions* dans lesquelles les parties doivent récapituler les *prétentions* et les *moyens* invoqués dans leurs conclusions antérieures et sur lesquels elles souhaitent que le juge statue.

CPC, art. 753 et 954

Concordat
Droit commercial – généralités

Convention conclue entre un *débiteur* ne faisant pas l'objet d'une procédure collective et ses *créanciers* ou certains d'entre eux pour fixer, à l'amiable, les modalités d'apurement du passif (« concordat amiable »).

Liquidation et redressement judiciaires

Sous l'empire de la loi n° 67-563 du 13 juillet 1967 relative au règlement judiciaire et à la liquidation des biens, accord intervenant entre un *débiteur*

soumis à une *procédure collective* et ses *créanciers* en vue de l'apurement du passif et nécessitant *homologation* judiciaire.

▪ Voir aussi : *Règlement amiable, Conciliation*

Concordat (de 1801)
Histoire napoléonienne

Accord conclu entre le premier consul, Bonaparte, et le pape, Pie VII, liquidant les difficultés religieuses nées de la Révolution française et organisant pour l'avenir des relations durables entre l'église catholique et l'État.

Concordat (de Bologne)
Histoire moderne

Accord conclu en 1516 entre le roi de France, François 1er, et le pape, Léon X, pour fixer les principes des relations entre la France et le pape.

Concours administratif
Droit administratif

Modalité de recrutement des *fonctionnaires*. L'*administration* nomme un jury qui procède à une sélection des candidats. Les concours externes sont destinés aux jeunes. Les concours internes sont destinés aux fonctionnaires ayant déjà une expérience significative. Des concours de troisième voie sont de plus en plus utilisés afin d'élargir les conditions d'accès à la fonction publique.

▪ Voir aussi : *École nationale d'administration (ENA)*

Concours idéal de qualifications
Droit pénal

Situation dans laquelle se trouve une personne qui a commis un acte délictueux unique susceptible de tomber sous le coup de plusieurs textes d'incrimination distincts, car il réunit la totalité des éléments constitutifs des infractions visées par ces textes.

Concours réel d'infractions
Droit pénal

Situation dans laquelle se trouve une personne qui a commis plusieurs infractions différentes, non séparées entre elles par une décision définitive de condamnation.

C. pén., art. 132-2

» Voir aussi : *Non-cumul des peines*

Concreto » Voir *In concreto*

Concubinage
Droit des personnes et de la famille

Union hors *mariage et hors Pacte civil de solidarité (PACS),* comportant une communauté de vie stable.

C. civ., art. 515-8

» Voir aussi : *Pacte civil de solidarité (PACS), Mariage, Communauté de vie*

Concurrence déloyale
Introduction au droit

Acte contraire aux usages commerciaux et engageant *la responsabilité civile délictuelle* de son auteur.

C. civ., art. 1382

Concussion
Droit pénal

Délit consistant dans le fait, pour une personne dépositaire de l'autorité publique ou chargée d'une mission de service public, soit de recevoir, exiger ou ordonner de recevoir à titre de droits et impôts, une somme non due ou une somme dont le montant est excessif, soit d'accorder une exonération ou franchise de ces mêmes droits et impôts, en violation d'un texte pénal.

C. pén., art. 432-10

Condition
Droit des obligations

Événement futur et incertain à la réalisation duquel est suspendue la naissance (condition suspensive) ou la disparition (condition résolutoire) d'une obligation, ou le plus souvent d'un contrat.

C. civ., art. 1168 et s.

» Voir aussi : *Terme*

Condition de fond » Voir *Fond*

Condition de forme » Voir *Forme*

Condition potestative
Droit des obligations

Condition qui dépend en partie (condition simplement potestative, ex. : si j'obtiens une mutation) ou entièrement (condition purement potestative, ex. : si je veux) de la volonté d'une des parties au contrat. La condition purement potestative de la part du débiteur est nulle (ex. : je paie si je veux).

C. civ., art. 1174

Condition préalable
Droit pénal

Élément de droit ou de fait indispensable à la consommation d'une infraction, mais qui se distingue des éléments constitutifs de celle-ci en ce qu'il n'est pas une partie du comportement répréhensible.

Confédération
Droit international public

Mise en commun, par plusieurs États, de certaines compétences au moyen d'un traité international, sans création d'un nouvel État.

» Voir aussi : *État fédéral*

Conférence administrative régionale

Droit administratif

Organisme administratif présidé par le *préfet de région* comprenant tous les *préfets* des départements de la région ainsi que les responsables des principales administrations de l'État. Sa fonction est de conseiller le préfet de région afin de mettre en œuvre la politique du gouvernement.

Conférence des bâtonniers

Organisation judiciaire

Association, à dimension nationale, de défense de la profession d'*avocat*.

▪ Voir aussi : *Bâtonnier, Conseil national des barreaux*

Conférence internationale

Droit international public

Réunion interétatique, organisée ponctuellement à l'initiative d'un État (ex. : La Haye, 1899 et 1907) ou d'une organisation internationale (San Francisco, 1945) en vue d'élaborer une convention internationale ou de régler un différend.

Conférence des Nations unies pour le commerce et le développement

Droit international public

Organe subsidiaire des Nations unies à vocation économique créé en 1964 afin de favoriser le dialogue Nord/Sud et de coordonner les relations commerciales internationales.

Conférence du président

Procédure civile

Nom donné à l'appel de l'affaire devant le président de la chambre à laquelle elle a été confiée afin qu'il confère de son état avec les avocats présents et décide

soit de la renvoyer à l'audience, soit de poursuivre l'instruction.

CPC, art. 759

▪ Voir aussi : *Audience, Mise en état (des causes)*

Conférence des présidents

Droit constitutionnel

Réunion du président de l'Assemblée nationale ou du président du Sénat, des vice-présidents et présidents des commissions permanentes, des présidents des groupes, du président de la délégation pour l'Union européenne et du rapporteur général de la Commission des finances afin d'arrêter l'ordre du jour parlementaire. La Conférence des présidents est chargée d'aménager le temps législatif programmé à l'Assemblée nationale.

Const. 4 oct. 1958, art. 39, al. 4

▪ Voir aussi : *Ordre du jour, Temps législatif programmé*

Confiance légitime (principe de)

Droit de l'Union européenne

Principe général du droit de l'Union européenne selon lequel un justiciable de bonne foi est en droit d'attendre des institutions de l'Union le respect du principe de *sécurité juridique* dans l'élaboration du droit de l'Union ayant fondé ses propres actions ou décisions, et, à défaut, en droit d'obtenir une indemnisation compensatoire de la perte éprouvée (*préjudice* financier pour une entreprise, par exemple).

Confirmation

Droit des obligations

Manifestation unilatérale de volonté par laquelle une personne renonce à se prévaloir de la *nullité relative* d'un acte juridique.

C. civ., art. 1338 et s.

▪ Voir aussi : *Ratification, Régularisation*

Confiscation
Droit pénal

Peine par laquelle l'État obtient, dans des conditions fixées par la loi, la mainmise sur un ou plusieurs biens de la personne condamnée lorsque ces biens ont servi ou étaient destinés à la commission de l'infraction ou s'ils en sont le produit, la confiscation pouvant être générale dans le cas d'infractions particulièrement graves.

C. pén., art. 131-21, 213-1, 222-49

Conflit
Droit administratif – Droit processuel

Situation résultant du dysfonctionnement du dualisme juridictionnel. Deux types de cas peuvent se présenter : le conflit peut être négatif car chaque ordre de juridiction se déclare incompétent. Pour éviter un déni de justice, il est possible de saisir le Tribunal des conflits. Le conflit peut être positif si le *préfet* considère que le juge judiciaire a été saisi à tort. Le préfet peut alors saisir le Tribunal des conflits. Toutefois, il est impossible de contester la compétence du juge administratif.

Conflit armé international
Droit international public

Affrontement armé interétatique ou situation de lutte armée des peuples contre la domination coloniale et contre les régimes racistes.

Conv. Genève, 10 juin 1977, Prot. add. n° I

▪ Voir aussi : *Agression armée*

Conflit d'intérêts
Droit constitutionnel

Situation d'interférence entre un intérêt public et des intérêts publics ou privés, de nature à influencer ou paraître influencer l'exercice indépendant, impartial et objectif d'une fonction.

L. 11 oct. 2013 relative à la transparence de la vie publique

Conflit armé non international
Droit international public

Affrontement se déroulant sur le territoire d'un État et opposant les forces d'un gouvernement légal à celles d'un gouvernement de fait qui occupe une partie du territoire de l'État.

Conv. Genève, 10 juin 1977, Prot. add. n° II

▪ Voir aussi : *Conflit armé international*

Conflit de juridictions
Droit international privé

Situation juridique suscitée par un litige ayant des liens avec plusieurs États et qui nécessite de déterminer si les juridictions françaises sont compétentes ou si une décision rendue par une juridiction étrangère peut recevoir application en France.

▪ Voir aussi : *Conflit de lois (dans l'espace), Droit international privé, Exequatur*

Conflit de lois dans l'espace
Droit international privé

1. Problématique des situations juridiques qui, ayant des liens avec plusieurs États, nécessitent que l'on détermine l'État dont on appliquera la *loi*, le *droit*.

● *Exemple,* divorce d'un Italien et d'une Espagnole vivant en France.

2. Méthode consistant, lorsqu'une situation juridique présente des liens avec plusieurs États, à choisir l'État dont la *loi*, le *droit* sera appliqué. Cette méthode s'oppose à celle consistant en l'adoption, au plan international, de règles uniformes.

▪ Voir aussi : *Conflit de juridictions, Droit substantiel (sens 2), Droit international privé*

Conflit de lois dans le temps
Introduction au droit

Problématique liée à l'entrée en vigueur d'une nouvelle *loi* et visant à déterminer, notamment pour les situations juridiques en cours, ce qui restera régi par la loi ancienne et ce qui sera régi par la loi nouvelle.

Conflit mobile
Droit international privé

Changement au cours du temps du lien de *rattachement* relatif à une *situation juridique* dans le cadre d'un *conflit de lois.*

● *Exemple,* changement de *nationalité* ou de *domicile* affectant la *loi personnelle* applicable.

▪ Voir aussi : *Conflit de lois (dans l'espace)*

Conflit de nationalités
Droit international privé

Situation juridique née de l'attribution concurrente de plusieurs *nationalités* (conflit positif de nationalité) ou bien de l'absence d'attribution d'une nationalité aboutissant au statut d'*apatride* (conflit négatif de nationalité).

Conflit de procédures
Droit international privé

Situation juridique dans laquelle le *juge* du *for* est saisi d'une *procédure* déjà pendante devant un juge étranger (*litispendance* internationale) ou connexe à une procédure pendante devant un juge étranger, et qui se résout par le dessaisissement de l'un d'entre eux.

▪ Voir aussi : *Conflit de juridictions*

Conflit de qualifications
Droit international privé

Dans le cadre d'un *conflit de lois*, *qualifications* concurrentes d'une même situation juridique dans l'*ordre juridique* du *for* et dans un ordre juridique étranger. Ce conflit se résout par le choix de la qualification du for (*lege fori*).

Conflit de rattachements
Droit international privé

Dans le cadre d'un *conflit de lois*, *rattachements* concurrents désignés par la *règle de conflit* de plusieurs *ordres juridiques*. Le conflit de rattachements est positif lorsque plusieurs ordres juridiques en déduisent leur compétence, il est négatif lorsqu'aucun ne conclut à sa compétence.

Conflit de systèmes ▪ Voir *Conflit de rattachements*

Confrontation
Procédure civile

Procédé d'instruction par lequel les parties sont, soit mises en présence les unes des autres, soit confrontées à un témoin, afin de comparer leurs affirmations respectives.

CPC, art. 189 et 190

Confusion

Droit des obligations

Réunion dans la même personne de la qualité de créancier et de débiteur entraînant l'extinction de l'obligation.

• *Exemple,* si le créancier hérite de son débiteur, il y a confusion et donc extinction de l'obligation.

C. civ., art. 1300

Confusion des peines

Droit pénal

Modalité d'exécution des peines prononcées dans le cas de pluralité de poursuites à l'encontre d'une même personne reconnue coupable de plusieurs infractions, qui consiste à réputer commune tout ou partie des peines de même nature.

C. pén., art. 132-4 et s.

Congé

Droit des contrats spéciaux

Acte unilatéral par lequel le *bailleur* ou le *preneur* manifestent leur volonté de résilier le contrat de *bail* ou de ne pas le renouveler.

C. civ., art. 1736, 1737 ; L. n° 89-462, 6 juill. 1989, art. 10, 11-1 et 15 ; C. com., art. I., 145-4, L. 145-9 ; C. rur. pêche marit., art. L. 411-46 et s.

▓ Voir aussi : *Reconduction tacite*

Congé de mobilité

Droit social

Le congé de mobilité a pour objet de favoriser le retour d'un individu à un emploi stable par des mesures d'accompagnement, des actions de formation et des périodes de travail. Il peut lui être proposé par son employeur dans le cadre d'un accord collectif relatif à la gestion

prévisionnelle des emplois et des compétences (GPEC).

C. trav., art. L. 1233-77

▓ Voir aussi : *Accord collectif, Gestion prévisionnelle des emplois et des compétences (GPEC), Licenciement économique, Plan de sauvegarde de l'emploi (PSE)*

Congé de conversion

Droit social

Période de formation proposée au salarié à l'occasion d'un projet de licenciement pour motif économique en vue de favoriser le reclassement de celui-ci.

C. trav., art. L. 1233-39 à L. 1233-41, L. 5123-1 à L. 5123-5

▓ Voir aussi : *Licenciement, Fonds national pour l'emploi (FNE), Formation professionnelle en alternance, Formation professionnelle continue*

Congé spécial

Droit administratif

Position de certains fonctionnaires leur permettant d'être rémunérés en attendant de partir à la retraite. Il s'agit d'une hypothèse rare.

Congés payés

Droit social

Période annuellement accordée au salarié, par la loi ou la convention collective applicable, au cours de laquelle le travail est suspendu, mais le salaire reste dû (cinq semaines légales au minimum).

C. trav., art. L. 3141-1

▓ Voir aussi : *Contrat de travail, Employeur*

Conjoint

Introduction au droit

Personne liée à une autre par un mariage.

Conjoint associé / collaborateur
Introduction au droit – Droit commercial – généralités

Époux du chef d'une entreprise commerciale artisanale agricole ou libérale qui travaille dans l'entreprise et bénéficie de ce fait de certains droits.

C. com., art. L. 121-4

Conjoint survivant
Droit des successions et libéralités

Celui des deux époux qui survit à l'autre et auquel la *loi* accorde, sous certaines conditions, des droits de *succession*. La loi du 23 juin 2006 a précisé qu'était successible le conjoint survivant « non divorcé ». Cela signifie que, séparé de corps, le conjoint survivant conserve sa vocation successorale, à moins qu'une renonciation réciproque des époux à cette vocation ait été prévue dans la convention de *séparation de corps* homologuée par le *juge*. La part du conjoint survivant varie selon la qualité et le nombre des autres héritiers avec lesquels il concourt. Parce que la loi présume qu'il occupe à part une place dans l'affection du défunt, le conjoint survivant bénéficie, en cas de donation entre époux, d'une quotité disponible spéciale plus large que la quotité disponible ordinaire.

C. civ., art. 301, 732, 756 et s. ; CPC, art. 1341

Connaissement
Droit des transports

Document écrit, délivré au *chargeur* par le transporteur maritime, établissant la réception par celui-ci des marchandises transportées et constituant un titre négociable représentatif de ces marchandises.

C. transports, art. L. 4461-1, L. 5133-1, L. 5422-2 et s. ; D. n° 66-1078, 31 déc. 1966, art. 33 à 37 ; Conv. int. Bruxelles, 25 août 1924 (D. 25 mars 1937)

■ Voir aussi : *Lettre de voiture*

Connexité
Procédure civile

Lien étroit entre deux éléments et produisant des effets de droit (ex. : jonction de deux procédures connexes en une seule ou recevabilité des demandes incidentes connexes à la demande principale).

CPC, art. 101

■ Voir aussi : *Exception de connexité*

Consanguin
Droit des personnes et de la famille

Terme utilisé pour désigner des personnes qui ont le même *père*, mais pas la même *mère*.

■ Voir aussi : *Germains, Utérin*

Conseil d'administration
Droit des sociétés

Organe d'une *société anonyme*, entité de direction collégiale constituée d'actionnaires (trois à dix-huit administrateurs). Les administrateurs sont nommés par les *statuts* ou par une *assemblée générale*. Organe de direction, le conseil d'administration bénéficie d'une compétence très large, limitée cependant par l'objet de la société et les pouvoirs de l'assemblée.

C. com., art. L. 225-17 et s.

Conseil d'arrondissement
Droit administratif

Dans les trois plus grandes villes de France (Paris, Lyon et Marseille), et

selon la loi n° 82-1169 du 31 décembre 1982, chaque *arrondissement* doit élire un conseil. Il est composé de conseillers municipaux et de conseillers d'arrondissement et présidé par le maire d'arrondissement.
CGCT, art. L. 2511-3

Conseil de la concurrence
Concurrence
Dénomination donnée jusqu'en 2008 à l'*Autorité de la concurrence*.

Conseil (ou *consilium*)
Histoire médiévale
Service de cour dû par le vassal à son seigneur.

Conseil constitutionnel
Droit constitutionnel
Juridiction constitutionnelle française composée de neuf membres nommés pour une durée de neuf ans ainsi que des anciens présidents de la République, membres de droit. Sa mission de gardien de la Constitution consiste essentiellement à contrôler préventivement, sur saisine, la conformité à la Constitution des lois votées avant leur promulgation et des engagements internationaux avant leur ratification. Le Conseil constitutionnel détient également la compétence d'abroger une disposition législative qui porte atteinte aux droits et libertés garantis par la Constitution. Le Conseil constitutionnel est enfin le juge de l'élection présidentielle, des élections législatives et des opérations de référendum.
Const. 4 oct. 1958, art. 58 à 63

▪ Voir aussi : *Contentieux constitutionnel, Question prioritaire de constitutionnalité (QPC)*

Conseil départemental
Droit administratif
Nouveau nom proposé par l'Assemblée nationale en mars 2013 pour désigner l'organe délibérant du *département*.
CGCT, art. L. 3211-1

▪ Voir aussi : *Préfet, Conseil général*

Conseil économique et social régional
Droit administratif
Assemblée consultative créée en 1972 afin de conseiller les autorités régionales. Il comprend des représentants des partenaires sociaux élus pour six ans. Il joue un rôle très important dans la *région* en proposant des innovations et en évaluant les politiques publiques.

Conseil d'État
Droit administratif
Organe à la fois administratif et juridictionnel créé par Napoléon en 1799. Il comporte cinq sections administratives : intérieur, travaux publics, finances, sociales et rapport et études et une section du contentieux. Il s'agit d'un grand corps de l'État qui recrute essentiellement par le *concours* de l'*ENA*. Il est présidé par le *Premier ministre* et comprend un peu moins de 300 membres. Le Conseil d'État doit obligatoirement être consulté pour donner un avis sur les projets de *loi*, les *ordonnances*, les *décrets*. Ses attributions contentieuses en font la juridiction suprême de l'ordre administratif. Il est donc principalement juge de cassation, surtout depuis la loi n° 87-1127 du 31 décembre 1987.

Conseil de l'Europe
Droit européen
Organisation européenne interétatique de quarante-sept membres, instituée par

la signature du Statut du Conseil de l'Europe le 5 mai 1949, entré en vigueur le 3 août 1949, et dont l'objectif central de promotion de la *démocratie* et des *droits de l'homme* est servi par l'existence du système supranational de contrôle du respect de ces droits instauré par la *Convention de sauvegarde des droits de l'homme et des libertés fondamentales*. Le Conseil de l'Europe a son siège à Strasbourg.

■ Voir aussi : *Comité des ministres (du Conseil de l'Europe), Assemblée parlementaire, Cour européenne des droits de l'homme (CEDH)*

Conseil européen
Droit de l'Union européenne

Institution politique de l'*Union européenne* née de la pratique des sommets européens et consacrée par l'*Acte unique européen*, composée des chefs d'État ou de gouvernement des États membres, ainsi que du président de la *Commission européenne*, et ayant pour vocation de donner les impulsions et orientations politiques nécessaires au développement de la construction européenne sans exercer de fonction législative. *Le traité de Lisbonne* crée l'institution du Président du Conseil européen, dont le mandat est de deux ans renouvelables.

TUE, art. 13 et 15 ; TFUE, art. 235 et s.

■ Voir aussi : *Conseil (de l'Union européenne) (anciennement appelé aussi « Conseil des ministres »)*

Conseil de famille
Droit des personnes et de la famille

Organe de la *tutelle* réglant les conditions de vie de l'incapable et contrôlant le *tuteur*. Il est composé de personnes choisies par le juge des tutelles dans l'entourage de l'incapable (parents, alliés, amis ou voisins).

C. civ., art. 398 et s., art. 456

■ Voir aussi : *Tuteur*

Conseil général
Droit administratif

Organe délibérant du *département* composé de conseillers élus au suffrage universel dans chaque canton pour six ans (élections cantonales). Les conseillers généraux sont renouvelés par moitié tous les trois ans. L'exécutif du département est le président du conseil général élu par les conseillers généraux. Le conseil général règle par ses délibérations les affaires du département. Ses compétences sont essentiellement l'aide et l'action sociale, la santé et l'insertion, les collèges et les routes. Il est prévu de modifier la dénomination de conseil général par celle de *conseil départemental* plus simple à comprendre pour le citoyen.

CGCT, art. L. 3211-1

■ Voir aussi : *Préfet*

Conseil des impôts
Finances publiques

Institution associée à la *Cour des comptes* chargée de donner un avis sur les grandes réformes fiscales. Il a été créé en 1971 et publiait un rapport chaque année. Il était composé de hauts fonctionnaires et de magistrats. Il a été supprimé à partir de la loi n° 2005-358 du 20 avril 2005 pour être remplacé par un nouvel organisme : le Conseil des prélèvements obligatoires.

■ Voir aussi : *Conseil des prélèvements obligatoires*

Conseil juridique
Organisation judiciaire

Nom donné, avant la fusion de leur profession avec celle d'*avocat*, aux juristes spécialisés dans le conseil aux entreprises.

L. n° 90-1259, 31 déc. 1990

Conseil des ministres
Droit administratif

Réunion hebdomadaire des ministres, du *Premier ministre* et du Président de la République, à l'Élysée le mercredi matin. L'ordre du jour est préparé par le secrétariat général du gouvernement mais la présidence est toujours exercée par le *Président de la République. Les plus importantes décisions de l'État sont délibérées en Conseil des ministres : projets de lois, ordonnances, décrets*, nominations aux plus hauts emplois civils et militaires.

Const. 4 oct. 1958, art. 9

■ Voir aussi : *Gouvernement*

Droit de l'Union européenne ■ Voir *Conseil de l'Union européenne (anciennement appelé aussi « Conseil des ministres »)*

Conseil municipal
Droit administratif

Organe délibérant de la *commune* composé de conseillers municipaux élus au suffrage universel dans chaque commune pour six ans (élections municipales). L'exécutif de la commune est le maire élu par les conseillers municipaux. Le conseil municipal règle par ses délibérations les affaires de la commune. Ses compétences sont essentiel-lement l'enseignement primaire, l'*urbanisme* et les transports.

CGCT, art. L. 2121-29

■ Voir aussi : *Préfet*

Conseil national des barreaux
Organisation judiciaire

Organe national de représentation des *barreaux.*

L. n° 71-1130, 31 déc. 1971, art. 21-1

■ Voir aussi : *Conférence des bâtonniers*

Conseil national des universités (CNU)
Droit administratif

Organe paritaire composé d'enseignants chercheurs (professeurs et maîtres de conférences) chargé par discipline universitaire de qualifier les candidats aux recrutements et de proposer les avancements. Son existence résulte de l'indépendance des professeurs d'université reconnue par la jurisprudence constitutionnelle.

Conseil de l'ordre des avocats
Organisation judiciaire

Organe d'administration du *barreau*, chargé notamment de tâches réglementaires (ex. : établir le règlement intérieur), administratives (ex. : gérer le tableau), disciplinaires et de surveillance.

L. n° 71-1130, 31 déc. 1971, not. art. 17 ; D. n° 91-1197, 27 nov. 1991, art. 4 et s.

■ Voir aussi : *Barreau, Bâtonnier, Ordre*

Conseil des prélèvements obligatoires
Finances publiques

Institution associée à la *Cour des comptes* chargée de donner un avis sur les

129

C

grandes réformes des prélèvements obligatoires. Il a été créé par la loi n° 2005-358 du 20 avril 2005 afin de conseiller le gouvernement et le parlement en matière de réforme des prélèvements obligatoires (impôts et cotisations sociales). Il est composé de hauts fonctionnaires et de magistrats. Il a remplacé le conseil des impôts qui n'était pas compétent en matière de cotisations sociales. Le CPO publie plusieurs rapports par an.

■ Voir aussi : *Conseil des impôts*

Conseil de prud'hommes
Organisation judiciaire
Juridiction d'exception à caractère *paritaire*, chargée de concilier et de juger les litiges individuels du travail.
C. trav., art. L. 1411-1 et s.

Conseil du roi
Histoire moderne
Conseil recouvrant de fait à partir du règne personnel de Louis XIV plusieurs formations : conseil d'en haut, conseil des dépêches, conseil royal des finances, conseil d'État...

Conseil de sécurité
Relations internationales
Organe restreint des Nations unies, composé de cinq membres permanents (Chine, États-Unis, Fédération de Russie, France, Royaume-Uni) et de dix membres non permanents, chargé essentiellement d'assurer le maintien de la paix et de la sécurité internationale.
Charte NU, 26 juin 1945, chap. V

Conseil supérieur de la magistrature (CSM)
Organisation judiciaire
Organe constitutionnel chargé d'assurer l'indépendance des *magistrats* de l'*ordre judiciaire*, notamment en formulant des propositions de nomination et en statuant comme conseil de discipline des juges du siège.
Const. 4 oct. 1958, art. 65 ; L. org. n° 94-100, 5 févr. 1994 sur le Conseil supérieur de la magistrature

Conseil de surveillance
Droit des sociétés
Organes collégiaux des *sociétés anonymes* (à *directoire* et conseil de surveillance) ou *en commandite par actions*. Dans la SA, le conseil de surveillance est constitué de trois à dix-huit actionnaires choisis statutairement ou par l'assemblée. Il a pour mission de surveiller la gestion de la SA effectuée par le *directoire*, et est aussi consulté avant la réalisation de certaines opérations. Dans la société en commandite par actions, cet organe est constitué d'au moins trois *commanditaires* choisis par l'assemblée, et a pour mission de procéder, comme le *commissaire aux comptes*, au contrôle de la société.
C. com., art. L. 225-57, L. 225-68, L. 225-69 (SA), L. 226-4 et s. (SCA)

Conseil syndical
Droit des biens
Organe constitué par des copropriétaires élus par l'ensemble des copropriétaires afin d'assurer l'assistance et le contrôle de l'activité du *syndic de copropriété*.

Conseil (de l'Union européenne) (anciennement appelé aussi « Conseil des ministres »)
Droit de l'Union européenne
Institution de l'*Union européenne* composée des représentants des États membres au niveau ministériel et en charge, pour l'essentiel, du pouvoir décisionnel

(ou « pouvoir législatif »), consistant en particulier dans l'adoption des *actes juridiques de l'Union européenne en association avec le Parlement européen*. TUE, art. 13 ; TFUE, art. 237 et s.

▪ Voir aussi : *Commission européenne, Parlement européen, Comité des représentants permanents (CORE-PER), Conseil européen*

Conseiller
Organisation judiciaire
Magistrat siégeant en *cour d'appel*, à la *Cour de cassation* ou dans les juridictions administratives.

Conseiller prud'homme
Organisation judiciaire
Membre du *conseil de prud'hommes*.

Conseiller rapporteur
Procédure civile
1. *Conseiller prud'homme* chargé d'instruire une affaire.
2. Nom donné, dans la pratique, au conseiller d'une cour d'appel ou de la Cour de cassation, chargé, à l'adresse de ses collègues, d'établir un rapport sur une affaire en cours.
C. trav., art. L. 1454-1

Conseiller du salarié
Droit social
Personne habilitée par la loi pour assister le salarié au cours de la procédure de licenciement, notamment à l'occasion de l'entretien préalable ; le conseiller est choisi par le salarié lui-même parmi les membres du personnel ou à partir d'une liste dressée par la Direction régionale des entreprises, de la concurrence, de la

consommation, du travail et de l'emploi (DIRECCTE).
C. trav., art. L. 1232-2, L. 1233-11 à L. 1233-12, L. 1235-5
▪ Voir aussi : *Licenciement*

Consensualisme
Droit des obligations
Principe découlant de la théorie de *l'autonomie de la volonté* en vertu duquel un acte juridique est valablement formé par la seule manifestation de volonté, sans que l'accomplissement d'une formalité soit nécessaire.
▪ Voir aussi : *Contrat consensuel, Formalisme*

Consentement à l'impôt (principe du)
Droit fiscal et comptable
Principe de rang constitutionnel reposant sur la Déclaration des droits de l'homme et du citoyen de 1789 selon lequel aucun impôt ne peut exister sans avoir été consenti soit par un processus de démocratie directe, soit par les représentants du peuple.

Consentement
Droit des obligations
Manifestation de volonté par laquelle une personne s'engage dans un *acte juridique*. Dans un contrat, l'échange des consentements se caractérise par la rencontre de *l'offre* et de *l'acceptation*.

Consentement de la victime
Droit pénal
Accord donné par une personne préalablement à la commission d'une infraction qui porte atteinte à ses droits et qui ne présente pas, en principe, d'effet justificatif sur le comportement de l'auteur de l'infraction, sauf dans le cas où les

éléments constitutifs de cette infraction exigeraient la preuve d'agissements violents ou frauduleux.

Conservation des hypothèques
Droit des sûretés

Anciennement service de l'Administration, désormais dénommé service de la publicité foncière, habilité à recevoir l'inscription des actes soumis à une publicité par la loi, organiser la *publicité foncière* et percevoir certaines taxes.

C. civ., art. 2449 et s.

▪ Voir aussi : *Publicité foncière*

Considérant
Contentieux constitutionnel

Forme rédactionnelle permettant d'introduire et de distinguer les motifs d'une décision du Conseil constitutionnel.

▪ Voir aussi : *Attendu*

Consignation
Procédure civile

Dépôt d'une somme d'argent ou de valeurs à titre de garantie.

● *Exemple,* la consignation de la chose due permet au débiteur de se libérer lorsque son créancier refuse de recevoir son paiement.

C. civ., art. 1257 ; CPC, art. 1426

Consignation judiciaire
Droit processuel

Consignation effectuée auprès de la Caisse des dépôts et consignations.

Consolidation
Droit des biens

Modalité d'extinction de *l'usufruit* qui suppose qu'une même personne acquiert les qualités de *nu-propriétaire* et *d'usufruitier.*

C. civ., art. 617

Droit de la protection sociale

Moment à partir duquel les conditions de bénéfice de l'assurance invalidité sont appréciées, sous le contrôle du service médical, à la suite de la stabilisation de blessures résultant d'un accident de droit commun.

CSS, art. L. 341-3

▪ Voir aussi : *Contentieux technique, Invalidité*

Consolidation de la dette publique
Finances publiques

Le remboursement d'une *dette* en assure l'extinction. La consolidation la pérennise. La consolidation de la dette publique consiste à rembourser la dette grâce aux produits de nouveaux emprunts.

Consommateur
Consommation

Toute personne physique qui agit à des fins n'entrant pas dans le cadre de son activité commerciale, industrielle, artisanale ou libérale.

C. consom., art. préliminaire

Consommation de l'infraction
Droit pénal

Réalisation de toutes les composantes de l'infraction, c'est-à-dire des conditions préalables et des éléments constitutifs de celle-ci.

C. pén., art. 121-4

Consomptible ▪ Voir *Chose consomptible*

Constat d'huissier
Procédure civile

Acte d'*huissier de justice* valant, en principe, jusqu'à preuve contraire, par lequel celui-ci constate l'existence de

faits matériels sans pouvoir en tirer aucune conséquence de fait ou de droit.
Ord. n° 45-2592, 2 nov. 1945 relative au statut des huissiers de justice, art. 1er

Constatation
Procédure civile

Mesure d'instruction confiée à un *technicien* ou à un *huissier*.
CPC, art. 249 s.

▪ Voir aussi : *Constat d'huissier, Consultation, Expertise*

Constitutif ▪ Voir *Jugement constitutif*

Constitution
Droit constitutionnel

Norme juridique suprême de l'État, adoptée par le pouvoir constituant, destinée à organiser les pouvoirs publics et à garantir les droits des citoyens et les libertés fondamentales.

▪ Voir aussi : *Pouvoir constituant*

Constitution d'avocat
Procédure civile – Procédure pénale

Acte juridique par lequel une partie confie à un *avocat* le soin de la représenter en justice.

▪ Voir aussi : *Représentation, Assistance*

Constitution communautaire
Droit de l'Union européenne

Norme fondamentale constituée des traités communautaires qui créent un *ordre juridique* propre et autonome.

Constitution de partie civile
Procédure pénale

Modalité de saisine de la juridiction répressive par la victime d'une infraction pénale qui a en principe pour objet la réparation du préjudice et le déclen-

chement de l'action publique ou sa corroboration au côté du ministère public.

▪ Voir aussi : *Action civile*

Constitutionnalisme
Droit constitutionnel

Doctrine fondée sur la défense de la supériorité normative de la Constitution à l'égard des autres règles de droit.

▪ Voir aussi : *Justice constitutionnelle*

Constitutionnalité des lois
Contentieux constitutionnel

Rapport de conformité entre une norme législative et une norme constitutionnelle de référence établi par une juridiction constitutionnelle.

▪ Voir aussi : *Justice constitutionnelle*

Construction de maison individuelle (contrat de)
Droit immobilier

Contrat d'entreprise par lequel un entrepreneur se charge, moyennant un prix convenu, de la construction d'un immeuble à usage d'habitation ou à usage professionnel et d'habitation d'après un plan qu'il fournit (contrat de construction avec fourniture de plan) ou non (contrat de construction sans fourniture de plan).
CCH, art. L. 231-1 et s., L. 232-1 et s., R. 231-1 et s., R. 232-1 et s.

Consul
Histoire romaine

1. Magistrat républicain revêtu de l'*imperium*, c'est-à-dire le pouvoir suprême de commandement, et incarnant l'autorité de l'État.
2. Sous l'Empire, charge prestigieuse sans signification politique.

Consulat
Histoire médiévale
Collège de magistrats municipaux chargés du gouvernement des villes dites de consulat (notamment dans le Midi de la France).

Histoire napoléonienne
Dénomination du régime politique établi en France par la Constitution de l'an VIII (1799).

Consultation
Organisation judiciaire
Prestation de services par laquelle un juriste donne son point de vue sur une ou plusieurs questions juridiques.

L. n° 71-1130, 31 déc. 1971 portant réforme de certaines professions judiciaires et juridiques

▪ Voir aussi : *Avocat, Conseil juridique*

Procédure civile
Mesure d'instruction confiée par le juge à un *technicien* et portant sur une question purement technique n'appelant pas d'investigations complexes.

CPC, art. 256 et s.

▪ Voir aussi : *Expertise*

Consultation (procédure de)
Droit de l'Union européenne
Avant l'entrée en vigueur du *traité de Lisbonne*, mode de participation classique (car originaire) du *Parlement européen* à la *fonction législative*, appliqué en vue de l'adoption des *actes communautaires* par le *Conseil de l'Union européenne*, et consistant à n'associer le Parlement que par l'obtention d'un avis simple, qui ne lie pas.

▪ Voir aussi : *Avis conforme (procédure d'), Codécision (procédure de), Concertation (procédure de), Coopération politique européenne (CPE)*

Consumérisme
Consommation
Nom commun désignant le courant de pensée favorable à la protection du consommateur.

Contenance
Droit des contrats spéciaux – Droit immobilier
Superficie au sol d'un *immeuble* bâti ou non bâti, pour laquelle existent des sanctions en cas de non-conformité entre la contenance réelle de l'immeuble et celle indiquée dans le contrat.

C. civ., art. 1616 et s.

Contentieux constitutionnel
Contentieux constitutionnel
Au sens large, ensemble des litiges qui peuvent naître de l'interprétation et de l'application de la Constitution. Au sens étroit, ensemble des décisions rendues par la juridiction constitutionnelle en matière de litige portant sur la contestation de la constitutionnalité d'actes juridiques (lois, traités internationaux).

▪ Voir aussi : *Conseil constitutionnel*

Contentieux du contrôle technique
Droit de la protection sociale
Contentieux de nature administrative s'élevant à l'occasion du contrôle médical exercé par le Service médical de la Sécurité sociale sur les activités des professionnels de santé, lequel relève de la section des assurances sociales des juridictions ordinales.

CSS, art. L. 145-1 et s.

Contentieux général de la Sécurité sociale
Droit de la protection sociale
Contentieux judiciaire mettant en cause l'application de la législation de sécurité

sociale et relevant, en première instance, de la compétence de principe du tribunal des affaires de sécurité sociale (TASS). CSS, art. L. 142-1 et s.

■ Voir aussi : *Tribunal des affaires de sécurité sociale, Contentieux technique, Contentieux du contrôle technique*

Contentieux technique
Droit de la protection sociale
Contentieux judiciaire de la sécurité sociale portant sur les aspects strictement médicaux des droits de l'assuré social, lequel relève du tribunal du contentieux de l'incapacité (en première instance) et de la Cour nationale de l'incapacité et de la tarification de l'assurance des accidents du travail (en appel). CSS, art. L. 143-1 et s.

■ Voir aussi : *Contentieux du contrôle technique, Contentieux général de la sécurité sociale*

Contingent
Finances publiques
Part de dépenses assumée par une collectivité et versée à une autre. Le département est compétent en matière d'aide sociale mais reçoit un contingent d'aide sociale de la part des budgets communaux. Il s'agit d'une participation budgétaire résultant de la loi.

■ Voir aussi : *Dépenses obligatoires, Budget*

Continuation (plan de) ■ Voir *Plan de continuation*

Continuité
Droit administratif
Principe applicable aux *services publics*. Certains services doivent fonctionner de manière ininterrompue comme l'électricité ou le téléphone, mais la plupart doivent éviter de subir des perturbations qui pourraient menacer l'intérêt général. Les contrats administratifs comportent des clauses permettant à l'administration d'obliger son cocontractant à exécuter ses obligations malgré une hausse des prix (en contrepartie d'une indemnité). De la même façon, le droit de grève peut être restreint ou interdit en raison du principe de continuité.

Continuité de l'État
Droit international public
Permanence de l'identité légale de la personne morale étatique sur la scène internationale en dépit des mutations qui affectent son territoire, sa population ou son gouvernement.

Contra non valentem agere non currit praescriptio
Histoire médiévale
Principe d'origine romaine, retrouvé et développé par les canonistes pour corriger les effets trop rigoureux de la prescription.

Procédure civile – Procédure pénale
Règle selon laquelle l'inaction ne peut être nuisible au titulaire d'un droit lorsqu'il s'est trouvé dans l'impossibilité de le faire valoir.

Contradictoire (principe du)
Droit processuel
Principe fondamental de procédure, aussi dénommé principe de la contradiction, en vertu duquel les parties doivent avoir la possibilité de discuter dans le cadre d'un débat loyal les *prétentions* et

les *moyens* développés par les autres parties ou envisagés par le juge.

■ Voir aussi : *Procès équitable (droit à un)*

Contrainte
Droit pénal

Cause d'irresponsabilité pénale qui repose sur la démonstration de la survenance, au moment des faits reprochés, d'un événement irrésistible et imprévisible ayant obligé la personne à commettre l'infraction.

C. pén., art. 122-2

■ Voir aussi : *Force majeure*

Contrainte judiciaire
Droit pénal – Procédure pénale

Incarcération, antérieurement dénommée contrainte par corps, d'une durée variable, d'une personne majeure afin de l'obliger à s'acquitter de la peine pécuniaire qu'elle doit au Trésor public, en exécution d'une condamnation pénale à une amende au titre d'un crime ou d'un délit puni d'une peine d'emprisonnement.

CPP, art. 749 et s.

Contrat à distance
Consommation

Contrat conclu entre un *professionnel* et un *consommateur*, dans le cadre d'un système organisé de *vente* ou de prestation de services à distance, sans la présence physique simultanée du professionnel et du consommateur, par le recours exclusif à une ou plusieurs techniques de communication à distance (téléphone, ordinateur, télévision...) jusqu'à la conclusion du *contrat*. Cette modalité particulière de conclusion offre au consommateur un délai de quatorze jours pour se rétracter du contrat.

C. consom., art. L. 121-16, 1º, L. 121-21

■ Voir aussi : *Vente à distance, Contrat électronique, Contrat hors établissement*

Contrat
Droit des obligations

Convention par laquelle une ou plusieurs personnes s'obligent, envers une ou plusieurs autres, à donner, à faire ou à ne pas faire quelque chose.

C. civ., art. 1101

Contrat d'accompagnement dans l'emploi (CAE)
Droit social

Contrat de travail aidé par l'État, conclu avec une personne morale de droit public ou un organisme de droit privé à but non lucratif afin de lutter contre le chômage notamment, dans certaines catégories de personnes défavorisées (chômeurs longue durée, RMistes, jeunes de dix-huit à vingt-six ans...). Ce type de contrats a pris le relais depuis le 1er mai 2005 des anciens contrats emploi-solidarité (CES).

C. trav., art. L. 5134-26 et s.

■ Voir aussi : *Contrat emploi consolidé (CEC), Contrat emploi-solidarité (CES), Contrat unique d'insertion (CUI)*

Contrat d'adhésion
Droit des obligations

Contrat dont une des parties ne peut librement négocier les *stipulations*, devant adhérer à celles fixées par son *cocontractant*.

● *Exemple,* contrat de transport conclu avec la SNCF.

■ Voir aussi : *Contrat de gré à gré*

Contrat administratif
Droit administratif
Contrat passé entre deux personnes publiques ou entre une personne publique et une personne privée. Dans ce cas, l'objet du contrat doit être l'exécution d'une mission de *service public*, sinon le contrat doit contenir une clause exorbitante du droit commun. Le juge compétent est alors le juge administratif.

▪ Voir aussi : *Prérogative de puissance publique*

Contrat aléatoire
Droit des obligations
Contrat dans lequel l'importance des prestations de l'une au moins des parties n'est pas connue au moment de sa formation (ex. : assurance).

C. civ., art. 1104

▪ Voir aussi : *Contrat commutatif*

Contrat d'approvisionnement
Distribution, consommation, concurrence
Contrat par lequel un commerçant s'engage à s'approvisionner, la plupart du temps avec *exclusivité*, auprès d'un fournisseur pendant un temps déterminé ou indéterminé pour une certaine gamme de produits.

▪ Voir aussi : *Clause d'approvisionnement exclusif, Contrat de distribution, Exclusivité (clause d')*

Contrat de bière ▪ Voir *Contrat d'approvisionnement*

Contrat de coffre-fort
Droit des contrats spéciaux
Contrat de garde, proche à la fois du dépôt et du bail, par lequel un banquier met à la disposition d'un client un coffre-fort et s'engage à en assurer la sécurité.

Contrat collectif
Droit des obligations
Contrat dont une partie au moins est composée d'un groupe de personnes et dont les *stipulations* s'appliquent à d'autres personnes que les parties contractantes (ex. : convention collective de travail).

▪ Voir aussi : *Acte collectif, Acte conjonctif*

Contrat commutatif
Droit des obligations
Contrat dans lequel l'importance des prestations de chaque partie est connue au moment de sa formation (ex. : vente, bail...).

C. civ., art. 1104

▪ Voir aussi : *Contrat aléatoire*

Contrat conjonctif ▪ Voir *Acte conjonctif*

Contrat consensuel
Droit des obligations
Contrat qui se forme par le seul échange des consentements, sans que l'accomplissement d'une formalité soit nécessaire.

▪ Voir aussi : *Consensualisme, Contrat réel, Contrat solennel*

Contrat de distribution
Distribution
Nom générique désignant tout contrat organisant, parfois dans le cadre d'un réseau, les conditions générales de vente, de fourniture et/ou d'approvisionnement entre un fournisseur et ses distributeurs.

▪ Voir aussi : *Distribution sélective, Franchise (contrat de), Concession*

Contrat de distribution sélective

Distribution

Contrat par lequel un fournisseur s'engage à vendre des biens ou des services contractuels, uniquement à un distributeur sélectionné sur la base de critères objectifs définis, le distributeur s'engageant quant à lui à ne pas vendre ces biens ou services contractuels à des distributeurs non-agréés dans le territoire réservé par le fournisseur.

Règl. d'exemption n° 330/2010, 20 avr. 2010

■ Voir aussi : *Réseau de distribution*

Contrat à durée déterminée

Droit des obligations

Contrat à exécution successive dont la durée d'exécution est limitée par un *terme*.

● *Exemple,* contrat de travail conclu pour trois mois.

■ Voir aussi : *Contrat à durée indéterminée*

Contrat à durée indéterminée

Droit des obligations

Contrat à exécution successive s'appliquant sans limitation de durée, jusqu'à *résiliation* par l'une des parties.

■ Voir aussi : *Contrat à durée déterminée*

Contrat (conclu sous forme) électronique

Droit des obligations – Droit commercial – Consommation

Forme de *vente à* distance concernant toute convention ayant pour objet une vente de *biens* ou de services, conclue sans la présence physique simultanée des parties. Sauf exceptions, lorsqu'il est conclu entre un *professionnel* et un *consommateur*, le *professionnel* doit rappeler au consommateur, avant qu'il ne passe sa commande, de manière lisible et compréhensible, les informations relatives aux caractéristiques essentielles des *biens* ou des services qui font l'objet de la commande, à leur *prix*, à la durée du *contrat* et, s'il y a lieu, à la durée minimale des *obligations* de ce dernier au titre du contrat.

C. civ., art. 1369-1 et s. ; C. consom., art. L. 121-19-3, al. 1er, L. 121-17, L. 134-2

■ Voir aussi : *Contrat à distance*

Contrat emploi consolidé (CEC)

Droit social

Contrat de travail aidé par l'État accordé pour une période maximum de cinq ans à un travailleur n'ayant pas trouvé un emploi ou bénéficié d'une formation à l'issue d'un contrat-emploi-solidarité (CES). Ce type de contrat est néanmoins amené à progressivement disparaître, au profit des contrats uniques d'insertion mis en place par la loi du 1er décembre 2008.

C. trav., anc. art. L. 322-4-8-1

■ Voir aussi : *Contrat emploi-solidarité (CES), Contrat de travail*

Contrat emploi-solidarité (CES)

Droit social

Contrat de travail aidé par l'État, conclu avec une personne morale de droit public ou un organisme de droit privé à but non lucratif afin de lutter contre le chômage, notamment dans certaines catégories de personnes défavorisées (chômeurs longue durée, RMistes, jeunes de dix-huit à vingt-six ans...). Ce type de contrat a été arrêté depuis le 1er mai 2005 et remplacé par les *contrats d'accompa-*

gnement dans l'emploi (CAE) qui ont à peu près les mêmes caractéristiques.

C. trav., art. L. 5134-20 à L. 5134-34

▥ Voir aussi : *Contrat d'accompagnement dans l'emploi (CAE), Contrat emploi consolidé (CEC), Contrat unique d'insertion (CUI)*

Contrat hors établissement
Consommation

Contrat conclu entre un *professionnel* et un *consommateur* : – soit dans un lieu qui n'est pas celui où le professionnel exerce son activité en permanence ou de manière habituelle, en la présence physique simultanée des parties, y compris à la suite d'une sollicitation ou d'une *offre* faite par le consommateur ; – soit dans le lieu où le professionnel exerce son activité en permanence ou de manière habituelle ou au moyen d'une technique de communication à distance, immédiatement après que le consommateur a été sollicité personnellement et individuellement dans un lieu différent de celui où le professionnel exerce en permanence ou de manière habituelle son activité et où les parties étaient, physiquement et simultanément, présentes ; soit pendant une excursion organisée par le professionnel ayant pour but ou pour effet de promouvoir et de vendre des *biens* ou des services au consommateur.

Cette modalité de conclusion impose au professionnel le respect d'*obligations* d'information précontractuelle envers le consommateur et dote ce dernier d'un délai de quatorze jours pour se rétracter du *contrat*. Sous réserve que l'objet du contrat n'entre pas dans le champ de l'activité principale du professionnel sollicité et que le nombre de salariés qu'il emploie soit inférieur ou égal à cinq, ce dernier bénéficie également du droit à l'information précontractuelle et du délai de rétractation.

La conclusion d'un contrat à la suite d'un *démarchage* du consommateur par téléphone ou contact direct en constitue une variété.

C. consom., art. L. 121-16, 2°, L. 121-18, L. 121-17, L. 121-21, L. 121-16-1, III

Contrat entre absents
Droit des obligations

Contrat conclu entre personnes qui ne sont pas physiquement ensemble (par lettre ordinaire, courrier électronique, téléphone...).

▥ Voir aussi : *Émission, Réception*

Contrat d'entreprise
Droit des contrats spéciaux

Contrat par lequel l'une des parties, l'entrepreneur, s'engage à développer son travail et, éventuellement, à fournir certains biens afin de réaliser un ouvrage, bien ou service, au profit de l'autre partie, le *maître de l'ouvrage*.

C. civ., art. 1710, 1779 à 1799-1

▥ Voir aussi : *Louage d'ouvrage et d'industrie*

Contrat à exécution échelonnée
Droit des obligations

Contrat en principe à exécution instantanée mais dont les obligations de l'une au moins des parties sont échelonnées dans le temps (ex. : vente avec paiement étalé sur plusieurs mensualités).

▥ Voir aussi : *Contrat à exécution instantanée, Contrat à exécution successive*

Contrat à exécution instantanée
Droit des obligations

Contrat dont les *obligations* sont susceptibles d'être exécutées en un seul instant (ex. : vente).

■ Voir aussi : *Contrat à exécution successive, Contrat à exécution échelonnée*

Contrat à exécution successive
Droit des obligations

Contrat dont les *obligations* d'au moins une des parties s'étalent dans le temps (ex. : bail).

■ Voir aussi : *Contrat à exécution instantanée, Contrat à exécution échelonnée*

Contrat de fourniture
Distribution

Contrat par lequel un fournisseur s'engage à l'égard d'un commerçant à livrer régulièrement les marchandises nécessaires à l'exploitation de son fonds de commerce, selon des conditions générales de vente définies dans un accord-cadre.

Contrat de franchisage ■ Voir *Franchisage*

Contrat de garage
Droit des contrats spéciaux

1. Contrat de location d'un emplacement de stationnement de véhicule, encore appelé contrat de *parking*, auquel s'ajoute parfois une obligation plus ou moins étendue de surveillance à la charge du bailleur.

2. Contrat de dépôt conclu avec un garagiste professionnel qui accepte de garder une automobile dans son établissement.

3. Contrat d'entreprise ayant pour objet la réparation ou l'entretien d'un véhicule, mettant accessoirement à la charge du garagiste une obligation de conservation parfois qualifiée de *dépôt* accessoire.

Contrat de génération
Droit social

La catégorie des contrats de génération est destinée à aider à l'emploi des jeunes tout en visant aussi à encourager la transmission des compétences et des savoirs dans l'entreprise. Il se présente sous la forme d'une aide forfaitaire de 4 000 € par an (et d'un appui conseil) aux entreprises de moins de 300 salariés qui embauchent en contrat à durée indéterminée un jeune de moins de vingt-six ans, à condition de maintenir en emploi un salarié de plus de cinquante-sept ans (transmission des compétences).

C. trav., art. L. 5121-6 et s., R. 5121-26 et s.

■ Voir aussi : *Contrat d'accompagnement dans l'emploi (CAE), Contrat emploi consolidé (CEC), Contrat unique d'insertion (CUI), Contrat emploi-solidarité (CES), Emploi d'avenir, Pôle emploi*

Contrat de gré à gré
Droit des obligations

Contrat dont les parties peuvent librement négocier les *clauses*.

■ Voir aussi : *Contrat d'adhésion*

Contrat innommé
Droit des obligations

Contrat qui ne fait l'objet d'aucun régime légal spécifique, son régime découlant du droit commun des obligations.

C. civ., art. 1107

■ Voir aussi : *Contrat nommé*

Contrat d'insertion en alternance
Droit social
Contrat de travail ouvrant le bénéfice de périodes de formation en alternance afin de favoriser l'acquisition de compétences, comme le contrat d'apprentissage par exemple.

C. trav., art. L. 6325-1

■ Voir aussi : *Formation professionnelle en alternance*

Contrat instantané ■ Voir *Contrat à exécution instantanée*

Contrat judiciaire
Procédure civile
Contrat par lequel les parties à un litige s'accordent, sous le contrôle du juge, sur un ou plusieurs points.

■ Voir aussi : *Jugement d'expédient, Transaction*

Contrat de licence
Droit de la propriété intellectuelle
Contrat par lequel le titulaire d'un droit de *propriété intellectuelle* (*marque, brevet, logiciel* ou autre) autorise une autre personne appelée licenciée à exploiter intégralement ou partiellement le monopole d'exploitation dont elle bénéficie en contrepartie du paiement d'une *redevance*. Habituellement qualifié de contrat de louage.

■ Voir aussi : *Louage*

Contrat de mariage
Droit des régimes matrimoniaux
Contrat solennel par lequel les futurs époux fixent leur association conjugale quant aux *biens* en déterminant le *régime matrimonial* applicable.

C. civ., art. 1387 et s.

Contrat médical
Droit des obligations
Contrat conclu entre un médecin et son patient.

Contrat nommé
Droit des obligations
Contrat qualifié et réglementé par la loi.

C. civ., art. 1107

■ Voir aussi : *Contrat innommé*

Contrat par abonnement ■ Voir *Abonnement*

Contrat de partenariat
Droit administratif
Nouveau contrat de délégation de service public créé par l'ordonnance n° 2004-559 du 17 juin 2004 en application de la directive communautaire n° 2004/18/CE du 31 mars 2004. Ce type de contrat administratif sert à confier à une entreprise privée le financement d'investissements nécessaires au service public. En contrepartie du paiement reçu de la personne publique, l'entreprise doit assurer l'exploitation et la gestion du service à un coût performant. Ce type de contrat concerne les grandes infrastructures, les systèmes informatiques dont l'amortissement coûte cher à l'État. Ce type de contrat est soumis aux règles de concurrence. Il a été introduit au Royaume-Uni en 1992.

Contrat pignoratif
Droit des sûretés

Contrat qui confère au créancier la *possession* d'un ou plusieurs *biens* à titre de *sûreté* (de pignus, le gage, en latin).
- Voir aussi : *Antichrèse, Gage, Gage immobilier*

Contrat de plan
Droit administratif

Contrat passé entre l'État et des *entreprises publiques*, un *établissement public* ou une *collectivité territoriale* afin de réaliser certains éléments du plan national. Ces contrats n'existent plus depuis 1986.

Contrat de plan État-région
Droit administratif

Contrat signé par le président du *conseil régional* et le *préfet de région* afin de financer des investissements sur plusieurs années.

Contrat préliminaire à une vente d'immeuble à construire
Droit immobilier

Contrat préparatoire à une *vente d'immeuble à construire* par lequel le vendeur s'engage à réserver à un acheteur un immeuble ou une partie d'immeuble en contrepartie d'un dépôt de garantie.
- CCH, art. L. 261-15, R. 261-25 à R. 261-31

Contrat préparatoire
- Voir *Avant-contrat*

Contrat de promotion immobilière
- Voir *Promotion immobilière*

Contrat réel
Droit des obligations

Contrat qui ne se forme que par la remise d'une chose (ex. : dépôt).
- Voir aussi : *Contrat consensuel, Contrat solennel*

Contrat solennel
Droit des obligations

Contrat qui ne se forme que par l'accomplissement d'une formalité, le plus souvent la rédaction d'un écrit (ex. : donation).
- Voir aussi : *Ad solemnitatem, Contrat consensuel, Contrat réel, Formalisme*

Contrat synallagmatique
Droit des obligations

Contrat créant des *obligations* réciproques à la charge des parties (ex. : vente, bail, travail...).
- C. civ., art. 1102
- Voir aussi : *Contrat unilatéral*

Contrat à titre gratuit
- Voir *Acte à titre gratuit*

Contrat à titre onéreux
- Voir *Acte à titre onéreux*

Contrat de travail
Droit social – Droit de la protection sociale

Contrat individuel par lequel une personne physique (le salarié) met sa force de travail à la disposition d'une personne, physique ou morale (l'employeur), moyennant rémunération, en se plaçant sous la subordination juridique de celle-ci ; sauf dans certains secteurs d'activité particuliers (public, social...), le salarié est obligatoirement assujetti au régime général de sécurité sociale.

C. trav., art. L. 1221-1 à L. 1221-3 ; CSS, art. L. 311-2, L. 311-11, L. 411-1

▪ Voir aussi : *Employeur, Donneur d'ouvrage, Assujettissement*

Contrat type
Droit des obligations

Modèle de *contrat* établi par un tiers, souvent un organisme professionnel.

Contrat unilatéral
Droit des obligations

Contrat ne créant des obligations qu'à la charge d'une partie (ex. : donation).

C. civ., art. 1103

▪ Voir aussi : *Acte unilatéral, Contrat synallagmatique*

Contrat unique d'insertion (CUI)
Droit social

Créé par la loi du 1er décembre 2008 généralisant le revenu minimum de solidarité active et réformant les politiques d'insertion, le contrat unique d'insertion (CUI) est entré en vigueur au 1er janvier 2010 (2011 dans les DOM). Ce nouveau contrat prend la forme d'un contrat d'accompagnement dans l'emploi (CAE) pour les employeurs du secteur non marchand et d'un *contrat initiative-emploi* (CIE) pour les employeurs du secteur marchand.

C. trav., art. L. 5134-20 et s.

▪ Voir aussi : *Contrat d'accompagnement dans l'emploi (CAE), Contrat de génération, Contrat emploi-solidarité (CES), Emploi d'avenir*

Contrats financiers
Droit financier

Également dénommés « Instruments financiers à terme », les contrats financiers désignent : – les contrats d'option, contrats à terme fermes, contrats d'échange, accords de taux futurs et tous autres contrats à terme relatifs à des instruments financiers, des devises, des taux d'intérêt, des rendements, des indices financiers ou des mesures financières qui peuvent être réglés par une livraison physique ou en espèces ; – les contrats d'option, contrats à terme fermes, contrats d'échange, accords de taux futurs et tous autres contrats à terme relatifs à des marchandises qui doivent être réglés en espèces ou peuvent être réglés en espèces à la demande d'une des parties autrement qu'en cas de défaillance ou d'autre incident conduisant à la résiliation ; – les contrats d'option, contrats à terme fermes, contrats d'échange et tous autres contrats à terme relatifs à des marchandises qui peuvent être réglés par livraison physique, à condition qu'ils soient négociés sur un marché réglementé ou un système multilatéral de négociation ; – les contrats d'options, contrats à terme fermes, contrats d'échange et tous autres contrats à terme relatifs à des marchandises qui peuvent être réglés par livraison physique, non destinés à des fins commerciales, qui présentent les caractéristiques d'autres instruments financiers à terme, en tenant compte de ce que, notamment, ils sont compensés et réglés par l'intermédiaire d'une chambre de compensation reconnue ou font l'objet d'appels de couvertures périodiques ; – les contrats à terme servant au transfert du risque de crédit ; – les contrats financiers avec paiement d'un différentiel ; – les contrats d'options, contrats à terme fermes, contrats d'échanges, accords de taux futurs et tous autres contrats à terme relatifs à des variables climatiques, à des tarifs de fret, à des autorisations d'émissions ou à des taux d'inflation ou d'autres statistiques économiques officielles qui doivent être réglés en espèces ou peuvent être réglés en espèces à la demande d'une des parties autrement qu'en cas de défaillance ou d'autre incident amenant la résiliation ; – tout autre contrat à terme concernant des actifs, des droits, des obligations, des indices et des mesures, qui présente les caractéristiques d'autres instruments financiers à terme, en tenant compte de ce que, notamment, il est négocié sur un marché réglementé ou un système multilatéral de négociation, est compensé et réglé par l'intermédiaire d'une chambre de compensation reconnue ou fait l'objet d'appels de couvertures périodiques.

C. monét. fin., art. L. 211-1, III, D. 211-1 A

Contrats de ville
Droit administratif

Contrat signé entre l'État et une *commune* pour la mise en application de la politique sur la ville. L'État apporte son aide aux communes qui s'engagent à appliquer ses *directives*.

Contravention
Droit pénal

Infraction la moins grave, subdivisée en cinq classes, sanctionnée par des peines contraventionnelles qui sont l'amende n'excédant pas 3 000 € pour les personnes physiques en état de récidive et 15 000 € pour les personnes morales en état de récidive ainsi que des peines

complémentaires telles que la restriction de certains droits.

C. pén., art. 111-1, 131-12 et s., 131-40 et s.

▪ Voir aussi : *Crime, Délit*

Contravention de grande voirie
Droit administratif

Sanction d'un particulier ayant porté atteinte à un *ouvrage public* ou au *domaine public*. Le juge administratif est seul compétent pour sanctionner et peut, le cas échéant, obliger le contrevenant à une réparation intégrale du *dommage*.

Contre-enquête
Procédure civile

1. Nom donné par la pratique à l'enquête diligentée par une partie afin de combattre les éléments de preuve dont son adversaire s'est servi pour établir l'existence des faits sur lesquels il se fonde. **2.** Toujours dans la pratique, nom donné à la possibilité offerte aux parties lorsque l'enquête a été ordonnée, de faire entendre des témoins en sens contraire, sans avoir à demander une nouvelle autorisation au juge.

CPC, art. 204

Contre-expertise
Droit processuel

Expertise réalisée à la demande d'une personne en vue de contester les résultats d'une précédente expertise.

Contre-lettre ▪ Voir *Acte secret*

Contre-passation
Droit commercial – généralités

Annulation de l'enregistrement d'une opération comptable par celui d'une écriture inverse.

Droit bancaire

Écriture par laquelle le banquier escompteur débite le compte de son client remettant d'un *effet de commerce* escompté dont le montant avait été inscrit au crédit, suite au non-paiement de cet effet.

L. n° 91-650, 9 juill. 1991, art. 47

▪ Voir aussi : *Escompte*

Contredit

Procédure civile

Voie de recours permettant de demander la *réformation* d'une décision, dans laquelle le juge s'est prononcé, négativement ou positivement, sur la seule question de sa compétence.

CPC, art. 80 et s.

▪ Voir aussi : *Exception d'incompétence, Déclinatoire de compétence*

Contrefaçon

Droit de la propriété intellectuelle

Terme générique pour qualifier toutes les atteintes portées par un tiers au droit de *propriété intellectuelle* d'une personne.

Contreseing d'avocat ▪ Voir *Acte sous contreseing d'avocat*

Contreseing ministériel

Droit constitutionnel

Exigence constitutionnelle obligeant un membre du gouvernement à apposer sa signature à côté de celle du chef de l'État afin d'endosser la responsabilité politique liée aux conséquences d'un acte juridique.

Const. 4 oct. 1958, art. 19

Contribution aux pertes

Droit des sociétés

Vocation de tous les associés d'une société d'assumer une fraction de la charge sociale éventuelle.

C. civ., art. 1832, 1844-1

Contribution à l'audiovisuel public

Finances publiques

Impôt existant depuis 2009 servant à financer le secteur public de l'audiovisuel, à savoir les chaînes publiques et l'Institut national de l'audiovisuel. Cette contribution est calculée et recouvrée en même temps que la taxe d'habitation, ce qui a permis de la rendre universelle.

▪ Voir aussi : *Parafiscalité*

Contribution à la dette

Introduction au droit

Répartition définitive de la *dette* commune entre coobligés après satisfaction du *créancier*.

▪ Voir aussi : *Obligation à la dette*

Contribution économique territoriale

Finances publiques

La loi de finances pour 2010 a remplacé la taxe professionnelle par un ensemble de nouvelles ressources, la contribution économique territoriale (composée de la cotisation foncière des entreprises et de la cotisation sur la valeur ajoutée des entreprises), l'imposition forfaitaire sur les entreprises de réseaux, la dotation de compensation de la taxe professionnelle, le fonds national de garantie individuelle de ressources et un panier d'impôts af-

C

fectés aux budgets locaux. La part déterminante de cet ensemble de ressources est composée de la contribution économique territoriale.

▪ Voir aussi : *Cotisation foncière des entreprises, Cotisation sur la valeur ajoutée des entreprises, Réforme de la taxe professionnelle*

Contribution pour le remboursement de la dette sociale (CRDS)
Finances publiques

Nouvel *impôt* créé par l'ordonnance n° 96-50 du 24 janvier 1996 au taux de 0,5 % sur une assiette très large portant sur l'ensemble des revenus y compris les revenus de transferts, de placement et du patrimoine. Cet impôt avait été créé pour seulement treize ans, puis la loi de financement de la *sécurité sociale* pour 1998 a décidé que la durée serait allongée de cinq années, ce qui porte sa durée jusqu'au 31 janvier 2014.

CGI, art. 1600 OG

▪ Voir aussi : *Contribution sociale généralisée (CSG)*

Contribution sociale de solidarité à la charge des sociétés (C3S)
Droit de la protection sociale

Contribution acquittée par les sociétés commerciales et calculée sur le chiffre d'affaires de celles-ci, afin de contribuer au financement du régime social des indépendants (RSI).

CSS, art. L. 651-1

▪ Voir aussi : *Contribution sociale généralisée (CSG), Contribution pour le remboursement de la dette sociale (CRDS), Cotisations de sécurité sociale*

Contribution sociale généralisée (CSG)
Droit de la protection sociale

Taxe de nature fiscale assise sur les revenus d'activité (prélèvement direct à la source par l'URSSAF) et sur les revenus du patrimoine des assurés sociaux servant à financer de façon complémentaire les prestations de sécurité sociale.

CSS, art. L. 136-1 et s.

▪ Voir aussi : *Contribution pour le remboursement de la dette sociale (CRDS), Loi de financement de la sécurité sociale*

Contrôle administratif
Droit administratif

Terme constitutionnel figurant à l'article 72, alinéa 3, de la Constitution de la Ve République. Le *préfet* a la charge du contrôle administratif, ce qui lui donne la mission de contrôler l'ensemble des actes des *collectivités territoriales*. S'il constate une illégalité, il a la faculté de déférer l'acte au *tribunal administratif*. On parle indistinctement du contrôle administratif et de contrôle de légalité. Dans la pratique, le préfet ne saisit le juge qu'en dernier recours. En effet, le contrôle administratif donne lieu à une négociation entre le préfet et les élus.

Contrôle budgétaire
Finances publiques

Procédure créée par la loi de décentralisation n° 82-213 du 2 mars 1982. Elle permet de saisir la *chambre régionale des comptes* en cas de retard dans le vote du *budget*, de budget voté en déséquilibre, de déficit du compte administratif et de défaut d'inscription d'une dépense obligatoire au budget local. Dans les trois premiers cas, seul le préfet peut saisir ; dans le quatrième cas, toute personne y ayant intérêt pourra agir. Le contrôle permet à la chambre de donner un avis qui, s'il n'est pas suivi d'effet par la collectivité, peut être rendu imposé par le *préfet*. Il s'agit d'un pouvoir de substitution.

C. jur. fin., art. L. 232-1

Contrôle financier déconcentré
Finances publiques
Dans chaque *région*, le trésorier-payeur général contrôle a priori tous les engagements des dépenses de l'État en apposant son visa. Depuis 1996, ce contrôle a été renforcé pour tenir compte de la *déconcentration* des opérations financières.

D. n° 96-629, 16 juill. 1996

Contrôle d'identité
Procédure pénale
Procédés employés par les officiers ou agents de police judiciaire sous la responsabilité des premiers, afin de demander aux particuliers de justifier de leur identité par tous moyens dans des conditions fixées par la loi pénale et qui peuvent être subdivisés en contrôle d'identité *stricto sensu, vérification d'identité* si la personne contrôlée ne peut pas ou ne veut pas établir son identité et relevé d'identité, pratiqué par les agents de police judiciaire adjoints, consistant à *relever l'identité* des contrevenants au Code de la route et aux arrêtés de police du maire.

CPP, art. 78-1 et s.

Contrôle judiciaire
Procédure pénale
Mesure ordonnée au cours de l'instruction en raison des nécessités de la procédure ou à titre de mesure de sûreté,

dont le but est d'astreindre la personne mise en examen au respect de certaines obligations, dans des conditions énumérées par la loi pénale.

CPP, art. 137 et s., R. 16 et s.

Contrôleur
Liquidation et redressement judiciaires
Personne désignée dans le cadre d'une procédure de *sauvegarde*, de *redressement* ou *liquidation judiciaires* par le *juge-commissaire* parmi les *créanciers* du *débiteur* qui en font la demande en vue d'assister le *mandataire judiciaire* dans ses fonctions, au besoin en introduisant des actions dans l'intérêt collectif des créanciers, et le juge-commissaire dans sa mission de surveillance et d'administration de l'entreprise. Il exerce ses fonctions à titre bénévole. S'ils en font la demande, les administrations financières, les organismes de sécurité sociale, ainsi que certaines institutions sont désignés contrôleurs.

C. com., art. L. 621-10, L. 621-11, L. 622-20, L. 626-6, L. 641-1, R. 622-18 ; C. trav., art. L. 3253-14

Contrôleur budgétaire et comptable ministériel
Finances publiques
Dans le cadre de la réforme de l'État initiée par la loi organique n° 2001-692 du 1er août 2001, le décret n° 2005-1429 du 18 novembre 2005 a institué auprès de chaque ministre un contrôleur budgétaire et comptable chargé d'exercer deux fonctions jusque-là strictement séparées : 1° le contrôle budgétaire institué par le décret n° 2005-54 du 27 janvier 2005 ; 2° les fonctions de comptable public chargé de payer les dépenses et encaisser les recettes et assurer la tenue

des comptabilités conformément à la loi. Le CBCM est placé sous la tutelle du ministre des Finances et dépend hiérarchiquement de deux directions : budget et services financiers.

Contrôleur des dépenses engagées
Finances publiques

Terme désignant le *fonctionnaire* du ministère des Finances qui contrôle les engagements de dépenses des services financiers. Entre 1922 et 1956, ce terme désignait le contrôleur financier.

Contrôleur financier
Finances publiques

Terme désignant le *fonctionnaire* du ministère des Finances qui contrôle les engagements de dépenses dans un ministère dépensier. Il dépend de la direction du *budget* et participe aux négociations budgétaires. En 2000, ils étaient soixante à exercer cette tâche. La fonction existe depuis 1922 et porte ce nom depuis 1956.

Contrôleur général des finances
Histoire moderne

Depuis 1665, responsable de l'administration financière révocable *ad nutum*.

Contumace
Procédure pénale

Procédure par laquelle est jugée une personne dénommée sous le nom de contumax, qui est accusée d'un crime et qui s'est soustraite à la procédure criminelle contradictoire de jugement devant la cour d'assises.

CPP, art. 627 et s.

Conv. EDH ▪ Voir *Convention de sauvegarde des droits de l'homme et des libertés fondamentales*

Convention ▪ Voir *Contrat*

Convention de Bruxelles
Droit international privé – Droit de l'Union européenne

Traité international signé le 27 septembre 1968 entre les États membres de la *Communauté européenne* (six à l'origine) en vue de déterminer le champ de la *compétence judiciaire internationale* de leurs juridictions en certaines matières civiles et commerciales. Son interprétation relève de la *Cour de justice de l'Union européenne*.

▪ Voir aussi : *Convention de Lugano, Convention de Bruxelles II*

Convention de Bruxelles II
Droit international privé – Droit de l'Union européenne

Traité international signé le 28 mai 1998 entre les États membres de la *Communauté européenne* en vue de déterminer le champ de la *compétence judiciaire internationale* de leurs juridictions dans des matières civiles exclues par la *Convention de Bruxelles*. Son interprétation relève de la *Cour de justice de l'Union européenne*. Devient le règlement (CE) du Conseil du 29 mai 2000 avant d'être abrogé par le *règlement (CE)* n° 2201/2003 du Conseil du 27 novembre 2003.

▪ Voir aussi : *Règlement Bruxelles II bis*

Convention collective
Droit social

Accord collectif de travail conclu entre un employeur ou un groupement d'em-

ployers et une ou plusieurs organisations syndicales de salariés représentatives en vue de déterminer l'ensemble des droits et obligations des salariés quant aux conditions de leur emploi et de leurs garanties sociales.
C. trav., art. L. 2221-2, L. 2272-1, R. 2272-1 à R. 2272-3

▪ Voir aussi : *Accord collectif de travail, Accord atypique, Usage d'entreprise, Employeur*

Convention européenne des droits de l'homme ▪ Voir *Convention de sauvegarde des droits de l'homme et des libertés fondamentales (Conv. EDH)*

Convention de Lugano
Droit international privé

Traité international signé le 16 septembre 1988 entre les États membres de la *Communauté européenne* et ceux de l'*AELE* en vue d'élargir le domaine d'application des règles de *compétence judiciaire internationale* retenues par la *Convention de Bruxelles* aux États membres de l'*AELE*.

Convention matrimoniale
Droit des régimes matrimoniaux

1. Clause par laquelle les futurs époux adoptent ou modifient *leur régime matrimonial.*

2. L'une quelconque des clauses du *contrat de mariage.*
C. civ., art. 1387 et s.

Convention nationale
Histoire révolutionnaire

Assemblée nationale (21 septembre 1792-26 octobre 1795).

Convention de portage
Droit commercial – généralités

Convention ayant pour objet la transmission de *titres* par une personne, le donneur d'ordre, à une autre personne, le porteur, ce dernier s'engageant par écrit à céder à son tour les titres, à une date donnée et pour un prix préétabli, soit au propriétaire initial, soit au profit d'une tierce personne. Une telle *convention* est parfois utilisée comme mécanisme de garantie d'un *prêt*.

Convention de prête-nom
Droit des obligations – Droit des contrats spéciaux

Convention par laquelle une personne, le prête-nom, agit pour le compte de son cocontractant mais en son propre nom afin de dissimuler la véritable identité du bénéficiaire de l'opération projetée. Elle s'analyse en une simulation par interposition de personnes.

▪ Voir aussi : *Déclaration de command, Mandat, Simulation*

Convention de procédure participative
Procédure civile

Mode alternatif de règlement des litiges prenant la forme d'une convention par laquelle les parties à un différend n'ayant pas encore été porté devant une juridiction s'engagent à l'aide de leurs avocats à œuvrer conjointement et de bonne foi à la solution de celui-ci.
C. civ., art. 2062 et s.

Convention de sauvegarde des droits de l'homme et des libertés fondamentales (Conv. EDH)
Droit européen

Traité international signé à Rome le 4 novembre 1950 par les États membres du *Conseil de l'Europe*, entré en vigueur le 3 septembre 1953, et ratifié par la France le 3 mai 1974, visant à la fois à l'énoncé d'une liste de droits civils et politiques fondamentaux et à la protection effective de ces droits par l'instauration d'une Cour internationale chargée d'en contrôler le respect par les États, la *Cour européenne des droits de l'homme*.

Convention de Vienne (11 avril 1980)
Droit des contrats spéciaux

Convention adoptée le 11 avril 1980 par la Commission des Nations Unies pour le droit commercial international (CNUDCI) sur la vente internationale de marchandises, ratifiée par la France le 6 août 1982 et entrée en vigueur le 1er janvier 1988. Parfois désignée sous le sigle CVIM, la Convention de Vienne constitue un corps de règles matérielles et supplétives destinées à régir toute vente internationale de marchandises conclue entre des contractants établis dans des États signataires ainsi que celles que les règles du droit international privé soumettent à la loi de l'un de ces États.

Conventions fiscales internationales
Droit fiscal et comptable

Conventions bilatérales dont l'objectif est d'éviter les doubles impositions entre deux pays ayant des échanges commerciaux importants.

Conventionnalité
Introduction au droit - généralités

1. Contrôle exercé par un juge entre un acte juridique législatif ou infralégislatif et un engagement international.

2. Rapport de compatibilité entre un acte législatif ou infralégislatif et une norme internationale.

Conversion de la dette publique
Finances publiques

Terme technique désignant la baisse du taux d'intérêt de la dette publique.

Coopération (procédure de)
Droit de l'Union européenne

Avant l'entrée en vigueur du *traité de Lisbonne*, mode de participation renforcée du *Parlement européen* à la *fonction législative*, appliqué en vue de l'adoption des *actes communautaires* par le *Conseil de l'Union européenne*, et consistant à associer le Parlement par la recherche d'une position commune qui laisse cependant le dernier mot au Conseil.

Traité CE, art. 252

■ Voir aussi : *Avis conforme (procédure d'), Codécision (procédure de), Concertation (procédure de), Consultation*

Coopération décentralisée
Droit administratif

Terme issu de la loi n° 92-125 du 6 février 1992 désignant toute forme de coopération transfrontalière ou avec d'autres collectivités d'autres États. En particulier, depuis le traité de Maastricht, les *collectivités territoriales* développent des compétences internationales et européennes.

Coopération judiciaire
Droit de l'Union européenne

Collaboration de *juge* à juge qui s'instaure entre la *Cour de justice de l'Union européenne* et les juges nationaux lors d'un *renvoi préjudiciel.*

Coopération judiciaire en matière civile

Droit de l'Union européenne

Domaine d'intervention des institutions de l'*Union européenne* aux fins d'assurer dans les matières civiles ayant une incidence transfrontière la reconnaissance mutuelle des décisions judiciaires et extrajudiciaires entre les États membres.

TFUE, art. 81

Coopération en matière d'affaires intérieures et de justice (CAIJ)

▧ Voir *Coopération policière et judiciaire en matière pénale*

Coopération policière et judiciaire en matière pénale

Droit de l'Union européenne

Avant l'entrée en vigueur du *traité de Lisbonne,* troisième pilier de l'*Union européenne,* constitutif d'une coopération politique intergouvernementale entre les États membres, et visant à offrir aux citoyens « un niveau élevé de protection dans un espace de liberté, de sécurité et de justice ». Remplace la Coopération en matière d'affaires intérieures et de justice (CAIJ), dont une partie est communautarisée par le traité d'*Amsterdam*. Le *traité de Lisbonne* prévoit désormais l'intervention des institutions de l'Union, selon la procédure législative ordinaire, aux fins de favoriser ces mêmes objectifs dans le cadre du droit de l'*Union européenne.*

TFUE, art. 82 et s., art. 87 et s.

▧ Voir aussi : *Piliers communautaires*

Coopération politique européenne (CPE)

Droit de l'Union européenne

Coopération intergouvernementale mise en place à partir de 1970 entre les États membres des *Communautés européennes* en matière de politique étrangère et de sécurité, à laquelle est substituée en 1992 (*traité de Maastricht*) le deuxième pilier de l'*Union européenne,* portant sur la *Politique étrangère et de sécurité commune* (PESC). Le *traité de Lisbonne* signe à cet égard un changement important en favorisant la visibilité des politiques de l'Union en matière d'affaires étrangères par la création, au sein de la *Commission européenne,* d'un *Haut représentant de l'Union pour les affaires étrangères et la politique de sécurité,* assisté par un *Service européen pour l'action extérieure.*

▧ Voir aussi : *Piliers communautaires*

Coopération renforcée

Droit de l'Union européenne

Possibilité, depuis le *traité d'Amsterdam,* pour les États membres de l'*Union européenne* qui le souhaitent, d'aller plus loin dans la construction et l'intégration européenne, instaurant ainsi une Europe « à plusieurs vitesses », notamment dans les domaines des politiques de l'Union en matière policière, judiciaire en matière pénale, de la politique étrangère ou de défense depuis le *traité de Lisbonne,* qui clarifie la procédure institutionnelle applicable pour la mise en place d'une telle coopération.

TFUE, art. 326 à 334

Coopérative (société)
Droit des sociétés

C

Type particulier de société civile ou commerciale ayant pour objet la maîtrise au profit des coopérateurs d'une production ou d'une transformation. Les coopératives visent à garantir une gestion démocratique et égalitaire et cherchent à limiter, sinon supprimer, la démarche capitaliste de recherche du profit.
  L. nº 47-1775, 10 sept. 1947
  ▪ Voir aussi : *Association*

Coopérative d'utilisation du matériel agricole (CUMA)
Droit rural

Société coopérative composée d'au moins quatre membres afin de mettre à leur disposition, en commun, du matériel agricole.
  C. rur. pêche marit., art. L. 521-1 et s.

Cooptation
Droit international public

Procédure d'admission d'un État au sein d'une organisation internationale reposant sur l'acceptation des États déjà membres de l'organisation internationale.

Copie
Introduction au droit - preuve

Reproduction d'un acte original, mais qui n'est pas elle-même signée par les parties. Sa force probante dépend de la nature de l'acte copié (*acte authentique* ou *acte sous seing privé*).
  C. civ., art. 1334 et s., 1348

Copie exécutoire
Procédure civile

Copie d'un *jugement* délivrée par le *greffe* et revêtue de la *formule exécutoire*.
  ▪ Voir aussi : *Expédition, Grosse, Titre exécutoire*

Copropriété
Droit des biens

Mise en œuvre du droit de *propriété* supposant une pluralité de propriétaires qui bénéficient, sur un même *bien*, de droits concurrents, chacun étant titulaire d'une quote-part.
  ▪ Voir aussi : *Indivision*

COREPER ▪ Voir *Comité des représentants permanents*

Corps (de fonctionnaires)
Droit administratif

Groupe de fonctionnaires correspondant à une fonction ou à un grand corps. Les trois grands corps sont recrutés à la sortie de l'*ENA* : Inspection des Finances, Conseil d'État et Cour des comptes. Le corps préfectoral et le Quai d'Orsay (ministère des Affaires étrangères) sont également prestigieux.

Corps certain
Introduction au droit

Chose qui, en raison de ses caractéristiques spécifiques, ne peut être remplacée par une autre.
  ▪ Voir aussi : *Chose fongible*

Corps diplomatique
Relations internationales

Ensemble des agents diplomatiques d'un État.
  ▪ Voir aussi : *Agent diplomatique*

Corps électoral
Droit constitutionnel

Collège des électeurs inscrits sur les listes électorales et exerçant leur droit de suffrage.
  ▪ Voir aussi : *Suffrage*

Corps humain ▪ Voir *Indisponibilité du corps humain, Inviolabilité du corps humain*

Corpus
Droit des biens
Mot latin qui suppose la maîtrise réelle d'une *chose* qui constitue l'élément matériel de la *possession*.
▪ Voir aussi : *Animus*

Corpus juris civilis
Histoire médiévale – Histoire moderne
Ensemble, réuni au Moyen Âge, des ouvrages juridiques rédigés ou compilés au VIᵉ siècle sur l'ordre de l'Empereur Justinien : Code, Digeste, Institutes, Novelles.

Correctionnalisation
Droit pénal – Procédure pénale
Technique législative ou judiciaire par laquelle une infraction qualifiée *crime* est transformée en *délit*, soit dans le premier cas lorsqu'un texte substitue une peine correctionnelle à une peine criminelle, soit dans le second cas lorsque le juge omet volontairement un élément constitutif ou une *circonstance aggravante*.

Correspondances (secret des)
Introduction au droit
Droit à ce qu'un message envoyé à autrui ne soit pas consulté par quelqu'un d'autre.
C. civ., art. 9 ; C. pén., art. 226-15, 432-9

Correspondant du Trésor
Finances publiques
Personne publique ou privée qui dépose des fonds au *Trésor public*. Les principaux sont les collectivités territoriales qui sont obligées de verser toutes leurs disponibilités au Trésor public. Les particu-liers peuvent également ouvrir un compte au Trésor. Certaines années, l'État exige que la Caisse des dépôts et consignations verse des dépôts obligatoires au Trésor public. Depuis le traité de Maastricht, la *Banque de France* ne peut plus avancer de fonds au Trésor public.

Corruption
Droit pénal
Délit consistant à solliciter, agréer ou proposer directement ou indirectement des offres, promesses, dons, présents ou avantages divers afin d'obtenir l'accom-plissement d'un acte ou une abstention ainsi que l'obtention de faveurs particu-lières.
C. pén., art. 432-11, 433-1 et s.

Corse
Droit administratif
Région de France métropolitaine non continentale dotée d'un statut particulier et d'une autonomie fiscale par la loi nᵒ 2002-92 du 22 janvier 2002.
CGCT, art. L. 4421-1

Cotisation foncière des entreprises
Finances publiques
La loi nᵒ 2009-1673 du 30 décembre 2009, loi de finances pour 2010, a re-nommé la part foncière de l'ancienne taxe professionnelle cotisation foncière des entreprises et l'a affectée aux com-munes et intercommunalités. L'impôt porte sur la propriété foncière des entre-prises et représente environ 17 % de l'assiette totale de l'ancienne taxe pro-fessionnelle.
▪ Voir aussi : *Contribution économi-que territoriale, Cotisation sur la va-leur ajoutée des entreprises, Réforme de la taxe professionnelle*

Cotisation sur la valeur ajoutée des entreprises
Finances publiques

La loi nº 2009-1673 du 30 décembre 2009, loi de finances pour 2010, a supprimé l'assiette fiscale portant sur les équipements et biens mobiliers des entreprises de l'ancienne taxe professionnelle. Cette part d'assiette représentait 80 % du total des anciennes bases et pénalisait la compétitivité des entreprises qui assumaient des investissements. Désormais, cet important produit fiscal est partagé entre le bloc communal (26,5 %), les départements (48,5 %) et les régions (25,0 %). L'impôt porte sur une donnée neutre, la valeur ajoutée des entreprises avec une progressivité de taux nationaux et un plafonnement à 3 % de la valeur ajoutée.

 ▪ Voir aussi : *Contribution économique territoriale, Cotisation foncière des entreprises, Réforme de la taxe professionnelle*

Cotisations d'assurance
Droit des assurances

Prime d'assurance due à une société d'assurance mutuelle.

Cotisations de sécurité sociale
Droit de la protection sociale

Pourcentages des revenus d'activités professionnelles mis obligatoirement à la charge des employeurs, des salariés et des travailleurs indépendants en vue de financer les prestations de sécurité sociale. CSS, art. L. 241-1, L. 242-1, L. 243-1, L. 244-1, L. 612-1, L. 623-2, L. 633-9

 ▪ Voir aussi : *Contribution sociale généralisée (CSG), Contribution pour le remboursement de la dette sociale (CRDS)*

Coup d'accordéon
Droit des sociétés

Opération consistant, pour une société dont les capitaux propres sont inférieurs à la moitié du capital social, à procéder à une réduction de son capital en deçà du minimum légal, suivie d'une augmentation immédiate de capital.

Cour administrative d'appel (CAA)
Droit administratif

Juridiction créée par la loi nº 87-1127 du 31 décembre 1987 portant réforme du contentieux administratif comme juge d'appel des *tribunaux administratifs, rôle auparavant exercé par le Conseil d'État.* Les cours administratives d'appel sont présidées par un conseiller d'État. Leurs décisions peuvent faire l'objet d'un pourvoi en cassation devant le *Conseil d'État.*

Cour d'appel
Organisation judiciaire

Juridiction de droit commun de l'*ordre judiciaire*, chargée d'examiner les *appels* interjetés contre les décisions rendues par les *juridictions du premier degré.*

 ▪ Voir aussi : *Appel*

Cour d'assises
Organisation judiciaire

Juridiction répressive de l'ordre judiciaire chargée de juger les crimes, au premier degré ou en appel, et caractérisée par la présence d'un jury populaire. CPP, art. 231 et s., 698-6

Cour de cassation
Organisation judiciaire

Juridiction suprême de l'*ordre judiciaire*, chargée d'assurer le respect de la loi et l'unité de son interprétation, en examinant les *pourvois* formés contre les décisions de *juges du fond* ou en rendant des avis sur des questions de droit nouvelles.

■ Voir aussi : *Pourvoi, Cassation, Avis*

Cour des comptes
Finances publiques

Juridiction administrative spécialisée créée par Napoléon en 1807 et placée sous le contrôle du *Conseil d'État* par la voie du recours en *cassation*. Elle est divisée en sept chambres spécialisées par secteur de contrôle. Elle exerce trois compétences principales : le contrôle de l'exécution des lois de finances, le jugement des comptes des *comptables publics* et le contrôle du bon emploi des deniers publics de l'État. La Cour des comptes est également un grand corps de l'État qui recrute ses magistrats à la sortie de l'*ENA*. La Cour des comptes est juge d'appel des jugements définitifs des *chambres régionales des comptes*. La Cour des comptes représente un potentiel d'expertise dans le domaine des finances publiques.

C. jur. fin., art. L. 111-1

Cour des comptes (de l'Union européenne)
Droit de l'Union européenne

Institution de l'Union européenne créée par le traité du 22 juillet 1975, composée de vingt-sept membres indépendants nommés pour six ans, et chargée de contrôler la gestion financière de l'*Union européenne* et de ses institutions.

TUE, art. 13 ; TFUE, art. 285 à 287

Cour constitutionnelle
Contentieux constitutionnel

Juridiction spécialisée dans le contrôle de la constitutionnalité des normes juridiques et placée en dehors de la hiérarchie de l'ordre judiciaire ou administratif.

■ Voir aussi : *Cour suprême*

Cour de discipline budgétaire et financière (CDBF)
Finances publiques

Juridiction administrative spécialisée créée à la demande de la *Cour des comptes* en 1948. Elle est composée paritairement de membres du Conseil d'État et de la Cour des comptes. Son président est le premier président de la Cour des comptes qui lui fournit également son parquet. Elle est compétente pour juger les *ordonnateurs* ayant commis des irrégularités. Elle ne peut prononcer que des sanctions pécuniaires, ce qui la rend d'autant moins efficace que la *prescription* n'est que de cinq années. Ses arrêts sont susceptibles de pourvoi en cassation devant le Conseil d'État.

C. jur. fin., art. L. 311-1

Cour européenne des droits de l'homme (CEDH)
Droit européen

Juridiction internationale composée de juges indépendants, entrée en fonction le 21 janvier 1959, et instituée par la *Convention européenne des droits de l'homme* en vue de procéder à l'examen du respect, par les États membres du Conseil de l'Europe, des droits fondamentaux énoncés dans la Convention, en

vertu d'un mécanisme de contrôle supranational. Son siège est à Strasbourg.
Conv. EDH 4 nov. 1950, art. 19 à 51

■ Voir aussi : *Convention de sauvegarde des droits de l'homme et des libertés fondamentales (Conv. EDH), Épuisement des voies de recours internes, Invocation en substance*

Cour internationale de justice
Droit international public

Organe juridictionnel principal de l'organisation des Nations unies, composé de quinze juges assurant la représentation des grandes formes de civilisation et des principaux systèmes juridiques du monde, tranchant les litiges interétatiques à la demande des parties et rendant des avis consultatifs sur toute question de droit international.
Statut CIJ, 26 juin 1945

■ Voir aussi : *Avis consultatif*

CJCE (Cour de justice des Communautés européennes) ■ Voir *Cour de justice de l'Union européenne*

CJUE ■ Voir *Cour de justice de l'Union européenne*

Cour de justice de la République
Droit constitutionnel

Juridiction compétente en matière de crimes ou délits commis par les membres du gouvernement dans l'exercice de leur fonction et composée de douze parlementaires (six députés et six sénateurs) et de trois magistrats du siège à la Cour de cassation.
Const., art. 68-2

■ Voir aussi : *Haute Cour de justice*

Cour de justice de l'Union européenne
Droit de l'Union européenne

Anciennement « Cour de justice des Communautés européennes » ou « CJCE » avant l'entrée en vigueur du traité de *Lisbonne*. Institution juridictionnelle de l'*Union européenne* composée de vingt-sept juges indépendants secondés par des avocats généraux et chargée de l'interprétation et du contrôle de la validité du droit de l'Union européenne. Son siège est à Luxembourg.
TFUE, art. 19 ; TFUE, art. 251 et s. ; Prot. n° 3 sur le statut de la Cour de justice de l'Union européenne, annexé au TFUE

■ Voir aussi : *Tribunal (de l'Union européenne), Tribunal de la fonction publique de l'Union européenne, Lisbonne (traité de)*

Cour nationale de l'incapacité et de la tarification de l'assurance des accidents du travail (CNITAAT, anciennement Commission nationale technique)
Droit de la protection sociale

Juridiction d'appel des décisions rendues par le tribunal du contentieux de l'incapacité en premier ressort.
CSS, art. L. 143-3

■ Voir aussi : *Contentieux technique, Incapacité physique permanente (IPP), Invalidité, Rente*

Cour pénale internationale
Droit international public

Juridiction permanente siégeant à La Haye compétente pour juger le crime de génocide, le crime contre l'humanité, le crime de guerre commis par un ressortissant d'un État ayant reconnu la Cour ou bien commis par toute personne sur le territoire de l'un de ces États.

Traité de Rome, 1er juill. 1998

Cour permanente de justice internationale
Droit international public

Juridiction permanente à compétence générale créée dans le cadre de la Société des nations par le Pacte du 28 juin 1919 et dont la Cour internationale de justice reprendra largement les statuts.

▪ Voir aussi : *Cour internationale de justice*

Cour du roi *(curia regis)*
Histoire médiévale

Institution royale, d'origine seigneuriale, fondée sur le devoir de conseil ; démembrée (justice, comptes) et spécialisée en conseil politique de gouvernement.

Cour suprême
Contentieux constitutionnel

Juridiction suprême chargée d'assurer l'unité jurisprudentielle dans l'interprétation de la Constitution.

▪ Voir aussi : *Interprétation d'une norme juridique*

Couronne
Histoire médiévale – Histoire moderne

1. Abstraction de l'insigne matériel de la royauté et entité distincte de la personne physique et mortelle du roi régnant.
2. Préfiguration de l'État.

Cours de bourse
Droit bancaire

Valeur atteinte par une marchandise ou une *valeur mobilière* à la clôture d'une séance de cotation à la Bourse, résultant du volume de l'offre et de la demande dont elle est l'objet.

Cours d'eau international
Droit international public

Ensemble unitaire d'eaux de surface (fleuve, bassin, canaux, bras, affluent de lacs) et d'eaux souterraines (nappes, réseau hydrologique) touchant au territoire de plus d'un État et aboutissant à un point d'arrivée commun.

Conv. New York 21 mai 1997, utilisation des cours d'eau internationaux

▪ Voir aussi : *Fleuve international*

Cours forcé
Droit des obligations

Règle en vertu de laquelle on ne peut exiger de l'État la conversion en or des unités monétaires, pièces ou billets.

▪ Voir aussi : *Cours légal*

Cours légal
Droit des obligations

Règle en vertu de laquelle un créancier est tenu d'accepter un paiement dans la monnaie nationale.

▪ Voir aussi : *Cours forcé*

Cours souveraines
Histoire médiévale – Histoire moderne

Juridictions supérieures titulaires de la justice déléguée du roi jugeant en dernier ressort (arrêts) : parlements, cours des aides, chambres des comptes, etc.

Courtage
Droit des contrats spéciaux

1. Opération commerciale d'entremise par laquelle un *courtier* s'engage à rapprocher des personnes souhaitant contracter en s'efforçant de les faire parvenir à un accord.
2. Rémunération due au *courtier* en exécution d'un contrat de courtage.

C. com., art. L. 131-1 à L. 131-11

Courtier

Droit des contrats spéciaux

Intermédiaire indépendant chargé, moyennant rémunération, de mettre en rapport des personnes désirant contracter, sans conclure lui-même le contrat à la différence du mandataire et du commissionnaire.

C. com., art. L. 131-1 à L. 131-11

■ Voir aussi : *Courtage*

Courtier d'assurance

Droit des assurances

Commerçant indépendant, souvent appelé *assureur-conseil*, chargé d'effectuer des actes d'entremise entre les assureurs et les assurés et généralement considéré comme le mandataire de ceux-ci.

C. assur., art. L. 530-1 et s., R. 530-1 et s.

■ Voir aussi : *Agent général d'assurances*

Courtoisie internationale

Relations internationales

Conduite non obligatoire facilitant les rapports diplomatiques entre États.

Coutume

Histoire romaine

« La coutume est le droit qu'un long espace de temps a rendu obligatoire par la volonté de tous, sans intervention de la loi » (Cicéron).

Histoire médiévale

Droit territorial, non écrit à l'origine, consacré par le temps et fondé sur une présomption de consentement général.

Introduction au droit

Usage qui acquiert force obligatoire par sa répétition et la croyance des intéressés dans son caractère de règle de droit.

Coutume constitutionnelle

Droit constitutionnel

Mode de formation spontanée d'une règle constitutionnelle révélé par un comportement qui se répète et que les acteurs constitutionnels considèrent comme obligatoire.

■ Voir aussi : *Common Law*

Coutume internationale

Droit international public

Règle de droit dérivant d'une pratique ou d'usages étatiques acceptés généralement comme consacrant des principes normatifs.

Statut CIJ, art. 38

CPJI ■ Voir *Cour permanente de justice internationale*

CRDS ■ Voir *Contribution pour le remboursement de la dette sociale*

Créance ■ Voir *Obligation*

Créancier

Droit des obligations

Titulaire d'un droit de créance.

■ Voir aussi : *Débiteur, Obligation*

Créancier chirographaire

Droit des obligations

Créancier ne bénéficiant d'aucune garantie particulière pour le recouvrement de sa créance, par opposition au *créancier privilégié*.

Créancier privilégié

Droit des obligations

Créancier bénéficiant de sûretés lui permettant d'obtenir paiement avant les *créanciers chirographaires*.

Crédirentier
Droit des contrats spéciaux

Créancier d'une *rente viagère*.

▪ Voir aussi : *Débirentier, Rente viagère*

Crédit-bail
Droit des contrats spéciaux

Opération de crédit par laquelle un établissement financier, le crédit-bailleur, acquiert auprès d'un fournisseur, à la demande d'un client, le crédit-preneur, la propriété d'un bien qui est donné à bail à ce client pendant une certaine période à l'issue de laquelle celui-ci dispose d'un droit d'option lui conférant la faculté, soit de restituer le bien à la société financière, soit de l'acheter moyennant le paiement d'un prix résiduel.

C. monét. fin., art. L. 313-7 et s., L. 515-2 et s., L. 571-13 ; Conv. int. d'Ottawa sur le crédit-bail international, 28 mai 1988 (D. n° 95-879, 28 juill. 1995)

▪ Voir aussi : *Lease-back, Leasing, Location-vente, Promesse unilatérale de vente*

Crédit budgétaire
Finances publiques

Terme signifiant « autorisation de dépenser », ce qui ne veut pas dire « obligation de dépenser ». Selon la loi organique n° 2001-692 du 1er août 2001 relative aux lois de finances, il existe deux catégories juridiques de crédits : les crédits limitatifs et les crédits évaluatifs. Les crédits limitatifs sont la règle. Ils signifient que les sommes inscrites pour les *missions* et *programmes* sont des plafonds impossibles à dépasser. Il est impossible de payer des dépenses en l'absence de crédits disponibles. Au contraire, les crédits évaluatifs

ne comportent qu'une somme indicative qui peut varier à la hausse ou à la baisse selon les besoins. Les crédits sont rassemblés dans un *budget*.

Crédit à la consommation
Consommation

Opération ou *contrat* par lequel un prêteur consent ou s'engage à consentir, dans le cadre de son activité professionnelle, à titre gratuit ou onéreux, à un *consommateur* un crédit sous la forme d'un délai de paiement, d'un prêt, y compris sous forme de *découvert* ou de toute autre facilité de *paiement* similaire.

C. consom., art. L. 311-1 à L. 311-3.

Crédit documentaire
Droit bancaire

Opération de financement d'importations par laquelle une banque, dite « émettrice » ou « apéritrice », accepte, à la demande d'un acheteur, dénommé « donneur d'ordre » ou « ordonnateur », de mettre des fonds à la disposition d'un vendeur, dénommé « bénéficiaire », en échange de documents conformes à ceux prévus.

Crédit d'équipement des PME (CEPME)
Finances publiques

Établissement de crédit créé en 1981 par la fusion de trois sociétés financières spécialisées. A servi à augmenter les fonds propres des petites et moyennes entreprises, à vendre du *crédit-bail* et à faire du capital risque. Cette structure publique a permis de faciliter le développement économique des PME.

Crédit foncier de France
Finances publiques

Établissement financier institué en 1852 pour aider les particuliers à accéder à la propriété foncière. Doté d'un puissant réseau national, le crédit foncier connaît une crise sans précédent.

Crédit d'impôt
Finances publiques

Créance détenue par un contribuable sur le Trésor public. Généralement, les crédits d'impôt sont acquis lors du paiement des intérêts des *obligations* françaises. Grâce à la technique de l'imputation, le crédit d'impôt permet au contribuable de réduire le montant de sa cotisation d'*impôt sur le revenu.*

Crédit local de France
Finances publiques

Société financière filiale du groupe Caisse des dépôts et consignations. Elle a fusionné avec son équivalent belge pour créer DEXIA, société européenne spécialisée dans le financement des *collectivités territoriales.*

Crédit de mobilisation des créances commerciales (CMCC)
Droit bancaire

Crédit à court terme accordé par *un établissement de crédit* en considération des *créances* commerciales dont son client est titulaire sans qu'elles soient transférées au banquier.

▪ Voir aussi : *Mobilisation des créances, Effet de mobilisation, Bordereau de cession de créances professionnelles, Escompte*

Crédit municipal
Finances publiques

Services publics destinés à permettre aux personnes de condition modeste de faire face à leurs besoins financiers sans payer des taux excessifs.

Crédit (opérations de)
Droit bancaire

Acte par lequel une personne agissant à titre onéreux met ou promet de mettre des fonds à la disposition d'une autre personne ou prend, dans l'intérêt de celle-ci, un engagement par signature tel qu'un *aval*, un *cautionnement* ou une garantie. Sont assimilés à des opérations de crédit le *crédit-bail*, et, de manière plus générale, toute opération de location assortie d'une option d'achat.

C. monét. fin., art. L. 313-1

Crédit de paiement
Finances publiques

Selon la loi organique n° 2001-692 du 1er août 2001 relative aux lois de finances, ils constituent la limite supérieure des dépenses pouvant être ordonnancées ou payées pendant l'année pour la couverture des engagements contractés dans le cadre des autorisations d'engagement. Il s'agit par conséquent d'une limite annuelle qui doit obligatoirement figurer dans la *loi de finances.*

Crédit *revolving*
Droit bancaire

Crédit dont l'ouverture par *l'établissement de crédit* est automatiquement renouvelable, chaque fois que son montant est reconstitué par le bénéficiaire.

Crédit *stand by*
Droit bancaire

Forme de *crédit documentaire* dans laquelle la banque émettrice garantit les *obligations* soit du vendeur, soit de l'acheteur.

Crime
Droit pénal

Infraction qui lèse gravement et intentionnellement les valeurs sociales protégées par la loi pénale et qui est caractérisée par le fait que, lorsque son auteur est une personne physique, cette dernière encourt à titre principal une peine de réclusion criminelle (ou de détention criminelle pour le crime politique) d'une durée de dix ans au moins.

C. pén., art. 111-1, 131-1 et s., 131-37 et s.

▪ Voir aussi : *Contravention, Délit*

Crime contre l'humanité
Droit pénal ▪ Voir *Génocide*

Criminalité
Droit pénal

Terme général qui désigne l'ensemble des infractions commises sur un territoire donné pendant une période donnée et qui peut être subdivisé en criminalité apparente, mesurée par les statistiques policières en fonction des plaintes reçues, criminalité légale, mesurée par les statistiques judiciaires en fonction des suites que les plaintes ont connu devant les tribunaux, et criminalité réelle qui comprend la totalité des infractions effectivement perpétrées et dont une partie demeure inconnue.

▪ Voir aussi : *Chiffre noir de la délinquance*

Criminel tient le civil en l'état (Le)
Droit processuel

Principe de procédure par lequel le juge civil doit surseoir à statuer lorsqu'il est saisi d'une action en réparation au titre d'une infraction pénale, jusqu'à ce que le juge pénal se prononce sur l'action publique.

Criminologie
Droit pénal

Discipline qui a pour objet l'étude des origines et des causes du phénomène criminel, de l'évaluation de la réponse à ce phénomène, ainsi que du traitement du délinquant et de la prévention de la récidive.

Croît
Droit des biens

Augmentation au sein d'un troupeau qui est liée à la naissance de petits.

C. civ., art. 547, 583, 1811

▪ Voir aussi : *Fruits naturels*

Croupier (convention de)
Droit des sociétés

Convention par laquelle dans une *société de personnes* une personne, portée en croupe, se dissimule derrière un prétendu *associé* pour bénéficier des prérogatives attachées à la propriété de parts sociales. Aux yeux des associés et des tiers, seul l'associé est apparent.

CROUS ▪ Voir *Centre régional des œuvres universitaires et scolaires*

Cujus religio, ejus religio
Histoire moderne

Principe formulé au milieu du XVIe siècle selon lequel chaque prince a le droit d'imposer sa confession à ses sujets.

Culpabilité
Droit pénal

État d'une personne à qui est reprochée la commission d'une infraction, que l'élément moral de celle-ci soit constitué par une faute intentionnelle ou par une faute non intentionnelle.

Cumul d'emploi
Droit administratif

Depuis 1936, il est interdit aux *fonctionnaires* de cumuler deux emplois publics.

D.-L. 31 oct. 1936, modifié L. n° 63-156, 23 févr. 1963

Cumul emploi-retraite
Droit de la protection sociale

Situation dans laquelle se trouve un *assuré social* à la retraite qui reprend une activité lui procurant des revenus qui, ajoutés aux pensions servies par les régimes de base et les régimes complémentaires légalement obligatoires sont supérieurs au plafond réglementaire prévu par les textes. L'intéressé doit alors en informer la ou les caisses compétentes afin que les pensions servies par ces régimes soient alors réduites à due concurrence du dépassement dans des conditions fixées par décret.

CSS, art. L. 161-22 et s., L. 634-6 et s.

■ Voir aussi : *Assurance vieillesse, Assuré social, Pluriactivité*

Cumul des mandats
Droit constitutionnel

Exercice simultané par une même personne de différentes fonctions électives.

C. élect., art. LO 141

Curatelle
Droit des personnes et de la famille

Régime de protection des *incapables majeurs* qui, sans être hors d'état d'agir eux-mêmes, ont besoin d'être conseillés ou contrôlés dans les actes de la vie civile parce qu'ils souffrent d'une altération de leurs facultés mentales ou corporelles. Ce régime est à mi-chemin entre la *sauvegarde de justice* et la *tutelle*.

C. civ., art. 440 et s.

■ Voir aussi : *Incapacité, Tutelle, Sauvegarde de justice, Mandat de protection future*

Curateur
Droit des personnes et de la famille

Organe unique de la *curatelle* ayant pour mission d'assister et de contrôler le *majeur* incapable. Lorsque l'*incapable* est marié, le curateur est le conjoint (sauf motif justifiant sa mise à l'écart). Dans les autres hypothèses, le juge des tutelles choisit librement le curateur qui peut être une *personne physique* ou une *personne morale*.

C. civ., art. 446 et s.

■ Voir aussi : *Curatelle, Tuteur*

Curateur *ad hoc*
Droit des personnes et de la famille

Personne chargée de représenter l'incapable lorsque les intérêts du curateur sont en conflit avec ceux de l'incapable.

C. civ., art. 455

Damnum emergens
Droit des obligations
Expression latine désignant la perte éprouvée donnant lieu à réparation dans le cadre de la *responsabilité civile*.

■ Voir aussi : *Lucrum cessans*

Date certaine
Introduction au droit
Date d'un *acte juridique* que les *tiers* ne peuvent pas contester car elle a été attestée par une autorité (par la rédaction d'un *acte authentique* ou par l'enregistrement d'un *acte sous seing privé*) ou parce que le *décès* de l'un des signataires implique que l'acte n'a pu être établi après la date de cette mort.

C. civ., art. 1328

Date de valeur
Droit bancaire
Date à partir de laquelle l'établissement de crédit comptabilise une opération entrée en compte. Distincte ou identique à la date d'entrée de compte suivant les cas, elle sert de référence dans la détermination du solde provisoire et des intérêts débiteurs éventuellement dus par le client.

C. monét. fin., art. L. 133-14, L. 131-1-1

De cujus
Droit des successions et libéralités
Raccourci de la formule latine *is de cujus successione agitur* (celui de la *succession* de qui il s'agit) désignant le défunt dans la *succession*.

De facto
Introduction au droit
Situation qui existe mais qui ne repose pas sur une base juridique ou qui n'a pas reçu une traduction juridique. Cette expression latine signifie « de pur fait ».

■ Voir aussi : *De jure*

De in rem verso
■ Voir *Action de in rem verso*

De jure
Introduction au droit
1. Analyse de la situation d'un point de vue juridique.
2. Acquisition automatique d'une qualité ou d'une prérogative.

● *Exemple,* appartenance de plein droit à une instance, sans avoir à être élu pour cela ou personnellement nommé. Cette expression latine signifie ici « de plein droit ».

■ Voir aussi : *De facto*

De lege ferenda
Introduction au droit
Analyse du *droit* positif qui débouche sur une proposition concrète de réforme législative. Cette expression latine signifie littéralement « pour la *loi* à adopter ».

■ Voir aussi : *De lege lata*

De lege lata
Introduction au droit
Analyse du *droit* positif, c'est-à-dire du droit tel qu'il est, sans proposer de modification. Cette expression latine signifie littéralement « quant à la *loi* en vigueur ».

■ Voir aussi : *De lege ferenda*

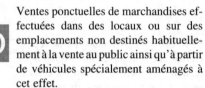

Déballage
Consommation
Ventes ponctuelles de marchandises effectuées dans des locaux ou sur des emplacements non destinés habituellement à la vente au public ainsi qu'à partir de véhicules spécialement aménagés à cet effet.

C. com., art. L. 310-2, L. 310-5

Débat d'orientation budgétaire
Finances publiques
1. Procédure instituée en France au cours de la préparation du projet de loi de finances pour l'année 1991. Elle permet aux élus d'être informés des intentions du *gouvernement* en matière financière. Rétabli dans les faits à partir de mai 1996, le débat d'orientation budgétaire a été juridiquement institué par la loi organique n° 2001-692 du 1er août 2001 (art. 48).
2. Procédure rendue obligatoire pour les *régions*, les *départements* et les *communes* de plus de 3 500 habitants par la loi n° 92-125 du 6 février 1992. Ce débat doit se tenir dans les deux mois avant le vote du budget.

CGCT, art. L. 2313-1

■ Voir aussi : *Budget, Finances locales*

Débauchage
Droit social
Action fautive conduite par un employeur auprès d'un (ou de plusieurs) salarié(s) d'une autre entreprise ayant rompu abusivement son (leur) contrat de travail, afin de procéder à son (leur) recrutement.

C. trav., art. L. 1237-3

■ Voir aussi : *Employeur, Démission*

Débirentier
Droit des contrats spéciaux
Débiteur d'une *rente viagère*.

■ Voir aussi : *Crédirentier, Rente viagère*

Débit de tabac
Droit administratif
Lieu de vente de tabac auquel est conféré un monopole par l'administration fiscale, dans le prolongement du monopole de la production et de la distribution du tabac par l'État.

■ Voir aussi : *Monopoles fiscaux*

Débiteur
Droit des obligations
Personne passivement tenue d'une *obligation* envers son *créancier*.

■ Voir aussi : *Créancier, Obligation*

Débours
Procédure civile
Frais avancés dans le cadre d'une procédure par un *auxiliaire de justice* pour le compte d'un client et qui sont inclus dans les *dépens*.

Débouté (Jugement de débouté)
Droit processuel
Décision par laquelle le juge rejette la *demande* d'une partie.

Débouter
Procédure civile
Rejeter une *demande*.

Débudgétisation
Finances publiques
Sortie de certaines charges d'un *budget* afin de réduire le total des dépenses. Par extension, mise hors de la loi de finances de certaines opérations qui échappent à l'autorisation parlementaire. Les charges sont alors reportées sur d'autres

budgets publics ou privés. Sur le plan des principes, la débudgétisation est une atteinte grave portée à l'*unité budgétaire.*

Décentralisation
Droit administratif

Modalité d'organisation du pouvoir administratif dans laquelle l'État crée des *personnes publiques* décentralisées, leur attribue des compétences et des ressources. L'avantage de la décentralisation est de développer la *démocratie.* Son inconvénient est de coûter cher. L'État conserve un pouvoir de tutelle sur les autorités décentralisées. Les *établissements publics* représentent la décentralisation technique. Les *collectivités territoriales* représentent la décentralisation territoriale. En France, la grande loi de décentralisation est la loi n° 82-213 du 2 mars 1982. La décentralisation a eu pour corollaires les *contrôles administratifs* et l'institution des contrôles financiers des chambres régionales des comptes.

CGCT, art. L. 1111-1

■ Voir aussi : *Contrôle budgétaire*

Décès
Droit des personnes et de la famille

1. Mort de la personne physique qui entraîne la disparition de sa *personnalité juridique*, la transmission de son *patrimoine* et la dissolution de son union (*mariage* ou *pacte civil de solidarité*).

2. (Acte de) *Acte de l'état civil* constatant la mort de la personne et indiquant le jour, l'heure et le lieu de cet événement.

C. civ., art. 78 et s., 227, 515-7, 720 et s.

Déchéance
Introduction au droit

Perte d'un *droit* ou d'une qualité venant sanctionner un comportement incorrect.

■ Voir aussi : *Incombance*

Déchéance de l'autorité parentale
Droit des personnes et de la famille

Retrait total des attributs de *l'autorité parentale* prononcé à titre de sanction par le juge lorsque le comportement du titulaire de cette autorité met manifestement en danger la sécurité, la santé ou la moralité de l'enfant ou lorsque, après une mesure d'assistance éducative, le titulaire de l'autorité parentale a volontairement délaissé l'enfant pendant plus de deux ans.

C. civ., art. 378 et s.

■ Voir aussi : *Assistance éducative*

Décision
Droit de l'Union européenne

Acte juridique de l'Union européenne obligatoire, à caractère individuel, qui lie les États membres ou les personnes physiques ou morales destinataires dans tous ses éléments.

TFUE, art. 288 et s.

Droit processuel

Terme générique désignant les *actes juridictionnels.*

Décision de conformité
Contentieux constitutionnel

Déclaration, par le Conseil constitutionnel, de la validité constitutionnelle d'une loi votée avant sa promulgation.

Const. 4 oct. 1958, art. 61

Décision d'espèce
Introduction au droit

Décision que les juges ont rendu en prenant en considération les circonstances particulières de l'affaire et dont la motivation n'aura pas de grande portée juridique.

■ Voir aussi : *Décision de principe, Jurisprudence*

Décision exécutoire
Droit administratif

Théorie marquant les privilèges de l'administration vis-à-vis des particuliers. Toute décision de l'*administration* est présumée légale et doit par conséquent s'appliquer tant qu'elle n'a pas été annulée par le juge. En cas de recours contentieux devant le juge de l'annulation, le recours n'est pas suspensif comme dans le contentieux judiciaire. Les *actes administratifs* s'imposent par eux-mêmes aux particuliers. L'administration dispose du *privilège du préalable*.

Décision implicite
Droit administratif

Le *silence de l'administration* a toujours une valeur juridique. Dans la plupart des cas, le silence de plus de quatre mois vaut décision implicite de rejet. Cette décision a la valeur d'un *acte administratif* pouvant être attaqué devant le juge de l'excès de pouvoir dans un délai de deux mois. Plus rarement, le silence de l'administration peut valoir acceptation. Dans ce cas, les textes doivent le prévoir, ce qui est le cas en droit de l'*urbanisme*.

Décision de non-conformité partielle
Contentieux constitutionnel

Déclaration, par le Conseil constitutionnel, de l'invalidité constitutionnelle d'une partie des dispositions d'une loi votée.

Const. 4 oct. 1958, art. 61

Décision de non-conformité totale
Contentieux constitutionnel

Déclaration, par le Conseil constitutionnel, de l'invalidité constitutionnelle de l'ensemble des dispositions d'une loi votée.

Const. 4 oct. 1958, art. 61

Décision de principe
Introduction au droit

Décision de justice reposant sur une motivation générale et ferme, apportant une réponse nouvelle à une question juridique épineuse et dont l'influence, en raison de ces facteurs, est appelée à se manifester au-delà du cas particulier tranché.

■ Voir aussi : *Décision d'espèce, Jurisprudence*

Déclarant
Droit des personnes et de la famille

Personne qui informe officiellement l'officier d'*état civil* de la *naissance* ou du *décès* d'une autre personne.

C. civ., art. 55 et s., 78

Déclaration
Introduction au droit

Affirmation d'une volonté ou d'un fait par un particulier ou reconnaissance officielle d'un fait par une autorité.

Déclaration d'absence ■ Voir *Absence*

Déclaration annuelle des données sociales (DADS)
Droit social – Droit de la protection sociale

Document annuel, réglementaire et obligatoire pour l'employeur (qui doit le communiquer à l'URSSAF et à l'administration fiscale) sur lequel apparaît le détail des sommes perçues par chaque salarié ou intervenant au sein de l'entreprise.

CSS, art. R. 243-10

▣ Voir aussi : *Employeur, Contrat de travail*

Déclaration d'appel
Procédure civile
Acte de procédure par lequel un plaideur interjette *appel*.

CPC, art. 899 et s.

Déclaration au greffe
Procédure civile
Mode simplifié d'introduction de l'*instance*, seulement utilisable devant certaines juridictions (ex. : lorsqu'une demande n'excède pas 4 000 €, le tribunal d'instance peut être saisi par une déclaration au greffe).

Déclaration de command
Droit des contrats spéciaux
Convention, encore appelée « élection d'ami », par laquelle une personne, le command, fait acheter un bien par une autre, le commandé, qui déclare traiter pour autrui sans en indiquer l'identité au vendeur. La déclaration de command est interdite dans les ventes judiciaires.

C. civ., art. 2207 ; CGI, art. 686 ; CPC ex., art. L. 322-8

▣ Voir aussi : *Convention de prête-nom*

Déclaration des créances
Liquidation et redressement judiciaires
Demande en justice adressée au *mandataire judiciaire* par le créancier d'un *débiteur* soumis à une procédure de *sauvegarde*, de *redressement* ou *liquidation judiciaires* aux fins d'être réglé des

créances nées antérieurement au *jugement* d'ouverture de la procédure.

C. com., art. L. 622-24 et s., R. 622-21 et s., L. 631-18, L. 641-14, R. 641-25

▣ Voir aussi : *Vérification des créances, Admission des créances*

Déclaration des droits
Droit constitutionnel
Document énonçant à titre solennel des droits naturels ou fondamentaux dont le respect s'impose aux pouvoirs publics et aux particuliers.

Déclaration des droits de l'homme et du citoyen
Droit constitutionnel
Texte de droit naturel placé en tête de la Constitution de 1791 composé de dix-sept articles énonçant les droits et libertés fondamentaux, et désormais intégrés dans les règles et principes constitutionnels par le Conseil constitutionnel.

Const. 4 oct. 1958, Préambule

▣ Voir aussi : *Bloc de constitutionnalité*

Déclaration de nationalité
Droit international privé
Mode d'acquisition de la *nationalité*, opérée par une déclaration à cette fin, déposée auprès du *juge d'instance*.

C. civ., art. 21-12 à 21-14

Déclaration préalable à l'embauche
Droit social – Droit de la protection sociale
Déclaration unique et obligatoire adressée à l'URSSAF par l'employeur de façon préalable à toute nouvelle embauche dans l'entreprise.

▣ Voir aussi : *Employeur, Contrat de travail*

Déclaration d'urgence ▪ Voir *Urgence*

Déclaration d'utilité publique
Droit administratif

Acte *administratif* par lequel une procédure acquiert une légitimité juridique auprès de la population. Par exemple, l'*expropriation* requiert une déclaration d'utilité publique avant toute intervention sur les propriétés privées. Une enquête publique précède systématiquement la déclaration d'utilité publique.

C. expr., art. L. 11-1

Déclassement
Droit administratif

Décision administrative par laquelle un bien appartenant au *domaine public* change de classe pour entrer dans le *domaine privé* de l'*administration*. Sans déclassement, il est impossible de vendre un bien appartenant au domaine public couvert par le principe d'*inaliénabilité du domaine public*.

Déclinatoire de compétence
Procédure civile

Exception de procédure par laquelle une partie conteste la *compétence* du tribunal saisi.

CPC, art. 75

Déconcentration
Droit administratif

Modalité d'organisation interne du pouvoir centralisé de l'État. L'État décide de nommer en périphérie des agents soumis au pouvoir central. En France, l'Histoire montre que chaque mouvement de *décentralisation* a été accompagné de déconcentration. La déconcentration est une modalité de la *centralisation*.

▪ Voir aussi : *Décentralisation*, *Préfet*, *Trésorier-payeur général (TPG)*

Déconfiture
Droit des obligations

État d'une personne qui ne peut faire face à ses dettes.

▪ Voir aussi : *Liquidation judiciaire*, *Rétablissement personnel*

Décote
Finances publiques

Technique fiscale permettant de réduire la cotisation d'un *impôt* à condition qu'elle ne soit pas trop importante. La finalité de la décote est d'éviter les effets de seuil.

Découpage électoral ▪ Voir *Circonscription électorale*

Découvert
Droit bancaire

1. Position débitrice d'un compte bancaire.

2. *Crédit* consenti au client d'un établissement de crédit résultant de l'autorisation par le banquier de rendre un compte débiteur (découvert autorisé).

▪ Voir aussi : *Facilités de caisse*, *Ouverture de crédit*

Décret
Histoire romaine

Jugement rendu par l'empereur ou son conseil.

Histoire médiévale

Avec une majuscule et au singulier (Le Décret), compilation de droit canonique rédigée à Bologne sous la direction de Gratien, vers 1130-1140.

Histoire révolutionnaire

Sous *l'Assemblée nationale constituante*, décision de l'assemblée avant que la sanction royale n'en fasse une loi.

Droit administratif

Acte administratif émanant du *Premier ministre* ou du *président de la République*. *Les décrets peuvent être des actes réglementaires* ou individuels (nominations). Le gouvernement peut être obligé de demander l'avis du *Conseil d'État* avant d'arrêter le décret. Certains décrets doivent être délibérés en *Conseil des ministres* : dans ce cas, ils doivent être signés par le président de la République. Sur le plan juridique, la plupart des décrets n'étant pas délibérés en Conseil des ministres, ils doivent être signés par le *Premier ministre*.

Décret d'avances

Finances publiques

Texte réglementaire signé par le *Premier ministre* permettant au gouvernement d'obtenir des *crédits budgétaires* supplémentaires en cas d'urgence sans attendre le vote d'une *loi de finances* rectificative. Si le décret d'avances se contente de réaffecter des crédits déjà existants, il devra être pris sur avis du *Conseil d'État* et après avis des commissions de finances des deux assemblées. Le décret devra alors être ratifié par la prochaine loi de finances. Pour que le décret d'avances ouvre des crédits supplémentaires, il faut qu'il y ait nécessité impérieuse d'intérêt national, avis du Conseil d'État, information des commissions des finances et dépôt immédiat d'un projet de loi de finances rectificative.

L. org. n° 2001-692, 1er août 2001, art. 13

Décret-loi

Histoire moderne – Droit administratif

Terme désuet désignant des textes réglementaires des IIIe et IVe Républiques par lesquels le Parlement habilitait le gouvernement à légiférer dans une durée et un domaine limités. La procédure a été remplacée par la Ve République par celle des *ordonnances*.

Décret de répartition

Finances publiques

Textes réglementaires signés par le *Premier ministre* affectant à chaque ministre les crédits tels qu'ils ont été votés par le Parlement. Ils sont les décrets d'application des *lois de finances*. Sous la IVe République, ils étaient soumis à un contrôle parlementaire. Ce n'est plus le cas sous la Ve République. L'article 44 de la loi organique n° 2001-692 du 1er août 2001 précise que les décrets de répartition décident des crédits de chaque *programme* ou *dotation* pour l'ensemble des *missions*, des *budgets annexes* et des *comptes spéciaux du Trésor*. Les crédits de personnels sont répartis par programmes.

Décrétales

Histoire médiévale – Histoire moderne

Réponses des papes aux questions posées par les évêques (« lettres décrétales »). Expression du pouvoir législatif des papes.

Décriminalisation ■ Voir *Dépénalisation*

Dédit
Droit des obligations – Droit des contrats spéciaux
Somme d'argent due par celui qui exerce une faculté de dédit.

■ Voir aussi : *Clause de dédit*

Défaut
Procédure civile
Non-*comparution* d'une partie ou non-accomplissement des *actes de la procédure* pouvant sous certaines conditions conduire à un *jugement par défaut*.

■ Voir aussi : *Comparution, Jugement par défaut, Jugement réputé contradictoire*

Défaut-congé
Procédure civile
Nom donné par la pratique à la possibilité offerte au défendeur ou au juge, en cas de non-comparution du demandeur, de déclarer la *citation* caduque.
CPC, art. 468

Défendeur
Procédure civile
Nom donné à la personne contre laquelle agit le *demandeur*.

Défense au fond
Procédure civile
Moyen de défense par lequel le défendeur tente par un examen du fond du droit d'obtenir le rejet des *prétentions* de son adversaire (ex. : en invoquant la nullité d'un contrat pour faire échec à une demande en exécution forcée de celui-ci).
CPC, art. 71 et s.

Défense (moyen de)
Procédure civile
Moyen par lequel une partie tente de faire échec aux *demandes* de son adversaire.
CPC, art. 71 et s.

■ Voir aussi : *Défense au fond, Exception de procédure, Fin de non-recevoir*

Défenseur
Droit processuel
Nom donné à la personne, le plus souvent un *avocat*, qui assiste une partie.

Défenseur des droits
Droit constitutionnel
Autorité constitutionnelle indépendante chargée de veiller au respect des droits et libertés et à la promotion de l'égalité. Nommé pour six ans, le Défenseur des droits assure les missions exercées par le Médiateur de la République et il protège les droits de l'enfant.
Const. 4 oct. 1958, art. 71-1

Déficit
Droit commercial – généralités
État d'une entreprise ou d'une société dont le montant du passif est supérieur à celui de l'actif.
Droit fiscal et comptable
Pertes subies au titre d'un exercice au regard de l'impôt sur les sociétés. Ce déficit est reporté à titre de charge déductible pour les exercices suivants.

Déficit budgétaire
Finances publiques
Excédent des dépenses par rapport aux recettes. Le déficit budgétaire aboutit à un solde négatif correspondant au besoin de financement.

■ Voir aussi : *Dette publique, Budget*

Défiscalisation
Finances publiques

Action consistant à soustraire certains revenus de l'*impôt*. Les investissements défiscalisés attirent les capitaux et sont un instrument de politique fiscale.

■ Voir aussi : *Évasion fiscale*

Dégradation civique
Droit pénal

Peine criminelle infligeant au condamné des privations de droits civiques, politiques et familiaux, qui a été abrogée par le Code pénal entré en vigueur le 1er mars 1994.

Degré de juridiction
Organisation judiciaire

Place des juridictions du fond dans la hiérarchie judiciaire.

● *Exemple,* dans l'*ordre judiciaire*, il existe deux degrés de juridictions, le premier comprend le *tribunal de grande instance* et les *juridictions d'exception* et le second les *cours d'appel.*

Degré de parenté
Droit des personnes et de la famille

Étalon qui permet de déterminer la proximité d'une parenté. Le degré de parenté est l'intervalle qui, dans une ligne, sépare le parent de son enfant. Pour déterminer le degré de parenté entre deux personnes, il faut : – en ligne directe (*ascendants-descendants*), compter le nombre d'intervalles (ou générations) qui séparent les deux personnes ; – en ligne *collatérale*, additionner le nombre d'intervalles qui séparent chaque personne de leur ancêtre commun.

● *Exemple,* un grand-père et son petit-fils sont parents au second degré ;

deux cousins germains sont parents au quatrième degré.

C. civ., art. 741 et s.

Dégrèvement
Finances publiques

Décharge d'impôt décidée par l'administration fiscale en général au profit de personnes de condition modeste.

Déguerpissement
Droit des biens

Acte unilatéral par lequel le titulaire d'un *droit réel* abandonne ses prérogatives sur la chose, afin notamment de se soustraire à ses obligations.

C. civ., art. 656, 667, 699

■ Voir aussi : *Délaissement*

Déguisement ■ Voir *Simulation*

Délai
Introduction au droit

1. Laps de temps déterminé par la *loi*, le *juge* ou les *parties* pour faire ou ne pas faire quelque chose.

2. Écoulement d'un certain temps qui va produire des conséquences juridiques.

■ Voir aussi : *Prescription (sens 2)*

Délai de carence
Droit de la protection sociale

Délai de trois jours francs qui sépare le premier jour d'arrêt de travail prescrit à un assuré social et le jour (quatrième) où il va pouvoir obtenir versement d'une indemnité journalière de la part de l'assurance maladie.

CSS, art. L. 323-1

■ Voir aussi : *Assurances sociales, Prestations (sociales)*

Délai-congé
Droit social

Délai de préavis séparant la décision de rupture de la relation de travail et la fin

D

effective du contrat de travail, lequel est fixé soit par la loi, soit par la convention collective, soit par le contrat de travail lui-même.

C. trav., art. L. 1232-2, L. 1233-11, L. 1234-1, L. 1237-1

■ Voir aussi : *Démission, Licenciement*

Délai de grâce
Droit des obligations

Report ou rééchelonnement du paiement de dettes accordé par le juge en fonction de la situation du débiteur et des besoins du créancier, dans la limite de deux ans.

C. civ., art. 1244-1

Délai préfix
Introduction au droit

Délai dont l'écoulement ne peut, en principe, être ni interrompu, ni suspendu.

■ Voir aussi : *Prescription*

Délai de reprise
Droit fiscal et comptable

Période de temps pendant laquelle les services fiscaux peuvent exiger le paiement d'un impôt à partir de sa date d'exigibilité. Pour l'impôt sur le revenu, le délai est de trois ans. Le délai commence à courir à compter du 1er janvier suivant la date d'exigibilité.

LPF, art. L. 169 et s.

■ Voir aussi : *Impôt sur le revenu*

Délai de procédure
Procédure civile

Délai laissé aux parties, en cours d'*instance*, pour accomplir un *acte de procédure*.

■ Voir aussi : *Délai préfix, Prescription, Radiation du rôle*

Délai raisonnable (droit à un)
Droit européen

Droit pour le justiciable de voir un tribunal examiner sa contestation de caractère civil ou le bien-fondé d'une accusation pénale portée contre lui dans un laps de temps ne portant pas atteinte à l'effectivité de son *droit au juge*. Les critères d'appréciation du caractère raisonnable de la durée du procès sont la complexité du *litige*, le comportement des autorités judiciaires et du requérant, ainsi que l'enjeu du litige pour ce dernier.

Conv. EDH 4 nov. 1950, art. 6, § 1

Délaissement
Droit des sûretés

Abandon de la *détention* matérielle d'un *immeuble*, hypothéqué par le détenteur, au bénéfice des créanciers hypothécaires qui peuvent exercer leur *droit de suite*.

C. civ., art. 2463, 2467 et s.

■ Voir aussi : *Déguerpissement*

Délégalisation
Contentieux constitutionnel

Procédure par laquelle le Conseil constitutionnel vérifie si un texte en forme législative est intervenu dans le domaine réglementaire et en déclare, à la demande du gouvernement, le caractère réglementaire.

Const. 4 oct. 1958, art. 37-2

Délégation
Droit des obligations

Opération par laquelle une personne, le délégant, invite une autre personne, le délégué, à payer en son nom une dette à un tiers, le délégataire. Dans la délégation parfaite, le délégant est libéré, dans la délégation imparfaite, il reste tenu.

C. civ., art. 1275

■ Voir aussi : *Cession de créance, Cession de dette*

Délégation de compétences
Droit administratif

Mode d'organisation destiné à assurer une bonne répartition des pouvoirs dans l'*administration*. Une autorité administrative (le délégant) délègue à une autre autorité administrative (le délégataire) une ou plusieurs compétences que les textes permettent de déléguer. En effet, il n'existe pas de délégation sans texte. Toutes les délégations de compétences doivent être expressément prévues et régulièrement publiées pour être légales. En cas d'illégalité de la délégation de compétences, le juge administratif pourra annuler l'acte pour incompétence. La délégation de compétences peut prendre deux formes : la *délégation de pouvoir* et la *délégation de signature*.

Délégation de pouvoirs
Droit administratif

Délégation transférant la compétence d'une autorité administrative à une autre. La délégation n'est pas personnelle mais s'opère d'un poste de responsabilité à un autre. La délégation ne peut être remise en cause avant le terme fixé par l'acte de délégation. Si le délégant intervient dans le domaine délégué, il sera incompétent. La responsabilité des actes délégués est endossée par le délégataire.

■ Voir aussi : *Délégation de signature*

Délégation de service public
Droit administratif

Procédé de gestion d'un service public consistant pour une personne publique à le confier à une autre personne, le plus souvent privée, pour une certaine durée et moyennant une rémunération liée à l'exploitation de ce service.

CGCT art. L. 1411-1 et s.

Délégation de signature
Droit administratif

Délégation permettant à une autorité administrative de se faire aider par une autre autorité administrative pour effectuer l'opération matérielle de signature. La délégation n'est pas exclusive d'une compétence du délégant. Elle est personnelle et cesse dès qu'une personne change. La responsabilité des actes délégués est endossée par le délégant.

■ Voir aussi : *Délégation de pouvoirs*

Délégué du personnel
Droit social

Salarié élu en qualité de représentant du personnel pour transmettre les réclamations du personnel à l'employeur et veiller au conditions de travail ; en l'absence de comité d'entreprise, il hérite des missions dévolues à cette institution.

C. trav., art. L. 2311-1, L. 2312-1 à L. 2312-5

■ Voir aussi : *Représentant du personnel, Comité d'entreprise, Comité de groupe*

Délégué syndical
Droit social

Salarié qui, dans une entreprise d'une certaine importance, a reçu un mandat de la part d'un syndicat représentatif afin de conduire une action syndicale en son nom auprès de l'employeur et du personnel.

C. trav., art. L. 2143-4 à L. 2143-6

■ Voir aussi : *Syndicat (professionnel), Section syndicale, Liberté syndicale*

Délibération

Introduction au droit

Discussion et vote d'un texte par un organe délibérant. Action de délibérer. Par exemple, le *conseil municipal* est en délibération depuis cinq heures sur le budget. Toute délibération résulte d'une convocation sur un ordre du jour déterminé.

Droit administratif

Acte administratif d'une *collectivité territoriale* adopté par un vote de l'organe délibérant. Il s'agit d'un acte soumis à obligation de transmission en préfecture et à publication pour être exécutoire.

CGCT, art. L. 2121-7 et s.

Délibération de programmes

Finances publiques

Délibération d'un *conseil municipal, général* ou *régional*, portant sur le programme des investissements à réaliser pendant le mandat. Le contenu de la *délibération* fixera l'échéancier, le descriptif et le coût des différentes opérations retenues sur le programme. Depuis la loi n° 92-125 du 6 février 1992, les *collectivités territoriales* peuvent décider des autorisations de programme afin de financer leurs équipements sur plusieurs années. Le terme de *finances locales* ne doit pas être confondu avec la notion de *programme* au sens de la loi organique n° 2001-692 du 1er août 2001.

Délibéré

Droit processuel

Phase secrète de la procédure faisant suite à la *clôture des débats* et permettant aux juges de réfléchir et discuter sur la solution à retenir.

CPC, art. 447 et s.

Délinquant

Droit pénal

Personne qui viole la norme pénale et commet donc une infraction pénale à titre d'*auteur* ou de *complice*, pouvant être dénommée délinquant primaire si elle n'a pas déjà été pénalement condamnée et délinquant récidiviste si elle a fait l'objet d'une condamnation antérieure pour une même infraction ou une infraction assimilée au regard des textes.

Délit

Droit pénal

Infraction sanctionnée par des peines correctionnelles qui sont, pour les personnes physiques à titre principal, l'emprisonnement pour une durée de dix ans au plus, l'amende dont le montant minimal est de 3 750 €, le jour-amende, le travail d'intérêt général, des peines restrictives de droits et à titre complémentaire diverses interdictions ou obligations, et pour les personnes morales l'amende, dont le taux est égal au quintuple de celui prévu pour les personnes physiques ainsi que des peines emportant des interdictions ou des restrictions de droits.

C. pén., art. 111-1, 131-3 et s., 131-37 et s.

■ Voir aussi : *Contravention, Crime*

Délit d'audience

Procédure civile – Procédure pénale

Infraction commise en cours d'*audience* et régie de ce fait par une *procédure* particulière.

CPC, art. 439 ; CPP, art. 675 et s.

Délit civil

Droit des obligations

Comportement volontaire d'une personne susceptible d'engager sa *responsabilité civile* vis-à-vis d'autrui.

C. civ., art. 1382

■ Voir aussi : *Faute, Quasi-délit*

Délit de fuite

Droit pénal

Délit consistant, pour un conducteur d'engin terrestre, fluvial ou maritime, qui vient de causer un accident de ne pas stopper son véhicule volontairement, afin de tenter de se soustraire à sa responsabilité pénale ou civile.

C. pén., art. 434-10

Délivrance

Droit des contrats spéciaux

1. Obligation incombant au débiteur d'une chose (vendeur, coéchangiste, donateur, bailleur, entrepreneur...) de mettre celle-ci à la disposition du créancier.

C. civ., art. 1004, 1604 à 1624, 1689, 1719, 1720 ; L. n° 89-462, 6 juill. 1989, art. 6

2. Dans le contrat de vente, plus spécialement, obligation de délivrer une chose conforme au contrat (délivrance conforme).

C. civ., art. 1604 ; Conv. Vienne, 11 avr. 1980, art. 35 et s.

■ Voir aussi : *Vice caché*

Demande

Procédure civile

Avantage demandé par un plaideur au *juge*.

Demande additionnelle

Procédure civile

Demande incidente par laquelle une partie modifie une *demande* antérieure.

CPC, art. 65

Demande incidente

Procédure civile

Demande, formulée en cours d'*instance*, soit par le *demandeur*, soit par le *défendeur*, soit par un tiers, qui, pour être recevable, doit, en principe, être connexe à la *demande initiale*.

CPC, art. 63 et s.

■ Voir aussi : *Demande additionnelle, Intervention, Demande reconventionnelle*

Demande indéterminée

Procédure civile

Demande en justice qui, au moment où elle est formulée, ne peut pas être évaluée en argent.

CPC, art. 40

Demande initiale

Procédure civile

Demande formulée par le *demandeur* au moment de l'introduction de l'*instance*.

CPC, art. 53

Demande en intervention ■ Voir *Intervention*

Demande reconventionnelle

Procédure civile

Demande incidente formulée par le *défendeur* afin d'obtenir du juge un avantage autre que le simple rejet des *prétentions* de son adversaire.

CPC, art. 64

Demandeur
Procédure civile
Partie à l'initiative *de l'instance*.

■ Voir aussi : *Défenseur*

Démarchage téléphonique
Consommation
Forme de *démarchage* imposant au *professionnel*, qui contacte un *consommateur* par téléphone en vue de conclure ou de modifier un *contrat* portant sur la *vente* d'un bien ou sur la fourniture d'un service, d'indiquer au début de la conversation son identité, le cas échéant l'identité de la personne pour le compte de laquelle il effectue cet appel et la nature commerciale de celui-ci. Le professionnel doit adresser au consommateur, sur papier ou sur *support durable*, une confirmation de *l'offre* qu'il a faite et mentionnant certaines informations. Le consommateur n'est engagé par cette *offre* qu'après l'avoir signée et acceptée par *écrit* ou avoir donné son *consentement* par voie électronique. Il bénéficie, en outre, d'un délai de quatorze jours pour se rétracter du contrat.
C. consom., art. L. 121-20, L. 121-17, I, L. 121-34 à L. 121-34-2

■ Voir aussi : *Contrat hors établissement*

Démarchage
Consommation
Pratique commerciale qui, dans le cadre de la conclusion d'un *contrat hors établissement*, emporte l'application d'une réglementation protectrice en faveur du *consommateur* et, sous conditions, du *professionnel*.
Le *démarchage téléphonique* en est une des formes.
C. consom., art. L. 121-16, 2°

Dématérialisation
Droit bancaire
Suppression de la représentation matérielle des *titres financiers* au profit d'une représentation immatérielle, réalisée par une inscription dans un compte-titres ouvert au nom de leur propriétaire et tenu par la société émettrice ou un intermédiaire habilité.
C. monét. fin., art. L. 211-4

Démembrement de propriété
Droit des biens
Répartition des attributs du droit de *propriété* entre plusieurs titulaires de *droits réels*.

■ Voir aussi : *Nue-propriété, Servitude, Usufruit*

Démembrement de la puissance publique
Droit administratif
Terme général désignant les autres personnes publiques que l'État (collectivités territoriales et établissements publics) et les personnes privées chargées d'une mission d'intérêt général (associations, entreprises publiques).

Demeure ■ Voir *Mise en demeure*

Démission
Introduction au droit
Acte par lequel une personne renonce à une fonction ou à un mandat.
Droit social
Rupture unilatérale du contrat de travail à l'initiative du salarié lequel, hormis le respect d'un préavis (fixé par la loi ou la convention collective applicable), n'est pas tenu d'indiquer à l'employeur le motif de sa décision ; en principe, la démission n'ouvre pas de droits à l'assurance chômage ou à indemnisation,

sauf lorsque la démission résulte de circonstances indépendantes de la volonté du salarié (ex. : mutation géographique du conjoint).

C. trav., art. L. 1231-1, L. 1232-12, L. 1237-1, L. 1257-26

▓ Voir aussi : *Rupture du contrat de travail, Délai-congé*

Démocratie
Droit constitutionnel
Régime politique où le peuple est à la fois la source et la finalité du pouvoir. Dans sa signification contemporaine, la démocratie renvoie à un régime constitutionnel où les citoyens délèguent à des représentants élus au cours d'une compétition électorale pluraliste le soin de gouverner à leur place.

Démocratie directe
Droit constitutionnel
Procédés constitutionnels par lesquels les citoyens sont invités à participer ponctuellement à l'exercice du gouvernement.

▓ Voir aussi : *Initiative populaire, Référendum, Volonté générale*

Démocratie représentative
Droit constitutionnel
Régime politique caractérisé par la présence de représentants du peuple qui expriment, en son nom, la souveraineté et gouvernent dans le respect des droits et libertés fondamentaux.

Dénaturation
Introduction au droit
Mauvaise *interprétation* par les juges du fond d'une clause ou d'une loi étrangère qui encourt la censure de la Cour de cassation.

Déni de justice
Introduction au droit
Refus d'une *juridiction* régulièrement saisie de se prononcer sur l'affaire qui lui est soumise et de rendre une décision.
C. civ., art. 4 ; C. pén., art. 434-7-1 ; CPC, art. 366-9

Deniers publics
Finances publiques
Fonds et valeurs appartenant aux *personnes publiques*. La *Cour des comptes* contrôle le bon emploi des deniers publics. Les deniers publics doivent être gérés de façon transparente sans rien cacher au contribuable. Notion juridique complexe à définir en raison de l'impossibilité de différencier les deniers publics des deniers privés.

Dénomination sociale
Droit des sociétés
La dénomination sociale constitue le nom d'une *société* fixé dans les *statuts*. Cette dénomination peut consister en une désignation de fantaisie, un nom patronymique ou une référence à l'objet de la société.
C. com., art. L. 210-2

Dénonciation calomnieuse
Droit pénal
Délit incriminant la communication d'un fait de nature à entraîner des sanctions judiciaires, administratives ou disciplinaires, que l'on sait totalement ou partiellement inexact concernant une personne déterminée, auprès d'une autorité qui a le pouvoir d'y donner suite ou de supérieurs hiérarchiques de la personne concernée.
C. pén., art. 226-10 et s.

Dénonciation de nouvel œuvre
Droit des biens – Procédure civile
Action possessoire exercée à titre préventif lors de la menace d'un trouble de la *possession* ou de la *détention* d'un *immeuble* en raison d'une construction sur un *fonds* voisin.
C. civ., art. 2278 ; CPC, art. 1264 et s.
■ Voir aussi : *Complainte, Réintégrande*

Déontologie
Introduction au droit
Ensemble des devoirs qu'impose à des professionnels l'exercice de leur métier et dont la violation peut entraîner des poursuites disciplinaires. Ce terme est donc employé pour les professions organisées (c'est-à-dire pour lesquelles de tels devoirs ont été identifiés et qui possèdent des mécanismes de sanction disciplinaire).
■ Voir aussi : *Ordre professionnel*

Département
Histoire – Droit administratif
1. *Circonscription administrative* ayant deux statuts : *collectivité territoriale* constitutionnelle et circonscription de l'État. Les départements ont été créés en France en 1789 comme circonscriptions administratives de l'État. Napoléon a nommé un *préfet* dans chaque département. Depuis 1833, les conseillers généraux sont élus. La personnalité morale est attribuée au département en 1838. En 1871, il devient une collectivité territoriale mais le préfet reste son exécutif. La loi n° 82-213 du 2 mars 1982 transférera l'exécutif du préfet au président du conseil général. Il existe cent un départements en France dont cinq d'outre-mer. Les départements, en qualité de

circonscriptions administratives de l'État, sont divisés en *arrondissements*. Chaque arrondissement comporte un *sous-préfet*. Les départements permettent une *déconcentration* des administrations de l'État.
CGCT, art. L. 3111-1
■ Voir aussi : *Décentralisation, Déconcentration*
2. Abréviation du terme département ministériel. Chaque *ministre* est le chef de son département. Cette expression désigne l'*administration* centrale du ministère.
■ Voir aussi : *Centralisation*

Département d'outre-mer (DOM)
Droit administratif
Catégorie constitutionnelle de *collectivité territoriale* créée par la Ve République. Il existe en France cinq départements d'outre-mer qui sont d'anciennes colonies françaises : la Martinique, la Guadeloupe, la Guyane, La Réunion et Mayotte. Ces départements d'outre-mer ont également le statut de *régions*. Il est prévu de les transformer en collectivités uniques : à la fois département et région.
CGCT, art. L. 3441-1 et s.
■ Voir aussi : *Collectivité territoriale*

Dépénalisation
Droit pénal
Procédé en principe législatif (mais qui peut résulter de la politique judiciaire et il s'agira alors de dépénalisation de fait) qui consiste, pour un comportement incriminé par la loi pénale, à prévoir une désescalade dans l'échelle des sanctions pénales ou à avoir recours à un autre réseau de sanctions, notamment administratif ou civil.

La dépénalisation se distingue de la *décriminalisation*, entendue comme le fait d'exclure délibérément du champ pénal un comportement jusque-là incriminé, pour le soustraire à toute sanction de quelque type qu'elle soit (c'est le cas notamment de la mendicité avec l'entrée en vigueur du Code pénal en 1994 ; voir toutefois la repénalisation de la mendicité agressive, par l'article 312-12-1 du Code pénal, issu de la loi du 18 mars 2003).

▩ Voir aussi : *Mendicité agressive*

Dépendance économique (abus de) ▩ Voir *Abus de dépendance économique*

Dépendances du domaine public
Droit administratif
Bien immeuble appartenant au domaine public.

Dépens
Procédure civile
Ensemble des frais de justice générés par les *actes de la procédure* que le juge peut, à l'issue du procès, faire supporter en tout ou en partie, par un plaideur, en principe, le perdant.

CPC, art. 695 et s.

Dépenses en capital
Finances publiques
Dépenses d'investissement classées dans le *budget* de l'État au titre n° 5 (nouvelle classification de l'article 5 de la loi organique n° 2001-692 du 1er août 2001). Ces dépenses comprennent les investissements exécutés directement par l'État et les subventions correspondant à des concours de l'État. Dans les *finances locales*, les dépenses en capital sont isolées dans la section d'investissement.

Dépenses facultatives
Finances publiques
Dépenses publiques locales qui ne sont ni obligatoires ni interdites. Les textes donnent une marge de liberté aux élus qui peuvent choisir de financer certaines dépenses facultatives. Le juge se refuse à contrôler l'opportunité de ces dépenses. Il se borne à vérifier qu'elles ne sont pas interdites par la loi.

▩ Voir aussi : *Dépenses obligatoires*, *Dépenses interdites*

Dépenses fiscales
Finances publiques
Terme issu du droit anglo-saxon signifiant manque à gagner fiscal pour l'État. Les dépenses fiscales sont l'ensemble des allégements d'impôts, réductions d'*impôts*, *quotient familial* et autres procédés par lesquels le pouvoir politique a renoncé à certaines recettes fiscales. Les dépenses fiscales ne doivent pas être confondues avec les remboursements et dégrèvements d'impôts. Depuis 1980, une annexe à la *loi de finances* initiale récapitule et évalue les dépenses fiscales de l'année ; il s'agit de l'état législatif A.

L. org. n° 2001-692, 1er août 2001, art. 51

Dépenses interdites
Finances publiques
Dépense locale interdite par la *loi* ou la jurisprudence. La loi de séparation de l'Église et de l'État de 1905 interdit les subventions aux associations cultuelles. Les établissements d'enseignement privés du premier degré ne peuvent recevoir de subventions d'investissement.

Les subventions ayant un caractère politique sont également interdites.

■ Voir aussi : *Dépenses obligatoires*, *Dépenses facultatives*

Dépenses obligatoires
Finances publiques

1. Charges imposées aux *collectivités territoriales* par la *loi*. Cette notion n'existe pas dans le *budget* de l'État. Chaque catégorie de collectivité territoriale comporte une liste de dépenses obligatoires : pour les *communes* (CGCT, art. L. 2321-1) ; pour les *départements* (CGCT, art. L. 3321-1) ; pour les *régions* (CGCT, art. L. 4321-1). Au cas où une dépense obligatoire ne serait pas inscrite au budget local, il est possible de saisir la *chambre régionale des comptes* qui pourra demander au *préfet* de procéder à son *inscription d'office*.

2. Dépense de l'Union européenne découlant directement des traités. La distinction entre les dépenses obligatoires (DO) et les dépenses non obligatoires (DNO) a existé depuis 1970. Les DO étaient fixées par le *Conseil des ministres*. Les DNO étaient fixées par le *Parlement européen*. Le budget de l'Union européenne pour 2011 a supprimé cette distinction en application du traité de Lisbonne. Désormais, toutes les dépenses sont contrôlées par le Parlement européen et par le Conseil.

■ Voir aussi : *Dépenses facultatives*, *Dépenses interdites*

Dépenses de transfert
Finances publiques

Catégories de dépenses de fonctionnement destinées à apporter des aides aux ménages, aux entreprises, aux *collectivités territoriales* et à d'autres collectivités. Dans le *budget* de l'État, les dépenses de transfert sont retracées dans le titre nº 6 (nouvelle classification de l'article 5 de la loi organique nº 2001-692 du 1er août 2001) intitulé « Dépenses d'intervention ». Dans les finances sociales, les différents régimes de *sécurité sociale* se versent les uns aux autres des transferts. Ils constituent des dépenses pour les parties effectuant les transferts.

Déposition
Procédure pénale

Déclaration d'une personne qui expose son témoignage aux autorités compétentes à propos d'un événement litigieux.

Dépôt
Droit des contrats spéciaux

Contrat réel par lequel une personne, le déposant, remet une chose mobilière à une autre, le dépositaire, qui s'engage à la garder et à la restituer en nature.

C. civ., art. 1915 à 1954

Dépôt de bilan
Liquidation et redressement judiciaires

Expression courante désignant la saisine, par le *débiteur* en état de *cessation des paiements*, de la juridiction compétente aux fins d'obtenir l'ouverture d'une procédure de *redressement* ou de *liquidation judiciaire*. La saisine suppose le dépôt d'une déclaration de cessation des paiements accompagnée de certaines pièces justificatives, dont les comptes annuels du dernier exercice (bilan).

C. com., art. L. 631-1, L. 640-1, R. 631-1, R. 640-1

Dépôt-vente
Droit des contrats spéciaux
Contrat mixte de dépôt assorti d'un mandat de vente par lequel le propriétaire d'un bien mobilier le confie à un commerçant afin que celui-ci le présente à sa clientèle et le vende au nom et pour le compte de son cocontractant. L'intermédiaire étant normalement tenu de restituer la marchandise invendue, l'opération est parfois analysée comme une vente sous condition résolutoire.

Député
Droit constitutionnel
Représentant parlementaire du peuple élu au suffrage universel direct.

■ Voir aussi : *Immunité parlementaire*

Dérogation
Introduction au droit
Exclusion ponctuelle d'une règle juridique en raison de la particularité du cas concerné. En principe, la dérogation n'a d'effet que pour le cas visé, elle ne sera pas systématiquement reproduite pour des cas similaires.

Descendant
Droit des successions
Désigne une personne qui tient sa filiation d'une autre personne, qui descend d'une autre. Le droit successoral privilégie les descendants dans la succession puisque seul ordre à bénéficier d'une réserve héréditaire, hors cas du conjoint survivant en l'absence de descendants.
C. civ., art. 205, 207 et 734.

■ Voir aussi : *Ascendant, Collatéral*

Désaveu de paternité
Droit des personnes et de la famille
Action intentée dans certaines conditions par le mari qui, contestant être le *père* de *l'enfant* mis au monde par son épouse durant le mariage, entend faire écarter la *présomption de paternité* qui pèse sur lui.
C. civ., art. 313 et s.

Descendant
Introduction au droit
Personne qui en a une autre pour ancêtre, c'est-à-dire qui en est issue en ligne directe, quel que soit le nombre de générations qui les séparent.
C. civ., art. 742

Déshérence
Droit des successions et libéralités
Se dit d'une *succession* dévolue à l'État parce que le défunt ne laisse ni parent au degré successible, ni *héritier* testamentaire. Pour hériter, l'État doit demander *l'envoi en possession* au tribunal. La déshérence prend fin en cas d'acceptation de la succession par un héritier.
C. civ., art. 811 à 811-3 ; CPC, art. 1354

Désistement d'action
Procédure civile
Acte par lequel une personne, avant tout procès ou en cours de procès, renonce à exercer une *action en justice.*

■ Voir aussi : *Transaction*

Désistement d'instance
Procédure civile
Acte par lequel une partie renonce soit à poursuivre une *instance* déterminée, soit à l'exercice d'une *voie de recours.*

Déspécialisation
Droit commercial – généralités
Changement par le preneur de la destination des lieux loués objet d'un bail commercial. Une déspécialisation est partielle lorsqu'elle consiste en un simple ajout d'activités connexes ou

complémentaires, elle est plénière lorsqu'elle conduit à la transformation de l'activité exercée dans les lieux loués.
C. com., art. L. 145-47 et s.

Despotisme
Histoire
Autorité ou gouvernement qui s'exerce de façon tyrannique.

▪ Voir aussi : *Tyrannie*

Dessin et modèle
Droit de la propriété intellectuelle
Apparence d'un produit ou d'une partie de produit caractérisée par des lignes, contours, forme, texture, matériaux, présentant un caractère propre (portant l'empreinte de la personnalité de son créateur) qui peut, du fait de ces caractéristiques, faire l'objet d'un droit de propriété industrielle. Le droit de dessin et modèle est conféré par le dépôt et l'enregistrement auprès de l'*INPI*, ou au greffe du tribunal de commerce, ou de celui d'une juridiction statuant en matière commerciale dudit dessin. La durée de protection est de cinq ans renouvelable pour une durée totale de vingt-cinq ans. Le dessin et modèle peut aussi être protégé sur le terrain du droit d'auteur (sans dépôt) dès lors qu'il a la caractéristique d'une œuvre de l'esprit.
CPI, art. L. 511-1, L. 511-2, L. 513-1, L. 513-4, L. 112-2, 10°

▪ Voir aussi : *Dessin et modèle communautaire, Droit d'auteur, Institut national de la propriété industrielle, Unité de l'art*

Dessin et modèle communautaire
Droit de l'Union européenne – Droit de la propriété intellectuelle
Dessin et modèle protégé sur le territoire communautaire suite à son dépôt auprès

de l'*OHMI* pendant une durée de cinq ans renouvelable pour une durée totale de vingt-cinq ans. Cependant, il existe des dessins et modèles non déposés dont la protection est possible seulement pour une durée de trois ans à compter de leur divulgation au public dans le territoire de la Communauté européenne.
Règl. (CEE) n° 6/2002, 12 déc. 2001

Destination du père de famille
Droit des biens
Mode de constitution d'une *servitude* présente sur le *fonds servant* et le *fonds dominant*, résultant d'un aménagement effectué par le même propriétaire des deux *fonds* avant leur division.
C. civ., art. 692 et s.

Destitution
Droit constitutionnel
Procédure, instituée par la révision constitutionnelle du 23 février 2007 afin de remplacer la Haute trahison, par laquelle le Parlement constitué en Haute Cour se prononce sur le maintien du président de la République dans ses fonctions suite à un manquement grave à ses devoirs.
Const. 4 oct. 1958, art. 67 et 68
Droit des personnes et de la famille
Retrait des fonctions de *tuteur, de curateur ou de membre du conseil de famille* décidé à titre de sanction d'un comportement répréhensible.

▪ Voir aussi : *Déchéance de l'autorité parentale*

Désuétude
Introduction au droit – sources du droit
Inapplication prolongée d'une règle de *droit* qui tend à la faire disparaître.

▪ Voir aussi : *Abrogation*

Détachement

Droit administratif

Position d'un *fonctionnaire* lorsqu'il quitte son corps d'origine pour être affecté dans un autre à l'intérieur de la *fonction publique*. Il continue à avancer dans son corps et acquiert ses droits à la retraite.

Détachement temporaire (à l'étranger)

Droit social – Droit de la protection sociale

Situation temporaire dans laquelle se trouve un salarié envoyé en mission à l'étranger pour le compte de son employeur et, ce, même si sa présence dans le pays d'accueil nécessite la conclusion d'un nouveau contrat de travail avec une entreprise ou entité située sur ce territoire ; le caractère temporaire de cette situation de détachement permet alors à l'intéressé de revendiquer un véritable droit au retour en cas de licenciement et de continuer à bénéficier pendant son séjour à l'étranger de la couverture sociale dont il bénéficiait avant son départ.

C. trav., art. L. 1231-5 et L. 5422-13 ; CSS, art. L. 761-1 et s. ; Règl. (CEE) n° 883-2004, 29 avr. 2004, art. 11 ; Règl. (CEE) n° 593-2008, 17 juin 2008, dit « Rome I », art. 8

▪ Voir aussi : *Expatriation, CFE*

Détention

Droit des biens

Situation de fait d'origine légale, judiciaire ou conventionnelle conférant la maîtrise temporaire d'une *chose* à une personne qui a conscience que cette chose appartient à autrui et qu'elle devra la restituer.

▪ Voir aussi : *Possession*

Détention criminelle

Droit pénal

Peine privative de liberté perpétuelle ou à temps dont la durée minimale est de dix ans, encourue par une personne physique pour la commission d'un crime politique.

C. pén., art. 131-1 et s.

Détention provisoire

Procédure pénale

Incarcération d'une personne mise en examen au cours de l'instruction, considérée comme une mesure grave et qui ne peut être décidée que par un magistrat du siège, dans des conditions fixées limitativement par la loi.

CPP, art. 137 et s., 143-1 et s.

Détournement ▪ Voir *Divertissement*

Détournement de pouvoir

Droit administratif

Cas d'ouverture du *recours pour excès de pouvoir* : admis pour la première fois en 1864 par le *Conseil d'État* et reconnu avec éclat en 1875. Il est sanctionné par le juge car un *acte administratif* doit obligatoirement être adopté dans l'*intérêt général*. Si par exemple un *maire*, propriétaire d'un grand café, interdit par arrêté l'ouverture des autres débits de boisson simplement pour faire de bonnes affaires, son acte sera annulé pour détournement de pouvoir. Le détournement de pouvoir sera difficile à prouver et le juge ne l'accepte que dans les cas les plus flagrants.

Dette ▪ Voir *Obligation*

Dette alimentaire ▪ Voir *Aliment*

Dette ménagère
Droit des régimes matrimoniaux
Dette contractée pour l'entretien du ménage et l'éducation des enfants donnant lieu, par principe, à *solidarité* entre les époux. La solidarité est exclue lorsque la dette ménagère est excessive, contractée à tempérament, ou est relative à un emprunt ne portant pas sur des sommes modestes nécessaires aux besoins de la vie courante.

C. civ., art. 220

Dette publique
Finances publiques
Obligation de payer une somme d'argent à une personne publique (contraire d'une créance publique). La dette publique, au sens du traité de Maastricht, est l'ensemble des dettes de l'État, des *collectivités territoriales* et des administrations de *sécurité sociale*. Les États membres de *l'Union européenne* doivent réduire leur dette pour qu'elle reste en dessous de la barre des 60 % du produit intérieur brut.

Dette de valeur
Droit des obligations
Obligation de somme d'argent dont la valeur n'est pas fixe mais est déterminée au jour de son *exigibilité* en fonction des variations monétaires.

■ Voir aussi : *Nominalisme, Valorisme*

Dévaluation
Finances publiques
Décision d'un pays ou d'une banque centrale de réduire la valeur de sa monnaie par rapport à une référence. Depuis 1971, la fin de la convertibilité en or du dollar américain a placé toutes les monnaies dans un système de changes flottants. En 1999, la monnaie unique euro-

péenne (euro) a acquis une valeur face au dollar, mais l'euro s'est déprécié sans pour autant se dévaluer.

Devis
Droit des contrats spéciaux
1. Document préparatoire à un *contrat d'entreprise* établissant la nature, la durée et le prix des travaux à accomplir, constituant, selon l'intention des parties, un simple projet, une promesse unilatérale ou un engagement réciproque (devis payant).

■ Voir aussi : *Forfait*
2. Désigne également le *contrat d'entreprise* conclu sur devis.

C. civ., art. 1711, 1787 et s.

Devises
Finances publiques
Monnaies étrangères détenues par les banques et les établissements de crédit. La *Banque centrale européenne* a constitué des réserves obligatoires composées de stocks d'or et de devises.

Devoir conjugal
Droit des personnes et de la famille
Devoir du *mariage* en vertu duquel les époux se doivent d'entretenir entre eux des relations sexuelles.

C. civ., art. 215
■ Voir aussi : *Communauté de vie*

Devoir juridique ■ Voir *Obligation*

Devoir moral
Introduction au droit
Nécessité de suivre un comportement qui n'est pas dicté par le *droit*, mais par la conscience de l'individu ou par le système de valeurs auquel la société adhère. Le devoir moral n'est au départ ni obligatoire, ni juridique, mais son exécution volontaire peut lui donner un

caractère juridique, notamment en excluant la possibilité d'exiger une restitution de ce qui a été fait, une répétition de l'indu.

■ Voir aussi : *Obligation naturelle*

Dévolutif

Droit processuel ■ Voir *Effet dévolutif*

Dévolution

Droit des successions et libéralités

Ensemble des règles régissant la transmission de la *succession* aux héritiers.

C. civ., art. 721, 731 et s.

Dictature

Droit constitutionnel

1. Régime d'exception caractérisé par l'exercice durable du pouvoir par un gouvernement en dehors du cadre de la légalité constitutionnelle.

2. Régime transitoire de concentration des pouvoirs par une autorité et de suppression des libertés en vue de protéger ou de réformer l'État.

Dies a quo

Introduction au droit

Jour de l'événement faisant courir un délai et pouvant selon le mode de calcul retenu, être ou non inclus dans le délai.

● *Exemple,* en procédure civile, si le délai est exprimé en jour, il commencera, en principe, à courir le lendemain de l'événement, par exemple, de la notification, alors que s'il est exprimé en mois ou en année, il commencera à courir le jour même.

CPC, art. 641

■ Voir aussi : *Dies ad quem*

Dies ad quem

Introduction au droit

Jour auquel expire le délai.

C. civ., art. 2228 ; CPC, art. 642

■ Voir aussi : *Dies a quo*

Diffamation

Droit pénal

Délit ou contravention consistant à alléguer ou imputer un fait portant atteinte à l'honneur ou à la considération d'une personne ou d'un corps.

L. 29 juill. 1881, art. 29 et s.

Diffusion de la décision

Droit pénal

Peine emportant la communication par diffusion ou affichage de la totalité ou d'une partie de la décision de condamnation, à la charge de la personne condamnée.

C. pén., art. 131-35

Dignitas non moritur

Histoire médiévale

Principe d'origine canonique selon lequel si le titulaire d'une fonction doit normalement mourir, cette fonction elle-même ne meurt pas : appliquée au roi, elle illustre le fondement de la continuité de l'État.

■ Voir aussi : *Le roi est mort, vive le roi*

Dignité de la personne

Introduction au droit

Notion-cadre comprenant tout ce qu'il convient de faire respecter dans l'Homme en tant que tel. Elle s'oppose à tout ce qui peut dégrader la personne humaine, l'humilier. Les atteintes à la dignité humaine sont, par exemple, une différence de traitement entre des individus en raison de leur sexe ou de leur

D

race, un logement ou un travail dans des conditions dégradantes, l'exploitation d'un handicap...

C. civ., art. 16

▪ Voir aussi : *Inviolabilité du corps humain*

Dilatoire ▪ Voir *Exception dilatoire*

Diocèse
Histoire
Circonscription ecclésiastique confiée à un évêque.

Diplomatie
Relations internationales
Activités permettant aux sujets du droit international de nouer des liens d'entente.
▪ Voir aussi : *Agent diplomatique*

Dire
Procédure civile
1. Déclaration écrite ou orale faite en cours de procédure.
2. Observation communiquée par les parties à l'*expert* désigné par le *juge*.
3. Nom donné aux observations insérées sur le cahier des conditions de la vente lors d'une vente aux enchères ou sur un *procès-verbal* de *règlement d'ordre*.

Directe ▪ Voir *Action directe*

Direction régionale des entreprises, de la concurrence, de la consommation, du travail et de l'emploi (DIRECCTE)
Droit social
La direction régionale des entreprises, de la concurrence, de la consommation, du travail et de l'emploi regroupe les anciens services régionaux et départementaux des DRTEFP et DDTEFP, DRCCRF, DRT, DRCA, DRCE,

DRIRE (développement industriel – métrologie) et CRIE.

C. trav., art. R. 8112-1

▪ Voir aussi : *Licenciement*

Directive
Droit administratif
Note interne à l'*administration* par laquelle un chef de service donne des instructions à ses subordonnés pour rationaliser l'exercice du *pouvoir discrétionnaire*. Le juge, sans contrôler la légalité des directives, vérifie que l'administration n'a, par sa directive, ni renoncé à son pouvoir discrétionnaire ni édicté aucune condition nouvelle par rapport aux textes applicables.
Droit de l'Union européenne
Acte juridique de l'Union européenne obligatoire qui lie les États membres de l'Union européenne destinataires quant au résultat à atteindre, dans un délai déterminé, mais non quant à la forme et aux moyens utilisés à cet effet.

TFUE, art. 288

Directoire
Histoire révolutionnaire
Désignation du régime politique de la France dans lequel selon la Constitution de l'an III le pouvoir exécutif est confié à cinq directeurs (26 oct. 1795-10 nov. 1799).
Droit des sociétés
Organe de direction de certaines sociétés anonymes, en charge de la gestion de la société et habilité à agir au nom de la société. Cet organe, généralement collégial (un à cinq membres), est nommé par le *conseil de surveillance* et peut être révoqué, pour justes motifs, par l'*assemblée générale*.

C. com., art. L. 225-57 et s.

Dirimant
Introduction au droit

1. L'argument dirimant est celui qui condamne le raisonnement auquel il s'oppose (c'est-à-dire qui détruit ses bases ou son rouage et le fait ainsi apparaître erroné).

2. L'empêchement dirimant est celui qui constitue un obstacle absolu à la réalisation d'un *acte juridique* et qui entraîne donc sa *nullité* s'il a été conclu en violation de cet empêchement.

Discipline
Droit administratif

La *fonction publique* doit respecter les règles de son statut. Dans certains cas, des sanctions ou d'autres mesures de discipline peuvent être prises par les instances compétentes contre les *fonctionnaires*.

▪ Voir aussi : *Obligation de réserve*

Discrédit
Droit pénal

Action visant le fait de chercher à diminuer la confiance et le crédit accordés à la justice en portant atteinte à son autorité ou son indépendance, par des paroles, des écrits et des images se rapportant à un acte ou une décision juridictionnelle et constituant un délit.

C. pén., art. 434-25

Discrétionnaire
Introduction au droit

Droit dont l'exercice ne dépend que de la volonté de son titulaire, dont les choix ne pourront pas être contestés par une action en *responsabilité*.

Discrimination positive
Droit constitutionnel

Différence de traitement juridique destinée à compenser des inégalités de fait entre certaines catégories de personnes physiques ou morales.

Discussion (bénéfice de) ▪ Voir *Bénéfice de discussion*

Disparition
Droit des personnes et de la famille

Situation de la personne dont on a perdu la trace dans des circonstances telles qu'elles permettent de penser que cette personne est morte, même si l'on n'a pas retrouvé son corps. Cette situation permet de dresser, sous contrôle du tribunal de grande instance, une déclaration judiciaire de *décès* qui emporte tous les effets du décès (dissolution des unions, transmission du *patrimoine*).

C. civ., art. 88 et s.

▪ Voir aussi : *Absence*

Disparu
Droit des personnes et de la famille

Personne dont on a perdu la trace dans des circonstances telles qu'elles laissent penser qu'elle est morte, ce qui permet de dresser, sous contrôle du tribunal de grande instance, une déclaration judiciaire de *décès* emportant tous les effets du décès (dissolution des unions, transmission du patrimoine).

C. civ., art. 88 et s.

▪ Voir aussi : *Absent*

Dispense
Introduction au droit

Autorisation spéciale de faire ce qui est défendu ou de ne pas faire ce qui est prescrit. Cette autorisation peut être ac-

D

cordée par les pouvoirs publics, par la loi, par une personne privée.

• *Exemple,* dispense d'un impôt, dispense de la tutelle pour une raison d'âge, dispense de rapport successoral.

Dispense de peine
Droit pénal ■ Voir *Ajournement du prononcé de la peine*
CPP, art. 469-1 et s. ; C. pén., art. 132-58 et s.

Disponibilité
Droit administratif
Position administrative d'un *fonctionnaire* lui permettant de quitter l'*administration* pendant un certain temps en renonçant à son salaire. L'avantage est d'éviter au fonctionnaire de démissionner et de pouvoir retrouver son emploi au terme de la disponibilité. Il existe trois grandes catégories de disponibilité : pour suivre le conjoint, pour convenances personnelles, et pour élever un enfant.

Disposant
Droit des libéralités
Personne qui fait une libéralité.
■ Voir aussi : *Gratifié*

Disposer
Introduction au droit
Réaliser un acte qui entame ou engage le capital.
• *Exemple,* vendre ou donner un bien, constituer une hypothèque.
■ Voir aussi : *Acte de disposition*

Dispositif (du jugement)
Droit processuel
Partie finale du *jugement* contenant la décision du juge et à laquelle est attachée l'*autorité de la chose jugée.*
■ Voir aussi : *Motif*

Dispositif (principe du)
Procédure civile
Principe de procédure civile traduisant la maîtrise laissée aux parties tant dans l'introduction de l'instance que dans la fixation de son contenu et se concrétisant notamment par l'obligation pour le juge de se prononcer sur tout ce qui est demandé mais seulement sur ce qui est demandé ainsi que par l'interdiction qui lui est faite de se fonder sur des faits que les parties n'ont pas placés dans le débat.
CPC, art. 1er et s.

Disposition à titre gratuit
Droit des libéralités
Transfert, sans contrepartie, de tout ou partie des *biens* d'une personne animée d'une intention libérale à une autre, s'opérant soit par *donation* soit par *testament.*
C. civ., art. 893 et s.
■ Voir aussi : *Libéralité*

Dissimulation forcée du visage
Droit pénal
Délit réprimant le fait d'imposer à une personne en raison de son sexe la dissimulation de son visage, par menace, violence, contrainte, abus d'autorité ou de pouvoir.
C. pén., art. 225-4-10

Dissimulation du visage dans l'espace public
Droit pénal
Contravention de la deuxième classe, faisant encourir une peine d'amende ainsi qu'un stage de citoyenneté, incriminant le fait de porter une tenue destinée à dissimuler son visage, dans l'es-

pace public, ces deux conditions étant nécessaires et suffisantes.

L. n° 2010-1192, 11 oct. 2010 ; Circ. 3 déc. 2010 ; Circ. 2 mars 2011

Dissimulation du visage à l'occasion d'une manifestation sur la voie publique
Droit pénal

Contravention de la cinquième classe réprimant le fait de dissimuler volontairement son visage au sein ou aux abords d'une manifestation sur la voie publique, afin de ne pas être identifié dans des circonstances faisant craindre des atteintes à l'ordre public.

C. pén., art. R. 645-14

Dissolution
Droit constitutionnel

Décision du chef de l'État prononçant de manière anticipée la fin de la législature des députés et provoquant l'organisation d'élections législatives.

Const. 4 oct. 1958, art. 12

▪ Voir aussi : *Régime parlementaire*

Distraction des biens saisis
Procédure civile

Action par laquelle une personne autre que le débiteur invoque sa qualité de propriétaire pour soustraire un bien à une *saisie*.

CPC ex., art. R. 221-51

▪ Voir aussi : *Juge de l'exécution (JEX), Revendication*

Distraction des dépens
Procédure civile

Possibilité donnée aux *avocats* de demander au *juge* que la condamnation d'une partie aux *dépens* soit assortie à leur profit du droit de recouvrer direc-

tement contre celle-ci ceux dont ils ont fait l'avance.

CPC, art. 699

Distributeur agréé
Distribution

Commerçant autorisé à vendre les marchandises ou services d'un fournisseur dès lors qu'il remplit les critères objectifs de qualité définis par ce dernier.

▪ Voir aussi : *Distribution sélective*

Distribution (mesures de)
Procédure civile

Acte d'administration judiciaire par lequel le président d'une juridiction répartit les affaires entre les *chambres*.

Distribution des deniers
Procédure civile

Répartition amiable ou judiciaire entre plusieurs créanciers d'une somme d'argent.

CPC ex., art. R. 251-1 et s., R. 331-1 et s.

Distribution par contribution
Procédure civile

Répartition judiciaire au marc le franc entre les créanciers chirographaires, et après le paiement par ordre des créanciers privilégiés, du reliquat provenant de la vente d'un bien saisi.

Distribution sélective
Distribution

Réseau de distribution par lequel un fournisseur s'engage à vendre des biens ou des services contractuels, uniquement à un distributeur sélectionné sur la base de critères objectifs définis, le distributeur s'engageant quant à lui à ne pas vendre ces biens ou services

D

contractuels à des distributeurs non-agréés dans le territoire réservé par le fournisseur.

Règl. d'exemption n° 330/2010, 20 avr. 2010

■ Voir aussi : *Franchisage, Distributeur agréé*

Distributive (justice)
Introduction au droit

Justice qui a pour objet la meilleure répartition des richesses et des charges entre tous les membres de la société et qui essaye de donner à chacun la part qui doit lui revenir en fonction de ses mérites ou de ses besoins. Cette justice entend se détacher de la stricte égalité arithmétique pour suivre une voie correctrice et sociale.

■ Voir aussi : *Commutative (justice)*

District
Droit administratif

Établissement public de coopération intercommunale créé en 1959 et voué à disparaître car transformé en communauté d'agglomérations par la loi du 12 juillet 1999.

CGCT, art. L. 5213-1

■ Voir aussi : *Coopération décentralisée*

Divertissement
Droit des régimes matrimoniaux – Droit des successions et libéralités

Ancien terme désignant le détournement frauduleux d'un *bien* de la *succession* ou de la communauté par un *héritier* ou un époux en vue de son appropriation. Il a été remplacé par la loi du 12 mai 2009 par « détournement ».

C. civ., art. 778 anc., 800 anc., 1477 anc.

Dividendes
Droit des sociétés

Fraction des bénéfices réalisés par une *société* au titre d'un exercice et distribuée aux *associés* sur décision de l'assemblée générale annuelle.

C. civ., art. 1844-1 ; C. com., art. L. 232-12

Division (bénéfice de) ■ Voir *Bénéfice de division*

Divorce
Droit des personnes et de la famille

Dissolution du *mariage* prononcée judiciairement du vivant des époux. Le divorce peut être demandé par l'un des époux ou par les deux pour les causes énoncées par la loi. Le droit français connaît quatre types de divorce : le divorce par consentement mutuel, le divorce pour faute, le divorce pour altération définitive du lien conjugal et le divorce pour acceptation du principe de la rupture du mariage.

C. civ., art. 228 et s. ; CPC, art. 1070 et s.

■ Voir aussi : *Séparation de corps*

Doctrine
Introduction au droit

1. Ensemble des opinions exprimant la pensée juridique de ceux qui travaillent sur le *droit* (universitaires, magistrats, praticiens).

2. Ensemble des auteurs exprimant leur pensée juridique.

3. Solution généralement prônée sur une question juridique qui n'est pas clairement tranchée par la loi ou la jurisprudence.

4. Proposition ou analyse particulière d'une question juridique (utilisé dans ce sens, le terme doctrine est suivi d'une précision, soit le nom de l'auteur, chef de file de ce courant, soit un qualificatif reflétant le contenu de la proposition avancée).

Dol
Droit des obligations
Manœuvres frauduleuses émanant intentionnellement d'un contractant et ayant déterminé son partenaire à conclure le contrat, qui constituent un *vice du consentement.*
C. civ., art. 1116
▪ Voir aussi : *Dol incident, Erreur, Violence*

Dol criminel ▪ Voir *Faute intentionnelle, Intention*

Dol incident
Droit des obligations
Dol sans lequel le contrat aurait quand même été conclu par le cocontractant, mais à des conditions différentes.

Dol par réticence ▪ Voir *Réticence*

Domaine casuel
Histoire médiévale – Histoire moderne
Domaine acquis par la *Couronne* depuis moins de dix ans et par conséquent aliénable par le roi (Édit de Moulins, 1566).

Domaine éminent ▪ Voir *Double domaine*

Domaine fixe
Histoire médiévale – Histoire moderne
Domaine acquis par la *Couronne* depuis plus de dix ans et par conséquent inaliénable (Édit de Moulins, 1566).

Domaine Internet
Droit de la communication
Ensemble d'adresses informatiques faisant l'objet d'une gestion commune par une entité publique ou privée. Par exemple : .fr, ou .eu ou .net.
▪ Voir aussi : *Nom de domaine*

Domaine privé
Droit administratif

Ensemble des biens appartenant à une *personne publique* ne constituant pas une dépendance du *domaine public.* Le domaine privé peut être vendu et reste largement soumis au droit privé. Toutefois, le domaine privé comporte des spécificités par rapport aux propriétés privées des particuliers.
C. dom. Ét., art. L. 2

Domaine public
Droit administratif
Bien immeuble appartenant à une *personne publique* et soumis aux conditions suivantes : le bien doit être affecté soit à l'usage du public, soit à un *service public.* Dans ce dernier cas, le bien doit comporter un aménagement spécial. Le domaine public est inaliénable, imprescriptible et insaisissable. On distingue le domaine public naturel et le domaine public artificiel.
▪ Voir aussi : *Inaliénabilité du domaine public*
C. dom. Ét., art. L. 2

Domaine réservé
Droit constitutionnel
Théorie constitutionnelle attribuant au président de la République une compétence discrétionnaire exclusive dans les matières relevant de la politique étrangère, de la défense nationale et de l'armée.

Domaine utile ▪ Voir *Double domaine*

191

D

Domicile
Droit des personnes et de la famille
Lieu où la personne choisit de se fixer et où elle a son principal établissement car y est situé le centre de ses intérêts, de ses affaires, de ses relations. Ce lieu est unique, chaque personne n'ayant qu'un domicile juridique, ce qui présente l'avantage de situer la personne et de pouvoir effectuer un certain nombre d'opérations à un lieu où la personne est censée se trouver (publicités légales, significations...).
C. civ., art. 102 et s.
■ Voir aussi : *Résidence, Siège social, Élection de domicile*

Domicile élu ■ Voir *Élection de domicile*

Domiciliataire
Droit bancaire
Personne au *domicile* de laquelle la demande en paiement d'un *effet de commerce* doit être présentée.
C. com., art. L. 511-2, al. 4, L. 512-3 ; C. monét. fin., art. L. 131-9
■ Voir aussi : *Domiciliation*

Domiciliation
Droit bancaire
Mention sur un *effet de commerce* du lieu où la demande de paiement doit être effectuée.
C. com., art. L. 511-2, al. 4, L. 512-3 ; C. monét. fin., art. L. 131-9

Dommage
Droit des obligations
Atteinte subie par une personne.

Dommage corporel
Droit des obligations
Dommage subi par une personne dans son corps (ex. : blessure physique).

Dommage matériel
Droit des obligations
Dommage subi par une personne dans son patrimoine ou dans son corps.

Dommage moral
Droit des obligations
Dommage subi par une personne dans ses droits extrapatrimoniaux (ex. : droit à l'honneur) ou dans ses sentiments (ex. : perte d'un être cher).

Dommage réparable
Droit des obligations
Préjudice susceptible de donner lieu à une réparation par application des règles de la *responsabilité civile*.

Dommage par ricochet
Droit des obligations
Dommage subi par des personnes proches de la victime directe d'un préjudice (ex. : dommage subi par un enfant du fait de graves blessures accidentelles d'un de ses parents).

Dommages-intérêts (ou dommages et intérêts)
Droit des obligations
Somme d'argent due par le débiteur à son créancier pour la réparation d'un *dommage* né d'un retard dans l'exécution (dommages-intérêts moratoires) ou de l'inexécution (dommages-intérêts compensatoires) de son obligation.

Dommages-intérêts punitifs
Droit des obligations
Dommages-intérêts dus par le débiteur au-delà de la réparation du dommage pour sanctionner son comportement. Ils sont dus au créancier ou éventuellement à l'État.
■ Voir aussi : *Faute lucrative*

Don manuel
Droit des successions et libéralités
Donation opérée par simple tradition, de la main à la main, sur une chose mobilière corporelle.
C. civ., art. 931

Donataire
Droit des successions et libéralités
Celui qui recueille une *donation*.
C. civ., art. 932 et s.
▪ Voir aussi : *Donateur*

Donateur
Droit des successions et libéralités
Celui qui effectue une *donation*.
C. civ., art. 932 et s.
▪ Voir aussi : *Donataire*

Donation
Droit des successions et libéralités
Contrat par lequel une personne animée d'une intention libérale transfère, sans contrepartie, un *bien* à une autre personne qui l'accepte.
C. civ., art. 893 et s., 931 et s.
▪ Voir aussi : *Acte à titre gratuit, Disposition à titre gratuit*

Donation de biens à venir ▪ Voir *Institution contractuelle*

Donation déguisée
Droit des successions et libéralités
Donation dissimulée sous l'apparence d'un acte d'une autre nature, généralement onéreux. Est ainsi une donation déguisée la vente dont les parties savent que le prix ne sera jamais payé.
C. civ., art. 911, 931

Donation indirecte
Droit des successions et libéralités
Donation réalisée au moyen d'un acte neutre ne permettant pas de dire *a priori* s'il est à titre gratuit ou à titre onéreux. Est ainsi une donation indirecte la vente dont le prix est volontairement minoré par le vendeur.
C. civ., art. 931

Donation mutuelle
Droit des régimes matrimoniaux
Donation que deux époux se font réciproquement mais qui ne profite qu'à l'un d'entre eux par sa survivance au décès de l'autre.

Donation-partage
Droit des successions et libéralités
Acte obligatoirement notarié par lequel une personne se dépouille irrévocablement de ses *biens présents* en les partageant entre ses *héritiers* présomptifs. Réservée jusqu'ici aux père et mère ou autres ascendants à l'égard de leurs enfants et descendants, la donation-partage est, depuis la loi du 23 juin 2006, étendue à toute personne vis-à-vis de ses héritiers présomptifs. La donation-partage est également possible, depuis cette même loi, entre des descendants de degré différent.
C. civ., art. 1075 et s.
▪ Voir aussi : *Libéralité partage, Testament-partage, Donation-partage conjonctive, Donation-partage transgénérationnelle*

Donation-partage conjonctive
Droit des successions et libéralités
La donation-partage conjonctive est la donation-partage permettant aux parents mariés sous le régime de la communauté de répartir leurs biens propres et communs entre leurs enfants communs, voire, depuis la loi du 23 juin 2006, entre des enfants non issus des

D

deux époux (dans ce cas, ces enfants ne peuvent recevoir que de leur parent).

C. civ., art. 1076-1

▪ Voir aussi : *Libéralité partage, Donation-partage, Testament-partage, Donation-partage transgénérationnelle*

Donation-partage transgénérationnelle
Droit des successions et libéralités

La donation-partage transgénérationnelle est une nouvelle forme de donation-partage issue de la loi du 23 juin 2006 permettant à une personne de gratifier dans le même acte des descendants de degré différent, qu'ils soient ou non ses héritiers présomptifs.

C. civ., art. 1078-4 à 1078-10

▪ Voir aussi : *Libéralité partage, Donation-partage, Testament-partage, Donation-partage conjonctive*

Donner ▪ Voir *Obligation de donner*

Donneur d'aval ▪ Voir *Aval*

Donneur d'ordre ▪ Voir *Tirage pour compte*

Donneur d'ouvrage
Droit social – Droit de la protection sociale

Personne physique ou morale ayant conclu un contrat de travail avec un salarié et tenue de fournir à l'intéressé l'activité professionnelle convenue ; elle est dotée, pour ce faire, de pouvoirs de direction et de pouvoirs disciplinaires strictement encadrés par la loi ; elle est également tenue d'un certain nombre de formalités en direction de l'Administration et des organismes sociaux, ainsi que du versement de l'intégralité des cotisations et contributions sociales (salariales

et patronales) entre les mains de l'URSSAF.

C. trav., art. L. 1251-2 à L. 1251-4, L. 1253-1 à L. 1253-8 ; CSS, art. L. 241-5, L. 241-7 et s.

▪ Voir aussi : *Employeur, Contrat de travail, Liberté du travail*

Dopage
Droit pénal

Utilisation en cours de compétitions et manifestations sportives de substances et procédés prohibés dont la liste est prévue par des textes et qui sont de nature à modifier artificiellement les capacités, ou bien emploi de substances ou procédés afin de masquer l'usage de ces produits.

C. sport, art. L. 232-9 et s., L. 232-25 et s.

Dot
Histoire

Autrefois, ensemble des biens que l'épouse apportait en se mariant sous le *régime dotal*.

▪ Voir aussi : *Bien dotal, Régime dotal*

Dotal ▪ Voir *Bien dotal, Régime dotal*

Dotation de compensation de la taxe professionnelle
Finances publiques

La réforme de la taxe professionnelle initiée par la loi de finances pour 2010 a institué un mécanisme de garantie de ressources pour les collectivités territoriales. L'État compense partiellement les budgets locaux qui y perdent par rapport aux recettes fiscales de la taxe professionnelle. La loi n° 2009-1673 du 30 décembre 2009, loi de finances pour 2010, a compensé intégralement l'impact de la réforme par le versement d'une compensation relais.

■ Voir aussi : *Réforme de la taxe professionnelle, Fonds national de garantie individuelle de ressources*

Dotation générale de décentralisation (DGD)

Finances publiques

Les lois de *décentralisation* ont transféré des *impôts* aux collectivités locales mais comme les ressources n'étaient pas suffisantes, l'État verse en plus une dotation générale destinée à financer les nouvelles compétences décentralisées.

CGCT, art. L. 1614-4

■ Voir aussi : *Finances locales, Décentralisation*

Dotation globale d'équipement (DGE)

Finances publiques

La loi de décentralisation n° 82-213 du 2 mars 1982 a institué cette dotation de l'État versée aux *collectivités territoriales* pour les aider à financer leur section d'investissement.

CGCT, art. L. 2334-32, L. 3334-10

Dotation globale de fonctionnement (DGF)

Finances publiques

Dotation versée aux *collectivités territoriales* (*communes*, EPCI, *départements* et *régions*) depuis 1979. Elle comprend une dotation forfaitaire destinée à compenser d'anciennes recettes supprimées et une dotation d'aménagement. Elle est placée sous le contrôle du comité des *finances locales* composé de représentants de l'État et d'élus locaux. La DGF est la plus importante dotation de l'État aux collectivités territoriales. La dotation d'aménagement permet de financer des aides aux communes rurales (DSR) et urbaines (DSU) ainsi que des incitations destinées à encourager les groupements de communes. La répartition de la DGF est assurée par le comité des finances locales. La dotation d'aménagement représente 18 % de la DGF, contre 82 % pour la dotation forfaitaire. Malgré ce déséquilibre, la dotation d'aménagement augmente progressivement.

CGCT, art. L. 1613-1, L. 1211-1

■ Voir aussi : *Finances locales, Décentralisation*

Dotation de solidarité rurale

Finances publiques

Part de la dotation d'aménagement de la *DGF* affectée depuis la loi n° 93-1436 du 31 décembre 1993 aux *communes* rurales. Elle comprend deux fractions : la fraction bourgs-centres et la fraction péréquation.

CGCT, art. L. 2334-20

Dotation de solidarité urbaine

Finances publiques

Part de la dotation d'aménagement de la DGF affectée depuis la loi n° 91-429 du 13 mai 1991 aux *communes* urbaines. Les critères d'éligibilité sont le faible potentiel fiscal, le grand nombre de logements sociaux et de bénéficiaires d'aides au logement et le nombre d'habitants ayant de faibles revenus. Il s'agit d'une aide aux cités-dortoirs financée par les communes à fort potentiel fiscal.

CGCT, art. L. 2334-15

Dotations

Finances publiques

Nouveau terme issu de la réforme des finances de l'État. Les dotations regroupent des *crédits budgétaires* bénéficiant

d'un statut dérogatoire. Ainsi, les crédits des pouvoirs publics sont regroupés en dotations. De même, deux dotations permettant de faire face à des dépenses imprévues sont regroupées dans une même *mission*.
L. org. n° 2001-692, 1er août 2001 relative aux lois de finances, art. 7

▪ Voir aussi : *Programme, Budget, Spécialité (principe de)*

Douaire
Histoire
Autrefois, ensemble des *biens* que le mari assignait à sa femme pour en jouir si elle lui survivait.

Douanes
Finances publiques
Administration de l'État chargée du recouvrement de droits de douane. Les services des douanes relèvent du ministre des Finances.

▪ Voir aussi : *Droits de douane*

Double (formalité du)
Introduction au droit
Condition de forme à respecter pour qu'un *acte sous seing privé* puisse valablement servir de *preuve* d'un *contrat synallagmatique* et consistant à établir autant d'exemplaires que de parties ayant un intérêt distinct (c'est-à-dire à opérer une rédaction en double, en triple, en quadruple, etc., selon la situation, mais l'expression est immuable, on évoquera toujours la formalité du double).
C. civ., art. 1325

Double degré de juridictions
Droit processuel
Possibilité offerte aux plaideurs d'obtenir un nouvel examen de leur litige par une juridiction supérieure.

▪ Voir aussi : *Appel*

Double domaine
Histoire médiévale
Théorie selon laquelle la propriété féodale se subdivise en deux éléments : le domaine direct ou éminent qui appartient au seigneur et le domaine utile qui appartient au vassal.

Double renvoi (théorie du) ▪ Voir *Foreign Court Theory*

Doute (bénéfice du)
Droit pénal
Principe de procédure pénale par lequel la juridiction de jugement est dans l'obligation de relaxer ou d'acquitter la personne poursuivie, lorsqu'il existe un doute quant à l'existence de l'infraction ou la culpabilité de cette personne.

Doyen
Droit administratif
Titre donné à un professeur d'*université* élu par le conseil de *Faculté* pour diriger et conduire une *unité de formation et de recherche*. Le Doyen est en général élu pour cinq ans, son mandat est renouvelable.

Droit
Introduction au droit
1. Ensemble des règles de conduite qui gouvernent les rapports des hommes dans la société et dont le respect est assuré par l'autorité publique. Syn. : Droit objectif.
2. Prérogative accordée par le *Droit* objectif et permettant à une personne d'user d'une chose ou d'exiger d'une autre personne l'exécution d'une prestation. Syn. : Droit subjectif.

Droit acquis
Introduction au droit

1. *Droit* qui étant valablement entré dans le patrimoine d'une personne en application de la loi ancienne ne peut plus être remis en cause par l'application de la loi nouvelle. Cette notion a été proposée et utilisée pour résoudre les *conflits de loi dans le temps*, mais cette théorie classique est aujourd'hui en déclin.

C. civ., art. 2

■ Voir aussi : *Expectative (simple), Application immédiate de la loi, Rétroactivité, Conflit de lois dans le temps*

2. Avantage que son titulaire refuse de voir remis en cause.

Droit international privé

Droit valablement constitué sur le territoire d'un autre État et dont on acceptera de reconnaître certaines conséquences alors que sa constitution sur le territoire français aurait été refusée en raison de sa contrariété à l'*ordre public* (on parle alors d'effet atténué de l'ordre public).

Droit administratif
Droit administratif

Ensemble des règles applicables aux *personnes publiques* entre elles et dans leurs relations avec les personnes privées. Le droit administratif est un droit de personnes inégales. Il s'agit d'une œuvre prétorienne construite de manière pragmatique par un juge issu de l'administration. Le droit administratif est une branche du droit public. Il est conditionné par le *droit constitutionnel*.

Droit d'alerte
Droit des sociétés

Droit reconnu à certaines personnes (*associés, actionnaires, comité d'entreprise, délégués du personnel*, président du *tribunal de commerce* ou de *grande instance*) d'attirer l'attention des dirigeants d'une société commerciale, d'un *groupement d'intérêt économique*, d'une *entreprise* individuelle, commerciale ou artisanale, de *personnes* morales de *droit privé* ainsi que de *personnes* physiques exerçant une activité professionnelle agricole ou indépendante, sur l'existence de difficultés de nature à menacer la continuité de l'exploitation. Une *obligation* d'alerte pèse, par ailleurs, sur le *commissaire aux comptes* et les *groupements de prévention agréés*.

C. com., art. L. 611-2, L. 611-2-1, L. 234-1, L. 234-2, L. 251-15 ; C. trav., art. L. 2323-78, L. 2313-14 ; C. com., art. L. 612-3

Liquidation et redressement judiciaires

Droit reconnu à certaines personnes (associés, actionnaires, *comité d'entreprise, délégués du personnel*, président du tribunal de commerce ou de grande instance) d'attirer l'attention des dirigeants d'une entreprise sur l'existence de difficultés de nature à menacer la continuité de l'exploitation. Une *obligation* d'alerte pèse, par ailleurs, sur le *commissaire aux comptes* et les groupements de prévention agréés.

C. com., art. L. 611-2

Droit d'auteur
Droit de la propriété intellectuelle

Droit exclusif d'exploitation temporaire conféré à l'auteur d'une œuvre de l'esprit formalisée et correspondant à certains critères. Il peut s'agir d'une œuvre littéraire et artistique, d'un dessin et d'un modèle, d'un logiciel, ou d'une base de données. Ce droit comprend des droits patrimoniaux et un droit moral. CPI, art. L. 111-1 et s., L. 112-1, L. 121-1 et s.

■ Voir aussi : *Droit moral, Propriété littéraire et artistique (droits de)*

Droit cambiaire
Droit bancaire
Corps de règles spéciales applicables aux *effets de commerce*.

Droit canonique (ou droit canon)
Histoire
Droit de l'Église catholique, *savant* et « universel » dans l'Europe médiévale.

■ Voir aussi : *Droit savant*

Droit civil
Introduction au droit
1. Branche fondamentale du *droit* couvrant les rapports entre les personnes privées, ce qui regroupe l'étude des personnes (*état* et *incapacité*), des biens (*propriété* et *sûretés*), de la famille (unions, séparations, *filiations*), des *obligations*, des *régimes matrimoniaux* et des *successions*. Le terme de droit civil est issu de l'expression latine *jus civile*, le droit des citoyens.
2. Parfois employé dans le sens plus général de *droit* privé.

■ Voir aussi : *Droit privé*

Droit du commerce international
Introduction au droit
Branche du *droit* traitant des règles applicables aux opérations économiques impliquant des mouvements de produits, de services ou de valeurs intéressant l'économie de plusieurs États.

■ Voir aussi : *Droit international privé*

Droit commercial
Introduction au droit
Branche du *droit* traitant des règles applicables aux commerçants, aux sociétés commerciales et aux actes de commerce.

Droit commun
Introduction au droit
1. Règle juridique en principe applicable, c'est-à-dire régissant la situation à défaut de disposition particulière.
2. Ensemble des règles juridiques applicables à tous les éléments d'une catégorie, par opposition aux règles spécifiques instaurées pour chacun de ces éléments.

● *Exemple,* les articles 1832 à 1844-17 du Code civil constituent le droit commun des sociétés, c'est-à-dire les dispositions applicables à toutes les sociétés, qui est complété pour chaque type de sociétés par des dispositions propres.

3. Règles juridiques communes (c'est-à-dire identiques) entre plusieurs branches du droit ou entre les droits de plusieurs États.

Droit de communication
Finances publiques
Droit des agents des services fiscaux de se faire communiquer tout document ou information pouvant leur être utile. Ce droit s'exerce envers les autres administrations publiques et privées. Les services fiscaux sont les mieux informés de la réalité des revenus, du train de vie et du patrimoine des contribuables.

Droit comparé
Introduction au droit
Discipline juridique consistant dans la comparaison des systèmes juridiques de différents États.

Droit complémentaire
Droit de l'Union européenne
Avant l'entrée en vigueur *du traité de Lisbonne*, ensemble des conventions internationales conclues à l'initiative des États membres de l'*Union européenne*, qui bien qu'étroitement liées *au droit de l'Union* européenne, n'en font pas partie. Le lien fort qui rattache ces accords interétatiques au droit de l'Union européenne justifie cependant de les intégrer au droit de l'Union européenne *lato sensu*.
Traité CE, art. 293

Droit de la concurrence
Introduction au droit
Branche du droit commercial traitant des règles qui appréhendent, moralisent et sanctionnent les pratiques commerciales visant à fausser ou faussant le jeu de la concurrence.
C. com., art. L. 410-1 et L. 420-1
▪ Voir aussi : *Pratique discriminatoire, Position dominante, Dépendance économique (abus de)*

Droit de la consommation
Introduction au droit
Branche du droit traitant des règles qui visent à faciliter l'information et la protection des *consommateurs* dans leurs relations avec des professionnels.

Droit constitutionnel
Introduction au droit
Branche du *droit* regroupant les règles relatives à la forme et à l'organisation de l'État et des pouvoirs publics et au respect de la Constitution (à laquelle le Conseil constitutionnel a adjoint les droits fondamentaux visés par son préambule).

Droit de créance ▪ Voir *Obligation*

Droit dérivé
Droit de l'Union européenne
Ensemble des *actes juridiques de l'Union européenne* adoptés par les institutions de l'Union dans leurs domaines de compétence définis par les traités, qui constituent quant à eux le *droit originaire*.
TFUE, art. 288 et s.

Droit d'initiative citoyenne
Droit de l'Union européenne
Prérogative introduite par le *traité de Lisbonne* et permettant aux ressortissants des États membres de l'*Union européenne* de demander, sous certaines conditions, à la *Commission européenne* de présenter une proposition dans un domaine où ils considèrent qu'un acte juridique de l'Union est nécessaire aux fins de l'application des traités.

Droit écrit
Histoire médiévale – Histoire moderne
Désigne le droit romain interprété par la doctrine et la jurisprudence des parlements qui s'est appliqué dans le Midi de la France (« pays de droit écrit ») jusqu'à la *Révolution*.

Droit européen
Introduction au droit
1. Au sens strict, ensemble des normes énoncées par la *Convention européenne des droits de l'homme* ou « droit européen des droits de l'homme ».

2. Au sens large, ensemble des normes énoncées par la *Convention européenne des droits de l'homme et le droit de l'Union européenne.*

▪ Voir aussi : *Droit de l'Union européenne*

Droit éventuel
Introduction au droit
Droit qui n'est pas encore né, mais dont la naissance est rendue possible, probable par les circonstances.

● *Exemple,* espérances d'un héritier à une succession non encore ouverte.

▪ Voir aussi : *Condition, Terme*

Droit fiscal
Introduction au droit
Branche du *droit* traitant des règles applicables aux divers impôts et taxes que peuvent réclamer l'État et les collectivités locales.

Droit fondamental
Contentieux constitutionnel
Norme juridique, pouvant être énoncée dans une constitution (Loi fondamentale allemande) ou un traité international (*Convention européenne des droits de l'homme*), considérée comme ne pouvant être transgressée par une juridiction constitutionnelle.

Droit de gage général
Droit des obligations
Droit permettant aux créanciers de poursuivre le paiement de leur créance sur l'ensemble du patrimoine de leur débiteur.
C. civ., art. 2284

Droit des gens
Droit international public
Dénomination du droit international classique (XVIIᵉ-XVIIIᵉ siècles) désignant

l'ensemble des règles juridiques ayant pour objet les rapports entre les peuples.

Droit d'habitation ▪ Voir *Habitation (droit d')*

Droit immobilier
Introduction au droit
Droit portant sur un *immeuble.*

▪ Voir aussi : *Immeuble, Droit mobilier*

Droit incorporel
Introduction au droit
Droit qui ne porte pas sur une chose matérielle (c'est-à-dire sur une chose qui peut physiquement se toucher).

● *Exemple,* créance, fonds de commerce.

Droit d'ingérence humanitaire
▪ Voir *Ingérence humanitaire*

Droit intermédiaire
Histoire révolutionnaire
Expression, quasi péjorative, qui prétend considérer le droit sous la Révolution comme un simple intermédiaire entre l'Ancien droit, précédant la Révolution, et le droit napoléonien, postérieur à la Révolution.

Droit international
Introduction au droit
Branche du *droit* traitant des règles applicables entre les États et en raison de la diversité de ces États. Ce droit comprend le droit international privé et le droit international public.

▪ Voir aussi : *Droit international privé, Droit international public*

Droit international privé
Introduction au droit
Branche du *droit* traitant des règles applicables aux questions de *nationalité* et

aux relations internationales des personnes privées (c'est-à-dire aux situations ayant des liens avec au moins un autre État, ce qui impose de déterminer la loi applicable et les juridictions compétentes).

■ Voir aussi : *Droit international, Droit international public, Conflit de lois dans l'espace, Conflit de juridictions*

Droit international public
Introduction au droit

Branche du *droit* traitant des règles applicables aux relations entre les États, entre les entités internationales et entre ces deux catégories.

■ Voir aussi : *Droit international, Droit international privé*

Droit judiciaire privé
Introduction au droit

Branche du *droit* traitant des règles applicables à l'action en justice et des règles relatives à l'organisation et à la compétence des juridictions judiciaires (c'est-à-dire des juridictions civiles et pénales).

■ Voir aussi : *Droit processuel*

Droit au juge
Droit de l'Union européenne – Droit européen

Droit de tout justiciable à un *recours* juridictionnel effectif qui garantisse le respect des droits qu'il tient du *droit européen* au sens large.

Droit au maintien dans les lieux
Droit des contrats spéciaux

Droit reconnu au locataire de conserver, à certaines conditions, la jouissance du bien malgré l'expiration du bail.

L. n° 48-1360, 1er sept. 1948, art. 4 et s. ; CCH, art. L. 442-6

Droit matériel ■ Voir *Droit substantiel (sens 2)*

Droit mobilier
Introduction au droit

Droit portant sur un *meuble*.

■ Voir aussi : *Meuble, Droit immobilier*

Droit moral
Droit de la propriété intellectuelle

Droit conféré à l'auteur d'une œuvre littéraire et artistique, qui lui confère notamment le droit au respect de son nom, de sa qualité et de son œuvre. Il est perpétuel, inaliénable et imprescriptible, transmissible à cause de mort aux héritiers de l'auteur. Le droit moral ne concerne pas les logiciels, qui sont pourtant sous certaines conditions considérés comme des œuvres.

CPI, art. L. 121-1 et s.

Droit mou ■ Voir *Soft Law*

Droit naturel
Introduction au droit

Ensemble de *droits* essentiels que le respect de la nature humaine impose de reconnaître à chaque individu, que la raison énonce et que la société doit respecter quels que soient ses choix. Ces droits sont considérés comme immuables et éternels (puisque inhérents à la nature humaine).

■ Voir aussi : *Droit positif*

Droit objectif
Introduction au droit

Ensemble des règles de conduite qui gouvernent les rapports des hommes dans la société et dont le respect est assuré par l'autorité publique.

■ Voir aussi : *Droit, Droit subjectif*

Droit originaire (ou primaire)
Droit de l'Union européenne

Ensemble des traités fondateurs de l'*ordre juridique* de l'*Union européenne*, depuis les *traités de Paris* et de *Rome*, jusqu'aux traités de révision : *Acte unique européen* et traités portant sur l'*Union européenne (Maastricht, Amsterdam, Nice)*, enfin en dernier lieu, le *traité de Lisbonne*, entré en vigueur le 1er décembre 2009, qui opère une révision approfondie des traités, l'Union européenne étant dorénavant fondée sur le Traité sur l'Union européenne (TUE), d'une part, et le Traité sur le fonctionnement de l'Union européenne (TFUE), d'autre part.

■ Voir aussi : *Droit dérivé*

Droit parlementaire
Droit constitutionnel

Ensemble des règles, écrites ou coutumières, régissant l'organisation et le fonctionnement interne des assemblées parlementaires.

Droit de passage ■ Voir *Passage (droit)*

Droit pénal
Introduction au droit

Branche du *droit* traitant des règles définissant les infractions et leurs sanctions.

Droit personnel ■ Voir *Obligation*

Droit des peuples à disposer d'eux-mêmes
Droit international public

Droit d'une population à bénéficier d'une reconnaissance légale, à être consultée en cas d'échange ou de cession territoriale, à choisir librement sa forme de gouvernement.

Charte NU, 26 juin 1945, art. 2

■ Voir aussi : *Sécession*

Droit positif
Introduction au droit

Ensemble des règles de *droit* applicables à un moment donné dans un lieu donné.

■ Voir aussi : *École positiviste, École de l'exégèse, De lege lata, Droit naturel, De lege ferenda*

Droit de préemption
Droit des contrats spéciaux

Faculté d'origine légale permettant à une personne d'acquérir un bien à la place d'une autre ou de préférence à celle-ci.

● *Exemple,* droit de préemption urbain.

C. civ., art. 815-14, 1861, 1862, 1873-12 ; L. n° 75-1351, 31 déc. 1975, art. 10 et 10-1 ; L. n° 89-462, 6 juill. 1989, art. 15-II ; C. rur. pêche marit., art. L. 143-1 et s., L. 412-1 et s. ; C. urb., art. L. 142-3, L. 210-1 et s. ; C. patr., art. L. 123-1 et s.

■ Voir aussi : *Droit de retrait*

Droit de préférence ■ Voir *Préférence (droit de)*

Droit préférentiel de souscription
Droit des sociétés

Droit reconnu aux actionnaires de bénéficier prioritairement d'une opération d'augmentation de capital en numéraire et ce, à proportion du montant de leurs actions.

C. com., art. L. 225-132 et s.

Droit prétorien ◼ Voir *Prétorien*

Droit primaire ◼ Voir *Droit originaire (ou primaire)*

Droit de priorité ◼ Voir *Priorité (droit de)*

Droit privé

Introduction au droit

Ensemble des règles juridiques applicables au statut des personnes privées et aux relations qu'elles entretiennent entre elles.

◼ Voir aussi : *Droit public*

Droit à un procès équitable ◼ Voir *Procès équitable (droit à un)*

Droit processuel

Introduction au droit

Branche du *droit* traitant des règles fondamentales de la procédure, notamment de celles qui ont émergé sous l'influence de normes constitutionnelles et supranationales.

◼ Voir aussi : *Droit judiciaire privé*

Droit public

Introduction au droit

Ensemble des règles juridiques qui organisent l'État, les pouvoirs publics et qui régissent leurs rapports avec les particuliers, les autres États et les entités internationales.

◼ Voir aussi : *Droit privé*

Droit public, droit privé

Introduction au droit

Distinction juridique d'origine romaine, retrouvée au Moyen Âge, comme conséquence des progrès de l'État et consacrée par les codifications des XIXe et XXe siècles.

Droit réel

Introduction au droit

Droit qui donne à une personne un pouvoir direct et immédiat sur une chose. Ce pouvoir peut être complet (ex. : droit de propriété) ou ne porter que sur l'une des utilités de la chose (ex. : usufruit). Les droits réels sont opposables à tous et confèrent un droit de suite (c'est-à-dire la possibilité de faire valoir son droit en quelques mains que la chose se trouve) et un droit de préférence (c'est-à-dire le droit, en cas de conflit sur la chose, d'être préféré aux autres personnes).

C. civ., art. 544 et s.

◼ Voir aussi : *Droit personnel*

Droit au renouvellement

Droit commercial – généralités

Le propriétaire d'un *fonds de commerce* peut, à l'expiration de son *bail commercial*, exiger le renouvellement de ce dernier et à défaut de l'obtenir sans raison légitime, demander une *indemnité d'éviction*. Ce droit au renouvellement est d'ordre public, et il est aussi appelé propriété commerciale.

C. com., art. L. 145-8 et s. ; L. n° 2008-776, 4 août 2008 ; L. n° 2014-626, 18 juin 2014

Droit de repentir ◼ Voir *Repentir*

Droit de reprise

Droit commercial – généralités

Le bailleur d'un local commercial ou artisanal peut, dans des conditions exceptionnelles définies par le code, s'il offre de reporter le *bail* sur un local équivalent dans le même immeuble ou dans un autre immeuble ou contre indemnité, reprendre les locaux pour travaux ou reconstruction.

C. com., art. L. 145-6, L. 145-18, L. 145-24

Droit de rétention ■ Voir *Rétention*

Droit de retour
Droit des successions et libéralités
– Droit des contrats
Droit en vertu duquel un donateur recouvre les *biens* dont il a disposé par suite du prédécès du donataire. Ce droit peut être conventionnel ou légal.

Lorsqu'il est conventionnel, ce droit se manifeste par une clause de retour insérée dans l'acte de donation qui opère automatiquement, pour la totalité du bien et sans fiscalité, si le donataire décède avant le donateur.

Lorsqu'il est légal, le droit de retour peut s'exercer dans trois hypothèses :

1. lorsqu'un adopté simple décède sans postérité ni conjoint survivant, les biens donnés par l'adoptant retournent à ce dernier tandis que les biens donnés par ses père et mère retournent pareillement à ces derniers, à la condition toutefois que ces biens se retrouvent en nature dans la succession de l'adopté ;

2. lorsque les père et mère ou l'un d'eux survivent au défunt et que celui-ci n'a pas de postérité, la loi prévoit un droit de retour légal au profit des père et mère. Les père et mère peuvent alors dans tous les cas exercer ce droit de retour à concurrence des quotes-parts fixées par la loi (un quart par parent) sur les biens que le défunt avait reçus d'eux par donation ;

3. lorsque les père et mère du *de cujus* sont prédécédés et que le *de cujus*, laissant seulement un conjoint-survivant, avait reçu de ses ascendants par succession ou donation des biens qui se trouvent en nature dans la succession, alors, ces biens sont dévolus pour moitié aux frères et sœurs du défunt ou à leur descendant dès lors qu'ils sont eux-mêmes descendants de l'ascendant à l'origine de la transmission. Le conjoint n'en reçoit que l'autre moitié.
C. civ., art. 368-1, 738-2, 757-3, 951, 952

Droit de retrait
Introduction au droit
Faculté reconnue à une personne de se substituer à une personne dans un rapport juridique qui, à l'inverse du *droit de préemption*, s'exerce après la naissance de ce rapport juridique.
■ Voir aussi : *Droit de préemption*

Droit social
Droit accordé au salarié de cesser temporairement son activité lorsqu'il a un motif raisonnable de penser que sa situation de travail présente un danger grave ou imminent pour sa vie ou sa santé.
C. trav., art. L. 4131-1

Droit rural
Introduction au droit
Branche du *droit* traitant des règles applicables à l'exploitant agricole et à son exploitation.

Droit du sang ■ Voir *Jus sanguinis (ou droit du sang)*

Droit savant
Histoire médiévale – Histoire moderne
Se dit indifféremment du droit romain, retrouvé au Moyen Âge ou droit *canonique*.

Droit des sociétés
Introduction au droit
Branche du *droit* traitant des règles applicables aux sociétés.
■ Voir aussi : *Droit commercial*

Droit du sol ▪ Voir *Jus soli (ou droit du sol)*

Droit subjectif
Introduction au droit
Prérogative accordée par le droit et permettant à une personne d'user d'une chose ou d'exiger d'une autre personne l'exécution d'une prestation.

▪ Voir aussi : *Droit, Droit objectif*

Droit substantiel
Introduction au droit
Règle juridique concrète qu'un plaideur entend faire appliquer (par opposition à l'action, qui est la possibilité de présenter ses prétentions au juge).

▪ Voir aussi : *Action*
Droit international privé
Règle juridique édictant directement la solution applicable à une situation internationale (par opposition à la règle conflictuelle qui indique l'État dont le droit sera appliqué). Syn. : Droit matériel, Loi uniforme, Droit uniforme.

▪ Voir aussi : *Conflit de lois (dans l'espace) (sens 2)*

Droit *sui generis*
Droit de la propriété intellectuelle
Droit de propriété intellectuelle accordé au producteur de base de données.
CPI, art. L. 341-1

▪ Voir aussi : *Droit d'auteur, Base de données*

Droit de suite ▪ Voir *Suite (droit de)*

Droit de superficie ▪ Voir *Superficie (droit de)*

Droit temporaire au logement
Droit des successions et libéralités
Droit d'ordre public institué par la loi du 3 décembre 2001, étendu au partenaire d'un PACS par la loi du 23 juin 2006, qui permet au conjoint survivant de bénéficier de la jouissance gratuite du logement familial et du mobilier le garnissant pendant un an à compter du décès.
C. civ., art. 763

▪ Voir aussi : *Droit viager au logement*

Droit des transports
Introduction au droit
Branche du *droit* traitant des règles applicables aux transports professionnels de voyageurs et de marchandises, quel que soit le moyen de locomotion utilisé.

Droit du travail
Introduction au droit
Branche du *droit* traitant des règles applicables aux relations de travail entre employeurs et salariés, dans leurs aspects individuel et collectif.

Droit uniforme ▪ Voir *Droit substantiel (sens 2)*

Droit de l'Union européenne
Introduction au droit
Partie du droit de l'Union européenne (anciennement Communauté européenne, d'où l'appellation ancienne de droit communautaire) qui est composé des règles instaurées par les traités constitutifs (aussi appelé droit originaire) et des règles adoptées par les institutions européennes en vue de réaliser les objectifs définis par les traités (aussi appelé droit dérivé), cette dernière catégorie regroupant *les règlements, les directives* et la jurisprudence de la *Cour de justice de l'Union européenne*.

▪ Voir aussi : *Droit européen*

Droit d'usage ▪ Voir *Usage (droit d')*

Droit viager au logement
Droit des successions et libéralités
Droit institué par la loi du 3 décembre 2001, logiquement non étendu au partenaire d'un PACS, qui permet au *conjoint survivant* de bénéficier sa vie durant d'un droit d'usage et d'habitation sur le logement familial et le mobilier le garnissant. Contrairement au droit temporaire, il est possible d'ôter au conjoint survivant ce droit d'usage et d'habitation par le biais d'un testament authentique.
C. civ., art. 764, 971
▪ Voir aussi : *Droit temporaire au logement*

Droit de visite
Droit des personnes et de la famille
Droit de recevoir pendant un certain temps, et à intervalles réguliers, un enfant *mineur* confié à autrui. Ce droit a été accordé aux ascendants et à ceux qui ont élevé l'enfant.
C. civ., art. 371-4, 373-2-1, 375-7

Droit vivant
Contentieux constitutionnel
Doctrine constitutionnelle italienne préconisant que toute question de constitutionnalité soit tranchée par la Cour constitutionnelle à la suite d'un dialogue avec les juridictions ordinaires.

Droits civils et politiques
Introduction au droit
Ensemble des *droits fondamentaux* qui garantissent la liberté de la personne, sa dignité, le respect de sa personnalité, son égalité et sa protection face à l'État (notamment par le principe de la légalité des peines, l'accès à une justice impar-

tiale) et sa participation aux décisions prises par son État.
Pacte int. 16 déc. 1966 relatif aux droits civils et politiques
▪ Voir aussi : *Droit, Droit fondamental*

Droits conditionnels
Droit européen
Droits de l'homme auxquels les États sont admis à déroger à condition qu'il ne soit pas porté atteinte à leur substance même (ainsi, dans la *Convention européenne des droits de l'homme :* le droit à un procès équitable, le droit à la vie privée et familiale...).
▪ Voir aussi : *Droits intangibles*

Droits de la défense
Droit processuel
Ensemble de garanties procédurales assurant aux justiciables la possibilité de se défendre efficacement contre les *prétentions* formulées à leur encontre (ex. : droit de se voir communiquer les éléments du dossier, droit à l'assistance d'un avocat...).
Droit administratif
Prérogative d'une partie défenderesse dans un contentieux ou dans une procédure administrative non contentieuse qui doit être intégralement et rapidement informée des accusations portées contre elle et mise à même de s'exprimer pour organiser sa défense. Dans l'ordre administratif, cette règle a le rang de principe général du droit. Elle s'impose donc à l'*administration* et au juge.

Droits de douane
Finances publiques
Impôts indirects prélevés sur les importations en vue de protéger les productions nationales. Les droits de douane ont été harmonisés par le droit de

l'Union européenne qui a créé le tarif extérieur commun pour les droits de douane de la frontière extérieure de l'Europe.

■ Voir aussi : *Douanes*

Droits extrapatrimoniaux
Introduction au droit

Ensemble des *droits* subjectifs qui, par nature, ne sont pas évaluables en argent, ne sont pas d'ordre matériel. Ces droits sont indisponibles, insaisissables et imprescriptibles, et, en principe, intransmissibles. Ils restent attachés à la personne de leur titulaire.

● *Exemple,* droit à l'honneur, autorité parentale.

■ Voir aussi : *Droits patrimoniaux, Droits de la personnalité*

Droits de l'homme
Droit international public – Droit européen

Ensemble des droits inhérents à la préservation de la dignité humaine et proclamés dans les sphères civiles et politiques, voire économiques et sociales.

■ Voir aussi : *Convention de sauvegarde des droits de l'homme et des libertés fondamentales (Conv. EDH), Déclaration des droits, Déclaration des droits de l'homme et du citoyen, Droit naturel*

Droits intangibles
Droit européen

Droits de l'homme ne supportant aucune dérogation de la part des États (ainsi, dans la *Convention européenne des droits de l'homme :* le droit à la vie, l'interdiction de la torture...).

■ Voir aussi : *Droits conditionnels*

Droits patrimoniaux
Introduction au droit

Ensemble des *droits* subjectifs évaluables en argent. Ces droits sont cessibles, transmissibles, prescriptibles et saisissables.

■ Voir aussi : *Droits extrapatrimoniaux*

Droits de la personnalité
Droit des personnes et de la famille

Droits inhérents à la personne (c'est-à-dire existant automatiquement pour toute personne) et visant à protéger les éléments primordiaux qui font son individualité. Ces droits sont opposables à tous. La liste des droits de la personnalité n'étant pas figée, y figurent sans contestation : le droit au respect de la vie privée, le droit au respect de la présomption d'innocence, le droit à l'image, le droit à l'inviolabilité du domicile et le droit à l'intégrité corporelle.

C. civ., art. 9, 9-1, 16, 16-1

■ Voir aussi : *Droits extrapatrimoniaux*

Droits de la propriété intellectuelle
Introduction au droit

Droits qui protègent les créations de l'esprit, de l'intelligence en conférant à leurs titulaires sous certaines conditions un monopole d'exploitation sur ces biens incorporels. Ces droits concernent les créations artistiques, littéraires, scientifiques, techniques, et les *clientèles civiles* et commerciales. Syn. : Propriétés intellectuelles. Les droits de la propriété intellectuelle recouvrent à la fois les droits de propriété littéraire et

D

artistique, et les droits de propriété industrielle.

■ Voir aussi : *Droit personnel, Droit réel, Propriété littéraire et artistique (droits de), Propriété industrielle (droits de)*

Droits successifs
Droit des successions et libéralités
Droits qu'un *héritier* possède dans une *succession* ouverte.
C. civ., art. 889, 1696
■ Voir aussi : *Cession de droits successifs*

Droits voisins
Droit de la propriété intellectuelle
Droits de propriété littéraire et artistique créés au profit des artistes interprètes, des producteurs de phonogrammes, et de vidéogrammes, des entreprises de communications audiovisuelles, qui leur confèrent un monopole d'exploitation sur leurs prestations, et leur permettent de prétendre à une rémunération sur toute utilisation de celles-ci sauf exceptions légales. Les artistes interprètes bénéficient d'un droit moral.
CPI, art. L. 211-1, L. 211-3, L. 211-4, L. 212-2, L. 212-3
■ Voir aussi : *Propriété littéraire et artistique (droits de)*

Dualisme
Droit international public
Caractère d'un ordre juridique étatique au sein duquel une norme de droit international a besoin d'une mesure interne de réception pour produire des effets juridiques.
■ Voir aussi : *Monisme*
Droit constitutionnel ■ Voir *Régime parlementaire*

Dualité de juridictions ■ Voir *Ordre judiciaire, Ordre administratif*

Durée du travail
Droit social
Temps de travail effectif pendant lequel le salarié est occupé par l'employeur sans pouvoir vaquer à des occupations personnelles et, ce, dans les limites de durée qui, lorsqu'elles sont dépassées, ouvrent des droits supplémentaires au salarié (durée hebdomadaire : 35 heures ; durée journalière : 10 heures ; contingent annuel d'heures supplémentaires...).
C. trav., art. L. 3121-10 et s.
■ Voir aussi : *Accord de modulation, Heures supplémentaires, Modulation*

Dyarchie
Droit constitutionnel
Bicéphalisme des organes suprêmes (chef de l'État et chef du gouvernement) de l'exécutif.

EARL ▪ Voir *Exploitation agricole à responsabilité limitée*

Eaux archipélagiques
Droit international public
Espace maritime relevant de la juridiction d'un État archipel composé du sol, du sous-sol et de l'espace aérien surjacent à cette zone et dont le régime juridique se distingue de celui applicable aux eaux intérieures.
Conv. Montego Bay, 10 déc. 1982, art. 47 à 53
▪ Voir aussi : *Eaux intérieures*

Eaux intérieures
Droit international public
Zone territoriale maritime de l'État incluant le sol, le sous-sol et l'espace aérien surjacent de l'étendue d'eau située derrière la *ligne de base* de la mer territoriale à laquelle s'ajoutent les ports, les rades, les baies et certaines excroissances de la côte.
Conv. Montego Bay, 10 déc. 1982, art. 7
▪ Voir aussi : *Ligne de base, Mer territoriale*

Eaux pluviales
Droit des biens
Eaux appartenant à la catégorie des *res communis* dont tout propriétaire peut user et disposer dès lors qu'elles tombent sur son fonds.
C. civ., art. 641

Échange
Droit des contrats spéciaux
Contrat par lequel les parties, appelées coéchangistes ou copermutants, se donnent respectivement une chose pour une autre. Plus largement, contrat par lequel les parties se consentent mutuellement un transfert de droits.
C. civ., art. 1702 à 1707 ; C. rur. pêche marit., art. L. 124-1 et s., L. 411-39
▪ Voir aussi : *Soulte, Vente*

Échéance
Droit des obligations
Date prévue pour l'exécution d'une *obligation*.
▪ Voir aussi : *Terme*

École abolitionniste du droit pénal
Droit pénal
Courant de pensée contestataire au sein de l'école de la défense sociale nouvelle qui ne nie pas l'utilité du droit pénal, mais souhaiterait réduire son champ d'application à des mesures pragmatiques et ponctuelles, adaptées à chaque délinquant, allant même jusqu'à prôner l'abolition du droit pénal et une décriminalisation radicale.

École classique (ou néoclassique)
Droit pénal
Courant de pensée né au XVIIIe siècle (au XIXe siècle pour le courant néo-classique) s'appuyant sur la thèse du contrat social, qui fonde le droit de punir sur deux exigences, à savoir la justice et l'utilité de la peine, afin de permettre l'amendement de la personne condamnée, dotée d'un libre-arbitre, la responsabilité étant ainsi le corollaire de cette liberté.

École de la défense sociale
Droit pénal

Courant de pensée né au XXe siècle qui, à ses origines, se cantonnait à expliquer le fondement du droit de punir dans l'impératif de protection de la société contre l'état dangereux des délinquants, puis qui a évolué vers la défense sociale nouvelle, préconisant une pédagogie de la responsabilité en direction des délinquants, une meilleure prévention, une personnalisation des sanctions ou des mesures afin d'aller dans le sens d'une resocialisation et la prise en compte de la victime.

École de la Justice absolue
Droit pénal

Doctrine née au XVIIIe siècle qui considère que le droit pénal est intimement associé à la morale, car il en est la traduction législative. En conséquence, la peine est à la fois un mode d'expiation et d'intimidation individuelles afin de prévenir toute velléité de récidive et un mal infligé au délinquant en réponse à la souffrance qu'il a fait subir à l'ordre public et éventuellement à la victime privée.

École de l'exégèse
Introduction au droit

Courant de pensée se développant au XIXe siècle qui, marqué par le culte du texte de la *loi*, prône et pratique l'étude exclusive du *Code civil*.

■ Voir aussi : *École positiviste, École scientifique, École historique, École sociologique, Exégèse, Droit naturel*

École historique
Introduction au droit

Courant de pensée selon lequel le *droit* devant être le produit de l'histoire d'une nation, milite pour le respect de la formation naturelle, progressive et populaire du droit et combat le recours aux réformes législatives.

■ Voir aussi : *École positiviste, École scientifique, École de l'exégèse, École sociologique, Droit naturel*

École nationale d'administration (ENA)
Droit administratif

Établissement public national rattaché au *Premier ministre* créé en 1945 pour former les cadres de la haute fonction publique. Les élèves sont recrutés par trois *concours* distincts : le concours externe, le concours interne et la troisième voie. Ses locaux sont à Paris et Strasbourg.

Ord. n° 45-2283, 9 oct. 1945

École nationale de la magistrature (ENM)
Organisation judiciaire

Centre de formation des *auditeurs de justice* et des *magistrats* de l'*ordre judiciaire*.

D. n° 72-355, 4 mai 1972

École positiviste
Introduction au droit

Courant de pensée qui s'attache à connaître et à décrire objectivement le *droit* existant, en se gardant d'évaluer ses fondements, ses justifications.

■ Voir aussi : *École de l'exégèse, École scientifique, École historique, École sociologique, Droit naturel*

Droit pénal

Courant de pensée né au XIXe siècle en Italie qui considère le droit de punir sous un angle exclusivement scientifique, privilégie le déterminisme en niant l'existence du libre-arbitre, exclut les considérations d'ordre moral et choisit de mettre l'accent sur la protection de la société contre la dangerosité des délinquants.

École scientifique
Introduction au droit

Courant de pensée prônant, en l'absence de *lois applicables*, la libre recherche par le juge d'une solution se fondant sur la raison et la prise en compte des besoins sociaux.

▪ Voir aussi : *École positiviste, École de l'exégèse, École sociologique, École historique, Droit naturel*

École sociologique
Introduction au droit

Courant de pensée selon lequel le *droit naît des réponses de la société face aux problèmes qui risquent d'entraver son développement.*

▪ Voir aussi : *École positiviste, École scientifique, École de l'exégèse, École historique, Droit naturel*

Économie concertée
Droit commercial – généralités

Système économique dans lequel les pouvoirs publics, avant de prendre des décisions, consultent le secteur privé pour essayer d'élaborer une solution en commun.

Économie du contrat
Droit des obligations

Théorie prenant en compte pour apprécier la validité d'un *contrat* son esprit général, en particulier l'intérêt qu'y trouve chaque partie.

▪ Voir aussi : *Cause*

Économie mixte
Droit commercial – généralités

Mode d'organisation d'une activité économique reposant sur l'alliance institutionnelle de capitaux publics et privés.

▪ Voir aussi : *Société d'économie mixte*

Économie mixte (société d')
Droit des sociétés

Entreprise du secteur public, industriel et commercial, organisée sous la forme particulière de société anonyme et constituée par des capitaux publics et privés selon des proportions variables. Désigne parfois des sociétés formées par des personnes publiques en vue de gérer un service public administratif.

L. n° 83-597, 7 juill. 1983

Écran législatif
Droit administratif

Théorie du droit public selon laquelle le juge administratif n'est pas compétent pour contrôler la conformité entre la *loi* et une norme supérieure. La loi est l'expression de la volonté générale. Elle est un acte inconditionné et incontestable. La loi s'impose à l'*administration* et le juge administratif doit se borner à vérifier le respect de la légalité par l'administration. L'hypothèse la plus absurde étant celle d'une loi inconstitutionnelle qui doit s'imposer à l'administration. Si un *acte administratif* est contraire à la *Constitution* sans qu'il y ait de loi, le juge pourra l'annuler. Depuis 1989, le juge administratif a abandonné la théorie de la loi-écran et vérifie la conformité des actes administratifs aux *traités* internationaux et au droit de l'Union européenne.

Écrit

Introduction au droit

Acte juridique rédigé et constituant une preuve valable car il respecte les conditions de validité édictées par la loi pour la forme qui a été utilisée (acte sous seing privé, acte authentique, sur support papier ou électronique).
C. civ., art. 1316 et s., 1341 et s.

■ Voir aussi : *Acte sous seing privé, Acte authentique, Écrit électronique, Preuve par écrit*

Écrit électronique

Introduction au droit

Acte juridique rédigé sur un support informatique (éventuellement codé) et ayant même valeur qu'un écrit sur support papier à condition que ses auteurs soient identifiés avec certitude et que son contenu ne puisse être modifié, altéré.
C. civ., art. 1108-1, 1108-2, 1316 et s., 1341 et s.

■ Voir aussi : *Écrit, Preuve par écrit, Signature électronique*

Écrou

Procédure pénale

Acte qui constate sur un registre de manière officielle la date de l'entrée et de la mise en liberté (levée d'écrou) d'une personne détenue dans un établissement pénitentiaire.
CPP, art. 724, D. 148 et s.

Édit

Histoire moderne

À partir du XVIᵉ siècle, loi royale portant sur une seule matière ou ne s'appliquant qu'à une seule partie du royaume.

Édit du préteur

Histoire romaine

Catalogue public de toutes les *actions* offertes par le préteur aux plaideurs.

■ Voir aussi : *Préteur*

Éducation surveillée

Droit pénal

Services du ministère de la Justice chargés des questions liées à la délinquance des mineurs et à la protection des mineurs en danger.

Effectivité (principe d')

Droit de l'Union européenne

Principe utilisé par la *Cour de justice de l'Union européenne* et visant à assurer l'absence de toute entrave à l'application du droit de l'Union que pourraient constituer certaines modalités procédurales nationales de mise en œuvre de ce droit. Ce principe encadre donc l'*autonomie procédurale* du juge national dans l'application du droit de l'Union.

■ Voir aussi : *Équivalence (principe d'), Autonomie institutionnelle et procédurale des États membres (principe d')*

Droit européen

Principe d'*interprétation* de la *Cour européenne des droits de l'homme*, selon lequel doit être systématiquement recherchée une protection réelle dans ses effets – concrète – des droits des personnes, par opposition à une protection théorique et illusoire.

Effet atténué de l'ordre public (théorie de l')

Droit international privé

Théorie selon laquelle l'*ordre public international* peut ne pas s'opposer aux effets, au sein de l'*ordre juridique* du for, d'une *situation juridique* constituée régulièrement à l'étranger, alors qu'il s'opposerait à sa constitution même au sein de cet ordre.

🔳 Voir aussi : *Exception d'ordre public*

Effet cliquet
Contentieux constitutionnel

Technique juridictionnelle de censure d'une disposition législative remettant en cause des garanties constitutionnelles contenues dans une loi antérieure.

🔳 Voir aussi : *Censure*

Effet de commerce
Droit bancaire

Titre négociable constatant au profit du porteur une *créance* de somme d'argent et utilisé pour son paiement, tels la *lettre de change, le billet à ordre*, le *warrant* ou, mais sans faire l'unanimité en *doctrine*, le *chèque*.

Effet de complaisance
Droit bancaire

Lettre de change reposant sur l'engagement fictif du *tiré*, complice d'un *tireur* souhaitant se procurer des fonds par *l'escompte* de *l'effet*.

🔳 Voir aussi : *Cavalerie (traite de), Effet croisé*

Effet croisé
Droit bancaire

Effets de complaisance réciproques entre deux complices, tour à tour *tiré* et *tireur*.

Effet déclaratif
Introduction au droit

Conséquence liée à la constatation d'un fait préexistant et qui permet de faire rétroagir cette constatation au jour où le fait est apparu (et non à celui où il a été constaté).

🔳 Voir aussi : *Jugement déclaratif, Jugement constitutif*

E

Effet déclaratif de partage
Droit des successions et libéralités

Effet du *partage* selon lequel chaque *héritier* est censé rétroactivement avoir toujours eu la *propriété* des biens du *de cujus* mis dans son lot depuis le décès de ce dernier.

C. civ., art. 883

Effet dévolutif
Procédure civile

Effet produit par certaines *voies de recours* et en vertu duquel la juridiction saisie est tenue de statuer en fait et en droit sur les seules questions tranchées par les premiers juges et critiquées par l'auteur du recours (ex. : l'appel et l'opposition ont un effet dévolutif).

CPC, art. 561 et s., 572

Effet direct (principe de l')
Droit de l'Union européenne – Droit européen

Création de *droits* et d'*obligations* tirés du *droit de l'Union européenne* et de la *Convention européenne des droits de l'homme* directement dans le *patrimoine* des particuliers, qui se voient ainsi reconnaître la possibilité d'en invoquer le bénéfice devant le *juge* national, que ce soit à l'encontre de l'État (effet direct vertical) ou d'un autre particulier (effet direct horizontal).

Effet direct horizontal 🔳 Voir *Effet direct (principe de l')*

E

Effet direct vertical ▪ Voir *Effet direct (principe de l')*

Effet horizontal
Contentieux constitutionnel
Qualité juridique attribuée à une norme constitutionnelle produisant des droits et des obligations à l'égard des particuliers.
▪ Voir aussi : *Effet direct (principe de l')*

Effet immédiat de la loi ▪ Voir *Application immédiate de la loi*

Effet de mobilisation
Droit bancaire
Effet de commerce souscris et remis en propriété à un *établissement de crédit* en contrepartie de l'avance accordée au *tireur* pour des *créances* commerciales non échues dont il est titulaire. L'établissement de crédit cessionnaire ou nanti de créances professionnelles par *bordereau Dailly* peut, également, émettre des effets destinés à la mobilisation des *crédits* consentis.
C. monét. fin., art. L. 313-36, L. 313-30
▪ Voir aussi : *Mobilisation des créances, Crédit de mobilisation des créances commerciales (CMCC)*

Effet relatif des contrats
Droit des obligations
Principe découlant de la théorie de *l'autonomie de la volonté* en vertu duquel les *contrats* ne produisent pas d'effet obligatoire vis-à-vis des tiers.
C. civ., art. 1165
▪ Voir aussi : *Autonomie de la volonté, Opposabilité, Promesse de porte-fort, Stipulation pour autrui*

Effet rétroactif ▪ Voir *Rétroactivité*

Effet suspensif
Procédure civile – Procédure pénale
Effet produit par certaines *voies de recours* et en vertu duquel le délai pour exercer le recours puis celui nécessaire à son examen suspendent l'exécution de la décision contre laquelle il est formé à moins que celle-ci soit assortie de l'exécution provisoire (ex. : les voies de recours ordinaires appel, opposition ont, en principe, un effet suspensif).

Effet utile (principe de l')
Droit de l'Union européenne
Priorité donnée, dans l'*interprétation* que fait la *Cour de justice de l'Union européenne* du droit de l'Union, à l'effectivité de la *norme* communautaire applicable, c'est-à-dire à sa capacité maximale à s'appliquer dans tous ses effets, réalisant ainsi pleinement le principe de *primauté*.

Égalité
Introduction au droit
1. Principe selon lequel les hommes doivent être égaux devant la *loi*, c'est-à-dire doivent se voir appliquer les mêmes règles quels que soient leur race, leur naissance, leur religion, leur fortune ou leur sexe.
2. Principe de répartition identique des prérogatives et des charges entre deux ou plusieurs personnes.
● *Exemple*, égalité des époux.

Égalité (principe d')
Droit administratif
Principe applicable au fonctionnement des *services publics* : les personnes se trouvant dans une situation identique doivent bénéficier d'un traitement iden-

tique. Le juge administratif a également institué le principe d'égal accès aux emplois publics. Ce qui interdit d'opérer des discriminations fondées sur les opinions politiques ou religieuses.

Égalité des armes
Droit européen

Exigence d'équité procédurale découlant de l'article 6, § 1 de la *Convention européenne des droits de l'homme* et garantissant, selon la jurisprudence de la *Cour européenne des droits de l'homme*, à toute partie une « possibilité raisonnable de présenter sa cause dans des conditions qui ne la placent pas dans une situation de net désavantage par rapport à son adversaire ».

Conv. EDH 4 nov. 1950, art. 6

Égalité fiscale
Finances publiques

Principe révolutionnaire selon lequel les *impôts* doivent être également répartis entre les citoyens en raison de leurs facultés (DDHC 1789, art. XIII). L'impôt progressif a des taux qui augmentent selon la quantité de matière imposable, l'impôt proportionnel applique les mêmes taux quel que soit le niveau. Le moyen tiré de la violation de ce principe est le plus soulevé devant le juge constitutionnel en matière fiscale.

Égalité de traitement ▪ Voir *Traitement national (règle du)*

Église
Histoire

Assemblée des chrétiens unis dans la même communion (*église catholique*, *églises protestantes*, église orthodoxe).

Église catholique
Histoire

1. Chrétienté considérée dans son ensemble autour de son chef, le pape, et de la collégialité des évêques.
2. Se dit approximativement d'un ensemble d'institutions unies par leur obédience au pape.

Église protestante
Histoire

Assemblées des chrétiens qui se détachent de l'église catholique après le mouvement de Réformation religieuse.

EIRL ▪ Voir *Entreprise individuelle à responsabilité limitée*

Élargissement (d'une convention collective)
Droit social

Décision ministérielle prenant la forme d'un arrêté qui permet, dans des situations précises, de conférer à une convention ou à un accord collectif de travail une portée juridique allant au-delà de son champ d'application territorial et/ou professionnel.

C. trav., art. L. 2261-17, L. 2233-3, L. 2262-1 à L. 2262-3

▪ Voir aussi : *Extension (d'une convention ou d'un accord collectif), Convention collective*

Electa una via
Procédure pénale

Principe de procédure pénale au terme duquel la victime qui a choisi de porter son action en réparation au titre d'une infraction pénale devant une juridiction civile ne peut changer d'avis et décider postérieurement d'opter pour la voie pénale, sauf dans le cas où la juridiction répressive aurait été saisie par le ministère public avant tout jugement au fond de la juridiction civile.

CPP, art. 5

Électeur ▪ Voir *Électorat, Citoyen*

Élection de domicile
Introduction au droit

Choix, par une partie, du lieu où elle sera réputée domiciliée pour l'exécution d'un contrat ou la réalisation de certains actes de procédure.

▪ Voir aussi : *Domicile, Domiciliation*

Électorat
Droit constitutionnel

Ensemble des citoyens effectivement inscrits sur les listes électorales.

Const. 4 oct. 1958, art. 3

▪ Voir aussi : *Citoyen*

Élément constitutif de l'infraction
Droit pénal

Partie du comportement incriminé par le texte pénal, comprenant une facette matérielle et une facette morale, dont l'existence conjointe est indispensable à la constitution de l'infraction.

Éligibilité
Droit constitutionnel

Aptitude juridique à se porter candidat à une fonction politique élective.

Const. 4 oct. 1958, art. 3 et 88-3

Émancipation
Droit des personnes et de la famille

Acquisition par un *mineur*, avant l'âge de la *majorité*, d'une *capacité juridique* entière identique à celle d'un *majeur* (excepté pour se marier, être adopté ou exercer une activité commerciale).

C. civ., art. 413-1 et s.

▪ Voir aussi : *Mineur, Majeur, Capacité*

Embargo
Droit international public

Réaction étatique, unilatérale ou collective, répondant au comportement illicite ou inamical d'un État et se matérialisant par l'interruption, totale ou partielle, des relations économiques avec ce dernier.

ONU, Conseil de sécurité, rés. n° 661, Irak-Koweït, 6 août 1990

Embryon
Droit des personnes et de la famille

Premiers stades du développement de l'être humain, depuis l'œuf fécondé jusqu'au fœtus (environ troisième mois).

C. civ., art. 16 ; C. santé publ., art. L. 3115-1

▪ Voir aussi : *Être humain*

Émender
Procédure civile

Expression ancienne désignant, le plus souvent, l'attitude d'une *cour d'appel* qui, sans infirmer la décision déférée, la corrige sur un ou plusieurs points.

Éméritat
Droit administratif

Titre honorifique donné à un *fonctionnaire* qui part à la retraite pour lui permettre d'acquérir un rang supérieur à celui qu'il occupait lorsqu'il était encore en activité. L'opération est sans incidence financière pour l'*administration*.

Émission
Droit des obligations

Théorie applicable aux *contrats entre absents* en vertu de laquelle le contrat est formé lorsque est émise l'acceptation de l'offre, par opposition à la théorie de la *réception*.

▪ Voir aussi : *Contrat entre absents, Réception*

Émolument

Droit des régimes matrimoniaux

Droit que la loi accorde à l'époux commun en biens qui a fait dresser *inventaire* de n'être tenu des *dettes* communes nées du chef de son conjoint qu'à hauteur de la part de communauté qu'il recueille.

C. civ., art. 1483

Empêchement à mariage

Droit des personnes et de la famille

Situation considérée par la loi comme un obstacle devant interdire la formation du *mariage*.

- *Exemple,* lien de filiation entre les prétendants au mariage.

C. civ., art. 161 à 164

■ Voir aussi : *Opposition à mariage*

Emphytéose

Droit des contrats spéciaux

Contrat de *bail* d'une durée minimale de dix-huit ans et maximale de quatre-vingt-dix-neuf ans par lequel un propriétaire met un *fonds* à la disposition d'un preneur qui s'engage notamment à le mettre en culture. Ce preneur, titulaire d'un *droit réel*, est en contrepartie tenu de verser une redevance au propriétaire.

C. rur. pêche marit., art. L. 451-1 et s.

■ Voir aussi : *Bail à construction, Concession immobilière*

Empiétement sur le sol d'autrui

Droit des biens

Utilisation du terrain d'autrui contigu, notamment pour une construction, sans autorisation de son propriétaire.

Empire

Histoire

Structure politique composite à vocation universelle et soumise à l'autorité d'un empereur.

- *Exemple,* empire romain, empire byzantin, empire carolingien, empire français...

Emploi

Droit des régimes matrimoniaux

Utilisation de deniers propres à un époux pour acquérir un autre *bien* lui-même qualifié de *propre* si certaines conditions sont respectées.

C. civ., art. 1406, 1434, 1435, 1436

■ Voir aussi : *Remploi*

Emploi d'avenir

Droit social

La catégorie des emplois d'avenir a pour objet de faciliter l'insertion professionnelle et l'accès à la qualification de jeunes sans qualification ou peu qualifiés et rencontrant des difficultés particulières d'accès à l'emploi, par leur recrutement dans des activités présentant un caractère d'utilité sociale ou environnementale et ayant un fort potentiel de création d'emplois, ainsi que des travailleurs handicapés de moins de trente ans en difficulté et peu qualifiés. Une aide d'État représentant 75 % de la rémunération brute au niveau du SMIC sera prise en charge pendant une durée maximale de trois ans (35 % pour les employeurs du secteur marchand). Les Missions locales ou Pôle emploi seront chargés de leur accompagnement.

C. trav., art. L. 5134-110

■ Voir aussi : *Contrat de génération, Pôle emploi*

Employeur

Droit social – Droit de la protection sociale

Personne physique ou morale ayant conclu un contrat de travail avec un salarié et dotée, pour ce faire, de pouvoirs de direction et disciplinaire strictement encadrés par la loi ; elle est également tenue d'un certain nombre de formalités en direction de l'Administration et des organismes sociaux, ainsi que du versement de l'intégralité des cotisations et contributions sociales (salariales et patronales) entre les mains de l'URSSAF.

C. trav., art. L. 1251-2 à L. 1251-4 ; L. 1253-1 à L. 1253-8 ; CSS, art. L. 241-5, L. 241-7 et s.

■ Voir aussi : *Contrat de travail, Donneur d'ouvrage, Groupement d'employeurs, Travail temporaire, Intérim, Déclaration préalable à l'embauche, Pouvoir disciplinaire, Cotisations de sécurité sociale*

Empoisonnement
Droit pénal

Crime consistant à attenter sciemment à la vie d'une personne par l'emploi ou l'administration de substances de nature à entraîner la mort.

C. pén., art. 221-5 et 221-5-1

Emprise
Droit administratif

Atteinte portée à la propriété privée par l'*administration*. L'emprise peut être régulière ou irrégulière selon qu'elle est ou non autorisée par les textes. Son contentieux relève des juridictions judiciaires, gardiennes de la propriété privée.

■ Voir aussi : *Voie de fait*

Emprisonnement
Droit pénal

Peine privative de liberté prononcée en matière correctionnelle, dont la durée est de dix ans au plus.

C. pén., art. 131-3 et s.

Emprunt
Droit des contrats spéciaux

Contrat de *prêt* envisagé du côté de l'emprunteur.

ENA ■ Voir *École nationale d'administration*

ENM ■ Voir *École nationale de la magistrature*

En tout état de cause
Procédure civile

Expression signifiant à tout moment de la procédure.

• *Exemple,* par dérogation à la règle selon laquelle les *exceptions de procédure* doivent être soulevées *in limine litis*, l'*exception de connexité* peut être soulevée en tout état de cause.

Encan (vente à l') ■ Voir *Enchères (vente aux)*

Enchères (vente aux)
Droit des contrats spéciaux

Vente publique de meubles ou d'immeubles, volontaire ou forcée, dans laquelle l'acquéreur, appelé adjudicataire, est celui qui a émis l'enchère la plus élevée.

CPC ex., art. L. 322-5 et s. et L. 221-3 et s. ; C. civ., art. 1649, 1686 ; C. com., art. L. 320-1 et s.

Enchères inversées
Droit des contrats spéciaux

Procédé par lequel une entreprise met en concurrence à distance (le plus souvent par voie électronique *via* Internet) plusieurs vendeurs ou prestataires de services pour attribuer le marché au moins-disant ou au mieux-disant en fonction de critères préétablis. Cette forme d'en-

chère, organisée par l'acheteur et non par le vendeur, est dite « inversée » car les candidats enchérissent à la baisse et non à la hausse comme dans les enchères ordinaires.
C. com., art. L. 442-10, L. 443-2

Enclave
Droit des biens

Caractéristique d'un *fonds* entouré de fonds appartenant à différents propriétaires et qui ne peut avoir accès directement à la voie publique pour son exploitation. Le propriétaire de ce fonds enclavé bénéficie d'une *servitude* de passage, à charge pour lui de verser en contrepartie une indemnité au propriétaire du fonds qui supporte cette servitude.
C. civ., art. 682 et s.

Endossataire ■ Voir *Endossement*

Endossement
Droit bancaire

Procédé de transmission d'un *effet de commerce* consistant en l'apposition, par le porteur actuel appelé « endosseur », de sa signature au dos du titre suivie de sa remise à un nouveau porteur, appelé « endossataire ». L'endossement peut être *translatif, pignoratif* ou *de procuration*.
C. com., art. L. 511-8 et s., L. 512-3 ;
C. monét. fin., art. L. 131-16

Endossement pignoratif
Droit bancaire

Étym. : du latin *pignorare*, « donner à gage ». *Endossement* d'un *effet de commerce* pour l'affecter en *gage* d'une *créance*. Il suppose l'apposition d'une mention spécifique : « valeur en gage »,

« valeur en garantie » ou toute autre mention impliquant un *nantissement*.
C. com., art. L. 511-13, al. 4, L. 512-3

Endossement de procuration
Droit bancaire

Endossement réalisé par le porteur d'un effet de commerce au profit d'un mandataire chargé d'en recouvrer le montant.
C. com., art. L. 511-13, al. 1, L. 512-3 ;
C. monét. fin., art. L. 131-26

Endossement en propriété
Droit bancaire

Synonyme d'*endossement translatif*.

Endossement translatif
Droit bancaire

Endossement transférant à *l'endossataire* la propriété d'un *effet de commerce* et tous les droits qui y sont attachés.
C. com., art. L. 511-9 et s., L. 512-3 ;
C. monét. fin., art. L. 131-20

Endosseur ■ Voir *Endossement*

Enfant
Droit des personnes et de la famille
1. Personne mineure.
2. Descendant au premier degré quel que soit son âge.

Enfant à charge
Finances publiques

Le foyer fiscal comporte les enfants à charge. Ainsi, pour un couple marié, les deux premiers enfants comptent chacun pour une demi-part. Les suivants comptent pour une part. Les enfants majeurs peuvent être rattachés au foyer fiscal et donc être comptabilisés comme enfants à charge jusqu'à vingt-et-un ans et s'ils sont étudiants jusqu'à vingt-cinq ans. La notion d'enfant à charge doit toujours être prouvée et ne se présume pas.

■ Voir aussi : *Quotient familial*

Enfant légitime, naturel, adultérin, incestueux ■ Voir *Filiation légitime, Filiation naturelle, Filiation adultérine, Filiation incestueuse*

Engagement
Finances publiques
Acte administratif par lequel l'*ordonnateur* de l'État ou l'ordonnateur local crée ou constate une dette à l'encontre d'une personne publique. Aucune dette publique ne peut exister sans l'intervention de l'ordonnateur. L'engagement comptable signifie la réservation des crédits budgétaires (dimension interne). L'engagement juridique signifie que l'ordonnateur reconnaît que la dette bénéficie à un tiers (dimension externe).
   D. n° 2012-1246, 7 nov. 2012, art. 11, spéc. art. 30

Engagement conventionnel
Droit international public
Procédure d'expression du consentement de l'État à être assujetti à une convention internationale.
   ■ Voir aussi : *Adhésion*

Engagement d'honneur
Droit des obligations
Engagement reposant sur des règles de vie sociale comme la morale ou la politesse et généralement dépourvu de force obligatoire.
   ■ Voir aussi : *Lettre d'intention*

Engagement unilatéral de volonté
Droit des obligations
Théorie, contestée en droit français, en vertu de laquelle la manifestation de

volonté d'une seule personne peut être source d'*obligations* pour elle.
   ■ Voir aussi : *Acte unilatéral*

Enquête
Procédure civile
Mesure d'instruction par laquelle le juge, soit d'office, soit à la demande d'une partie, recueille les déclarations orales des témoins.
   CPC, art. 204 et s.

Enquête de flagrance
Procédure pénale
Étape de la procédure pénale dans le cas de crimes ou délits punis d'une peine d'emprisonnement qui viennent de se commettre ou sont en train de se commettre, menée par la police judiciaire qui dispose de pouvoirs plus étendus que lors de l'enquête préliminaire notamment pour la conservation des indices ou les perquisitions.
   CPP, art. 53 et s.

Enquête préliminaire
Procédure pénale
Étape de la procédure pénale ouverte d'office ou à la demande du ministère public, menée par les services de police ou de gendarmerie afin de chercher les preuves relatives à une *infraction*.
   CPP, art. 75 et s.

Enquête sociale
Droit des personnes et de la famille
Recherche ayant pour objet de recueillir tous les renseignements susceptibles de permettre au juge, statuant sur l'exercice de l'autorité parentale, d'apprécier où est l'intérêt de l'enfant (situation matérielle et morale de la famille, conditions de vie et d'éducation des enfants). Cette enquête est ordonnée par le juge et ef-

fectuée par une personne qualifiée (assistant social, éducateur spécialisé, association spécialisée).

Enregistrement
Introduction au droit

1. Formalité destinée à faire constater officiellement par l'administration l'existence d'un fait, d'une déclaration ou d'un acte.

2. Inscription d'un acte sur un registre public spécialement constitué à cet effet, cette inscription donnant lieu au paiement d'un impôt. Cette formalité a pour effet principal de conférer à l'acte une date certaine.

C. civ., art. 1328

Enregistrement (des ordonnances)
Histoire médiévale – Histoire moderne

Procédure par laquelle, à la demande du roi, les *lettres patentes* doivent être transcrites dans les registres des juridictions royales afin d'être applicables dans chaque ressort.

Enrichissement sans cause
Droit des obligations

Théorie fondant un *quasi-contrat* en vertu duquel une personne qui s'enrichit sans raison juridique au détriment d'autrui doit l'indemniser.

▪ Voir aussi : *Action de in rem verso*

Enrôlement
Procédure civile

Mise au *rôle*.

▪ Voir aussi : *Saisine, Répertoire général*

Enseigne
Droit commercial – généralités

Appellation originale et de fantaisie, protégée, permettant à la *clientèle* d'identifier une entreprise, un établissement, notamment commercial ou artisanal. L'enseigne est un élément important des fonds économiques, fonds de commerce notamment.

Entente
Concurrence

Pratique anticoncurrentielle consistant en toute action concertée, convention expresse ou tacite entre deux ou plusieurs entreprises ayant pour objet ou pour effet de fausser le jeu de la concurrence sur un marché particulier. L'entente est en principe illicite.

C. com., art. L. 420-1

Entente interrégionale
Droit administratif

Établissement public de coopération entre deux régions ou plus. Les régions doivent détenir un territoire continu. L'entente est créée par *décret* en Conseil d'État.

CGCT, art. L. 5621-1

Entente préalable
Droit de la protection sociale

Accord préalable accordé (sur demande du praticien) par le Service médical de la Sécurité sociale, lequel est d'ailleurs obligatoire pour un certain nombre de soins (à défaut, le remboursement ou la prise en charge des frais médicaux ne saurait intervenir).

CSS, art. R. 322-10

Entiercement
Droit des sûretés

Modalité de mise en œuvre du *gage* avec dépossession qui suppose, avec le

E

consentement des parties, la remise d'une chose à une tierce personne tenue de la conserver.

C. civ., art. 2337 ; C. com., art. L. 521-1

Entraide

Droit rural

Échange, ponctuel ou permanent, de matériel ou de service entre agriculteurs.

C. rur. pêche marit., art. L. 325-1 et s.

Entrave

Droit pénal

Ensemble de *délits* consistant dans le fait de créer volontairement un empêchement, soit à l'arrivée des secours dans le cas d'un danger ou d'un sinistre menaçant la sécurité des personnes, soit à l'exercice de la liberté d'expression, du travail, d'association, de réunion ou de manifestation, par des menaces ou des violences.

C. pén., art. 223-5, 431-1 et s.

Entrée en vigueur

Introduction au droit – sources du droit

Moment à partir duquel un texte normatif devient applicable.

Entrepôt de douane

Finances publiques

1. Locaux dans lesquels sont entreposés les biens faisant l'objet de la procédure suivante.

2. Procédure destinée à faciliter les importations et les exportations. Pour les importations, les stocks sont entreposés auprès des services des *douanes* en franchise de droits de douane. Pour les exportations, les stocks sont exonérés de droit de douane dès leur entrée dans les entrepôts.

Entrepreneur individuel à responsabilité limitée ▪ Voir *Entreprise individuelle à responsabilité limitée (EIRL)*

Entrepreneur principal ▪ Voir *Sous-traitance*

Entreprise ▪ Voir *Contrat d'entreprise*

Entreprise

Introduction au droit

Établissements réunissant, sous une direction commune, des moyens tant humains que matériels en vue de l'accomplissement d'activités économiques, commerciales, industrielles ou de services.

Entreprise individuelle à responsabilité limitée (EIRL)

Droit des sociétés

Entreprise individuelle dans laquelle l'entrepreneur affecte à son activité professionnelle un patrimoine séparé de son patrimoine personnel sans création d'une personne morale. De la sorte, les créanciers professionnels ne peuvent saisir les biens composant le patrimoine personnel.

C. com., art. L. 526-6 et s.

▪ Voir aussi : *Patrimoine d'affectation*

Entreprise de marché

Droit commercial – généralités

Société commerciale ayant pour activité principale d'assurer le fonctionnement d'un *marché réglementé* d'*instruments financiers*.

C. monét. fin., art. L. 421-2

Entreprise publique
Droit administratif

Entreprise ayant le statut *d'établissement public* ou de *société* dont les capitaux sont détenus majoritairement par une personne publique. On distingue les entreprises de service public qui gèrent un service public (EDF-GDF, La Poste, France Télécom) et les entreprises du secteur concurrentiel (Renault). Le droit de l'Union européenne a remis en question la pratique des entreprises publiques, d'où de très importantes *privatisations*.

▪ Voir aussi : *Nationalisation*

Entreprise unipersonnelle à responsabilité limitée (EURL)
Droit des sociétés

Forme de société à responsabilité limitée comprenant un associé unique, dès sa constitution ou à la suite de la réunion de toutes les parts en une seule main.
C. com., art. L. 223-1 et s.

Enveloppe
Finances publiques

Terme courant désignant le *budget* accordé à un service ou à un groupe de services.

▪ Voir aussi : *Crédit budgétaire*

Enveloppe Soleau
Droit de la propriété intellectuelle

Dépôt auprès de l'Institut national de la propriété industrielle (INPI) de dessins ou modèles sous enveloppe aux fins de prouver leur date de création en cas de besoin. Cette enveloppe n'équivaut pas à un dépôt.
CPI, art. R. 511-1 à R. 511-6

▪ Voir aussi : *Dessin et modèle*

Envoi en possession
Droit des successions et libéralités

Autorisation judiciaire accordée à certains *légataires* universels, aux *héritiers* présomptifs en cas d'absence, à l'État en cas de *déshérence*, de se mettre en *possession* des biens qui leur sont dévolus dans la *succession*.
C. civ., art. 724, 811, 1008

Épargne
Introduction au droit

Fraction d'un revenu non affecté à des dépenses de consommation immédiate.

Épargne salariale
Droit social

Mécanismes variés de rémunération collective assortis d'avantages sociaux et fiscaux permettant aux salariés de percevoir une rémunération différée.
C. trav., art. L. 3341-1 à L. 3341-4, R. 3346-1 à R. 3346-3

▪ Voir aussi : *Plan d'épargne salariale, Participation (accord de), Exonération*

Épave
Droit des biens

Bien perdu involontairement par son propriétaire et qui est retrouvé par une autre personne.

▪ Voir aussi : *Res derelictae*

EPERS (Éléments pouvant entraîner la responsabilité solidaire)
Droit immobilier

Élément conçu et produit en vue de satisfaire, en état de service, à des exigences précises et déterminées à l'avance, mis en œuvre sans modification par le constructeur d'un ouvrage immobilier, rendant son fabricant solidairement responsable des garanties décennale et biennale à l'égard du maître de l'ouvrage.

C. civ., art. 1792-4, 1386-6

◾ Voir aussi : *Garantie décennale, Garantie de bon fonctionnement*

Épuisement des voies de recours internes

Droit européen

Règle conditionnant la recevabilité de toute requête présentée à la *Cour européenne des droits de l'homme* et qui exige du *requérant*, en application du principe de *subsidiarité*, d'avoir précédemment engagé, mais en vain, toute procédure nationale susceptible d'apporter une réponse adéquate à sa demande.

Conv. EDH 4 nov. 1950, art. 35, § 1

Épuration

Histoire contemporaine

1. Élimination des membres d'un groupe, d'un parti, d'une société qu'on juge indésirable.

● *Exemple,* épuration de la magistrature (loi du 30 août 1883).

2. Ensemble des sanctions et des procédures prises par des autorités administratives ou des juridictions contre tout individu suspecté ou accusé par le nouveau régime politique de faits de collaboration pendant l'occupation allemande de 1940 à 1945.

Équilibre budgétaire

Finances publiques

Principe fondamental du droit des finances publiques selon lequel les dépenses et les recettes doivent être rigoureusement égales. Le droit européen a renforcé le principe d'équilibre budgétaire depuis le traité de Maastricht. L'Union

européenne demande aux États membres d'atteindre l'équilibre de leurs finances publiques. La Constitution a commencé à être révisée en 2011 pour y inscrire ce principe à l'image de la révision constitutionnelle allemande de 2009. Mais après la signature du Traité européen sur la stabilité, la coordination et la gouvernance le 2 mars 2012, la règle d'or a été introduite en droit français par une loi organique du 17 décembre 2012. La Constitution n'a donc pas été révisée pour y inscrire le principe d'équilibre.

◾ Voir aussi : *Équilibre réel, Règle d'or*

Équilibre institutionnel (principe d')

Droit de l'Union européenne

Principe de préservation, par les institutions de l'Union européenne, des limites de leurs attributions respectives, afin de garantir entre elles le respect de la répartition des pouvoirs voulu par les traités.

Équilibre réel

Finances publiques

Obligation fixée par l'article L. 1612-4 du Code général des collectivités territoriales qui concerne l'ensemble des budgets locaux. Tout *budget* local doit être présenté et voté en équilibre réel et respecter trois conditions : chaque section doit être équilibrée, les recettes et les dépenses doivent être évaluées de façon sincère, le remboursement de l'annuité en capital des emprunts ne peut être financé par le produit de nouveaux emprunts. En cas de défaut d'équilibre réel, le préfet peut saisir la *chambre régionale des comptes*.

▪ Voir aussi : *Finances locales*

Équité
Histoire
1. Correctif de la justice légale (pour Aristote).
2. Moyen de moraliser le droit (pour le christianisme et l'humanisme).
3. Mode de jugement réservé aux parlements sous l'Ancien Régime.
Introduction au droit
Notion qui confère la faculté de modérer ou de suppléer le droit en vigueur en raison de considérations liées à un cas particulier.

C. civ., art. 270, 565, 815-13, 1135, 1579

▪ Voir aussi : *Amiable compositeur, Ex æquo et bono*

Équivalence (principe d')
Droit de l'Union européenne
Principe utilisé par la *Cour de justice de l'Union européenne* et visant à assurer l'égalité du traitement procédural national réservé aux affaires fondées sur le droit de l'Union par rapport à celles qui sont fondées, dans les mêmes matières, sur le droit national. Ce principe encadre donc l'*autonomie procédurale* du juge national dans l'application du *droit de l'Union européenne*.

▪ Voir aussi : *Effectivité (principe d'), Autonomie institutionnelle et procédurale des États membres (principe d')*

Équivalence des conditions
Droit des obligations
Théorie de la *responsabilité civile* en vertu de laquelle tous les événements ayant contribué au *dommage* doivent

être considérés comme ayant joué un rôle causal.

▪ Voir aussi : *Causalité, Causalité adéquate*

ERASMUS (programme) ▪ Voir *SO-CRATES (programme)*

Erga omnes
Introduction au droit
Expression latine signifiant « vis-à-vis de tous », utilisée pour marquer l'*opposabilité* absolue, y compris aux tiers, d'un droit ou d'une décision de justice.

▪ Voir aussi : *Autorité de la chose jugée, Inter partes*

Errata ▪ Voir *Rectificatif*

Erratum ▪ Voir *Rectificatif*

Erreur
Droit des obligations
Fait de croire vrai ce qui est faux ou inversement qui constitue un *vice du consentement* en matière contractuelle.

C. civ., art. 1110

▪ Voir aussi : *Dol, Violence*

Erreur sur le droit
Droit pénal
Cause d'irresponsabilité pénale lorsque la personne poursuivie prouve qu'elle a commis une erreur inévitable concernant l'existence ou l'interprétation d'une règle de droit, lui ayant permis de croire en la légitimité de l'acte accompli.

C. pén., art. 122-3

Erreur judiciaire
Procédure pénale
Mauvaise appréciation des magistrats débouchant sur une décision faussée, qui autorise le recours en révision lorsqu'un nouvel élément apparaît de nature à en-

E

gendrer des doutes quant à la culpabilité de la personne condamnée et le réexamen d'une décision définitive à la suite d'un arrêt de condamnation de la France par la *Cour européenne des droits de l'homme* pour violation des dispositions de la Convention européenne des droits de l'homme.

CPP, art. 622 et s., 626-1 et s. ; L. n° 2014-620, 20 juin 2014

▥ Voir aussi : *Révision*

Erreur manifeste
Droit administratif

Erreur particulièrement grave et flagrante commise par l'*administration* dans l'exercice de son *pouvoir discrétionnaire* d'appréciation. Ce pouvoir n'étant pas contrôlé par le juge administratif, la création de l'erreur manifeste d'appréciation a permis au juge d'étendre son contrôle. Le contrôle de l'erreur manifeste d'appréciation demeure exceptionnel car il ne peut exister que dans le cadre d'un contrôle restreint.

Error communis facit jus
Introduction au droit

Adage de formulation latine selon lequel la croyance collective erronée en l'existence d'une situation ou d'un droit justifie le maintien des actes et des opérations accomplis par les personnes ayant de *bonne foi* souscrit à cette croyance. Cette formule latine se traduit par : « l'erreur commune est créatrice de droit ».

▥ Voir aussi : *Apparence*

Escompte
Droit bancaire

1. Opération de *crédit* par laquelle le porteur d'un *effet de commerce* en transfère la propriété à un *établissement de crédit* procédant en contrepartie à son paiement immédiat, déduction faite d'intérêts et commissions.

2. Intérêts prélevés par l'*établissement de crédit* lors de l'opération d'escompte d'un *effet de commerce* (voir 1.) et dont le montant est fonction du nombre de jours séparant la prise de l'effet et son échéance (synonyme d'*agios*).

▥ Voir aussi : *Réescompte*

Escroquerie
Droit pénal

Délit incriminant le fait de se faire remettre ou de tenter de se faire remettre par autrui des fonds, valeurs ou biens, par tromperie, c'est-à-dire en employant des manœuvres frauduleuses ou en usant de faux noms ou fausses qualités.

C. pén., art. 313-1 et s.

Espace économique européen
Droit de l'Union européenne

Union économique fondée en 1992 et liant aujourd'hui les États membres de l'*Union européenne* et ceux de l'*AELE* (hormis la Suisse), visant à une forme d'intégration économique par le respect des quatre libertés fondant la *Communauté européenne* (libre circulation des marchandises, des services, des capitaux et des personnes) et une coopération économique renforcée en matière, notamment, de concurrence, d'environnement et de protection des consommateurs.

Traité sur l'Espace économique européen, signé à Porto le 2 mai 1992

Espace aérien
Droit international public

Couche atmosphérique relevant de la souveraineté étatique lorsqu'elle en surplombe l'espace terrestre et la mer territoriale, et soumise à un régime de liberté lorsqu'elle surplombe les espaces non territoriaux.

Conv. Chicago, 7 déc. 1944

■ Voir aussi : *Espace extra-atmosphérique*

Espace financier européen
Droit de l'Union européenne
Champ d'intervention des institutions de l'*Union européenne* aux fins d'assurer l'efficacité maximale du marché communautaire des capitaux par la suppression de tout obstacle à leur libre circulation, l'homogénéité des conditions techniques applicables à celle-ci (banques, assurances) et la réalisation de la monnaie unique.

Espace extra-atmosphérique
Droit international public
Zone céleste prolongeant l'espace aérien, utilisée pour les activités spatiales et soumise au principe de la non-appropriation et de la liberté d'utilisation.

Traité sur l'espace, 27 janv. 1967

■ Voir aussi : *Espace aérien*

Espace international
Droit international public
Zone sur laquelle aucun État ne peut revendiquer de titre territorial.

■ Voir aussi : *Espace extra-atmosphérique, Haute mer, Zone*

Espace judiciaire européen
Droit de l'Union européenne
Champ de la coopération politique instaurée entre les États membres de l'Union européenne par le *traité de Maastricht* en matière judiciaire et policière, et formalisé par l'établissement du troisième pilier de l'*Union euro-*

péenne nommé *Coopération en matière de justice et d'affaires intérieures* (CJAI).

■ Voir aussi : *Piliers communautaires, Lisbonne (traité de), Mandat d'arrêt européen*

Espèce
Introduction au droit
Affaire présentée au *juge*.

■ Voir aussi : *Décision d'espèce*

Espionnage
Droit pénal
Ensemble de *crimes* incriminant le fait pour un étranger de porter atteinte aux intérêts fondamentaux de la Nation française, au profit d'une puissance ou d'une organisation étrangère, les mêmes faits accomplis par une personne de nationalité française étant appréhendés sous la qualification de trahison.

C. pén., art. 411-1 et s.

Ester en justice
Droit processuel
Agir en justice.

Estoppel
Procédure civile
Technique anglo-saxonne permettant de sanctionner, sur la base d'un manquement à la bonne foi, une contradiction dans les prétentions d'une partie.

Établissement (liberté d')
Droit de l'Union européenne
Droit, pour tout travailleur non salarié ressortissant d'un État membre de l'*Union européenne*, d'accéder à la profession choisie et de l'exercer de ma-

nière permanente sans entrave sur le territoire d'un autre État membre.

TFUE, art. 49

■ Voir aussi : *Circulation des travailleurs (liberté de), Prestation de services (libre)*

Établissement de crédit
Droit bancaire
Personne morale effectuant à titre de profession habituelle des *opérations de banque*. L'accomplissement d'opérations connexes à leur activité comme les opérations de change, les opérations sur or, métaux précieux et pièces, le placement, la souscription, l'achat, la gestion de *valeurs mobilières*, le conseil et l'assistance en matière de gestion de *patrimoine* ou de gestion financière, les *services de paiement*, leur est autorisé. Sous certaines conditions, ils peuvent prendre et détenir des participations dans des entreprises existantes ou en création.

C. monét. fin., art. L. 511-1, L. 511-2, L. 311-1, L. 311-2, L. 314-1

Établissement de paiement
Droit bancaire
Personnes morales autres que les établissements de crédit, la Banque de France, l'Institut d'émission des départements d'outre-mer, le Trésor public, et la Caisse des dépôts et consignations, qui fournissent à titre de profession habituelle des services de paiement.

C. monét. fin., art. L. 522-1

Établissement public
Droit administratif
Organisme public gérant un *service public*. Service public personnalisé et doté de l'autonomie financière. On distingue deux grandes catégories d'établissements publics : les établissements publics administratifs (hôpitaux) et les établissements publics industriels et commerciaux (EDF-GDF). Tout établissement public est spécialisé dans un domaine de compétence. Il doit être obligatoirement rattaché à une *personne publique* territoriale (*État, région, département, commune*). Étant des personnes morales de droit public, les établissements publics peuvent exproprier et ne peuvent être contraints par les voies d'exécution du droit privé.

■ Voir aussi : *Expropriation*

Établissement stable
Finances publiques
Société ou activité contrôlée par un État exerçant son activité dans un autre État. Selon les conventions fiscales internationales, l'établissement stable sera redevable envers l'État dans lequel il exerce son activité et non envers celui qui le détient.

Établissement d'utilité publique
Droit administratif
Établissement de droit privé reconnu d'utilité publique, ce qui lui procure des avantages, notamment sur le plan fiscal.

État
Droit international public
Collectivité naturelle composée d'une population vivant sur un territoire et soumis à un pouvoir politique organisé doté d'un statut légal qui assure son indépendance.

Comm. Arbitrage Yougoslavie, 29 nov. 1991, avis n° 1

■ Voir aussi : *Reconnaissance d'État*

État civil
Droit des personnes et de la famille

1. Éléments permettant l'identification juridique d'une personne physique. Ces éléments sont : *le nom, le prénom, la filiation, le mariage, la capacité, la nationalité, la date de la naissance et du décès, le domicile.*

2. Identification juridique d'une personne physique (c'est-à-dire application à un cas des éléments précédents).

3. Service de l'État chargé de recenser, de conserver et, dans certaines hypothèses, de communiquer les éléments retenus pour identifier juridiquement les personnes physiques.

C. civ., art. 34 à 101

▪ Voir aussi : *Acte de l'état civil, Identité*

État dangereux
Droit pénal

Notion d'origine criminologique, qui signifie qu'un individu, sans nécessairement avoir déjà violé une norme pénale, présente des caractères de dangerosité à l'encontre de lui-même et de la société.

▪ Voir aussi : *Criminologie, École positiviste*

État de droit
Introduction au droit

Organisation politique d'une société dans laquelle tout détenteur du pouvoir de contrainte, et en particulier du pouvoir d'édicter des *règles de droit*, est lui-même soumis au règne du *Droit*, au même titre que l'ensemble des individus composant cette société.

▪ Voir aussi : *Ordre juridique, Prééminence du droit (principe de)*

État enclavé
Droit international public

État sans littoral mais possédant, au nom du principe de la liberté de la Haute mer, un droit de transit de la part des États côtiers.

Conv. Montego Bay, 10 déc. 1982, art. 124 à 132

▪ Voir aussi : *Haute mer*

État exécutoire
Finances publiques

Acte administratif ayant pour objet d'assurer le recouvrement forcé d'une *créance* de l'État. Il est émis en cas d'échec des procédures de recouvrement amiable. Les états exécutoires sont émis par les *ordonnateurs* de l'État, soit les *ministres*, soit les préfets.

État fédéral
Droit constitutionnel

Organisation territoriale d'un État caractérisée par la coexistence de plusieurs ordres juridiques partiels, appelés États fédérés, chapeautés par un pouvoir central (la fédération) exerçant des compétences communes.

▪ Voir aussi : *Confédération*

État des lieux
Droit des contrats spéciaux

Acte dressé contradictoirement entre le bailleur et le preneur lors de l'entrée en jouissance de celui-ci, destiné à établir la consistance et l'état du bien loué à cette date et permettant d'apprécier en fin de bail l'exécution par le locataire de son obligation de conservation.

C. civ., art. 1730 et 1731 ; L. n° 89-462, 6 juill. 1989, art. 3

État de nécessité
Droit pénal

Cause d'irresponsabilité pénale qui repose sur l'accomplissement d'un acte constituant une infraction, mais nécessaire à la sauvegarde d'une personne ou d'un bien, face à un danger actuel ou imminent.

> C. pén., art. 122-7

État des personnes
Introduction au droit

Partie des éléments juridiques d'identification de la personne regroupant son nom et sa situation de famille. L'expression est alors utilisée comme un sous-ensemble de l'*état civil* qui ne comprend pas la *nationalité, le domicile et la capacité.*

> C. civ., art. 3
> ■ Voir aussi : *État civil*

État de siège
Droit constitutionnel

Situation de guerre ou d'insurrection, déclarée en Conseil des ministres, justifiant provisoirement le transfert du pouvoir des autorités civiles au profit des autorités militaires.

> Const. 4 oct. 1958, art. 36
> ■ Voir aussi : *État d'urgence*

État unitaire
Droit constitutionnel

État dont les structures territoriales sont strictement soumises à l'autorité du pouvoir central.

> ■ Voir aussi : *Décentralisation*

État d'urgence
Droit constitutionnel

Situation exceptionnelle causée par une crise sociale ou une calamité nationale, déclarée en Conseil des ministres, ouvrant des pouvoirs de police renforcés aux autorités civiles afin de rétablir l'ordre public.

> ■ Voir aussi : *Ordre public*

États généraux
Histoire médiévale – Histoire moderne

Assemblée représentant les *trois ordres* (*clergé, noblesse,* tiers état) convoquée par le roi, notamment en cas de crise, pour lui donner conseil et aide.

> ■ Voir aussi : *Ordres (les trois)*

États provinciaux (ou particuliers)
Histoire médiévale – Histoire moderne

Assemblée des trois ordres propre à une province.

> ● *Exemple,* États de Languedoc, États de Bretagne...

Étranger
Droit international privé

1. Personne qui ne possède pas la *nationalité* française.

2. Personne qui ne possède pas la *nationalité* du pays dont il est question.

> ■ Voir aussi : *Apatride, Nationalité*

Être humain
Introduction au droit

Toute personne physique quels que soient son âge, sa condition, sa nationalité ou son état de santé. Ces termes sont le plus souvent utilisés pour souligner la réalité commune de toute personne physique : une nature humaine et vivante, et pour assurer la protection de ces éléments fondamentaux.

> C. civ., art. 16
> ■ Voir aussi : *Dignité de la personne, Inviolabilité du corps humain*

Études d'impact
Finances publiques
En application de l'article 8 de la loi organique n° 2009-403 du 15 avril 2009, mettant en œuvre le nouvel article 39 de la Constitution révisée le 23 juillet 2008, tous les projets de loi doivent être accompagnés d'une étude d'impact. Cette nouvelle obligation permet de connaître le coût des réformes législatives pour les finances publiques. Les propositions de lois ne sont pas soumises à cette exigence.

Euratom ■ Voir *Communauté européenne de l'énergie atomique (CEEA ou Euratom)*

EURL ■ Voir *Entreprise unipersonnelle à responsabilité limitée*

Euro
Droit de l'Union européenne
Monnaie commune à certains États membres de l'*Union européenne* remplissant des critères économiques prédéfinis et mise en circulation le 1er janvier 2002.
■ Voir aussi : *Union économique et monétaire (UEM)*

Eurojust ■ Voir *Unité européenne de coopération judiciaire*

Europol ■ Voir *Office européen de police*

Euthanasie
Droit pénal
Fait de donner sciemment la mort à une personne atteinte d'une maladie incurable et souffrant de manière insupportable, en général poursuivi pénalement en France sous la qualification d'*assassinat*, mais qui peut donner lieu à la prise

en compte par la juridiction de jugement de la raison qui a poussé le délinquant à agir afin de diminuer la peine prononcée.
■ Voir aussi : *Mobile*

E

Évasion fiscale
Finances publiques
Pratique consistant à réduire le montant de ses *impôts* en toute légalité. L'évasion fiscale constitue un manque à gagner important pour les budgets publics mais ne constitue pas une *fraude fiscale* dès lors que le droit est respecté. La territorialité de l'impôt a conduit de nombreuses entreprises à délocaliser leurs activités pour les concentrer dans des *paradis fiscaux*.

Évêque
Histoire
Étym. : du grec *episcopos*, « le surveillant ». Dignitaire ecclésiastique le plus élevé. Titulaire du pouvoir d'ordre (pouvoir de consacrer un autre évêque et d'ordonner les prêtres), de juridiction (sur les laïcs et le clergé) et d'administration (du patrimoine ecclésiastique).

Éviction (indemnité d')
Droit commercial – généralités
Indemnité due, par le bailleur d'un local commercial ou artisanal au preneur, en cas de non-renouvellement d'un bail commercial qui correspond au préjudice causé par le défaut de renouvellement.
C. com., art. L. 145-7, L. 145-8, L. 145-14 et s.
■ Voir aussi : *Propriété commerciale, Droit au renouvellement*

E

Évocation
Procédure civile
Possibilité conférée aux *cours d'appel* statuant sur une *mesure d'instruction* ou sur une *exception de procédure*, d'examiner l'affaire au fond afin de trancher le litige (ex. : une cour d'appel statuant sur une exception d'incompétence peut décider dans le cas où elle est juridiction d'appel de la juridiction effectivement compétente au premier degré, d'évoquer l'affaire, c'est-à-dire de l'examiner dans son entier comme si elle lui était déférée en appel).
CPC, art. 89, 568

Ex æquo et bono
Introduction au droit
Formule latine utilisée pour une décision d'un juge ou d'un arbitre, prononcée « selon ce qui est équitable et bon » dans un cas particulier, permettant de corriger ou de suppléer le droit positif en vigueur.
■ Voir aussi : *Équité*

Examen de personnalité
Procédure pénale
Étude réalisée au cours de l'instruction sur la personnalité d'un individu mis en examen, comportant un volet médical, psychologique et social.
CPP, art. 41, 81

Exceptio est strictissimae interpretationis ■ Voir *Interprétation stricte*

Exceptio non adimpleti contractus
Droit des obligations
Expression latine désignant l'exception d'inexécution.
■ Voir aussi : *Exception d'inexécution*

Exception ■ Voir *Exception de procédure*

Exception de connexité
Procédure civile
Exception de procédure par laquelle une partie demande, lorsque des affaires présentant un lien étroit ont été portées devant différentes juridictions, que l'une soit dessaisie au profit de l'autre afin que les deux affaires soient jugées ensemble.
CPC, art. 101

Exception dilatoire
Procédure civile
Exception de procédure permettant de suspendre l'instance (ex. : pour appeler une personne en garantie).
CPC, art. 108 et s.
■ Voir aussi : *Sursis à statuer*

Exception d'incompétence ■ Voir *Compétence d'attribution, Compétence territoriale*

Exception d'inconstitutionnalité
Contentieux constitutionnel
Renvoi préjudiciel formé par le juge ordinaire devant la juridiction constitutionnelle afin de vérifier la constitutionnalité de l'application d'une norme juridique.

Exception d'inexécution
Droit des obligations
Moyen de défense permettant au créancier d'un *contrat synallagmatique* de ne pas exécuter sa prestation tant que son débiteur n'a pas exécuté la sienne.
■ Voir aussi : *Exceptio non adimpleti contractus, Droit de rétention, Résolution*

Exception d'irrecevabilité
Droit constitutionnel

Technique parlementaire dilatoire visant à faire constater, par un vote des députés ou des sénateurs, l'inconstitutionnalité d'un projet ou d'une proposition de loi en cours de discussion.
RAN, art. 91-4

Exception de litispendance ▪ Voir *Litispendance*

Exception de nullité ▪ Voir *Nullité de procédure*

Exception d'ordre public
Droit international privé

Moyen permettant au *juge* du *for* d'écarter la loi étrangère désignée par la *règle de conflit* lorsque son application heurte l'*ordre public international*.

▪ Voir aussi : *Effet atténué de l'ordre public (théorie de l')*

Exception préjudicielle ▪ Voir *Question préjudicielle*

Exception préliminaire
Droit européen

Moyen soulevé par l'État *défendeur* devant la *Cour européenne des droits de l'homme* et visant à faire constater l'irrecevabilité de la requête présentée par le *requérant* (le plus souvent pour non *épuisement des voies de recours internes*) avant tout examen au fond.

Exception de procédure
Procédure civile

Moyen de défense portant sur une question de procédure et paralysant, en principe temporairement, l'instance (ex. : exception d'incompétence ou de nullité pour vice de forme).
CPC, art. 73 et s.

▪ Voir aussi : *Compétence d'attribution, Compétence territoriale, Nullité de procédure, Litispendance, Exception de connexité, Exception dilatoire*

Exception de recours parallèle
Droit administratif

Règle contentieuse destinée à limiter le nombre des recours par souci d'économie. Le juge administratif juge un recours irrecevable s'il existe un autre recours possible. Le juge est rigoureux et canalise les requérants pour les obliger à suivre une voie normale.

Excès de pouvoir ▪ Voir *Recours pour excès de pouvoir*

Exclusivité (clause d')
Distribution

Modalité d'une obligation contractuelle en vertu de laquelle une personne réserve ses prestations *(fourniture, approvisionnement, licence mandat...)* à son partenaire contractuel à l'exclusion de tout autre, le plus souvent dans un territoire déterminé. Cette clause doit être limitée à dix ans en droit français et cinq en droit de l'Union européenne lorsque l'exclusivité porte sur des biens meubles, sous peine de nullité.
C. com., art. L. 330-1 ; Règl. d'exemption n° 330/2010, 20 avr. 2010

▪ Voir aussi : *Franchisage, Concession*

Excommunication
Histoire

Peine ecclésiastique par laquelle un individu est retranché de la communion de

E

l'Église catholique et mis en dehors de tous sacrements. L'excommunication est à la fois une censure religieuse et sociale (exclusion de la communauté) et une sanction religieuse juridique aux conséquences éventuellement politiques.

• *Exemple,* excommunication de l'empereur Henri IV par le pape Grégoire VII (1076-1080).

Excuse de minorité ▪ Voir *Minorité pénale*

Exécuteur testamentaire
Droit des successions et libéralités

Mandataire désigné par le testateur pour « veiller ou procéder à l'exécution de ses volontés ». La loi du 23 juin 2006 a complètement réécrit la section du Code civil consacrée aux exécuteurs testamentaires afin de tenir compte de la jurisprudence qui avait peu à peu étendu les pouvoirs de ces derniers.

C. civ., art. 1025 et s.

Exécutif (pouvoir)
Droit constitutionnel

1. Organes de l'État, dirigés par le chef de l'État et/ou le chef du gouvernement, chargés principalement de déterminer et de conduire la politique de la nation au moyen de l'administration.

2. Fonction de décision gouvernementale qui comprend le pouvoir d'initiative et d'application des lois, de direction de l'administration, d'élaboration du pouvoir réglementaire et de conduite des relations extérieures de l'État.

Const. 4 oct. 1958, art. 20

▪ Voir aussi : *Gouvernement*

Exécution (droit à l')
Droit européen

Droit de tout justiciable d'obtenir l'exécution des décisions de justice passées en force de chose jugée (en particulier de la part de l'Administration).

Conv. EDH 4 nov. 1950, art. 6

▪ Voir aussi : *Procès équitable (droit à un)*

Exécution forcée
Procédure civile

Ensemble des moyens de contrainte exercés pour imposer, dans le respect des garanties et des formalités prescrites par la loi, l'exécution des obligations.

▪ Voir aussi : *Titre exécutoire, Saisie*

Exécution sur minute
Procédure civile

Forme particulièrement rapide d'exécution permettant au bénéficiaire d'une décision d'en exiger la mise en œuvre sur présentation de la *minute*, c'est-à-dire de l'original de la décision, sans avoir au préalable à faire signifier une copie revêtue de la formule exécutoire.

CPC, art. 503

▪ Voir aussi : *Expédition, Signification, Notification*

Exécution d'office
Droit administratif

Privilège de l'*administration* qui a le pouvoir de mettre en application certaines de ses décisions sans autorisation ni discussion. Cette exécution pouvant causer du tort aux personnes privées, elle peut donner lieu à versement d'indemnités mais rarement à contestation.

▪ Voir aussi : *Décision exécutoire*

Exécution provisoire
Procédure civile
Moyen de faire échec à l'*effet suspensif* de certaines *voies de recours* en permettant au bénéficiaire d'une décision de justice de la faire exécuter sans attendre mais à ses risques et périls.
CPC, art. 514 et s.

Exécution provisoire de droit
Procédure civile
Exécution provisoire prévue par la loi.
• *Exemple,* les ordonnances de référé sont exécutoires de plein droit.

Executive agreement ▪ Voir *Accord en forme simplifiée*

Exégèse ▪ Voir *École de l'exégèse*

Exemption de peine
Droit pénal
Mesure de personnalisation de la sanction pénale, consistant en général dans une *dispense de peine* en dépit d'une déclaration de culpabilité ou, en particulier, dans une exemption de peine pour certaines infractions telles que le terrorisme ou la participation à une association de malfaiteurs si la personne a révélé des informations permettant l'identification des autres protagonistes ou l'interruption de l'exécution de l'infraction.
C. pén., art. 132-58 et s., 422-1, 450-2
▪ Voir aussi : *Dispense de peine*

Exequatur
Droit international privé – Droit processuel
Procédure se déroulant devant le *tribunal de grande instance* en vue de donner *force exécutoire* aux *jugements* rendus à l'étranger. L'*exequatur* s'impose aussi à

certains actes étrangers ou *sentences arbitrales.*
CPC, art. 509, 1477, 1498
▪ Voir aussi : *Conflit de juridictions*

Exercice
Droit des sociétés – Droit fiscal et comptable
Mesure de temps de la vie sociale, généralement annuelle, au terme de laquelle les dirigeants sociaux doivent informer les associés de l'activité et des résultats de la société. Cette information est réalisée par la rédaction d'un rapport et la remise des documents comptables tels le bilan, le compte de résultat et l'inventaire.

Exercice (système de l')
Finances publiques
Règle de rattachement des charges et des produits à l'exercice (année budgétaire). Le critère du système de l'exercice est la date de naissance de l'*obligation*. Par exemple, pour une dépense engagée le 30 septembre 2014, elle sera rattachée à l'exercice 2014. On ne se soucie pas de la date de paiement. L'inconvénient du système est que les comptes de l'exercice ne correspondent pas avec les avoirs en caisse. L'avantage est que la comptabilité est patrimoniale : on travaille en stocks plutôt qu'en flux.
▪ Voir aussi : *Caisse (système des comptes de)*

Exhérédation
Droit des successions et libéralités
Action de déshériter ses *héritiers* présomptifs limitée à la *quotité disponible* lorsque ces derniers sont réservataires.
C. civ., art. 913
▪ Voir aussi : *Réserve*

Exhibitionnisme

Droit pénal

Comportement d'une personne qui expose volontairement des parties de son corps ou effectue des gestes en rapport avec l'acte sexuel, incriminé en tant que délit lorsque l'exposition est faite dans un lieu accessible à la vue du public.

C. pén., art. 222-32

Exigible (créance)

Droit des obligations

Caractère d'une *créance* dont le paiement n'est pas assorti d'un *terme* et dont le *paiement* peut donc être immédiatement réclamé.

■ Voir aussi : *Certaine (créance), Liquide (créance)*

Exonération fiscale

Droit fiscal et comptable

Mécanisme de liquidation de l'impôt qui dispense le redevable du paiement d'une partie ou de la totalité d'un impôt. Les exonérations ne peuvent résulter que d'une disposition de la loi fiscale.

Exonération

Droit de la protection sociale

Mesure exceptionnelle permettant au cotisant d'échapper à la totalité ou à une partie seulement des charges sociales lui incombant (exonération de cotisations) ou permettant à l'assuré social de bénéficier d'une prise en charge totale de ses frais médicaux et d'hospitalisation (exonération du ticket modérateur).

■ Voir aussi : *Ticket modérateur, Assurance risques professionnels*

Expatriation

Droit social – Droit de la protection sociale

Situation d'un salarié ou d'un assuré social se trouvant à l'étranger pour une longue durée ou sans aucun lien avec un donneur d'ouvrage situé dans son pays d'origine.

CSS, art. L. 762-1 ; Règl. (CEE) n° 883-2004, 29 avr. 2004, art. 11 ; Règl. (CEE) n° 593-2008, 17 juin 2008, dit « Rome I », art. 8

■ Voir aussi : *Détachement temporaire (à l'étranger), Caisse des Français de l'étranger*

Expectative (simple)

Introduction au droit

Espoir d'être titulaire d'un *droit* qui n'est pas encore né, mais que les circonstances rendent probable (situation de l'héritier supposé d'une personne encore en vie). Cette notion a été utilisée (par opposition à celle de *droits acquis*) pour résoudre les *conflits de loi dans le temps*, les simples expectatives pouvant être contrariées par la loi nouvelle. Toutefois, en raison de son imprécision, l'utilisation de cette notion et de la théorie qu'elle sert est en déclin.

■ Voir aussi : *Droit acquis, Application immédiate de la loi*

Expédition

Introduction au droit

Copie d'un *acte authentique* dont la conformité à l'*original* est certifiée par le *notaire* qui conserve ce dernier.

C. civ., art. 1334 et s.

■ Voir aussi : *Copie, Grosse, Minute*

Expédition du jugement
Procédure civile
Copie du *jugement* délivrée par le *greffe* et revêtue de la *formule exécutoire*.
CPC, art. 502, 1435 à 1441

Expérimentation médicale
Introduction au droit
Tests pratiqués sur l'homme afin de comprendre le fonctionnement du corps humain et de ses maladies ou d'évaluer des méthodes de diagnostic ou de soins.
C. civ., art. 16, 16-6 ; C. santé publ., art. 209 ; C. pén., art. 223-8, 223-9
■ Voir aussi : *Respect du corps humain*

Expert-comptable
Droit fiscal et comptable
Membre d'une profession libérale réglementée et organisée en Ordre, chargé d'examiner, d'estimer et certifier la comptabilité des entreprises constituant sa clientèle.

Expert judiciaire
Droit processuel
Technicien nommé par le *juge* afin de réaliser une *expertise*.
CPC, art. 263 et s.

Expertise
Droit processuel
Mesure d'instruction exigeant des investigations complexes.
CPC, art. 263 et s.
■ Voir aussi : *Constatation, Consultation*

Expertise de gestion
Droit fiscal et comptable
Mission effectuée par un expert, désigné en justice, destinée à analyser une opération litigieuse réalisée par une SARL ou une SA. La demande de désignation d'un tel expert émane d'associé(s) re-

présentant au moins 1/10e du capital social, du ministère public, du comité d'entreprise ou de l'AMF.
C. com., art. L. 223-37

Exploit d'huissier
Procédure civile
Acte de procédure accompli par un *huissier de justice*.

Exploitation agricole à responsabilité limitée (EARL)
Droit rural
Forme de société civile ayant pour objet l'exploitation d'une activité agricole. Cette société, qui peut être unipersonnelle, ne peut être constituée que par dix associés au plus, dont certains simples bailleurs de fonds, peuvent ne pas être exploitants.
C. rur. pêche marit., art. L. 324-1 et s.

Exposé des motifs
Droit constitutionnel
Document précédant le dispositif d'un projet ou d'une proposition de loi afin d'en justifier l'adoption parlementaire.

Expropriation
Droit administratif
Privilège des *personnes publiques* leur permettant de prendre possession d'un *bien immeuble* ou d'un droit réel. L'expropriation doit toujours être justifiée par l'utilité publique et comporter une indemnisation suffisante. La procédure d'expropriation commence par une phase administrative et s'achève par une phase judiciaire. La compétence des deux ordres de juridiction caractérise le contentieux de l'expropriation.
■ Voir aussi : *Prérogative de puissance publique*

E

Expulsion
Procédure civile
Mesure d'*exécution forcée* obligeant une personne à libérer un bien qu'elle occupe sans droit.
CPC ex., art. L. 411-1 et s., R. 411-1 et s.

Extension (d'une convention ou d'un accord collectif)
Droit social – Droit de la protection sociale
Décision ministérielle qui confère un caractère réglementaire à une convention ou à un accord collectif de travail ou de protection sociale complémentaire et lui donne ainsi une portée juridique allant au-delà du seul effet relatif des contrats ; la convention ou l'accord collectif élargi est alors applicable à tous les employeurs (signataires ou non) compris dans son champ d'application territorial et professionnel.
C. trav., art. L. 2233-2, L. 2261-19 à L. 2261-25 ; CSS, art. L. 911-3
■ Voir aussi : *Élargissement (d'une convention collective), Convention collective*

Extériorité
Droit des obligations
Caractère traditionnel de la *force majeure* désignant un événement indépendant de la volonté du débiteur ou des moyens matériels ou humains qu'il met en œuvre.
■ Voir aussi : *Imprévisibilité, Irrésistibilité*
C. civ., art. 1148

Exterritorialité
Droit international public
Extension de la compétence étatique à des situations ou à des personnes ne se trouvant pas sur son territoire.

Extorsion
Droit pénal
Crime ou *délit* reposant sur le fait d'obtenir une signature, un engagement, une renonciation, la révélation d'un secret, la remise de fonds, de valeurs ou d'un bien, par l'utilisation de la violence ou de menaces.
C. pén., art. 312-1 et s.

Extradition
Droit international public
Procédure de coopération interétatique suivant laquelle l'État remet, à la requête d'un autre État, une personne se trouvant sur son territoire mais qui est poursuivie pénalement par l'État requérant.
L. 10 mars 1927

Extrait
Introduction au droit
Partie d'un acte littéralement recopiée et officiellement communiquée par la personne qui a la charge de le conserver (notaire, officier d'état civil).

Extranéité (élément d')
Droit international privé
Élément étranger au droit du *for*, né des relations juridiques internationales entre personnes privées et justifiant de ce fait l'application des règles de *droit international privé*.

Extrapatrimonial ■ Voir *Droits extrapatrimoniaux*

Facilités de caisse
Droit bancaire
Découvert de courte durée accordé à titre exceptionnel par un *établissement de crédit* à son client.
■ Voir aussi : *Ouverture de crédit*

Factoring ■ Voir *Affacturage*

Facturation ■ Voir *Facture*

Facture
Concurrence
Document devant être émis par tout professionnel, dans le cadre de son activité, lors de toute vente de produits ou délivrance de prestation de services. La facture doit notamment mentionner le prix hors taxe des produits vendus ou des services rendus ainsi que les rabais et ristournes accordés par le vendeur ou prestataire de services.
C. com., art. L. 441-3 ; CGI, art. 289-0 et s., R. 123-237

Faculté
Droit administratif
Structure de base de l'enseignement supérieur avant 1968. Actuellement, les facultés ne sont que des *unités de formation et de recherche* appartenant aux *universités*. Les décisions d'une faculté sont prises par le conseil d'UFR et exécutées par le *doyen*. En réalité, le pouvoir appartient aux conseils centraux et au président d'université. Les plus an-

ciennes facultés sont les facultés de droit et de médecine.

Faculté de rachat ■ Voir *Rachat (faculté de)*

Faillite civile
Consommation ■ Voir *Rétablissement personnel*

Faillite personnelle
Liquidation et redressement judiciaires
Sanction professionnelle prononcée dans le cadre d'une *procédure collective* à l'encontre de personnes physiques convaincues de certaines négligences ou comportements répréhensibles. Outre certaines déchéances professionnelles et civiques, elle emporte interdiction de diriger, gérer, administrer ou contrôler toute entreprise commerciale ou artisanale, toute exploitation agricole ou toute entreprise ayant toute autre activité indépendante et toute personne morale.
C. com., art. L. 653-2 et s.

Fait générateur de l'imposition
Finances publiques
Fait juridique créant une dette fiscale à l'égard du fisc. Le fait générateur de l'imposition sur les revenus est tout simplement de percevoir des revenus supérieurs à un certain barème fixé chaque année par la loi de finances.

Fait juridique
Droit des obligations
Événement indépendant de la volonté susceptible de produire des effets de droit (ex. : accident).
■ Voir aussi : *Acte juridique*

Fait justificatif
Droit pénal
Circonstance prévue par un texte pénal, dont la preuve qui doit en principe être

rapportée par la personne poursuivie, supprime la responsabilité pénale de celle-ci et, parfois, sa responsabilité civile.

Fait majoritaire
Droit constitutionnel
Situation politique de soutien inconditionnel du gouvernement par la majorité des députés de l'Assemblée nationale.

Fait du prince
Droit administratif
Pouvoir de modification unilatérale d'un *contrat administratif*. Ce privilège appartient à l'*administration* à l'encontre de son cocontractant pour adapter le contrat aux nécessités nouvelles du *service public*. En contrepartie, l'équilibre financier devra être rétabli et l'administration devra indemniser son cocontractant afin de réparer intégralement le préjudice subi.

■ Voir aussi : *Prérogative de puissance publique*

Famille
Droit des personnes et de la famille
1. Ensemble de personnes liées entre elles par l'existence d'un ancêtre commun.
2. Ensemble constitué des parents (ou d'un parent) et des enfants.
C. civ., art. 213, 215, 220-1, 1397

■ Voir aussi : *Abandon de famille*

Famille adoptive
Droit des personnes et de la famille
Famille à laquelle une personne adoptée se trouve liée par l'effet de l'adoption (par opposition à la famille d'origine).
C. civ., art. 356 et s., 363 et s.

■ Voir aussi : *Famille d'origine, Adoption simple, Adoption plénière*

Famille d'origine
Droit des personnes et de la famille
Famille biologique d'une personne adoptée (par opposition à la famille adoptive). Syn. : Famille par le sang.
C. civ., art. 356 et s., 363 et s.

■ Voir aussi : *Famille adoptive, Adoption simple, Adoption plénière*

Famille monoparentale
Droit des personnes et de la famille
Cellule familiale constituée par un seul parent et ses enfants.

Famille recomposée
Droit des personnes et de la famille
Cellule familiale constituée par un couple élevant des enfants qui ne sont pas communs (ou pas tous communs).

Famille par le sang ■ Voir *Famille d'origine*

Faute
Droit des obligations
Erreur de conduite, intentionnelle ou non, susceptible d'engager la *responsabilité* de son auteur.
C. civ., art. 1147, 1382

Faute grave
Droit social
Faute commise par le salarié qui implique un licenciement immédiat de celui-ci dans la mesure où l'importance de la faute commise exclut toute possibilité de maintien de son auteur dans l'entreprise même seulement pour la durée du préavis.
C. trav., art. L. 1234-1, L. 1234-4 à L. 1234-5

■ Voir aussi : *Licenciement, Cause réelle et sérieuse, Faute lourde, Pouvoir disciplinaire*

Faute inexcusable

Droit de la protection sociale

Faute commise à l'occasion de la survenance d'un risque professionnel qui implique un acte d'une gravité exceptionnelle, dérivant d'un acte ou d'une omission volontaire, de la conscience du danger que devait ou qu'aurait dû en avoir son auteur et de l'absence de toute cause justificative. La faute inexcusable commise par l'employeur ou son préposé entraîne une majoration des prestations de sécurité sociale dues à la victime, ainsi que la possibilité pour celle-ci et/ou ses ayants droit d'engager la responsabilité civile de l'auteur de la faute pour la part du préjudice non couverte par la couverture sociale (*pretium doloris*, préjudice esthétique, perte d'une chance, etc.).

CSS, art. L. 452-1 et L. 453-1

■ Voir aussi : *Assurance risques professionnels, Faute intentionnelle*

Droit des obligations

Faute volontaire d'une exceptionnelle gravité exposant sans raison valable son auteur à un danger dont il aurait dû avoir connaissance, prévue en matière d'indemnisation d'accident de la circulation.

L. n° 85-667, 5 juill. 1985, art. 3

Faute intentionnelle

Droit pénal ■ Voir *Intention*

Droit de la protection sociale

Faute commise à l'occasion de la survenance d'un risque professionnel qui implique un acte volontaire assorti de l'intention délibérée de son auteur de produire un dommage (ex. : coups et blessures volontaires). La faute intentionnelle commise par l'employeur ou son préposé ouvre la possibilité pour la victime et/ou ses ayants droit d'engager la responsabilité civile de l'auteur de la faute pour la part du préjudice non couverte par la Sécurité sociale (*pretium doloris*, préjudice esthétique, perte d'une chance, etc.). En revanche, la faute intentionnelle de la victime a pour effet de la priver d'une partie des prestations de sécurité sociale.

CSS, art. L. 452-5 et s., L. 453-1

■ Voir aussi : *Faute inexcusable*

Faute lourde

Droit social

Faute grave assortie de l'intention manifestée par le salarié de nuire à son employeur, laquelle implique, outre le licenciement immédiat et l'absence de tout préavis pour l'auteur de la faute, la perte de ses indemnités de congés payés et la possibilité pour l'employeur d'engager la responsabilité civile du préposé.

C. trav., art. L. 2511-1, L. 3141-26 à L. 3141-28

■ Voir aussi : *Licenciement, Faute lourde, Pouvoir disciplinaire*

Faute lucrative

Droit des obligations

Faute dont son auteur calcule qu'elle lui sera plus profitable que s'il respectait la règle applicable.

● *Exemple,* un journal publie un article portant atteinte à la vie privée d'une personne, escomptant que l'augmentation des ventes lui rapportera plus que ne lui coûtera l'indemnisation de la victime.

■ Voir aussi : *Dommages-intérêts punitifs*

Faute non intentionnelle
Droit pénal
Élément moral des délits non intentionnels, qui peut être une faute simple constituée par l'imprudence, la négligence ou le manquement à une obligation de sécurité ou de prudence, une faute de mise en danger délibérée qui suppose la violation volontaire d'une obligation particulière de prudence ou de sécurité entraînant un risque pour autrui ou une faute caractérisée qui expose autrui à un risque d'une particulière gravité qui ne pouvait être ignoré au moment de l'action.

C. pén., art. 121-3

Faute objective
Droit des obligations
Erreur de conduite qui entraîne la responsabilité de son auteur même s'il n'est pas en mesure de comprendre la portée de son acte, c'est-à-dire même si cette erreur ne lui est pas imputable, parce qu'il est mineur ou majeur dépourvu de ses facultés mentales.

■ Voir aussi : *Imputabilité*

Faute personnelle
Droit administratif
Faute imputable à une ou plusieurs personnes, le plus souvent des *fonctionnaires*. La faute personnelle est soit commise par un *agent public* en dehors du *service public*, soit détachable du service pour une raison objective. Le juge compétent est toujours le juge judiciaire, par conséquent la responsabilité civile s'applique.

Faute de service
Droit administratif
Faute impersonnelle engageant la responsabilité de la *puissance publique*.

La faute de service est précisément dénommée « faute du *service public* » pour bien marquer l'imputabilité de la responsabilité. Les juridictions administratives sont compétentes pour condamner l'*administration* coupable de faute de service. Dans la plupart des cas, la faute simple suffit.

● *Exemple,* mauvaise organisation du service.

Faux ■ Voir *Inscription de faux*

Faux en écriture
Droit pénal
Ensemble de *délits* (pouvant être qualifiés *crimes* en raison de la qualité de l'*auteur*) consistant à altérer frauduleusement au préjudice d'autrui le support physique ou le contenu d'un écrit privé ou public, à détenir ce document ou à en faire usage.

C. pén., art. 441-1 et s.

Faux témoignage
Droit pénal
Délit incriminant le fait de mentir en justice dans une déclaration faite sous serment.

C. pén., art. 434-13 et s.

Fédéralisme ■ Voir *État fédéral*

Fente successorale
Droit des successions et libéralités
Division de la *succession* en deux parts égales dévolues pour l'une à la ligne paternelle, pour l'autre à la ligne maternelle, lorsque le *de cujus* ne laisse que des ascendants ou des collatéraux présents dans les deux lignes.

● *Exemple,* si le défunt laisse, dans la ligne paternelle, son père et, dans la ligne maternelle, son grand-père, sa succession se partagera par moitié entre les deux ascendants. Il en irait de même s'il laissait un oncle dans la ligne paternelle et un cousin dans la ligne maternelle.

C. civ., art. 746 et s.

Féodalité
Histoire médiévale

1. Mode d'organisation sociale et politique fondée sur la confusion entre la propriété et le pouvoir.

2. Se dit aussi du système politique et social des Xe-XIIe siècles fondé sur le *fief*.

Histoire moderne
Survivances judiciaires, économiques et juridiques du système précédent.

• *Exemple,* tenures, corvées, droits féodaux...

▪ Voir aussi : *Fief*

Fermage
Droit rural

1. *Bail* qui a pour objet de confier au preneur l'exploitation d'un fonds rural, à charge pour lui de verser un loyer.

2. Loyer versé par le preneur, le fermier, fixé en argent ou en nature.

C. civ., art. 1764 et s. ; C. rur. pêche marit., art. L. 411-1 et s.

▪ Voir aussi : *Métayage*

Ferme
Droit administratif
Contrat de délégation de *service public* plus connu sous le nom d'*affermage*.

Ferme générale
Histoire moderne
Système fiscal par lequel le roi fait recouvrer l'ensemble des revenus domaniaux et des impôts indirects du royaume par un groupe de financiers. Le monarque par arrêt du conseil consent un bail unique d'une durée de six ans en

échange du versement immédiat par les fermiers ou « traitants » d'une somme d'argent.

Fermeture d'établissement
Droit pénal

Peine complémentaire qui entraîne la fermeture temporaire ou définitive d'un établissement et l'interdiction d'exercer dans celui-ci l'activité à l'occasion de laquelle l'infraction a été commise.

C. pén., art. 131-10, 131-33

Fiançailles
Droit des personnes et de la famille
Promesse de mariage échangée par les deux futurs époux. Cette promesse ne constitue pas un engagement juridique obligatoire, ce n'est qu'exceptionnellement qu'elle produit des effets de droit (la rupture abusive et le décès accidentel d'un des fiancés avant la célébration du mariage ouvrant droit à réparation).

Fiche de prévention des expositions
Droit social
Quelle que soit la taille de l'entreprise, l'employeur a l'obligation d'établir une fiche nominative visant à recenser les risques professionnels et la pénibilité auxquels se trouve confronté chaque salarié dans l'entreprise. Cette fiche doit être rédigée dès l'instant où un ou plusieurs salariés sont exposés à un ou plusieurs des risques particuliers (contraintes physiques marquées, environnement physique agressif et/ou rythmes de travail pouvant entraîner des effets irréversibles sur la santé).

C. trav., art. L. 4161-1

▪ Voir aussi : *Accord de prévention de la pénibilité, Compte personnel de prévention de la pénibilité, Pénibilité*

F

Fichier
Introduction au droit
Ensemble regroupant des renseigne-ments classés de manière rationnelle afin d'en faciliter la consultation. Lors-que ces renseignements concernent des données personnelles, le droit contrôle leur existence, leur contenu et leur or-ganisation pour éviter les atteintes aux libertés individuelles qu'ils pourraient favoriser.

L. n° 78-17, 6 janv. 1978 relative à l'informatique, aux fichiers et aux li-bertés

Fichier immobilier
Droit des sûretés
Document tenu dans chaque commune par les services chargés de la publicité foncière qui contient le nom de pro-priétaires d'*immeubles* ainsi que les actes soumis à une *publicité foncière* concernant tout immeuble bâti ou non bâti.

Fiction (Théorie)
Introduction au droit
Technique législative qui consiste à dé-former la réalité pour lui faire produire des effets juridiques considérés comme souhaitables et que la stricte analyse de la situation n'aurait pas permis d'appli-quer.
● *Exemple,* la rétroactivité de la nullité (c'est-à-dire la disparition à la fois pour le passé et pour l'avenir de l'acte nul, le droit remonte ainsi le cours du temps en le modifiant alors que cette action est physiquement impossible) ; la représentation successorale...

Fidéicommis ■ Voir *Libéralité rési-duelle*

Fiducie
Droit des biens
Acte juridique par lequel une personne, le constituant, transfère temporaire-ment, soit à titre de garantie, soit pour une gestion, soit à des fins de libéralités, un bien, des droits ou des sûretés à une autre personne, le fiduciaire, tenue de transmettre cette propriété à un tiers ou au constituant.

C. civ., art. 2011 et s.
■ Voir aussi : *Trust*

Fief
Histoire médiévale
Tenure noble concédée par un seigneur à son vassal à charge de services nobles.

Filiale
Droit des sociétés
Désignation d'une société dont une frac-tion importante du capital social, géné-ralement 50 % (le droit fiscal prévoit un régime de faveur dès lors qu'une société détient 10 % du capital de l'autre so-ciété), est détenue par une autre société, appelée société mère.

C. com., art. L. 233-1 et s.

Filiation
Droit des personnes et de la famille
Lien juridique unissant l'enfant à ses parents ou à un seul d'entre eux.

C. civ., art. 310 et s.

Filiation adoptive
Droit des personnes et de la famille
Lien juridique de parent à enfant qui a été créé par l'*adoption*.

C. civ., art. 343 et s.
■ Voir aussi : *Adoption*

Filiation adultérine
Droit des personnes et de la famille

Filiation de l'enfant dont l'un des parents était, lors de sa conception, marié avec une autre personne que celle qui l'a conçu. L'ordonnance n° 2005-759 du 4 juillet 2005 a gommé du *corpus* législatif les notions d'enfant, adultérin, naturel et légitime afin de parfaire l'égalité entre les filiations.

■ Voir aussi : *Adultère*

Filiation incestueuse
Droit des personnes et de la famille

Filiation de l'enfant né de relations incestueuses, c'est-à-dire de relations entre des personnes parentes ou alliées à un degré tellement proche que leur mariage est prohibé (entre lesquelles il existe un *empêchement à mariage*). L'établissement de la filiation à l'égard d'un des parents interdit son établissement à l'égard de l'autre.

C. civ., art. 310-2

Filiation légitime
Droit des personnes et de la famille

Filiation de l'enfant né de parents mariés entre eux. L'ordonnance n° 2005-759 du 4 juillet 2005 a gommé du *corpus* législatif les notions d'enfant naturel et légitime afin de parfaire l'égalité entre les filiations.

Filiation naturelle
Droit des personnes et de la famille

Filiation de l'enfant né de parents qui ne sont pas mariés entre eux. L'ordonnance n° 2005-759 du 4 juillet 2005 a gommé du *corpus* législatif les notions d'enfant naturel et légitime afin de parfaire l'égalité entre les filiations.

Filouterie
Droit pénal

Délit consistant pour une personne qui sait être dans l'impossibilité absolue de payer ou qui ne veut pas payer à se faire servir des biens de consommation, des produits ou des prestations de services.

C. pén., art. 313-5

Fin de non-recevoir
Procédure civile

Moyen de défense tendant à faire déclarer l'action irrecevable, sans examen au fond, pour défaut de droit d'agir (ex. : défaut d'intérêt ou prescription de l'action).

CPC, art. 122

Finances locales
Finances publiques

Ensemble des recettes et des dépenses des *collectivités territoriales* et de leurs établissements publics. Depuis le traité de Maastricht, les *finances locales* sont regroupées avec les finances de l'État et les finances des administrations de *sécurité sociale* et constituent un ensemble appelé finances publiques. Depuis 1979, un comité des finances locales a été constitué afin de veiller sur les recettes des collectivités territoriales, en particulier la *DGF*.

CGCT, art. L. 1211-1

■ Voir aussi : *Budget, Équilibre réel*

Fisc
Finances publiques

Appellation traditionnelle des services financiers chargés d'établir les *impôts*. Étym. : du latin *fiscus*, signifiant *Trésor public*.

Fiscalité
Finances publiques

Ensemble des règles et des pratiques applicables aux *impôts*. La fiscalité regroupe l'ensemble des règles du droit fiscal et leur application concrète. La *loi* fiscale détermine l'assiette, le taux et les modalités de recouvrement des impositions de toute nature. La fiscalité présente une particularité par rapport aux autres domaines de l'*administration* : le pragmatisme prime souvent sur l'application de la légalité. Ainsi, l'article L. 80-A du Livre des procédures fiscales permet à un contribuable de se prévaloir d'une doctrine administrative même illégale à condition qu'elle lui soit favorable. Ce souci de sécurité juridique n'est pas absolu en raison de la rétroactivité de bon nombre de dispositions fiscales.

Flagrance ■ Voir *Enquête de flagrance*

Fleuve international
Droit international public

Cours d'eau naturel et navigable, traversant ou délimitant l'espace terrestre d'au moins deux États.

Conv. New York 21 mai 1997, utilisation des cours d'eau internationaux

■ Voir aussi : *Cours d'eau international*

Folle enchère
Droit des contrats spéciaux – Voies d'exécution

Nouvelle *vente aux enchères* d'un immeuble sanctionnant l'inexécution de ses obligations par le premier adjudicataire (le fol enchérisseur), encore appelée « réitération des enchères ».

C. com., art. L. 321-14, al. 3 ; CPC ex., art. R. 322-66 et s.

■ Voir aussi : *Réitération des enchères*

Fonction législative communautaire
Droit de l'Union européenne

Processus d'adoption des *actes juridiques de l'Union européenne* selon les procédures définies par le *Traité sur le fonctionnement de l'Union européenne* issu du *traité de Lisbonne* et résultant de la collaboration des institutions de l'*Union européenne (Commission européenne, Conseil et Parlement européen)*.

TFUE, art. 288 et s.

Fonction publique
Droit administratif

Il existe en France trois fonctions publiques : la fonction publique de l'État, la fonction publique territoriale et la fonction publique hospitalière. La fonction publique obéit à des règles contenues dans des statuts législatifs. Le recrutement de la fonction publique s'opère par *concours* administratif. Pour exécuter sa mission d'intérêt général, l'administration dispose d'un *budget* et de la *fonction publique*.

Fonctionnaire
Droit administratif

Agent public membre de l'une des trois fonctions publiques relevant d'un statut et soumis au pouvoir hiérarchique de ses supérieurs. La carrière du fonctionnaire comporte des avancements à l'ancienneté et au choix. Les préfets, comme les anciens élèves de l'*ENA*, sont de hauts *fonctionnaires*.

Fonctionnaire international

Droit international public

Agent international rattaché d'une façon exclusive et continue au service d'une organisation internationale et bénéficiant de privilèges et immunités pour accomplir sa tâche.

Fond

Introduction au droit

1. Règle de droit substantielle, par opposition aux règles de *preuve* ou aux règles de *procédure*.

2. Règle de droit qui, pour la constitution, le maintien ou l'extinction d'une situation juridique, instaure des exigences qui traduisent la conception juridique de la situation concernée, ses éléments fondamentaux, sa substance (par opposition aux règles de *forme* qui indiquent la manière dont doit se manifester, dont doit être présenté l'élément concerné). Ce sens est celui auquel se réfère l'expression : condition de fond.

● *Exemple,* l'échange des consentements est une condition de fond de la formation des contrats.

▪ Voir aussi : *Forme*

Fondation

Droit des biens

1. Acte juridique par lequel une personne physique ou morale décide d'affecter un bien ou un droit de manière irrévocable à une personne morale pour la réalisation d'une œuvre d'intérêt général et à but non lucratif.

2. Organisme de droit privé qui, à la suite de dons ou legs, affecte des biens pour une œuvre d'intérêt général et à but non lucratif.

Fonds

Droit des biens

Désigne un *immeuble* bâti ou non bâti.

Fonds de commerce

Droit commercial – généralités

Ensemble des éléments corporels (matériel ; marchandise...) et incorporels (*brevet* ; *marque* ; *enseigne* ; *nom* ; *clientèle* ; *achalandage*...) réunis par un commerçant ou un industriel à des fins d'exploitation, constituant un *bien meuble incorporel* distinct des éléments le composant et soumis pour la plupart des opérations le concernant (*vente* ; *apport* ; *nantissement*...) à une réglementation spécifique.

C. com., art. L. 141-1 et s., L. 141-5 et s.

Fonds commun de créances (FCC)

Droit financier

Ancienne dénomination (jusqu'en 2008) des *fonds communs de titrisation.*

Fonds commun de placement (FCP)

Droit financier

Copropriété d'instruments financiers et de *dépôts* dont les *parts* sont émises et rachetées à la demande, selon les cas, des souscripteurs ou des porteurs et à la valeur liquidative majorée ou diminuée, selon les cas, des frais et commissions. Le fonds n'a pas la *personnalité morale* et n'est pas soumis au régime de *l'indivision* ou de la *société en participation*.

C. monét. fin., art. L. 214-8 et s., D. 214-6 à D. 214-8

Fonds commun de titrisation

Droit financier

Organisme de titrisation constitué sous forme de copropriété à l'initiative conjointe d'une société chargée de sa gestion et d'une personne morale dépo-

F

sitaire de la trésorerie des créances du fonds. Il n'a pas la personnalité morale et n'est pas soumis au régime de l'indivision ou de la société en participation.

C. monét. fin., art. L. 214-42-1, L. 214-49-4 et s.

Fonds dominant

Droit des biens

Immeuble, bâti ou non bâti, qui bénéficie d'une *servitude*.

▪ Voir aussi : *Fonds servant*

Fonds de dotation

Droit financier

Personne morale de droit privé à but non lucratif qui reçoit et gère, en les capitalisant, des biens et droits de toute nature qui lui sont apportés à titre gratuit et irrévocable et utilise les revenus de la capitalisation en vue de la réalisation d'une œuvre ou d'une mission d'intérêt général ou les redistribue pour assister une personne morale à but non lucratif dans l'accomplissement de ses œuvres et de ses missions d'intérêt général.

L. n° 2008-776, 4 août 2008, art. 140 ; D. n° 2009-158, 11 févr. 2009

Fonds économique

Droit commercial – généralités

Conjonction de moyens corporels et incorporels dont la réunion dans un but d'exploitation permet la création d'une universalité de fait réalisant un *bien meuble incorporel* attractif de *clientèle* et source de revenus. La valeur de cet agglomérat est supérieure à la somme algébrique des valeurs des différents éléments composant l'ensemble. Reconnus initialement au profit des commerçants avec le *fonds de commerce*, de tels fonds bénéficient aujourd'hui à des

activités civiles : fonds artisanal, fonds libéral.

▪ Voir aussi : *Clientèle, Fonds de commerce*

Fonds européen de développement (FED) ▪ Voir *Fonds structurels*

Fonds européen de développement régional (FEDER) ▪ Voir *Fonds structurels*

Fonds européen d'orientation et de garantie agricole (FEOGA) ▪ Voir *Fonds structurels*

Fonds de garantie automobile

Droit des obligations

Organisme assurant l'indemnisation des victimes d'accident d'automobile ou d'accident de chasse lorsque l'auteur n'est pas identifié ou est insolvable.

C. assur., art. L. 421-1 et s.

Fonds d'investissement de proximité (FIP)

Droit financier

Fonds commun de placement à risques dont *l'actif* est constitué, pour 60 % au moins, de *titres financiers*, *parts* de *société à responsabilité limitée* et avances en *compte courant*, dont au moins 20 % dans des nouvelles entreprises exerçant leur activité ou juridiquement constituées depuis moins de huit ans, émis par des *sociétés* ayant leur siège dans un *État* membre de l'*Union européenne* ou dans un autre *État* partie à l'accord sur *l'Espace économique européen* ayant conclu avec la France une convention fiscale qui contient une clause d'assistance administrative en vue de lutter contre la fraude ou l'évasion fiscale, sous réserve de respecter certaines conditions d'objet, de taille et de lieu d'exercice de l'activité.

C. monét. fin., art. 214-31 et s., R. 214-65

Fonds marins ▪ Voir *Zone*

Fonds national de garantie individuelle de ressources

Finances publiques

La réforme de la taxe professionnelle initiée par la loi n° 2009-1673 du 30 décembre 2009, loi de finances pour 2010, a institué un mécanisme de garantie de ressources pour les collectivités territoriales. L'État compensera partiellement les budgets locaux qui y perdront par rapport aux recettes fiscales de la taxe professionnelle de 2009. La loi de finances pour 2010 a compensé intégralement l'impact de la réforme par le versement d'une compensation relais. Pour 2011, le budget de l'État verse 2,5 milliards d'euros de dotation de compensation de la taxe professionnelle. Cette somme étant insuffisante, un second mécanisme de péréquation a été institué : le Fonds national de garantie individuelle de ressources. Dans ce fonds, l'État ne paie rien. L'État prélève les collectivités qui y gagnent pour redistribuer à celles qui y perdent. Ce mécanisme se fait par niveau : régions, départements et bloc communal. Ce mécanisme représente un enjeu majeur pour les budgets locaux.

▪ Voir aussi : *Réforme de la taxe professionnelle, Dotation de compensation de la taxe professionnelle*

Fonds national de solidarité

Droit de la protection sociale

Fonds créé en 1956 dont la principale mission est de servir aux personnes âgées indigentes une allocation supplémentaire.

CSS, art. L. 815-2

Fonds national pour l'emploi (FNE)

Droit social

Fonds budgétaire dans lequel sont regroupés tous les crédits correspondant aux charges de l'État en faveur des salariés affectés par le développement économique et des techniques.

C. trav., art. L. 5111-1 et s., R. 5111-2 et s.

▪ Voir aussi : *Licenciement, Préretraite*

Fonds de placement immobilier (FPI)

Droit financier

Organisme de placement collectif immobilier, constitué par une *copropriété* composée *d'actifs* immobiliers, *d'instruments financiers* et de certains autres actifs dont les *parts* sont, dans les conditions fixées par le règlement général de *l'Autorité des marchés financiers*, émises et rachetées à la demande des porteurs à la valeur liquidative majorée ou diminuée, selon le cas, des frais et commissions. Le fonds n'a pas la *personnalité morale* et n'est pas soumis au régime de *l'indivision* ou de la *société en participation*.

C. monét. fin., art. L. 214-89, L. 214-130 et s. ; AMF, Règl. gén., art. 315-60 à 315-74

F

Fonds servant
Droit des biens
Immeuble qui supporte la charge d'une *servitude*.

▪ Voir aussi : *Fonds dominant*

Fonds social européen (FSE)
Droit de l'Union européenne
Instrument financier de l'Union européenne administré par la *Commission européenne* et destiné à financer l'action de l'Union pour favoriser l'emploi des travailleurs en son sein ou les actions des États membres allant en ce sens.
TFUE, art. 162 à 164
▪ Voir aussi : *Fonds structurels*

Fonds structurels
Droit de l'Union européenne
Instruments financiers de l'Union européenne visant à la promotion d'une plus grande cohésion économique et sociale par l'octroi d'aides financières destinées, en particulier, aux régions les moins favorisées de l'*Union européenne* et ayant un retard de développement. Les fonds structurels principaux sont : le *Fonds social européen* (FSE), le Fonds européen de développement régional (FEDER) et le Fonds européen d'orientation et de garantie agricole (FEOGA).
TFUE, art. 175 à 178

Fongibilité
Droit des biens ▪ Voir *Chose fongible*
Finances publiques
Depuis la réforme du budget de l'État de 2001, les crédits sont gérés et dépensés par programme. Le responsable de programme dispose d'une grande liberté d'utilisation de ses crédits. Cette liberté d'action porte le nom de *fongibilité* (LOLF, art. 7). La fongibilité signifie

que le responsable de programme peut utiliser librement des crédits de fonctionnement pour financer des investissements ou inversement. En effet, son principal objectif est d'être performant dans l'utilisation des crédits. En termes techniques, la fongibilité s'exprime par le fait que la répartition des crédits par titre n'est pas obligatoire mais seulement indicative. La règle de fongibilité est limitée par la fongibilité asymétrique.

▪ Voir aussi : *Fongibilité asymétrique, Programme*

Fongibilité asymétrique
Finances publiques
Le responsable de programme dispose d'une grande liberté qui est dénommée fongibilité. Toutefois, l'article 7 de la loi organique relative aux lois de finances décide que les crédits du titre 2 (charges de personnel) ne peuvent pas être augmentés. Cela signifie que dans chaque programme, les crédits sont divisés en deux blocs : le titre 2 (qui ne peut pas être augmenté) et les autres titres (qui peuvent communiquer librement entre eux ou recevoir des crédits en provenance du titre 2). En somme, le responsable de programme doit respecter deux limitations infranchissables : le montant total des crédits de son programme et le montant total des dépenses de personnel (titre 2). Le terme asymétrique signifie que le titre 2 peut donner mais ne peut pas recevoir.

▪ Voir aussi : *Fongibilité, Programme*

For
Introduction au droit
1. Tribunal.

2. Tribunal saisi d'un litige comportant un élément d'extranéité.

■ Voir aussi : *Lex fori, Forum shopping*

Force de chose jugée
Procédure civile -- Procédure pénale
Caractère d'une décision de justice contre laquelle ne peut pas être exercée une *voie de recours* suspensive.

■ Voir aussi : *Effet suspensif*

Force exécutoire
Procédure civile
Qualité attachée à certains titres permettant de procéder à leur *exécution forcée.*

● *Exemple,* décision de justice revêtue de la formule exécutoire, procès-verbal de conciliation signé par le juge et les parties...

■ Voir aussi : *Titre exécutoire, Saisie*

Force majeure
Droit des obligations
Événement *imprévisible, irrésistible* et *extérieur* à la volonté des parties, qui empêche le débiteur d'exécuter son obligation et l'exonère de toute responsabilité.
C. civ., art. 1148

■ Voir aussi : *Extériorité, Imprévisibilité, Irrésistibilité*

Force obligatoire (du contrat)
Droit des obligations
Principe découlant de la théorie de *l'autonomie de la volonté* en vertu duquel le *contrat* valablement conclu lie les parties.
C. civ., art. 1134

■ Voir aussi : *Autonomie de la volonté, Consensualisme, Effet relatif des contrats, Opposabilité*

Force probante
Introduction au droit – preuve
Valeur accordée à un type de *preuve* (cette valeur varie selon l'objet de la preuve et le type de preuve concerné).

Force publique
Droit administratif
Terme général désignant les corps de *fonctionnaires* civils et militaires dont dispose le *gouvernement* : police nationale, compagnies républicaines de sécurité, gendarmerie, armée. Pour faire appliquer la *loi* ou une décision de justice, il peut être nécessaire de faire appel à la force publique. La force publique doit être nécessairement soumise au pouvoir politique.

Forclusion
Procédure civile
Sanction du défaut d'accomplissement d'un *acte de procédure* dans le délai imparti.

■ Voir aussi : *Relevé de forclusion*

Foreign Court Theory
Droit international privé
Théorie du *renvoi* en droit anglais dit « renvoi double » en ce qu'il autorise le juge du *for* à prendre en compte non seulement la *règle de conflit* étrangère, c'est-à-dire celle du pays désigné par sa propre règle de conflit, mais aussi les conséquences attachées au renvoi dans ce pays.

Forfait
Droit des contrats spéciaux
Modalité de détermination du prix dans certains *contrats d'entreprise*, notamment en matière immobilière (« marché à forfait »), consistant à fixer dès l'origine le montant ferme et définitif de la

F

F

rémunération allouée à l'entrepreneur en contrepartie de l'ouvrage qui lui est commandé.

C. civ., art. 1793 ; CMP, art. 16

◾ Voir aussi : *Devis*

Forfait de communauté
Droit des régimes matrimoniaux
Clause d'un *contrat de mariage* par laquelle l'un des époux ou ses *héritiers* ne pourront exiger que le paiement d'une certaine somme pour tout droit dans la communauté.

C. civ., art. 1522 et 1523 anc.

Formalisme
Droit des obligations
Principe en vertu duquel l'accomplissement d'une formalité, souvent la rédaction d'un écrit, est nécessaire à la validité d'un acte juridique.

◾ Voir aussi : *Consensualisme, Contrat solennel*

Formation professionnelle en alternance
Droit social
Variété de contrats de travail offerts aux jeunes de seize à vingt-cinq ans leur permettant de compléter leur formation initiale et d'acquérir une qualification professionnelle ou de s'adapter à un emploi en occupant un emploi salarié par alternance avec des périodes de formation.

C. trav., art. L. 6324-5, L. 6325-1, L. 6325-2

Formation professionnelle continue
Droit social
Offre de formation professionnelle faite aux personnes engagées dans la vie ac-

tive et ayant, à ce titre, ouvert des droits en la matière.

C. trav., art. L. 6111-1 et s.

Forme
Introduction au droit
1. Règles de *preuve* ou de *procédure*, par opposition aux règles de *fond* (aux règles qui concernent la substance du droit).

2. Règle gouvernant la manière dont doit être présentée, extériorisée une situation, une opération juridique, indiquant les formalités qui doivent être accomplies (par opposition aux règles de fond). Ce sens est celui auquel se réfère l'expression : condition de forme.

◾ Voir aussi : *Fond, Formalisme*

Formule exécutoire
Procédure civile
Formule apposée sur un acte afin de lui donner force exécutoire et ordonnant aux agents de la force publique de prêter leur concours à son exécution.

● *Exemple,* la formule exécutoire doit être apposée par le greffe sur les jugements pour permettre leur exécution forcée.

◾ Voir aussi : *Force exécutoire, Titre exécutoire*

Fortune de mer
Droit des transports
1. Tout risque de mer fortuit.

C. assur., art. L. 172-11

2. *Patrimoine* de mer indépendant du patrimoine de l'*armateur*, comprenant le *navire*, le *fret* ainsi que leurs accessoires, servant d'assiette à des privilèges spéciaux et assurant le plafonnement de la responsabilité de l'armateur.

C. transports, art. L. 5114-8 et s. ; Conv. int. Londres, 19 nov. 1976, sur la limitation de responsabilité en matière de créances maritimes (D. n° 86-1371, 23 déc. 1986)

■ Voir aussi : *Patrimoine d'affectation*

Forum ■ Voir *For, Forum shopping*

Fournisseur de service téléphonique au public
Droit commercial – Consommation
■ Voir *Service téléphonique au public*

Foyer fiscal
Droit fiscal
La notion de foyer correspond à un groupe d'au moins deux personnes qui déclarent fiscalement vivre ensemble dans un même domicile pendant l'année fiscale. Il n'est pas nécessaire d'être mariés pour constituer un foyer fiscal.

CGI, art. 6
■ Voir aussi : *Impôt sur le revenu*

Forum shopping
Droit international privé
Tactique consistant, dans un conflit privé international, à choisir la juridiction que l'on va saisir en fonction de la loi qu'elle va appliquer (ce qui revient à influer sur la loi applicable). Cette tactique est rendue possible par la diversité des règles de compétence juridictionnelle.

■ Voir aussi : *Conflit de lois dans l'espace, Conflit de juridictions*

Frais professionnels réels
Droit fiscal et comptable
Mécanisme propre à la liquidation de l'impôt sur le revenu qui permet de déduire les frais réels professionnels du

revenu imposable. Il doit s'agir de frais nécessités par l'exercice de l'activité salariée, de frais engagés pendant l'année fiscale, de frais justifiables à la demande de l'administration.

CGI, art. 82 à 84
■ Voir aussi : *Impôt sur le revenu*

Frais professionnels / frais d'atelier
Droit social – Droit de la protection sociale
Frais supplémentaires engagés personnellement par le salarié pour couvrir les charges de caractère spécial inhérentes à la fonction ou à l'emploi occupé ; à ce titre, ils doivent obligatoirement être pris en charge par l'employeur et sont exclus de l'assiette des cotisations de sécurité sociale dans des conditions fixées par arrêté ministériel.

CSS, art. L. 242-1 ; A. min. 20 déc. 2002
■ Voir aussi : *Assiette des cotisations, Cotisations de sécurité sociale*

Franchisage
Distribution
Système de commercialisation, dans le cadre d'un *réseau de distribution* de produits et/ou services, fondé sur la mise en œuvre d'un *savoir-faire* commercial.

C. com., art. L. 330-3 ; Règl. d'exemption n° 330/2010, 20 avr. 2010
■ Voir aussi : *Franchise (contrat de)*

Franchise (contrat de)
Distribution
Contrat par lequel une personne appelée « franchiseur » met à la disposition d'une autre personne appelée « franchisé », un *savoir-faire* original, *une marque* et/ou une *enseigne* ainsi qu'une assistance technique ou commerciale, en contrepartie de quoi le commerçant

franchisé paie une redevance et s'approvisionne en produits ou services auprès de lui ou d'une personne agréée par lui (V. Norme AFNOR Z 20-000, août 1987).

C. com., art. L. 330-3 ; Règl. d'exemption n° 330/2010, 20 avr. 2010

■ Voir aussi : *Distribution sélective, Concession commerciale*

Francisation

Droit des personnes et de la famille

Possibilité, lors de l'acquisition de la nationalité française, de demander la modification de son nom et/ou de son prénom pour leur donner une consonance française.

L. n° 72-964, 25 oct. 1972

Fratrie

Droit des personnes et de la famille

Ensemble des frères et sœurs d'une famille.

Fraude

Introduction au droit

Action faite dans le but de tromper autrui ou d'échapper à l'application d'une règle impérative.

■ Voir aussi : *Fraus omnia corrumpit, Mauvaise foi*

Fraude fiscale

Finances publiques

Pratiques illicites destinées à payer moins d'*impôts*. Exemple simple : une fausse déclaration permet de minimiser son revenu imposable. La fraude fiscale est réprimée par des pénalités et des *redressements*.

CGI, art. 1741 à 1743

Fraude au jugement ■ Voir *Forum shopping*

Fraude à la loi

Droit international privé

Détournement de la *règle de conflit* par la modification volontaire du lien de *rattachement* dans le but exclusif de se soustraire à l'application de *la* loi normalement désignée.

■ Voir aussi : *Forum shopping*

Fraus omnia corrumpit

Introduction au droit

Règle juridique selon laquelle l'existence d'une *fraude* (c'est-à-dire d'une action ayant pour but de tromper autrui ou d'échapper à l'application d'une règle impérative) permet de remettre en cause la situation ou le droit constitués grâce à elle. La sanction est, selon les cas, l'*inopposabilité* ou la *nullité*. La traduction de cette formule latine est « la fraude corrompt tout ».

Fret

Droit des transports

1. Prix du transport maritime de marchandises et de l'*affrètement* maritime.

C. transports, art. L. 5422-1, L. 5423-3, L. 5423-7 ; D. n° 66-1078, 31 déc. 1966, art. 5, 18, 41 et s.

2. Marchandises transportées par voie maritime, terrestre ou aérienne.

Fréteur

Droit des transports

Propriétaire du navire mis à disposition d'un affréteur par un contrat d'*affrètement*.

■ Voir aussi : *Affrètement*

Frontière
Relations internationales
Ligne juridique artificielle, ne s'appuyant pas nécessairement sur des réalités naturelles, délimitant le territoire terrestre d'un État.
■ Voir aussi : *Ligne de base*

Fructus
Droit des biens
Attribut du droit de *propriété* qui permet de percevoir les *fruits* d'un *bien*.
■ Voir aussi : *Abusus, Usus*

Frugifère ■ Voir *Chose frugifère*

Fruits
Introduction au droit
Désigne tout ce qui est susceptible d'être fourni par une *chose* périodiquement, sans que la substance de cette chose en soit affectée.
C. civ., art. 520, 547, 582 et s., 630, 635, 815-10, 1014 et s., 1539 et s., 1614, 2471
■ Voir aussi : *Chose frugifère, Produit*

Fruits civils
Introduction au droit
Revenus perçus, sous la forme de loyers notamment, par le propriétaire d'une *chose* mise à la disposition d'un tiers.
C. civ., art. 547, 584

Fruits industriels
Introduction au droit
Fruits liés au travail de l'homme, lors de productions agricoles notamment.
C. civ., art. 547, 583, al. 2

Fruits naturels
Introduction au droit
Fruits qui émanent directement de la *chose*, à l'exclusion de tout travail.
C. civ., art. 547, 583, al. 1

Fruits et revenus de propres
Droit des régimes matrimoniaux
Ensemble des *revenus* nés de la jouissance d'un *bien propre* d'un époux et qui tombent en communauté.
C. civ., art. 1401, 1403
■ Voir aussi : *Gains et salaires*

Fuite ■ Voir *Délit de fuite*

Fusion
Droit des sociétés
Opération par laquelle deux ou plusieurs sociétés procèdent à une unification patrimoniale afin de ne plus former qu'une seule et même société. Cette opération peut être réalisée par l'absorption. La société absorbante procède à une augmentation de capital à proportion de l'actif de l'absorbée. L'opération peut consister en la création d'une société nouvelle à laquelle les sociétés préexistantes font apport de leur patrimoine avant de disparaître.
C. civ., art. 1844-4 ; C. com., art. L. 236-1

GAEC ■ Voir *Groupement agricole d'exploitation en commun*

Gage
Droit des sûretés
Contrat, établi par écrit, par lequel le constituant affecte un bien ou un ensemble de *biens* mobiliers corporels, présents ou futurs, au paiement d'une *créance*.
C. civ., art. 2333 et s.
■ Voir aussi : *Nantissement*

Gage immobilier
Droit des sûretés
Contrat réel, anciennement qualifié « antichrèse » conférant au créancier la *possession* d'un *immeuble* appartenant au débiteur à titre de *sûreté* et lui permettant d'en percevoir les *fruits*.
C. civ., art. 2387 et s.
■ Voir aussi : *Gage*

Gage sur stock
Droit des sûretés
Contrat par lequel le débiteur affecte, au bénéfice d'un créancier, son stock, notamment de matières premières, en garantie du recouvrement de sa dette.
C. com., art. L. 527-1 et s.
■ Voir aussi : *Gage*

Gain journalier de base
Droit de la protection sociale
Rémunération servant de base de calcul à diverses prestations essentiellement journalières d'assurances sociales.
CSS, art. R. 323-4
■ Voir aussi : *Assurances sociales*

Gain de survie
Droit des régimes matrimoniaux
Ancien droit pour l'époux survivant de faire peser sur la communauté pendant neuf mois ses frais de nourriture, de logement, de deuil. Il a été abrogé par la loi du 3 décembre 2001, et remplacé par le *droit temporaire au logement*.
C. civ., art. 1481 anc.

Gains et salaires
Droit des régimes matrimoniaux
Ensemble des *revenus* nés d'une activité professionnelle d'un époux et qui tombent en communauté.
C. civ., art. 223, 1401
■ Voir aussi : *Fruits et revenus de propres*

Gallicanisme
Histoire
Principes et doctrines fondant le statut particulier de l'Église de France (ou « gallicane »). Le roi y exerce une autorité de nature temporelle, le pape conservant la sienne en matière spirituelle.

Garage ■ Voir *Contrat de garage*

Garantie
Droit des sûretés
Faculté conférée à un créancier de se protéger contre l'inexécution des obligations du débiteur et les risques de son insolvabilité.
■ Voir aussi : *Sûreté*

G

Droit des obligations
Construction doctrinale élaborée par Boris Starck consistant à rechercher le fondement de la responsabilité civile dans l'atteinte aux droits de la victime, par comparaison entre le droit de la victime à la sécurité et le droit d'agir reconnu à chacun.

● *Exemple*, si une personne est blessée dans un accident, son droit à la sécurité l'emporte et elle doit obtenir réparation sans avoir à prouver la faute de l'auteur du dommage ; si un critique commente une œuvre, son droit à agir l'emporte et sa responsabilité ne peut être engagée que pour faute.

▪ Voir aussi : *Responsabilité civile, Risque*

Garantie contre les changements de doctrine
Droit fiscal et comptable
Le Livre des procédures fiscales veut garantir la sécurité juridique au bénéfice des contribuables. Pour cela, il existe une garantie contre les changements de doctrine. Lorsque les instructions des services fiscaux sont modifiées, les contribuables peuvent se prévaloir des dispositions antérieures plus favorables.

LPF, art. L. 80-A

Garantie (appel en)
Procédure civile ▪ Voir *Appel en garantie*

Garantie (dépôt de)
Droit des contrats spéciaux
Somme d'argent versée au créancier d'une obligation afin d'en garantir l'exécution à terme. Souvent désigné par la pratique sous le terme de « caution », le dépôt de garantie n'est ni un cautionnement, ni un véritable dépôt, mais un gage d'espèce constitutif d'une sûreté réelle.

L. n⁰ 89-462, 6 juill. 1989, art. 3 et 22 ; CCH, art. R. 261-28 et s.

Garantie (obligation de)
Droit des contrats spéciaux
Obligation accessoire destinée à renforcer l'exécution d'une obligation principale en imposant à son débiteur, indépendamment de toute faute et malgré la force majeure, l'exécution du résultat promis. Une obligation de garantie est souvent mise à la charge du débiteur d'une chose destinée à être utilisée, notamment dans les contrats de vente, vente d'immeuble à construire, entreprise et bail, afin d'assurer la jouissance paisible et l'utilité attendue de la chose.

▪ Voir aussi : *Garantie de conformité, Garantie d'éviction, Garantie des vices cachés*

Garantie de bon fonctionnement
Droit immobilier
Responsabilité de plein droit pesant sur le constructeur d'un ouvrage immobilier, d'une durée minimale de deux ans à compter de la *réception* de l'ouvrage (garantie biennale), relative aux dommages affectant les éléments d'équipement dissociables du bâtiment.

C. civ., art. 1792-3

▪ Voir aussi : *EPERS (Éléments pouvant entraîner la responsabilité solidaire), Garantie décennale*

Garantie de conformité
Droit des contrats spéciaux
Garantie légale due par le vendeur professionnel à l'acheteur consommateur dans les contrats de vente de biens meubles corporels et d'entreprise tendant à la fabrication ou à la production de tels

biens, tendant à garantir la conformité du bien livré au contrat.

C. consom., art. L. 211-1 et s.

■ Voir aussi : *Délivrance, Garantie des vices cachés*

Garantie décennale
Droit immobilier

Responsabilité de plein droit pesant sur le constructeur d'un ouvrage immobilier, pendant dix ans à compter de la réception des travaux, relative aux dommages qui compromettent la solidité de l'ouvrage ou de ses éléments d'équipement indissociables ainsi que ceux qui rendent l'ouvrage impropre à sa destination.

C. civ., art. 1792, 1792-1, 1792-2

■ Voir aussi : *EPERS (Éléments pouvant entraîner la responsabilité solidaire), Garantie de bon fonctionnement*

Garantie d'emprunt
Finances publiques

Aide indirecte d'une personne à un emprunteur destinée à réduire le taux d'intérêt et faciliter l'obtention du prêt. Après 1982, les *collectivités territoriales* ont accordé trop de garanties d'emprunts aux entreprises. Pour protéger les contribuables contre ce risque, la loi n° 88-13 du 5 janvier 1988 a encadré l'octroi de garanties d'emprunts.

CGCT, art. L. 2252-1

Garantie d'éviction
Droit des contrats spéciaux

Obligation imposant à certains contractants, notamment au vendeur et au bailleur, de prévenir et, le cas échéant, réparer les atteintes à la jouissance ou à la propriété, provenant de leur fait (éviction du fait personnel) ou émanant d'un tiers (éviction du fait d'un tiers), affectant ou risquant d'affecter l'autre partie.

C. civ., art. 884 et s., 1626 et s., 1705, 1719, 1725

Garantie de parfait achèvement
Droit immobilier

Garantie due par l'entrepreneur d'un ouvrage immobilier l'obligeant à réparer tous les désordres signalés par le *maître de l'ouvrage* dans l'année de la *réception* (garantie annale).

C. civ., art. 1792-6

Garantie de passif
Droit des sociétés

Clause fréquemment insérée dans les conventions de cession de droits sociaux en vertu de laquelle le cédant garantit le cessionnaire des droits pour une valeur comptable conventionnellement fixée.

Garantie à première demande
Droit des sûretés

Contrat également appelé garantie autonome ou garantie indépendante par lequel le garant prend l'engagement de payer une somme d'argent à un tiers, le bénéficiaire, sans pouvoir invoquer d'exception.

C. civ., art. 2321

■ Voir aussi : *Cautionnement*

Garantie des vices cachés
Droit des contrats spéciaux

Obligation d'origine légale imposant au débiteur d'une chose destinée à être utilisée, notamment au vendeur et au bailleur, de garantir l'aptitude de la chose à l'usage prévu.

C. civ., art. 1641 et s., art. 1721

■ Voir aussi : *Action estimatoire, Action rédhibitoire, Garantie de conformité, Vice caché*

G

Garde
Droit des obligations
Pouvoir d'usage, de direction et de contrôle sur une chose ou un animal, exercé par une personne, le gardien, et susceptible d'engager sa responsabilité.
C. civ., art. 1384, 1385
▪ Voir aussi : *Responsabilité du fait des choses*

Garde des Sceaux
Histoire médiévale – Histoire moderne
Commissaire révocable à qui est confiée la garde des sceaux et, le plus souvent, l'ensemble des pouvoirs du chancelier lors de la disgrâce de celui-ci.
Droit processuel
Nom traditionnellement donné au ministre de la Justice.

Garde de la structure et garde du comportement
Droit des obligations
Théorie du droit de la *responsabilité délictuelle* dissociant la *garde* portant sur la matière de la chose et celle liée à son utilisation.
● *Exemple,* une télévision explose en étant transportée dans des conditions normales : le responsable sera le fabricant, gardien de la facture.
C. civ., art. 1384
▪ Voir aussi : *Responsabilité du fait des choses*

Garde à vue
Procédure pénale
Mesure de contrainte, sous le contrôle de l'autorité judiciaire, à l'encontre d'une personne, contre laquelle il existe une ou plusieurs raisons plausibles de soupçonner qu'elle a commis ou tenté de commettre un crime ou un délit puni d'emprisonnement, par un officier de police

judiciaire, dans ses locaux, pour une durée qui dépend de la nature de l'infraction et qui, en droit commun, est de vingt-quatre heures.
CPP, art. 63 et s., 77 et s., 154

Gardien ▪ Voir *Garde*

GEIE ▪ Voir *Groupement européen d'intérêt économique*

Gemmage (contrat de)
Droit rural
Contrat par lequel le propriétaire d'un domaine forestier, dans le cadre d'un bail rural généralement, confère à une personne, le gemmeur, la faculté de recueillir la résine de pins.

Généalogiste
Droit des successions et libéralités
Profession qui a pour objet la recherche *d'héritiers* lorsqu'une *succession* paraît vacante. Par un contrat de révélation de *succession,* le généalogiste s'engage envers un *héritier* à lui faire connaître une *succession* qu'il ignore, moyennant généralement un pourcentage de cette dernière. Cette activité a été strictement encadrée par la loi du 23 juin 2006.
L. 23 juin 2006, art. 36

Genera non pereunt
Introduction au droit
Littéralement : les choses de genre ne périssent pas. Adage qui empêche le débiteur de s'abriter derrière le caractère périssable de l'objet de son obligation pour ne pas l'exécuter.

Generalia specialibus non derogant
Introduction au droit
Littéralement : ce qui est général ne déroge pas à ce qui est spécial. Maxime

d'interprétation invitant, lorsque deux lois sont potentiellement applicables à la même question, à faire prévaloir celle dont le champ d'application est le plus restreint, cerne le plus la question concernée.

■ Voir aussi : *Specialia generalibus derogant*

Génocide
Droit pénal

Crime contre l'humanité, consistant dans le fait de commettre ou de faire commettre des actes graves portant atteinte à la vie et à l'intégrité des personnes, tels que la déportation, la réduction en esclavage, la pratique d'exécutions sommaires et la torture, en exécution d'un plan concerté tendant à la destruction totale ou partielle d'un groupe national, ethnique, racial ou religieux.

C. pén., art. 211-1 et s.

Gentlemen's agreement ■ Voir *Acte concerté non conventionnel, Engagement d'honneur*

Gérance libre ■ Voir *Location gérance*

Gérance salariée
Droit commercial – généralités

Contrat ayant pour objet la gestion d'un *fonds de commerce* par une personne appelée *gérant salarié*. Le propriétaire du fonds conserve le contrôle de l'exploitation et en assume les risques mais confie la gestion quotidienne au gérant auquel il verse une rémunération.

■ Voir aussi : *Location-gérance*

Gérant majoritaire
Droit des sociétés

Gérant de société disposant seul ou avec les autres gérants de la société de plus de 50 % du capital social.

Gérant minoritaire ou égalitaire
Droit des sociétés

Gérant de SARL détenant au plus 50 % du capital social. Le calcul de la fraction du capital social détenu prenant en compte les parts détenues tant par le gérant que par son conjoint ou ses enfants non émancipés.

Gérant (de société)
Droit des sociétés

Mandataire social assumant dans une société de personnes ou une SARL la direction de la société et revêtu du pouvoir d'agir au nom de la société. Le gérant choisi ou non parmi les associés est nommé par les statuts ou par une décision collective des associés.

C. com., art. L. 226-2 (SCA), L. 222-2 (SCS), L. 221-3 (SNC), L. 223-18 (SARL)

Gestion budgétaire et comptable publique
Finances publiques

Dans le sillage de la réforme du budget de l'État, le décret du 7 novembre 2012 relatif à la gestion budgétaire et comptable publique, a fixé de nouvelles règles pour le droit de la comptabilité publique. L'ensemble des dispositions sont applicables à l'État ainsi qu'à toutes les autres personnes publiques qui doivent désormais appliquer les mêmes règles en matière de qualité comptable.

D n° 2012-1246, 7 nov. 2012 ; Const., art. 47-II

Germains
Droit des personnes et de la famille
1. Terme désignant les frères et sœurs nés des mêmes *père* et *mère*.

▪ Voir aussi : *Consanguin, Utérin*
2. Terme désignant les cousins ayant au moins un grand-parent commun.

Gestion d'affaires
Droit des obligations
Quasi-contrat en vertu duquel une personne, le gérant, accomplit des actes dans l'intérêt d'une autre, le maître ou le géré, sans qu'il l'en ait chargé.

C. civ., art. 1372 et s.

Gestion prévisionnelle des emplois et des compétences (GPEC)
Droit social
Lorsqu'elles procèdent à un licenciement collectif affectant, par son ampleur, l'équilibre du ou des bassins d'emploi dans lesquels elles sont implantées, les entreprises sont tenues de contribuer à la création d'activités et au développement des emplois et d'atténuer les effets du licenciement envisagé sur les autres entreprises dans le ou les bassins qualifié de GPEC. Il s'agit également d'un sujet dont peuvent s'emparer les partenaires sociaux dans le cadre de la négociation collective de branche.

C. trav., art. L. 1233-84, L. 1233-85, L. 2241-4

▪ Voir aussi : *Accord collectif, Licenciement économique, Plan de sauvegarde de l'emploi (PSE)*

Gestion déléguée
Droit administratif
Externalisation contractuelle de la gestion d'un ou plusieurs *services pu-*blics. La *personne publique* (le délégant) charge par *contrat* une entreprise (le délégataire) de gérer le service public. Les différents types de contrats peuvent être la *concession* ou l'*affermage*. Les délégations de services publics sont des contrats soumis à une procédure de mise en concurrence depuis 1993.

CGCT, art. L. 1411-1 ; D. n° 93-471, 24 mars 1993

Gestion de fait
Finances publiques
Sanction de la violation de la séparation des *ordonnateurs* et des *comptables*. Un ordonnateur n'ayant pas le droit de manier des fonds publics, il pourra être déclaré comptable de fait par le *juge des comptes* s'il a agi à la place du comptable public. Ce type de raisonnement a été inventé par la Cour des comptes en 1834 et repris dans tous les grands textes du droit de la *comptabilité publique*. Depuis 2002, la durée de la prescription de la gestion de fait a été réduite de trente à dix ans.

C. jur. fin., art. L. 131-2, L. 231-3

Gestion privée, gestion publique
Droit administratif
Critère de compétence de la juridiction qui contrôle l'activité des *services publics*. Si le service public est géré comme une entreprise privée, le juge judiciaire sera compétent. Si le service est géré comme une *administration*, le juge compétent sera le juge administratif. Les trois critères de la gestion sont l'objet du service, l'origine des ressources et les modalités d'organisation et de fonctionnement.

GFA ▪ Voir *Groupement foncier agricole*

GIE ▪ Voir *Groupement d'intérêt économique*

Glossateurs
Histoire médiévale
Juristes de droit romain ou canonique utilisant la méthode de la glose (explication littérale du texte portée sur les manuscrits).
● *Exemple,* Irnerius à Bologne (1125), Placentin à Montpellier (vers 1180).

Gouvernement
Droit constitutionnel
1. Organe collégial composé, dans un régime parlementaire, du Premier ministre et des ministres assurant la détermination et la conduite de la politique de l'État.
2. Forme d'exercice du pouvoir de décision au sein de l'État.
▪ Voir aussi : *Secrétariat du gouvernement*

Gouvernement de fait
Droit constitutionnel
Forme illégitime et provisoire d'exercice du pouvoir par une autorité irrégulièrement investie.
Droit international public ▪ Voir *Reconnaissance d'État*

Gouvernement des juges
Contentieux constitutionnel
1. Utilisation politicienne par la Cour suprême des États-Unis de son pouvoir d'interprétation de la Constitution de 1787.
2. Situation dans laquelle une juridiction constitutionnelle énonce une interprétation juridique exclusivement fondée sur des justifications d'opportunité.

Gouvernement provisoire de la République française
Droit constitutionnel
Mouvement d'unification des dirigeants du Comité français de Libération nationale qui, entre le 3 juin 1944 et le 21 octobre 1945, restaure la légalité républicaine en métropole et prépare le retour de la vie politique.

Gracieuse (matière)
Procédure civile
Domaine d'intervention du juge caractérisé par l'absence de litige.
● *Exemple,* demande de rectification d'un acte d'état civil.

Gracieuse (procédure)
Procédure civile
Procédure non contentieuse suivie en *matière gracieuse* ou dans les litiges qui doivent être jugés comme en matière gracieuse.
CPC, art. 797 et s., 950 et s.

Grade
Droit administratif
Place d'un *fonctionnaire* dans la hiérarchie de son corps. Le grade donne droit à occuper un emploi. Dans la *fonction publique* française, le grade prime sur l'emploi. La carrière d'un fonctionnaire est déterminée par référence à son grade et à son ancienneté, pas à son emploi.

Grands Électeurs
Droit constitutionnel
1. Collège électoral, composé de 538 personnes élues au suffrage universel dans les États fédérés, désignant le président des États-Unis.
2. Collège électoral, composé de conseillers municipaux, généraux, ré-

gionaux et de députés, désignant les sénateurs français.

Gratifié
Droit des libéralités
Personne qui reçoit une libéralité.
■ Voir aussi : *Disposant*

Gratuit ■ Voir *Acte à titre gratuit*

Gratuité de la justice
Droit processuel
Principe général en vertu duquel les parties n'ont pas à participer financièrement au fonctionnement des juridictions.
■ Voir aussi : *Aide juridictionnelle*

Gré à gré ■ Voir *Contrat de gré à gré*

Gré à gré (marchés de)
Droit administratif
Ancienne dénomination des *marchés négociés*.

Greffe
Organisation judiciaire
Nom usuel du *secrétariat-greffe*.

Procédure civile
Nom donné aux *offices ministériels* dont sont titulaires les greffiers des tribunaux de commerce.
■ Voir aussi : *Secrétariat-greffe*

Greffier
Organisation judiciaire
1. Fonctionnaire travaillant dans un *secrétariat-greffe*.
2. Officier public et ministériel placé à la tête d'un *tribunal de commerce*.
    COJ, art. R. 123-1 ; C. com., art. L. 741-1 et s.

Greffier en chef
Organisation judiciaire
Responsable d'un *greffe* ou d'un service au sein du greffe.

Grevé
Introduction au droit
Situation qui caractérise un *bien* affecté d'une charge, une *servitude* notamment, ou d'une *sûreté*, comme une *hypothèque*.

Grève
Droit social
Cessation collective et concertée du travail afin de soutenir une revendication professionnelle ou syndicale, dont l'exercice, relativement libre dans le secteur privé, est strictement encadré dans le secteur public. Certaines formes de grèves sont cependant interdites, voire sanctionnées : – *grève perlée* se traduisant par un ralentissement volontaire de la cadence ou du rythme du travail ; – *grève politique* ou *mixte* soutenue partiellement ou complètement par des motivations politiques et non professionnelles ; – *grève tournante* laquelle affecte successivement plusieurs parties ou ateliers de l'entreprise.
    C. trav., art. L. 2511-1
■ Voir aussi : *Droit du travail, Liberté syndicale*

Grief
Droit processuel
Préjudice subi par un justiciable.
    ● *Exemple,* en procédure civile, l'annulation pour vice de forme d'un acte de procédure suppose que le demandeur démontre que le non-respect de la formalité lui a fait grief, c'est-à-dire lui a causé un préjudice.
Droit européen
Moyen du requérant tiré de la violation de la *Convention européenne des droits de l'homme*.

Grief (acte administratif faisant)
Droit administratif

Acte administratif susceptible d'un *recours pour excès de pouvoir* devant le juge administratif. L'*acte administratif* ne peut être attaqué devant le juge de l'annulation que s'il fait grief au requérant. L'acte doit toucher directement et personnellement le requérant. L'examen de la recevabilité du recours pour excès de pouvoir comporte cette vérification.

Grille de la fonction publique
Droit administratif

Perspectives de carrière des *fonctionnaires* des trois fonctions publiques : État, collectivités territoriales et hôpitaux publics. La grille de la fonction publique de l'État est la référence car il est interdit aux autres fonctionnaires de recevoir des traitements et primes supérieurs.

▪ Voir aussi : *Indice de traitement*

Grivèlerie
Droit pénal ▪ Voir *Filouterie*

Groupe (Action de)
Consommation – Concurrence ▪ Voir *Action de groupe*

Grosse
Introduction au droit

Copie d'un *acte authentique* ou d'un jugement revêtue de la formule exécutoire.

▪ Voir aussi : *Copie, Expédition, Minute*

Groupe de contrats
Droit des obligations

Théorie en vertu de laquelle les parties à différents contrats participant à la réalisation d'une même opération juridique sont liées entre elles par des actions de nature contractuelle, par dérogation au principe d'*effet relatif des contrats*.

▪ Voir aussi : *Chaîne de contrats, Effet relatif des contrats*

Groupe parlementaire
Droit constitutionnel

Formation interne à chaque assemblée, regroupant au moins vingt députés et quinze sénateurs partageant des valeurs communes ou des intérêts convergents, ayant accès à certaines procédures parlementaires. La Constitution invite à distinguer les groupes d'opposition, qui se déclarent comme tels lors de leur formation, et les groupes minoritaires, qui correspondent aux autres groupes à l'exception de celui qui compte le plus grand nombre de membres (le groupe majoritaire).

Const. 4 oct. 1958, art. 51-1

Groupe de pression ▪ Voir *Lobby*

Groupe de sociétés
Droit des sociétés

Ensemble économique constitué de sociétés juridiquement autonomes et indépendantes mais que lient des intérêts notamment financiers. Un tel groupe est généralement formé par une société et ses *filiales*.

Groupement agricole d'exploitation en commun (GAEC)
Droit rural

Société civile constituée après agrément administratif par – au plus – dix associés exploitants agricoles et dont l'objet est la mise en commun totale ou partielle de leur activité agricole.

C. rur. pêche marit., art. L. 323-1 et s.

Groupement d'employeurs
Droit social

Groupement ayant la personnalité juridique, constitué par des personnes morales ou physiques entrant dans le champ d'une même convention collective, dans le but exclusif de mettre à la disposition de ses membres des salariés liés au groupement par un contrat de travail.

C. trav., art. L. 1253 à L. 1253-8

■ Voir aussi : *Prêt de main-d'œuvre, Marchandage, Intérim, Employeur*

Groupement européen d'intérêt économique (GEIE)
Droit social

Groupement proche du GIE français qui en est à l'origine, le GEIE a pour objet la coopération économique entre entreprises européennes. Le GEIE est constitué par des acteurs économiques d'au moins deux pays membres, il dispose de la capacité juridique.

C. com., art. L. 252-1

Groupement foncier agricole (GFA)
Droit rural

Société civile constituée par des exploitants agricoles, avec la présence ponctuelle d'une *société d'aménagement foncier et d'établissement rural*, et dont l'objet est la création ou la conservation d'exploitations agricoles éventuellement louées par la société.

C. rur. pêche marit., art. L. 322-1 et s.

Groupement d'intérêt économique (GIE)
Droit des sociétés

Personne morale constituée par deux ou plusieurs personnes et ayant pour objet le prolongement de l'activité économique de ses membres.

C. com., art. L. 251-1 et s.

Groupement d'intérêt public (GIP)
Droit administratif

Organisme public créé par *contrat* par la volonté d'*administrations* publiques détenant des participations. Des personnes privées peuvent, le cas échéant, être associées au GIP. L'avantage de la formule est sa souplesse de gestion. Son inconvénient est de ne pas pouvoir embaucher de personnel.

L. n° 82-610, 15 juill. 1982 ; CGCT, art. L. 1112-2, L. 1112-3

Groupement de prévention agréé
Droit commercial – généralités

Association agréée par *l'État* ayant pour mission de fournir à ses adhérents, de façon confidentielle, une analyse des informations économiques, comptables et financières que ceux-ci s'engagent à lui transmettre régulièrement et d'informer le chef d'entreprise lorsqu'elle relève des indices de difficultés. Toute personne immatriculée au *registre du commerce et des sociétés* ou au *répertoire des métiers* ainsi que toute *personne morale* de *droit privé* peut adhérer au groupement.

C. com., art. L. 611-1 et s., D. 611-1 et s.

Guerre ■ Voir *Conflit armé international*

Guerre civile ■ Voir *Conflit armé non international*

Guet-apens

Droit pénal

Circonstance aggravante d'une liste d'infractions énumérées par la loi (ex. : l'assassinat et les violences), consistant dans le fait d'attendre une ou plusieurs personnes pendant un certain temps dans un lieu déterminé afin de commettre à leur encontre lesdites infractions.

C. pén., art. 132-71-1, 221-3, 222-3, 222-8, 222-10, 222-12, 222-13, 222-14

Habeas corpus
Histoire
Depuis 1679 en Grande-Bretagne, droit de bénéficier de garanties judiciaires minimales.

Habilis ad nuptias, habilis ad pacta nuptiala
Histoire
1. La capacité matrimoniale emporte celle de faire un contrat de mariage.
2. Principe selon lequel les conditions requises pour faire un contrat de mariage sont les mêmes que celles qui sont exigées des époux pour qu'ils puissent se marier.

Habilitation
Introduction au droit
Attribution (judiciaire ou légale) de certains pouvoirs à une personne.

Droit des personnes et de la famille
Autorisation donnée à une personne d'accomplir, en son nom ou en celui d'une personne qu'elle représente, un ou plusieurs actes juridiques.

Droit des régimes matrimoniaux
Mandat donné par le juge à un époux l'autorisant à représenter son conjoint d'une manière générale ou pour certains actes particuliers lorsque ce dernier se trouve hors d'état de manifester sa volonté.
C. civ., art. 219
▪ Voir aussi : *Autorisation*

Habitation (droit d')
Droit des biens
Droit réel attribuant à son titulaire la faculté d'habiter dans un *immeuble* à titre de logement dans les limites de ses besoins et ceux de sa famille.
C. civ., art. 625 et s.
▪ Voir aussi : *Usage (droit d')*

Habitation bourgeoise (clause d')
Droit des contrats spéciaux
Clause présente dans un contrat de *bail* ou un règlement de *copropriété* qui impose au *locataire* de n'utiliser l'*immeuble* que pour se loger, excluant ainsi toute activité commerciale.

Happy slapping
Droit pénal
Pratique consistant à filmer sciemment la commission d'infractions de violences physiques ou d'agressions sexuelles à l'encontre d'une personne et, éventuellement, à en diffuser l'enregistrement et dont le mot provient, littéralement, de l'expression anglaise « donner joyeusement des gifles ». Le droit pénal français considère que celui qui enregistre ces images est un complice des infractions principales et permet la poursuite du diffuseur desdites images sur le fondement de peines correctionnelles.
C. pén., art. 222-33-3

Harcèlement moral
Droit pénal
Délit consistant dans le fait de porter atteinte aux droits et à la dignité d'une personne, d'altérer sa santé physique ou mentale ou de compromettre son avenir professionnel, par des agissements répé-

tés qui ont pour objet ou pour effet une dégradation des conditions de travail. C. pén., art. 222-33-2 ; C. trav., art. L. 1154-1, L. 1155-2 et s.

Harcèlement sexuel

Droit pénal

Délit faisant encourir une peine de deux ans d'emprisonnement et de 30 000 € d'amende, réprimant le fait d'imposer à une personne, de façon répétée, des propos ou comportements à connotation sexuelle qui soit portent atteinte à sa dignité en raison de leur caractère dégradant ou humiliant, soit créent à son encontre une situation intimidante, hostile ou offensante. Est assimilé au harcèlement sexuel le fait, même non répété, d'user de toute forme de pression grave dans le but réel ou apparent d'obtenir un acte de nature sexuelle, que celui-ci soit recherché au profit de l'auteur des faits ou au profit d'un tiers. C. pén., art. 222-33 ; C. trav., art. L. 1153-1 et s., L. 1155-2

Hardship ▪ Voir *Clause de hardship*

Harmonisation fiscale

Finances publiques

Standardisation des règles applicables à la *fiscalité*. L'harmonisation fiscale est en cours de réalisation dans l'*Union européenne* dans le domaine des *impôts indirects*. En particulier, après la généralisation de la *TVA* en Europe à partir de 1968, son assiette a été uniformisée en 1977, puis des taux planchers ont été fixés en 1992. Le lancement de l'euro en 1999 favorise actuellement une harmonisation de la fiscalité de l'épargne.

Haut Commissariat des Nations unies pour les réfugiés

Droit international public

Organisation internationale à finalité humanitaire rattachée à l'ONU chargée principalement de la surveillance de l'application de la convention de Genève du 28 juillet 1951 relative au statut des réfugiés et d'une assistance technique pour la protection de la population civile en cas de conflit international.

Haut Conseil des finances publiques

Finances publiques

Nouvel organe institué par la loi organique n° 2012-1403 du 17 décembre 2012, relative à la programmation et à la gouvernance des finances publiques. Présidé par le premier président de la Cour des comptes et composé de dix personnalités qualifiées, il est compétent pour donner un avis au gouvernement sur les prévisions budgétaires et notamment la fixation du taux de croissance. Il se prononce également par avis en cas de mise en œuvre du mécanisme de correction prévu par le Traité sur la stabilité, la coordination et la gouvernance au sein de l'Union européenne signé le 2 mars 2012 et en vigueur le 1er janvier 2013.

Haut représentant de l'Union pour les affaires étrangères et la politique de sécurité

Droit de l'Union européenne

Personnalité nommée pour cinq ans par le *Conseil européen*, également vice-président de la *Commission européenne*, et chargée de conduire la politique étrangère et de sécurité commune de l'Union européenne afin d'en permettre la visibilité sur la scène mondiale. Dans le cadre de ses fonctions, il préside le Conseil des affaires étrangères et est assisté par le *Service européen pour l'action extérieure (SEAE)*.

TUE, art. 18

Haute Cour
Droit constitutionnel

Nom donné au Parlement réuni pour se prononcer sur la destitution du président de la République. La Haute Cour, présidée par le Président de l'Assemblée nationale, a le pouvoir de mettre fin de manière anticipée au mandat présidentiel en cas de destitution votée à la majorité des deux tiers des membres la composant. Mais la Haute Cour ne juge pas le chef de l'État pour les manquements graves aux devoirs de sa charge.

Const. 4 oct. 1958, art. 67 et 68

▪ Voir aussi : *Destitution*

Haute Cour de justice
Droit constitutionnel

Juridiction anciennement compétente pour juger le président de la République accusé de Haute trahison. Remplacée par la Haute Cour depuis la révision constitutionnelle du 23 février 2007.

Haute mer
Droit international public

Espace international constitué des parties de la mer, à l'exclusion des fonds marins et de leur sous-sol, ne relevant pas d'une emprise étatique.

Conv. Montego Bay, 10 déc. 1982, art. 89

▪ Voir aussi : *Espace international, Zone*

Haute, moyenne et basse justice
Histoire médiévale

Degrés de la justice seigneuriale.

Haute trahison
Droit constitutionnel

(Anciennement) faute grave commise par le président de la République dans l'exercice de ses fonctions et engageant sa responsabilité devant la Haute Cour de justice. Remplacée par la notion de manquements graves aux devoirs de sa charge depuis la révision constitutionnelle du 23 février 2007.

▪ Voir aussi : *Destitution*

Hébergeur Internet
Droit de la communication

Toute personne physique ou morale qui assure même à titre gratuit pour la mise à la disposition du public en ligne, le stockage de signaux, d'écrits, d'images, sons et messages de toute nature fournis par les destinataires de ces services est un hébergeur.

L. n° 2004-575, 7 juin 2004, modifiée par L. n° 2013-1168, 18 déc. 2013, art. 20, V, art. 6

Hérédité
Droit des successions et libéralités

Ensemble des *biens* que laisse une personne en mourant.

Hérésie
Histoire

Déviation dogmatique émise au sein de l'Église catholique et considérée par elle comme un crime contre la discipline religieuse.

● *Exemple,* hérésie cathare, hérésie protestante.

Héritage
Droit des successions et libéralités

Acquisition de *biens* par voie de *succession*.

Héritier
Droit des successions et libéralités
1. Au sens large, celui qui reçoit la *succession* en vertu de la *loi* ou du *testament*. **2.** Au sens strict, celui qui reçoit la *succession* en vertu de la seule *loi*.

> C. civ., art. 731 et s.

Heures complémentaires
Droit social
Heures réalisées par le salarié à temps partiel au-delà de la durée minimum prévue au contrat de travail. Le recours par l'employeur à ce type d'heures est limité et strictement encadré dans la mesure où leur rémunération se fait au taux normal.

> C. trav., art. L. 3123-14 à L. 3123-21
> ■ Voir aussi : *Durée du travail*

Heures de délégation
Droit social
Heures rémunérées par l'employeur alors qu'elles sont consacrées par le salarié à l'exercice de son mandat syndical ou de représentant du personnel.

> C. trav., art. L. 2143-13 à L. 2143-19, L. 2315-1, L. 2325-6 à L. 2325-11

Heures supplémentaires
Droit social
Heures de travail réalisées au-delà de l'horaire légal ou conventionnel applicable dans l'entreprise et ouvrant droit, de ce fait, à une bonification en temps de repos ou à une rémunération majorée.

> C. trav., art. L. 3122-20 à L. 3122-25
> ■ Voir aussi : *Durée du travail, Accord de modulation*

Hiérarchie des normes
Introduction au droit – sources du droit
Classement des *règles juridiques* selon l'autorité attachée à leur nature. Chaque *norme* étant considérée comme supérieure à celle qui la suit, une norme inférieure ne peut ni abroger une norme supérieure ni lui apporter de dérogation.

Hoirie ■ Voir *Avancement d'hoirie*

Holding
Droit des sociétés
Type particulier de société dont l'activité est exclusivement financière et dont l'objet consiste dans la prise de participations et le contrôle des sociétés dans lesquelles elle possède des participations.

Homicide et blessures par imprudence
Droit pénal
Ensemble de *délits* et *contraventions* qui incriminent le fait de causer la mort ou des blessures à autrui par imprudence, négligence, manquement à une obligation de prudence ou de sécurité prévue par la loi ou le règlement ou mise en danger délibérée.

> C. pén., art. 221-6, 222-19, R. 625-2, R. 625-3
> ■ Voir aussi : *Faute non intentionnelle, Mise en danger d'autrui*

Homicide volontaire
Droit pénal
Crime consistant à donner consciemment la mort à autrui.

> C. pén., art. 221-1

Hommage
Histoire médiévale
Rituel de la cérémonie par lequel un vassal se reconnaît comme l'homme de son seigneur ; inséparable de la foi (le serment de fidélité au seigneur).

Homologation
Introduction au droit
Approbation par le *juge* d'un *acte juridique* dont la loi subordonne l'existence

à ce contrôle judiciaire. L'homologation confère à l'acte *force exécutoire*. Ce contrôle a souvent pour fonction de vérifier l'opportunité de la solution choisie (afin d'éviter les abus tout en laissant les parties bâtir elles-mêmes leur solution).
C. civ., art. 230, 232, 1397

Honoraires
Droit processuel
Nom donné à la rémunération des membres des professions libérales, par exemple, d'un *avocat*.

Honorariat
Droit administratif
Titre honorifique donné à un *fonctionnaire* qui part à la retraite pour lui permettre de conserver le titre qu'il occupait lorsqu'il était encore en activité. L'opération est sans incidence financière pour l'*administration* car elle est purement honorifique.
▪ Voir aussi : *Éméritat*

Hors cadres
Droit administratif
Position administrative de *fonctionnaires* détachés dans un autre corps que leur corps d'origine. Leur statut change car ils sont gérés selon les règles de leur corps de détachement. Placés hors de leur corps d'origine, on dit qu'ils sont hors cadres.

Hospitalisation d'un aliéné, Hospitalisation d'office, Hospitalisation à la demande d'un tiers
▪ Voir *Internement*

Huis clos
Droit processuel
Terme utilisé principalement en procédure pénale et désignant les débats se déroulant portes fermées, c'est-à-dire en dehors de la présence du public.
CPP, art. 306, 400
▪ Voir aussi : *Chambre du conseil*

Huissier audiencier
Droit processuel
Huissier de justice chargé de la police des *audiences*.

Huissier de justice
Droit processuel
Officier ministériel et officier public principalement chargé de la *signification* des *actes de procédures* et des procédures d'exécution, ainsi que de la police des *audiences*.
Ord. n° 45-2592, 2 nov. 1945
▪ Voir aussi : *Exécution forcée*

Hypothèque
Droit des sûretés
Droit réel accessoire conféré à un créancier sur un bien appartenant au débiteur non dépossédé afin de garantir le paiement d'une dette. Sûreté portant sur un *immeuble*, ponctuellement un *meuble* (navire par ex.), d'origine conventionnelle, légale ou judiciaire, et permettant au créancier, non satisfait à l'échéance, d'imposer la vente du bien hypothéqué et d'obtenir la mise en œuvre du *droit de suite* et du *droit de préférence*.
C. civ., art. 2393 et s.

Hypothèque rechargeable
Droit des sûretés
Contrat par lequel le débiteur conclut une *hypothèque* susceptible d'être réutilisée pour garantir le recouvrement d'une *créance* autre que celle prévue dans l'acte constitutif.
C. civ., art. 2422

273

Identité

Droit des personnes et de la famille

Somme des éléments dont le droit tient compte pour individualiser les personnes physiques et qui permet donc de situer l'individu concerné (*nom, prénom, filiation, nationalité, domicile,* date de naissance, sexe).

■ Voir aussi : *État civil*

Identité judiciaire

Procédure pénale

Ensemble des moyens scientifiques mis en œuvre par les services de police judiciaire dont le but est de déterminer l'identité des personnes mises en cause et qui désigne par extension les services en charge de cette mission.

Illégal

Introduction au droit

1. Ce qui est contraire à la *loi* (au sens strict de ce terme, c'est-à-dire aux textes votés par le Parlement).

2. Ce qui est contraire au *droit*.

Illicite

Introduction au droit

Ce qui est contraire à *l'ordre public*, aux *bonnes mœurs*.

■ Voir aussi : *Illégal*

IME ■ Voir *Institut monétaire européen*

Immatriculation

Introduction au droit

Inscription d'une personne ou d'une chose sur un registre créé à cet effet, avec un numéro qui permettra notamment de l'identifier.

Immatriculation au RCS

Droit commercial – généralités

Opération consistant pour les personnes physiques commerçantes et les personnes morales, commerçantes ou non, en une inscription sur le *Registre du commerce et des sociétés* (RCS) de leur *nom, raison* ou *dénomination sociale* ainsi que divers autres renseignements (état civil pour les commerçants personnes physiques ; statuts, mode d'administration... pour les *personnes morales*). Cela s'accompagne de l'attribution à chaque associé d'un numéro d'*immatriculation* et confère une personnalité morale à la société.

C. com., art. L. 123-1

Immédiateté du droit de l'Union européenne

Droit de l'Union européenne

Principe de pénétration immédiate des *normes* élaborées par les institutions de l'Union européenne dans l'*ordre juridique* des États membres, sans que ces normes ne souffrent la médiation du droit interne. Principe de base du *droit de l'Union européenne*, il précède celui d'*effet direct*.

■ Voir aussi : *Primauté du droit de l'Union européenne (principe de)*

Immeuble
Droit des biens

Bien caractérisé par sa fixité au sol et pour lequel le législateur retient la qualification d'immeuble en raison de sa *nature*, de sa *destination* ou de l'objet auquel il s'applique.

C. civ., art. 516 et s.

▪ Voir aussi : *Meuble*

Immeuble par destination
Droit des biens

Bien meuble corporel qui, par une fiction, est destiné à devenir *immeuble* en raison de son lien avec un immeuble dont il dépend à la suite d'une attache à perpétuelle demeure (ex. : statue encastrée dans un mur) ou de l'affectation au service et à l'exploitation du *fonds* (ex. : tracteur servant à une exploitation agricole).

C. civ., art. 517, 524 et s.

Immeuble par nature
Droit des biens

Bien qui ne peut être déplacé, caractérisé par son lien avec le sol comme les terrains, bâtiments, et plantations notamment.

C. civ., art. 518 et s.

Immobilisation
Droit commercial – généralités

Bien qu'une entreprise destine à une utilisation durable comme moyen de production et qui n'est donc pas destiné à être transformé ou cédé.

Immobilisation du véhicule
Droit pénal

Peine dont l'objet est de retirer le véhicule à son propriétaire pour une durée maximale d'un an.

C. pén., art. 131-6-5°

Immunité
Droit pénal

Exception interdisant la poursuite pénale d'une personne dans une situation déterminée (ex. : vol en famille).

C. pén., art. 311-12

Immunité diplomatique et consulaire
Relations internationales

Exemptions accordées à un agent diplomatique en raison de sa qualité qui le soustraient à certaines règles juridiques étatiques.

▪ Voir aussi : *Privilège*

Immunité d'exécution
Droit international privé

Soustraction, au nom du respect des *souverainetés* étatiques, des *biens* détenus par les États étrangers à toute *voie d'exécution* diligentée devant les tribunaux français.

Immunité de juridiction
Droit international privé

Soustraction de certaines personnes (chefs d'État étrangers, agents diplomatiques) et des *États* étrangers à la compétence des tribunaux français au titre de la courtoisie diplomatique et du respect des *souverainetés* étatiques.

▪ Voir aussi : *Immunité, Immunité diplomatique et consulaire, Courtoisie internationale*

Immunité parlementaire
Droit constitutionnel

Dérogation au droit commun subordonnant toute arrestation ou détention d'un parlementaire à l'autorisation du bureau de l'assemblée dont il fait partie (à l'exception des crimes ou délits flagrants sans lien avec le mandat parlementaire qui relèvent du droit commun).

Const. 4 oct. 1958, art. 26

■ Voir aussi : *Inviolabilité parlementaire*

Immutabilité du litige
Procédure civile

Principe de procédure en vertu duquel les parties ne peuvent, en cours de procès, faire valoir de nouvelles *prétentions* à moins qu'elles n'entretiennent avec les premières un lien de connexité.

■ Voir aussi : *Demande incidente*

Impasse budgétaire
Finances publiques

Terme budgétaire désuet datant de la IVe République. Désignait un excédent du total des dépenses par rapport au total des recettes et donc un déficit budgétaire. Terme qui ne figure pas dans la loi organique no 2001-692 du 1er août 2001 relative aux lois de finances.

■ Voir aussi : *Équilibre budgétaire*

Impeachment
Droit constitutionnel

En droit anglo-saxon, accusation criminelle dirigée contre un membre de l'exécutif, intentée par la Chambre des députés (Chambre des communes en Grande-Bretagne, Chambre des représentants aux États-Unis) devant la seconde Chambre (Chambre des Lords ou Sénat américain) qui statue au titre de Haute Cour de justice.

Impenses
Droit des biens

Dépenses liées à des travaux accomplis pour l'entretien d'une chose, donnant droit à une indemnisation en fonction de leur utilité.

Impératif
Introduction au droit

Caractère d'une règle qui ne peut être écartée par une manifestation de volonté, par opposition à *supplétif*.

Imperium
Histoire romaine

Pouvoir de décision souverain ; puissance laïque à composante civile et militaire.

Implication (d'un véhicule terrestre à moteur dans un accident de la circulation)
Droit des obligations

Participation d'un véhicule terrestre à moteur à un accident, suffisante pour permettre l'indemnisation de la victime par le *gardien* de ce véhicule en vertu de la loi du 5 juillet 1985.

L. 5 juill. 1985, art. 1er

■ Voir aussi : *Causalité*

Importation-exportation
Finances publiques

Ensemble des opérations commerciales d'un pays avec l'extérieur. Elles sont frappées par les règles fiscales et douanières issues du droit national et du droit de l'Union européenne. Par exemple, pour encourager les exportations de produits agricoles européens, le *budget* général de l'Union européenne verse aux agriculteurs européens des restitutions à l'exportation (aides correspondant à la différence entre les cours européens et les cours mondiaux).

■ Voir aussi : *Douanes*

Imposition forfaitaire sur les entreprises de réseaux
Droit fiscal et comptable

La loi n° 2009-1673 du 30 décembre 2009, loi de finances pour 2010, a réformé la taxe professionnelle en remplaçant cet impôt par la contribution économique territoriale. Mais l'administration s'est aperçue que les entreprises de réseaux y gagnaient trop. Il a donc été décidé de créer un système spécifique destiné à taxer ces entreprises de réseaux (EDF et SNCF notamment). Les recettes les plus importantes sont versées désormais par les centrales nucléaires.

■ Voir aussi : *Contribution économique territoriale, Cotisation foncière des entreprises, Cotisation sur la valeur ajoutée des entreprises, Réforme de la taxe professionnelle*

Impôt
Droit fiscal et comptable

Prestation pécuniaire perçue par voie d'autorité sur les citoyens sans contrepartie pour financer les charges publiques. La Constitution de la Ve République (art. 34) institue la catégorie des impositions de toute nature qui relève du domaine de la loi. Le législateur est donc compétent pour fixer l'assiette, le taux et les modalités de recouvrement des impositions de toute nature. Cette catégorie des impositions de toute nature se retrouve à l'article 3 de la loi organique n° 2001-692 du 1er août 2001 relative aux lois de finances. Lorsque le Conseil constitutionnel vérifie la nature d'un prélèvement, il s'assure qu'il ne s'agit pas d'une *redevance* pour service rendu (contrepartie d'un service) ni d'une *co-tisation sociale* (contrepartie d'une prestation sociale). Les impôts qui rapportent le plus sont la TVA (État), la contribution sociale généralisée (sécurité sociale), l'impôt sur le revenu (État) et les impôts directs locaux. Les impôts sont directs ou indirects et constituent un élément essentiel du contrat social. Depuis la Révolution française, aucun impôt ne peut exister sans le consentement des citoyens ou de leurs représentants (DDHC 1789, art. XIV).

Impôt direct
Droit fiscal et comptable

Prélèvement fiscal payé directement et définitivement par le contribuable au *Trésor public*. Par exemple, l'*impôt sur le revenu* est payé directement par chaque personne par tiers provisionnel ou par prélèvement mensuel aux comptables du Trésor public. De la même façon, les quatre taxes locales sont des impôts directs (taxe locale d'habitation, *taxes foncières* sur les propriétés bâties ou non bâties). Autres exemples d'impôts directs : impôt sur les sociétés, contribution sociale généralisée.

■ Voir aussi : *Impôt*

Impôt indirect
Droit fiscal et comptable

Prélèvement fiscal payé indirectement et provisoirement par le redevable au *Trésor public*. Par exemple, la *taxe sur la valeur ajoutée (TVA)* est payée au Trésor public par les entreprises qui interviennent dans le processus de production, puis elles se font rembourser au fur et à mesure par l'État ce qui laisse la charge finale au consommateur. Ainsi, la TVA est payée par les consommateurs à l'occasion des consommations de biens et services non au Trésor public, mais aux entreprises qui la perçoivent pour le compte de l'État. Les impôts indirects rapportent beaucoup plus à l'État que les impôts directs car ils sont indolores. Ils sont cependant moins justes.

▪ Voir aussi : *Impôt*

Impôt progressif
Droit fiscal et comptable

La progressivité de l'impôt signifie sa justice, car les taux augmentent en fonction du niveau du revenu. Les taux de l'impôt sur le revenu sont appliqués par tranche.

▪ Voir aussi : *Impôt sur le revenu*

Impôt proportionnel
Finances publiques

Le taux d'un impôt proportionnel est le même pour tous les contribuables sans distinction de richesse. Il s'agit par conséquent d'un système injuste, mais simple et très rentable.

▪ Voir aussi : *CSG, TVA*

Impôt négatif
Droit fiscal et comptable

Terme issu des finances publiques des États-Unis où il existe une possibilité, pour les contribuables de condition modeste ne payant pas d'impôts, de recevoir du *Trésor public* un versement de fonds correspondant à une répartition des ressources. La loi de finances pour 2001 a institué une prime pour l'emploi qui répond à cette définition. En effet, elle est destinée à apporter une aide aux foyers fiscaux non imposables sous condition d'activité salariée.

▪ Voir aussi : *Impôt*

Impôt sur le revenu (IR)
Droit fiscal et comptable

Impôt créé en France par J. Caillaux sous la pression de la Première Guerre mondiale. L'impôt sur le revenu est payé par les personnes physiques par opposition aux sociétés de capitaux. Toutefois, l'impôt sur le revenu frappe aussi les sociétés de personnes. Il porte essentiellement sur les huit catégories de revenus nets suivantes : les traitements et salaires, les revenus des valeurs et capitaux mobiliers, les plus-values et gains divers, les revenus fonciers, les bénéfices agricoles, les bénéfices industriels et commerciaux, les bénéfices non commerciaux, les revenus de dirigeants de sociétés. Chaque année, le contribuable doit déclarer aux services fiscaux le montant de ses revenus. La situation familiale du contribuable est importante en raison de l'application du *quotient familial* qui favorise les foyers fiscaux ayant des *enfants à charge* (notamment à partir de trois). L'impôt est alors liquidé par les services fiscaux qui envoient un avis d'imposition à chaque contribuable. Il est payé soit par tiers provisionnel, soit par prélèvement mensuel.

▪ Voir aussi : *Impôt*

Impôt sur les sociétés (IS)
Droit fiscal et comptable

Existe en Allemagne et aux États-Unis depuis 1920. Institué en France en 1948, il frappe uniquement les *sociétés de capitaux* et non les *sociétés de personnes*, sauf option de leur part. Jusqu'en 1985, le taux était fixé à 50 %. Il a été progressivement réduit pour atteindre 33,33 %.

▪ Voir aussi : *Impôt*

Impôt de solidarité sur la fortune (ISF)

Droit fiscal et comptable

Impôt créé par la loi de finances pour 1989 à la suite de la réélection de F. Mitterrand pour financer les dépenses générées par l'institution du *revenu minimum d'insertion (RMI)*. À l'origine F. Mitterrand avait créé l'impôt sur les grandes fortunes (IGF) en 1981, mais il a été supprimé à la suite des élections législatives de 1986. Son assiette porte essentiellement sur le patrimoine foncier alors que les fortunes les plus importantes sont surtout composées de valeurs mobilières. Malgré des taux peu élevés fixés chaque année dans la *loi de finances*, il ne remplit pas sa fonction en raison de la définition restrictive de l'assiette.

■ Voir aussi : *Impôt sur le revenu (IR)*

Impôts locaux

Droit fiscal et comptable

Impôts affectés au financement des budgets de collectivités locales. 80 % des impôts locaux sont des *impôts directs* et 20 % des *impôts indirects*. Les impôts directs sont essentiellement composés des différentes taxes directes locales : *taxe d'habitation* (payée par l'occupant de locaux), *taxes foncières* sur les propriétés bâties ou non bâties (payées par le propriétaire en même temps que la taxe d'enlèvement des ordures ménagères), *cotisation économique territoriale et imposition forfaitaire sur les entreprises de réseaux* (payées par les entreprises). Ces impôts locaux étant insuffisants, l'État a ajouté un ensemble d'impôts d'État (panier fiscal) affecté aux budgets locaux et complété par un mécanisme de *péréquation*.

■ Voir aussi : *Impôt*

Imprescriptibilité

Introduction au droit

Caractère d'un droit ou d'une action en justice qui n'est pas soumis à la *prescription*, c'est-à-dire dont l'existence n'est pas modifiée par l'écoulement du temps.

■ Voir aussi : *Prescription*

Imprévisibilité

Droit des obligations

Caractère traditionnel de la *force majeure* désignant un événement qui ne peut être prévu par un homme normalement prudent et avisé au regard des circonstances (ex. : verglas sur une route en été).

■ Voir aussi : *Extériorité, Force majeure, Irrésistibilité*

Imprévision

Droit des obligations

Théorie en vertu de laquelle le juge peut réviser un contrat lorsque l'équilibre des prestations voulu par les parties est bouleversé par un changement des circonstances économiques.

■ Voir aussi : *Clause de hardship, Force obligatoire (du contrat)*

Impuberté

Droit des personnes et de la famille

État d'une personne qui n'a pas atteint l'âge minimal fixé par la loi pour pouvoir se marier (dix-huit ans).

C. civ., art. 144

Imputabilité
Droit pénal

Aptitude d'une personne à assumer les conséquences pénales découlant de la commission d'une infraction.

Droit des obligations

Aptitude d'une personne à saisir la portée de ses actes.

▧ Voir aussi : *Faute objective*

Imputation
Introduction au droit

Affectation d'un paiement partiel à une ou des dettes déterminées (en cas de pluralité de dettes) ou à une partie déterminée de la dette (lorsque la dette est constituée par un nominal et des intérêts ou lorsqu'une seule portion de la dette est garantie).

C. civ., art. 1253 et s.

In abstracto
Introduction au droit

Appréciation d'un comportement par comparaison à celui qu'aurait eu une personne normalement prudente et avisée, c'est-à-dire par comparaison avec ce qui était appelé le standard du bon père de famille et qui est, aujourd'hui, nommé comportement raisonnable.

▧ Voir aussi : *Bon père de famille, Standard juridique, In concreto*

In concreto
Introduction au droit

Appréciation d'un comportement ne prenant en compte que les aptitudes de l'individu concerné. Ces termes latins peuvent se traduire par « de manière concrète ».

▧ Voir aussi : *In abstracto, Standard juridique*

In dubio pro reo
Droit pénal

Règle selon laquelle en matière pénale, le doute profite à l'accusé.

▧ Voir aussi : *Présomption d'innocence*

In judicando
Droit processuel

Expression latine désignant une erreur de jugement commise sur un point touchant au fond.

• *Exemple,* erreur de qualification ou mauvaise interprétation de la loi.

In limine litis
Procédure civile

Expression signifiant au tout début de l'instance.

• *Exemple,* les exceptions de procédure doivent être soulevées *in limine litis,* c'est-à-dire avant toute fin de non-recevoir ou toute défense au fond.

In pari causa turpitudinis cessat repetitio
Droit des obligations

Expression latine (litt. : à égalité de turpitude la répétition n'est plus admise) signifiant que si les deux contractants ont participé à un acte entaché de nullité pour cause immorale, il ne peut y avoir aucune répétition (restitution).

▧ Voir aussi : *Nemo auditur propriam turpitudinem allegans*

In solidum ▧ Voir *Obligation in solidum*

Inaliénabilité
Introduction au droit

Caractéristique des *biens* non susceptibles d'*aliénation,* c'est-à-dire des biens qui ne peuvent pas être transmis.

Inaliénabilité du domaine public
Droit administratif

Interdiction faite aux *personnes publiques* de vendre leur *domaine public*. Le principe découle de la distinction entre le domaine public et le *domaine privé* des personnes publiques. Par conséquent, pour qu'un bien appartenant au domaine public puisse être vendu, il est nécessaire qu'il soit déclassé et passe dans le domaine privé.

C. dom. Ét., art. 52

Inamovibilité
Organisation judiciaire

Principe d'organisation judiciaire destiné à garantir l'indépendance des *magistrats* et en vertu duquel les *magistrats du siège* de l'*ordre judiciaire* et certains magistrats de l'*ordre administratif* ne peuvent être révoqués ou suspendus ou ne peuvent recevoir de nouvelle affectation qu'avec leur consentement.

Const. 4 oct. 1958, art. 64

Inaptitude physique
Droit social

État d'incapacité, totale ou partielle, dans laquelle se trouve un salarié qui a été victime d'un accident ou d'une maladie et qui empêche son retour au travail ; dûment constaté par le médecin du travail, à l'issue d'une procédure comprenant au moins deux visites médicales, l'employeur est alors en mesure de licencier l'intéressé pour inaptitude physique.

C. trav., art. L. 1226-2 à L. 1226-4, L. 1226-7

■ Voir aussi : *Invalidité, Incapacité temporaire de travail (ITT), Incapacité physique permanente (IPP)*

Incapable
Droit des personnes et de la famille

Personne physique que la loi a privée de l'exercice ou de la jouissance de certains droits.

■ Voir aussi : *Incapacité de jouissance, Incapacité d'exercice*

Incapacité
Droit des personnes et de la famille

Impossibilité juridique de devenir titulaire d'un *droit* ou de mettre en œuvre un droit dont on est titulaire.

■ Voir aussi : *Incapacité de jouissance, Incapacité d'exercice, Capacité*

Incapacité d'exercice
Droit des personnes et de la famille

Impossibilité juridique de mettre en œuvre personnellement un *droit* dont on est titulaire. Cette impossibilité n'interdit pas la mise en œuvre du droit, mais impose, pour reconnaître sa validité, la *représentation* ou l'assistance de l'*incapable*. L'incapacité d'exercice peut être générale (c'est-à-dire concerner tous les droits) ou spéciale (c'est-à-dire ne concerner que certains droits).

C. civ., art. 388 et s., 414 et s.

■ Voir aussi : *Incapacité de jouissance, Capacité d'exercice*

Incapacité générale
Droit des personnes et de la famille

Incapacité qui concerne l'ensemble des *droits*.

■ Voir aussi : *Incapacité spéciale*

Incapacité de jouissance
Droit des personnes et de la famille

Impossibilité juridique de devenir titulaire d'un *droit* ou d'une *obligation*. L'*incapacité* de jouissance ne peut pas être générale (c'est-à-dire concerner tous les droits) car elle nierait la *personnalité juridique* de la personne concernée. Elle est donc nécessairement spéciale (c'est-à-dire ne concerne que certains droits).

C. civ., art. 903, 904, 909, 1125-1, 1596

▪ Voir aussi : *Incapacité d'exercice, Capacité de jouissance*

Incapacité physique permanente (IPP)
Droit de la protection sociale

Degré d'altération de l'état de santé d'un salarié victime d'un risque professionnel pouvant être constaté après la stabilisation de son état de santé ou la consolidation de ses blessures ; cette IPP (exprimée en pourcentage) ouvre droit au versement de prestations en espèces spécifiques de la part de l'assurance accidents du travail et maladies professionnelles (capital si IPP est inférieure à 10 % ; rente si IPP supérieure ou égale à 10 %).

CSS, art. L. 434-1 et s.

▪ Voir aussi : *Rente, Inaptitude physique, Assurance risques professionnels, Invalidité*

Incapacité spéciale
Droit des personnes et de la famille

Incapacité limitée à un *droit* ou à un ensemble de droits déterminés.

▪ Voir aussi : *Incapacité générale*
C. civ., art. 903, 904, 909, 1125-1, 1596

Incapacité temporaire de travail (ITT)
Droit de la protection sociale

Altération temporaire des capacités de travail d'un assuré social victime d'un risque professionnel, lequel ouvre droit,

pendant cette période, à la prise en charge de l'ensemble de ses frais médicaux et au versement d'indemnités journalières propres à l'assurance risques professionnels.

CSS, art. L. 433-1, L. 431-1 et s.

▪ Voir aussi : *Assurance risques professionnels, Accident du travail, Accident de trajet, Accident de mission, Maladie professionnelle, Inaptitude physique*

Incarcération
Procédure pénale ▪ Voir *Détention provisoire, Écrou, Emprisonnement*

Inceste
Droit des personnes et de la famille

Relations sexuelles entre des personnes parentes ou alliées à un degré tellement proche que leur *mariage* est prohibé.

▪ Voir aussi : *Empêchement à mariage, Filiation incestueuse*

Incident
Procédure civile

1. Événement affectant le cours de l'*instance.*

● *Exemple,* une décision de jonction d'instances ou le décès d'une partie.

2. (de procédure) Procès accessoire se greffant sur un procès principal et permettant de résoudre, soit par un *jugement définitif*, soit par un *jugement d'avant dire droit*, une difficulté particulière.

● *Exemple,* une question de compétence, d'administration de la preuve, de validité d'un acte de procédure...

▪ Voir aussi : *Demande incidente*

Incombance
Introduction au droit

Devoir insusceptible d'exécution forcée mais dont la violation entraîne la perte des avantages liés à sa réalisation.

Incompatibilité
Droit constitutionnel

Interdiction pour une personne de cumuler une fonction élective avec d'autres mandats électifs ou avec certaines activités professionnelles ou publiques.

▪ Voir aussi : *Cumul*

Incompétence d'attribution ▪ Voir *Compétence d'attribution*

Incompétence territoriale ▪ Voir *Compétence territoriale*

Incoterms
Droit des transports

Abréviation de *international commercial terms*, recueil des usages du commerce international élaboré et actualisé par la Chambre de commerce internationale depuis 1936 définissant, sous forme de sigles brefs (EXW, FAS, CIF, DAF, DDU...) auxquels peuvent se référer les parties à un contrat de vente internationale accompagné du transport des marchandises, des contrats types partiels fixant les principales obligations des contractants et notamment la conclusion du contrat de transport, les modalités de livraison, l'exécution des formalités de dédouanement et le transfert des risques.

▪ Voir aussi : *Vente CAF, Vente FOB*

Incrimination
Droit pénal

Description des éléments constitutifs d'une *infraction* pénale par un texte législatif ou réglementaire.

▪ Voir aussi : *Infraction*

Inculpation ▪ Voir *Mise en examen*

Indemnité compensatrice
Droit social

Somme versée à un travailleur afin de compenser la perte financière résultant du non-exercice d'un droit.

● *Exemple,* indemnité compensatrice de préavis, indemnité compensatrice de congés payés, indemnité compensatrice de clientèle, etc.

C. trav., art. L. 1234-4 à L. 1234-6, L. 3141-26 à L. 3141-28

▪ Voir aussi : *Préavis de grève, Congés payés*

Indemnité d'éviction ▪ Voir *Éviction (indemnité d')*

Indemnité d'immobilisation
Droit des contrats spéciaux

Contrepartie pécuniaire de l'exclusivité accordée au bénéficiaire d'une promesse unilatérale pendant la durée de l'option, acquise au promettant en cas de non-levée de l'option par le bénéficiaire mais remboursable en cas d'exercice d'un droit de rétractation.

CCH, art. L. 271-2

▪ Voir aussi : *Promesse unilatérale de vente*

Indemnité d'occupation
Droit des biens

Contrepartie pécuniaire de l'utilisation privative d'un bien indivis par l'un des coïndivisaires. Cette indemnité due à l'indivision se prescrit par cinq ans.

C. civ., art. 815-9 et s.

■ Voir aussi : *Indivision*

Indemnité de résidence
Finances publiques

Élément du traitement des *fonctionnaires* permettant de tenir compte du lieu d'affectation et des charges qui en découlent.

Indexation
Droit des obligations

Variation du montant d'une *obligation de somme d'argent* en fonction d'un indice fixé par les parties, le juge, ou la loi.

■ Voir aussi : *Clause d'indexation*

Indications géographiques pour les produits non alimentaires
Droit de la propriété intellectuelle

Constitue une indication géographique la dénomination d'une zone géographique ou d'un lieu déterminé servant à désigner un produit autre qu'agricole, forestier, alimentaire ou de la mer, qui en est originaire et qui possède une qualité déterminée, une réputation ou d'autres caractéristiques qui peuvent être attribuées essentiellement à cette origine géographique. Les conditions de production ou de transformation de ce produit respectent un cahier des charges homologué par décision prise en application de l'article L. 411-4 du Code de la propriété intellectuelle.

CPI, art. L. 721-2, L. 411-4 ; C. rur. pêche marit., art. L. 641-5 ; C. consom., art. L. 115-1

Indication géographique
Droit de la propriété intellectuelle

Une indication géographique est un signe utilisé sur des produits qui ont une origine géographique précise et possèdent des qualités, une notoriété ou des caractères essentiellement dus à ce lieu d'origine. Terme issu de la législation communautaire pour désigner les appellations d'origine contrôlées, et les indications géographiques protégées pour les produits non alimentaires prévues par la réglementation française, et les appellations d'origine protégées et les indications géographiques protégées prévues par la réglementation communautaire. Les indications géographiques peuvent être utilisées pour une grande variété de produits, qu'ils soient naturels, agricoles ou manufacturés

CPI, art. L. 722-1, L. 721-2 ; C. rur. pêche marit., art. L. 640-2, L. 641-12 ; C. consom., art. L. 115-1, L. 115-27 ; Règl. (CEE) n° 510/2006, 20 mars 2006, art. 2b)

Indication de paiement
Droit des obligations

Mention de *paiements* partiels faits par un débiteur, inscrits sur le titre de créance, un double du titre ou une *quittance*, et qui fait preuve du paiement contre lui, même ni datée, ni signée.

C. civ., art. 1332

Indication de provenance
Distribution, consommation, concurrence

Indication du lieu géographique portée sur un produit qui en est originaire et destiné à la vente. Généralement, se rattache à cette indication de provenance, une notoriété qui donne de l'intérêt au produit. Cette indication n'est pas définie par la réglementation.

Indice de traitement
Finances publiques

Le traitement des *fonctionnaires* est calculé grâce à des indices de traitement qui permettent de connaître avec précision le montant des salaires. La méthode la plus simple est celle de l'indice nouveau majoré : on multiplie l'indice par 3,71 € pour connaître le montant du salaire net. L'indice 253 est l'indice plancher de la fonction publique de l'État, le plafond étant à 820. Depuis 1957, sept échelles lettres ont été rajoutées pour permettre de monter jusqu'à l'indice 1500. Dans une carrière limitée à un seul corps, l'échelle des indices passe du simple au double entre le bas et le haut de l'échelle, ce qui n'est guère motivant. Le régime des primes permet de motiver davantage les fonctionnaires que la simple application de l'indice de traitement qui évolue surtout grâce à l'ancienneté.

■ Voir aussi : *Grille de la fonction publique*

Indignité successorale
Droit des successions et libéralités

Déchéance du droit d'hériter prononcée contre un *héritier* condamné pour avoir commis une faute grave, limitativement énumérée par la loi, à l'encontre du *de cujus.*

● *Exemple,* un enfant sera déclaré indigne dans la succession de son père dès lors qu'il aura été condamné à une peine criminelle pour avoir, comme auteur ou complice, donné ou tenté de donner la mort à ce dernier.

C. civ., art. 726 et s.

Indisponibilité
Introduction au droit

Caractéristique d'un droit ou d'un *bien* qui ne peut pas faire l'objet d'un *acte de disposition.*

Indisponibilité de l'état des personnes
Droit des personnes et de la famille

Principe en vertu duquel l'*état civil* et la *capacité* des personnes ne peuvent faire l'objet d'une convention.

Indisponibilité du corps humain
Droit des personnes et de la famille

Principe de protection du corps humain selon lequel le corps humain, ses éléments ou ses produits sont hors du commerce juridique, ne peuvent faire l'objet de convention.

C. civ., art. 16 à 16-12, 1128

■ Voir aussi : *Dignité de la personne, Inviolabilité du corps humain, Organe humain*

Indivisibilité
Introduction au droit

État de ce qui ne peut être divisé et doit être envisagé dans son ensemble.

Indivisible ■ Voir *Obligation indivisible*

Indivision
Droit des biens

Situation d'origine légale ou conventionnelle d'un bien ou d'un ensemble de biens, pour laquelle existent plusieurs droits de même nature au bénéfice de *coïndivisaires* titulaires de parts égales ou inégales.

C. civ., art. 815 et s., 1873-1 et s.

■ Voir aussi : *Copropriété*

Indu ▪ Voir *Paiement de l'indu*

Inéligibilité
Droit constitutionnel
Inaptitude juridique à se porter candidat à une fonction élective.

▪ Voir aussi : *Éligibilité*

Inexistence
Droit administratif
Théorie du contentieux administratif permettant au juge de l'annulation de sanctionner les atteintes graves au principe de légalité des actes de l'administration. À la différence du *recours pour excès de pouvoir*, le requérant n'est pas limité par un délai de deux mois. Par ailleurs, l'effet de la décision de justice ne se borne pas à annuler l'acte mais déclare l'acte inexistant pour bien montrer que l'illégalité était tellement manifeste qu'aucun acte administratif n'avait pu être adopté. Par exemple, le fait qu'un *maire* ait rédigé seul une *délibération* du *conseil municipal*, sans que celui-ci ait été réuni, pourra entraîner une décision d'inexistence de la part du *tribunal administratif* et cela même au-delà du délai de deux mois.

Droit des obligations
Théorie en vertu de laquelle un acte juridique auquel manque un élément essentiel est dépourvu d'existence et ne peut produire aucun effet, sans même qu'il soit besoin de faire établir en justice sa *nullité*.

▪ Voir aussi : *Nullité, Nullité absolue, Résolution*

Infans
Droit des personnes et de la famille
Jeune enfant qui n'est pas en mesure de comprendre la portée de ses actes.

Infanticide
Droit pénal
Terme désignant antérieurement à la réforme du Code pénal le *meurtre* ou l'*assassinat* d'un enfant nouveau-né pendant le délai légal pour effectuer la déclaration de naissance et qui, désormais, est qualifié de *meurtre* sur un mineur de quinze ans.
C. pén., art. 221-4

Infection nosocomiale
Droit des obligations
Maladie contractée dans un établissement de soin.

Infirmation
Droit processuel
Réformation d'une décision par une cour supérieure.

● *Exemple,* les cours d'appel infirment ou confirment les décisions des juridictions du premier degré.

Infra petita
Procédure civile
En deçà des prétentions des parties.

● *Exemple,* un juge statue *infra petita* lorsqu'il ne répond pas à toutes les prétentions des parties.
CPC, art. 5 et 463
▪ Voir aussi : *Ultra petita, Dispositif (principe du)*

Infraction
Droit pénal
Comportement consistant en une action ou une abstention réprimé par un texte pénal qui en donne les *éléments constitutifs* et fixe les *peines* qui lui sont attachées.

Infraction complexe
Droit pénal
Infraction constituée par la réunion de plusieurs actes matériels de nature distincte.

Infraction continue
Droit pénal
Infraction dont les *éléments constitutifs* se réitèrent à chaque instant pendant un certain temps sous l'impulsion de la volonté du délinquant et qui vise une situation délictueuse.

Infraction continuée
Droit pénal
Infraction définie par la doctrine comme faisant partie d'un ensemble d'agissements délictueux de nature identique.

Infraction formelle
Droit pénal
Infraction dont la consommation est indépendante de l'obtention d'un résultat, par opposition à l'infraction matérielle.

Infraction d'habitude
Droit pénal
Infraction constituée par la répétition d'un même acte matériel, un seul agissement de ce type n'étant pas incriminé en lui-même.

Infraction impossible
Droit pénal
Infraction traitée juridiquement comme une tentative punissable, dont le résultat est impossible à obtenir pour quelque motif que ce soit.

Infraction instantanée
Droit pénal
Infraction dont la consommation se réalise en un trait de temps.

Infraction intentionnelle
Droit pénal ■ Voir *Intention, Faute intentionnelle*

Infraction internationale
Droit pénal
Infraction qui porte atteinte au droit international public.

Infraction matérielle
Droit pénal
1. *Infraction* dont la consommation nécessite l'obtention d'un résultat.
2. *Infraction* dont l'élément moral intentionnel ou non intentionnel n'a pas à être démontré, la seule matérialité des faits commis étant suffisante.

Infraction militaire
Droit pénal
Infraction constituée par un manquement aux règles du Code de justice militaire.

Infraction non intentionnelle
Droit pénal ■ Voir *Faute non intentionnelle, Mise en danger d'autrui*

Infraction obstacle
Droit pénal
Infraction réprimant un comportement potentiellement dangereux pour l'individu et la société, sans que, nécessairement, le comportement lui-même n'ait déjà produit le résultat dommageable.

Infraction permanente
Droit pénal
Infraction qui se consomme en un trait de temps comme l'*infraction instantanée*, mais dont les effets se prolongent dans le temps.

Infraction politique
Droit pénal
Infraction qui porte objectivement atteinte aux intérêts de l'État ou qui prend le caractère politique de manière subjective, au regard des *mobiles* politiques du délinquant.

Infraction *praeter* intentionnelle
Droit pénal
Infraction dont le comportement volontaire du délinquant a créé un résultat plus grave que celui qu'il avait envisagé.

Infraction putative
Droit pénal
Infraction qui n'existe que dans l'esprit de celui qui a cru la commettre.

Ingénierie
Droit des contrats spéciaux
Terme dérivé de l'anglais *engineering* désignant le contrat complexe par lequel une personne, l'ingénieur, s'engage, moyennant rémunération, à concevoir un ensemble industriel et parfois à en assurer la réalisation.
■ Voir aussi : *Vente clés en main (sens 2)*

Ingérence humanitaire
Relations internationales
Idéologie justifiant une interférence dans les affaires intérieures d'un État afin de porter secours à des populations en détresse à la suite de violations caractérisées des droits de l'homme.
■ Voir aussi : *Non-ingérence*

Ingratitude
Droit des libéralités
Cause de révocation d'une *libéralité* lorsque le gratifié a manqué à son devoir de reconnaissance envers le disposant dans les cas spécifiés par la loi.

● *Exemple,* lorsque le bénéficiaire d'une donation aura attenté à la vie du donateur ou lui aura refusé des aliments.
C. civ., art. 953 et s., 955 et s., 1046

Initiative législative
Droit constitutionnel
Possibilité, accordée par la Constitution aux parlementaires ou au Premier ministre, de présenter des textes à la procédure législative pour qu'ils deviennent des lois.
Const. 4 oct. 1958, art. 39

Initiative populaire
Droit constitutionnel
Droit, accordé par certaines Constitutions (Suisse, Italie) aux citoyens, de soumettre des textes à la procédure législative ou à la procédure référendaire pour qu'ils deviennent des lois.

Injonction
Procédure civile
Ordre donné par une décision judiciaire.

Injonction de faire ■ Voir *Procédure d'injonction de faire*

Injonction Mareva
Introduction au droit
Mesure conservatoire de *Common Law* par laquelle un juge interdit à une partie d'accomplir des actes sur des biens.

Injonction de payer ■ Voir *Procédure d'injonction de payer*

Injonction de payer européenne
Procédure civile
Procédure simplifiée et initialement non contradictoire, permettant dans le cas d'un contentieux transfrontalier d'obtenir un titre exécutoire européen.
CPC, art. 1424-1

I

Injure
Droit pénal

Délit ou *contravention* incriminant l'emploi d'une expression outrageante ou de mépris, sans contenir d'imputation d'un fait précis.

L. 29 juill. 1881, art. 29, al. 2

Inopposabilité
Introduction au droit

Qualité d'un acte, d'un droit, ou d'une décision de justice que les parties ne peuvent invoquer vis-à-vis des tiers.

■ Voir aussi : *Opposabilité, Nullité*

Inopposabilité des exceptions
Droit bancaire

Principe selon lequel les signataires d'une lettre de change, d'un *billet à ordre* ou d'un *chèque* ne peuvent opposer au *porteur* de *bonne foi* exerçant un *recours cambiaire* les moyens de défense fondés sur leurs rapports personnels avec le *tireur* ou avec les porteurs antérieurs.

C. com., art. L. 511-12, L. 512-3 ; C. monét. fin., art. L. 131-25

Inquisition (pontificale)
Histoire médiévale

Ensemble de juridictions ecclésiastiques d'exception créées par le pape et l'empereur au XIIIᵉ siècle pour réprimer le crime d'hérésie.

Inquisitoire
Droit processuel

Type de procédure caractérisé par l'importance du rôle laissé au juge dans le déclenchement, la recherche des preuves et la conduite du procès.

■ Voir aussi : *Accusatoire*

Inscription
Droit des biens

Formalité imposée par la loi d'inscrire sur un registre tenu par l'Administration des informations relatives à un immeuble ainsi portées à la connaissance des tiers, déterminant notamment, pour l'inscription hypothécaire aux services chargés de la publicité foncière, le rang entre les différents créanciers.

Inscription de faux
Introduction au droit – preuve

Procédure en vue de faire reconnaître qu'un *acte authentique* est *faux*.

C. civ., art. 1319 ; CPC art. 303 et s.

Inscription maritime
Droit des transports

Ancienne dénomination de l'Administration des affaires maritimes chargée notamment de tenir le registre des gens de mer.

L. 13 déc. 1926 portant Code du travail maritime

Inscription d'office
Finances publiques

Procédure particulière permettant au *préfet* d'inscrire une *dépense obligatoire* au *budget* d'une collectivité territoriale. En effet, si le budget local ne comporte pas certaines dépenses obligatoires, il sera possible de les y faire inscrire. Depuis la loi nº 82-213 du 2 mars 1982, la *chambre régionale des comptes* est compétente en ce domaine. Elle peut être saisie par toute personne concernée par la non-inscription d'une dépense obligatoire. Malgré l'intervention du *préfet*, autorité de tutelle, il est fréquent que les requérants aient besoin d'utiliser une nouvelle procédure : celle du mandatement d'office de la dépense obligatoire. Elle permet de garantir le paiement de la dépense.

CGCT, art. L. 1612-5

■ Voir aussi : *Contrôle budgétaire*

Inscription au rôle

Procédure civile

Inscription de l'affaire au *répertoire général*.

Insémination artificielle

Droit des personnes et de la famille

Technique médicale d'aide à la procréation, consistant à introduire du sperme dans les voies génitales de la femme sans qu'il y ait une relation sexuelle (cette technique peut utiliser le sperme du compagnon de la femme ou pour des raisons médicales nécessiter l'utilisation du sperme d'un tiers donneur). Ce traitement est encadré juridiquement, son utilisation est soumise à un certain nombre de conditions et des règles particulières régissent l'établissement de la *filiation* lorsqu'il y a recours à un tiers donneur (règles écartant la filiation biologique avec le tiers donneur).

C. civ., art. 311-19 et s. ; C. santé publ., art. L. 1244-1 et s., L. 2141-1 et s.

■ Voir aussi : *Procréation médicalement assistée*

Insolvabilité

Introduction au droit

État de la personne qui ne peut pas payer ses dettes. Aggravée ou organisée frauduleusement par le *débiteur* ou, pour les personnes morales, par un dirigeant, elle constitue un *délit* pénal.

C. pén., art. 314-7

■ Voir aussi : *Organisation frauduleuse de l'insolvabilité*

Inspection des finances

Finances publiques

Grand corps de l'État choisi en priorité par les élèves de l'*ENA* à leur sortie d'école. Les missions de l'Inspection des finances sont le contrôle inopiné de tous les postes des *comptables publics*. Le ministre des Finances charge régulièrement l'Inspection des finances de rapports, comme par exemple le coût du recouvrement des impôts. L'Inspection des finances est un pôle de compétence du ministère des Finances.

Inspection du travail

Droit social

Corps de fonctionnaires d'État chargés de contrôler la bonne application et le respect des règles (légales, réglementaires et conventionnelles) du travail.

C. trav., art. L. 8112-1 à L. 8112-4

■ Voir aussi : *Institut national du travail, de l'emploi et de la formation professionnelle (INTEFP), Licenciement*

Installation classée

Droit administratif

Terme désignant une installation pouvant créer des troubles de voisinage ou porter atteinte à l'équilibre de l'environnement. Les installations peuvent être des chantiers, usines, ateliers, dépôts ou carrières. Leur création est soumise à enquête publique et autorisation administrative. Leur fonctionnement est soumis à des polices spéciales régies par le Code de l'environnement (art. L. 511-1 et s.).

Instance

Droit processuel

Phase d'un procès constituée d'une succession d'*actes de procédure*, débutant

I

avec l'acte introductif d'instance et s'achevant avec le *jugement*.

● *Exemple,* l'appel donne lieu à une instance nouvelle, distincte de celle s'étant déroulée devant les premiers juges.

Instigation
Droit pénal
Forme de complicité qui pousse une personne à perpétrer une infraction qualifiée de crime, de délit ou de contravention et qui se réalise, soit par provocation à la commission de cette infraction, en utilisant des dons, promesses, menaces, ordres, abus d'autorité ou de pouvoir, soit par la fourniture d'instructions.

C. pén., art. 121-6 et 121-7

Institut d'émission
Finances publiques ■ Voir *Banque de France*

Institut international pour l'unification du droit privé (UNIDROIT)
Droit international privé
Organisation intergouvernementale siégeant à Rome, dont la vocation est d'étudier les moyens d'une harmonisation du droit privé des États (soixante et un à ce jour) et de l'adoption par ces États de règles uniformes de droit privé.

Institut monétaire européen (IME)
Droit de l'Union européenne
Organe de préparation à l'instauration de la monnaie unique au cours de la période transitoire ayant précédé l'entrée en fonction de la *Banque centrale européenne* au 1er juillet 1998.

Traité CE, art. 117

Institut national de la propriété industrielle (INPI)
Droit de la propriété intellectuelle
Établissement public placé auprès du ministère de l'Industrie qui prend la décision de délivrer ou non les titres de propriété industrielle. Il a pour mission de faire appliquer les lois et règlements en matière de *propriété intellectuelle.*

CPI, art. L. 411-4 et L. 411-5

■ Voir aussi : *Propriété industrielle (droits de)*

Institut national du travail, de l'emploi et de la formation professionnelle (INTEFP)
Droit social
Établissement public à caractère administratif, dépendant du ministère de l'Emploi et de la Solidarité, dont la mission est de former les inspecteurs du travail et de l'emploi.

■ Voir aussi : *Inspection du travail, Direction régionale des entreprises, de la concurrence, de la consommation, du travail et de l'emploi (DIRECCTE)*

Institutes
Histoire romaine
Manuel d'initiation au droit destiné aux étudiants.

● *Exemple, Institutes* de Gaius, d'Ulpien, de Justinien.

Institution
Introduction au droit
Structure sociale jouant un rôle reconnu comme important, que ce rôle ait une origine juridique (institutions de l'État) ou sociologique (institution de la famille).

Institution contractuelle
Droit des successions et libéralités
Donation de *biens à venir* exceptionnellement autorisée lorsqu'elle est consentie par un tiers aux futurs époux dans le *contrat de mariage*, ou entre époux par *contrat de mariage* ou en cours de mariage.
C. civ., art. 1081

▪ Voir aussi : *Bien à venir*

Institution de prévoyance
Droit de la protection sociale
Organisme professionnel de droit privé ayant un but non lucratif, régi par le livre IX du Code de la sécurité sociale et visant à prendre en charge les prestations sociales servies à titre complémentaire aux travailleurs (salariés ou non), en sus des prestations de sécurité sociale, dans le domaine des assurances sociales.
CSS, art. L. 931-1 et s.

▪ Voir aussi : *Prévoyance, PSC (Protection sociale complémentaire)*

Instruction
Procédure pénale
Étape de la procédure pénale assumée au premier degré par le *juge d'instruction* et, sous certaines conditions, par le *juge des libertés et de la détention*, et au second degré par la *Chambre de l'instruction*, obligatoire pour les *crimes*, facultative pour les *délits*, exceptionnelle pour les *contraventions*, dont l'objet réside dans la détermination des charges pesant sur la personne mise en examen afin, soit de la renvoyer devant la juridiction de jugement, soit de lui accorder le bénéfice d'un non-lieu.

Procédure civile
Étape de la procédure au cours de laquelle les parties, sous le contrôle du juge, mettent l'affaire en état d'être jugée, généralement en échangeant diverses pièces et se communiquant leurs conclusions.
CPP, art. 79 et s.

Instrument financier d'orientation de la pêche (IFOP) ▪ Voir *Fonds structurels*

Instruments financiers
Droit financier
Les instruments financiers comprennent les *titres financiers* et les *contrats financiers*.
C. monét. fin., art. L. 211-1, I

Instruments financiers à terme
Droit financier
Dénomination synonyme, depuis 2009, de *contrats financiers*.
C. monét. fin., art. L. 211-1, III, D. 211-1 A

Instruments de paiement
Droit bancaire
1. S'entend, alternativement ou cumulativement, de tout dispositif personnalisé ou de l'ensemble des procédures convenues entre l'utilisateur de services de paiement et le prestataire de services de paiement et auxquelles l'utilisateur de services de paiement a recours pour donner un ordre de paiement.
2. Catégorie regroupant les instruments permettant d'accomplir un paiement : espèces, chèque, billet à ordre, lettre de change, carte de paiement, virement, prélèvement, etc.
C. monét. fin., art. L. 133-4, c)

Instrumentum
Droit des obligations
Terme latin désignant dans un *acte juridique* l'écrit qui le constate, par oppo-

sition au *negotium,* l'opération en elle-même.

■ Voir aussi : *Negotium*

Insuffisance d'actif ■ Voir *Clôture pour insuffisance d'actif*

Intégration (communautaire)
Droit de l'Union européenne
Processus de perfectionnement de l'*ordre juridique* de l'Union européenne par l'abandon progressif des domaines de compétence nationale au profit d'une compétence normative élargie des institutions de l'*Union.* L'intégration est « différenciée » en ce que les États membres peuvent choisir de progresser à des vitesses différentes (« l'Europe à plusieurs vitesses »).

■ Voir aussi : *Coopération renforcée*

Intendant
Histoire moderne
Commissaire royal établi dans une généralité (circonscription fiscale) et détenteur de larges attributions en matière de justice, de police, de finances et d'économie.

Intention
Introduction au droit
Volonté consciente de tendre vers un but déterminé.

Droit pénal
Connaissance et conscience du caractère interdit du comportement et volonté de réaliser ce comportement prohibé, afin d'obtenir le résultat incriminé par le texte pénal.

■ Voir aussi : *Faute intentionnelle*

Inter partes
Introduction au droit
Expression latine signifiant « entre les parties », utilisée pour évoquer la limi-

tation de la *force obligatoire* d'un contrat ou d'un effets d'un jugement aux parties.

■ Voir aussi : *Effet relatif des contrats, Erga omnes*

Intercommunalité
Finances publiques
Mutualisation des *services publics* et des ressources entre plusieurs communes. Le phénomène est apparu à la fin du XIXe siècle avec la création des *syndicats de communes* en 1890, puis il s'est développé avec les syndicats à vocation multiple et les *districts* institués en 1959. Pour les grandes *agglomérations*, la loi a créé les *communautés urbaines* en 1966. Puis la loi n° 92-125 du 6 février 1992 a profondément modifié les structures en instituant des *communautés de villes* et des *communautés de communes*. Parallèlement, la possibilité d'instituer une fiscalité propre a consolidé le mouvement d'intercommunalité en zone urbaine. La loi n° 99-586 du 12 juillet 1999 a permis de moderniser ces structures intercommunales devenues *communautés d'agglomération*. Toutes ces structures ont le caractère d'*établissement public* de coopération intercommunale doté de la personnalité morale et de l'autonomie financière.

Interdiction
Introduction au droit
1. Défense de faire quelque chose, édictée par une règle juridique.

2. Sanction juridique interdisant à une personne l'exercice de certaines activités ou de certains droits.

Interdiction de séjour
Droit pénal
Peine d'une durée de dix ans au plus en matière de *crime* et cinq ans au plus en matière correctionnelle, qui emporte défense de paraître dans des lieux déterminés par la juridiction qui a prononcé la condamnation et entraîne des mesures de surveillance et d'assistance.

C. pén., art. 131-31, 131-32

Interest rei publicae ne maleficia maneant impunita
Histoire médiévale
« Il est de l'intérêt public que les crimes graves ne restent pas impunis ». Principe dû aux civilistes fondant le renouveau de la procédure inquisitoire et la reconstitution d'un droit pénal public.

Intérêt à agir
Procédure civile
Condition générale de recevabilité de l'action.

CPC, art. 31

Intérêt général
Droit administratif
Intérêt supérieur dégagé par le juge afin d'apprécier la légalité d'une situation juridique. De manière plus habituelle, la satisfaction de l'intérêt général est le but de l'action administrative. Une *autorité* administrative agissant dans un but d'intérêt privé commet un détournement de pouvoir et peut être sanctionnée par le juge de l'excès de pouvoir.

> Voir aussi : *Recours pour excès de pouvoir*

Intérêt de l'humanité
Relations internationales
Formule politique retenue par certaines conventions relatives aux espaces inter-nationaux (Espace extra-atmosphérique, Zone, Antarctique) pour souligner la nécessaire utilisation à des fins pacifiques de ces espaces.

Conv. Montego Bay, 10 déc. 1982, partie XI

> Voir aussi : *Espace international*

Intérêt légal
Droit des obligations
Intérêt dont le *taux* est fixé chaque année par décret.

C. monét. fin., art. L. 313-2 et s.

Intérêts
Droit des obligations
Revenus fournis par un capital.

> Voir aussi : *Anatocisme, Taux effectif global (TEG), Usure*

Intérim
Droit social
1. Opération de prêt de main-d'œuvre réalisée à but lucratif par une société de travail temporaire.
2. Situation dans laquelle se trouve un salarié mis à la disposition d'une entreprise utilisatrice par son employeur, lequel est alors obligatoirement une société d'intérim.

C. trav., art. L. 1251-2 à L. 1251-4

> Voir aussi : *Travail temporaire, Prêt de main-d'œuvre, Marchandage, Employeur*

Intermédiaire en biens divers
Droit financier
Désigne toute personne : – qui, directement ou indirectement, par voie de communication à caractère promotionnel ou de *démarchage*, propose à titre habituel à un ou plusieurs clients ou clients potentiels de souscrire des *rentes viagères*

I

ou d'acquérir des *droits* sur des *biens* mobiliers ou immobiliers lorsque les acquéreurs n'en assurent pas eux-mêmes la gestion ou lorsque le *contrat* leur offre une faculté de reprise ou *d'échange* et la revalorisation du *capital* investi ; – ou qui recueille des fonds à cette fin ; – ou est chargée de la gestion desdits biens ; – ou qui propose à un ou plusieurs clients ou clients potentiels d'acquérir des *droits* sur un ou plusieurs *biens* en mettant en avant la possibilité d'un rendement financier direct ou indirect ou ayant un effet économique similaire.

C. monét. fin., art. L. 550-1

Interlocutoire (jugement)
Procédure civile

Jugement d'avant dire droit ordonnant une mesure anticipant au moins partiellement le *jugement définitif.*

● *Exemple,* versement d'une provision.

Internement
Droit des personnes et de la famille

Placement d'une personne dans un établissement psychiatrique. Ce placement peut se faire de force lorsque cela est nécessaire, mais cette nécessité doit être établie par la production de certificats médicaux. La décision de placement est de nature administrative (il n'y a pas intervention d'une juridiction). L'internement peut se faire d'office, en raison du danger représenté par l'aliéné (hospitalisation d'office) ou à la demande d'un tiers (hospitalisation sur demande d'un tiers). Syn. : Hospitalisation d'un aliéné.

296

Interposition de personne
Droit des obligations

Catégorie de *simulation* dans laquelle une personne intervient apparemment dans un acte juridique alors qu'un *acte secret* des parties prévoit que le véritable intervenant est une autre personne.

■ Voir aussi : *Simulation*

Interprétation conforme (invocabilité d') ■ Voir *Invocabilité d'interprétation conforme*

Interprétation d'une norme juridique
Introduction au droit

1. Analyse permettant de donner une signification claire à un texte obscur ou de préciser toutes les applications que peut avoir une disposition.
2. Analyse permettant d'étendre l'application d'un texte au-delà de sa lettre en se fondant sur les intentions de ses rédacteurs ou sur les besoins sociaux.
3. Solution proposée lorsque l'application d'un texte à une question donnée suscite des difficultés ou des discussions (il peut alors y avoir plusieurs interprétations).

■ Voir aussi : *École de l'exégèse, École scientifique*

Interprétation stricte
Introduction au droit

Maxime d'interprétation selon laquelle lorsqu'un texte contient une disposition spéciale, cette disposition ne doit pas être étendue aux cas comparables non visés par le texte. On parle alors d'interprétation stricte des exceptions. Syn. : *exceptio est strictissimae interpretationis.*

■ Voir aussi : *A pari*

Droit pénal

Règle impérative interdisant au juge pénal de retenir une interprétation large de la définition des infractions et des peines (c'est-à-dire lui interdisant de sanctionner un comportement qui n'a pas été expressément interdit par le législateur). On parle alors d'interprétation stricte de la loi pénale. Syn. : *Poenalia sunt restringenda*.

C. pén., art. 111-4

Interruption

Introduction au droit

Arrêt du cours de la *prescription* qui fait disparaître le délai antérieurement écoulé, à la différence de la *suspension*.

C. civ., art. 2242 et s.

■ Voir aussi : *Délai préfix*

Interruption illégale de grossesse

Droit pénal

Délit constitué par l'action d'interrompre ou de tenter d'interrompre la grossesse d'une femme, soit sans son consentement, soit avec son consentement, mais en violation des conditions posées par la loi qui autorise l'interruption de la grossesse.

C. pén., art. 223-10 ; C. santé publ., art. L. 2212-1 et s.

■ Voir aussi : *Interruption volontaire de grossesse (IVG)*

Interruption d'instance

Procédure civile

Paralysie provisoire de l'instance consécutive à certains événements tels le décès d'une partie ou la cessation de fonction d'un représentant.

CPC, art. 369 et s.

Interruption volontaire de grossesse (IVG)

Droit des personnes et de la famille

Technique médicale permettant de mettre fin à une grossesse sans donner naissance à un enfant et utilisée pour une raison personnelle (par opposition à l'avortement thérapeutique qui intervient pour une cause médicale). L'interruption volontaire de grossesse est strictement encadrée par la loi.

C. santé publ., art. L. 2212 et s.

■ Voir aussi : *Interruption illégale de grossesse*

Intervention

Droit international public

Pressions, contraires au principe de la souveraineté, exercées sur un État pour l'obliger à modifier son comportement à propos d'une question relevant de sa compétence.

Intervention forcée

Procédure civile

Demande en intervention formée contre un tiers et destinée à le rendre partie à l'*instance* afin soit d'obtenir sa condamnation, soit de lui rendre la décision opposable.

CPC, art. 66

■ Voir aussi : *Demande incidente*

Intervention volontaire

Procédure civile

Demande en intervention formée par un tiers au litige afin de lui permettre de devenir partie à celui-ci.

CPC, art. 66

■ Voir aussi : *Demande incidente*

Interversion de titres

Droit des biens

Changement de qualité d'une personne qui bénéficiait au titre de la *détention*

I

d'un bien interverti en titre de la *posses-sion*, ce qui lui permet de profiter de la *prescription acquisitive.* *Interversion* résultant alors d'une cause venant d'un tiers ou à la suite d'une contradiction opposée au propriétaire par le détenteur.

> C. civ., art. 2268

Intimé
Procédure civile
Personne contre laquelle l'appel est interjeté.

> ▪ Voir aussi : *Appelant*

Intimité ▪ Voir *Vie privée*

Intra vires
Droit des successions et libéralités
Raccourci de la formule latine *intra vires hereditatis* signifiant que *l'héritier* ou le *légataire* n'est tenu des dettes de la succession que « jusqu'à concurrence de la valeur des biens qu'il a recueillis ».

> C. civ., art. 791
> ▪ Voir aussi : *Ultra vires*

Introduction de l'instance
Droit processuel
Acte de procédure entamant une *instance* en justice.

> ▪ Voir aussi : *Assignation, Déclaration au greffe*

Intuitus personae
Droit des obligations
Expression latine désignant un contrat dans lequel la considération de la personne du cocontractant est essentielle.

> • *Exemple,* contrat de mandat ou contrat de travail.

Invalidité
Droit de la protection sociale
État d'altération d'au moins deux tiers des facultés de travail d'un assuré social résultant d'une maladie ou d'un accident non professionnel et constaté par le médecin traitant (sous le contrôle du praticien-conseil) au moment de la consolidation des blessures, de la stabilisation de l'état de santé, à l'usure prématurée de l'organisme ou à l'expiration des droits aux indemnités journalières maladies perçues par l'intéressé.

> CSS, art. L. 331-1

Inventaire
Introduction au droit
État sur lequel sont inscrits article par article tous les éléments actifs et passifs d'une masse de *biens*. L'inventaire est généralement imposé pour éviter un détournement d'actif.

> C. civ., art. 386, 600, 626, 764, 789, 809-2, 1029, 1483 ; CPC, art. 1328 et s.

Droit fiscal et comptable
Opération annuelle obligatoire pour les commerçants permettant d'établir un document comptable, l'inventaire, et consistant en la description et l'estimation de l'intégralité des éléments constituant l'actif et le passif de l'entreprise.

> C. com., art. L. 123-12

Inventeur
Droit des biens
Celui qui découvre un *trésor*.

> C. civ., art. 716

Invention
Droit de la propriété intellectuelle
L'invention, au sens de la propriété industrielle, est une solution technique apportée à un problème technique. L'invention doit être nouvelle (non comprise dans l'état de la technique), impliquer une activité inventive, être susceptible d'application industrielle (avoir un caractère ou un effet technique, ce qui suppose qu'un produit est susceptible

d'être fabriqué), pour pouvoir faire l'objet d'un droit de brevet. L'invention se distingue de la découverte.

CPI, art. L. 611-10, L. 611-15, L. 615-16 à L. 611-19

Investiture
Droit constitutionnel

1. Désignation officielle par un parti politique d'un candidat en vue d'une élection.
2. Vote parlementaire exigé par la Constitution de 1946 par lequel l'Assemblée nationale manifeste sa confiance au programme d'un nouveau cabinet.

Const. 27 oct. 1946, art. 45

Inviolabilité du corps humain
Droit des personnes et de la famille

Principe de protection du corps humain en tant qu'élément fondamental de la personne selon lequel un individu ne peut être contraint à subir une atteinte à son corps. Expression utilisée comme synonyme : *Noli me tangere (expression latine signifiant littéralement « ne me touche pas »).*

C. civ., art. 16 à 16-12

■ Voir aussi : *Dignité de la personne, Indisponibilité du corps humain, Organe humain*

Inviolabilité du domicile
Droit des personnes et de la famille

Interdiction à toute personne de s'introduire ou de se maintenir dans les lieux où habite une autre personne sans que celle-ci ait donné son autorisation. Cette protection est automatiquement accordée à tout individu, elle constitue un droit de la personnalité.

■ Voir aussi : *Vie privée*

Inviolabilité parlementaire
Droit constitutionnel

Protection constitutionnelle garantissant la liberté de vote des parlementaires et subordonnant à certaines conditions la possibilité de les poursuivre en justice pendant la durée de leur mandat.

Const. 4 oct. 1958, art. 26

■ Voir aussi : *Immunité parlementaire*

Invocabilité d'exclusion
Droit de l'Union européenne

Référence faite par le juge national aux *normes* du droit de l'*Union européenne* afin d'écarter les dispositions contraires du droit interne en se fondant sur le principe de *primauté*, et cela même en l'absence d'*effet direct* reconnu à ces normes.

Invocabilité d'interprétation conforme
Droit de l'Union européenne

Référence faite par le *juge* national aux *normes* du droit de l'Union européenne afin d'interpréter le droit interne conformément à ces normes en se fondant sur le principe de *primauté*, et cela même en l'absence d'*effet direct* reconnu à celles-ci.

Invocabilité de réparation
Droit de l'Union européenne

Possibilité pour tout justiciable d'obtenir du *juge* national l'indemnisation du *préjudice* causé par la violation du *droit de l'Union européenne* par l'État membre (qui engage ainsi sa *responsabilité*), et cela même en l'absence d'*effet direct* reconnu à la *norme* communautaire non respectée, sur le fondement du principe de *primauté*.

I

Invocation en substance
Droit européen

Condition de recevabilité des requêtes introduites devant la *Cour européenne des droits de l'homme*, qui consiste dans l'obligation pour le *requérant* de donner à l'État partie la possibilité de remédier à la violation de la *Convention européenne des droits de l'homme* alléguée en soulevant le grief tiré de cette violation en premier lieu devant les juridictions nationales, conformément au principe de *subsidiarité*.

■ Voir aussi : *Épuisement des voies de recours internes*

Irrecevabilité ■ Voir *Fin de non recevoir*

Irréfragable ■ Voir *Présomption irréfragable*

Irrépétibles (frais)
Procédure civile

Frais de justice non compris dans les *dépens* dont le juge peut tenir compte lorsqu'il condamne, pour des raisons d'équité, une partie à verser à l'autre, une somme forfaitaire sur le fondement de l'article 700 du Code de procédure civile.

CPC, art. 700

Irrésistibilité
Droit des obligations

Caractère traditionnel de la *force majeure* désignant un événement qui ne peut être surmonté (ex. : cataclysme).

C. civ., art. 1148

■ Voir aussi : *Extériorité, Imprévisibilité*

Irresponsabilité présidentielle
Droit constitutionnel

Absence de mise en cause politique ou pénale de la personne titulaire du mandat présidentiel.

■ Voir aussi : *Immunité*

Iter criminis
Droit pénal

Expression latine désignant le cheminement criminel qui conduit au passage à l'acte et qui comprend trois étapes constituées d'abord par la phase psychologique débutant par de simples pensées criminelles et s'achevant par la résolution d'accomplir le forfait, puis par la préparation de l'infraction et enfin par la consommation de celle-ci.

Jacobinisme
Histoire révolutionnaire

Doctrine et mouvement politique des révolutionnaires dits « Jacobins » (car appartenant à l'origine au club ou à la société des jacobins).

Histoire

Syn. : mystificateur de centralisme.

Jeton de présence
Droit des sociétés

Somme forfaitaire attribuée, en rémunération ou remboursement, aux personnes, les administrateurs de SA notamment, assistant à des réunions ou assemblées de société.

C. com., art. L. 225-45

Jeu
Droit des contrats spéciaux

Contrat aléatoire dans lequel les contractants s'engagent à payer une somme d'argent ou une autre prestation au gagnant d'une partie à laquelle ils participent personnellement.

C. civ., art. 1964 à 1967

■ Voir aussi : *Pari*

Jonction d'instance
Procédure civile

Mesure d'administration judiciaire regroupant deux *instances* connexes.

CPC, art. 367 et 368

Jouissance
Droit des biens

Droit qui permet de percevoir les *fruits* d'un *bien*, de les conserver ou les consommer.

■ Voir aussi : *Fructus, Jus fruendi*

Jouissance légale
Droit des personnes et de la famille

Droit d'*usufruit* sur les biens de l'enfant de moins de seize ans accordé aux parents exerçant l'*administration légale* sur ces biens.

C. civ., art. 382 et s.

■ Voir aussi : *Autorité parentale, Administration légale*

Jour-amende
Droit pénal

Peine alternative à l'*emprisonnement* ou peine complémentaire facultative en cas de conduite en état d'ivresse, qui consiste pour le juge à fixer une contribution quotidienne à titre d'amende dont le montant maximum est plafonné par la loi, pendant un nombre de jours déterminé par le juge, dans des limites légales.

C. pén., art. 131-5, 131-25, 132-28

Jour férié ou chômé
Droit social

Jour correspondant à une fête légale et qui par conséquent est obligatoirement chômé du fait de la loi (1er mai) ou soumis à des dispositions conventionnelles favorables à l'absence de travail (1er janvier ; lundi de Pâques ; 8 mai ; jeudi de l'Ascension ; 14 juillet ; 15 août ; la Toussaint, 1er novembre ; Noël, 25 décembre).

C. trav., art. L. 3133-1 et L. 3133-4

■ Voir aussi : *Repos hebdomadaire, Congés payés*

Jour ouvrable

Droit social – Droit de la protection sociale

Jour normalement travaillé dans l'ensemble du pays. Il s'agit par conséquent de tous les jours à l'exception du dimanche et des jours fériés chômés.

C. trav., art. L. 3133-1

■ Voir aussi : *Jour férié ou chômé, Congés payés*

Jour ouvré

Droit social

Jour effectivement travaillé dans l'entreprise.

C. trav., art. L. 3133-1

■ Voir aussi : *Jour férié ou chômé*

Journal officiel (JO)

Introduction au droit – sources du droit

Publication de l'État destinée à assurer une diffusion officielle des normes juridiques qu'il édicte (*lois, règlements, décrets* et *arrêtés*) et des débats des assemblées parlementaires. La publication au *Journal officiel* est une condition *d'entrée en vigueur* des textes.

C. civ., art. 1

Jours

Droit des biens

Terme qui désigne une ouverture dans un mur qui ne laisse passer que la lumière et ne permet pas de voir l'extérieur.

C. civ., art. 675 et s.

■ Voir aussi : *Vues*

Jours de planche ■ Voir *Staries*

Judiciaire (pouvoir)

Droit constitutionnel

Organes de l'État chargés de dire le droit pour trancher les litiges à l'aide d'un raisonnement juridictionnel et avec autorité de la chose jugée.

Juge

Droit processuel

1. Personne investie d'un pouvoir juridictionnel.

2. Magistrat de l'ordre judiciaire.

Juge aux affaires familiales (JAF)

Organisation judiciaire

Juge du *tribunal de grande instance* connaissant à juge unique du divorce, de la séparation de corps, des actions liées à l'autorité parentale, aux obligations d'aliments, à la modification du nom de l'enfant.

COJ, art. L. 213-3 et s.

Juge aux affaires matrimoniales (JAF)

Organisation judiciaire

Nom anciennement donné au *juge* du *tribunal de grande instance* connaissant du divorce et de la séparation de corps.

Juge-commissaire

Procédure civile

1. *Juge* chargé de l'accomplissement d'une mission particulière (ex. : une visite des lieux).

2. *Juge* du tribunal de commerce chargé de veiller au bon déroulement d'une procédure collective.

C. com., art. 621-4

Juge des comptes

Finances publiques

Il a pour compétence juridictionnelle le jugement de comptes des *comptables publics* de l'État et des *collectivités territoriales* et de leurs *établissements publics*. Sa mission n'est pas d'être juge de la légalité ni de l'opportunité des actes financiers. Au contraire, il contrôle la régularité budgétaire et comptable des opérations de recettes et de dépenses. L'expression juge des comptes renvoie à la Cour des comptes et aux chambres régionales des comptes. Le juge des comptes est soumis au contrôle du *Conseil d'État* en sa qualité de juge de cassation.

C. jur. fin., art. L. 111-1

■ Voir aussi : *Juridiction financière*

Juge consulaire
Organisation judiciaire

Nom donné aux *juges* élus des *tribunaux de commerce*.

Juge départiteur
Procédure civile

Juge du *tribunal d'instance* intervenant en cas d'égal partage des voix dans une formation du conseil de prud'hommes.

Juge des enfants
Organisation judiciaire

Juge du *tribunal de grande instance*, statuant aussi bien en matière pénale qu'en matière civile, dans les matières qui touchent aux problèmes de l'enfance (ex. : protection des enfants maltraités ou répression de la délinquance juvénile).

COJ, art. L. 252-1 et s.

Juge de l'application des peines (JAP)
Procédure pénale

Magistrat du siège attaché au *tribunal de grande instance*, chargé d'organiser et de surveiller l'exécution des peines prononcées dans le jugement de condamnation, quelle que soit leur nature.

CPP, art. 709 et s.

Juge de l'exécution (JEX)
Organisation judiciaire

Juge du *tribunal de grande instance*, spécialement chargé du contentieux de l'*exécution forcée* et des *mesures conservatoires*.

COJ, art. L. 213-5 et s.

Juge de l'expropriation
Organisation judiciaire

Juge du *tribunal de grande instance* désigné au niveau départemental pour fixer, à défaut d'accord amiable, les indemnités d'expropriation.

COJ, art. L. 261-1

Juge du fond ■ Voir *Juges du fond*

Juge d'instruction
Procédure pénale

Magistrat du siège du *tribunal de grande instance* qui est chargé de l'instruction *au premier degré dans le procès pénal*.

CPP, art. 49 et s., 80 et s.

■ Voir aussi : *Instruction*

Juge international *ad hoc*
Droit international public

Juge désigné occasionnellement par une partie à un litige déterminé devant la *Cour internationale de justice* qui s'ajoute ponctuellement aux juges permanents pour trancher l'affaire.

Statut CIJ, 26 juin 1945, art. 31

■ Voir aussi : *Cour internationale de justice*

Juge des libertés et de la détention (JLD)
Procédure pénale

Magistrat du siège ayant rang de président, premier vice-président ou vice-président, désigné par le président du *tribunal de grande instance*, compétent

303

J

pour ordonner le placement en *détention provisoire*, la prolongation de sa durée et les demandes de mise en liberté.

CPP, art. 137-1 et s.

Juge de la mise en état
Procédure civile

Juge du *tribunal de grande instance*, spécifiquement chargé de veiller à la *mise en état* des affaires et de statuer sur la plupart des *incidents*.

CPC, art. R. 213-7

Juge de paix
Histoire contemporaine

Magistrat compétent au civil et au pénal pour juger des affaires peu importantes et instruire les affaires criminelles du chef-lieu du canton (exclusivement sous la Révolution). Créée sous la Révolution française (1790), l'institution disparaît en 1958.

Juge de proximité ▪ Voir *Juridiction de proximité*

Juge rapporteur
Procédure civile

1. Nom parfois donné au juge chargé de l'instruction d'une affaire.

● *Exemple,* nom donné au juge chargé de l'instruction d'une affaire en matière commerciale ou en matière gracieuse.

CPC, art. 862 et s., 799

2. Nom donné dans la pratique au juge chargé d'entendre seul l'audience des plaidoiries à charge pour lui d'en rapporter à la formation collégiale.

CPC, art. 785

Juge des référés
Procédure civile

Juge de l'urgence ou de l'évidence rendant à l'issue d'une procédure contradictoire une décision provisoire.

▪ Voir aussi : *Référé, Ordonnance*
CPC, art. 808 à 811, 956 à 957

Juge des tutelles
Procédure civile

Juge du *tribunal d'instance* spécialement chargé de l'émancipation et de la tutelle des mineurs ainsi que des majeurs protégés.

COJ, art. L. 221-9
▪ Voir aussi : *Sauvegarde de justice, Curatelle, Tutelle*

Jugement
Procédure civile

1. Au sens large, décision par laquelle un *juge* ou un collège de juges tranche une question litigieuse.

2. Dans un sens plus étroit, expression désignant la décision des *juridictions du premier degré* par opposition aux décisions des *cours d'appel* et de la *Cour de cassation*, qualifiées d'arrêts.

Jugement d'avant dire droit ▪ Voir *Avant dire droit*

Jugement constitutif
Droit processuel

Jugement établissant une situation juridique nouvelle ou faisant naître un droit nouveau.

● *Exemple,* un jugement prononçant le divorce.

▪ Voir aussi : *Jugement déclaratif*

Jugement contradictoire
Droit processuel

Jugement rendu à l'issue d'une procédure dans laquelle les parties ont toutes comparu et pu faire valoir leurs arguments.

CPC, art. 467

■ Voir aussi : *Contradictoire (principe du), Jugement par défaut, Jugement réputé contradictoire*

Jugement convenu
Procédure civile

Jugement dans lequel le juge se borne à constater l'accord auquel les parties sont parvenues.

■ Voir aussi : *Jugement d'expédient*

Jugement déclaratif
Procédure civile

Jugement constatant une situation de fait ou un état de droit antérieur à l'introduction de l'*instance.*

■ Voir aussi : *Jugement constitutif*

Jugement par défaut
Procédure civile

Jugement rendu à l'issue d'une *procédure* dans laquelle le *défendeur* n'a pas comparu alors que la décision est en dernier ressort et que la citation ne lui a pas été délivrée à personne.

CPC, art. 473

■ Voir aussi : *Jugement contradictoire, Notification, Opposition*

Jugement définitif
Procédure civile

Jugement sur le fond tranchant dans son *dispositif* tout ou partie du principal.

CPC, art. 480

■ Voir aussi : *Jugement sur le fond, Avant dire droit*

Jugement en dernier ressort
Procédure civile

Décision rendue par une juridiction du fond non susceptible d'appel soit car il s'agit d'une décision rendue en premier et dernier ressort, soit car il s'agit d'une décision de cour d'appel.

■ Voir aussi : *Jugement en premier et dernier ressort*

Jugement d'expédient ■ Voir *Jugement convenu*

Jugement sur le fond ■ Voir *Jugement définitif*

Jugement gracieux ■ Voir *Gracieuse (matière)*

Jugement mixte
Procédure civile

Jugement, qui tout en tranchant dans son *dispositif* une partie du principal, ordonne, parallèlement, une *mesure d'instruction* ou une mesure provisoire.

CPC, art. 544 et 606

■ Voir aussi : *Jugement définitif, Jugement d'avant dire droit*

Jugement sur pièces
Droit processuel

Jugement rendu à l'issue d'une procédure au cours de laquelle les parties n'ont pas à présenter d'observations orales.

● *Exemple,* ordonnance portant injonction de payer.

Jugement en premier ressort
Procédure civile

Décision rendue par une juridiction du premier degré, susceptible d'*appel* devant une juridiction du deuxième degré.

CPC, art. 543

■ Voir aussi : *Degré de juridiction, Jugement en premier et dernier ressort*

Jugement en premier et dernier ressort
Procédure civile
Décision rendue par une juridiction du premier degré et contre laquelle il ne peut pas être interjeté *appel*.
CPC, art. 605
■ Voir aussi : *Degré de juridiction, Jugement en dernier ressort, Jugement en premier ressort*

Jugement réputé contradictoire
Procédure civile
Jugement rendu à l'issu d'une procédure caractérisée par un défaut de comparution du défendeur, ainsi qualifié, soit parce qu'il est susceptible d'appel, soit parce que l'introduction de l'instance lui a été personnellement signifiée et traité, pour ces raisons, comme un jugement contradictoire.
CPC, art. 473
■ Voir aussi : *Jugement contradictoire, Jugement par défaut*

Juges du fond
Introduction au droit – Procédure civile – Procédure pénale
Juges examinant les affaires en droit et en fait par opposition à la *Cour de cassation* qui ne peut examiner que le droit.
● *Exemple, tribunal de grande instance, cour d'appel.*

Juridicité
Introduction au droit
Propriété des règles qui ont une nature juridique, par opposition aux autres types de règles (notamment morales et religieuses). Le critère de la juridicité est l'existence d'une contrainte étatique garantissant, si besoin est, l'application de la règle.

Juridiction
Droit processuel
1. Organe doté du pouvoir de *jurisdictio*.
2. Mission de rendre la justice.
3. Ensemble de tribunaux dotés du même type de pouvoir juridictionnel déterminé, soit en raison de leur *compétence* matérielle, soit en raison de leur *ressort* territorial.
● *Exemple*, conflit de juridictions.

Juridiction administrative ■ Voir *Ordre administratif*

Juridiction arbitrale ■ Voir *Arbitre*

Juridiction commerciale ■ Voir *Tribunal de commerce*

Juridiction de droit commun
Procédure civile
Juridiction qui, outre ses compétences exclusives, est compétente pour examiner les litiges portant sur des matières qui ne relèvent pas de la compétence exclusive d'une autre juridiction.
● *Exemple, tribunal de grande instance, cour d'appel.*

Juridiction échevinale
Organisation judiciaire
Juridiction composée de *magistrats* de carrière et de magistrats non professionnels.
● *Exemple, tribunal paritaire des baux ruraux.*

Juridiction d'exception
Procédure civile
Juridiction qui ne peut connaître que des litiges portant sur une matière qu'un texte lui attribue spécialement.
■ Voir aussi : *Juridiction de droit commun*

Juridiction financière
Finances publiques

La juridiction financière est composée de la *Cour des comptes*, des *chambres régionales des comptes* et de la *Cour de discipline budgétaire et financière*. Elle est régie par le Code des juridictions financières. Il ne s'agit pas d'un ordre juridictionnel autonome, en effet le *Conseil d'État* exerce un contrôle du droit par le biais du pourvoi en *cassation*. Le premier président de la *Cour des comptes* exerce son autorité sur l'ensemble des juridictions financières.

C. jur. fin., art. L. 111-1

■ Voir aussi : *Juge des comptes*

Juridiction gracieuse ■ Voir *Procédure gracieuse*

Juridiction d'instruction ■ Voir *Instruction, Juge d'instruction, Juge des libertés et de la détention, Chambre de l'instruction*

Juridiction judiciaire ■ Voir *Ordre judiciaire*

Juridiction paritaire
Organisation judiciaire

Juridiction composée, au moins en partie, de *magistrats* non professionnels, représentants des catégories professionnelles concernées, mais ayant des intérêts distincts et bénéficiant pour cette raison, dans les différentes formations, d'un nombre égal de représentants.

● *Exemple, conseil de prud'hommes.*

Juridiction de proximité
Organisation judiciaire

Juridiction du premier degré de l'ordre judiciaire, composée de juges non professionnels, compétente pour connaître, en matière pénale, des contraventions de police des quatre premières classes et, en matière civile, des actions personnelles ou mobilières jusqu'à la valeur de 4 000 € ainsi que des demandes indéterminées qui ont pour origine l'exécution d'une obligation dont le montant n'excède pas 4 000 €. Leur suppression est annoncée à partir du 1er janvier 2015.

COJ, art. L. 231-1 et s., R. 231-1 et s.

Juridictions de la libération conditionnelle
Procédure pénale

Au premier degré, ce sont le juge de l'application des peines et le tribunal de l'application des peines qui sont compétents pour prononcer une mesure de libération conditionnelle. Un appel peut être interjeté devant la chambre de l'application des peines de la cour d'appel, composée d'un président de chambre et de deux magistrats.

CPP, art. 712-6 et s., 729 et s., D. 522 et s.

Juridique
Introduction au droit

Caractère de ce qui a trait au droit.

■ Voir aussi : *Droit*

Juris et de jure ■ Voir *Présomption irréfragable*

Juris tantum ■ Voir *Présomption simple*

Jurisconsulte
Introduction au droit

Personne qui fait profession de donner des avis sur des questions juridiques.

■ Voir aussi : *Doctrine*

Histoire romaine

Sages en droit. Syn. : Jurisprudents.

J

Jurisdictio
Droit processuel
Pouvoir de trancher un litige.

■ Voir aussi : *Imperium*

Jurisprudence
Histoire romaine
Étym. : du latin *jurisprudentia* (« prudence du droit »). Connaissance avisée, réfléchie, sage du droit justifiant, à l'occasion une activité de consultation.

Introduction au droit – sources du droit
1. Ensemble des décisions rendues par les *tribunaux* du pays.
2. Ensemble des décisions rendues pendant une certaine période dans une certaine matière.
3. Solution apportée par une *juridiction* à une question juridique discutée et qui, en raison de l'autorité morale de la juridiction concernée et/ou de la qualité du raisonnement juridique conduit, est reprise par les autres juridictions ou considérée comme devant l'être. Si cette influence est incontestée, la reconnaissance de la jurisprudence comme *source de droit* suscite des discussions, nombreux sont ceux qui la qualifient seulement d'autorité (notamment en raison du principe de séparation des pouvoirs).
4. Tendance des tribunaux à trancher une question toujours dans le même sens.

■ Voir aussi : *Décision de principe, Common Law*

Jurisprudents ■ Voir *Jurisconsulte*

Jury
Procédure pénale
Ensemble de *citoyens* tirés au sort sur les *listes électorales* et appelés à siéger dans certaines *juridictions* pénales telles que

la *cour d'assises* au premier degré et en appel.

CPP, art. 254 et s.

■ Voir aussi : *Cour d'assises*

Jus abutendi
Droit des biens
Formule latine qui désigne le droit de disposer d'un *bien*.

■ Voir aussi : *Abusus, Jus fruendi, Jus utendi*

Jus cogens
Droit international public
Règles impératives acceptées et reconnues comme énonçant les valeurs universelles de la communauté internationale.

Conv. Vienne, 23 mai 1969, Droit des traités, art. 53

Jus commune ■ Voir *Droit commun (sens 1)*

Jus fruendi
Droit des biens
Formule latine qui désigne le droit de percevoir les fruits d'un *bien*.

■ Voir aussi : *Fructus, Jouissance, Jus abutendi, Jus utendi*

Jus sanguinis (ou droit du sang)
Droit international privé
Critère d'attribution de la nationalité fondé sur le lien de *filiation*.

■ Voir aussi : *Jus soli (ou droit du sol)*

Jus soli (ou droit du sol)
Droit international privé
Critère d'attribution de la *nationalité* fondé sur le lieu de vie (lieu de naissance ou de résidence).

■ Voir aussi : *Jus sanguinis (ou droit du sang)*

Jus utendi
Droit des biens

Formule latine qui désigne le droit d'utiliser un *bien*.

■ Voir aussi : *Usus, Jus abutendi, Jus fruendi*

Juste titre ■ Voir *Titre (juste)*

Justice
Histoire moderne

Notion très large qui recouvre la justice, au sens contemporain et organique du terme, l'administration générale et la *police*.

Introduction au droit

1. (sens courant) : Action de rendre à chacun ce qui lui revient.

2. Mise en œuvre du *droit* par les *tribunaux*.

3. Ensemble des tribunaux du pays ou d'un ordre juridictionnel.

4. Organisation du pouvoir judiciaire, c'est-à-dire ensemble des tribunaux du pays et des services chargés de les administrer.

■ Voir aussi : *Jurisprudence, Commutative (justice), Distributive (justice)*

Justice commutative ■ Voir *Commutative (justice)*

Justice constitutionnelle
Contentieux constitutionnel

Activité juridictionnelle destinée à assurer la suprématie normative de la *Constitution*.

Justice déléguée
Histoire médiévale – Histoire moderne

Juridictions royales ayant reçu du roi une délégation générale ou spéciale de son pouvoir judiciaire.

Justice distributive ■ Voir *Distributive (justice)*

Justice retenue
Histoire médiévale – Histoire moderne

Pouvoir souverain du roi lui permettant à la fois d'exercer une *justice* personnelle ou par conseil et de modifier la *règle de droit* ou la *sentence* rendue.

Justiciable
Droit processuel

1. Individu pouvant être entendu ou appelé en *justice*.

2. Individu relevant d'une juridiction spécialement compétente pour juger son cas.

Know-how ▪ Voir *Savoir-faire*

Label
Consommation

Signe distinctif pouvant être apposé par toute personne sur un produit destiné à la vente qui réunit des qualités spécifiques objectivement définies par un organisme professionnel indépendant.

C. consom., art. L. 115-19 à L. 115-20 ; C. rur. pêche marit., art. L. 641-1 à L. 641-4

▪ Voir aussi : *Marque collective, Marque syndicale*

Lais et relais
Droit administratif

Termes désignant une partie du *domaine public* naturel. Outre les rivages de la mer, appartiennent au *domaine public* les terrains résultant des apports ou des retraits de la mer (lais et relais de la mer).

Lata sentencia judex decini esse judex
Histoire

« La sentence une fois rendue, le juge cesse d'être juge ». Adage d'origine romaine, signifiant que le *juge* est dessaisi de la contestation qu'il a tranchée dès le prononcé du *jugement*.

Lato sensu
Introduction au droit

Expression indiquant que l'on se réfère à la définition la plus générale du terme concerné, voire que l'on entend dépasser sa définition littérale pour comprendre des notions voisines. Cette expression latine peut se traduire par « au sens large ».

▪ Voir aussi : *Stricto sensu*

Le roi est mort, vive le roi
Histoire moderne

Formule prononcée à chaque décès royal rappelant, en forme de rite constitutionnel, l'instantanéité de la succession monarchique.

▪ Voir aussi : *Dignitas non moritur*

Lease-back
Droit des contrats spéciaux

Variété de *crédit-bail*, encore appelée « cession-bail » en matière immobilière et *leasing adossé* (à une vente) en matière mobilière, dans laquelle le crédit-bailleur acquiert le *bien*, non d'un fournisseur, mais de son client qui en était *propriétaire*, pour un prix correspondant au montant du *prêt*, afin de lui en remettre aussitôt la *jouissance* à titre onéreux assortie d'une option de rachat.

Leasing
Droit des contrats spéciaux

Terme utilisé par la pratique pour désigner l'opération de *crédit-bail* mobilier.

▪ Voir aussi : *Lease-back*

Lecture
Droit constitutionnel

Phase de discussion puis d'adoption d'un texte devant une assemblée parlementaire.

Légalité
Introduction au droit

Caractère de ce qui est conforme à la *loi*, au *droit*.

▪ Voir aussi : *Illégal, Licéité*

L

Légataire

Droit des successions et libéralités

Celui qui reçoit un *legs*.
  C. civ., art. 1003 et s.

Légation

Relations internationales

Droit pour un État d'entretenir des relations diplomatiques avec un autre État : possibilité d'envoyer des agents diplomatiques à l'étranger (légation active) ; possibilité d'accueillir des représentants diplomatiques étrangers (légation passive).

▪ Voir aussi : *Agent diplomatique*

Légicentrisme

Introduction au droit

Courant de pensée qui fait de la *loi* le centre de l'ordonnancement juridique et nourrit envers le *législateur* une confiance absolue.

▪ Voir aussi : *Nomophilie, École positiviste, École de l'exégèse*

Législateur

Introduction au droit – sources du droit

1. Organe qui fait la *loi* au sens strict.
2. Personne qui édicte une règle juridique générale (parlement, gouvernement, institution internationale à vocation normative).

▪ Voir aussi : *Loi, Parlement*

Législateur négatif

Contentieux constitutionnel

Doctrine kelsénienne considérant que le pouvoir d'annulation d'une loi du juge constitutionnel équivaut à une participation à l'exercice du *pouvoir législatif*.

Législatif (pouvoir)

Droit constitutionnel

Organes de l'État dont la participation à la confection et à l'adoption des *lois* s'avère indispensable.

Législation

Introduction au droit – sources du droit

1. Ensemble des *lois* d'un pays, d'une région ou ensemble des lois applicables à un domaine particulier.
2. Ensemble du *droit* d'un pays, d'une région ou ensemble du droit applicable à un domaine particulier.

▪ Voir aussi : *Loi*

Législature

Droit constitutionnel

Durée du mandat d'une assemblée parlementaire susceptible d'être interrompue par la dissolution dans le cas de l'Assemblée nationale.
  C. élect., art. LO 121
  ▪ Voir aussi : *Dissolution*

Légitimation

Droit des personnes et de la famille

Passage de la qualité d'*enfant naturel* à celle d'*enfant légitime* soit en raison du *mariage* entre eux des parents de l'enfant, soit en vertu d'une *décision de justice*. Ce mécanisme a été supprimé en droit interne par l'ordonnance n° 2005-759 du 4 juillet 2005 qui a gommé du *corpus* législatif les notions d'enfant naturel et légitime afin de parfaire l'égalité entre les *filiations*.

▪ Voir aussi : *Enfant légitime, naturel, adultérin, incestueux, Désaveu de paternité*

Légitime défense
Droit pénal

Cause d'irresponsabilité pénale dont peut bénéficier la personne qui justifie avoir commis, soit une *infraction* nécessaire en réponse à une agression injuste et actuelle contre elle-même ou autrui, soit une infraction autre qu'un *homicide* volontaire, strictement nécessaire pour interrompre l'exécution d'un *crime* ou d'un *délit* contre un *bien*, si les moyens employés sont proportionnés à la gravité de l'atteinte.

C. pén., art. 122-5, 122-6

Legs
Droit des successions et libéralités

Acte unilatéral ne prenant effet qu'à la mort de son auteur par lequel celui-ci dispose de tout ou partie de ses *biens* ou transmet un droit à un *légataire*. Le legs peut être universel, à titre universel ou particulier.

C. civ., art. 1002 et s.

Legs avec faculté d'élire
Droit des successions et libéralités

Legs par procuration, dont le testateur confie à un tiers le soin d'en désigner le bénéficiaire, et que la *jurisprudence* déclare en principe nul.

Legs de libération
Droit des successions et libéralités

Legs d'une *créance* fait à un débiteur dont la *dette* disparaît par confusion.

Legs *de residuo* ▪ Voir *Libéralité résiduelle*

Legs à titre particulier
Droit des successions et libéralités

Legs qui comprend un ou plusieurs *biens* déterminés (telle commode, telle somme d'argent...) ou tout ou partie d'une catégorie de biens déterminés autres que celles des *meubles* ou des *immeubles* (les meubles meublants, les valeurs mobilières...).

C. civ., art. 1014 et s.

▪ Voir aussi : *Legs à titre universel, Legs universel*

Legs à titre universel
Droit des successions et libéralités

Legs qui comprend, soit tous les *meubles* ou tous les *immeubles* du défunt, soit une quote-part de tous les biens du défunt, soit enfin une quote-part des meubles ou des immeubles du défunt.

C. civ., art. 1010 et 1013

▪ Voir aussi : *Legs à titre particulier, Legs universel*

Legs universel
Droit des successions et libéralités

Legs qui donne à son bénéficiaire vocation à recevoir la totalité des *biens* de la *succession*. En présence de réservataires, ce legs sera limité au montant de la quotité disponible.

● *Exemple,* un défunt laissant deux enfants ne pourra consentir de legs universel qu'à hauteur de un tiers des biens de sa succession, les deux autres tiers étant réservés à ses enfants.

C. civ., art. 1003, 1009

▪ Voir aussi : *Legs à titre particulier, Legs à titre universel*

Les lys ne filent point
Histoire médiévale – Histoire moderne

Phrase de l'Évangile interprétée de manière allégorique : le royaume des lys (attribut héraldique de la royauté française) ne peut être confié à des mains féminines.

▪ Voir aussi : *Principe de masculinité*

Lésion
Droit des obligations
Déséquilibre entre les prestations des parties à un *contrat* susceptible de permettre dans certains cas sa *rescision*.

C. civ., art. 1118

Lettre de cadrage
Finances publiques
Lettre budgétaire signée par le *Premier ministre* et adressée aux différents ministres après le premier *Conseil de ministres* sur la préparation de la *loi de finances* de l'année suivante. Cette lettre est envoyée en général aux mois de février-mars de l'année N-1. La lettre de cadrage fixe les hypothèses économiques et les objectifs du gouvernement pour la prochaine année budgétaire.

■ Voir aussi : *Lettre de plafond*

Lettre de change
Droit bancaire
Écrit par lequel une personne appelée le « tireur » donne l'ordre à une seconde personne, appelée le « tiré », de payer à une troisième personne appelée le « bénéficiaire » une certaine somme d'argent à une date déterminée. La lettre de change est un *acte de commerce* par la forme.

C. com., art. L. 511-1 et s., L. 110-1

Lettre de change relevé (LCR)
Droit bancaire
Procédé de dématérialisation des lettres de change destiné à remplacer leur circulation physique entre banques par celle de données informatiques. Émise sur support magnétique soit par le tireur dès sa création (lettre de change relevé – magnétique), soit par le banquier après transcription d'une lettre de change papier (lettre de change relevé – papier),

seule la seconde permet l'exercice des recours cambiaires.

■ Voir aussi : *Billet à ordre relevé (BOR), Dématérialisation*

Lettre de créance
Relations internationales
Formalité par laquelle le chef de mission remet au chef de l'État accréditaire un document l'investissant officiellement dans ses fonctions de diplomate.

■ Voir aussi : *Lettres de provision*

Lettre de crédit
Droit bancaire
1. Lettre par laquelle, dans l'opération de *crédit documentaire*, la *banque* émettrice informe le bénéficiaire de l'*ouverture du crédit* documentaire.

2. Document remis par un *établissement de crédit* à l'un de ses clients pour lui permettre d'obtenir un *crédit* auprès d'un banquier situé dans une autre place.

■ Voir aussi : *Accréditif*

Lettre d'intention
Droit des sûretés
Lettre, également appelée lettre de confort ou lettre de patronage, adressée à un *créancier* qui contient l'engagement d'un tiers de soutenir son débiteur pour qu'il puisse remplir ses obligations.

C. civ., art. 2322

■ Voir aussi : *Engagement d'honneur*

Lettre missive
Introduction au droit
Tout écrit contenant un message et destiné à une personne déterminée.

■ Voir aussi : *Lettre recommandée, Lettre simple*

Lettre de plafond
Finances publiques

Lettre budgétaire signée par le *Premier ministre* et adressée aux différents ministres dépensiers lorsque les arbitrages budgétaires ont été rendus. La lettre plafond fixe pour chaque ministre le montant maximal des *crédits budgétaires* ouverts pour la prochaine année civile. En principe, une fois la lettre plafond envoyée, il n'est plus possible pour un ministre d'obtenir davantage de crédits. Les lettres plafond sont en général envoyées pendant l'été.

■ Voir aussi : *Budget*

Lettre de rappel
Finances publiques

Terme de contentieux du recouvrement des *créances* publiques par les *percepteurs*. Une lettre de rappel doit obligatoirement être expédiée au redevable avant de lancer la procédure de *saisie-exécution* (commandement).

Lettre recommandée
Introduction au droit

Lettre confiée à un service professionnel d'acheminement du courrier pour être remise en mains propres à son destinataire auquel il sera demandé de signer pour attester la réalité de cette remise.

Lettre simple
Introduction au droit

Lettre confiée à un service d'acheminement du courrier sans qu'aucune précaution soit prise pour constater son envoi ou sa réception.

Lettre de voiture
Droit des successions et transports

Écrit constatant certains contrats de *transport* terrestre de marchandises conclus entre l'expéditeur et le *voiturier* ou entre l'expéditeur, le commissionnaire et le *voiturier*, auxquels adhère le destinataire.

C. com., art. L. 132-4 et s., L. 133-1 et s. ; C. dom. publ. fluv., art. 190 et 196 ; C. transports, art. L. 3242-1 ; Conv. int. Genève (CMR), 19 mai 1956, art. 4 et s.

■ Voir aussi : *Connaissement*

Lettres patentes
Histoire médiévale – Histoire moderne

Étym. : du latin *patere* : « être ouvert ». Actes royaux présentant un caractère public, adressés à tous et ouverts.

● *Exemple,* lettres d'anoblissement, ordonnances. Par opposition aux lettres closes, privées, envoyées à leur seul destinataire.

● *Exemple,* lettres de commission.

Lettres de provision
Relations internationales

Formalité par laquelle le consul remet au chef de l'État accréditaire un document l'investissant officiellement dans ses fonctions et reçoit, en retour, l'autorisation officielle (l'*exequatur*) de s'installer sur le territoire de l'État d'accueil.

■ Voir aussi : *Lettre de créance*

Levée d'écrou
Procédure pénale ■ Voir *Écrou*

Lex causae
Droit international privé

« Loi de la cause », désignée par la *règle de conflit* et appliquée par le tribunal saisi d'un litige portant sur une *situation juridique* caractérisée par un élément d'*extranéité* en fonction du lien de *rattachement* retenu.

■ Voir aussi : *Lex loci actus*, *Lex loci delicti*, *Lex rei sitae*

L

Loi de l'État où se situe le tribunal saisi d'un litige comportant un élément d'extranéité. Cette formule latine peut se traduire par « loi du tribunal saisi ».
■ Voir aussi : *For, Forum shopping*

Lex loci actus
Droit international privé
« Loi du lieu de l'acte », désignée par la *règle de conflit* pour régir les *faits juridiques* (*lex loci delicti*) et la forme des *actes juridiques* (*locus regit actum*).

Lex loci delicti
Droit international privé
« Loi du lieu de survenance du délit », désignée par la *règle de conflit* pour régir les *délits* et *quasi-délits*.

Lex mercatoria
Droit international privé
Ensemble des *règles* nées spontanément des relations de commerce international et des *sentences arbitrales* internationales.

Lex rei sitae
Droit international privé
« Loi du lieu de situation de la chose », désignée par la *règle de conflit* pour régir les *biens corporels*.

Libéralisme
Histoire
Pensée et pratique favorables aux libertés, opposées au despotisme, au socialisme et à l'étatisme.

Libéralité
Droit des successions et libéralités
Acte par lequel une personne dispose à titre gratuit de tout ou partie de ses *biens*

ou de ses *droits* au profit d'une autre personne.
C. civ., art. 893
■ Voir aussi : *Donation, Legs, Testament, Libéralité partage*

Libéralité en avancement d'hoirie
■ Voir *Libéralité en avancement de part successorale*

Libéralité en avancement de part successorale
Droit des successions et libéralités
Nouvelle expression issue de la loi du 23 juin 2006 ayant remplacé celle de libéralité rapportable ou de libéralité en avancement d'hoirie. Il s'agit d'une libéralité, généralement une *donation*, faite par anticipation à un *héritier* présomptif, rapportable à la *succession* et imputable sur sa part successorale.
C. civ., art. 843, 919-1
■ Voir aussi : *Libéralité hors part successorale*

Libéralité graduelle
Droit des successions et libéralités
Créée par la loi du 23 juin 2006, la libéralité graduelle est celle par laquelle une personne donne ou lègue ses *biens* à deux personnes qui en jouiront successivement, la première étant dans l'obligation de conserver de son vivant les biens et droits reçus et de les transmettre, à son *décès*, à la seconde personne. La libéralité graduelle remplace l'ancienne *substitution fidéicommissaire*.
C. civ., art. 1048 à 1056
■ Voir aussi : *Libéralité résiduelle*

Libéralité hors part successorale
Droit des successions et libéralités
Nouvelle expression issue de la loi du 23 juin 2006 ayant remplacé celle de

libéralité préciputaire désignant une libéralité dispensée du rapport successoral.

C. civ., art. 843

■ Voir aussi : *Libéralité en avancement de part successorale*

Libéralité partage
Droit des successions et libéralités
Acte prenant la forme soit d'une *donation* soit d'un *testament* par lequel une personne fait à l'égard de ses *héritiers* présomptifs la distribution et le partage de ses *biens*. Expression générique issue de la loi du 23 juin 2006 ayant remplacé celle de partage d'ascendant pour désigner la *donation-partage* et le *testament-partage*.

C. civ., art. 1075 et s.

Libéralité préciputaire ■ Voir *Libéralité hors part successorale*

Libéralité résiduelle
Droit des successions et libéralités
Créée par la loi du 23 juin 2006, la libéralité résiduelle est celle par laquelle une personne donne ou lègue ses *biens* à deux personnes qui en jouiront successivement. Toutefois, le second gratifié ne jouira que de ce qui restera de la chose léguée ou donnée à la mort du premier gratifié, celui-ci étant libre, de son vivant de donner ou d'aliéner. La *libéralité graduelle*, aujourd'hui étendue aux donations, remplace l'ancien legs de *residuo*.

C. civ., art. 1057 à 1061

■ Voir aussi : *Libéralité graduelle*

Libération des actions
Droit des sociétés
Versement par un *actionnaire* de l'intégralité ou d'une fraction du montant de son *action*. Lorsque l'action représente un *apport en nature*, la libération doit être intégrale *ab initio*.

C. com., art. L. 228-27 et s.

Libération conditionnelle
Droit pénal

Mesure de libération anticipée d'une personne condamnée à une *peine* privative de liberté qui a accompli des efforts importants en direction de sa réinsertion.

CPP, art. D. 522 et s.

■ Voir aussi : *Juridictions de la libération conditionnelle*

Liberté de circulation et de séjour
Droit de l'Union européenne
Droit de tout *citoyen* de l'*Union européenne* de circuler et de séjourner sur le territoire des États membres.

TFUE, art. 21

■ Voir aussi : *Citoyenneté européenne*

Liberté civile
Introduction au droit
Droit reconnu à chacun de choisir son comportement, ses orientations personnelles et professionnelles.

■ Voir aussi : *Droits de la personnalité*

Liberté du commerce et de l'industrie
Droit commercial – généralités
Principe issu du droit révolutionnaire garantissant à chaque sujet de droit le libre accès à toutes les activités économiques et professionnelles.

L. 2-17 mars 1791, art. 7

Liberté de la concurrence
Concurrence
Principe permettant la compétition économique et le jeu de l'offre et de la demande, sur un marché non entravé par

des règles contraignantes ou avantageant certains acteurs économiques. Les acteurs économiques doivent eux-mêmes veiller à ne pas fausser les règles de liberté concurrentielle par des pratiques concertées ou non visant à restreindre la compétition entre entreprises.

Liberté contractuelle
Droit des obligations

Principe découlant de la théorie de *l'autonomie de la volonté* en vertu duquel les parties sont libres de conclure un contrat ou pas, et si elles s'engagent de choisir le contenu de leur engagement comme leur cocontractant.

C. civ., art. 1134

▪ Voir aussi : *Autonomie de la volonté, Consensualisme, Effet relatif des contrats, Force obligatoire (du contrat)*

Liberté des conventions matrimoniales
Droit des régimes matrimoniaux

Principe selon lequel les époux sont libres de choisir ou concevoir leurs *conventions matrimoniales* pourvu qu'elles ne portent pas atteinte à *l'ordre public* et aux *bonnes mœurs*.

C. civ., art. 1387

Liberté de la défense ▪ Voir *Droits de la défense*

Liberté d'établissement ▪ Voir *Établissement (liberté d')*

Liberté professionnelle
Droit de l'Union européenne

Droit d'accès et d'exercice d'une profession détenu par tout citoyen de *l'Union européenne* en sa qualité de travailleur salarié ou non salarié et consistant en une liberté de *circulation,*

d'établissement et de *prestation de services*.

TFUE, art. 45 et s.

Liberté syndicale
Droit social

Liberté fondamentale inscrite dans le préambule de la Constitution reconnaissant le droit (individuel) pour chaque travailleur (salarié ou non) de défendre ses intérêts par l'action syndicale, notamment en soutenant ou en adhérant à un syndicat professionnel, et le droit (collectif) pour les travailleurs de se grouper en syndicats, notamment en contribuant à leur création et à leur fonctionnement, indépendamment des pouvoirs publics et des employeurs.

Const. 4 oct. 1958, préambule ; C. trav., art. L. 2131-1 ; C. pén., art. 431-1

▪ Voir aussi : *Syndicat (professionnel), Clause de sécurité syndicale (closed shop)*

Liberté du travail
Droit social

Liberté individuelle déclamée dans le préambule de la Constitution au bénéfice de tous les travailleurs (salariés ou non) visant à reconnaître le droit pour toute personne d'exercer la profession de son choix et la liberté pour un employeur d'éventuellement le recruter.

Const. 4 oct. 1958, préambule ; C. trav., art. L. 2111-1, L. 2141-4 à L. 2141-8 ; C. pén., art. 431-1

▪ Voir aussi : *Contrat de travail, Grève, Liberté d'établissement*

Libre administration
Droit administratif

Principe constitutionnel découlant de l'article 72 de la Constitution de la

Vᵉ République selon lequel les *collectivités territoriales* s'administrent librement par des conseils élus. La liberté est donc la règle mais elle dépend de la nature unitaire de l'État. En effet, la *décentralisation* ne remet pas en cause la soumission des collectivités territoriales à la hiérarchie des normes (en particulier à la loi nationale). Par ailleurs, le délégué du gouvernement (*préfet*) a la charge des intérêts nationaux, du contrôle administratif et du respect des lois. La liberté existe, mais elle est encadrée par l'État.

▪ Voir aussi : *Impôts locaux*

Libre circulation
Droit pénal

Délit consistant à exercer en réunion des voies de fait, ou à menacer de commettre des violences contre une personne ou à entraver, de manière délibérée, l'accès et la libre circulation dans les entrées, cage d'escalier et autres parties communes d'immeubles collectifs d'habitation.

CCH, art. L. 126-3

Libre circulation des marchandises, des personnes, des services et des capitaux
Droit de l'Union européenne ▪ Voir *Circulation des marchandises, des personnes, des services et des capitaux (liberté de)*

Libre circulation des travailleurs
Droit social – Droit de la protection sociale

Principe proclamé par les traités fondateurs de l'Union européenne permettant à tout travailleur (salarié ou indépendant) d'aller et venir au sein de l'Espace unique européen pour y exercer son activité professionnelle, éventuellement accompagné des membres de sa famille, sans rencontrer de contraintes directes ou indirectes.

TFUE, art. 45

▪ Voir aussi : *Circulation des travailleurs (liberté de)*

Libre pratique (produit en)
Droit de l'Union européenne

Produit importé d'un État tiers dans l'Union européenne et jouissant de la libre *circulation des marchandises* après avoir été dédouané à la frontière commune.

Libre prestation de services ▪ Voir *Prestation de services (libre)*

Licéité
Introduction au droit

1. Caractère de ce qui est conforme à *l'ordre public, aux bonnes mœurs*.

2. ▪ Voir *Légalité*

Licence
Droit administratif

Autorisation administrative permettant d'exercer un certain type d'activité.

● *Exemple,* licence de débit de boissons.

Licence de brevet
Droit de la propriété intellectuelle

Contrat par lequel le titulaire d'un brevet (concédant) autorise l'exploitation de celui-ci par son contractant (licencié), en contrepartie du paiement d'une redevance. Contrat qualifié de contrat de louage. C'est un contrat solennel, contrairement au contrat de licence de marque.

CPI, art. L. 613-8

■ Voir aussi : *Exclusivité (clause d')*

Licence de marque
Droit de la propriété intellectuelle

Contrat par lequel le titulaire d'une marque (concédant) autorise son contractant (licencié) à exploiter cette dernière moyennant le paiement d'une redevance. Contrat qualifié de contrat de louage.

CPI, art. L. 714-1

■ Voir aussi : *Exclusivité (clause d'),* *Franchisage*

Licenciement disciplinaire
Droit social

Rupture du contrat de travail à durée indéterminée à l'initiative de l'employeur pour un motif inhérent à la personne du salarié constitutif d'une faute ou d'un manquement grave à ses obligations contractuelles, qui implique le suivi d'une procédure particulière, le plus souvent organisé par les accords et conventions collectives applicables dans l'entreprise, visant à garantir les droits de la défense du salarié.

C. trav. art. L. 1232-1, L. 1234-1

■ Voir aussi : *Faute grave, Licenciement, Préavis*

Licenciement économique
Droit social

Rupture du contrat de travail à durée indéterminée à l'initiative de l'employeur pour un motif non inhérent à la personne du salarié résultant d'une suppression ou transformation d'emploi ou d'une modification, refusée par le salarié, d'un élément essentiel du contrat de travail, consécutives notamment à des

difficultés économiques ou à des mutations technologiques.

C. trav. art. L. 1233-3 et s.

■ Voir aussi : *Gestion prévisionnelle des emplois et des compétences (GPEC), Licenciement, Plan de sauvegarde de l'emploi (PSE)*

Licenciement
Droit social

Rupture du contrat de travail à durée indéterminée à l'initiative de l'employeur. Le licenciement peut être individuel (pour un motif inhérent à la personne du salarié) ou pour motif économique (suite à une suppression ou une transformation d'un emploi ou à une modification substantielle du contrat de travail en raison de difficultés économiques).

C. trav. art. L. 1232-1 et s.

Licitation
Droit des biens

Vente publique effectuée aux *enchères* d'un bien mobilier ou immobilier appartenant à plusieurs personnes.

C. civ., art. 827, 1408, 1476, 1686 et s.

Lien de causalité ■ Voir *Causalité*

Lien d'instance
Procédure civile

Rapport juridique établi entre les parties à l'*instance* du seul fait de l'existence de celle-ci.

Lieu d'établissement
Droit commercial – généralités

Localisation de l'emplacement d'une entreprise.

Ligne (opération au-dessus, au-dessous de la)

Finances publiques

Distinction ancienne issue du droit budgétaire anglais. La ligne est la séparation entre les opérations définitives et les opérations temporaires. Au-dessus de la ligne se situent les recettes et les dépenses du budget général, des budgets annexes et des comptes d'affectation spéciale. Au-dessous de la ligne, sont retracées les ressources et les charges des *comptes spéciaux du Trésor*. Cette distinction a perdu de son intérêt depuis la loi organique n° 2001-692 du 1er août 2001 relative aux lois de finances. En effet, ce texte insiste davantage sur la distinction essentielle entre opérations budgétaires (retracées dans la loi de finances) et les opérations de trésorerie (non retracées dans la loi de finances).

■ Voir aussi : *Budget, Loi de finances*

Ligne de base

Droit international public

Tracé artificiel délimitant les espaces marins sur lesquels l'État exerce sa *juridiction* et correspondant soit à la ligne marquée par la plus basse marée de l'année (*ligne de terre*), soit à la ligne reliant les reliefs les plus marqués vers le large (*ligne d'eau*).

Conv. Montego Bay, 10 déc. 1982, art. 7

■ Voir aussi : *Eaux intérieures*

Ligue arabe

Relations internationales

Organisation internationale régionale, créée en 1945, réunissant des États et des mouvements de libération nationale (ex. : OLP-Palestine) pour la défense de la communauté arabe et dont le siège se trouve à Tunis.

Pacte Ligue arabe, 22 mars 1945

Liquidateur

Liquidation et redressement judiciaires

Mandataire judiciaire désigné par décision de justice pour vérifier ou achever la *vérification des créances*, procéder aux opérations de *liquidation judiciaire*, exercer certaines actions en justice dans l'intérêt collectif des *créanciers* ainsi que les droits et actions du *débiteur* durant la liquidation. Il peut également administrer l'entreprise en cas de maintien temporaire d'activité et, en cas de *procédure simplifiée*, se voir confier par le tribunal mission de réaliser *l'inventaire*.

C. com. art. L. 811-1 et s., L. 641-1, L. 641-2, al. 2, L. 641-4, L. 641-5, L. 641-9, al. 1, L. 641-10

Liquidation des dépens ■ Voir *Dépens*

Liquidation judiciaire

Liquidation et redressement judiciaires

Procédure judiciaire applicable à tout commerçant, toute personne immatriculée au *répertoire des métiers*, tout agriculteur, toute autre personne physique exerçant une activité professionnelle indépendante ainsi qu'à toute personne morale de droit privé en *état de cessation des paiements* et dont le *redressement* est manifestement impossible, ayant pour finalité la réalisation des actifs du *débiteur* afin d'en répartir le produit entre les divers *créanciers*. Son ouverture peut intervenir, mais pas nécessairement, durant la *période d'observation*

L

d'une procédure de *sauvegarde* ou de redressement judiciaire.

> C. com., art. L. 640-1, R. 640-1 et s., L. 641-1, III
>
> ■ Voir aussi : *Procédure simplifiée*

Liquidation de société
Droit des sociétés

Ensemble d'opérations suivant la dissolution d'une société, destinées à réaliser l'actif, payer les créanciers avant de réaliser le partage de l'actif net entre les associés.

> C. civ., art. 1844-8, 1844-9 ; C. com., art. L. 237-1

Liquide (créance)
Droit des obligations

Caractère d'une créance dont le montant est précisément chiffré.

> ■ Voir aussi : *Certaine (créance), Exigible (créance)*

Lisbonne (traité de)
Droit de l'Union européenne

Traité de révision des *Traités CE et UE* signé le 13 décembre 2007 à Lisbonne entre les États membres de l'*Union européenne* et entré en vigueur le 1er décembre 2009. Remplaçant le projet d'une Constitution pour l'Europe, ce traité restructure le *droit originaire* autour du *Traité de l'Union européenne* (traité UE) et d'un « Traité sur le fonctionnement de l'Union européenne » (TFUE), substitué au *Traité CE*. Il met fin aux *piliers communautaires* et attribue la *personnalité juridique* à l'Union. Deux grandes innovations institutionnelles du traité ont également consisté en la création d'un Président du *Conseil européen* et d'un *Haut représentant de*

l'*Union pour les affaires étrangères et la politique de sécurité*.

> ■ Voir aussi : *Maastricht (traité de), Parquet européen*

Liste bloquée
Droit constitutionnel

Technique de votation interdisant aux électeurs de panacher ou de modifier l'ordre de présentation des candidats inscrits sur une liste électorale.

> ■ Voir aussi : *Panachage*

Liste électorale
Droit constitutionnel

Répertoire officiel des électeurs inscrits dans chaque commune.

> C. élect., art. L. 9 à L. 43

Litispendance
Procédure civile

Situation née du fait que deux juridictions sont saisies du même litige et réglée, soit par le dessaisissement du juge saisi en second, soit lorsqu'il s'agit de deux juridictions de degré différent, en faveur de la plus élevée dans la hiérarchie.

> CPC, art. 100 à 102

Livraison
Droit des contrats spéciaux

Opération matérielle consistant à remettre une chose à une personne chargée d'en prendre livraison (acheteur, maître de l'ouvrage, transporteur...).

> Conv. Vienne, 11 avr. 1980, art. 31 et s.
>
> ■ Voir aussi : *Délivrance, Réception*

Livre de commerce
Droit commercial – généralités

Documents comptables tenus par un commerçant permettant, à des fins probatoires notamment, de donner une image fidèle de ses affaires.

> C. com., art. L. 123-172 et s.

Lobby
Droit constitutionnel

Revendications exercées par des organes représentatifs (syndicats, associations) auprès de parlementaires en vue de défendre des intérêts corporatifs ou particuliers.

Locataire
Droit des contrats spéciaux

Personne prenant une chose à *bail* en contrepartie du paiement d'un *loyer*.

■ Voir aussi : *Bailleur*

Location-accession
Droit immobilier

Contrat par lequel un vendeur s'engage à vendre à une personne, l'accédant, un immeuble déterminé, après une période de jouissance à titre onéreux et moyennant le paiement fractionné ou différé du prix de vente et le versement d'une redevance jusqu'à la date de levée de l'option par l'accédant.

L. n° 84-595, 12 juill. 1984

■ Voir aussi : *Location-vente, Promesse unilatérale de vente*

Location-gérance
Droit commercial – généralités

Contrat ayant pour objet la location d'un fonds de commerce ou un établissement artisanal. Le bailleur, propriétaire du fonds, le loue au locataire gérant (gérant libre) qui l'exploite à ses risques et périls.

C. com., art. L. 144-1 et s.

■ Voir aussi : *Gérance salariée*

Location-vente
Droit des contrats spéciaux

Contrat mixte, associant le *bail* et la *vente*, par lequel le *propriétaire* d'un *bien*, généralement mobilier, s'engage à

en transférer la *propriété* à une personne après une période de *jouissance* à titre onéreux.

C. consom., art. L. 311-2

■ Voir aussi : *Crédit-bail, Leasing, Location-accession*

Locus regit actum (règle)
Droit international privé

« Loi du lieu de conclusion de l'acte », désignée par la *règle de conflit* pour régir la forme des *actes juridiques*.

C. civ., art. 47, 170, 999

Logiciel ■ Voir *Droit d'auteur*

Loi
Introduction au droit – sources du droit

1. Règle de *droit* votée par le *Parlement*. Cette acception du terme loi est celle visée par les expressions « loi au sens strict, *stricto sensu*, au sens formel, au sens organique ».

Const. 4 oct. 1958, art. 34

2. Règle de droit générale d'origine étatique (que sa source soit législative ou exécutive, ce qui regroupe les lois au sens strict, les règlements, les ordonnances, les décrets et les arrêtés). Cette acception du terme loi est celle visée par les expressions « loi au sens large, au sens matériel ».

3. Règle de droit, c'est-à-dire toute disposition normative dont l'application est garantie par la contrainte étatique.

■ Voir aussi : *Législation, Jurisprudence, Doctrine, Coutume, Décret, Règlement, Ordonnance*

Loi applicable
Introduction au droit

Loi qui va régir la situation considérée. La détermination de la loi applicable suppose nécessairement la *qualification* de la situation et parfois la résolution d'un *conflit de* lois dans le temps (choix entre des lois ayant successivement traité la même question) ou dans l'espace (détermination, pour les situations internationales, du pays dont le droit sera appliqué).

◼ Voir aussi : *Qualification, Conflit de lois dans l'espace ; Conflit de lois dans le temps*

Loi d'application immédiate (ou nécessaire) ◼ Voir *Loi de police et de sûreté*

Loi d'autonomie
Droit international privé
Loi choisie par les parties, désignée par la *règle de conflit* pour régir l'*acte juridique* qui les lie.

◼ Voir aussi : *Conflit de lois dans l'espace*

Loi constitutionnelle
Droit constitutionnel
Loi spéciale adoptée selon la procédure de révision afin de compléter, modifier ou abroger des normes constitutionnelles en vigueur.

◼ Voir aussi : *Révision*

Loi expérimentale
Introduction au droit – sources du droit
Loi qui, introduisant une innovation dans un domaine en général sensible, prévoit le caractère temporaire de ses solutions (celles-ci devant, à l'issue de la période fixée, faire l'objet d'une évaluation ou d'une nouvelle discussion pour devenir définitives).

● *Exemple,* loi du 17 juillet 1975 sur l'avortement, dont les dispositions ont

été rendues définitives par la loi du 31 décembre 1979.
Const., art. L. 37-1

Loi de financement de la sécurité sociale
Finances publiques
Loi ordinaire instituée par la loi constitutionnelle du 22 février 1996 complétée par la loi organique du 22 juillet 1996. La loi organique du 2 août 2005 a décidé que la LFSS serait divisée en quatre parties : 1° dispositions relatives à l'exercice clos, 2° dispositions relatives à l'année en cours, 3° dispositions relatives aux recettes et à l'équilibre de la LFSS de l'année, 4° dispositions relatives aux objectifs de dépenses et à l'objectif de dépenses d'assurance-maladie.

Loi de finances
Finances publiques
La loi organique n° 2001-692 du 1er août 2001 relative aux lois de finances dispose qu'il en existe quatre catégories : la loi de finances de l'année, les lois de finances rectificatives, la loi de règlement et les lois de finances intervenant en cas de *circonstances exceptionnelles* (Const., art. 47-4). La loi de finances de l'année est unique et obligatoire, elle est adoptée par le *Parlement* pendant un délai de soixante-dix jours sur proposition du *Gouvernement*. Les lois de finances rectificatives modifient en cours d'année la loi de finances initiale pour des raisons politiques et économiques, elles ne sont pas obligatoires. La loi de règlement définitif du budget est votée au cours de la deuxième année qui suit l'année budgétaire. Elle récapitule les résultats de l'exécution des lois de finances pour l'année budgétaire. Les lois

de finances sont seules habilitées à régir les finances publiques mais ne peuvent contenir de dispositions étrangères à l'objet des lois de finances (cavaliers budgétaires).

■ Voir aussi : *Budget*

Loi fondamentale
Droit constitutionnel
Appellation officielle attribuée à la Constitution de la République fédérale d'Allemagne du 23 mai 1949.

Loi fondamentale du royaume
Histoire médiévale – Histoire moderne
Normes de nature constitutionnelle qui définissent sur certains points la forme du gouvernement royal et les conditions de son exercice.

Loi ordinaire
Introduction au droit
Loi votée par le *Parlement* dans les matières que la *Constitution* lui réserve et selon la procédure législative classique, par opposition à la *loi organique* ou à la *loi constitutionnelle*.

Const. 4 oct. 1958, art. 34
■ Voir aussi : *Loi, Loi organique, Loi constitutionnelle*

Loi organique
Introduction au droit
Loi votée par le *Parlement* selon une procédure plus lourde (consultation automatique du *Conseil constitutionnel* et nécessité de réunir une majorité absolue) en raison de l'importance de son objet : compléter les dispositions de la *Constitution* relatives à l'organisation des pouvoirs publics.

Const. 4 oct. 1958, art. 6, 13, 23, 25, 27, 34, 47, 57, 61, 63 à 65, 68, 71
■ Voir aussi : *Loi ordinaire, Loi constitutionnelle*

Loi pénale plus douce
Introduction au droit – sources du droit – Droit pénal
Loi pénale nouvelle qui abroge une *incrimination*, comporte des dispositions plus favorables au prévenu ou édicte une *peine* moins sévère que l'ancienne. La loi pénale plus douce s'applique à toutes les infractions pour lesquelles une décision définitive n'est pas intervenue.

C. pén., art. 112-1
■ Voir aussi : *Conflit de lois dans le temps, Application immédiate de la loi, Rétroactivité*

Loi personnelle
Droit international privé
Loi applicable au *statut personnel* (loi nationale ou loi du domicile).

C. civ., art. 3, al. 3, 310, 311-14 et s.

Loi de police et de sûreté
Droit international privé
Loi impérative édictée par l'autorité publique, qui s'applique directement aux individus sans égard pour l'*extranéité* de la *situation juridique* les concernant, écartant ainsi les *règles de conflit* du *droit international privé*.

C. civ., art. 3, al. 1

Loi de programmation des finances publiques
Finances publiques
Alors que la loi organique n° 2001-692 relative aux lois de finances avait prévu de renforcer le principe d'annualité budgétaire, il a fallu attendre la révision constitutionnelle du 23 juillet 2008 pour que l'article 34 de la Constitution soit modifié afin de créer une nouvelle caté-

L

gorie de lois : les lois de programmation des finances publiques (LPFP). Ces lois fixent les grandes orientations qui s'imposent à l'ensemble des finances publiques. Une première loi de programmation a été adoptée, loi n° 2009-135 du 9 février 2009. En raison de la crise financière qui s'est déclenchée en 2008, cette loi de programmation a eu des difficultés à s'appliquer. Une deuxième loi a été promulguée pour recadrer les finances publiques sur la période 2011-2014, loi n° 2010-1645 du 28 décembre 2010. Cette deuxième loi comporte des éléments de plus forte contrainte. Puis, après l'élection présidentielle de 2012, une troisième loi de programmation des finances publiques a été adoptée pour resserrer la contrainte sur les finances publiques, loi n° 2012-1558 du 31 décembre 2012 relative à la programmation 2012-2017. Chaque LPFP comporte obligatoirement un budget triennal de l'État. Le premier était prévu pour 2009-2011, le second pour 2011-2013 et le troisième pour 2013-2015.

Loi de programme
Finances publiques

Selon l'article 34 de la Constitution de la Ve République, les lois de programme déterminent les objectifs de l'action économique et sociale de l'État. Juridiquement, ces lois sont sans conséquences contraignantes dès lors qu'elles doivent être reprises dans les *lois de finances* pour s'appliquer concrètement sur le plan budgétaire. Le terme de loi de programme ne doit pas être confondu avec celui de *programme* au sens de la loi organique n° 2001-692 du 1er août 2001 relative aux lois de finances.

Loi réelle
Droit international privé

Loi applicable au *statut réel*.

■ Voir aussi : *Lex rei sitae*

Loi référendaire
Droit constitutionnel

Acte juridique adopté en forme législative par le corps électoral.

Const. 4 oct. 1958, art. 11 et 89

Loi de règlement
Finances publiques

Catégorie juridique créée sous la Restauration sous le nom de loi de règlement des comptes. *Loi de finances* par laquelle le *Parlement* contrôle, *a posteriori*, l'exécution des lois de finances pour une année budgétaire. La loi organique n° 2001-692 du 1er août 2001 relative aux lois de finances dispose que le projet de loi de règlement doit être déposé et distribué avant le 1er juin de l'année qui suit l'année budgétaire. Le projet de loi de règlement doit comporter une série d'annexes obligatoires dont les plus importantes sont les rapports annuels de performances permettant de comparer les objectifs et les résultats de chaque programme.

■ Voir aussi : *Cour des comptes*

Loi uniforme ■ Voir *Droit substantiel (sens 2)*

Lot
Droit des successions et libéralités

Ensemble des *biens* en nature ou en valeur recueilli par chaque personne dans un *partage ou une libéralité partage*.

C. civ., art. 826, 830 et s., 1077-1 et s. ; CPC, art. 1358 et s.

Loterie
Droit des contrats spéciaux

Opération par laquelle un ou plusieurs lots sont attribués à des participants par voie de tirage au sort. Souvent organisée dans un but publicitaire (loteries publicitaires), elle n'est en principe valable qu'à la condition de n'imposer aucune contrepartie financière ni dépense, sous quelque forme que ce soit, aux participants. Lorsque la participation à cette opération est conditionnée à une obligation d'achat, la pratique n'est toutefois illicite que dans la mesure où elle revêt un caractère déloyal au sens de l'article L. 120-1 du Code de la consommation.

> C. consom., art. L. 121-36
> ▪ Voir aussi : *Jeu, Pari*

Lotissement
Droit des biens

Division effectuée par le *propriétaire* d'un *fonds* en plusieurs parcelles destinées à être vendues ou louées, dont la mise en œuvre est soumise à l'autorisation préalable de l'Administration.

> C. urb., art. L. 315-1 et s.

Louage
Droit des contrats spéciaux

Catégorie générique de *contrats* par lesquels une personne, le locateur, loue à une autre, le *locataire*, une chose (louage de choses), son travail (louage de services) ou un ouvrage à accomplir (louage d'ouvrage), moyennant rémunération, prix ou *loyer*.

> C. civ., art. 1708

Louage de choses ▪ Voir *Bail*

Louage d'ouvrage et d'industrie
▪ Voir *Contrat d'entreprise*

Louage de services ▪ Voir *Contrat de travail*

> C. civ., art. 1780

Loyauté communautaire (principe de)
Droit de l'Union européenne

Principe imposant aux États membres un devoir de coopération loyale avec les institutions de l'Union européenne afin de ne pas entraver la réalisation des objectifs des traités et consistant tout autant à s'abstenir de tout acte contraire à ces objectifs (aspect négatif) qu'à favoriser leur accomplissement (aspect positif).

> TUE, art. 4, § 3

Loyer
Droit des contrats spéciaux

Prix que s'engage à payer le preneur au bailleur dans un contrat de *bail*.

> C. civ., art. 1711, 1716, 1728, 1752 et s. ; C. com., art. L. 145-33 et s. ; C. rur. pêche marit., art. L. 411-11 et s. ; L. n⁰ 48-1360, 1ᵉʳ sept. 1948, art. 26 et s. ; L. n⁰ 89-462, 6 juill. 1989, art. 16 et s.

Lucrum cessans
Droit des obligations

Expression latine désignant le manque à gagner donnant lieu à réparation dans le cadre de la *responsabilité civile*.

> ● *Exemple,* dommage causé à une entreprise détruite qui ne peut conclure un contrat fructueux.
> ▪ Voir aussi : *Damnum emergens*

Maastricht (traité de)
Droit de l'Union européenne
Traité de révision des *traités de Paris* et *de Rome*, signé le 7 février 1992 et entré en vigueur le 1er novembre 1993, qui crée l'*Union européenne.*

■ Voir aussi : *Piliers communautaires, Lisbonne (traité de)*

Magasin collectif de commerçants indépendants
Droit commercial – généralités
Regroupements de *commerçants* et *d'artisans* au sein d'un même lieu, sous une *enseigne* commune, pour exploiter selon des règles communes mais de façon indépendante leur *fonds de commerce* ou *entreprise.*

C. com., art. L. 125-1

Magasins généraux
Droit commercial – généralités
Établissements commerciaux agréés par le préfet, à usage d'entrepôts où les commerçants et les artisans déposent des marchandises et produits destinés à être l'objet de *warrants.*

C. com., art. L. 522-1

Magistrat
Histoire
Étym. : du latin *magistratus, de magis,* « plus » : « celui qui est plus » ou au-dessus.

Droit processuel
Membre du corps judiciaire, chargé de rendre la justice (ex. : le *juge* d'instance), ou de requérir au nom de la loi (ex. : le *procureur de la République*).

Magistratures
Histoire romaine
Institutions fondamentales du gouvernement de la cité, à caractère collégial (le plus souvent), électif, annuel et organisées selon un cursus hiérarchique.

● *Exemple,* questeurs, édiles, tribuns préteurs, consuls, censeurs.

■ Voir aussi : *Consul, Préteur, Tribun (de la plèbe)*

Main commune
Histoire – Droit des régimes matrimoniaux
Ancien nom donné à la *clause d'administration conjointe.*

Mainlevée
Procédure civile
Acte mettant fin à une mesure affectant un *bien* ou un *acte.*

● *Exemple,* mainlevée d'une *opposition* à *mariage* ou mainlevée d'une *saisie.*

Mainmorte (droit de)
Histoire médiévale
Droit en vertu duquel le seigneur est seul héritier de son *serf.*

Maintien dans les lieux
Droit des contrats spéciaux
Droit conféré au preneur, prévu par la loi du 1er septembre 1948, de rester dans l'*immeuble* loué au terme du contrat de *bail* pour les personnes dont le besoin de logement est avéré.

■ Voir aussi : *Reprise (droit)*

Maire
Droit administratif

Exécutif de la commune élu par les conseillers municipaux parmi eux pour six ans. Il est titulaire d'un pouvoir de police, il est chef du personnel municipal et *ordonnateur* des dépenses et des recettes. *Autorité administrative* surtout communale, le maire a également des attributions qu'il exerce au nom de l'État.

CGCT, art. L. 2122-1

▪ Voir aussi : *Conseil municipal*

Maison d'arrêt
Droit pénal

Établissement pénitentiaire destiné à accueillir des personnes non jugées définitivement, c'est-à-dire mises en examen, prévenues ou accusées placées en détention provisoire, ou des personnes jugées et condamnées à une courte peine d'emprisonnement, dont la durée est inférieure ou égale à un an.

CPP, art. 714, D. 73, D. 83 et s.

▪ Voir aussi : *Maison centrale*

Maison centrale
Droit pénal

Établissement pénitentiaire destiné à accueillir des condamnés à une peine privative de liberté. Il comporte une organisation et un régime de sécurité renforcé.

CPP, art. 717, D. 70 et s.

▪ Voir aussi : *Maison d'arrêt*

Maison départementale des personnes handicapées (MDPH)
Droit social – Droit de la protection sociale

Institution qui accueille, informe, accompagne et conseille les personnes handicapées et leur famille. Elle sensibilise en outre la population sur le handicap. Elle est également chargée d'accorder la qualité de travailleur handicapé aux personnes dont les capacités physiques de travailler ou de conserver un emploi sont réduites et de se prononcer sur les mesures utiles à leur reclassement compte tenu du taux d'incapacité reconnu *via* la Commission des droits et de l'autonomie des personnes handicapées (CDAPH, anc. COTO-REP).

C. trav., art. L. 5211-2, R. 5213-1 à R. 5213-4

▪ Voir aussi : *Allocation adulte handicapé (AAH), Allocation d'éducation de l'enfant handicapé (AEEH), Commission des droits et de l'autonomie des personnes handicapées (CDAPH, anc. COTOREP), Incapacité, Invalidité*

Maison individuelle
▪ Voir *Construction de maison individuelle (contrat de)*

Maison des services publics
Droit administratif

Maison dans laquelle sont installés des guichets uniques permettant aux usagers des *services publics* de regrouper leurs démarches administratives.

Maître d'œuvre
Droit administratif

Personne chargée par le *maître d'ouvrage* de diriger l'exécution des travaux. Le maître d'œuvre est responsable de la bonne exécution des travaux.

▪ Voir aussi : *Maître d'ouvrage, Travaux publics*

Maître de l'ouvrage
Droit des contrats spéciaux
Partie à un *contrat d'entreprise*, créancier de l'ouvrage commandé à l'entrepreneur.
C. civ., art. 1779 et s.

Maître d'ouvrage
Droit administratif
Personne pour le compte de laquelle des travaux sont effectués. Le maître d'ouvrage est le *propriétaire* immobilier. Il est en général lié par *contrat* avec le *maître d'œuvre*. Il peut aussi être lui-même le maître d'œuvre.
L. nº 85-704, 12 juill. 1985 sur la maîtrise d'ouvrage publique
▪ Voir aussi : *Maître de l'ouvrage*

Maître des requêtes
Droit administratif
Grade élevé situé juste avant les conseillers d'État.
▪ Voir aussi : *Conseil d'État*

Majeur
Droit des personnes et de la famille
Personne physique ayant atteint l'âge de la *majorité* légale (actuellement fixé à dix-huit ans), c'est-à-dire l'âge fixé par la loi pour être pleinement capable au sens juridique.
C. civ., art. 414
▪ Voir aussi : *Mineur, Capacité, Majeur protégé*

Majeur protégé
Droit des personnes et de la famille
Personne physique ayant atteint l'âge de la *majorité* légale (actuellement fixé à dix-huit ans), mais qui en raison d'une altération de ses facultés mentales ou corporelles qui l'empêche de pourvoir seule à ses intérêts est placée sous un des trois régimes de protection prévus par la loi. Ces régimes sont la *sauvegarde de justice, la curatelle et la tutelle*, les deux derniers limitant la *capacité* du majeur.
C. civ., art. 415 et s.
▪ Voir aussi : *Sauvegarde de justice, Curatelle, Tutelle*

Majorité
Droit des personnes et de la famille
Âge légal à partir duquel une personne devient capable de tous les actes de la vie civile. La majorité est actuellement fixée à dix-huit ans.
C. civ., art. 488
▪ Voir aussi : *Mineur, Capacité*

Major pars trahit ad se minorem
▪ Voir *Accessorium sequitur principale*

Maladie professionnelle
Droit de la protection sociale
Maladie directement liée à l'emploi occupé ou aux fonctions exercées par le salarié, ce lien étant soit présumé (de façon simple) à l'aide de tableaux réglementaires annexés au Code de la sécurité sociale, soit démontré et reconnu par le Comité régional de reconnaissance des maladies professionnelles.
CSS, art. L. 461-1, D. 461-26 et s.
▪ Voir aussi : *Assurance risques professionnels, Accident du travail, Présomption d'imputabilité professionnelle, Rente*

Mandat
Droit des contrats spéciaux
Contrat de *représentation* par lequel une personne, le mandant, donne pouvoir à une autre, le mandataire, de conclure en son nom et pour son compte un ou plusieurs actes juridiques avec un tiers.
C. civ., art. 1984 à 2010

Mandat d'amener
Procédure pénale
Ordre donné par le *juge d'instruction* à la force publique de conduire devant lui la personne mise en examen à l'encontre de laquelle il est décerné.
CPP, art. 122, al. 5

Mandat apparent
Droit des contrats spéciaux
Théorie selon laquelle une personne peut être engagée par un intermédiaire ayant excédé ses pouvoirs de mandataire ou n'en ayant aucun, à la condition que la croyance du tiers aux pouvoirs du prétendu mandataire soit légitime, ce caractère supposant que les circonstances autorisaient le tiers à ne pas vérifier lesdits pouvoirs.
■ Voir aussi : *Apparence, Mandat tacite*

Mandat d'arrêt
Procédure pénale
Ordre donné à la force publique par le juge d'instruction ou la juridiction de jugement de rechercher et arrêter la personne mise en examen ou prévenue et de la conduire à la maison d'arrêt indiquée sur le mandat afin qu'elle y soit détenue.
CPP, art. 122, al. 6

Mandat d'arrêt européen
Droit de l'Union européenne
Décision judiciaire adoptée par un État membre de l'Union européenne, en vue de l'arrestation ou de la remise par un autre État membre d'une personne aux fins de l'exercice de poursuites pénales, de l'exécution d'une peine ou de l'exécution d'une mesure de sûreté privative

de liberté (décision-cadre du 13 juin 2002).
■ Voir aussi : *Espace judiciaire européen*

Mandat de comparution
Procédure pénale
Mise en demeure valant convocation adressée par le juge d'instruction à la personne mise en examen de se présenter devant lui à une date et une heure précises.
CPP, art. 122, al. 3 et 4

Mandat de dépôt
Procédure pénale
Ordre donné par le juge des libertés et de la détention ou par la juridiction de jugement au chef d'un établissement pénitentiaire de recevoir et détenir la personne mise en examen ou prévenue.
CPP, art. 122, al. 1 et al. 8

Mandat à effet posthume
Droit des successions et libéralités
Une des innovations les plus remarquées de la loi du 23 juin 2006, le mandat a effet posthume permet au défunt de désigner de son vivant un mandataire chargé d'administrer tout ou partie de son patrimoine successoral. Il est surtout destiné à faciliter la transmission dans la durée d'entreprises ou de patrimoines complexes.
C. civ., art. 812 à 812-7

Mandat d'intérêt commun
Droit des contrats spéciaux
Mandat dans lequel le mandataire agit à la fois dans l'intérêt du mandant et dans son propre intérêt, échappant à la révocation *ad nutum* du mandat ordinaire (C. civ. art. 2004). Tel est spécialement le cas lorsque mandant et mandataire

poursuivent la réalisation d'un but commun, d'une œuvre commune, c'est-à-dire qu'ils contribuent par leur collaboration à l'accroissement d'une chose commune (ex. : la création et le développement d'une clientèle) dont seul le mandant profitera en fin de contrat.

● *Exemple,* l'agent commercial.

C. civ., art. 1831-1 ; C. com., art. L. 134-4

▪ Voir aussi : *Agent commercial, Promoteur immobilier*

Mandat de paiement ▪ Voir *Mandatement*

Mandat politique

Droit constitutionnel

Charge élective permettant à son titulaire (l'élu) de participer, durant une législature, à la formation de la volonté générale.

▪ Voir aussi : *Législature*

Mandat de protection future

Droit des personnes et de la famille

Contrat par lequel une personne capable charge une autre personne de la représenter pour le cas où une altération de ses facultés l'empêcherait d'exprimer sa volonté.

C. civ., art. 477 et s.

▪ Voir aussi : *Incapacité, Sauvegarde de justice, Curatelle, Tutelle, Mandat à effet posthume*

Mandat successoral désigné en justice

Droit des successions et libéralités

Considérablement modifié par la loi du 23 juin 2006, le mandat successoral désigné en justice permet au président du *tribunal de grande instance* de désigner un mandataire chargé d'adminis-

trer provisoirement la *succession* en attendant qu'elle soit liquidée et partagée.

C. civ., art. 813-1 et s.

Mandat tacite

Droit des contrats spéciaux

Mandat qui résulte de l'accomplissement par un mandataire d'un acte, autre que de disposition, au nom et pour le compte d'autrui et des circonstances entourant le silence gardé par le mandant.

C. civ., art. 1985, al. 2, 815-3, 1432, 1540 ; C. com., art. L. 121-6 ; C. rur. pêche marit., art. L. 321-1

▪ Voir aussi : *Mandat apparent*

Mandataire judiciaire

Liquidation et redressement judiciaires

Mandataire (personne physique ou morale) inscrit sur une liste établie par une commission nationale chargé par décision de justice de représenter les *créanciers* et de procéder éventuellement à la *liquidation* de l'entreprise en *cessation des paiements* et dont le *redressement* est manifestement possible. Il peut être désigné en qualité de *liquidateur* dès le jugement d'ouverture de la procédure en cas de liquidation judiciaire immédiate. Après avis du procureur de la République, le tribunal peut désigner comme mandataire judiciaire une personne physique justifiant d'une expérience ou d'une qualification particulière au regard de la nature de l'affaire et satisfaisant certaines conditions de moralité.

C. com., art. L. 812-1 et s.

▪ Voir aussi : *Administrateur judiciaire, Liquidateur, Représentant des créanciers*

Mandataire judiciaire à la liquidation des entreprises

Liquidation et redressement judiciaires

Ancienne dénomination (jusqu'en 2003) des *mandataires judiciaires* au redressement et à la liquidation des entreprises.

Mandataire judiciaire au redressement et à la liquidation des entreprises

Liquidation et redressement judiciaires

Ancienne dénomination (jusqu'en 2005) des mandataires judiciaires.

Mandatement

Finances publiques

Acte administratif par lequel l'ordonnateur secondaire de l'État ou l'*ordonnateur* local donne au *comptable public* l'ordre de payer une dépense. Synonyme d'*ordonnancement*.

D. n° 2012-1246, 7 nov. 2012, art. 32

Manquement (recours en)

Droit de l'Union européenne

Action introduite par la *Commission européenne* ou un État membre devant la *Cour de justice de l'Union européenne (CJUE)* afin de voir constater une violation par un (autre) État membre des obligations qui lui incombent en vertu des traités, et ce malgré l'invitation préalable à s'y conformer présentée par la Commission. En cas de manquement, la *CJUE* peut infliger à l'État membre le paiement d'une amende forfaitaire ou d'une astreinte.

TFUE, art. 258 à 260

■ Voir aussi : *Annulation (recours en), Carence (recours en)*

Manu militari

Introduction au droit

Exécution réalisée grâce au concours de la force publique. Cette expression latine se traduit « par la force armée ».

■ Voir aussi : *Exécution forcée*

Marc le franc

Procédure civile

Expression ancienne signifiant qu'en cas de partage entre des créanciers chirographaires, d'une somme inférieure au total des sommes dues, ces derniers seront payés proportionnellement au montant de leurs créances respectives.

Marchandage

Droit social

Opération de prêt de main-d'œuvre à but lucratif qui a pour effet de causer un préjudice au salarié concerné ou d'éluder l'application des dispositions de droit du travail auxquelles il aurait pu prétendre s'il avait été directement embauché par l'entreprise utilisatrice.

C. trav., art. L. 8231-1

■ Voir aussi : *Prêt de main-d'œuvre, Travail temporaire, Intérim, Groupement d'employeurs*

Marché au comptant

Droit commercial – généralités

Marché réglementé où remise et *paiement* de *valeurs mobilières* interviennent immédiatement après les opérations d'achat-vente.

Marché commun

Droit de l'Union européenne

Union douanière entre les États membres de la *Communauté économique européenne* instituée par le traité de Rome du 25 mars 1957.

Marché d'entreprise de travaux publics (METP)
Droit administratif

Contrat par lequel une *personne publique* charge une entreprise de construire un *ouvrage public* et de l'exploiter. En contrepartie, la personne publique rémunère directement l'entreprise. Formule remise en cause par le nouveau Code des marchés publics.

Marché à forfait ▪ Voir *Forfait*

Marché d'intérêt national (MIN)
Droit administratif

Marché de gros géré par les *collectivités territoriales* et situé près des voies de chemin de fer pour réduire les coûts. Il bénéficie d'une situation de monopole dans son périmètre d'action. Sa forme juridique est le plus souvent une *société d'économie mixte* locale.

Marché intérieur
Droit de l'Union européenne

Terme générique désignant l'espace constitué du territoire des États membres de l'Union européenne sur lequel sont effectives les libertés de *circulation des marchandises, des personnes, des services et des capitaux*.

▪ Voir aussi : *Marché commun, Marché unique européen*
TUE, art. 3, § 3

Marché négocié
Droit administratif

Procédure très libre applicable aux *marchés publics* dans laquelle la personne publique choisit librement le titulaire. Elle n'est pas la règle et demeure réservée à certains cas prévus au Code des marchés publics.

CMP, art. 35

Marché public
Droit administratif

Contrat administratif conclu entre une *personne publique* et une entreprise privée. L'entreprise doit fournir des biens ou des services et la personne publique doit payer le prix. Le choix du titulaire est réglementé par le Code des marchés publics qui prévoit des règles de mise en concurrence.

CMP, art. 1

Marché à règlement mensuel
Droit financier

Marché réglementé où remise et *paiement* de *valeurs mobilières* n'interviennent qu'à une date ultérieure aux opérations d'achat-vente.

▪ Voir aussi : *Marché au comptant*

Marché réglementé
Droit financier

Système géré par une *entreprise de marché* assurant ou facilitant la négociation des *instruments financiers* comme les *actions, titres de créances, parts* ou *actions* d'organismes de placements collectifs ou *instruments financiers à terme*. Il peut également assurer ou faciliter la négociation de quotas d'émission de gaz à effet de serre et de certains actifs.

C. monét. fin., art. L. 421-1

Marché à terme international de France (MATIF)
Droit financier

Marché réglementé destiné à protéger les détenteurs d'*instruments financiers* à terme contre les fluctuations des cours dues aux variations des taux de change et des taux d'intérêt. Remise et *paiement* des instruments financiers n'interviennent qu'à une date et pour un prix convenus.

Marché unique européen
Droit de l'Union européenne
Espace sans frontières de *libre circulation* des marchandises, des personnes, des services et des capitaux voulu par l'*Acte unique européen* et dont l'achèvement s'est opéré au 1er janvier 1993.

Mareva ■ Voir *Injonction Mareva*

Marge nationale d'appréciation
Droit européen
Méthode d'interprétation de la *Cour européenne des droits de l'homme*, consistant à laisser aux autorités des États parties à la *Convention européenne des droits de l'homme* une certaine latitude dans l'appréciation de ce qu'implique la Convention en termes d'amplitude ou d'intensité des droits protégés.

Mariage
Droit des personnes et de la famille
1. *Acte juridique* par lequel deux personnes de sexes différents ou de même sexe officialisent leur union, s'engagent à fonder un foyer et à s'aider mutuellement et soumettent leurs relations à un certain nombre de règles légales conçues pour promouvoir ces buts.
2. Union de deux personnes de sexes différents ou de même sexe résultant d'un engagement officiel afin de fonder un foyer et de s'aider mutuellement.
C. civ., art. 144 à 226
■ Voir aussi : *Concubinage, Communauté de vie, Divorce, Contrat de mariage, Pacte civil de solidarité (PACS)*

Mariage posthume
Droit des personnes et de la famille
Mariage célébré après le *décès* de l'un des époux. Ce mariage ne peut être célébré qu'avec l'autorisation du président de la République, donnée pour un motif grave alors que l'époux décédé avait accompli des formalités officielles attestant son consentement à l'union.
C. civ., art. 171

Mariage putatif
Droit des personnes et de la famille
Mariage nul, mais conclu de *bonne foi* par l'un au moins des époux. Le mariage putatif cesse de produire ses effets à compter de l'*annulation*, mais ses effets antérieurs sont maintenus à l'égard du ou des époux de bonne foi.
C. civ., art. 201

Marque collective
Droit de la propriété intellectuelle
Signe distinctif déposé auprès de l'Institut national de la propriété industrielle (INPI) par un organisme professionnel qui établit un règlement d'usage de ladite marque. Celle-ci peut être utilisée par toute personne distincte du titulaire de la marque qui fournit des produits ou services à condition de respecter le règlement d'usage élaboré par le titulaire de la marque.
CPI, art. L. 715-1
■ Voir aussi : *Label, Marque syndicale, Marque de fabrique, de commerce ou de service*

Marque collective de certification
Droit de la propriété intellectuelle
Marque collective qui peut être réutilisée sur un produit ou un service si elle répond à des normes précises quant à sa nature ses propriétés, ou ses caractères,

normes énumérées dans un règlement d'usage établi par le titulaire de l'enregistrement plus contraignant que le règlement des marques collectives.

CPI, art. L. 715-2

▥ Voir aussi : *Label, Marque collective, Marque syndicale, Marque de fabrique, de commerce ou de service*

Marque communautaire

Introduction au droit – Droit de la propriété intellectuelle

Signe distinctif, susceptible de représentation graphique, servant à distinguer les produits ou les services d'une personne physique ou morale, déposé auprès de l'Office de l'harmonisation dans le marché intérieur (OHMI), ou d'un office d'un État membre qui lui transmet la demande. Le droit octroie un monopole d'exploitation du signe limité dans son objet dans le temps et au territoire de la Communauté européenne. La marque communautaire coexiste avec les marques nationales.

Règl. (CEE) nᵒ 40/94, 20 déc. 1993

▥ Voir aussi : *Marque de fabrique, de commerce ou de service*

Marque de fabrique, de commerce ou de service

Droit de la propriété intellectuelle

Signe distinctif, déposé auprès de l'Institut national de la propriété industrielle (INPI), susceptible de représentation graphique, servant à distinguer les produits ou les services d'une personne physique ou morale. La marque fait l'objet d'un droit de propriété industrielle à partir du moment où elle a été enregistrée auprès de l'INPI. Le droit octroie un monopole d'exploitation du

signe limité dans son objet dans le temps et à un territoire.

CPI, art. L. 711-1 et s., L. 712-1

▥ Voir aussi : *Marque communautaire*

Marque syndicale

Droit de la propriété intellectuelle

Signe distinctif déposé auprès de l'Institut national de la propriété industrielle (INPI) par un syndicat et apposé sur un produit destiné à la commercialisation pour en certifier l'origine et les conditions de fabrication. Il peut être utilisé par tous les individus et entreprises mettant en vente ces produits sur le territoire.

CPI, art. L. 712-1, L. 712-13 ; C. trav., art. L. 2134-1

▥ Voir aussi : *Marque collective de certification, Label, Marque de fabrique, de commerce ou de service*

Masculinité

Histoire médiévale

Loi fondamentale qui exclut les femmes ainsi que les parents par les femmes de la succession du royaume.

Masse

Droit commercial – généralités

Groupement obligatoire, jouissant de la personnalité civile, des porteurs *d'obligations* d'une même émission pour la défense de leurs intérêts communs.

C. com., art. L. 228-46

Liquidation et redressement judiciaires

Nom donné, avant sa suppression par la loi nᵒ 85-98 du 25 janvier 1985, au groupement obligatoire des *créanciers* après le jugement prononçant le règlement judiciaire ou la liquidation des biens de l'entreprise.

▥ Voir aussi : *Syndic de faillite, Représentant des créanciers*

M

Maternité
Droit des personnes et de la famille
Lien juridique unissant la mère à son enfant.
▪ Voir aussi : *Paternité, Filiation*

Matière mixte
Procédure civile
Matière d'un litige mettant simultanément en jeu un *droit réel* et un *droit personnel*.
C. civ., art. 46

MATIF ▪ Voir *Marché à terme international de France (MATIF)*

Matter (doctrine)
Relations internationales
Méthode d'interprétation judiciaire des rapports entre la loi française et les traités internationaux, énoncée par le Procureur général Matter en 1931, d'après laquelle en cas de loi postérieure et contraire à un traité, la norme législative doit toujours l'emporter sur la norme conventionnelle.

Mauvaise foi
Introduction au droit
Comportement de celui qui agit en sachant qu'il est en tort ou en ayant l'intention de tromper autrui ou de lui nuire.
▪ Voir aussi : *Bonne foi, Fraude, Abus, Dol*

Maxime ▪ Voir *Adage*

Médecin conventionné
Droit de la protection sociale
Médecin ayant choisi d'exercer son activité dans le cadre juridique d'une des conventions conclues entre l'Assurance maladie de la Sécurité sociale et les organisations syndicales de médecins, laquelle lui confère certaines obligations quant à ses pratiques médicales et à la tarification de ses actes, tout en lui permettant un rattachement (à titre dérogatoire) au régime général de sécurité sociale.
CSS, art. L. 722-1

Médiateur
Droit processuel
Tierce personne chargée avec l'accord des parties en litige de les aider à trouver un accord amiable à leur conflit.
CPC, art. 131-1
▪ Voir aussi : *Conciliateur de justice*

Médiateur européen
Droit de l'Union européenne
Personnalité élue par le *Parlement européen* et chargée de traiter les plaintes adressées par les citoyens de l'Union européenne relatives à des cas de mauvaise administration dans l'action des institutions, organes et organismes de l'Union, à l'exclusion de la *Cour de justice de l'Union européenne* dans l'exercice de ses fonctions juridictionnelles. Il peut procéder à des enquêtes et établit des rapports.
TFUE, art. 228

Médiateur de la République
Droit administratif
Institution créée en France en 1973 à l'imitation de l'*ombudsman* suédois, le Médiateur de la République est une *autorité administrative indépendante* chargée d'améliorer le fonctionnement des administrations publiques. Il peut être saisi par les citoyens, les personnes morales par l'intermédiaire des parlementaires.
L. nº 73-6, 3 janv. 1973 ; L. nº 89-18, 13 janv. 1989

Médiation
Droit international public

Intervention d'un tiers qui propose une solution pour régler à l'amiable un différend et qui prend part directement aux négociations entre les parties.

Conv. La Haye, 18 oct. 1902

▪ Voir aussi : *Bons offices*

Droit processuel

Recherche d'un règlement amiable d'un différend en rapprochant les parties.

CPC, art. 21, 131-1 et s.

Mélange
Droit des biens

Modalité de mise en œuvre de l'*accession* par laquelle s'opère une fusion de deux choses mobilières appartenant à deux propriétaires différents, et qui deviennent difficilement ou non séparables.

C. civ., art. 573

▪ Voir aussi : *Adjonction, Spécification*

Mémoire
Finances publiques

Pièce contentieuse rassemblant les moyens et les conclusions d'une requête.

▪ Voir aussi : *Recours pour excès de pouvoir*

Mémoire ampliatif
Contentieux constitutionnel

Observations fournies par les requérants lors d'une saisine constitutionnelle contenant les arguments d'inconstitutionnalité dirigés contre une loi votée.

Menace
Droit pénal

Ensemble de *délits* et de *contraventions* consistant à intimider une personne en lui inspirant la crainte d'une atteinte exercée contre elle-même, sa famille ou ses biens.

C. pén., art. 222-17 et s., 322-12 et s., R. 631-1, R. 634-1

Mendicité agressive
Droit pénal

Délit consistant à solliciter sur la voie publique la remise de fonds, de valeurs ou d'un bien, lorsque le fait est accompli en réunion et de manière agressive ou sous la *menace* d'un animal dangereux.

C. pén., art. 312-12-1

Mentions en marge
Droit des personnes et de la famille

Indications inscrites au fur et à mesure en marge de *l'acte de naissance* et qui récapitulent tous les événements qui peuvent affecter *l'état civil* d'une personne ou ses liens de *filiation (mariage, divorce, reconnaissance d'enfant, décès).*

▪ Voir aussi : *État civil*

Mer territoriale
Droit international public

Zone maritime de l'État prolongeant le territoire terrestre, adjacente aux eaux intérieures (ou archipélagiques), incluant le fond de la mer, le sous-sol et l'espace aérien surjacent à l'étendue d'eau et dont la largeur n'excède pas 12 milles marins.

Conv. Montego Bay, 10 déc. 1982, art. 3

▪ Voir aussi : *Eaux intérieures, Eaux archipélagiques*

Message
Droit constitutionnel

Droit constitutionnel attribué au président de la République afin de communiquer avec les assemblées parlementaires.

Const. 4 oct. 1958, art. 18

Mesure conservatoire
Procédure civile

1. Acte par lequel un créancier se fait attribuer une priorité sur un *bien* appartenant à son débiteur afin garantir pour l'avenir le paiement de sa *créance*.

● *Exemple,* une saisie conservatoire. CPC ex., art. L. 511-1 et s., R. 511-1 et s. **2.** Mesure pouvant être ordonnée en référé afin de prévenir un dommage imminent ou de faire cesser un trouble manifestement illicite.

CPC, art. 809 et 849

Mesure d'effet équivalent (à des restrictions quantitatives)
Droit de l'Union européenne

Réglementation étatique d'un État membre susceptible d'entraver directement ou indirectement le commerce intra-communautaire et interdite par le droit de l'Union européenne au même titre qu'une *restriction quantitative* aux échanges à l'importation ou à l'exportation.

TFUE, art. 34 à 37

Mesure d'instruction
Procédure civile

Mesure ordonnée par un *juge*, d'office ou à la demande d'une partie, tendant à établir la véracité des faits allégués par une partie au soutien de ses prétentions.

▪ Voir aussi : *Expertise, Consultation, Vérifications personnelles du juge, Technicien*

Mesure nouvelle
Finances publiques

Terme désuet qui désignait avant 2001 les dépenses nouvelles par rapport au budget de l'année précédente. La distinction entre *services votés* et mesure nouvelle a été supprimée par la loi organique n° 62-2001 du 1er août 2001.

Mesure d'ordre intérieur
Droit administratif

Actes administratifs non décisoires. Il s'agit d'actes pris par l'*administration* pour encadrer l'action des *fonctionnaires* dans l'exercice du *pouvoir discrétionnaire*. Le juge les contrôle pourtant de plus en plus afin de limiter la marge de manœuvre de l'administration.

Mesure préparatoire
Droit administratif

Acte administratif non décisoire préalable à un acte administratif faisant grief. La mesure préparatoire ne peut être contestée devant le juge de l'annulation. Seule peut être contestée la décision finale de l'*administration*.

Mesure de sûreté
Droit pénal

Mesure dépourvue de caractère rétributif et infamant, issue des travaux de l'*École positiviste*, destinée à prévenir la commission d'une *infraction* par un individu présentant un état dangereux et qui est en général visée par le législateur sous une autre terminologie, telle que celle de mesures à caractère éducatif pour les mineurs et mesures thérapeutiques pour les alcooliques.

Métayage
Droit rural

Bail, également qualifié *bail à colonat partiaire*, qui a pour objet de confier au preneur l'exploitation d'un *fonds* rural, à charge pour lui de partager avec le propriétaire les produits de son exploitation.

C. rur. pêche marit., art. L. 417-1 et s.

■ Voir aussi : *Fermage*

Métropole

Histoire

Étym. : du grec *mêtropolis*, « ville mère ».

1. Ville ayant un siège archiépiscopal.

2. Chef-lieu de province.

3. État considéré par rapport à ses colonies.

Droit administratif

Établissement public regroupant plusieurs villes autour d'une ou plusieurs grandes villes d'un même ensemble urbain. La loi nᵒ 2010-1563 du 16 décembre 2010 a fixé un seuil minimal de 500 000 habitants pour que soit créée une métropole. Huit métropoles remplissent les conditions : Lyon, Lille, Marseille, Bordeaux, Toulouse, Nantes, Nice et Strasbourg. Elles devraient être créées à partir de 2015. Ce type de structure n'a plus rien à voir avec les métropoles d'équilibre créées en 1969 afin de compenser la concentration urbaine de la région parisienne.

Meuble

Droit des biens

Bien caractérisé par sa mobilité et pour lequel le législateur retient la qualification de meuble en raison de sa nature ou de la détermination de la loi.

C. civ., art. 527 et s.

■ Voir aussi : *Bien corporel, Bien incorporel, Immeuble*

Meuble meublant

Droit des biens

Chose mobilière uniquement destinée à assurer l'usage ou l'ornement d'un appartement.

C. civ., art. 534

Meuble par anticipation

Droit des biens

Chose immobilière qui a vocation à devenir mobilière et considérée, par anticipation, comme *meuble*.

● *Exemple,* récolte.

Meurtre

Droit pénal ■ Voir *Homicide volontaire*

Micro-État

Relations internationales

État ne disposant que d'un espace territorial très restreint (ex. : Le Saint-Siège, Monaco) et dont la puissance politique, économique ou militaire est forcément limitée.

Mine

Droit des biens

Ensemble de substances minérales ou fossiles présentes dans le sous-sol ou à la surface d'un immeuble et énumérées par le Code minier, n'appartenant pas au propriétaire de l'immeuble mais à l'État.

C. civ., art. 552, al. 3 ; C. minier, art. 2

■ Voir aussi : *Carrières*

Mineur

Droit des personnes et de la famille

Personne physique qui n'a pas atteint l'âge de la *majorité* légale (actuellement fixé à dix-huit ans) et que la loi, en raison de son jeune âge, place sous un régime de protection et prive de la possibilité d'exercer elle-même ses droits (c'est-à-dire qui est frappée d'une incapacité d'exercice).

■ Voir aussi : *Majeur, Émancipation, Incapable, Autorité parentale, Infans*
C. civ., art. 371 et s., art. 388 et s.

Mineur émancipé ■ Voir *Émancipation*

Ministère
Droit constitutionnel
Ensemble des services de l'administration centrale dirigé par un ministre.
L. nº 92-125, 6 févr. 1992, art. 2
■ Voir aussi : *Ministre*

Ministère public
Organisation judiciaire
Corps hiérarchisé de *magistrats*, chargé de veiller au respect de l'*intérêt général* et de l'*ordre public* devant les *juridictions* pénales en exerçant l'action publique, devant les juridictions civiles, essentiellement, en agissant comme partie principale ou comme partie jointe, devant la *Cour de cassation* en faisant valoir en toute objectivité et impartialité son point de vue sur les problèmes de droit soulevés devant cette juridiction. Le ministère public est également appelé *parquet* ou magistrature debout.

Ministériat
Histoire moderne
Mode de gouvernement par un principal *ministre*.

Ministre
Histoire
Étym. : du latin *minister* : « celui qui est moins » (Étym. : discutée) ou « serviteur ».
Droit constitutionnel
Personnalité nommée membre du gouvernement par le président de la Répu-

blique sur proposition du Premier ministre et placée à la tête d'une Administration centrale.
D. nº 59-178, 22 janv. 1959

Ministre juge
Droit administratif
Théorie appliquée entre 1790 et 1889 selon laquelle les *ministres* étaient seuls juges de l'administration. Actuellement, la justice administrative est plus nettement séparée de l'*administration* active.

Minorité
Droit des personnes et de la famille
État d'une personne physique qui n'a pas encore atteint l'âge de la *majorité* légale (actuellement fixé à dix-huit ans) et qui, pour cette raison, est automatiquement placée sous un régime de protection et privée de la possibilité d'exercer elle-même ses droits.
■ Voir aussi : *Majeur, Mineur émancipé, Incapable, Autorité parentale, Infans*
C. civ., art. 371 et s., art. 388 et s.

Minorité pénale
Droit pénal
Situation juridique de l'auteur d'une *infraction* qui n'a pas atteint l'âge de dix-huit ans, lui faisant bénéficier, à ce titre, d'un régime spécifique de responsabilité pénale, comportant par principe le prononcé de mesures éducatives, mais n'excluant pas le prononcé de sanctions éducatives à partir de dix ans et le prononcé de peines à partir de treize ans, sous réserve de l'excuse atténuante de minorité qui diminue la *peine*, de manière obligatoire entre treize et seize ans et facultative entre seize et dix-huit ans. Pour un mineur ayant entre seize et dix-huit ans, le tribunal pour enfants et la

cour d'assises des mineurs peuvent décider que l'atténuation de la peine ne joue pas, lorsque les circonstances de l'espèce et sa personnalité le justifient ou lorsqu'il a commis un crime d'atteinte volontaire à la vie ou à l'intégrité physique ou psychique, un délit de violences volontaires, d'agression sexuelle ou commis avec la circonstance aggravante de violences, en état de récidive légale. Le tribunal pour enfants doit spécialement motiver cette exclusion du bénéfice de l'excuse atténuante, sauf pour un délit de violences volontaires, d'agression sexuelle ou commis avec la circonstance aggravante de violences en état de récidive légale. En cas de nouvelle récidive de ces mêmes infractions, le principe devient la non-application de l'excuse atténuante. Si la juridiction de jugement décide malgré tout de l'accorder au mineur, elle devra motiver spécialement sa décision.

C. pén., art. 122-8 ; Ord. n° 45-174, 2 févr. 1945

Minute
Introduction au droit

Original d'un *acte authentique* ou d'un *jugement*. La minute doit être conservée dans les archives de l'autorité qui l'a dressée et qui ne doit en délivrer que des *copies*.

▪ Voir aussi : *Expédition, Grosse, Copie*

Mise en accusation
Procédure pénale

Ordonnance du juge d'instruction ou arrêt de la Chambre de l'instruction consistant à renvoyer la personne mise en examen devant la *cour d'assises* afin

qu'elle y soit jugée et qui lui confère à partir de ce moment la qualité d'accusée.

▪ Voir aussi : *Accusé*
CPP, art. 181, 214

Mise au rôle
Procédure civile

Inscription de l'affaire sur le registre du tribunal.

Mise en cause ▪ Voir *Intervention forcée*

Mise en danger d'autrui
Droit pénal

Faute non intentionnelle constituée par la violation délibérée d'une obligation de sécurité ou de prudence prévue par la loi ou le règlement, dont la conséquence réside dans la création d'un risque pour la vie ou l'intégrité des personnes et qui est parfois prise spécialement en compte par le législateur pour la constitution de l'infraction (délit de risques causés à autrui) ou pour aggraver les peines.

C. pén., art. 121-3, 223-1 et s., 221-6, al. 2, 222-19, al. 2

Mise en délibéré ▪ Voir *Délibéré*

Mise en demeure
Droit des obligations

Acte prenant la forme d'une *sommation*, d'une lettre, ou de tout autre acte équivalent par lequel le *créancier* demande à son *débiteur* d'exécuter son obligation, et qui a notamment pour effet de faire courir les *dommages et intérêts* moratoires.

C. civ., art. 1139

Mise en état (des causes)
Procédure civile

Nom donné à l'instruction de l'affaire lorsqu'elle est spécialement placée sous le contrôle d'un juge ou d'un conseiller dit de la mise en état.

CPC, art. 763 et s., 907

Mise en examen
Procédure pénale

Décision du *juge d'instruction* concernant une personne à l'encontre de laquelle il existe des indices graves ou concordants rendant vraisemblable sa participation à la commission d'une *infraction* en tant qu'*auteur* ou *complice*.

CPP, art. 80-1 et s.

Mise en péril des mineurs
Droit pénal

Ensemble d'*infractions* dont le point commun consiste à exposer un *mineur* à des périls physiques ou moraux ou à le provoquer afin qu'il se comporte de manière préjudiciable pour lui-même ou pour autrui.

C. pén., art. 227-15 et s.

Mise à prix
Droit des contrats spéciaux

Détermination du prix à partir duquel les *enchères* sont ouvertes.

C. civ., art. 2206 ; CPC ex., art. R. 322-31, R. 322-32

Mission
Finances publiques

Nouveau terme budgétaire constituant l'unité de vote du *budget* de l'État. Une mission comprend un ensemble de *programmes* concourant à une politique définie. Les missions sont créées par le gouvernement. Chaque mission se subdivise normalement en programmes permettant de financer chaque élément. Dans certaines missions se trouvent aussi des *dotations*.

L. org. n° 2001-692, 1er août 2001 relative aux lois de finances, art. 7

Mission diplomatique ▪ Voir *Ambassade*

Mission de service public
Droit administratif

Mission attribuée aux personnes publiques et à certaines personnes privées par la loi. Le critère de la mission renvoie au contenu de l'activité et à son objet. Dans certains cas, les actes pris par des personnes privés seront qualifiés d'*actes administratifs* et relèveront du juge administratif.

Mitigation of damages
Droit des obligations

Théorie empruntée au droit anglo-saxon en vertu de laquelle la victime d'un *dommage* est tenue de tout mettre en œuvre pour ne pas l'aggraver, à peine de voir son indemnisation réduite.

Mitoyenneté
Droit des biens

Séparation, par un mur ou un fossé notamment, de deux *fonds* contigus qui appartiennent à des propriétaires différents.

C. civ., art. 653 et s.

▪ Voir aussi : *Copropriété*

Mobile
Droit pénal

Raison personnelle qui pousse une personne à commettre une *infraction*, en principe indifférente à la qualification de celle-ci, mais qui peut être prise en compte par la juridiction de jugement au moment du prononcé de la peine.

▪ Voir aussi : *Euthanasie*

Mobilisation des créances
Droit bancaire

Opération par laquelle un *créancier* obtient d'un *établissement de crédit* une avance à court terme en contrepartie soit d'un transfert en propriété ou en *gage* de *créances* à terme, soit de la souscription d'un *effet de mobilisation*. L'*escompte*, le *crédit de mobilisation des créances commerciales (CMCC)* ou le *bordereau Dailly* en sont des illustrations.

Mobilité volontaire sécurisée
Droit social

Mécanisme permettant à un salarié d'exercer une activité dans une autre entreprise en vue d'acquérir de nouvelles compétences en bénéficiant d'un droit de retour dans son entreprise.
C. trav., art. L. 1222-12 et s.

Mode alternatif de règlement des litiges
Procédure civile

Procédure plus ou moins formalisée par laquelle des personnes en litige vont tenter de trouver une solution amiable à celui-ci. Syn. : Mode alternatif de règlement des conflits (MARC).

▪ Voir aussi : *Conciliation, Médiation, Convention de procédure participative*

Mode de scrutin
Droit constitutionnel

Technique de votation appliquée aux élections politiques suivant des modalités prévues par la loi.

Modulation
Droit social

Accord collectif de travail dérogatoire permettant, sous certaines conditions, de moduler la durée du travail sur l'année et, de ce fait, de déroger partiellement aux règles relatives à la computation et au paiement des *heures supplémentaires*.
C. trav., art. L. 3122-9 et s.

▪ Voir aussi : *Accord de modulation, Durée du travail, Heures supplémentaires*

Moins prenant ▪ Voir *Rapport en moins prenant*

Monarchie
Histoire

Étym. : du grec *monarchia*, « gouvernement d'un seul ». Régime politique où la souveraineté est la chose d'un seul (roi, empereur, etc.).

Monisme
Droit constitutionnel

Caractère d'un régime parlementaire dans lequel le gouvernement n'est politiquement responsable que devant l'Assemblée des députés.

▪ Voir aussi : *Parlementarisme rationalisé*

Droit international public

Caractère d'un ordre juridique étatique au sein duquel le droit international s'incorpore directement.

▪ Voir aussi : *Dualisme*

Monnaie
Introduction au droit

Instrument légal de paiement, c'est-à-dire instrument officiellement reconnu comme pouvant éteindre les obligations de sommes d'argent.

Monocamérisme ou monocaméralisme
Droit constitutionnel

Composition en une seule chambre de l'organe parlementaire.

▪ Voir aussi : *Bicamérisme*

Monoparentale ▪ Voir *Famille monoparentale*

Monopoles fiscaux
Finances publiques
Monopole d'État administré par le ministère des Finances, par exemple sur le tabac ou sur les jeux.

Moratoire
Procédure civile
Délai suspendant les poursuites, en principe accordé par la loi en présence de circonstances exceptionnelles.
● *Exemple,* en temps de guerre.

Mort (peine de)
Droit pénal
Peine corporelle de nature criminelle, afflictive et infamante, abrogée en France par la loi du 9 octobre 1981.

Motif
Procédure civile
Fondement de droit ou de fait justifiant la solution retenue par le juge.
▪ Voir aussi : *Dispositif (du jugement)*

Motion
Droit constitutionnel
1. Proposition parlementaire visant à demander au président de la République de faire adopter un projet de loi par la voie du *référendum*.
RAN, art. 122 à 125
2. Décision d'une *assemblée parlementaire*, rentrant dans la catégorie des actes non législatifs, concernant la procédure législative (ex : motion d'ajournement) ou visant le gouvernement (motion de censure, motion d'approbation d'une déclaration de politique générale).
▪ Voir aussi : *Résolution*

Motion de censure
Droit constitutionnel
Vote de défiance, provoqué ou spontané, de l'Assemblée des députés qui entraîne la démission du gouvernement.
Const. 4 oct. 1958, art. 49
▪ Voir aussi : *Question de confiance*

Motivation
Procédure civile
Exposé des *motifs* qui conduisent à l'adoption d'une solution.

Moyen
Procédure civile
Fondement de droit ou de fait invoqué par une partie au soutien de ses *prétentions*.
▪ Voir aussi : *Branche (d'un moyen)*

Moyen inopérant
Contentieux constitutionnel
Argument d'inconstitutionnalité des requérants écarté par le juge constitutionnel car n'ayant aucune incidence sur la qualité constitutionnelle de la norme contestée.

Moyen manquant en fait
Contentieux constitutionnel
Argument d'inconstitutionnalité des requérants écarté par le juge constitutionnel car fondé sur une mauvaise interprétation de la norme contestée.

Moyens soulevés d'office
Contentieux constitutionnel
Arguments d'inconstitutionnalité retenus dans les motifs d'une décision constitutionnelle mais non invoqués dans la saisine par les requérants.

MSA ■ Voir *Mutualité sociale agricole*

Multipropriété
Droit des biens

Situation juridique supposant la constitution d'une société d'attribution d'immeuble en jouissance à temps partagé et permettant qu'un immeuble appartienne à cette société chargée de la gestion, chaque associé bénéficiant d'un droit personnel de *jouissance* pour une période déterminée.

C. consom., art. L. 121-60 et s.

Municipalité
Droit administratif

Ensemble des principaux élus responsables d'une *commune* : le *maire* et ses adjoints.

CGCT, art. L. 2122-1

Mutation (droits de)
Finances publiques

Impôt indirect perçu à l'occasion du changement de propriétaire d'un bien immobilier.

CGI, art. 1705

Mutation domaniale
Droit administratif

Privilège de l'État qui a le droit d'acquérir la gestion de certains *biens* appartenant au *domaine public* d'autres *personnes publiques*.

■ Voir aussi : *Prérogative de puissance publique*

Mutualité
Droit de la protection sociale

Organisation paritaire à but non lucratif, à caractère professionnel et à finalité sociale qui contribue à la protection sociale de ses adhérents par la manifestation d'une solidarité à travers la perception de cotisations et le versement de prestations complémentaires à celles de la Sécurité sociale ; de même, certaines mutuelles contribuent directement à la gestion de la Sécurité sociale au bénéfice de leurs adhérents (ex. : mutuelles d'étudiants).

C. mut., art. L. 111-1 et s.

■ Voir aussi : *PSC (Protection sociale complémentaire)*

Mutualité sociale agricole (MSA)
Droit de la protection sociale

1. Régime spécial de sécurité sociale visant, à titre obligatoire, toutes les activités rurales salariées et non salariées.

2. Caisse de sécurité sociale ayant en charge la gestion du régime de la mutualité sociale agricole.

C. rur. pêche marit., art. L. 722-1 et L. 722-20

■ Voir aussi : *Assujettissement*

Mutuum ■ Voir *Prêt de consommation*

Mutuus dissensus
Droit des obligations

Expression latine signifiant « dissentiment mutuel » employée pour désigner l'accord entre deux parties permettant de mettre fin à un contrat les unissant.

C. civ., art. 1134, al. 2

Naissance
Droit des personnes et de la famille

1. Venue au monde (caractérisée par la sortie du fœtus du sein maternel) qui entraîne au plan juridique, lorsque l'enfant naît vivant et viable, l'apparition de la *personnalité juridique.*

2. (Acte de) *Acte de l'état civil* constatant la naissance d'une personne et indiquant le jour, l'heure et le lieu de la naissance, le sexe de la personne, ses nom et prénoms et, s'ils sont désignés, l'identification de ses *père* et *mère.*

C. civ., art. 55 et s.

Voir aussi : *Décès*

Nantissement
Droit des sûretés

Contrat par lequel, à titre de *sûreté*, le débiteur affecte, au bénéfice d'un *créancier*, un *bien* ou un ensemble de biens mobiliers incorporels, présents ou futurs, qu'il s'agisse notamment d'une *créance*, de droits sociaux ou de parts sociales.

C. civ., art. 2355 et s.

Nation
Relations internationales

Communauté humaine solidaire, partageant une histoire, des valeurs, des croyances, une culture, une langue (...), et pouvant être dispersée dans plusieurs États.

● *Exemple,* la nation Kurde.

Nation la plus favorisée
Voir *Clause de la nation la plus favorisée*

Nationalisation
Finances publiques

Transfert législatif de propriété du secteur privé au secteur public. La nationalisation est la manifestation de la *souveraineté* de l'État. Le secteur public français a été nationalisé en trois vagues : 1936, 1945 et 1982. La nationalisation portant atteinte au droit de propriété, elle doit donner lieu à une juste et préalable indemnité (DDHC 1789, art. 17).

Voir aussi : *Privatisation*

Nationalisme
Histoire

Doctrine et mouvement politique qui revendiquent pour un peuple le droit de former une nation.

Nationalité
Droit international privé

Qualité détenue par chaque individu dont l'appartenance à une même communauté politique et territoriale est juridiquement reconnue par un *État.*

Nationalité effective (théorie de la)
Droit international privé

Raisonnement consistant à privilégier, en cas de pluralité de *nationalités*, le lien national correspondant à la réalité des attachements de la personne concernée à un *État.*

Naturalisation
Droit international privé

Mode d'acquisition de la *nationalité* par l'effet d'un *décret* de l'autorité publique pris sur demande en ce sens de l'étranger.

C. civ., art. 21-14-1 à 21-25-1

Navette
Droit constitutionnel

Passage alterné d'un texte législatif devant chaque *assemblée parlementaire* jusqu'à son adoption définitive par les deux chambres.

Const. 4 oct. 1958, art. 45

■ Voir aussi : *Commission mixte paritaire*

Navire
Droit des biens – Droit des transports

Bâtiment utilisé pour la navigation maritime et soumis à une *immatriculation*.

C. transports, art. L. 5111-1 et s.

Négligence (clause de)
Droit des transports

Clause d'un contrat d'*affrètement* par laquelle l'*armateur* s'exonère de toute responsabilité pour les fautes commises par le capitaine et ses préposés.

Négociabilité
Droit commercial – généralités

Caractère reconnu à certains *titres* permettant une transmission plus aisée et plus rapide en ne recourant pas aux règles et formalités du droit civil.

Négociation
Droit international public

Mode de règlement pacifique des différends entre États consistant à emprunter la voie diplomatique préalablement, alternativement ou parallèlement à la voie juridictionnelle.

Charte NU, 26 juin 1945, art. 33

Négociation annuelle obligatoire (NAO)
Droit social

Chaque année l'employeur est tenu d'inviter les organisations syndicales représentées dans l'entreprise à négocier sur différents points énumérés par la loi ; il n'est cependant pas tenu de conclure un accord.

C. trav., art. L. 2241-1 et s., L. 2232-3 à L. 2232-9, L. 2243-1 à L. 2243-2

■ Voir aussi : *Négociation collective, Convention collective, Accord collectif de travail*

Négociation collective
Droit social

Discussion engagée au niveau national, régional ou local, entre les partenaires sociaux en vue de conclure une convention ou un accord collectif de travail.

C. trav., art. L. 2232-1, L. 2242-1 à L. 2242-9

■ Voir aussi : *Négociation annuelle obligatoire (NAO), Convention collective, Accord collectif de travail*

Negotium
Droit des obligations

Terme latin signifiant « affaire » désignant dans un *acte juridique* l'opération qu'il réalise, par opposition à l'*instrumentum*, le document dans lequel elle est matérialisée.

Nemo auditur propriam turpitudinem allegans
Droit des obligations

Adage latin signifiant « Nul ne peut se prévaloir de sa propre turpitude » en vertu duquel la *restitution* des prestations à l'une des parties consécutive au prononcé de la nullité d'un contrat peut être refusée si son engagement était contraire aux *bonnes mœurs (adage souvent cité par ses deux premiers mots)*.

■ Voir aussi : *In pari causa turpitudinis cessat repetitio, Restitution*

Nemo censetur ignorare legem
Introduction au droit

Règle pouvant se traduire par « nul n'est censé ignoré la loi » qui interdit d'avancer son ignorance de la *loi* ou de sa mauvaise compréhension pour échapper à son application. Cette règle est une *fiction juridique* nécessaire pour assurer l'efficacité de la loi.

■ Voir aussi : *In pari causa turpitudinis cessat repetitio*

Nemo judex
Droit processuel

Adage signifiant que nul n'est juge de sa propre cause.

■ Voir aussi : *Récusation*

Nemo liberalis nisi liberatus
Droit des libéralités

Adage signifiant que nul ne peut faire de *libéralités* s'il n'a pas au préalable réglé ses dettes.

Nemo plus juris ad alium transferre potest quem ipse habet
Introduction générale au droit

Adage latin signifiant qu'une personne ne peut transférer plus de droits qu'elle n'en a (adage souvent cité par ses trois premiers mots).

Neutralité
Droit administratif

Principe applicable à l'administration qui doit respecter les croyances et les idées politiques et philosophiques des individus. Le principe de neutralité complète le principe d'*égalité* qui régit le fonctionnement des *services publics*.

Droit international public

Acte unilatéral par lequel un État renonce, ponctuellement ou de manière permanente, à intervenir dans un conflit armé international.

■ Voir aussi : *Conflit armé international*

NGAP (nomenclature générale des actes professionnels)
Droit de la protection sociale

Classification méthodique et réglementaire des actes réalisés par les professionnels de santé pouvant donner lieu à une prise en charge au titre de la Sécurité sociale.

CSS, art. L. 133-4, L. 141-2-1

■ Voir aussi : *Prestations (sociales), Assurances sociales*

Nice (traité de)
Droit de l'Union européenne

Traité de révision du *Traité sur l'Union européenne*, signé le 26 février 2001, entré en vigueur le 1er février 2003, qui apporte les premières réponses au besoin de réforme institutionnelle de l'Union en vue de son élargissement à de nouveaux États membres et proclame la *Charte des droits fondamentaux de l'Union européenne*.

■ Voir aussi : *Droit originaire (ou primaire)*

Niche (ou fenêtre parlementaire)
Droit constitutionnel

Séance parlementaire dont l'ordre du jour est prioritairement réservé aux membres de chaque assemblée.

Const. 4 oct. 1958, art. 48-3

Niche fiscale/Niche sociale

Finances publiques

Terme désignant une ressource fiscale à laquelle l'État (*niche fiscale*) ou la sécurité sociale (*niche sociale*) a renoncé afin de financer une politique publique définie. Dans le budget de l'État, les niches sociales comprennent les dépenses fiscales qui sont inventoriées dans le rapport voies et moyens annexé au projet de loi de finances. On compte en 2013 environ 500 niches fiscales qui font perdre à l'État entre 50 et 70 milliards d'euros chaque année. En y ajoutant les niches sociales, la somme atteint 100 milliards d'euros. Cette pratique est contraire au principe d'égalité devant l'impôt, c'est pourquoi les lois de programmation des finances publiques ont plafonné les niches qui sont régulièrement remises en cause.

Noblesse

Histoire médiévale

Statut social et juridique conférant à ses bénéficiaires des privilèges personnels d'ordre public : droit au port des armes, à l'acquisition des fiefs, à une procédure judiciaire particulière, à la guerre privée, à une fiscalité particulière. Hist. mod. : Second ordre du royaume, après le clergé.

■ Voir aussi : *Ordres (les trois)*

Noli me tangere ■ Voir *Inviolabilité du corps humain*

Nom

Droit des personnes et de la famille

Terme qui sert à désigner une personne et qui est déterminé par celui de ses parents. Il est un des éléments de l'*état civil* et est, en principe, immuable.

C. civ., art. 57, 60 et s.

■ Voir aussi : *Prénom*

Nom collectif (société) ■ Voir *Société en nom collectif (SNC)*

Nom commercial

Droit commercial – généralités

Désignation sous laquelle une *personne physique* ou *morale* exerce une activité commerciale, exploite un fonds de commerce. Élément d'attraction et de fidélisation de la *clientèle*, le *nom commercial* est un élément du *fonds*.

C. com., art. L. 141-5 ; CPI, art. L. 711-4

Nom de domaine

Droit de la communication

Dénomination unique à caractère universel qui permet de localiser une ressource, un document sur Internet, et qui indique la méthode pour y accéder, le nom du serveur et le chemin à l'intérieur du serveur. En pratique, c'est l'adresse électronique Internet qui identifie le site d'une personne physique ou morale dans un domaine (ensemble d'adresses Internet). Ce nom de domaine est un signe d'usage et peut être, ou non, le support de droit de propriété intellectuelle. Il peut, parfois, et sous conditions, être considéré comme un signe distinctif : marque, nom commercial. Le nom de domaine est attribué au premier qui en fait la demande.

C. P. et T, art. L. 45-1 et s. ; L. n° 2011-302, 22 mars 2011

■ Voir aussi : *Attribution d'un nom de domaine*

Nomade

Droit des personnes et de la famille

Personne qui vit en déplacements continuels, sans avoir de *résidence* fixe. La loi impose à ces personnes de choisir un *domicile légal (ayant les mêmes fonctions que le domicile).*

L. nᵒ 69-3, 3 janv. 1969, art. 13, 14

▪ Voir aussi : *Domicile*

Nominalisme

Droit des obligations

Principe en vertu duquel une *obligation de somme d'argent* doit être payée à son montant nominal, sans tenir compte de la dépréciation monétaire, par opposition au *valorisme.*

C. civ., art. 1895

▪ Voir aussi : *Dette de valeur*

Nomophilie

Introduction au droit

Passion excessive de la *loi* qui conduit à proposer systématiquement l'adoption d'un texte à propos de toute difficulté.

▪ Voir aussi : *Légicentrisme*

Non-assistance à personne en danger

Droit pénal

Délit incriminant le fait de s'abstenir volontairement de porter secours, soit personnellement, soit en appelant les secours, à une personne en péril ou menacée d'un crime ou d'un délit portant atteinte à l'intégrité de cette personne, lorsque l'intervention immédiate pouvait empêcher la réalisation de ce péril ou de cette infraction sans créer de risque pour les individus concernés.

C. pén., art. 223-6

Non bis in idem

Procédure pénale

Adage signifiant qu'une personne jugée définitivement ne peut être poursuivie à nouveau pour les mêmes faits.

Non-cumul des peines

Droit pénal

Principe par lequel une personne condamnée au titre de plusieurs infractions en concours à l'occasion d'une même procédure peut voir prononcée à son encontre chacune des peines de nature différente encourue, mais lorsqu'il s'agit de peines de même nature, une seule peine peut être prononcée dans la limite du maximum légal le plus élevé, c'est-à-dire correspondant à l'infraction la plus grave.

C. pén., art. 132-3

▪ Voir aussi : *Concours réel d'infractions*

Non-ingérence

Droit international public

Interdiction faite à un *État* d'interférer dans le domaine de compétence d'un autre *État* en vertu des principes d'*égalité* et de *souveraineté* des *États.*

▪ Voir aussi : *Ingérence humanitaire*

Non-lieu

Procédure pénale

Décision mettant fin à la procédure, rendue par une *juridiction d'instruction* qui constate qu'il n'existe pas de charges suffisantes contre la personne mise en examen pour la renvoyer devant la juridiction de jugement.

CPP, art. 177, 212

N

Non-représentation d'enfant
Droit pénal
Délit consistant à refuser indûment de confier un enfant à la personne qui a le droit de le réclamer.

C. pén., art. 227-5

■ Voir aussi : *Atteintes à l'exercice de l'autorité parentale et à la filiation*

Non-rétroactivité
Introduction au droit
1. Caractéristique des mécanismes qui prennent effet au jour de leur constitution et qui n'ont pas d'effet pour le passé.
2. (De la loi) Fait pour la *loi* de régir les situations postérieures à son entrée en vigueur et les effets futurs des situations en cours, mais de ne pas remettre en cause les situations terminées et les effets déjà réalisés de situations encore en cours. Cette règle est un principe à valeur législative, sauf en droit pénal où il s'agit d'un principe à valeur constitutionnelle (que le législateur ne peut pas enfreindre).

C. civ., art. 2 ; DDHC, art. 8 ; C. pén., art. 112-1

■ Voir aussi : *Rétroactivité, Application immédiate de la loi, Loi pénale plus douce*

Nonce
Relations internationales
Chef de mission diplomatique du Saint-Siège.

Norme
Introduction au droit
Règle de conduite générale et obligatoire. Syn. : Règle de droit.

Notaire
Introduction au droit
Officier public et ministériel ayant pour fonction d'accomplir à la demande des particuliers des *actes authentiques* (c'est-à-dire des actes dont les énonciations vérifiées par le notaire font foi jusqu'à inscription de faux).

■ Voir aussi : *Officier ministériel, Acte authentique*

Note en délibéré
Procédure civile
Observations écrites que les parties peuvent, en cours de *délibéré*, faire passer au juge afin de répondre, soit à ses demandes d'éclaircissements, soit aux conclusions du ministère public.

CPC, art. 445

Notification
Procédure civile
Opération par laquelle un acte judiciaire ou extrajudiciaire est porté à la connaissance de son destinataire.
● *Exemple,* notification d'un jugement.

CPC, art. 651 et s.

■ Voir aussi : *Signification, Acte du palais*

Notions autonomes ■ Voir *Concepts autonomes*

Notoriété
Introduction au droit
Caractère de ce qui est connu par un très grand nombre de gens.
Droit des personnes et de la famille
(Acte de) Document dressé par un juge, par un officier d'état civil ou par un notaire et constatant des déclarations convergentes de plusieurs personnes sur l'*état civil* d'un individu. La valeur de ce document varie selon les circonstances.

C. civ., art. 71, 310-3

■ Voir aussi : *Acte de notoriété, Commune renommée*

Nouvelle délibération
Droit constitutionnel

Prérogative présidentielle imposant un nouvel examen devant le *Parlement* d'une loi votée en instance de promulgation.

Const. 4 oct. 1958, art. 10-2

Novation
Droit des obligations

Création d'une *obligation* nouvelle en remplacement d'une *obligation* ancienne qui est ainsi éteinte, par changement d'objet, de *créancier* ou de *débiteur*.

C. civ., art. 1271

Nu-propriétaire
Droit des biens

Personne qui bénéficie de la *nue-propriété* d'un *bien*.

Nue-propriété
Droit des biens

Droit réel constituant un démembrement temporaire du droit de *propriété* et permettant à un *nu-propriétaire* de disposer d'un bien soumis à un droit *d'usufruit*.

C. civ., art. 578 et s.

Nul en France ne plaide par procureur
Introduction au droit

Maxime générale par laquelle la partie dans un procès plaide sous son propre nom et non sous celui de son mandant à l'exception du pupille, de l'aliéné ou, sous le régime monarchique, du roi.

Nullité
Droit des obligations

Sanction entraînant la disparition rétroactive d'un *acte juridique* dont les conditions de formation n'ont pas été respectées.

■ Voir aussi : *Caducité, Inexistence, Inopposabilité, Nullité absolue, Nullité relative, Résiliation, Résolution*

Nullité absolue
Droit des obligations

Nullité d'un *acte juridique* pour violation d'une condition de formation édictée afin de protéger l'intérêt général.

● *Exemple,* nullité lorsque *l'objet* ou la *cause* d'un contrat est contraire à *l'ordre public* ou aux *bonnes mœurs*.

■ Voir aussi : *Nullité relative*

Nullité de procédure
Droit processuel

Sanction d'une irrégularité affectant un *acte de procédure*.

CPC, art. 112 et s.

■ Voir aussi : *Grief*

Nullité relative
Droit des obligations

Nullité d'un *acte juridique* pour violation d'une condition de formation édictée afin de protéger une *partie* à l'acte.

● *Exemple,* nullité d'un contrat conclu par un *incapable* ou frappé d'un *vice de consentement*.

■ Voir aussi : *Nullité absolue*

Nullité de société
Droit des sociétés

Sanctions exceptionnelles, limitativement énumérées par la loi du 24 juillet 1966, réprimant des irrégularités commises à l'occasion de la constitution ou de la vie d'une société.

C. com., art. L. 235-1 et s. ; C. civ., art. 1844-1 et s.

Nullum crimen, nulla poena sine lege
Droit pénal

Adage qui énonce le contenu du principe de la légalité criminelle, c'est-à-dire qu'il n'existe ni incrimination ni peine sans texte.

C. pén., art. 111-3

Numéro d'immatriculation (NIR)
Droit de la protection sociale

Numéro d'identification attribué, à titre définitif, à une personne physique, en sa qualité d'assuré social, au regard du régime de sécurité sociale dont elle relève ; ce numéro se compose d'un numéro INSEE de treize chiffres (un chiffre pour le sexe, puis deux chiffres pour l'année de naissance, pour le mois de naissance et pour le département de naissance, enfin, trois chiffres pour la commune de naissance et pour le rang d'inscription sur le registre des naissances), auquel est souvent ajoutée une clé (de contrôle) de deux chiffres.

CSS, art. L. 312-1

■ Voir aussi : *Immatriculation, Affiliation, Assujettissement*

Obiter dictum

Contentieux constitutionnel – Introduction au droit

Opinion que le juge livre à titre indicatif et qui n'a aucun lien avec les motifs destinés à justifier la solution d'espèce.

Objectif de valeur constitutionnelle

Contentieux constitutionnel

Énonciation juridictionnelle de principes non écrits ou d'exigences éthiques qui s'imposent au législateur au même titre que la Constitution.

Objet du contrat

Droit des obligations

Opération juridique voulue par les *parties*, matérialisée dans l'*obligation principale et caractéristique* du *contrat*.

• *Exemple,* l'objet d'un contrat de vente est le transfert de propriété d'un bien, l'objet d'un contrat de bail est la mise à disposition de la jouissance d'un bien...

C. civ., art. 1126 et s.

▪ Voir aussi : *Objet de l'obligation*

Objet de l'obligation

Droit des obligations

Prestation que le *débiteur* doit fournir au *créancier*.

• *Exemple,* l'objet de l'obligation de l'acheteur est le paiement du prix, l'ob-jet de l'obligation du vendeur est la chose vendue.

C. civ., art. 1126 et s.

▪ Voir aussi : *Objet du contrat*

Objet social

Droit des sociétés

Désigne l'objet du contrat de société et par extension l'activité d'une société ou d'une association. L'objet social est défini dans les statuts.

C. civ., art. 1833 ; C. com., art. L. 210-2

Obligataire

Droit des sociétés

Personne titulaire d'une *obligation*.

Obligation

Droit des obligations

Lien de droit entre deux personnes en vertu duquel l'une d'entre elles, le *créancier*, peut exiger de l'autre, le *débiteur*, l'exécution d'une prestation de faire, de ne pas faire, ou de donner.

Droit des sociétés

Titre négociable, productif d'intérêts, émis par une société commerciale ou une collectivité publique à l'occasion d'un emprunt et remis aux bailleurs de fonds prêteurs. La valeur nominale de l'obligation correspond lors de son émission à la division du montant de l'emprunt par le nombre de titres émis.

C. com., art. L. 228-38 et s.

Obligation alimentaire ▪ Voir *Aliment*

Obligation alternative

Droit des obligations

Obligation portant sur des objets multiples, le *débiteur* pouvant se libérer en exécutant l'une ou l'autre des prestations prévues.

- *Exemple,* vente d'une maison A ou d'une maison B.

C. civ., art. 1189

■ Voir aussi : *Obligation conjonctive, Obligation facultative*

Obligation assimilable du Trésor
Finances publiques

Titre d'emprunt obligataire de l'État émis depuis 1985 par le *Trésor public* pour financer la dette. La durée de l'obligation va jusqu'à trente ans et représente une part écrasante de la couverture de la dette de l'État. Le caractère assimilable signifie que le titre peut être remplacé par un autre avec beaucoup de simplicité et de souplesse.

Obligation caractéristique
Droit des obligations

Dans un *contrat synallagmatique, obligation* présentant des traits distinctifs et pouvant notamment permettre de rattacher la *convention* à un contrat nommé. Dans les contrats à titre onéreux, l'obligation caractéristique est l'obligation réciproque du versement pécuniaire.

- *Exemple,* dans la vente, l'obligation caractéristique est le transfert de propriété.

Obligation civile
Droit des obligations

Désigne l'*obligation* de droit commun, juridiquement sanctionnée, par opposition à l'*obligation naturelle.*

Obligation conjointe
Droit des obligations

Obligation liant activement plusieurs *créanciers* qui ne peuvent chacun exiger que leur part, ou passivement plusieurs *débiteurs* qui ne sont chacun tenus que de leur part.

■ Voir aussi : *Obligation solidaire, Obligation indivisible, Obligation in solidum*

Obligation conjonctive
Droit des obligations

Obligation portant sur des objets multiples, le *débiteur* devant tous les exécuter pour se libérer.

- *Exemple,* vente d'un immeuble et d'un fonds de commerce.

■ Voir aussi : *Obligation alternative, Obligation facultative*

Obligation de conseil
Droit des contrats spéciaux

Variété d'obligation d'information dans laquelle le débiteur ne doit pas se contenter de fournir un renseignement objectif mais est tenu, en outre, de prendre parti en formulant un avis personnel sur l'opportunité des décisions à prendre.

Obligation à la dette
Introduction au droit

Obligation faite à une *personne* d'acquitter l'intégralité de la *dette* à charge pour elle de se retourner contre ses coobligés.

■ Voir aussi : *Contribution à la dette*

Obligation de donner
Droit des obligations

Obligation de transférer la propriété d'un bien.

C. civ., art. 1136

■ Voir aussi : *Obligation de faire, Obligation de ne pas faire*

Obligation échangeable
Droit des sociétés

Obligation pouvant être, à la demande de leur titulaire, échangée contre des *actions* déjà émises et détenues par des tiers ou contre des actions créées lors d'une *augmentation* simultanée *du capital social* et souscrites par un ou plusieurs *établissements de crédit* ou personnes ayant obtenu la *caution* d'établissements de crédit, appelé tiers-souscripteur.

C. com., art. R. 225-117

Obligation facultative
Droit des obligations

Obligation dans laquelle le *débiteur* est tenu d'un objet unique, mais a la faculté de se libérer en exécutant une autre prestation.

• *Exemple,* un débiteur doit livrer telle quantité de marchandise, mais il peut se libérer en versant une somme d'argent correspondante.

▪ Voir aussi : *Obligation alternative, Obligation conjonctive*

Obligation de faire
Droit des obligations

Obligation d'accomplir une prestation.

• *Exemple,* livrer un bien, effectuer un travail...

▪ Voir aussi : *Obligation de donner, Obligation de ne pas faire*

Obligation *in solidum*
Droit des obligations

Obligation dans laquelle plusieurs *débiteurs* peuvent être poursuivis chacun pour l'ensemble sur des fondements différents (par ex., l'un en vertu de la *responsabilité contractuelle,* l'autre en vertu de la *responsabilité délictuelle),*

quitte pour celui qui a payé à se retourner contre les autres pour obtenir leur part.

▪ Voir aussi : *Obligation conjointe, Obligation solidaire*

Obligation indivisible
Droit des obligations

Obligation liant plusieurs *créanciers,* chacun pouvant exiger du *débiteur* la totalité de la dette, quitte pour celui qui a obtenu paiement à le répartir entre tous (indivisibilité active), ou plusieurs débiteurs, chacun pouvant être poursuivi pour la totalité de la dette, quitte pour celui qui a payé à se retourner contre les autres pour obtenir paiement (indivisibilité passive). L'indivisibilité peut naître de la nature de l'obligation (ex. : livrer un cheval vivant constitue une obligation indivisible) ou des stipulations des parties. À la différence de l'obligation solidaire, l'obligation indivisible ne se divise pas entre les héritiers.

C. civ., art. 1217 et s.

▪ Voir aussi : *Obligation conjointe, Obligation solidaire*

Obligation d'information
Droit des contrats spéciaux

Obligation contractuelle ou précontractuelle mise à la charge de certaines personnes, généralement professionnelles (vendeurs, entrepreneurs, architectes, médecins, banquiers, assureurs...), de renseigner leur partenaire sur l'objet du contrat ou l'opération envisagée afin de leur permettre de se décider en pleine connaissance de cause et de disposer ensuite de toutes informations utiles.

C. consom., art. L. 111-1 et s., L. 133-1 ; A. 3 déc. 1987 relatif à l'information des consommateurs sur les prix

▪ Voir aussi : *Obligation de conseil*

Obligation de minimiser le dommage ▪ Voir *Mitigation of damages*

Obligation de moyens

Droit des obligations

Obligation qui pèse sur un *débiteur* contractuel de mettre en œuvre tous les moyens dont il dispose pour satisfaire son *créancier*, sa responsabilité ne pouvant être engagée du seul fait qu'un résultat précis n'est pas réalisé, par opposition à *l'obligation de résultat*.

● *Exemple*, en principe, l'obligation de l'avocat est de moyens : il doit mettre en œuvre tous les moyens à sa disposition pour défendre et assister son client, sans que sa responsabilité puisse être engagée du seul fait que le procès soit perdu.
C. civ., art. 1147

▪ Voir aussi : *Obligation de résultat, Responsabilité contractuelle*

Obligation naturelle

Droit des obligations

Obligation qui n'est pas juridiquement sanctionnée par le droit, à la différence de l'obligation civile, et qui peut trouver son origine dans une obligation civile imparfaite (ex. : obligation nulle ou prescrite) ou un devoir de conscience non consacré par le droit (ex. : obligation de fournir aliments à ses frères et sœurs).
C. civ., art. 1235, al. 2

▪ Voir aussi : *Obligation civile*

Obligation de ne pas faire

Droit des obligations

Obligation de s'abstenir d'un comportement.

● *Exemple,* ne pas faire concurrence, ne pas divulguer un secret...
▪ Voir aussi : *Obligation de donner, Obligation de faire*

Obligation *propter rem*

Droit des obligations

Obligation littéralement « à propos de la chose », c'est-à-dire liée à une chose, qui pèse sur un débiteur en tant que propriétaire de cette chose.

Obligation réelle ▪ Voir *Obligation propter rem*

Obligation de réserve

Droit administratif

Devoir du *fonctionnaire* et des *magistrats* qui doivent respecter le pouvoir politique par un comportement loyal. En cas de manquement à ce devoir, des sanctions sont prévues.

Obligation de résidence

Droit administratif

Contrainte juridique pour un *fonctionnaire* qui doit obligatoirement résider dans la ville où il est affecté.

Obligation de restitution

Droit des contrats spéciaux – Droit des biens

1. Obligation incombant aux détenteurs précaires, dans certains contrats (bail, prêt, dépôt...), de rendre la chose en fin de contrat.
C. civ., art. 1730, 1875, 1888, 1889, 1902, 1933 et s.

2. Obligation incombant à l'usufruitier de rendre la chose au propriétaire en fin d'usufruit.
C. civ., art. 578 et s.

Obligation de résultat
Droit des obligations

Obligation qui pèse sur un débiteur contractuel de fournir à son créancier un résultat précis, sa responsabilité étant engagée du seul fait que ce résultat n'est pas réalisé, par opposition à *l'obligation de moyens* (ex. : l'obligation d'un entrepreneur de construire un mur est de résultat : sa responsabilité est engagée dès lors que le mur prévu au contrat n'est pas réalisé).

C. civ., art. 1147

 Voir aussi : *Obligation de moyens, Responsabilité contractuelle*

Obligation de sécurité
Droit des contrats spéciaux

1. Obligation accessoire, imposée par la jurisprudence à certains prestataires de services professionnels, de veiller à la sécurité de leur cocontractant au cours de l'exécution du contrat (transport, hôtellerie, manèges forains, promenade à cheval, contrat médical...).

2. Obligation mise à la charge du vendeur professionnel par la jurisprudence de livrer des produits exempts de tout vice ou de tout défaut de fabrication de nature à créer un danger pour les personnes ou les biens.

Voir aussi : *Produits défectueux*

Obligation solidaire
Droit des obligations

Obligation liant plusieurs *créanciers*, chacun pouvant exiger du débiteur la totalité de la dette, quitte pour celui qui a obtenu paiement à le répartir entre tous (solidarité active), ou plusieurs débiteurs, chacun pouvant être poursuivi pour la totalité de la dette, quitte pour celui qui a payé à se retourner contre les autres pour obtenir paiement (solidarité passive). La solidarité ne se présume pas et découle de la loi, des usages ou de la volonté des parties. À la différence de l'obligation indivisible, l'obligation solidaire se divise entre les héritiers.

C. civ., art. 1197 et s.

Obligation de somme d'argent
Droit des obligations

Obligation de faire dont l'objet est de verser une somme d'argent.

Voir aussi : *Dette de valeur, Nominalisme, Valorisme*

Obligations avec bons de souscription d'actions (OBSA)
Droit des sociétés

Obligation émise avec un ou plusieurs bons de souscription d'action donnant droit à l'obligataire de souscrire des *actions* à émettre par la *société* à un ou plusieurs prix et dans les conditions et délais fixés par le contrat d'*émission*. La dénomination « obligations à warrant » est également utilisée.

C. com., art. R. 225-117

Obligations positives
Droit européen

Mesures exigibles de l'État partie à la *Convention européenne des droits de l'homme* et se traduisant en obligations de faire tirées de l'exigence d'une protection effective des droits énoncés par la Convention.

Voir aussi : *Effectivité (principe d')*

Obligations à warrant
Voir *Obligations avec bons de souscription d'actions (OBSA)*

Oblique ■ Voir *Action oblique*

Observateur
Droit international public

1. Statut conféré à une entité étatique ou non étatique (ONG) qui participe à certaines activités d'une organisation internationale sans y être partie à la charte constitutive.

2. Personnel, civil et militaire, chargé par une organisation internationale de veiller au respect du maintien de la paix à la suite d'activités hostiles.

■ Voir aussi : *Opération de maintien de la paix*

Observations du gouvernement
Contentieux constitutionnel

Réponses, rédigées par le Secrétariat général du gouvernement, aux arguments d'inconstitutionnalité d'un texte législatif énoncés par les auteurs de la saisine constitutionnelle.

Obtention végétale
Droit de la propriété intellectuelle

Variété végétale spécifique, correspondant à des critères techniques de nouveauté, stabilité, et homogénéité et susceptible du fait de ces caractéristiques, de faire l'objet d'un droit de propriété industrielle (COV) au profit de son créateur (obtenteur).

CPI, art. L. 623-2 ; L. n° 2011-1843, 8 déc. 2011

■ Voir aussi : *Certificat d'obtention végétale*

Occupation
Droit des biens

Mode d'acquisition de la *propriété* d'un *bien* mobilier non approprié supposant une appréhension matérielle de ce bien.

■ Voir aussi : *Res nullius*

Occupation temporaire
Droit administratif

Privilège de l'administration autorisant le titulaire d'un *marché public* de travaux à utiliser pendant un maximum de cinq ans les propriétés privées après autorisation préfectorale et indemnisation des particuliers lésés.

Octroi
Finances publiques

Impôt indirect révolu, prélevé sur la circulation des marchandises à l'entrée des villes. Ne subsiste actuellement que l'octroi de mer prélevé sur toutes les importations des *départements d'outre-mer*.

Œuvre
Droit de la propriété intellectuelle

Au sens juridique, toute création de l'esprit, originale, formalisée d'une façon ou d'une autre, quels qu'en soient le genre, le mérite ou la destination. Fait l'objet d'un droit de *propriété intellectuelle*.

CPI, art. L. 111-1, L. 112-2, L. 112-3

■ Voir aussi : *œuvre collective, œuvre de collaboration, Propriété intellectuelle (droits de), Logiciel*

Œuvre de collaboration
Droit de la propriété intellectuelle

Œuvre à laquelle ont concouru plusieurs personnes physiques. Elle fait l'objet d'un droit de *propriété littéraire et artistique*.

CPI, art. L. 113-2, al. 1er

■ Voir aussi : *Œuvre collective, Propriété intellectuelle (droits de)*

Œuvre collective

Droit de la propriété intellectuelle

Œuvre créée, à l'initiative d'une personne morale ou physique qui l'édite et la publie, par plusieurs auteurs, sans qu'il soit possible de scinder leur contribution à la réalisation de cette dernière. Cette œuvre fait l'objet d'un droit de *propriété littéraire et artistique.*

CPI, art. L. 113-2, al. 3

▧ Voir aussi : *Œuvre de collaboration, Propriété intellectuelle (droits de)*

Œuvres sociales

Droit social

Activités sociales développées dans l'entreprise au bénéfice des salariés, anciens salariés et membres de leur famille afin d'améliorer leur qualité de vie, leur bien-être et leur épanouissement ; normalement, c'est au comité d'entreprise qu'il revient de développer ce type d'activités lorsque celles-ci revêtent un caractère facultatif.

C. trav., art. L. 2323-83

▧ Voir aussi : *Comité d'entreprise*

Offense

Droit pénal

Délit incriminant les outrages publics à des chefs d'État en leur absence.

L. 29 juill. 1881, art. 26, 36

Office

Droit administratif

Ancien terme juridique désignant les *établissements publics* industriels ou commerciaux entre les deux guerres. Certains noms sont restés, comme l'Office national interprofessionnel des céréales (ONIC) ou d'autres organismes d'intervention agricole.

Office (mesure prise d')

Procédure civile

Mesure prise par un *magistrat* de sa propre initiative, c'est-à-dire sans qu'elle lui ait été au préalable demandée par une partie.

● *Exemple,* le juge peut d'office soulever son incompétence territoriale lorsque le défendeur ne comparaît pas.

▧ Voir aussi : *Ordre public*

Office européen de lutte anti-fraude (OLAF)

Droit de l'Union européenne

Organe créé en 1999 au sein de la *Commission européenne* et chargé d'effectuer de manière indépendante des enquêtes administratives pour lutter contre les fraudes portant atteinte aux intérêts financiers et économiques de l'Union européenne et contre la criminalité transfrontalière.

▧ Voir aussi : *Parquet européen*

Office européen de police

Droit de l'Union européenne

Organe de l'*Union européenne* dit *Europol,* créé par une convention du 26 juillet 1995 et actif depuis le 1er juillet 1999, mis en place à l'origine et avant l'entrée en vigueur du *traité de Lisbonne* dans le cadre du troisième pilier de l'Union afin de concourir au développement de la coopération politique dans son volet coopération policière, en particulier en matière de criminalité organisée.

TFUE, art. 88

▧ Voir aussi : *Piliers communautaires, Coopération policière et judiciaire en matière pénale*

Office de l'harmonisation dans le marché intérieur (OHMI)
Droit de l'Union européenne
Institution créée dans le but d'enregistrer les marques et dessins et modèles communautaires.
Règl. (CEE) n° 40/94, 20 déc. 1993, art. 2
■ Voir aussi : *Marque communautaire*

Office national des forêts (ONF)
Droit administratif
Établissement public chargé de la gestion des forêts domaniales de l'État.

Office national d'indemnisation des accidents médicaux (ONIAM)
Droit de la protection sociale – Droit de la propriété intellectuelle
L'office National d'Indemnisation des Accidents Médicaux, des Affections Iatrogènes et des Infections Nosocomiales (ONIAM) est un établissement public administratif de l'État (EPA), créé par la loi du 4 mars 2002, dont les missions sont multiples (organisation du règlement amiable des accidents médicaux, en mettant en place les CRCI et de leur fonctionnement, indemnisation des victimes d'accidents médicaux non fautifs au titre de la solidarité nationale, indemnisation des victimes d'aléa thérapeutique ou leurs ayants droit en cas de décès). Il peut se substituer à l'assureur en cas de faute, si ce dernier est défaillant. Il a également en charge l'indemnisation des victimes d'infections nosocomiales graves et celle des victimes d'accidents du fait de la recherche biomédicale, lorsque le promoteur de la recherche a prouvé l'absence de faute à sa charge.
C. santé publ., art. L. 1142-15, L. 1142-16, L. 3122-1 et s.
■ Voir aussi : *Accident du travail*

Office public d'aménagement et de construction (OPAC)
Droit administratif
Établissement public chargé de construire les logements sociaux.

Officialité
Histoire
Tribunal établi par l'*évêque*.

Officier d'état civil
Introduction au droit
Personne chargée de dresser *les actes de l'état civil*, c'est-à-dire de recevoir les déclarations des particuliers concernant l'état civil.
■ Voir aussi : *Acte de l'état civil*

Officier ministériel
Introduction au droit
Professionnel titulaire d'un office, bénéficiant d'un monopole pour une partie de ses activités et présentant la particularité d'être investi d'une mission publique tout en ayant un statut indépendant (leur rémunération se faisant par leur clientèle et leur office étant cessible). Sont officiers ministériels : *les notaires*, les *huissiers*, les greffiers des tribunaux de commerce, les avocats au Conseil d'État et à la Cour de cassation.

Officier de police judiciaire
Procédure pénale
Fonctionnaire pouvant être secondé par des agents de police judiciaire qui, sous le contrôle du *ministère public*, est compétent pour réaliser tous les actes nécessaires afin de rechercher les preuves et

les *auteurs* des infractions, lors des enquêtes préliminaire et de flagrance et qui peut intervenir sur commission rogatoire délivrée par le *juge d'instruction*.
CPP, art. 14 et s., 20, 21

Officier public
Introduction au droit

Personne ayant le pouvoir de dresser des actes ayant force *authentique* (ces personnes peuvent aussi bien être des fonctionnaires, comme les greffiers, que des professionnels indépendants, comme les notaires).

■ Voir aussi : *Acte authentique*

Officiers
Histoire moderne

Agents du roi désignés par lettres de provision et titulaires d'un office patrimonial.

Offre
Droit des obligations

Proposition ferme et précise de contracter.

■ Voir aussi : *Acceptation, Consentement*

Offre de concours
Droit administratif

Contrat unilatéral permettant à une *personne publique* ou privée d'offrir un paiement, ou une autre contrepartie, à la personne publique qui acceptera de réaliser des travaux pouvant lui bénéficier.

Offre au public de titres financiers
Droit des sociétés

Offre constituée soit : – par une communication adressée sous quelque forme et par quelque moyen que ce soit à des personnes et présentant une information suffisante sur les conditions de l'offre et sur les titres à offrir, de manière à mettre un investisseur en mesure de décider d'acheter ou de souscrire ces titres financiers ; – par un placement de titres financiers par des intermédiaires financiers. Elle constitue un moyen pour une société de constituer son capital.
C. monét. fin., art. L. 411-1 et s. ; C. civ., art. 1841 (interdiction)

Offre publique d'achat (OPA)
Droit des sociétés

Opération par laquelle une *société* se porte acquéreuse de tout le *capital* d'une autre à un prix donné par *action*, payé en espèces. Limitée dans la durée, l'opération ne réussit que si un pourcentage de détention des titres fixé à l'avance est franchi.
C. monét. fin., art. L. 433-1 et s.

Offre publique d'échange (OPE)
Droit des sociétés

Variante de l'*offre publique d'achat*, le paiement des *actions* détenues par les actionnaires s'effectuant en actions ou *obligations* de la société à l'initiative de l'opération publique d'échange, au lieu d'un règlement en espèces.
C. monét. fin., art. L. 433-1 et s.

Offre publique de rachat d'actions (OPRA)
Droit des sociétés

Expression synonyme d'offre publique de reprise.

Offre publique de reprise (OPR)
Droit des sociétés

Procédure de rachat à un prix ou parité unique des titres des *actionnaires* minoritaires d'une *société* cotée par le ou les actionnaires majoritaires détenant plus de 95 % des droits de vote. Elle est obligatoire en cas de transformation de la *société anonyme* en *commandite par actions* si les actionnaires majoritaires détiennent au moins les deux tiers des droits de vote. En cas de modification significative des *statuts* ou de l'activité de la société, l'*Autorité des marchés financiers* décide sa mise en œuvre.

C. monét. fin., art. L. 433-4, I

Offre publique de retrait (OPR)
Droit des sociétés

Variante de *l'offre publique de reprise* dont elle diffère par le fait que les *actionnaires* minoritaires sont à l'origine de la procédure de rachat des titres par les actionnaires détenant plus de 95 % des droits de vote. Son opportunité est appréciée par l'*Autorité des marchés financiers*.

C. monét. fin., art. L. 433-4, I

Offres réelles
Droit des obligations

Procédure par laquelle le *débiteur* propose au *créancier* de s'acquitter de son *obligation* en le mettant en *demeure* d'accepter le *paiement* faute de quoi il se libérera par la *consignation* de ce paiement.

C. civ., art. 1257 et s. ; CPC, art. 1426 et s.

■ Voir aussi : *Paiement*

OLAF ■ Voir *Office européen de lutte anti-fraude*

Oligarchie
Histoire

Étym. : du grec *oligarchia* : « gouvernement de quelques-uns ».

Omission de porter secours ■ Voir *Non-assistance à personne en danger*

Onéreux ■ Voir *Acte à titre onéreux*

ONG ■ Voir *Organisation non gouvernementale*

ONU ■ Voir *Organisation des Nations unies*

Opérateur de communications électroniques
Droit commercial – Consommation

Toute personne physique ou morale exploitant un réseau de *communications électroniques* ouvert au public ou fournissant au public un service de communications électroniques. Le fournisseur doit mettre gratuitement à la disposition des *consommateurs* un outil accessible en ligne permettant d'identifier, à partir du numéro d'appel ou de message textuel, le nom du produit ou du service accessible à ce numéro d'appel ou de message textuel, la description sommaire du produit ou du service, le nom du fournisseur, son site Internet, s'il existe, l'adresse du fournisseur ainsi que l'adresse ou le numéro de téléphone auxquels le consommateur peut adresser ses réclamations.

C. P. et T, art. L. 32, 6° et 15° ; C. consom., art. L. 121-42

Onus probandi incumbit actori
■ Voir *Actor incubit probatio*

Opération de banque
Droit bancaire

Opérations effectuées à titre de profession habituelle par les *établissements de crédit*. Elles comprennent la réception de fonds du public, les opérations de *crédit,* ainsi que les *services bancaires de paiement.*

C. monét. fin., art. L. 311-1

Opération de maintien de la paix
Droit international public

Activité de l'ONU consistant à entreprendre, ou à autoriser, une série d'actions, coercitives ou non coercitives, afin de sauvegarder ou de garantir la paix et la sécurité.

Charte NU, 26 juin 1945, chap. VII

Opinion dissidente
Contentieux constitutionnel

Avis minoritaire d'un juge constitutionnel publié à la suite de la décision adoptée et expliquant les motifs de son désaccord avec la solution d'espèce.

Opinion individuelle (ou séparée)
Droit européen

Exposé rédigé en des termes plus ou moins synthétiques par un juge de la *Cour européenne des droits de l'homme* afin d'exprimer les raisons de son désaccord (opinion dissidente) ou de son accord sculement partiel (opinion concordante) avec la décision prise par la majorité de la Cour et joint à cette décision.

Conv. EDH 4 nov. 1950, art. 45, § 2

Opportunité des poursuites
Procédure pénale

Principe selon lequel le ministère public dispose du pouvoir de déclencher ou de ne pas déclencher l'action publique bien qu'il ait la certitude qu'une infraction a été commise.

CPP, art. 40

Opposabilité
Introduction au droit

Effet d'un acte, d'un droit, ou d'une décision de justice qui n'a pas force obligatoire à l'égard des tiers, mais qui peut être invoqué contre eux, voire par eux.

● *Exemple,* opposabilité du contrat aux tiers autres que les parties contractantes.

■ Voir aussi : *Force obligatoire (du contrat)*

Opposition
Procédure civile

Voie de recours ordinaire, permettant au défendeur non comparant, à l'encontre duquel a été rendu un *jugement par défaut,* d'en demander la rétractation.

CPC, art. 571 et s.

■ Voir aussi : *Jugement par défaut, Comparution*

Opposition sur compte bancaire
Droit bancaire

Interdiction faite à un *établissement de crédit* au paiement d'un *chèque, lettre de change, billet à ordre* ou d'un ordre de paiement donné au moyen d'une *carte de paiement.* Elle n'est licite que dans les cas strictement énumérés par la loi : perte ou *vol, redressement* ou *liquidation judiciaires* du porteur de l'effet ou du bénéficiaire de l'ordre de paiement, utilisation frauduleuse du *chèque.*

C. com., art. L. 511-31, L. 512-3 ; C. monét. fin., art. L. 131-35, L. 133-17, II

■ Voir aussi : *Blocage*

Opposition à mariage
Droit des personnes et de la famille

Acte formaliste par lequel une personne entend s'opposer à la célébration d'un *mariage.* Cette faculté est ouverte pour

O

tout motif aux ascendants des futurs conjoints et au ministère public. Elle est ouverte, en l'absence d'ascendant et pour des motifs tenant à la santé mentale d'un des futurs époux, à sa parenté, son curateur ou son tuteur et enfin au conjoint non divorcé d'un des futurs époux pour signaler sa situation. L'opposition interdit la célébration du mariage, mais les futurs époux peuvent contester son bien-fondé en justice.

C. civ., art. 172 à 179

▪ Voir aussi : *Empêchement à mariage*

Opt-in
Introduction au droit
Déclaration permettant de se voir appliquer un corps de règles optionnelles.

▪ Voir aussi : *Opt-out*

Opt-out
Introduction au droit
Déclaration permettant d'échapper à l'application d'un corps de règles optionnelles.

▪ Voir aussi : *Opt-in*

Opting out (clause d')
Droit de l'Union européenne
(Littéralement, clause de non-participation) Dérogation permanente à certains champs de la construction européenne accordée aux États membres de l'Union européenne (par ex., en matière sociale ou concernant la monnaie unique).

Option
Introduction au droit
Choix offert à une personne par la loi ou la volonté d'autrui.

● *Exemple,* le choix offert au bénéficiaire d'une promesse unilatérale de vente de lever l'option pour acquérir ou ne pas acquérir. Le plus souvent, ce choix doit être effectué dans un certain délai.

Option de l'héritier
Droit des successions et libéralités
Faculté conférée à *l'héritier* de choisir entre les trois partis que lui offre la loi : *acceptation pure et simple* de la *succession, acceptation à concurrence de l'actif net, renonciation.* La loi du 23 juin 2006 a considérablement modifié l'option des héritiers de manière à accélérer le règlement des successions tout en sécurisant le choix des héritiers. L'option des héritiers se prescrit par dix ans à compter du décès. L'héritier qui n'a pas opté dans ce délai est considéré comme un renonçant.

C. civ., art. 768 et s. – CPC, art. 1334 et s.

Option de souscription ou d'achat d'action ▪ Voir *Stock-option*

Ordalie
Introduction au droit – preuve
Mode de preuve basé sur l'irrationnel et consistant à soumettre le déclarant à l'épreuve d'éléments naturels (ex. : le feu), sa sincérité étant acquise s'il sort vainqueur.

Ordonnance
Histoire médiévale – Histoire moderne
Loi royale de portée générale englobant, plus souvent, des matières diverses.

● *Exemple,* Ordonnance de Villers-Cotterêts (1539), Ordonnance criminelle (1670).

Droit constitutionnel
1. Acte réglementaire permettant au gouvernement d'intervenir, sur *renvoi*

législatif, dans une matière contenue dans le domaine de la loi.

Const. 4 oct. 1958, art. 38

2. Mesures législatives nécessaires à la mise en place des institutions de la Vᵉ République et prises par le gouvernement durant les quatre premiers mois du régime.

Const. 4 oct. 1958, art. 92, ab. par L. const. 4 août 1995

3. Acte juridique de valeur législative ou constitutionnelle pris par un organe exécutif en raison de circonstances particulières.

Ord. 9 août 1944

Droit processuel

Décision rendue soit par un chef de juridiction (ex. : ordonnance en référé), soit par un magistrat chargé d'une fonction particulière, par exemple de l'instruction (*ordonnance de clôture* de l'instruction).

Ordonnance de clôture
Procédure civile

Acte d'administration judiciaire marquant la fin de l'*instruction*.

CPC, art. 782 et s.

Ordonnance d'injonction de faire
▪ Voir *Procédure d'injonction de faire*

Ordonnance d'injonction de payer
▪ Voir *Procédure d'injonction de payer*

Ordonnance pénale
Procédure pénale

Procédure simplifiée par laquelle le tribunal de police peut juger des contraventions commises par un majeur ou par un mineur s'il s'agit de contraventions des quatre premières classes, sans citation de la personne poursuivie, donnant lieu à une ordonnance contre laquelle est ouverte la voie de l'opposition.

CPP, art. 524 et s.

Ordonnancement
Finances publiques

Acte administratif et financier par lequel un *ordonnateur* principal de l'État donne l'ordre au comptable public de payer une dépense. L'ordonnancement doit être visé par le *contrôleur financier* et récapituler tous les éléments constitutifs de la dépense.

Ordonnateur
Finances publiques

Autorité administrative chargée de prescrire l'exécution des recettes et des dépenses des *personnes publiques*. Il constate les droits des organismes publics, liquide les recettes, engage et liquide les dépenses (D. nᵒ 2012-1246, 7 nov. 2012, art. 11). L'ordonnateur est celui qui donne les ordres au *comptable public*. Il engage, liquide et ordonnance les dépenses et encaisse les recettes après la constatation des droits, la liquidation des créances et l'émission d'un titre exécutoire.

Ordre administratif
Droit processuel

Ensemble des juridictions compétentes pour connaître des litiges dans lesquels l'administration est impliquée.

▪ Voir aussi : *Ordre judiciaire, Compétence*

Ordre des avocats
Droit processuel

Ensemble des *avocats* inscrits au *barreau* d'un tribunal.

▪ Voir aussi : *Conseil de l'ordre des avocats, Barreau*

Ordre des héritiers
Droit des successions et libéralités
Catégories *d'héritiers* que la loi hiérarchise, les *héritiers* d'un ordre donné primant sur les *héritiers* d'un ordre subséquent.

C. civ., art. 734 et s.

Ordre du jour
Droit des sociétés
Questions préétablies qu'une assemblée devra étudier au cours d'une séance selon un ordre prédéterminé.

Droit constitutionnel
Programme de travail d'une assemblée parlementaire.

Const. 4 oct. 1958, art. 48

■ Voir aussi : *Conférence des présidents, Niche (ou fenêtre parlementaire)*

Ordre judiciaire
Droit processuel
Ensemble des juridictions, placées sous le contrôle de la *Cour de cassation*, et compétentes pour connaître des litiges entre personnes privées ainsi que du contentieux répressif.

■ Voir aussi : *Ordre administratif, Compétence*

Ordre juridique
Introduction au droit
Ensemble des règles juridiques relevant et émanant d'un même système.

• *Exemple,* ordre juridique communautaire (c'est-à-dire ensemble des règles du droit de l'Union européenne).

Ordre de la loi
Droit pénal
Cause d'irresponsabilité pénale qui repose sur la démonstration selon laquelle la personne poursuivie a commis une infraction conformément aux dispositions d'un texte législatif ou réglementaire qui l'a ordonnée ou l'a autorisée.

C. pén., art. 122-4

■ Voir aussi : *Commandement de l'autorité légitime*

Ordre professionnel
Introduction au droit
Structure regroupant de manière obligatoire tous les membres d'une profession et veillant à la qualité et à l'intégrité des prestations effectuées par ses membres (ex. : ordre des médecins). En raison de son caractère obligatoire et des sanctions qu'il peut infliger, un tel groupement ne peut être institué que par la loi.

■ Voir aussi : *Déontologie*

Ordre public
Droit des obligations
Valeurs fondamentales d'une société auxquelles les parties à un acte juridique ne peuvent déroger par des *stipulations* contraires.

■ Voir aussi : *Bonnes mœurs*

Droit constitutionnel
Situation d'un pays dans lequel règnent la tranquillité et la sécurité publique.

C. civ., art. 6

Ordre public européen
Droit de l'Union européenne – Droit européen
Ordre public propre aux systèmes européens des droits de l'homme (*Convention européenne des droits de l'homme*) et de l'Union européenne (*TUE, TFUE*).

Ordre public international
Droit international privé
Ordre public spécifique au *droit international privé*, plus restreint que l'ordre public national en ce qu'il ne vise qu'ex-

ceptionnellement à écarter la loi étrangère désignée par la *règle de conflit* afin de protéger les intérêts ou valeurs qui seraient heurtés de front par l'application de cette loi.

▧ Voir aussi : *Exception d'ordre public*

Ordre public de proximité
Droit international privé

Ordre public international de référence pour le juge du for lorsque la situation juridique qui lui est soumise présente un lien étroit avec la loi du for, et qui permet d'appliquer cette dernière au lieu de la loi étrangère désignée par la *règle de conflit* par le jeu de l'*exception d'ordre public*.

Ordre public social
Droit social

Caractère impératif relatif accordé aux normes (légales, réglementaires ou conventionnelles) du droit du travail auxquelles il est toujours possible de déroger conventionnellement dans un sens favorable au(x) salarié(s) ; le caractère d'ordre public social de la norme du travail permet ainsi de garantir un niveau minimum de protection des salariés.
C. trav., art. L. 2251-1, L. 2252-1, L. 2253-1 à L. 2253-3

▧ Voir aussi : *Accord collectif de travail, Convention collective, Accord atypique, Engagement unilatéral de volonté, Contrat de travail*

Ordres (les trois)
Histoire médiévale

Tripartition fonctionnelle de la société, élaborée par l'Église, qui distingue ceux qui prient (*oratores*), ceux qui combattent (*bellatores*) et ceux qui travaillent (*laboratores*). Cette répartition a débouché sur la division tripartite de la société

d'Ancien Régime (clergé, noblesse, Tiers-Etat).

Organe humain
Droit des personnes et de la famille

Élément du corps humain ayant une fonction spécifique et ne pouvant pas se reconstituer après ablation (ex. : foie, rein...). Le don d'organe est gratuit et strictement encadré par la loi.
C. civ., art. 16, 16-5 à 16-9 ; C. santé publ., art. L. 1231-1 et s.

▧ Voir aussi : *Indisponibilité du corps humain, Inviolabilité du corps humain*

Organisation des États américains
Droit international public

Organisation internationale régionale, créée le 30 avril 1948 par le Pacte de Bogota, regroupant les principaux États du continent américain à l'exception de Cuba.

Organisation frauduleuse de l'insolvabilité
Droit pénal

Délit consistant pour un débiteur à augmenter le passif, diminuer l'actif de son patrimoine ou dissimuler des biens, afin d'échapper volontairement à l'exécution d'obligations de nature patrimoniale, antérieurement ou postérieurement à la décision judiciaire de condamnation au paiement.
C. pén., art. 314-7

▧ Voir aussi : *Insolvabilité*

Organisation internationale
Droit international public

Association d'États qui, par un traité institutif (la *charte*), créent une personne internationale autonome et dotée d'organes exprimant une volonté propre à l'organisation.

Organisation mondiale du commerce (OMC)

Droit international public

Organisation internationale remplaçant le GATT, créée par l'Accord de Marrakech du 15 avril 1994, composée de 134 membres, chargée de contrôler l'application des accords commerciaux internationaux et de régler les différends en la matière.

Organisation des Nations unies (ONU)

Droit international public

Organisation internationale à compétence générale, créée en 1945 par cinquante et un États, composée actuellement de 189 membres, faisant participer, au titre d'observateur, les principaux acteurs des relations internationales et chargée principalement du maintien de la paix, de la sécurité internationale et de la protection des droits de l'homme.

Charte NU, 26 juin 1945

▪ Voir aussi : *Observateur*

Organisation non gouvernementale (ONG)

Droit international public

Association regroupant des adhérents de différentes nationalités, poursuivant une action (humanitaire, écologique, politique, sportive) dans une perspective transnationale, pouvant bénéficier de la personnalité internationale (Croix-Rouge) ou être observateur au sein d'une organisation internationale.

Charte NU, 26 juin 1945, art. 71

▪ Voir aussi : *Observateur*

Organisation du traité de l'Atlantique nord (OTAN)

Droit international public

Organisation internationale d'alliance militaire (disposant d'un commandement intégré) initialement créée par le Pacte Atlantique (4 avr. 1949) pour faire contrepoids à la puissance de l'URSS et qui assure désormais des opérations de maintien de la paix, tout en constituant le forum politique des principaux États occidentaux.

Traité de Washington, 4 avr. 1949

Organisation de l'unité africaine (OUA)

Droit international public

Organisation internationale régionale, créée le 15 mai 1963 par la Charte d'Addis-Abeba, chargée d'assister les États africains durant le processus de décolonisation et de résoudre les crises et tensions se déroulant sur le continent.

Organisme de placement collectif (OPC)

Droit financier

Les organismes de placements collectifs sont des structures commerciales dont l'objet consiste, de manière générale, à placer des capitaux collectés auprès d'investisseurs et, pour certains types, à placer ces capitaux dans des biens immobiliers ou dans un patrimoine forestier. Ils regroupent les organismes de placement collectif en valeurs mobilières, les organismes de titrisation, les sociétés civiles de placement immobilier, les sociétés d'épargne forestière, les organismes de placement collectif immobilier, ainsi que les sociétés d'investissement à capital fixe.

C. monét. fin., art. L. 214-1

Organisme de placement collectif immobilier (OPCI)
Droit financier

Constitués sous forme de société de placement à prépondérance immobilière à capital variable ou de fonds de placement immobilier, les organismes de placement collectif immobilier constituent un type particulier d'organisme de placements collectifs. Agréés par l'Autorité des marchés financiers, ils ont pour objet l'investissement dans les immeubles qu'ils donnent en location ou qu'ils font construire exclusivement en vue de leur location, qu'ils détiennent directement ou indirectement, y compris en état futur d'achèvement, toutes opérations nécessaires à leur usage ou à leur revente, la réalisation de travaux de toute nature dans ces immeubles, notamment les opérations afférentes à leur construction, leur rénovation et leur réhabilitation en vue de leur location et accessoirement la gestion d'instruments financiers et de dépôts. Leur actif doit être constitué, d'une part, pour au moins 60 % d'investissements à caractère immobilier et, d'autre part, pour au moins 10 % d'actifs liquides.

C. monét. fin., art. L. 214-89 et s., L. 214-1 ; AMF, Règl. gén., art. 315-60 et s.

Organisme de placement collectif en valeurs mobilières (OPCVM)
Droit financier

Agréés par l'Autorité des marchés financiers et prenant la forme d'une société d'investissement à capital variable (SICAV) ou d'un fonds commun de placement (FCP), les organismes de placement collectif en valeurs mobilières constituent un type particulier d'organisme de placements collectifs. Ils ont pour mission de placer les capitaux récoltés auprès du public en actifs financiers mobiliers, dans l'objectif d'un rendement.

C. monét. fin., art. L. 214-1-1 et s., L. 214-1, L. 214-3 et s., D. 214-1 et s. ; AMF, Règl. gén., art. 411-1 et s.

Organismes de titrisation
Droit financier

Prenant la forme de fonds communs de titrisation ou de sociétés de titrisation, les organismes de titrisation ont un double objet : – d'une part, être exposés à des risques, y compris des risques d'assurance, par l'acquisition de créances ou la conclusion de contrats constituant des instruments financiers à terme ou transférant des risques d'assurance ; – d'autre part, assurer en totalité le financement ou la couverture de ces risques par l'émission d'actions, de parts ou de titres de créances, par la conclusion de contrats constituant des instruments financiers à terme ou transférant des risques d'assurance ou par le recours à l'emprunt ou à d'autres formes de ressources.

C. monét. fin., art. L. 214-42-1

Original
Introduction au droit

Rédaction primitive d'un document qui est revêtue de la *signature* des parties.

■ Voir aussi : *Grosse, Expédition, Copie, Minute*

ORSEC (plan)

Droit administratif

Plan d'organisation des secours mis en place par le ministère de l'Intérieur et relayé sur le terrain par les *préfets*. En cas d'inondations importantes, d'incendies ou de catastrophes naturelles, le plan ORSEC doit être mis en place. Il comporte une répartition des moyens en personnel et matériel.

OTAN ▪ Voir *Organisation du Traité de l'Atlantique nord*

Outrage

Droit pénal

Délit consistant à utiliser des paroles, gestes, menaces, écrits, images et envois d'objets à l'encontre, soit d'une personne chargée d'une mission de service public ou dépositaire de l'autorité publique, soit d'un magistrat, juré ou toute personne siégeant dans une juridiction, afin de porter atteinte à sa dignité ou au respect dû à sa fonction.

C. pén., art. 433-5, 434-24

Outrage aux bonnes mœurs

Droit pénal

Terme désignant antérieurement à la réforme du Code pénal un ensemble d'infractions consistant à employer toutes sortes de moyens destinés à réaliser une propagande en faveur de l'immoralité, désormais appréhendé à travers un délit sanctionnant la fabrication, le transport, la diffusion et le commerce d'un message à caractère violent, pornographique ou portant atteinte à la dignité humaine, quel qu'en soit le support.

C. pén., art. 227-24

▪ Voir aussi : *Mise en péril des mineurs*

Outrage à l'hymne national ou au drapeau tricolore

Droit pénal

Délit consistant à porter atteinte à l'hymne national ou au drapeau tricolore au cours d'une manifestation organisée ou réglementée par les autorités publiques.

C. pén., art. 433-5-1

Outrage au drapeau tricolore

Droit pénal

Contravention de la cinquième classe réprimant le fait, soit de détruire, détériorer ou utiliser le drapeau tricolore de manière dégradante dans un lieu public, soit de diffuser ou faire diffuser l'enregistrement d'images de la commission de ces faits, même dans un lieu privé, lorsque ces deux catégories de faits sont perpétrées dans des conditions de nature à troubler l'ordre public et dans l'intention d'outrager le drapeau tricolore.

C. pén., art. R. 645-15

Outre-mer ▪ Voir *Collectivités territoriales d'outre-mer, Département d'outre-mer (DOM)*

Ouverture (principe d') ▪ Voir *Transparence (principe de)*

Ouverture de crédit

Droit bancaire

Convention par laquelle un *établissement de crédit* s'engage à mettre à la disposition d'un de ses clients, pour un temps généralement déterminé, un *crédit* d'un montant convenu.

▪ Voir aussi : *Découvert, Facilités de caisse*

Ouvrage public

Droit administratif

Bien immobilier résultant d'un aménagement spécial ayant reçu une affectation d'intérêt général. Les ouvrages publics sont protégés par le principe d'intangibilité et les personnes qui leur causent des dommages peuvent être condamnées au paiement d'une *contravention de grande voirie*.

Ouvrier

Droit social

Qualificatif professionnel accordé au travailleur salarié qui participe directement à la production (ouvrier qualifié, ouvrier hautement qualifié, ouvrier professionnel...).

■ Voir aussi : *Contrat de travail, Qualification, Cadre*

PAC ▪ Voir *Politique agricole commune*

PACS ▪ Voir *Pacte civil de solidarité*

Pacta sunt servanda
Droit des obligations
Expression latine signifiant « Les pactes doivent être respectés » en vertu de laquelle les conventions ont force obligatoire.
C. civ., art. 1134
▪ Voir aussi : *Force obligatoire (du contrat)*

Pacte d'actionnaires
Droit des sociétés
Convention, statutaire ou non, conclue entre associés ayant pour objet d'encadrer licitement soit les transferts futurs de titres entre associés ou avec des tiers, par la mise en place notamment d'une réciprocité de préemption, soit les opérations de vote en assemblée générale.
▪ Voir aussi : *Préemption, Vote, Assemblée générale*

Pacte civil de solidarité (PACS)
Droit des personnes et de la famille
Contrat réglementé par la loi et conclu par deux personnes majeures célibataires (de sexe différent ou de même sexe) pour organiser leur vie commune.
C. civ., art. 515-1 à 515-7-1
▪ Voir aussi : *Concubinage, Mariage*

Pacte commissoire
Droit des sûretés
Clause qui confère au créancier, titulaire d'une *sûreté*, la faculté de s'attribuer par avance, de plein droit, la *propriété* d'un bien de son débiteur en cas de non-paiement d'une dette à l'échéance. Stipulation désormais admise par la loi en matière de *gage*, de *nantissement*, de *créance*, convention d'*hypothèque* et de *gage immobilier*.
C. civ., art. 2078, 2088
▪ Voir aussi : *Voie parée (clause)*

Pacte de préférence
Droit des contrats spéciaux
Contrat par lequel le propriétaire d'un bien s'engage, au cas où il vendrait ce bien, à en réserver la préférence au bénéficiaire du pacte.
▪ Voir aussi : *Avant-contrat*

Pacte de *quota litis*
Droit processuel
Convention passée entre un *avocat* et un de ses clients prévoyant que la rémunération due au premier sera exclusivement déterminée en fonction du résultat obtenu.
L. n° 71-1130, 31 déc. 1971 portant réforme de certaines professions judiciaires et juridiques, art. 10

Pacte sur succession future
Droit des successions et libéralités
Convention, en principe prohibée, ayant pour objet une partie ou la totalité de la *succession* d'une personne vivante. Si la loi du 3 décembre 2001 a maintenu la prohibition de ces pactes, le principe est résiduel dans la mesure où le Droit des successions et libéralités fait de plus en plus place aux libres volontés du disposant. Sont ainsi des pactes sur succession

future valables, l'*institution contrac-tuelle*, la *donation-partage* ou la *renonciation anticipée à l'action en réduction*...

C. civ., art. 722, 791, 929, 1082, 1093, 1130, 1390, 1868

◾ Voir aussi : *Libéralité, Partage, Renonciation anticipée à l'action en réduction*

Pacte tontinier ◾ Voir *Tontine*

Paiement
Droit des obligations

Exécution d'une *obligation* quel que soit son objet (par opposition au langage courant qui désigne par paiement le versement d'une somme d'argent).

C. civ., art. 1235 et s.

Paiement de l'indu
Droit des obligations

Quasi-contrat en vertu duquel ce qui a été payé sans fondement doit être restitué.

C. civ., art. 1376 et s.

◾ Voir aussi : *Action de in rem verso, Répétition de l'indu*

Panachage
Droit constitutionnel

Possibilité offerte, dans le cadre d'un scrutin plurinominal, aux électeurs de choisir les candidats de leur choix sur différentes listes électorales.

◾ Voir aussi : *Liste bloquée*

Papauté
Histoire

1. Dignité de pape (évêque de Rome).
2. Pouvoir du pape.

◾ Voir aussi : *Église catholique*

Papier domestique
Introduction au droit – preuve

Tout écrit ou document établi de manière spontanée (c'est-à-dire dont la réalisation n'est pas obligatoire et donc pas contrôlée) par un particulier afin de conserver la trace d'un événement qui le concerne. Il fait foi contre celui qui l'a écrit. En principe, il ne peut servir de *preuve* à son profit, mais il peut être produit comme un complément d'autres éléments.

C. civ., art. 1331

Paradis fiscal
Droit fiscal et comptable

État ou territoire d'une île sur lequel tout est fait pour attirer les capitaux. L'OCDE a défini plusieurs critères pour identifier les paradis fiscaux : impôts très bas, secret bancaire, absence de coopération internationale, cautionnement du régime par rapport à l'économie nationale.

Parafiscalité
Finances publiques

Ensemble des taxes parafiscales. La parafiscalité est maîtrisée par le pouvoir réglementaire et donne lieu à autorisation dans la *loi de finances* de l'année. Elle bénéficie aux *établissements publics* industriels ou commerciaux ou à des organismes privés. L'article 63 de la loi organique n° 2001-692 du 1er août 2001 supprime la parafiscalité au 31 décembre 2003.

Parallélisme des formes
Introduction au droit

Règle selon laquelle la disparition ou la modification d'une situation ou d'un acte juridique doit être soumise à la réalisation des mêmes conditions de *forme* que sa constitution.

▪ Voir aussi : *Forme*

Droit administratif

Règle obligeant à respecter la hiérarchie des normes. Par exemple, une *loi* ne peut être modifiée que par une autre loi. Seul un texte de rang au moins égal peut remettre en cause la norme de référence.

Paraphe

Introduction au droit

Signature abrégée utilisée pour marquer toutes les feuilles d'un acte afin d'éviter un ajout ou une substitution.

▪ Voir aussi : *Signature*

Paraphernal ▪ Voir *Bien paraphernal*

Parasitisme

Concurrence

Fait de profiter et d'utiliser indûment les investissements et le travail d'autrui aux fins de conquérir une clientèle.

C. civ., art. 1382, 1383

Parents

Droit des personnes et de la famille

1. *Père* et *mère* d'une personne.

▪ Voir aussi : *Filiation*

2. Personnes avec lesquelles on a un lien de parenté (c'est-à-dire avec lesquelles on a un ancêtre commun).

Parère

Introduction au droit – sources du droit

Certificat attestant l'existence d'un usage professionnel.

Pari

Droit des contrats spéciaux

Contrat aléatoire par lequel des parieurs, qui sont d'un avis contraire sur un événement à la réalisation duquel ils ne participent pas personnellement, s'engagent à payer une somme d'argent ou une autre prestation à celui dont l'opinion sera reconnue fondée.

C. civ., art. 1964, 1965, 1967

▪ Voir aussi : *Jeu*

Parlement

Droit constitutionnel

Organe délibérant, composé de l'Assemblée nationale et du Sénat, chargé de voter la loi, de contrôler le gouvernement et d'évaluer les politiques publiques.

Const. 4 oct. 1958, art. 24

▪ Voir aussi : *Monocamérisme ou monocaméralisme, Bicamérisme, Assemblée nationale, Sénat*

Parlement européen

Droit de l'Union européenne

Institution de l'*Union européenne* représentative des peuples des États membres, composée à cet effet de députés européens élus au *suffrage universel* direct pour cinq ans, et qui collabore avec le *Conseil (de l'Union européenne)* au processus décisionnel d'adoption des *actes juridiques* et du budget de l'Union dans le cadre de la procédure législative définie par les traités. Son siège principal est à Strasbourg.

TFUE, art. 223 et s.

▪ Voir aussi : *Commission européenne, Procédure législative ordinaire*

Parlementaire

Droit constitutionnel

Représentant de la nation, élu au sein d'une assemblée parlementaire, doté d'un statut protecteur pour exercer sa mission en toute liberté.

Const. 4 oct. 1958, art. 24 à 27

▪ Voir aussi : *Immunité parlementaire, Inviolabilité parlementaire*

Parlementarisme rationalisé
Droit constitutionnel
Techniques constitutionnelles visant à réduire l'influence du Parlement sur l'exercice du pouvoir et à assurer la stabilité gouvernementale.

- *Exemple,* maîtrise de l'ordre du jour, procédure de délégalisation. Motion de défiance constructive.

■ Voir aussi : *Délégalisation*

Parlements ■ Voir *Cours souveraines*

Paroisse
Histoire
Circonscription ecclésiastique confiée à un curé.

Parquet européen
Droit de l'Union européenne
Institution décentralisée de l'Union européenne composée de magistrats indépendants dont la création est prévue par le *traité de Lisbonne* et a été proposée par la *Commission européenne* en juillet 2013, qui serait composée d'un bureau central ayant à sa tête un *procureur européen* et de procureurs européens délégués dans les États membres afin de rechercher, de poursuivre et de renvoyer devant les juridictions nationales les auteurs de fraudes au budget de l'Union ou d'infractions portant atteinte à ses intérêts financiers. Le parquet européen a pour vocation de compléter les actions de l'*OLAF* et de s'adosser aux moyens structurels mis à la disposition d'*Eurojust* et d'*Europol.*

TFUE, art. 86

Parquet
Organisation judiciaire
Synonyme de *ministère public.*

Parrainage
Distribution
Soutien financier apporté par une personne physique ou morale, à une œuvre, une activité culturelle humanitaire ou sportive, sociale, éducative...

Droit constitutionnel
Signature par laquelle un élu soutient la candidature d'un candidat à l'élection présidentielle.

Parricide
Droit pénal
Meurtre commis sur un ascendant légitime, naturel ou sur les père ou mère adoptifs, puni de la réclusion criminelle à perpétuité.

C. pén., art. 221-4, 2º
■ Voir aussi : *Infanticide*

Part sociale
Droit des sociétés
Droit reconnu à l'associé d'une société à raison des apports effectués, représentant une fraction du capital social et constatant les droits de l'associé dans la société.

■ Voir aussi : *Action*

Part virile
Droit des successions et libéralités
Fraction d'une masse de biens indivise affectée par suite d'un *partage* à chaque copartageant.

C. civ., art. 873

Partage
Droit des successions et libéralités
Opération consistant à mettre fin à une *indivision* en déterminant la part concrète de *biens* sur laquelle chaque copartageant aura désormais un droit privatif. Il peut être amiable ou judiciaire.

C. civ., art. 815 et s. ; CPC, art. 1358 et s.

Partage d'ascendants ▪ Voir *Libéralité partage*

Partenariat public-privé ▪ Voir *Contrat de partenariat*

Parti politique

Droit constitutionnel

Groupement de citoyens réunis sous la forme associative autour de valeurs communes contribuant au développement des idées politiques et luttant pour présenter des candidats aux fonctions électives.

Const. 4 oct. 1958, art. 4

Participation (accord de)

Droit social

Accord collectif de travail instituant un mode de rémunération collectif permettant aux salariés de participer aux résultats de l'entreprise. Ce mode de rémunération collectif, initialement institué par une ordonnance du 16 août 1967, est obligatoire pour les entreprises employant habituellement au moins cinquante salariés.

C. trav., art. L. 3322-1 à L. 3322-4, L. 3322-6, L. 3341-1 à L. 3341-3

▪ Voir aussi : *Épargne salariale, Exonération*

Participation aux acquêts

Droit des régimes matrimoniaux

Régime matrimonial conventionnel qui soumet les époux à une *séparation de biens* pendant le *mariage* tout en permettant à chacun d'eux de participer à l'enrichissement de l'autre à sa dissolution.

C. civ., art. 1569 et s.

Participation (société en)

Droit des sociétés

Type de société non dotée de la personnalité morale permettant aux associés de développer une activité économique ou professionnelle et d'en partager les résultats.

C. civ., art. 1871 et s.

Partie

Droit des obligations

Personne liée par un acte juridique ou engagée dans un procès.

▪ Voir aussi : *Penitus extranei, Tiers*

Partie civile

Procédure pénale

Victime d'une infraction pénale qui exerce l'action en réparation de son préjudice devant une juridiction pénale et, éventuellement, met en mouvement l'action publique.

CPP, art. 1er et s.

▪ Voir aussi : *Action civile, Constitution de partie civile*

Parties communes

Droit des biens

Parties destinées, en matière de *copropriété* d'un *immeuble* bâti, à l'usage ou à l'utilité de tous les copropriétaires.

▪ Voir aussi : *Parties privatives*

Parties privatives

Droit des biens

Parties réservées, en matière de *copropriété* d'un immeuble bâti, à l'usage exclusif d'un copropriétaire déterminé.

▪ Voir aussi : *Parties communes*

Pas de porte

Droit commercial – généralités

Désigne une somme d'argent versée par le preneur à son bailleur à l'occasion de la conclusion d'un *bail commercial* ou par le cessionnaire d'un *bail commercial* au précédent preneur à l'occasion de la cession de ce bail.

■ Voir aussi : *Droit au renouvellement*

Passage (droit)

Droit des biens

Droit conféré, dans le cadre d'une *servitude*, au propriétaire d'un *fonds* enclavé de passer sur le fonds d'autrui afin d'accéder à la voie publique.

C. civ., art. 682 et s.

Passif

Introduction au droit

Ensemble de dettes grevant le patrimoine, d'une entreprise ou d'une *société*.

Droit fiscal et comptable

Désigne certains comptes du bilan, représentatif des dettes de la *société* tant à l'égard des associés, passif interne, qu'envers les tiers, passif externe.

Passif exigible

Liquidation et redressement judiciaires

Ensemble constitué des *dettes* certaines, liquides et échues de l'entreprise avant le jugement d'ouverture de la procédure de *sauvegarde*, de *redressement* ou *liquidation judiciaires*. Il entre en compte dans la détermination de l'état de *cessation des paiements*.

C. com., art. L. 620-1, L. 631-1, al. 1, L. 640-1, al. 1

■ Voir aussi : *Actif disponible*

Patente

Droit fiscal et comptable

Impôt direct local prélevé jusqu'en 1975 et remplacé par la taxe professionnelle.

Pater is est quem nuptiae demonstrant

Histoire médiévale

« Le père est celui que le mariage désigne. ». Présomption de paternité fondée sur les liens du mariage, forgée par le *droit savant* dans l'intérêt de l'enfant.

Droit des personnes et de la famille

Présomption selon laquelle le mari de la *mère* est le *père* de l'enfant. Cette présomption joue pour tout enfant dont la période légale de conception se situe pendant le mariage (période qui s'étend du 300e au 180e jour avant la date du mariage). Cette présomption n'est pas irréfragable. Cette formule latine peut se traduire par « le père est celui que le mariage désigne ». Syn. : Présomption de paternité.

C. civ., art. 312 et s.

■ Voir aussi : *Désaveu de paternité*

Paternité

Droit des personnes et de la famille

Lien juridique unissant le *père* à son enfant.

■ Voir aussi : *Maternité, Filiation, Pater is est quem nuptiae demonstrant*

Patrimoine

Introduction au droit

Ensemble des *droits* et des *obligations* d'une personne considéré comme une universalité (c'est-à-dire comme un contenant où actif et passif sont liés, le premier répondant du second et où tous les éléments futurs sont appelés à entrer).

C. civ., art. 2284, 2285

■ Voir aussi : *Patrimoine d'affectation, Personnalité juridique*

Patrimoine d'affectation
Introduction au droit

Partie du *patrimoine* d'une personne qui est affectée à une utilité déterminée et répond seule des dettes qui peuvent être engendrées par cette activité. Ce mécanisme s'oppose à l'analyse classique qui affirme l'unité du patrimoine.

■ Voir aussi : *Patrimoine, EIRL*

Patrimoine commun de l'humanité
■ Voir *Intérêt de l'humanité*

Patrimonial
■ Voir *Droits patrimoniaux*

Patronyme
■ Voir *Nom*

Paulienne
■ Voir *Action paulienne*

PEA-PME-ETI
Droit commercial – généralités ■ Voir *Plan d'épargne en actions destiné au financement des petites et moyennes entreprises et des entreprises de taille intermédiaire*

Pavillon
Droit international public

Drapeau d'un État arboré par un navire afin d'indiquer sa nationalité.

Conv. Montego Bay, 10 déc. 1982, art. 91

Péage
Droit administratif

Redevance perçue sur les usagers d'un *ouvrage public*.

Pécule
Droit pénal

Somme faisant partie de la rémunération obtenue par une personne exécutant une peine privative de liberté en contrepartie de son travail dans l'établissement pénitentiaire, qui lui est remise lors de sa libération.

CPP, art. D. 111 et s.

Peine
Droit pénal

Sanction pénale attachée par un texte pénal à la définition d'une infraction et qui est la conséquence de la commission de cette infraction.

Peine accessoire
Droit pénal

Sanction pénale résultant de plein droit de la condamnation, qui s'ajoute automatiquement à la peine principale sans que le juge n'ait à la prononcer. L'existence de ce type de peine est désormais prohibée par le Code pénal, mais quelques dispositions extérieures au Code pénal en contiennent encore.

C. pén., art. 132-17, al. 1

Peine alternative (système de)
Droit pénal ■ Voir *Alternative à l'emprisonnement*

Peine complémentaire
Droit pénal

Sanction pénale nécessairement prévue dans le texte qui sanctionne l'infraction et qui peut s'ajouter aux peines principales par décision du juge.

Peine incompressible
Droit pénal

Peine perpétuelle prononcée par la juridiction de jugement dans le cas d'infractions graves, qui interdit au condamné la possibilité de se prévaloir d'une mesure de libération anticipée.

C. pén., art. 221-4

Peine justifiée
Procédure pénale
Règle d'après laquelle lorsqu'une juridiction pénale a prononcé une condamnation entachée d'une erreur de droit (portant notamment sur la qualification de l'infraction), le pourvoi en cassation formé contre cette décision doit être rejeté en cas d'identité entre la peine prononcée et celle qui légalement pouvait l'être.

CPP, art. 598

Pénibilité
Droit social – Droit de la protection sociale
Situation dans laquelle se trouve un salarié pendant son travail ou à l'issue de sa carrière lui permettant de bénéficier, outre d'un suivi médical préventif adapté (fiche individuelle de prévention des expositions), de modalités de départ anticipé à la retraite.

C. trav., art. L. 4161-1, D. 4121-6 ; CSS, art. L. 138-29 et s., art. L. 351-1-1
■ Voir aussi : *Accord de pénibilité, Compte personnel de prévention de la pénibilité, Fiche de prévention des expositions*

Penitus extranei
Droit des obligations
Expression latine signifiant « tout à fait étrangers », désignant les tiers absolus à un *contrat*, par opposition aux *parties*, aux *ayants cause* et aux *créanciers*.
■ Voir aussi : *Effet relatif des contrats, Partie, Tiers*

Pénologie
Droit pénal
Discipline, baptisée classiquement science pénitentiaire, qui désigne l'étude des peines dans leur contenu,

leur application, leur exécution et leurs effets.

Pension alimentaire ■ Voir *Aliment*

Percepteur
Finances publiques
Comptable du *Trésor public* chargé du recouvrement de l'*impôt sur le revenu*, de l'*impôt sur les sociétés* et de créances non fiscales. Le percepteur travaille à la *perception*.
■ Voir aussi : *Comptable public*

Perception
Finances publiques
Lieu de travail du *percepteur* appelé aussi Trésorerie.
■ Voir aussi : *Trésor public*

Péremption
Droit processuel
Anéantissement des effets juridiques d'un acte en raison, soit d'une négligence, soit du non-exercice d'un droit pendant une certaine durée.
● *Exemple*, péremption d'instance.

Péremption d'instance
Procédure civile
Extinction de l'*instance* sanctionnant l'inaction des parties pendant deux ans.

CPC, art. 386 et s.

Péréquation
Finances publiques
Procédé consistant à mieux répartir les ressources sur le territoire afin de favoriser l'égalité des citoyens devant les charges publiques. L'article 72-2, alinéa 5 de la Constitution donne un fondement constitutionnel à ce pouvoir de l'État qui va manifestement à l'encontre de l'autonomie financière des collectivités territoriales. Il existe deux types de

péréquation : la péréquation verticale dans laquelle l'État finance le mécanisme financier et la péréquation horizontale dans laquelle l'État prélève les collectivités les plus riches pour reverser aux collectivités les plus pauvres. La réforme de la taxe professionnelle, par la loi de finances pour 2010, a renforcé la péréquation pour reprendre en main la maîtrise des ressources des collectivités territoriales.

Période d'observation

Liquidation et redressement judiciaires

Période suivant le jugement d'ouverture de la *sauvegarde* ou du *redressement judiciaire* et destinée à évaluer la situation économique de l'entreprise au moyen d'un bilan économique et social dressé par l'*administrateur* et à envisager, autant que possible, un *plan de sauvegarde* ou *de redressement*. Elle a une durée maximale de dix-huit mois.

C. com., art. L. 620-1, L. 621-3, R. 621-9, L. 631-1, L. 631-7, R. 631-7

Période de sûreté

Droit pénal

Modalité d'exécution d'une peine privative de liberté par un majeur, qui désigne un laps de temps d'une durée variable, pendant lequel le condamné ne peut bénéficier de dispositions de faveur concernant sa peine.

C. pén., art. 132-23, 221-3 ; CPP, art. 720-2 et s.

Période suspecte

Liquidation et redressement judiciaires

Période comprise entre la date de *cessation des paiements* et celle du jugement d'ouverture de la procédure de *redressement* ou *liquidation judiciaires*. D'une durée maximale de dix-huit mois, certains des actes accomplis par le *débiteur* au cours de cette période pourront faire l'objet d'une *annulation*, automatique ou facultative selon l'acte en cause.

C. com., art. L. 632-1 et s., L. 631-8, L. 641-14, al. 1, L. 641-1, IV

Permis de conduire

Droit administratif

Autorisation administrative préalable donnée par le *préfet* et pouvant être retirée ou affectée d'une perte de points.

Permis de construire

Droit administratif

Autorisation administrative préalable accordée par le *maire* qui assure la police de l'*urbanisme* et de la construction. Le permis de construire est obligatoire pour des surfaces excédant 20 mètres carrés.

C. urb., art. L. 421-1

Permission de sortie

Droit pénal

Autorisation donnée à une personne condamnée à une peine privative de liberté de quitter l'établissement pénitentiaire où elle exécute la peine, pour une durée variable qui s'impute sur la peine en cours, afin de maintenir les liens de famille ou préparer sa réinsertion professionnelle.

CPP, art. 723, D. 142 et s.

Permission de voirie

Droit administratif

Acte *unilatéral* émanant de l'*autorité* responsable du *domaine public* permettant à un particulier d'occuper temporairement une partie de la voirie. Le particulier doit verser une *redevance*.

P

Personnalité internationale
Droit international public

Aptitude d'un sujet du droit international à posséder un droit ou une obligation dans l'ordre juridique international.

Personnalité juridique
Introduction au droit

Aptitude à être titulaire de *droits* et d'*obligations.* Cette aptitude est inhérente à la personne humaine, c'est-à-dire que toute personne physique en bénéficie de sa naissance à sa mort. Cette aptitude est également reconnue selon des conditions variables aux *personnes morales* (c'est-à-dire à des groupements qui sont admis à être sujet de droit).

▪ Voir aussi : *Droits de la personnalité, Personnalité morale*

Personnalité morale
Introduction au droit

Groupement organisé qui se voit accorder la *personnalité juridique* afin (et dans la mesure) d'accomplir la tâche qu'il s'est assignée. La personne morale est un sujet de droit.

▪ Voir aussi : *Personnalité juridique, Association, Société, Syndicat (professionnel)*

Personnalité des peines (principe)
Droit pénal

Principe selon lequel une personne ne peut être pénalement sanctionnée que si elle a participé à la commission d'une infraction en tant qu'auteur ou complice, qui est le corollaire du principe de la responsabilité personnelle.

C. pén., art. 121-1

Personne
▪ Voir *Personnalité juridique, Personnalité morale*

Personne publique
Droit administratif

Personne morale de droit public. Les personnes publiques sont soit les personnes publiques territoriales (*État, régions, départements* et *communes*), soit des personnes publiques spécialisées (*établissements publics*). Toutes les personnes publiques ont un patrimoine, des droits et des obligations propres. Elles ont un *budget* et peuvent ester en justice.

Perte d'une chance
Droit des obligations

Théorie de la *responsabilité civile* qui prévoit l'indemnisation de la victime privée de la survenance d'un événement probable qui lui était favorable.

● *Exemple,* indemnisation de la victime d'un accident qui ne peut passer un examen professionnel qu'elle avait de fortes chances de réussir.

PESC
▪ Voir *Politique étrangère et de sécurité commune*

Pétition
Droit constitutionnel

Droit accordé aux citoyens de déposer des plaintes ou des sollicitations auprès du président d'une assemblée parlementaire qui la transmet à la Commission des lois.

RAN, art. 127

Pétition d'hérédité
Droit des successions et libéralités

Action judiciaire par laquelle celui qui se prétend *héritier* entend faire reconnaître ses droits dans la *succession* ouverte afin de recouvrer tout ou partie du *patrimoine* successoral. Elle n'est cependant évoquée par aucun texte législatif.

Pétitoire ▪ Voir *Action pétitoire*

Peuple
Droit constitutionnel

Corps juridique des citoyens, détenteur de la souveraineté, dont la volonté est l'expression directe de la souveraineté nationale.

▪ Voir aussi : *Souveraineté*

Pièce
Droit processuel

Document ou objet apporté par une partie à l'*instance* au soutien de ses *prétentions*.

▪ Voir aussi : *Contradictoire (principe du)*

Pièce à conviction
Procédure pénale

Objet produit en justice et destiné à servir de preuve de l'existence d'une infraction.

Piliers communautaires
Droit de l'Union européenne

Champs différenciés de l'*Union européenne*, créés par le *traité de Maastricht*, et constitués du *droit de l'Union européenne stricto sensu* (*Traité CE, CEEA*), désigné comme le premier pilier, de la *Politique étrangère et de sécurité commune* (PESC), deuxième pilier, et de la *Coopération policière et judiciaire en matière pénale*, troisième pilier. Le *traité de Lisbonne* supprime cette organisation en piliers des domaines d'intervention de l'Union, réunissant tous les champs de compétence des institutions

de l'Union sous la bannière du droit de l'Union européenne.

▪ Voir aussi : *Traité sur l'Union européenne (TUE)*

Piraterie
Droit international public

Infraction internationale consistant à violenter en haute mer ou dans un aéronef des personnes et des biens pour des motivations lucratives.

Conv. Montego Bay, 10 déc. 1982, art. 100 à 107

Placement
Droit social

Modalité de mise en concordance de l'offre et de la demande d'emploi.

▪ Voir aussi : *Attestation Pôle emploi, Pôle emploi*

Placement sous contrôle judiciaire
Procédure pénale ▪ Voir *Contrôle judiciaire*

Placement sous surveillance électronique
Droit pénal

Modalité d'exécution des peines privatives de liberté n'excédant pas deux ans, par laquelle le condamné est tenu de ne pas s'absenter de son domicile ou d'un autre lieu déterminé en dehors des heures fixées judiciairement et qui impose le contrôle du respect de cette obligation par un système de surveillance électronique sous forme d'un émetteur matérialisé le plus souvent par un bracelet.

CPP, art. 723-7 et s. ; C. pén., art. 132-26-1 et s.

Placement sous surveillance judiciaire
Droit pénal

Peine encourue par une personne morale en cas de commission d'un crime ou

P

d'un délit, pour une durée de cinq ans au plus, qui emporte nomination judiciaire d'un mandataire chargé d'opérer un contrôle de ses agissements.

    C. pén., art. 131-39, 3º

Placet

Procédure civile

Ancien terme de procédure désignant la remise au *greffe* de la copie de l'*assignation* par *l'avoué* du *demandeur* afin de saisir la *juridiction.*

  ■ Voir aussi : *Saisine*

Plafond légal de densité (PLD)

Droit administratif

Seuil fixé par les pouvoirs publics pour éviter la trop grande concentration de constructions au mètre carré. Le plafond est défini en rapportant les surfaces construites aux surfaces des terrains. Cet instrument a été créé en 1975. Depuis 2001, ce plafond est moins contraignant car son dépassement ne donne plus lieu à paiement d'une participation aux *communes.*

    C. urb., art. L. 112-1

Plafond de la sécurité sociale

Droit de la protection sociale

Valeur réglementaire fixée par les pouvoirs publics (par décret) permettant de limiter le calcul de certaines cotisations de sécurité sociale (cotisations plafonnées/déplafonnées) et intervenant également pour la détermination du montant des prestations en espèces de Sécurité sociale.

    CSS, art. D. 242-16

  ■ Voir aussi : *Cotisations de sécurité sociale, Prestations (sociales)*

Plaidoirie

Procédure civile – Procédure pénale

Présentation orale, à l'*audience*, des *prétentions* et des *moyens* des parties.

Plainte

Procédure pénale

Acte par lequel une personne qui se prétend victime d'une infraction porte celle-ci à la connaissance des services de police ou du procureur de la République.

  ■ Voir aussi : *Action civile, Constitution de partie civile*

Plan de cession

Liquidation et redressement judiciaires

Plan arrêté par le tribunal ayant pour finalité d'assurer le maintien de l'activité de l'entreprise, des emplois qui y sont attachés et d'apurer le *passif.* Il se concrétise par la transmission partielle ou totale à un repreneur des *actifs* et du personnel moyennant versement d'un prix réparti entre les créanciers.

    C. com., art. L. 642-1, R. 642-1

Plan d'épargne en actions destiné au financement des petites et moyennes entreprises et des entreprises de taille intermédiaire (PEA-PME-ETI)

Droit financier

Plan d'épargne en *actions* spécifiquement destiné au financement, par l'*épargne* des particuliers, des petites et moyennes entreprises et des entreprises de taille moyenne. Limités à 75 000 € pour chaque titulaire du plan, les versements en numéraire ne peuvent concerner que l'achat *d'actions, certificats d'investissement* ou *parts* de *sociétés* émis par des entreprises ayant leur siège social en France, en *Union européenne*, en Norvège, en Islande ou au Liechtenstein, être redevable de *l'impôt* sur les sociétés, employer moins de 5 000 salariés, et réaliser un chiffre d'affaires annuel inférieur à 1 500 millions d'euros ou un total de *bilan* n'excédant pas 2 000 millions d'euros.

> C. monét. fin., art. L. 221-32-1, D. 221-113 à D. 221-113-7

Plan comptable

Droit fiscal et comptable

Réglementation impérative de la comptabilité des entreprises posant les principes généraux de tenue de la comptabilité et destinée à instaurer une harmonisation en la matière.

Plan de continuation

Liquidation et redressement judiciaires

Forme de *plan de redressement* de l'entreprise adoptée lorsqu'il existe des possibilités sérieuses de redressement et de règlement du passif de l'entreprise en difficultés. À la différence du *plan de cession*, la continuation maintient l'entreprise dans le *patrimoine* du *débiteur* mais peut être accompagnée de la modification de sa direction, de la composition et du montant de son *capital social*, ainsi que de l'arrêt, de l'adjonction ou de la cession de certaines branches d'activité.

> C. com., art. L. 631-19, I, L. 626-1 et s.

Plan d'épargne salariale

Droit social

Accord collectif d'entreprise (PEE) ou inter-entreprises (PEI) permettant aux salariés d'épargner une portion de leur rémunération en vue d'une utilisation

ultérieure, ou en vue de la retraite (PERCO).

> C. trav., art. L. 3332-1 et L. 3332-2, L. 3341-1, L. 3341-3

■ Voir aussi : *Épargne salariale, Participation (accord de), Exonération*

Plan d'occupation des sols (POS)

Droit administratif

Acte administratif déterminant les règles de servitudes d'utilisation du sol ainsi que l'affectation des sols par zones. Il est conditionné par un *schéma directeur* élaboré par la ou les *communes* et doit être précédé d'une enquête d'utilité publique. Le plan d'occupation des sols conditionne le *permis de construire*. Il est également dénommé : plan local d'urbanisme.

> C. urb., art. L. 123-1

Plan de redressement

Liquidation et redressement judiciaires

Plan arrêté par le tribunal à l'issue de la *période d'observation* lorsque le redressement de l'entreprise en difficulté ou le maintien de l'activité et des emplois sont, comme le règlement du *passif*, sérieusement envisageables. La continuation de l'activité en est une des formes.

> C. com., art. L. 631-19, L. 626-1 et s.

■ Voir aussi : *Plan de continuation*

Consommation

Plan conventionnel approuvé entre le *débiteur* et ses principaux *créanciers* en vue de l'apurement des *dettes* dans le cadre de la procédure de traitement du surendettement. Sa durée totale ne peut excéder sept ans.

> C. consom., art. L. 331-6, R. 334-2, R. 334-3

Plan de sauvegarde

Liquidation et redressement judiciaires

Plan arrêté par le tribunal lorsqu'il existe une possibilité sérieuse pour une entreprise d'être *sauvegardée*, comportant, si besoin est, l'adjonction ou la cession d'une ou de plusieurs activités. Il met fin à la *période d'observation*.

C. com., art. L. 626-1 et s.

■ Voir aussi : *Sauvegarde*

Plan de sauvegarde de l'emploi (PSE)

Droit social

Ensemble de mesures obligatoires pour l'employeur de cinquante salariés ou plus lorsqu'il procède à un licenciement pour motif économique d'une certaine ampleur, lequel comprend diverses mesures, soumises aux IRP et à la *DIRECCTE*, destinées à éviter certains licenciements et à accompagner certains salariés dans des mesures de reclassement, de reconversion ou de création d'entreprise.

C. trav., art. L. 1233-49, L. 1233-61 et s.

■ Voir aussi : *Gestion prévisionnelle des emplois et des compétences (GPEC), Licenciement économique*

Plat « fait maison »

Consommation

Plat élaboré sur place à partir de produits bruts.

C. consom., art. L. 121-82-1

Planification

Droit administratif

Processus de prévision pluriannuelle par lequel l'État programme ses investissements, ses besoins en matières premières et produits manufacturés et ses interventions économiques. Le premier plan a commencé en 1947 sous l'impulsion de Jean Monnet. Depuis 1983, la planification est tombée en désuétude. Elle a été remplacée par les *contrats de plan État-Région*.

Plateau continental

Droit international public

Prolongement naturel du territoire terrestre de l'État, constitué des fonds marins et leur sous-sol jusqu'à une distance maximale de 350 milles au-delà des lignes de base et sur lequel l'État exerce des droits souverains.

Conv. Montego Bay, 10 déc. 1982, art. 77 à 82

■ Voir aussi : *Ligne de base, Zone*

Plumitif

Procédure civile

Nom anciennement donné au registre d'*audience*.

■ Voir aussi : *Registre d'audience*

Pluriactivité

Droit social – Droit de la protection sociale

Situation dans laquelle se trouve un travailleur lorsqu'il exerce plusieurs activités professionnelles, soit pour le compte de plusieurs employeurs, soit partiellement ou totalement à son compte.

CSS, art. L. 615-4

■ Voir aussi : *Contrat de travail, Cumul emploi-retraite, Employeur*

Plus-value

Introduction au droit

Augmentation de la valeur d'un *bien* entre deux dates données.

Droit fiscal et comptable

Constatation de l'augmentation de la valeur d'un bien pouvant faire l'objet d'une imposition particulière. Une plus-value est simplement latente si n'en résulte pas un gain effectif, elle est réalisée dans le cas contraire, en cas de cession du bien, notamment.

Pôle emploi
Droit social – Droit de la protection sociale

Établissement public national à caractère administratif doté de la personnalité civile et de l'autonomie financière, né de la « fusion » des ASSEDIC (association des entreprises pour l'indemnisation du chômage) et des ANPE (agences nationales pour l'emploi), placé sous l'autorité du ministre chargé de l'emploi, qui participe à la mise en œuvre de la politique de l'emploi. L'agence a notamment pour mission de servir les prestations d'assurance chômage et d'assister les personnes dans la recherche d'un emploi, d'une formation ou d'un conseil professionnel pour favoriser leur reclassement ou leur promotion, ainsi que les employeurs pour l'embauche et le reclassement de personnel, ainsi que d'assurer la gestion, en liaison avec l'UNEDIC, des prestations d'assurance chômage.

C. trav., art. L. 5312-1

▪ Voir aussi : *Attestation Pôle emploi, Placement, UNEDIC (Union nationale des établissements d'indemnisation du chômage)*

Police
Histoire moderne

1. À la fois administration de l'État et maintien de l'ordre public.

2. Notion recouvrant tout ce qui concerne l'intérêt général.

Droit administratif

La police administrative est distincte de la *police judiciaire*. La première est préventive, la seconde est répressive. La police administrative consiste à réglementer les activités privées afin de maintenir l'ordre public. Elle ne doit pas porter atteinte aux libertés publiques. Les buts de la police administrative sont la sécurité, la tranquillité et la salubrité publiques.

▪ Voir aussi : *Maire, Préfet*

Police d'assurance
Droit des assurances

Document écrit constatant l'existence et le contenu du contrat d'assurance, signé par les parties et destiné à servir de moyen de preuve.

C. assur., art. L. 112-3, L. 112-4, R. 112-1

Police judiciaire
Procédure pénale ▪ Voir *Officier de police judiciaire*

Politique agricole commune (PAC)
Droit de l'Union européenne

Avant l'entrée en vigueur du *traité de Lisbonne*, organisation commune des marchés agricoles au sein de la *Communauté européenne*, visant à la mise en commun des productions, à la fixation des prix et au versement d'aides communautaires compensatoires. Le *Traité sur le fonctionnement de l'Union européenne (TFUE)* définit dorénavant une politique de l'agriculture, de la pêche et du commerce des produits agricoles intégrée au fonctionnement du *marché intérieur*.

TFUE, art. 38 et s.

P

Politique étrangère et de sécurité commune (PESC)
Droit de l'Union européenne

Avant l'entrée en vigueur du *traité de Lisbonne*, deuxième pilier de l'*Union européenne*, constitutif d'une coopération politique intergouvernementale entre les États membres, et visant à « sauvegarder les valeurs communes, les intérêts fondamentaux et l'indépendance de l'Union », ainsi que la paix et la sécurité sous toutes ses formes. À ces fins, l'Union définit des actions communes et des positions communes aux États membres. Le traité de Lisbonne opère une réforme approfondie de cet aspect de la construction européenne, soumise à des règles et procédures spécifiques mises en œuvre par le *Conseil (de l'Union)* et le *Conseil européen* et couvrant désormais tous les domaines de la politique étrangère et de la sécurité de l'Union, y compris la définition progressive d'une politique de défense commune.

TUE, art. 24 et s.

▪ Voir aussi : *Piliers communautaires*

Pollicitation ▪ Voir *Offre*

Pollueur-payeur
Droit international public

Principe suivant lequel celui qui cause un dommage à l'environnement doit en réparer les conséquences en assumant, notamment, le coût financier de la pollution.

Décl. Rio, 13 juin 1992, art. 16

Port autonome
Droit administratif

Établissement public national chargé de gérer certains ports. Institué par la loi n° 65-491 du 29 juin 1965. L'autonomie n'empêche pas les relations de collaboration, sans tutelle, avec les chambres de commerce et d'industrie.

C. ports mar., art. 111-1, al. 2

Portable (créance)
Droit des obligations

Caractère d'une *créance* en vertu de laquelle celle-ci doit être payée au domicile du *créancier*, par opposition à la créance *quérable*.

C. civ., art. 1247, al. 2

Portage ▪ Voir *Convention de portage*

Portée (d'une décision de justice)
Introduction au droit

Détermination de l'influence d'une solution, à la fois dans le temps et dans l'espace juridique (c'est-à-dire au regard de son champ précis d'application, mais aussi des domaines voisins qu'elle pourrait influencer).

Porte-fort (promesse de)
Droit des obligations

Convention par laquelle une personne, le porte-fort, promet à une autre d'obtenir d'un tiers qu'il s'engage avec lui dans un contrat, encourant sa *responsabilité* si le tiers refuse cet engagement.

● *Exemple,* un indivisaire se porte fort auprès de l'acheteur d'un bien indivis que les autres indivisaires consentiront également à vendre ce bien.

C. civ., art. 1119

▪ Voir aussi : *Effet relatif des contrats, Stipulation pour autrui*

Porte-fort d'exécution
Droit des sûretés

Engagement par lequel une personne promet à une autre qu'un tiers exécutera l'engagement qu'il a envers elle.

Portefeuille
Droit commercial – généralités
Ensemble constitué des *effets de commerce* et *valeurs mobilières* appartenant à une personne, physique ou morale. Sa gestion peut en être assurée par des *prestataires de services d'investissement.*

Position dominante
Concurrence
Situation de fait d'une ou plusieurs entreprises sur un marché déterminé qui leur permet d'échapper à une concurrence effective et qui leur assure une certaine indépendance vis-à-vis de leurs clients et concurrents.
C. com., art. L. 420-2
▪ Voir aussi : *Abus de position dominante*

Positivisme ▪ Voir *École positiviste*

Possession
Droit des biens
Situation de fait exercée sur un bien mobilier ou immobilier qui suppose une emprise matérielle sur ce bien (*corpus*), mais aussi l'intention de se comporter comme un propriétaire (*animus*).
C. civ., art. 2255 et s.
▪ Voir aussi : *Animus, Corpus, Détention, Propriété*

Possession d'état
Droit des personnes et de la famille
Passer publiquement pour avoir un état donné (au sens d'état civil, c'est-à-dire passer pour être le fils de X, l'époux de X ou pour avoir telle nationalité). La possession d'état est constituée par la réunion de trois éléments : le *nomen* (porter le nom correspondant à l'état concerné), le *tractatus* (être considéré par l'entourage familial comme ayant cet état) et la *fama* (apparaître ainsi aux yeux du public). En ce qui concerne la *filiation*, la possession d'état constitue une *présomption*.
C. civ., art. 30-2, 197, 311-1 et s., 317
▪ Voir aussi : *Notoriété*

Possessoire ▪ Voir *Action possessoire*

Postdater
Introduction au droit
Fait d'indiquer sur un acte ou un écrit une date de conclusion ou de réalisation postérieure à sa date réelle.

Poursuite
Procédure pénale ▪ Voir *Action publique*

Pourvoi
Droit processuel
Recours formé contre une décision rendue en dernier *ressort* et porté, soit devant la *Cour de cassation*, soit devant le *Conseil d'État*.

Pourvoi en cassation
Procédure civile – Procédure pénale
Voie de recours extraordinaire permettant un contrôle de la conformité aux règles de droit des décisions rendues en dernier *ressort*.
CPC, art. 604 et s.
▪ Voir aussi : *Jugement en dernier ressort*

Pourvoi dans l'intérêt de la loi
Procédure civile
Moyen donné au *ministère public* de faire contrôler la légalité d'une décision contre laquelle les parties n'ont pas formé de pourvoi. Il est caractérisé notamment par le fait que si une cassation

intervient, elle n'aura pas d'effet entre les parties.

L. n° 67-523, 3 juill. 1967 relative à la Cour de cassation, art. 17

Pourvoi incident
Procédure civile

Pourvoi formé par le *défendeur* au pourvoi principal et dirigé, soit contre la partie qui a formé le pourvoi, soit contre un autre défendeur.

CPC, art. 614

Pourvoi provoqué
Procédure civile

Variété de *pourvoi incident*, formé par une partie contre laquelle n'est dirigé ni le pourvoi principal, ni le pourvoi incident.

CPC, art. 614

Pouvoir
Introduction au droit

Droit d'accomplir valablement un *acte juridique* pour son compte ou pour le compte d'autrui.

▪ Voir aussi : *Capacité*

Pouvoir constituant
Droit constitutionnel

1. Organe politique, auteur d'une Constitution. Le pouvoir constituant originaire rédige une Constitution. Le pouvoir constituant dérivé est un organe constitutionnel habilité à modifier une Constitution.

Const. 4 oct. 1958, art. 3

2. Activité d'élaboration d'une Constitution.

▪ Voir aussi : *Révision*

Pouvoir disciplinaire
Droit social

Prérogatives de contrôle et de sanction détenues par l'employeur à l'égard du personnel de son entreprise et qu'il ne peut exercer que dans certaines limites de temps et selon une procédure disciplinaire (légale ou conventionnelle) relativement stricte.

C. trav., art. L. 1331-1

▪ Voir aussi : *Employeur, Subordination*

Pouvoir discrétionnaire
Droit administratif

Pouvoir de l'administration lorsqu'elle n'est liée par aucun texte. Le *pouvoir discrétionnaire* est le choix du moment et des moyens par l'*administration*. L'administration dispose d'un large pouvoir d'appréciation et donc d'opportunité. À ne pas confondre avec pouvoir arbitraire. Le contrôle du juge sur le pouvoir discrétionnaire est toujours un contrôle minimum.

Pouvoir hiérarchique
Droit administratif

Pouvoir exercé par un supérieur hiérarchique sur son subordonné. Dans l'administration, ses manifestations sont la notation des *fonctionnaires* par les supérieurs hiérarchiques et le respect par les subordonnés des instructions et *circulaires*.

Pouvoir réglementaire
Droit constitutionnel

Aptitude à prendre, par décret, des mesures de portée générale et impersonnelle.

Const. 4 oct. 1958, art. 13

▪ Voir aussi : *Règlement, Décret, Arrêté*

Pouvoirs exceptionnels
Droit constitutionnel

Compétences dérogatoires (législatives ou réglementaires) accordées au chef de l'État ou à l'exécutif en période de crise afin de rétablir l'ordre public et de permettre le retour à un fonctionnement régulier des pouvoirs publics.

Const. 4 oct. 1958, art. 16

■ Voir aussi : *État de siège, État d'urgence*

Pratique (la)
Introduction au droit

Façon dont une profession ou une branche d'activité applique les règles de droit (l'utilisation de ce terme suppose une application inventive : aménagement, contournement des règles existantes ou création).

● *Exemple,* la pratique notariale.

■ Voir aussi : *Coutume, Usages*

Pratique anticoncurrentielle

■ Voir *Abus de dépendance économique, Abus de position dominante, Entente*

Pratique discriminatoire
Concurrence

Fait pour un opérateur économique d'octroyer ou de refuser des avantages à certains de ses partenaires économiques sans justification ou contreparties réelles, créant ainsi des déséquilibres concurrentiels injustifiés. Constaté entre professionnels, ce type de pratique constituait, jusqu'en 2008, un délit civil.

Pratique restrictive de concurrence
Concurrence

Dénomination générique visant toutes les pratiques par lesquelles un opérateur économique restreint, ou tente de restreindre, la concurrence sur un marché donné. Elle peut, notamment, consister en *revente à perte*, en tentative d'obtention de son partenaire contractuel, d'un avantage quelconque ne correspondant à aucun service commercial effectivement rendu ou manifestement disproportionné au regard de la valeur du service rendu, en rupture brutale d'une relation commerciale établie sans respect d'un préavis écrit suffisant, etc.

C. com., art. L. 442-1 et s.

Préambule
Contentieux constitutionnel

Énoncé placé en tête d'une Constitution, indiquant l'idée de droit et les principes fondateurs d'un régime constitutionnel et proclamant, parfois, une liste de droits et libertés des citoyens.

■ Voir aussi : *Déclaration des droits de l'homme et du citoyen*

Préavis de grève
Droit social

Laps de temps qui sépare l'annonce d'un mouvement de grève et sa réalisation. Si aucune annonce de grève n'est normalement exigée, le respect d'un préavis est obligatoire dans le secteur public.

C. trav., art. L. 2512-2

■ Voir aussi : *Grève, Liberté du travail, Liberté syndicale*

Précaution (Principe de)
Introduction au droit

Règle selon laquelle, même en l'absence de données scientifiques certaines, il convient de prendre des mesures de prévention pour empêcher ou limiter la réalisation d'un risque signalé. Ce principe s'applique plus spécifiquement aux questions de santé et d'environnement.

Charte envir. 2004, art. 5

Préciput
Droit des régimes matrimoniaux – Droit des successions et libéralités
(du latin *praebere*, fournir) Droit permettant à une personne de prélever un bien d'une masse à partager avant le partage.

C. civ., art. 843, 1515 et s.

Précompte
Finances publiques
Prélèvement à la source des *cotisations sociales* et des prélèvements sociaux des travailleurs salariés. Du point de vue du salarié, le précompte est sa propriété qui ne se confond pas avec les cotisations sociales patronales. Le précompte est la différence entre le salaire brut et le salaire net (environ 20 % du total).

Prédisposition de la victime
Droit des obligations
Théorie du droit de la *responsabilité civile* en vertu de laquelle l'état de la victime antérieur au *dommage* peut être pris en compte pour déterminer son indemnisation.

- *Exemple,* en vertu de cette théorie, la victime déjà borgne qui perd son second œil dans un accident serait moins indemnisée.

Prééminence du droit (principe de)
Droit européen
Principe cardinal du droit de la *Convention européenne des droits de l'homme,* indissociable de l'exigence démocratique et du *droit à un procès équitable,* et fondant toute protection effective des droits de l'homme sur la prévalence du droit.

Conv. EDH 4 nov. 1950, Préambule, al. 6

■ Voir aussi : *État de droit*

Préemption
Introduction au droit
Droit conféré par la loi à une personne privée ou publique d'acquérir en priorité, dans un certain délai, un *bien.*

■ Voir aussi : *Droit de priorité, Droit de préemption, Droit de retrait*

Préférence (droit de)
Droit des sûretés
Prérogative dont bénéficient certains créanciers munis d'une *sûreté,* d'écarter d'autres créanciers, notamment *chirographaires,* lors de la répartition du prix de la créance.

■ Voir aussi : *Suite (droit de)*

Préfet
Histoire romaine
Étym. : du latin *praefectus.* Haut fonctionnaire impérial chargé de la sécurité de l'empereur puis de l'empire (préfet du prétoire), ou de la ville de Rome (préfet de la ville).

Histoire napoléonienne
Haut fonctionnaire « chargé, seul, de l'administration du département ».

L. 28 pluviôse an VIII, 17 févr. 1800

Droit administratif
Représentant de l'État dans le *département* créé par Napoléon. Actuellement nommé par décret du président de la République en Conseil des ministres. Il détient des pouvoirs de police, il est le chef des services déconcentrés de l'État dans le département. Placé sous l'autorité du *préfet de région,* il a sous ses ordres les *sous-préfets* répartis dans les

arrondissements de son département. Jusqu'en 1982, les préfets ont été les exécutifs départementaux. À partir de cette date, ils ont été remplacés par les présidents des *conseils généraux*.

D. n° 99-895, 20 oct. 1999

■ Voir aussi : *Déconcentration*

Préjudice
Droit des obligations

Synonyme de dommage.

Préfet de région
Droit administratif

Représentant de l'État dans une circonscription régionale de l'État. Créé en 1964, le préfet de région a permis de mieux déconcentrer le pouvoir administratif. Entre 1972 et 1982, les préfets de régions ont été les exécutifs des établissements publics régionaux. Ils ont été remplacés dans ces fonctions par les présidents de *conseils régionaux*. Depuis la loi n° 92-125 du 6 février 1992, le préfet de région exerce un pouvoir hiérarchique sur les services déconcentrés de l'État et coordonne l'action des préfets de la région.

Préjudice ■ Voir *Dommage*

Préjudice d'agrément
Droit des obligations

Préjudice se traduisant par l'impossibilité pour la victime d'un dommage de profiter de certains plaisirs.

● *Exemple,* victime qui ne peut plus pratiquer son sport préféré.

Préjudice esthétique
Droit des obligations

Préjudice affectant l'apparence physique de la victime.

● *Exemple,* cicatrice.

Préjudice important
Droit européen

Nouveau critère de recevabilité des requêtes devant la *Cour européenne des droits de l'homme* introduit par le *Protocole n° 14* entré en vigueur le 1er juin 2010 et en vertu duquel la *Cour européenne des droits de l'homme* peut déclarer irrecevable une requête individuelle lorsqu'elle estime que le requérant n'a pas subi un préjudice important, sauf si le respect des droits de l'homme garantis par la Convention ou ses Protocoles exige un examen de la requête au fond et à condition de ne rejeter pour ce motif aucune affaire qui n'a pas été dûment examinée par un tribunal interne.

Prélèvement libératoire
Finances publiques

Cotisation d'*impôt* perçue forfaitairement et à la source sur option du contribuable. Il permet de conserver l'anonymat sur certains placements financiers. Sans cette option, l'impôt sur ces prélèvements doit être déclaré dans le cadre des revenus imposables de l'année fiscale.

Prélèvement moyennant indemnité (clause de)
Droit des régimes matrimoniaux

Clause du *contrat de mariage* par laquelle un époux aura la faculté, à la dissolution de la communauté, de prélever un ou plusieurs *biens communs* à valoir sur sa part.

C. civ., art. 1511 et s.

Préméditation
Droit pénal

Dessein réfléchi, formé avant la commission d'un crime ou d'un délit déterminé, qui a pour conséquence d'aggraver la peine encourue.

■ Voir aussi : *Assassinat*
C. pén., art. 132-72

Premier ministre
Droit constitutionnel

Autorité de l'exécutif, nommée par le chef de l'État, assurant la direction du gouvernement.
Const. 4 oct. 1958, art. 8

■ Voir aussi : *Gouvernement, Régime parlementaire*

Preneur ■ Voir *Locataire*

Prénom
Droit des personnes et de la famille

Élément d'identification des personnes physiques, venant compléter le nom en permettant notamment de différencier, au sein d'une même famille, les personnes qui portent le même nom. Le ou les prénoms sont librement choisis par les parents et ne sont pas modifiables (sauf intérêt légitime reconnu en justice).
C. civ., art. 57, 60

■ Voir aussi : *Nom*

Préposé
Droit des obligations

Personne qui exerce une fonction sous la subordination d'une autre, le *commettant* et qui peut ainsi engager la *responsabilité* de ce dernier.
C. civ., art. 1384, al. 5

■ Voir aussi : *Responsabilité du fait d'autrui*

Droit social – Droit de la protection sociale – Droit des obligations

État du travailleur salarié qui se trouve sous la direction de son employeur. La responsabilité civile du commettant se trouve engagée par la faute commise par le préposé.
C. trav., art. L. 1221-1 à 1221-3, L. 8221-6 ; C. civ., art. 1384, al. 5

■ Voir aussi : *Subordination, Contrat de travail, Employeur, Responsabilité du fait d'autrui*

Préretraite
Droit social

État de cessation anticipée d'activité d'un travailleur salarié se trouvant proche de l'âge de la retraite, lequel bénéficie d'un revenu de substitution (servi dans le cadre d'une convention conclue avec le FNE) lui permettant de ne pas reprendre le travail en attendant d'être en droit de faire valoir ses droits à la retraite.
C. trav., art. L. 5123-2

■ Voir aussi : *Fonds national pour l'emploi (FNE), Licenciement, Retraite*

Prérogative de puissance publique
Droit administratif ■ Voir *Puissance publique*

Prescription
Introduction au droit

Situation dans laquelle est pris en compte l'écoulement d'un délai générateur d'effets de droit.

■ Voir aussi : *Délai préfix, Prescription acquisitive, Prescription extinctive*

Prescription acquisitive
Droit des biens

Faculté, appelée aussi *usucapion*, d'acquérir de manière rétroactive un *droit réel* principal à la suite d'une *possession* prolongée d'un bien.

C. civ., art. 2255 et s.

■ Voir aussi : *Prescription extinctive*

Prescription de l'action publique
Procédure pénale

Laps de temps de dix ans pour les crimes, trois ans pour les délits et un an pour les contraventions, débutant en principe à compter de la date de consommation de l'infraction, à l'expiration duquel l'exercice de l'action publique n'est plus possible.

CPP, art. 7, 8, 9

Prescription extinctive
Introduction au droit

Perte d'un *droit réel* ou d'un *droit personnel* en raison de l'inaction du titulaire de ce droit pendant une certaine durée, également qualifiée prescription libératoire.

C. civ., art. 2219 et s.

■ Voir aussi : *Prescription acquisitive*

Prescription de la peine
Procédure pénale

Laps de temps de vingt ans pour les crimes, cinq ans pour les délits et trois ans pour les contraventions, débutant à compter de la date où la décision de condamnation est devenue définitive, à l'expiration duquel l'exécution de la peine qui ne l'a pas été jusqu'alors n'est plus possible.

C. pén., art. 133-2 et s.

Président-directeur général (PDG)
Droit des sociétés

Nom usuel désignant le *président du conseil d'administration* d'une société anonyme, voire, par extension, le chef d'entreprise.

C. com., art. L. 225-47 et s.

Président de la République
Droit constitutionnel

Titre constitutionnel accordé, depuis 1848 en France, au chef de l'État.

Const. 4 oct. 1958, art. 5 à 19

■ Voir aussi : *Chef d'État*

Présidentialisme
Droit constitutionnel

Situation constitutionnelle de prééminence politique du chef de l'État vis-à-vis des autres pouvoirs publics.

Présomption
Introduction au droit

Mécanisme juridique consistant à induire un fait incertain d'un fait certain. Ce mécanisme est retenu quand la nature du fait incertain le rend très difficile à établir et qu'il découle le plus souvent d'un fait plus facile à établir. Les présomptions peuvent être légales (c'est-à-dire instaurées de manière générale par la loi) ou du fait de l'homme (c'est-à-dire être construites par le juge pour un cas particulier, cette possibilité n'étant admise que lorsque la preuve par témoin est admise).

C. civ., art. 1449 à 1353

■ Voir aussi : *Présomption irréfragable, Présomption simple, Présomption mixte, Fiction (théorie)*

Présomption d'absence ■ Voir *Absence*

Présomption de communauté
Droit des régimes matrimoniaux

Règle de preuve selon laquelle les *biens* des époux mariés sous la communauté légale sont considérés comme *communs* à moins de prouver le contraire dans les cas spécifiés par la loi. Cette présomption a pour principal effet de dispenser de la charge de la preuve celui qui, tiers ou époux, prétend qu'un bien est commun.

C. civ., art. 1402

Présomption du fait de l'homme
■ Voir *Présomption*

Présomption d'imputabilité professionnelle
Droit de la protection sociale

Mécanisme juridique permettant, lorsque certaines conditions sont remplies, de présumer (de façon simple) de l'origine professionnelle d'une maladie ou d'un accident.

CSS, art. L. 411-1, L. 411-2, L. 441-1

■ Voir aussi : *Accident du travail, Accident de mission, Accident de trajet, Maladie professionnelle*

Présomption d'innocence
Procédure pénale

Principe fondamental du droit français et du droit supranational, en vertu duquel toute personne dont la culpabilité n'est pas déclarée par une décision juridictionnelle est réputée innocente, même si elle a fait l'objet d'une poursuite pénale.

CPP, art. préliminaire ; C. civ., art. 9-1

Présomption irréfragable
Introduction au droit – preuve

Présomption qui ne peut pas être détruite sauf par l'aveu ou le serment. Syn. : *Juris et de jure*.

C. civ., art. 1352

■ Voir aussi : *Présomption mixte, Présomption simple*

Présomption légale
■ Voir *Présomption*

Présomption mixte
Introduction au droit

Présomption qui ne peut être détruite que par des moyens limitativement énumérés.

■ Voir aussi : *Présomption irréfragable, Présomption simple*

Présomption de paternité
■ Voir *Pater is est quem nuptiae demonstrant*

Présomption simple
Introduction au droit

Présomption qui peut être détruite par la preuve contraire. Syn. : *Juris tantum*.

C. civ., art. 1352

■ Voir aussi : *Présomption irréfragable, Présomption mixte*

Prestataire de services d'investissement
Droit financier

Entreprise ou *établissement de crédit* agréés (anciennement agents de change puis sociétés de bourse) fournissant des services d'investissement portant sur les *instruments financiers*, notamment la réception, la transmission et l'exécution d'ordres pour le compte de tiers, la gestion de *portefeuille* ou le placement.

C. monét. fin., art. L. 531-1, L. 321-1, L. 573-1

Prestataire technique Internet
Droit de la communication

Personnes physiques ou morales dont l'activité est d'offrir un accès à des services de communication au public en ligne (fournisseur d'accès). Personnes qui assurent, même à titre gratuit, pour la mise à disposition du public par des services de communication au public en ligne, le stockage de signaux, d'écrits, d'images, de sons ou de messages de toute nature fournis par des destinataires de ces services (fournisseur d'hébergement). Ces personnes ne peuvent voir leur responsabilité pénale engagée à raison des informations stockées à la demande d'un destinataire de ces services si elles n'avaient pas effectivement connaissance de l'activité ou de l'information illicites ou si, dès le moment où elles en ont eu connaissance, elles ont agi promptement pour retirer ces informations ou en rendre l'accès impossible.

L. n° 2004-575, 21 juin 2004, modifiée par L. n° 2013-1168, 18 déc. 2013, art. 20, V, art. 6

Prestataires de services de paiement

Droit bancaire

Dénomination donnée aux personnes habilitées à fournir des services de paiement : établissements de crédit, établissements de paiement, Banque de France, Institut d'émission des départements d'outre-mer, Trésor public, Caisse des dépôts et consignations.

C. monét. fin., art. L. 521-1

Prestation d'accueil du jeune enfant (PAJE)

Droit de la protection sociale

Allocation de remplacement accordée à une personne ayant plusieurs enfants à charge lorsqu'elle interrompt son activité professionnelle pour se consacrer à l'éducation d'un nouvel enfant (troisième et plus) (Anciennement Allocation parentale d'éducation).

CSS, art. L. 531-1 et s.

▪ Voir aussi : *Allocations familiales*

Prestation compensatoire

Droit des personnes et de la famille

Valeur destinée à compenser la disparité de niveaux de vie créée par un *divorce*. *La prestation compensatoire a un caractère forfaitaire et prend, en principe, la forme d'un capital.*

C. civ., art. 270 et s. ; CPC, art. 1076-1, 1080

▪ Voir aussi : *Aliment*

Prestation de services (libre)

Droit de l'Union européenne

Droit, pour tout travailleur non salarié ressortissant d'un État membre de l'*Union européenne*, de fournir sans entrave une prestation, en matière industrielle, commerciale, artisanale ou de professions libérales, contre rémunération à une personne se trouvant sur le territoire d'un autre État membre.

TFUE, art. 56 et s.

▪ Voir aussi : *Circulation des travailleurs (liberté de), Établissement (liberté d')*

Prestations (sociales)

Droit de la protection sociale

Ensemble des droits ouverts auprès de la Sécurité sociale par les assurés sociaux ou leurs ayants droit, soit au titre des prestations en nature, soit au titre des prestations en espèces.

CSS, art. L. 321-1 et s.

▪ Voir aussi : *Assurances sociales, Assurance décès, Assurance risques professionnels, PSC (Protection sociale complémentaire)*

Prêt

Droit des contrats spéciaux

Contrat par lequel une *personne*, le prêteur, remet une chose à une autre, l'emprunteur, afin qu'elle s'en serve pendant un certain temps puis la restitue en nature ou par équivalent.

C. civ., art. 1874 et s.

▪ Voir aussi : *Prêt de consommation, Prêt à usage*

Prêt de consommation
Droit des contrats spéciaux

Contrat de *prêt*, autrefois appelé *mutuum*, portant sur des choses consomptibles et fongibles que l'emprunteur s'engage à restituer, non en nature, mais par équivalent en qualité et en quantité.

C. civ., art. 1892 et s. ; L. n° 87-146, 17 juin 1987

Prêt à intérêts
Droit des contrats spéciaux

Variété de *prêt de consommation*, dont le prêt d'argent constitue la principale application, obligeant l'emprunteur à verser des intérêts périodiques en contrepartie du bien dont il a l'usage.

C. civ., art. 1905 et s.

Prêt de main-d'œuvre
Droit social

Opération de prêt de personnel salarié à une entreprise utilisatrice réalisée soit à but lucratif par une entreprise de travail temporaire, soit sans but lucratif par un employeur.

C. trav., art. L. 1251-2 à L. 1251-4, L. 8231-1

▪ Voir aussi : *Travail temporaire, Intérim, Marchandage, Contrat de travail, Groupement d'employeurs*

Prêt à usage
Droit des contrats spéciaux

Contrat de *prêt*, encore appelé *commodat*, portant sur une chose non consomptible que l'emprunteur est tenu de restituer en nature après usage.

C. civ., art. 1875 à 1891

Prête-nom
Droit des obligations

1. Personne qui agit au nom d'un *tiers* dans un *acte juridique* en laissant croire qu'elle agit en son nom propre.

▪ Voir aussi : *Interposition de personne, Simulation*

2. ▪ Voir *Convention de prête-nom*

Prêt viager hypothécaire
Droit des sûretés

Contrat par lequel un *créancier* consent à une personne physique un prêt garanti par une hypothèque sur un bien immobilier à usage exclusif d'habitation, *prêt* qui n'est remboursé qu'au *décès* de l'emprunteur ou lors de l'aliénation de l'immeuble.

C. consom., art. L. 314-1 et s.

Prétention
Procédure civile

Avantage réclamé par une partie au juge et dont l'ensemble forme l'objet du litige.

▪ Voir aussi : *Demande initiale, Demande reconventionnelle, Demande additionnelle, Dispositif (principe du)*

Préteur
Histoire romaine

Magistrat chargé de l'organisation de la *justice* et publiant annuellement les *droits* dont il s'engage à assurer la protection par l'octroi d'une action en justice.

▪ Voir aussi : *Édit*

Pretium doloris
Droit des obligations

Expression latine signifiant « prix de la douleur », utilisée pour désigner le *dom-*

mage lié aux souffrances physiques et morales d'une victime.

- *Exemple,* douleurs liées à une blessure grave, perte d'un être cher.

Prétorien
Introduction au droit

Se dit d'une règle, d'une solution qui a été élaborée par la *jurisprudence*, par référence au préteur romain. Ce terme est utilisé pour insister sur l'origine d'une telle règle, pour souligner l'influence acquise par la jurisprudence.

▫ Voir aussi : *Common Law, Jurisprudence, Préteur*

Preuve
Introduction au droit

1. Établissement, selon les formes prescrites par la *loi,* de l'existence d'un fait ou d'un *acte.*

2. Procédé utilisé pour établir la preuve d'un fait ou d'un acte.

▫ Voir aussi : *Preuve par écrit, Preuve testimoniale, Écrit, Aveu, Témoignage, Commune renommée, Présomption*

Preuve par écrit
Introduction au droit

1. *Preuve* qui ne peut être valablement constituée que par la production d'un *écrit* (c'est-à-dire un acte juridique rédigé et respectant les conditions de validité édictées pour la forme utilisée, *acte authentique, acte sous seing privé, écrit électronique*).

2. Preuve constituée par la production d'un écrit. Syn. : Preuve littérale.

C. civ., art. 1316 et s., 1341

▫ Voir aussi : *Écrit, Preuve testimoniale, Papier domestique*

Preuve testimoniale
Introduction au droit

Preuve constituée par des déclarations écrites ou orales de *témoins*, c'est-à-dire de tiers qui ont personnellement eu connaissance du fait rapporté. Elle est admise pour les *faits juridiques* et, en principe, écartée pour les *actes juridiques* (sauf faible montant, impossibilité de se procurer un écrit, commencement de preuve par écrit et matière commerciale).

C. civ., art. 1341 à 1348

▫ Voir aussi : *Témoignage, Aveu, Commune renommée, Preuve par écrit*

Prévention des difficultés des entreprises
Liquidation et redressement judiciaires

Mesures destinées à prévenir la *cessation des paiements* de l'entreprise par la mise en place de *procédures d'alerte* destinées à informer les dirigeants de l'existence de difficultés de nature à compromettre la continuité de l'exploitation et par la recherche d'un *accord amiable* avec les principaux *créanciers* dans le cadre d'une procédure de *conciliation.*

C. com., art. L. 611-1 et s.

▫ Voir aussi : *Droit d'alerte, Conciliation*

Prévoyance
Droit de la protection sociale

Ensemble de prestations issues dans l'entreprise d'un *accord collectif de protection sociale complémentaire* destinées à accorder des droits supplémentaires aux salariés se trouvant pris en charge par leur système légal d'*assurances sociales* au titre de la maladie, de la maternité, de l'incapacité, de l'invalidité ou du décès.

CSS, art. L. 932-1 et s.

▪ Voir aussi : *Accord collectif de protection sociale complémentaire, PSC (Protection sociale complémentaire), Institution de prévoyance, Retraite supplémentaire*

Prévenu
Procédure pénale

Personne poursuivie devant un *tribunal de police* ou un *tribunal correctionnel.*

Primauté du droit de l'Union européenne (principe de)
Droit de l'Union européenne

Supériorité inconditionnelle de toute *norme* élaborée par les institutions de l'Union européenne sur les normes nationales contraires, quelle que soit leur nature, et qui oblige le juge interne à écarter ces dernières en cas de conflit.

▪ Voir aussi : *Effet direct (principe de l')*

Prime
Droit social – Droit de la protection sociale

Élément supplémentaire de rémunération du travail versé au salarié pour un motif identifié (prime de salissure, prime de treizième mois, prime d'intéressement, etc.) et intégralement soumis par conséquent aux charges sociales.

C. trav., art. L. 3244-1 ; CSS, art. L. 242-1

▪ Voir aussi : *Participation (accord de), Frais professionnels / frais d'atelier*

Prime d'apport ▪ Voir *Prime d'émission*

Prime d'assurance
Droit des assurances

Somme d'argent due à l'*assureur* en contrepartie de la couverture d'un risque.

C. assur., art. L. 113-2, L. 113-3, R. 113-1, R. 113-4

Prime d'émission
Droit des sociétés

Montant éventuellement payé par les souscripteurs à une *augmentation de capital* en supplément de la *valeur nominale* des *actions* nouvelles aux fins d'égaliser les droits des anciens et nouveaux *actionnaires*. L'expression équivalente « prime d'apport » est aussi utilisée.

C. com., art. L. 225-128

Prime d'émission d'action
Droit des sociétés

Somme d'argent réclamée au souscripteur à l'occasion d'une augmentation de capital qui s'ajoute à la valeur nominale du titre et dont l'objet est de compenser la perte de valeur éprouvée par l'action du fait de l'augmentation de capital.

Principal
Introduction au droit

1. Caractère de ce qui est prédominant par rapport à ce qui est secondaire, *accessoire.* Le régime du principal tend à gouverner également l'accessoire (même si sa nature est différente).

▪ Voir aussi : *Accessoire, Accessorium sequitur principale*

2. *Capital* d'une dette par opposition aux *intérêts.*

Procédure civile
1. Fond du litige, objet fondamental du procès par opposition aux questions de *procédure* et de *preuve*.
2. (Demande) Demande initiale, celle par laquelle un plaideur prend l'initiative du procès.

Principe de la concentration des moyens ▪ Voir *Concentration des moyens*

Principe de la contradiction ▪ Voir *Contradictoire*

Principe du contradictoire ▪ Voir *Contradictoire (principe du)*

Principe de l'égalité de l'impôt ▪ Voir *Égalité fiscale*

Principes de droit européen des contrats (*Principles of European Contract Law, PECL*)
Droit des obligations – Droit européen
Corps de règles de droit des contrats élaboré par un groupe d'universitaires de différents pays membres de l'Union européenne qui a pour ambition de constituer les prémisses d'un code européen des contrats (parfois appelés principes Lando, du nom de l'universitaire danois Ole Lando qui a initié et supervisé leur élaboration).

Principe fondamental reconnu par les lois de la République
Contentieux constitutionnel
Texte républicain protecteur d'une liberté publique dont l'origine législative est antérieure à 1946 et que le Conseil constitutionnel érige en norme constitutionnelle sous la qualification de « prin-

cipes fondamentaux reconnus par les lois de la République » (PFRL).
▪ Voir aussi : *Bloc de constitutionnalité, Tradition républicaine*

Principe d'inaliénabilité
Histoire médiévale – Histoire moderne
Norme de nature constitutionnelle par laquelle le roi ne peut aliéner le *domaine fixe* de la *couronne*.
▪ Voir aussi : *Domaine fixe, Couronne*

Principe d'indisponibilité (du royaume ou de la couronne)
Histoire médiévale – Histoire moderne
Norme de nature constitutionnelle selon laquelle le roi ne peut disposer librement du royaume et qui interdit par conséquent l'exhérédation de son *héritier*, sa propre renonciation à la *succession*, son abdication.

Principe de la liberté du commerce et de l'industrie ▪ Voir *Liberté du commerce et de l'industrie*

Principe de masculinité
Histoire médiévale – Histoire moderne
Norme de nature constitutionnelle par laquelle les femmes sont exclues de la succession royale, ainsi que les parents par les femmes.

Principe de non-discrimination ▪ Voir *Égalité (sens 1)*

Principe de précaution ▪ Voir *Précaution (principe de)*

Principes généraux du droit
Droit administratif
Règle non écrite du droit public et que le juge considère comme nécessaire par les garanties ou les libertés qu'elle apporte.

P

Règles non écrites (ou édictées pour un domaine beaucoup plus réduit) qui apparaissent comme obligatoires en raison de leurs qualités, des valeurs (morales ou d'équité) qu'elles mettent en œuvre.

■ Voir aussi : *Adage*

Prior tempore potior jure
Introduction au droit
Formule latine qui permet de départager des droits concurrents en attribuant une priorité au plus ancien : premier en date, meilleur en droit.

Priorité (droit de)
Introduction au droit
Droit conféré à une personne par *préférence* à une autre en raison de critères spécifiques.

■ Voir aussi : *Préemption, Prior tempore potior jure*

Priorité d'embauchage
Droit social
1. Mesure destinée à inciter les employeurs à embaucher certaines catégories de travailleurs se trouvant dans une situation particulièrement défavorisée (handicapés, invalides de guerre et leurs ayants droit) ; à défaut d'embauche en ce sens, l'employeur est tenu de payer une contribution financière.
2. Droit ouvert pendant les douze mois qui suivent la rupture du contrat de travail de tout salarié ayant fait l'objet d'un licenciement pour motif économique et qui lui permet de revendiquer une préférence en cas de nouvelle embauche dans l'entreprise.

C. trav., art. L. 1233-45, L. 5212-1 à L. 5212-4

■ Voir aussi : *Licenciement, Préretraite*

Prise illégale d'intérêts
Droit pénal
Délit consistant dans le fait, par une personne dépositaire de l'autorité publique, chargée d'une mission de service public ou investie d'un mandat public, de prendre, recevoir ou conserver, directement ou indirectement, un intérêt dans une opération dont elle a, de manière contemporaine, la charge d'assurer la surveillance.

C. pén., art. 432-12 et s.

Prise d'otages
Droit pénal
Crime ou *délit* consistant dans le fait d'arrêter, d'enlever, de détenir ou de séquestrer une personne en tant qu'otage, afin soit de préparer ou faciliter la commission d'un crime ou d'un délit, soit de favoriser la fuite ou l'impunité de l'auteur ou du complice d'un crime ou d'un délit, soit d'obtenir l'exécution d'un ordre tel que le versement d'une rançon.

C. pén., art. 224-1 et s.

Prise à partie
Procédure civile
Procédure permettant d'agir en responsabilité civile contre les magistrats non professionnels des juridictions d'exception, notamment en cas de dol, de fraude, de faute lourde, de concussion ou de déni de justice.

COJ, art. L. 141-2

Prisée
Introduction au droit
Action d'estimer le prix des choses mobilières contenues dans une vente aux enchères ou un *inventaire*.

Prison
Droit pénal

1. Établissement pénitentiaire dans lequel sont exécutées les peines privatives de liberté.

▪ Voir aussi : *Maison centrale, Maison d'arrêt*

2. Terme familier synonyme de peine privative de liberté.

▪ Voir aussi : *Emprisonnement, Réclusion criminelle*

Prisonnier de guerre
Droit international public

Qualité attribuée à un combattant capturé par la partie adversaire lors d'un conflit armé et qui confère à la personne un statut protecteur en vertu de la convention de Genève de 1949.

Conv. Genève, 12 août 1949

Privatisation
Droit administratif

Transfert législatif de propriété du secteur public au secteur privé.

▪ Voir aussi : *Nationalisation*

Privilège
Relations internationales

Droit accordé par l'État accréditaire à son agent diplomatique afin de garantir son indépendance.

▪ Voir aussi : *Immunité diplomatique et consulaire*

Droit des sûretés

Droit conféré par la loi à un créancier en raison de la nature de sa créance, lui permettant d'être préféré aux autres créanciers, même hypothécaires, pour obtenir le paiement sur le prix de vente d'un bien ou de l'ensemble des biens du débiteur.

C. civ., art. 2166, 2324 et s., 2426, 2461

▪ Voir aussi : *Droit de préférence*

Privilège de vendeur de fonds
Droit des sûretés

Droit reconnu au vendeur d'un fonds de commerce lui garantissant le paiement du prix de cession du fonds par la mise en place d'un droit de préférence sur le prix de revente du fonds.

C. com., art. L. 141-5 et s.

Privilèges
Histoire médiévale – Histoire moderne – Histoire révolutionnaire

Étym. : du lat. *privatae leges*, « lois privées ». Droits particuliers reconnus à certains groupes sociaux ou à des collectivités territoriales. Abolis sous la Révolution française (nuit du 4 août).

Privilèges généraux
Droit des sûretés

Droits conférés par la loi à un créancier, titulaire d'un *droit de préférence*, sur l'ensemble des biens mobiliers ou immobiliers appartenant au débiteur.

C. civ., art. 2331, 2375 et s.

▪ Voir aussi : *Privilège, Privilèges spéciaux*

Privilèges du préalable
Droit administratif

Prérogative de l'administration selon laquelle l'action administrative s'impose au particulier du seul fait que l'*administration* est présumée investie d'une mission *d'intérêt général.*

▪ Voir aussi : *Décision exécutoire*

Privilèges spéciaux
Droit des sûretés

Droits conférés par la loi à un créancier, titulaire d'un *droit de préférence*, sur un bien mobilier ou immobilier particulier appartenant au débiteur.

C. civ., art. 2332, 2374

▪ Voir aussi : *Privilège, Privilèges généraux*

Prix
Droit des contrats spéciaux

Prestation monétaire due par l'acheteur au vendeur dans la vente et plus généralement toute somme due en contrepartie d'un service.

Prix abusivement bas
Concurrence

Pratique anticoncurrentielle consistant en l'*offre* de *prix* ou pratiques de *prix* de vente aux *consommateurs* abusivement bas par rapport aux coûts de production, de transformation et de commercialisation, dès lors que ces offres ou pratiques ont pour objet ou peuvent avoir pour effet d'éliminer d'un marché ou d'empêcher d'accéder à un marché une *entreprise* ou l'un de ses produits.

C. com., art. L. 420-5

Prix d'usage
Consommation

Valeur marchande associée à l'usage du service rendu par un *bien meuble*, et non à la *propriété* de ce bien. À titre expérimental, du 1er janvier 2015 au 31 décembre 2017, les vendeurs de certains produits disposent de la possibilité d'afficher, pour un même bien le *prix* de *vente* et le prix d'usage.

L. n° 2014-344, 17 mars 2014 relative à la consommation, art. 4

Prix d'appel
Concurrence

Fait de pratiquer des promotions sur des produits de marque connue, détenus en quantité insuffisante pour répondre à la demande, de façon à attirer la clientèle et à provoquer l'achat de produits de substitution.

Circ. 22 sept. 1980

Prix imposé
Concurrence

Pratique restrictive de concurrence consistant dans le fait d'imposer à son contractant, directement ou indirectement, un caractère minimal au prix de revente d'un produit ou d'un *bien* au prix d'une prestation de services, ou à une marge commerciale. Illicite, cette pratique est pénalement sanctionnée d'une amende de 15 000 €.

C. com., art. L. 442-5

Probation
Droit pénal

Peine, dénommée contrainte pénale, consistant, pour la personne condamnée, à être soumise, pendant une durée comprise entre six mois et cinq ans et qui est fixée par la juridiction, à des mesures d'assistance, de contrôle et de suivi adaptées à sa personnalité et *destinées à prévenir la récidive en favorisant son insertion ou sa réinsertion au sein de la société, tout en respectant certaines obligations ou interdictions justifiées par sa personnalité ou les circonstances de l'infraction.*

La création de cette nouvelle peine, alternative à l'emprisonnement, est prévue pour la réforme pénale qui devrait être adoptée en 2014.

Probation ▪ Voir *Ajournement du prononcé de la peine, Sursis avec mise à l'épreuve*

Prix prédateur

Concurrence

Fait de vendre un produit au consommateur à un *prix abusivement bas* par rapport à son coût de revient réel pour éliminer du marché un concurrent.

Procédure

Droit processuel

Ensemble des règles régissant le déroulement du procès.

Procédure accusatoire ▪ Voir *Accusatoire*

Procédure administrative

Droit administratif

Ensemble des procédures suivies devant l'*administration* et les juridictions administratives pour contester la légalité des *actes administratifs*. La procédure comprend deux branches : la procédure contentieuse (saisir le juge) et la procédure non contentieuse (ne pas saisir le juge).

Procédure d'alerte

Liquidation et redressement judiciaires

Procédure à but préventif destinée à attirer l'attention des dirigeants d'une *société commerciale*, d'un *groupement d'intérêt économique*, d'une *entreprise* individuelle, commerciale ou artisanale, d'une *personne* morale de *droit privé* ainsi qu'aux *personnes* physiques exerçant une activité professionnelle agricole ou indépendante (y compris une *profession libérale* soumise à un statut législatif ou réglementaire ou dont le titre est protégé) sur l'existence de difficultés rencontrées par l'entreprise de nature à menacer la continuité de l'exploitation.

C. com., art. 611-2, L. 234-1, L. 234-2, L. 251-15 ; C. trav., art. 2323-78, L. 2313-14, L. 612-3

▪ Voir aussi : *Droit d'alerte*

Procédure civile

Droit processuel

Ensemble des règles régissant les procédures devant les juridictions judiciaires à l'exclusion de celles suivies devant les juridictions répressives.

Procédure de codécision ▪ Voir *Codécision (procédure de)*

Procédure de consultation ▪ Voir *Consultation (procédure de)*

Procédure contradictoire

Droit processuel

Procédure dans laquelle les parties comparaissent et font valoir leurs *prétentions* et leurs *moyens* respectifs.

▪ Voir aussi : *Contradictoire (principe du), Jugement par défaut, Jugement réputé contradictoire, Jugement contradictoire*

Procédure de coopération ▪ Voir *Coopération (procédure de)*

Procédure par défaut ▪ Voir *Jugement par défaut*

Procédure gracieuse

Procédure civile

1. Procédure se développant en dehors de tout contentieux dans des matières où la loi exige, en raison des intérêts en jeu, un contrôle judiciaire.

● *Exemple,* demande en homologation d'un changement de régime matrimonial.

2. Par extension, procédure suivie dans les affaires contentieuses, jugées comme en matière gracieuse.

● *Exemple,* les ordonnances sur requête rendues en matière contentieuse.

Procédure inquisitoire ■ Voir *Inquisitoire*

Procédure d'injonction de faire
Procédure civile

Procédure sur requête permettant de demander en justice l'exécution en nature d'une obligation de faire.

CPC, art. 1425-1 et s.

Procédure d'injonction de payer
Procédure civile

Procédure sur requête permettant d'obtenir rapidement un titre exécutoire afin de recouvrer une somme d'argent.

CPC, art. 1405 et s.

■ Voir aussi : *Injonction de payer européenne*

Procédure législative ordinaire
Droit de l'Union européenne

Nouvelle terminologie de la « procédure de *codécision* » introduite par le *traité de Lisbonne.* Mode d'adoption de droit commun des actes législatifs de l'Union européenne basé sur un principe de parité entre le *Parlement européen* et le *Conseil de l'Union européenne* dans le but d'adopter un projet commun après une, voire deux ou trois lectures et le renvoi à un comité de conciliation en cas de nécessité, conditionnant l'adoption définitive de l'acte.

TFUE, art. 294

■ Voir aussi : *Codécision (procédure de)*

Procédure pénale
Procédure pénale

Ensemble de règles relatives à la compétence et à l'organisation des juridictions pénales, au déroulement de toutes les phases du procès pénal, à l'exercice des voies de recours en matière pénale ainsi qu'à la constatation des infractions.

Procédure simplifiée d'action de groupe
Consommation – Concurrence

Procédure allégée de l'*action de groupe* pouvant intervenir, à l'initiative du *juge*, lorsque l'identité et le nombre des *consommateurs* lésés sont connus et lorsque ces consommateurs ont subi un *préjudice* d'un même montant, d'un montant identique par prestation rendue ou d'un montant identique par référence à une période ou à une durée. Elle autorise le *juge*, après avoir statué sur la responsabilité du *professionnel*, à condamner ce dernier à indemniser les consommateurs du groupe directement et individuellement, dans un délai et selon des modalités qu'il fixe.

C. consom., art. L. 423-10

■ Voir aussi : *Action de groupe*

Procédure simplifiée
Liquidation et redressement judiciaires

Procédure allégée de *liquidation judiciaire* applicable – de manière obligatoire et immédiate lorsque l'actif du *débiteur* ne comprend pas de *bien* immobilier, que le nombre de ses salariés au cours des six mois précédant l'ouverture de la procédure n'a pas été supérieur à un, et que son chiffre d'affaires hors taxes ne dépasse pas 300 000 € ; – de manière facultative lorsque l'actif du débiteur ne comprend pas de bien immobilier, que le nombre de ses salariés au cours des six mois précédant l'ouverture de la procédure a été supérieur à cinq, et que son chiffre d'affaires hors taxes est supérieur à 750 000 €.

C. com., art. L. 641-2, L. 641-2-1, D. 641-10, L. 644-1 et s., R. 644-1 et s.

Procédures civiles d'exécution
Droit processuel

Ensemble des règles régissant l'*exécution forcée* poursuivie contre les personnes de droit privé.

Procédures collectives
Liquidation et redressement judiciaires

Procédures judiciaires se substituant aux *voies d'exécution* individuelles pour mettre en place un règlement collectif des *créanciers* de certains *débiteurs* en état de *cessation de paiement*. Elles regroupent les procédures de *redressement* et de *liquidation judiciaires*.

C. com., art. L. 631-1 et s., L. 640-1 et s.

Procès
Droit processuel

Mode juridictionnel de règlement des litiges.

Procès équitable (droit à un)
Droit européen

Droit de tout justiciable à accéder à un tribunal indépendant et impartial établi par la loi, à être entendu par lui équitablement, publiquement et dans un *délai raisonnable*, et à voir la décision rendue par celui-ci dûment exécutée.

Conv. EDH 4 nov. 1950, art. 6

■ Voir aussi : *Accès au tribunal (droit d'), Égalité des armes, Exécution (droit à l')*

Procès-verbal
Procédure civile

Acte de procédure établi par un officier public, constatant des faits ou reportant des déclarations.

Procès-verbal de carence
Procédure civile

Procès-verbal dressé par un *huissier de justice*, constatant l'impossibilité de pratiquer une *saisie*, soit en raison de l'absence de *biens* susceptibles d'être saisis, soit du fait de leur défaut de valeur marchande.

CPC ex., art. R. 221-14

Procréation médicalement assistée
Droit des personnes et de la famille

Ensemble des techniques médicales d'aide à la procréation, c'est-à-dire de conception d'un être humain qui ne découle pas du seul processus naturel. Ces traitements sont encadrés juridiquement, leur utilisation est soumise à un certain nombre de conditions et des règles particulières régissent l'établissement de la *filiation* lorsqu'il y a recours à un tiers donneur (règles écartant la filiation biologique avec le tiers donneur).

C. civ., art. 16-7, 311-19 et s. ; C. santé publ., art. L. 1244-1 et s., L. 2141-1 et s.

■ Voir aussi : *Insémination artificielle*

Procuration
Droit des contrats spéciaux

1. Synonyme de *mandat*.

C. civ., art. 1984

2. *Instrumentum* constatant le mandat et permettant au mandataire de justifier de son pouvoir.

P

Procureur financier
Finances publiques

Nouveau nom donné au commissaire du gouvernement près les chambres régionales des comptes depuis la loi n° 2008-1107 du 28 octobre 2008 portant réforme des procédures des juridictions financières. Il fait le point du droit applicable au litige en cause. Le procureur général près la Cour des comptes est titulaire d'un pouvoir important sur le réseau des procureurs financiers près les chambres régionales des comptes.

Procureur général
Organisation judiciaire

Membre du *ministère public*, placé à la tête du *parquet*, soit d'une *cour d'appel*, soit de la *Cour de cassation*.

Procureur européen
Droit de l'Union européenne ■ Voir *Parquet européen*

Procureur de la République
Organisation judiciaire

Membre du *ministère public*, chef du *parquet* d'un *tribunal de grande instance*.

Prodigue
Droit des personnes et de la famille

Personne qui fait des dépenses excessives par rapport à ses revenus et à son capital. Cette caractéristique pouvait entraîner l'ouverture d'une *curatelle* avant la réforme opérée par la loi n° 2007-308 du 5 mars 2007. Aujourd'hui, cette notion n'a plus d'incidence juridique.

Production des créances
Liquidation et redressement judiciaires

Nom donné, avant la loi n° 85-98 du 25 janvier 1985, à la *déclaration des créances*.

■ Voir aussi : *Admission des créances, Vérification des créances*

Produit
Introduction au droit

Ce qui est retiré d'une chose en affectant sa substance (c'est-à-dire en l'exploitant au-delà de ses productions périodiques).

■ Voir aussi : *Fruits*

Produit intérieur brut (PIB)
Introduction au droit

Évaluation de la valeur de la production de l'ensemble des biens et des services, réalisés sur le territoire d'un État au cours d'une année.

Produits défectueux
Droit des obligations – Droit des contrats spéciaux

Tout *bien* meuble qui n'offre pas la sécurité à laquelle on peut légitimement s'attendre et dont les dommages aux *personnes* ou aux biens qui en résultent engagent la *responsabilité* de plein droit de son producteur.

C. civ., art. 1386-1 à 1386-18 ;
C. consom., art. L. 221-1

■ Voir aussi : *Obligation de sécurité, Responsabilité du fait des produits défectueux, Risques de développement*

Profession libérale
Introduction au droit

Terme permettant d'identifier certaines professions civiles. Traditionnellement considérée comme se livrant à une activité intellectuelle, indépendante et désintéressée, la profession libérale se caractérise aujourd'hui davantage par un fort encadrement et le respect de règles déontologiques contraignantes.

Professionnel
Introduction au droit

Qualité de celui (personne physique ou morale) qui agit dans le cadre de son activité professionnelle, c'est-à-dire d'une activité qu'il exerce régulièrement dans un but lucratif.

■ Voir aussi : *Consommateur*

Programme
Finances publiques

Nouveau terme désignant l'unité de crédits limitatifs permettant de financer un élément d'une politique définie. Le programme est un élément d'une *mission*. Il est l'unité du pouvoir d'amendement des parlementaires à la *loi de finances* et l'unité de spécialisation des *crédits budgétaires*. Les gestionnaires disposent d'une grande liberté pour utiliser les crédits d'un programme à l'exception des crédits de personnel. Selon la loi organique n° 2001-692 du 1er août 2001 relative aux lois de finances (art. 7), un programme regroupe les crédits destinés à mettre en œuvre une action ou un ensemble cohérent d'actions relevant d'un même ministère et auquel sont associés des objectifs précis, définis en fonction de finalités *d'intérêt général*, ainsi que des résultats attendus et faisant l'objet d'une évaluation. Cependant, le programme n'est pas l'unité de vote des crédits.

■ Voir aussi : *Spécialité (principe de)*

Projet annuel de performance
Finances publiques

Document budgétaire bleu (obligatoire et faisant courir les délais constitutionnels) rédigé par le responsable de programme afin de rendre compte au Parlement, au moment du vote de la loi de finances de l'année, des objectifs fixés pour les différents services dudit programme. Le PAP est joint au projet de loi de finances de l'année et sert de base de référence pour la discussion et le vote de la loi de finances initiale. La structure d'un PAP est toujours la même, elle est divisée en six points : 1) stratégie du programme ; 2) objectifs et indicateurs ; 3) justification au premier euro ; 4) présentation des crédits budgétaires et des dépenses fiscales ; 5) liaison avec les opérateurs ; 6) coûts associés à chaque action. Le PAP sert aux parlementaires à suivre l'évolution des crédits, de la performance et de la cohérence d'ensemble des services.

Projet de loi
Droit constitutionnel

Texte d'origine gouvernementale, comportant un exposé des motifs et un dispositif, soumis à la délibération parlementaire en vue d'être voté pour devenir une loi.

Const. 4 oct. 1958, art. 39

■ Voir aussi : *Proposition de loi*

Promesse de contrat
Droit des contrats spéciaux

Avant-contrat par lequel l'une des parties au moins consent à conclure un contrat définitif (vente, bail...) dont les éléments essentiels (chose, prix...) sont d'ores et déjà déterminés.

■ Voir aussi : *Promesse synallagmatique de vente, Promesse unilatérale de vente*

Promesse de mariage ■ Voir *Fiançailles*

Promesse de porte-fort ■ Voir *Porte-fort (promesse de)*

Promesse *post-mortem*
Droit des successions et libéralités
Clause insérée dans une *promesse unilatérale de vente* ou dans une *vente* qui retarde la levée de l'option ou les effets de la *vente* au décès du vendeur.

Promesse synallagmatique de vente
Droit des contrats spéciaux
Contrat de promesse par lequel une personne consent à vendre un *bien* déterminé pour un prix déterminé à une autre qui l'accepte. Une telle promesse vaut en principe vente sauf si la formation du contrat définitif est légalement ou conventionnellement subordonnée à l'accomplissement d'une formalité ou à la réalisation d'un événement.
C. civ., art. 1589 ; CCH, art. L. 271-1, L. 271-2

■ Voir aussi : *Compromis de vente, Promesse unilatérale de vente*

Promesse unilatérale de vente
Droit des contrats spéciaux
Contrat par lequel une personne, le promettant, consent à vendre un *bien* déterminé pour un prix déterminé à une autre, le bénéficiaire, qui dispose d'un droit d'option lui conférant la faculté d'acheter (en « levant l'option ») ou de ne pas acheter (en laissant passer le délai convenu).
C. civ., art. 1589 à 1589-2 ; CCH, art. L. 271-1, L. 271-2

Promoteur immobilier
Droit immobilier
Personne physique ou morale qui s'engage, dans un *contrat de promotion immobilière*, à faire construire un ou plusieurs immeubles afin d'en faire acquérir la *propriété* au maître de l'ouvrage.

■ Voir aussi : *Maître de l'ouvrage*

Promotion immobilière
Droit immobilier
Contrat par lequel un *promoteur immobilier* s'engage envers un maître de l'ouvrage à faire procéder à la réalisation d'un programme de construction d'un ou plusieurs édifices, pour un prix convenu et au moyen de contrats de *louage d'ouvrage*, ainsi qu'à procéder lui-même ou à faire procéder à tout ou partie des opérations juridiques, administratives et financières concourant au même objet.
C. civ., art. 1831-1 à 1831-5 ; CCH, art. L. 221-1 et s., L. 222-1 et s., R. 222-1 et s.

■ Voir aussi : *Mandat d'intérêt commun, Vente d'immeuble à construire*

Promulgation
Introduction au droit
Décret du président de la République qui atteste l'existence d'une loi votée et ordonne aux autorités publiques de l'observer. La promulgation est, avec la

publication au *Journal officiel,* une condition d'entrée en vigueur de la loi.

■ Voir aussi : *Entrée en vigueur, Journal officiel (JO), Abrogation*

Proportionnalité (principe de)

Droit de l'Union européenne

Principe relatif à l'élaboration du *droit de l'Union européenne* par les institutions de l'Union, selon lequel l'action de celles-ci ne saurait excéder ce qui est nécessaire à la réalisation des objectifs des *traités.*

> TUE, art. 5 ; Prot. n° 2 sur l'application des principes de subsidiarité et de proportionnalité, annexé au TFUE

■ Voir aussi : *Subsidiarité (principe de)*

Droit européen

Principe général d'interprétation de la *Cour européenne des droits de l'homme*, traduisant la nécessité de maintenir un juste équilibre entre l'intérêt général des États et les intérêts individuels protégés par la *Convention européenne des droits de l'homme.*

Droit pénal

Principe, dont la valeur constitutionnelle est reconnue par le Conseil constitutionnel au regard de l'article 8 de la Déclaration des droits de l'homme et du citoyen de 1789, qui pose l'exigence de l'existence d'une adéquation de la sanction à l'infraction.

Procédure pénale

Exigence procédurale selon laquelle les mesures de contrainte pouvant frapper une personne suspectée ou poursuivie doivent être en adéquation à la gravité de l'infraction reprochée.

> CPP, art. préliminaire, III

Proposition de loi

Droit constitutionnel

Texte d'origine parlementaire soumis à délibération du *Parlement* en vue d'être voté pour devenir une loi.

> Const. 4 oct. 1958, art. 39

■ Voir aussi : *Projet de loi*

Propre ■ Voir *Bien propre*

Propriété

Droit des biens

Droit réel reconnu à une *personne* qui lui confère diverses prérogatives sur un *bien, l'abusus, le fructus et l'usus.*

> C. civ., art. 544 et s.

■ Voir aussi : *Abusus, Détention, Fructus, Possession, Usus*

Propriété apparente

Droit des biens

Croyance erronée des tiers qu'une *personne* est titulaire d'un droit de *propriété* alors qu'une autre est réellement propriétaire.

■ Voir aussi : *Apparence, Error communis facit jus*

Propriété commerciale ■ Voir *Droit au renouvellement*

Propriété industrielle (droits de)

Introduction au droit

Terme désignant une catégorie de droits relevant de la propriété intellectuelle. Expression désignant les droits exclusifs et temporaires d'exploitation accordés par l'État aux auteurs d'innovations

P

techniques ou de signes distinctifs sur le territoire national.

■ Voir aussi : *Appellation d'origine (AO), Brevet, Certificat d'obtention végétale, Dessin et modèle, Indication géographique, Marque collective, Marque de fabrique, de commerce ou de service, Marque syndicale, Propriété intellectuelle (droits de)*

Propriété intellectuelle (droits de)
Introduction au droit

Terme générique désignant toutes les catégories de droits exclusifs et temporaires accordés par l'État sur le territoire national pour l'exploitation de créations intellectuelles de différentes natures. La propriété intellectuelle comprend les droits de *propriété littéraire et artistique* et les droits de *propriété industrielle*.

■ Voir aussi : *Droit réel, Propriété industrielle (droits de), Propriété littéraire et artistique (droits de)*

Propriété littéraire et artistique (droits de)
Droit de la propriété intellectuelle

Terme désignant une catégorie de droits relevant de la propriété intellectuelle. Expression désignant les droits exclusifs et temporaires d'exploitation accordés par l'État aux artistes et créateurs d'œuvres de l'esprit de nature littéraire et artistique sur le territoire national.

■ Voir aussi : *Droit d'auteur, Droits voisins, Droit sui generis, Propriété intellectuelle (droits de)*
CPI, art. L. 111-1

Propter rem ■ Voir *Obligation propter rem*

Prorogation
Droit des contrats spéciaux

Report conventionnel du terme d'un contrat.

■ Voir aussi : *Tacite prolongation, Tacite reconduction*

Prorogation de juridiction
Procédure civile

Extension de la *compétence*, d'attribution ou territoriale, d'une *juridiction*.
CPC, art. 41 et 48

■ Voir aussi : *Compétence d'attribution, Compétence territoriale*

Protêt
Droit bancaire

Acte authentique dressé sous certaines conditions de délai et de forme par *notaire* ou, plus généralement, par *huissier de justice* pour constater, à la demande du porteur, le non-paiement à l'échéance d'un *effet de commerce* ou le refus d'acceptation par le *tiré* d'une *lettre de change*. Sauf lorsqu'il en est dispensé, l'accomplissement de la formalité permet au porteur de conserver ses *actions cambiaires*.

C. com., art. L. 511-39, L. 511-52, L. 512-3 ; C. monét. fin., art. L. 131-61 et s.

■ Voir aussi : *Certificat de non-paiement*

Protocole
Droit international public

1. Annexe à un traité international contenant des dispositions complémentaires ou techniques séparées formellement des articles énoncés dans le dispositif du traité.

2. Traité international complétant ou amendant un traité originaire et qui ne lie que les seuls États qui l'ont ratifié.

Conv. EDH, Prot. n° 1, 20 mars 1952

Protocole additionnel
Droit européen

Accord international attaché à la *Convention européenne des droits de l'homme*, et signé par les États parties à la Convention, afin de la réformer, notamment en élargissant le champ de la protection européenne par l'énoncé de nouveaux droits ou en modifiant la procédure d'examen des requêtes devant la Cour européenne des droits de l'homme (cf. Protocole n° 14 entré en vigueur le 1er juin 2010).

■ Voir aussi : *Protocole n° 14*

Protocole n° 14
Droit européen

Protocole additionnel à la *Convention européenne des droits de l'homme* entré en vigueur le 1er juin 2010. Il modifie pour l'essentiel la procédure d'examen des requêtes devant la *Cour européenne des droits de l'homme*, notamment par l'introduction d'un nouveau critère de recevabilité, et ouvre à l'*Union européenne* la possibilité d'adhérer à la Convention en application de l'article 6 du *traité de Lisbonne*.

■ Voir aussi : *Préjudice important*

Provision
Droit bancaire

Créance fondamentale de somme d'argent du *tireur* contre le *tiré* d'une *lettre de change* ou d'un *chèque*. Elle doit être au moins égale au montant de l'effet, certaine, liquide, exigible, disponible et exister au moment de l'émission (chè-

que) ou de l'échéance de l'effet (lettre de change).

C. com., art. L. 511-7 ; C. monét. fin., art. L. 131-4

■ Voir aussi : *Chèque sans provision*

Provision *ad litem*
Procédure civile

Provision versée par une partie à une autre partie afin de lui permettre de faire face aux frais que générera le procès.

● *Exemple,* provision mise à la charge d'un époux au profit de l'autre, économiquement plus faible, afin de lui permettre de faire face aux frais de l'instance en divorce.

Provocation
Droit pénal

Incitation envers autrui à commettre une infraction ou à adopter un comportement dangereux, incriminée soit en tant que forme de complicité, soit en tant qu'infraction autonome.

■ Voir aussi : *Complice, Mise en péril des mineurs*

Proxénétisme
Droit pénal

Crime ou *délit* consistant dans le fait d'inciter ou obliger autrui à se prostituer ou de tirer profit de l'exercice habituel de la prostitution.

C. pén., art. 225-5 et s.

Prud'hommes
Droit social

Personnes, salariés et employeurs, élues par les salariés, d'une part, et par les employeurs, d'autre part, pour occuper des fonctions de *magistrat* (conseiller prud'hommes) au sein de la *juridiction*, élective et paritaire, chargée de concilier, sinon de juger, les différends individuels pouvant s'élever entre employeur et salarié à l'occasion du *contrat de travail*.

C. trav., art. L. 1411-3 à L. 1411-6, L. 1421-1, L. 1441-1 à L. 1441-7

■ Voir aussi : *Conseil de prud'hommes, Bureau de conciliation, Contrat de travail*

PSC (protection sociale complémentaire)

Droit social – Droit de la protection sociale

Ensemble des mécanismes de protection sociale d'origine conventionnelle mis en place dans les entreprises destinés à compléter les prestations servies par la Sécurité sociale.

CSS, art. L. 911-1 et s.

■ Voir aussi : *Prestations (sociales)*

Pseudonyme

Droit des personnes et de la famille

Dénomination de fantaisie choisie par une personne pour masquer son identité. L'utilisation d'un pseudonyme dans le domaine des créations de l'esprit (activités littéraires et artistiques, journalisme) est licite et peut même donner lieu à une protection contre une usurpation. En revanche, l'utilisation d'un faux nom pour tromper autrui peut être pénalement sanctionnée.

■ Voir aussi : *Nom*

Publication des condamnations

Droit pénal ■ Voir *Affichage de la décision, Diffusion de la décision*

Publicité

Introduction au droit

Information relative à des actes ou des évènements concernant une personne, portée à la connaissance du public par divers supports (journaux, journaux d'annonces légales, registres...).

Distribution – Consommation

Toute annonce faite dans le cadre d'une activité commerciale, industrielle, artisanale, libérale, dans le but de promouvoir, de vendre, d'inciter toute personne à l'achat de biens meubles ou immeubles, services, droits.

Dir. n° 2006/114/CE, 12 déc. 2006

■ Voir aussi : *Publicité comparative, Publicité trompeuse*

Publicité comparative

Consommation

Toute *publicité* qui met en comparaison des biens ou des services en identifiant, implicitement ou explicitement, un concurrent ou des biens ou services offerts par un concurrent. Cette publicité pour être licite est soumise à condition.

C. consom., art. L. 121-8 et s.

Publicité des débats

Procédure civile

Conséquence du principe de publicité en vertu duquel le public doit pouvoir assister aux *audiences* à moins qu'il ne s'agisse de matières pour lesquelles la loi prévoit qu'elles ont lieu en *chambre du conseil* ou que le juge en décide ainsi, s'il lui apparaît que leur publicité pourrait porter atteinte à l'intimité de la vie privée ou s'il existe un risque de troubles ou encore si les parties le demandent.

CPC, art. 22

■ Voir aussi : *Publicité du jugement, Publicité (principe de)*

Publicité foncière

Droit des sûretés

Formalité accomplie au service chargé de la publicité foncière permettant d'informer les tiers des actes juridiques concernant un *immeuble* et assurant l'opposabilité de ces actes.

▪ Voir aussi : *Conservation des hypothèques*

Publicité du jugement
Procédure civile

Principe de procédure en vertu duquel le jugement contentieux doit être prononcé publiquement, le juge pouvant toutefois se contenter de lire le *dispositif.*

CPC, art. 451, 452

▪ Voir aussi : *Publicité des débats, Publicité (principe de)*

Publicité légale
Introduction au droit

Mécanisme d'information du public légalement organisé et dont l'utilisation permet de rendre *opposable* aux *tiers* l'information publiée.

▪ Voir aussi : *Opposabilité*

Publicité trompeuse
Consommation

Toute *publicité* comprenant, sous quelque forme que ce soit, des informations ou allégations fausses où de nature à induire en erreur son destinataire.

C. consom., art. L. 121-1

▪ Voir aussi : *Publicité comparative*

Publicité (principe de)
Droit processuel

Principe général de procédure en vertu duquel la justice doit, dans un souci de transparence, être rendue publiquement.

Conv. EDH 4 nov. 1950, art. 6

▪ Voir aussi : *Publicité des débats, Publicité du jugement, Secret des délibérations*

Puissance paternelle
Droit des personnes et de la famille

Ensemble des prérogatives accordées au père pour éduquer son enfant mineur. Cette notion légale a disparu, traduisant l'atténuation des pouvoirs de contrainte conférés aux parents et surtout l'égalité officiellement accordée à la mère dans l'éducation de son enfant. La loi du 4 janvier 1970 l'a remplacée par celle d'« autorité parentale ».

▪ Voir aussi : *Autorité parentale*

Puissance publique
Droit administratif

Ensemble des *personnes publiques* commandées par l'État et disposant de *prérogatives de puissance publique* s'imposant aux citoyens. La puissance publique se distingue des pouvoirs privés en ce qu'elle est investie d'une mission d'*intérêt* général. La souveraineté de l'État est la source de la puissance publique.

Punctation
Droit des contrats spéciaux

Terme d'origine allemande désignant la formation progressive, par étapes, d'un contrat.

▪ Voir aussi : *Avant-contrat, Promesse de contrat*

Pupilles de l'État
Droit des personnes et de la famille

Enfants qui ont été confiés au service de l'aide sociale à l'enfance parce qu'ils n'ont pas de *filiation* établie, parce qu'ils ont été abandonnés ou parce que leurs parents ont été déchus de l'*autorité parentale.*

Purge des hypothèques
Droit des sûretés

Procédure qui permet à l'acquéreur d'un immeuble hypothéqué de libérer le bien de cette *sûreté* et d'écarter la mise en œuvre du *droit de suite*, en s'acquittant des dettes et charges hypothécaires auprès du créancier jusqu'à concurrence du prix.

C. civ., art. 2476 et s.

QPC ■ Voir *Question prioritaire de constitutionnalité*

Quae temporalia sunt ad agendum perpetua sunt ad excipiendum
Introduction au droit
Adage d'origine latine souvent cité par ses trois premiers mots signifiant littéralement « L'action est temporaire, l'exception est perpétuelle », en vertu duquel *l'exception* survit à l'extinction de *l'action* par *prescription*.

● *Exemple,* si un contractant ne peut plus agir en nullité du contrat du fait de la prescription, il peut opposer l'adage à son cocontractant qui le poursuivrait en exécution forcée.

Qualification
Introduction au droit
Opération qui consiste à classer, selon sa nature, un élément dans une catégorie préexistante afin de lui appliquer le régime de cette catégorie. Cette opération suppose que les caractéristiques de l'élément à qualifier correspondent à la catégorie dans laquelle il va être classé. Il faut donc identifier avec soin les caractères de l'élément analysé et ceux de la catégorie à laquelle on va le rattacher.

■ Voir aussi : *Sui generis, Classification*

Qualité pour agir
Procédure civile
Condition spéciale de recevabilité de l'*action* qui peut, selon le type d'action exercée, soit être confondue avec l'*intérêt à agir*, soit en être distinguée, afin, notamment, de limiter le nombre de personnes pouvant agir.

● *Exemple,* seuls les époux ont qualité pour agir en divorce.
CPC, art. 31

Quasi-contrat
Droit des obligations
Source extracontractuelle d'*obligation* dans laquelle une *obligation* naît d'un fait volontaire et qui regroupe de manière non limitative le *paiement de l'indu, l'enrichissement sans cause* et la *gestion d'affaires.*
C. civ., art. 1371 et s.

Quasi-délit
Droit des obligations
Source d'*obligation* constituée par un fait de l'homme illicite mais involontaire, à la différence du *délit civil*, mais qui entraîne dans les mêmes conditions que ce dernier la responsabilité civile de son auteur.

● *Exemple,* faute d'imprudence ou de négligence.
C. civ., art. 1383

Quasi-usufruit
Droit des biens
Droit réel temporaire correspondant à *l'usufruit* sur une *chose consomptible*, qui impose à son titulaire la restitution d'une *chose* semblable ou d'une somme d'argent correspondant à la valeur de cette chose estimée à la date de sa restitution.
C. civ., art. 587

Quérable (créance)

Droit des obligations

Caractère d'une *créance* en vertu de laquelle le *créancier* doit venir chercher son paiement au domicile du débiteur, par opposition à la créance *portable*.

C. civ., art. 1247, al. 2

Question

Droit constitutionnel

Procédure permettant à un parlementaire d'interroger les membres du Gouvernement.

■ Voir aussi : *Réponse ministérielle*

Question de confiance

Droit constitutionnel

Engagement par le Premier ministre de la responsabilité politique de son gouvernement devant le *Parlement*.

Const. 4 oct. 1958, art. 49

■ Voir aussi : *Régime parlementaire*

Question préjudicielle

Procédure civile

Procédé permettant au juge confronté à une question échappant à sa compétence de surseoir à statuer en attendant que celle-ci soit résolue par la juridiction compétente.

● *Exemple,* question préjudicielle administrative.

Question prioritaire de constitutionnalité (QPC)

Droit constitutionnel

Mécanisme constitutionnel permettant à tout justiciable de solliciter l'abrogation d'une disposition législative portant atteinte aux droits et libertés garantis par la Constitution.

Const. 4 oct. 1958, art. 61-1

Qui auctor est non se obligat

Introduction au droit

Règle selon laquelle une personne qui autorise la conclusion d'un *acte juridique* n'est pas personnellement engagée par cet acte. Exemple : lorsque les membres du conseil de famille donnent leur autorisation pour la conclusion d'un acte, seul l'incapable est tenu. Cette expression latine peut se traduire par « qui donne son autorisation ne s'engage pas ».

Quinquennat

Droit constitutionnel

Durée normale, en France, du mandat politique des députés et du président de la République fixée à cinq ans.

L. const. 2 oct. 2000

■ Voir aussi : *Septennat*

Quittance

Droit des obligations

Acte par lequel le *créancier* reconnaît avoir reçu paiement du *débiteur*.

■ Voir aussi : *Acquit, Reçu*

Quitus

Introduction au droit

Acte par lequel il est reconnu qu'une personne a valablement accompli la mission qui lui a été confiée. Cet acte emporte décharge de *responsabilité*. Toutefois, ce terme est souvent utilisé, de manière impropre, pour désigner l'approbation d'une gestion qui n'a pas d'incidence sur une future recherche de responsabilité.

Droit des sociétés

Décision par laquelle les associés d'une société, après approbation des comptes sociaux, constatent que les dirigeants ont accompli leur mandat social de façon satisfaisante.

Quorum
Introduction au droit – Droit des sociétés

Nombre minimum de personnes requises pour qu'une assemblée ou un organe collégial de direction puisse valablement délibérer.

Quotient familial
Finances publiques

Modulation du calcul de l'*impôt sur le revenu,* instituée en 1945, destinée à prendre en compte les charges de famille des foyers fiscaux. À partir de 1981, le quotient familial a été plafonné pour retirer cet avantage au-delà d'un certain niveau de revenus.

CGI, art. 193
■ Voir aussi : *Enfant à charge*

Quotité disponible
Droit des successions et libéralités

Fraction du *patrimoine* dont le *de cujus* peut, de son vivant, *disposer à titre gratuit* en présence *d'héritiers* réservataires. En présence de descendants, cette fraction est de la moitié lorsqu'il y a un seul enfant, un tiers lorsqu'il y en a deux, un quart lorsqu'il y en a trois ou plus. En présence d'un conjoint survivant et en l'absence de descendants, cette fraction est de trois quarts.

C. civ., art. 913, 914-1
■ Voir aussi : *Réserve héréditaire*

Rabais, ristournes et remises
Concurrence

Réductions de prix et conditions de vente avantageuses. Elles doivent être portées sur la *facture* délivrée à l'acheteur.

> C. com., art. L. 441-3
> ▣ Voir aussi : *Facturation*

Rabat d'arrêt
Procédure civile

Procédure d'origine *prétorienne* permettant d'obtenir l'annulation d'un arrêt de *Cour de cassation* rendu à la suite d'une erreur de procédure imputable aux services de la Cour.

● *Exemple,* procédure utilisable contre un arrêt de rejet fondé sur le fait qu'aucun moyen de cassation n'avait été proposé alors que le mémoire les contenant avait été déposé au greffe dans le délai, mais n'avait pas été, en raison d'un dysfonctionnement des services, versé au dossier.

Rachat
Droit des assurances

Opération par laquelle le souscripteur d'une *assurance-vie* demande à son assureur le versement immédiat d'une somme d'argent, correspondant à la valeur de rachat, qui met fin définitivement au contrat.

> C. assur., art. L. 132-20 à L. 132-23, R. 132-2 à R. 132-5

Rachat (faculté de)
Droit des contrats spéciaux

Stipulation d'un contrat de vente anciennement appelée réméré permettant au vendeur de reprendre la chose vendue moyennant le remboursement du prix et de certains frais, dans un délai qui ne peut excéder cinq ans.

> C. civ., art. 1659 à 1673

Racisme
Droit pénal

Croyance dans l'existence d'une hiérarchie entre les êtres humains, fondée sur l'appartenance à une race, qui est incriminée à travers un ensemble de *crimes*, *délits* et *contraventions*.

> C. pén., art. 211-1 et s., 225-1 et s., R. 624-3 et s., R. 625-7
> ▣ Voir aussi : *Diffamation, Injure*

Racket ▣ Voir *Extorsion*

Racolage
Droit pénal

Délit consistant à inciter publiquement autrui par tout moyen, y compris par une attitude passive, à des relations sexuelles en échange d'une rémunération.

> C. pén., art. 225-10-1

Radiation du rôle
Procédure civile

Mesure d'administration judiciaire sanctionnant par le retrait du rang des affaires en cours, le défaut de diligence des parties dans la conduite de la procédure ou dans l'exécution d'une décision frappée d'un recours.

> CPC, art. 381 et s., 526, 1009-1 et s.

Raison sociale
Droit des sociétés

Nom de certaines sociétés (sociétés civiles professionnelles) dans lesquelles

R

tout ou partie des associés sont tenus personnellement et indéfiniment du passif. La raison sociale est constituée du nom des associés ou de certains d'entre eux à l'exclusion d'éléments de fantaisie.

Rappel à l'ordre
Droit constitutionnel

Peine disciplinaire infligée par le président d'une assemblée à l'un de ses membres accusé de troubler l'ordre parlementaire.

RAN, art. 71

Rapport annuel de performance
Finances publiques

Document budgétaire obligatoire annexé au projet de loi de règlement qui doit être déposé impérativement avant la fin du mois de mai de l'année qui suit l'année d'exécution du budget. Le rapport annuel de performance a pour principale utilité de donner les résultats des différents indicateurs et objectifs afin de permettre au Parlement de mesurer la performance.

Rapport de la Cour de cassation
Procédure civile

Publication annuelle de la Cour de cassation, contenant des propositions de réformes législatives, des études doctrinales destinées à faire le point sur des questions juridiques d'actualité, ainsi qu'un aperçu des arrêts importants de l'année.

Rapport des dettes
Droit des successions et libéralités

Opération consistant pour un *héritier* débiteur à rapporter les sommes dont il est redevable à l'égard de la masse suc-

cessorale afin qu'elles puissent par la suite s'imputer sur sa part.

C. civ., art. 864 à 867

Rapport des donations
Droit des successions et libéralités

Opération par laquelle l'*héritier* qui a reçu *donation en avance de part successorale* d'une somme d'argent ou d'un *bien* les rapporte à la *succession ab intestat* qu'il a acceptée pour rétablir l'égalité entre les copartageants.

C. civ., art. 843 et s.

Rapport en moins prenant
Droit des successions et libéralités

Opération consistant à donner au copartageant une part moins forte que celle à laquelle il aurait eu droit en imputant sur cette dernière tout ce dont il est *débiteur* envers la masse à partager. Technique notariale aujourd'hui consacrée par la loi du 23 juin 2006.

C. civ., art. 843 et 858

Rapporteur
Droit processuel

Magistrat chargé d'exposer de façon neutre les éléments d'une affaire à une juridiction dont il est membre.

Rapporteur parlementaire
Droit constitutionnel

Parlementaire chargé d'instruire un projet ou une proposition de loi au stade de l'examen en commission et qui présente ses conclusions dans un rapport devant l'assemblée.

RAN, art. 91

Rapporteur public
Droit administratif

Nouveau nom donné au commissaire du gouvernement près les juridictions administratives de droit commun depuis le décret n° 2009-14 du 7 janvier 2009. Dans les juridictions administratives, le rapporteur public a pour tâche de faire le point du droit positif applicable à l'espèce. Il rend ses conclusions en fin de procédure mais la juridiction n'est pas obligée de le suivre. Il ne dépend aucunement des ministres. Au contraire, il conclut en toute indépendance ce qui donne encore plus de rigueur à ses démonstrations. Son rôle est totalement différent du parquet près les juridictions judiciaires.

Ratification
Droit des obligations
Manifestation unilatérale de volonté par laquelle une personne approuve un acte accompli pour elle par une personne sans pouvoir.

● *Exemple,* ratification par le tiers de la *promesse de porte-fort.*

▪ Voir aussi : *Confirmation*

Ratification des traités
Droit international public
Approbation solennelle d'une convention internationale par le chef de l'État ou par l'organe parlementaire qui se traduit par l'échange des lettres de ratification avec l'autre partie (traité bilatéral) ou bien par le dépôt de l'acte de ratification devant une institution dépositaire (traité multilatéral).

Const. 4 oct. 1958, art. 52, 53
▪ Voir aussi : *Accord en forme simplifiée*

Ratio legis
Introduction au droit
Raisons qui ont justifié, dicté, l'adoption d'une *loi*, d'un texte. Elles sont étudiées pour éclaircir des dispositions obscures, ambiguës, ou invoquées pour proposer une interprétation se détachant de la lettre du texte. Ces termes latins peuvent se traduire par « raison d'être de la loi ».

▪ Voir aussi : *Interprétation d'une norme juridique, A pari, A fortiori*

Rationalisation des choix budgétaires
Finances publiques
Méthode budgétaire importée des États-Unis en 1968 et supprimée en 1987. Consistait à définir des objectifs et quantifier des résultats afin de mesurer l'efficacité des dépenses publiques. Entre 1978 et 1987, le budget fonctionnel a traduit cette méthode en un jaune budgétaire. Des blancs budgétaires ont subsisté jusqu'en 1998.

▪ Voir aussi : *Budget de l'État (loi budgétaire)*

Rattachement (lien de)
Droit international privé
Dans le cadre d'un *conflit de lois*, élément servant à attacher à la catégorie juridique désignée par l'opération de *qualification* du for, un *ordre juridique national* déterminé.

RCS ▪ Voir *Registre du commerce et des sociétés*

Réassurance
Droit des assurances
Opération par laquelle une société d'assurance, dite cédant, fait assurer auprès d'un autre assureur, dit réassureur ou cessionnaire, tout ou partie des risques qu'elle a accepté de couvrir dans ses relations avec ses assurés vis-à-vis de qui elle demeure seule engagée.

C. assur., art. L. 111-1, L. 111-3
▪ Voir aussi : *Coassurance*

Rébellion

Droit pénal

Délit incriminant le fait d'opposer une résistance violente à une personne dépositaire de l'autorité publique ou chargée d'une mission de service public, alors qu'elle se trouve légalement dans l'exercice de ses fonctions.

C. pén., art. 433-6 et s.

Rebus sic standibus

Droit international public – Droit des obligations

Clause tacite d'après laquelle un changement fondamental de circonstances ayant pour effet de modifier la portée des obligations conventionnelles à la charge d'une partie peut entraîner la caducité du *traité* ou de la *convention*.

Conv. Vienne, 23 mai 1969, art. 62

■ Voir aussi : *Imprévision*

Recel

Droit pénal

1. *Délit* consistant dans le fait de dissimuler, détenir, transmettre ou faire office d'intermédiaire afin de transmettre une chose que l'on sait provenir d'un crime ou d'un délit ou de bénéficier sciemment du produit d'un crime ou d'un délit.

2. *Délit* consistant dans le fait de fournir une aide matérielle à des auteurs ou complices d'un crime ou d'un acte de terrorisme passible d'au moins dix ans d'emprisonnement, afin de les soustraire à une procédure judiciaire.

C. pén., art. 321-1 et s., 434-6

Recel de communauté ■ Voir *Divertissement*

Recel successoral ■ Voir *Divertissement*

Réceptice

Droit des obligations

Théorie en vertu de laquelle un *acte juridique unilatéral* ne serait valable que par la *notification* qui en est faite à son destinataire.

● *Exemple,* congé donné par le bailleur.

Réception

Droit des contrats spéciaux

Acte juridique unilatéral par lequel le *maître de l'ouvrage* approuve les travaux accomplis par l'entrepreneur et déclare accepter, avec ou sans réserves, l'ouvrage réalisé.

C. civ., art. 1788, 1790, 1792-6

■ Voir aussi : *Contrat d'entreprise, Vente d'immeuble à construire*

Réception (théorie de la)

Droit des obligations

Théorie applicable aux *contrats entre absents* en vertu de laquelle le contrat est formé lorsque est reçue *l'acceptation* de *l'offre*, par opposition à la théorie de *l'émission*.

■ Voir aussi : *Contrat entre absents, Émission*

Recette des impôts

Finances publiques

Service administratif du *Trésor public* chargé du recouvrement des *impôts indirects*.

Recevabilité

Procédure civile

Contrôle de l'existence du droit d'agir, préalable à l'examen du fond.

- *Exemple,* l'action ne doit pas être prescrite.

CPC, art. 122

■ Voir aussi : *Action, Fin de non-recevoir, Intérêts, Qualité pour agir, Prescription, Forclusion, Autorité de la chose jugée*

Receveur des finances
Finances publiques

Comptable supérieur du Trésor dont le supérieur hiérarchique est le *trésorier-payeur général.* En poste dans les chefs-lieux d'*arrondissements* du *département.*

Recherche de maternité
Droit des personnes et de la famille

Action par laquelle un *enfant* demande l'établissement judiciaire d'un lien de *filiation* à l'égard d'une femme dont il pense être issu.

C. civ., art. 325 et s.

■ Voir aussi : *Action en réclamation d'état, Possession d'état, Reconnaissance d'enfant, Recherche de paternité*

Recherche de paternité
Droit des personnes et de la famille

Action par laquelle un *enfant* demande l'établissement judiciaire d'un lien de *filiation* à l'égard d'un homme dont il pense être issu.

C. civ., art. 327 et s.

■ Voir aussi : *Action en réclamation d'état, Possession d'état, Reconnaissance d'enfant, Désaveu de paternité, Recherche de maternité*

Récidive
Droit pénal

Circonstance aggravante qui augmente le *quantum* de la peine encourue lorsqu'une personne déjà condamnée l'est à nouveau, soit dans un certain délai et pour une *infraction* identique ou assimilée à la première par un texte légal dans le cas des infractions les moins graves, soit de manière perpétuelle et pour une infraction dont la nature est indifférente, dans le cas des infractions les plus graves.

C. pén., art. 132-8 et s.

Réciprocité
Droit international public

Condition d'application d'un traité selon laquelle l'État respectera ses obligations conventionnelles tant que l'autre partie respectera les siennes.

Conv. Vienne, 23 mai 1969, art. 60.5

Réciprocité diplomatique
Droit international privé

Condition mise à l'octroi de certains droits civils aux étrangers et consistant dans l'existence de *traités* octroyant les mêmes droits aux Français.

C. civ., art. 11

Réciprocité législative
Droit international privé

Condition mise à l'octroi de certains droits civils aux étrangers et consistant dans l'existence de dispositions législatives octroyant les mêmes droits ou des droits similaires aux Français dans l'*ordre juridique* de l'État dont ces étrangers sont les ressortissants.

C. civ., art. 11

Réclamation internationale
Droit international public

Action réservée aux personnes internationales, qui peuvent agir au nom des personnes privées dans le cadre de la protection diplomatique, consistant à recourir à la protestation, la demande d'enquête, la négociation, l'arbitrage ou à saisir la Cour internationale de justice dans le but d'obtenir réparation à raison d'un préjudice subi.

Réclusion criminelle
Droit pénal

Peine privative de liberté applicable aux crimes de droit commun perpétuelle ou à temps, dont la durée ne peut être inférieure à dix ans.

C. pén., art. 131-1

Recognitif ■ Voir *Acte recognitif*

Récolement
Procédure civile

Ancien nom donné à la *vérification des biens saisis.*

Recommandation
Droit de l'Union européenne

Acte juridique de l'Union européenne non obligatoire visant à orienter le comportement de son destinataire.

TFUE, art. 288 et s.

■ Voir aussi : *Avis, Directive*

Droit européen

Acte du *Comité des ministres* du *Conseil de l'Europe*, non obligatoire, destiné aux États membres, et visant à leur communiquer les orientations souhaitées par le Conseil en vue d'une harmonisation européenne favorable aux *droits de l'homme.*

Droit international public

Acte unilatéral d'une organisation internationale, dénué de force obligatoire, invitant ses destinataires à adopter un comportement déterminé.

Récompense
Droit des régimes matrimoniaux

Dans le régime de la communauté légale, indemnité due par la communauté aux époux lorsque celle-ci s'est enrichie à leur détriment, ou due par ces derniers à la communauté lorsque celle-ci s'est appauvrie à leur profit.

● *Exemple,* la communauté aura droit à récompense toutes les fois qu'elle aura payé la dette personnelle d'un époux. À l'inverse, un époux aura droit à récompense s'il a financé au moyen de ses deniers propres des travaux sur un bien commun.

C. civ., art. 1433, 1437, 1468 et s.

Réconciliation
Droit des personnes et de la famille

Fait pour les époux ayant entrepris une procédure judiciaire de séparation de reprendre la vie commune avec la volonté de pardonner définitivement les griefs passés. La réconciliation empêche d'invoquer, dans une nouvelle procédure, les fautes pardonnées (mais n'interdit pas d'invoquer des fautes du même type si elles ont eu lieu après la réconciliation). La réconciliation met automatiquement fin à la *séparation de corps.*

C. civ., art. 244, 305

Reconduction tacite ■ Voir *Tacite reconduction*

Reconnaissance de dette
Droit des obligations

Acte par lequel une personne reconnaît être débitrice d'une autre.

Reconnaissance d'enfant
Droit des personnes et de la famille

Déclaration, effectuée dans *un acte authentique*, par laquelle une personne reconnaît être le père ou la mère d'un enfant. Cette reconnaissance établit la *filiation.*

C. civ., art. 316

■ Voir aussi : *Recherche de paternité, Recherche de maternité, Légitimation*

Reconnaissance d'État
Droit international public

Acte unilatéral de constatation et d'acceptation officielle par un État de l'existence d'un nouvel État sur la scène internationale.

Reconstitution de carrière
Droit social

Opération réalisée par un régime de retraite à la demande d'un assuré social se trouvant sur le point de partir à la retraite, afin de valider des périodes d'activité de ce dernier, qui auraient dû donner lieu à cotisations si le régime de retraite concerné avait existé au moment des faits (relevé de compte individuel).

CSS, art. R. 351-38

■ Voir aussi : *Retraite, Caisse d'assurance retraite et de la santé au travail (CARSAT)*

Recours ■ Voir *Action (en justice), Voie de recours*

Recours en appréciation de validité
Droit administratif

Recours dans lequel le juge judiciaire demande au requérant de saisir le juge administratif pour constater l'illégalité d'un *acte administratif* essentiel pour l'instance en cours. Le recours est sans délai.

Recours cambiaire
Droit bancaire

Recours judiciaire indépendant des recours de droit commun dont dispose, en droit cambiaire, le porteur diligent contre tous les signataires d'un *effet de commerce* impayé à l'échéance. Il emporte notamment application du principe de l'*inopposabilité des exceptions.*

C. com., art. L. 511-44, L. 512-3 ; C. monét. fin., art. L. 131-51

■ Voir aussi : *Droit cambiaire, Recours extra-cambiaire*

Recours en carence ■ Voir *Carence (recours en)*

Recours contentieux
Droit administratif

Voie de droit visant à contester un acte ou un fait juridique devant le juge. Les recours contentieux diffèrent selon la juridiction compétente : juge judiciaire ou juge administratif.

■ Voir aussi : *Recours gracieux*

Recours pour excès de pouvoir
Droit administratif

Recours en annulation dirigé contre un *acte administratif* faisant grief. La décision appartient au juge administratif. Le recours doit être formé dans un délai de deux mois et peut comporter quatre cas d'ouverture. Depuis 1950, le *Conseil d'État* a institué le principe général du droit selon lequel tout acte administratif peut, même sans texte, faire l'objet d'un recours pour excès de pouvoir.

Recours extra-cambiaire
Droit bancaire

Recours judiciaire dont dispose, en droit commun, le porteur d'un *effet de commerce* impayé à l'échéance contre le *tiré*

R

au titre de la *provision* et/ou contre son propre *endosseur* au titre de la *valeur fournie.*

▪ Voir aussi : *Recours cambiaire*

R

Recours en garantie ▪ Voir *Garantie*

Recours gracieux
Droit administratif

Recours administratif porté devant l'administration elle-même et non devant le juge administratif. L'objet peut être de demander l'annulation d'un *acte administratif* ou d'une indemnité. Si le recours est adressé à l'auteur de l'acte, on parlera de recours gracieux. S'il est adressé au supérieur hiérarchique de l'auteur de l'acte, on le qualifiera de recours hiérarchique.

▪ Voir aussi : *Recours contentieux*

Recours hiérarchique
Droit administratif ▪ Voir *Recours gracieux*

Recours interétatique
Droit européen

Requête introduite devant la *Cour européenne des droits de l'homme* par un État partie à la *Convention européenne des droits de l'homme* et visant à faire constater une violation de cette convention par un autre État partie.

Conv. EDH 4 nov. 1950, art. 33

▪ Voir aussi : *Requête individuelle*

Recours en interprétation
Droit administratif

Recours direct d'un requérant qui peut solliciter du juge administratif l'interprétation d'un *acte administratif* afin de trancher un litige né et actuel.

Recours en manquement ▪ Voir *Manquement (recours en)*

Recours parallèle
Droit administratif ▪ Voir *Exception de recours parallèle*

Recours en révision ▪ Voir *Révision*

Recours subrogatoire
Droit des obligations

Recours fondé sur la *subrogation* personnelle du *solvens* dans les droits de l'*accipiens.*

● *Exemple,* l'assureur qui a payé l'assuré est subrogé dans les droits de ce dernier contre celui qui a causé le sinistre.

Recouvrement de l'impôt
Finances publiques

Acte correspondant aux procédures qui précèdent l'encaissement des impôts par le *Trésor public.* Les comptables publics sont seuls responsables du recouvrement des *impôts.* Cette question appartient au domaine de la loi.

Recteur
Droit administratif

Haut *fonctionnaire* nommé en *Conseil des ministres* par *décret* du président de la République pour diriger l'administration de l'éducation nationale et de l'enseignement supérieur dans l'*académie.* Il est également chancelier des *universités.* Sous son autorité sont placés des inspecteurs d'académie. Ce type d'emploi est à la discrétion du gouvernement.

Rectificatif
Introduction au droit

Texte corrigeant une erreur simplement matérielle commise dans la *publication* officielle d'un texte. Lorsqu'il s'agit d'une loi ou d'un décret, on parle aussi d'*erratum* (au pluriel *errata*). L'*erratum* (à condition d'en être vraiment un, c'est-à-dire de ne corriger qu'une erreur matérielle) entre en vigueur en même temps que le texte rectifié.

Rectification d'état civil
Droit des personnes et de la famille

Jugement modifiant un *acte d'état civil* soit pour corriger une irrégularité commise lors de sa rédaction, soit pour le mettre en conformité avec une modification de l'état civil de la personne. Dans la seconde hypothèse, il ne s'agit pas de modifier l'état, il s'agit de transcrire une modification obtenue par une autre voie (par ex., obtenue par la réussite d'une action en recherche de paternité).

C. civ., art. 99 à 101

▪ Voir aussi : *Action d'état, État civil*

Reçu
Droit des obligations

Acte par lequel une personne reconnaît avoir reçu une somme d'argent ou un bien à titre de paiement.

▪ Voir aussi : *Acquit, Quittance*

Reçu pour solde de tout compte
Droit social

Document écrit signé par le salarié au moment de la rupture de son contrat de travail et permettant d'attester du versement de l'intégralité des sommes lui restant dues à cette date ; pour valoir renonciation du salarié à toute contestation ultérieure, le reçu doit obéir à de nombreuses règles de forme et ne pas avoir été dénoncé (expressément ou im-

plicitement) par l'intéressé dans les deux mois de sa signature.

C. trav., art. L. 1234-20

▪ Voir aussi : *Contrat de travail, Licenciement, Indemnité compensatrice*

Récusation
Procédure civile

Procédure permettant à un plaideur de demander à ce qu'un *juge* soit dessaisi d'une affaire en raison de circonstances de nature à faire naître un doute sur son impartialité.

CPC, art. 341 et s. ; COJ, art. L. 111-6 et s.

Reddition de compte
Droit des contrats spéciaux

1. Obligation de rendre compte incombant à toute personne chargée de gérer les affaires d'autrui.

● *Exemple,* tuteur ou curateur.

C. civ., art. 510 et s., 810-7 et s., 1033

2. Obligation incombant au mandataire de rendre compte de sa mission et de sa gestion à son mandant en fin de mandat.

C. civ., art. 437, 1993

Redevance
Distribution

Somme versée périodiquement (souvent proportionnelle au chiffre d'affaires de son débiteur), en contrepartie de la jouissance d'un monopole d'exploitation, d'une *concession, franchise*, ou autres avantages particuliers.

▪ Voir aussi : *Licence*

Finances publiques

Prix payé par les usagers afin de contribuer au financement des *services publics* industriels ou commerciaux. Sa définition relève du pouvoir réglementaire. Le critère d'une redevance est la

R

contrepartie. Le contraire d'une redevance est une *taxe*.

■ Voir aussi : *Parafiscalité*

Redevance télévision

Finances publiques

Taxe parafiscale instituée pour financer
le secteur public de l'audiovisuel à savoir les chaînes publiques et l'Institut
national de l'audiovisuel. Depuis 2009,
elle a été remplacée par la contribution à
l'audiovisuel public qui est un impôt
calculé et recouvré en même temps que
la taxe d'habitation.

■ Voir aussi : *Parafiscalité*

Rédhibitoire ■ Voir *Action rédhibitoire, Vices rédhibitoires*

Redressement fiscal

Finances publiques

Procédure administrative contradictoire
permettant à l'*administration* de mettre
en recouvrement des impositions supplémentaires. Fait suite à un *contrôle
fiscal* ayant établi que le contribuable est
débiteur envers le *fisc*.

LPF, art. 54 B

Redressement judiciaire

Liquidation et redressement judiciaires

Procédure judiciaire applicable à toute
personne exerçant une activité commerciale ou artisanale, tout agriculteur,
toute autre personne physique exerçant
une activité professionnelle indépendante ainsi qu'à toute personne morale
de droit privé en état de *cessation des
paiements* et destinée à permettre la
poursuite de l'entreprise, le maintien de
l'emploi et l'apurement du *passif*. Elle
peut également intervenir, à la demande
du *débiteur*, de *l'administrateur*, du
mandataire judiciaire ou du *ministère*

public, par conversion de la procédure
de *sauvegarde* (exception faite de la
*sauvegarde accélérée et de la sauve-
garde financière accélérée* pour lesquelles toute conversion est écartée) si
l'adoption d'un *plan de sauvegarde* est
manifestement impossible et si la clôture de la procédure conduirait, de manière certaine et à bref délai, à la cessation des paiements.

C. com., art. L. 631-1 et s., L. 622-10,
al. 3, L. 626-30-2, L. 626-32

■ Voir aussi : *Plan de redressement,
Plan de continuation*

Redressement judiciaire civil

Consommation

Nom donné, avant sa suppression
en 1995, à la procédure collective
ouverte par le *juge de l'exécution* en
faveur des personnes physiques se trouvant en situation de surendettement. Elle
a été remplacée par une procédure unique de traitement des situations de
surendettement conduite devant une
commission de surendettement des particuliers, chargée d'élaborer un *plan*
conventionnel *de redressement*, assistée
et contrôlée dans ses missions par le juge
de l'exécution.

C. consom., art. L. 330 et s.

■ Voir aussi : *Rétablissement personnel*

Réduction d'impôt

Finances publiques

Avantage du contribuable lui permettant
de réduire le montant de sa cotisation
d'*impôt sur le revenu*. Par exemple,
50 % des sommes versées pour l'emploi
d'un salarié à domicile donnent lieu à
une réduction d'impôt. La réduction est

calculée sur le montant à payer et non sur le revenu imposable.

Réduction des libéralités
Droit successions et des libéralités

Opération consistant à sanctionner les *libéralités* du *de cujus* portant atteinte à la *réserve* en les réduisant à hauteur du montant de la *quotité disponible*.

C. civ., art. 912 et s.

▪ Voir aussi : *Action en réduction*

Réduction de peine
Droit pénal

Mesure de diminution de la peine privative de liberté accordée à la personne détenue lorsqu'elle a justifié de sa bonne conduite ou a fait preuve d'efforts importants en vue de se réadapter socialement.

CPP, art. 721 et s.

Réduction pour excès
Droit des obligations

Action ouverte à un *incapable* pour limiter un acte disproportionné par rapport à ses facultés.

▪ Voir aussi : *Rescision*

Réescompte
Droit bancaire

Escompte auprès d'un *établissement de crédit* ou de la Banque de France d'un *effet de commerce* acquis par voie d'escompte par un précédent établissement de crédit.

Réévaluation légale des bilans
Droit fiscal et comptable

Prise en compte de l'effet des variations monétaires sur la valeur des éléments du bilan.

Réfaction
Droit des contrats spéciaux

Réduction judiciaire du prix d'une vente commerciale ou d'un contrat d'entreprise en raison de l'inexécution partielle de ses obligations par le vendeur ou l'entrepreneur.

Conv. Vienne, 11 avr. 1980, art. 50

Référé
Procédure civile

Procédure contradictoire permettant, principalement en cas d'urgence ou d'absence de contestation sérieuse, d'obtenir du président de la juridiction ou de son délégué, sans examen du fond, une décision provisoire, exécutoire de plein droit.

CPC, art. 808, 809, 848, 849, 872, 873, 893, 894

Référé fiscal
Finances publiques

Procédure d'urgence exercée par le contribuable devant le juge administratif en vue d'éviter d'avoir à payer des sommes litigieuses.

LPF, art. L. 277, L. 279, L. 279-A

Référé législatif
Histoire révolutionnaire

Technique par laquelle les juges sous la Révolution française, lorsque l'application des lois pose des difficultés, notamment d'interprétation, sont contraints d'en référer au législateur.

Référé-liberté
Droit pénal

Procédure permettant à une personne qui vient d'être placée en *détention provisoire* de demander sa liberté auprès du président de la Chambre de l'instruction,

en interjetant appel contre l'ordonnance de placement en détention provisoire.
CPP, art. 187-1

R Référé précontractuel

Droit administratif

Procédure administrative contentieuse d'urgence permettant à un tiers exclu d'une procédure d'attribution d'un marché public ou d'un contrat de demander au juge du contrat de suspendre le caractère exécutoire du contrat en raison de la violation des règles de concurrence ou de transparence. L'article L. 551-1 du Code de justice administrative prévoit les modalités de cette procédure d'urgence qui ne peut plus intervenir après la conclusion du contrat.

Référencement

Distribution

Fait de répertorier un fournisseur.
■ Voir aussi : *Centrale de référencement*

Référendum

Droit constitutionnel

Procédure d'adoption par le corps électoral d'un « projet de loi » ou d'un « projet » ou « proposition de révision » de la Constitution.
Const. 4 oct. 1958, art. 11 et 89
■ Voir aussi : *Démocratie directe*

Référés (en la forme des)

Procédure civile

Procédure caractérisée par le fait qu'elle emprunte seulement la forme des *référés* tout en permettant un examen du fond de l'affaire, donc sans être un véritable référé.

Reformatio in pejus

Procédure pénale

Principe de procédure pénale au terme duquel une personne condamnée en première instance ne peut voir son sort aggravé par la juridiction du second degré, sur son seul appel, celui du civilement responsable, de la partie civile ou de l'assureur.
CPP, art. 515

Réformation

Droit processuel

Acte par lequel une juridiction supérieure réforme la décision d'une juridiction inférieure.

● *Exemple,* infirmation par une cour d'appel d'un jugement rendu par une juridiction du premier degré.
■ Voir aussi : *Voie de réformation*

Réforme de la taxe professionnelle

Finances publiques

Réforme initiée par la loi de finances pour 2010 suite à l'annonce par le président de la République de la suppression de la taxe professionnelle en février 2009. La loi n° 2009-1673 du 30 décembre 2009, loi de finances pour 2010, a remplacé la taxe professionnelle par un ensemble de nouvelles ressources, la contribution économique territoriale (composée de la cotisation foncière des entreprises et de la cotisation sur la valeur ajoutée des entreprises), l'imposition forfaitaire sur les entreprises de réseaux, la dotation de compensation de la taxe professionnelle, le fonds national de garantie individuelle de ressources et un panier d'impôts affectés aux budgets locaux.

■ Voir aussi : *Contribution économique territoriale, Cotisation foncière des entreprises, Cotisation sur la valeur ajoutée des entreprises, Imposition forfaitaire sur les entreprises de réseaux, Dotation de compensation de la taxe professionnelle, Fonds national de garantie individuelle de ressources*

Réfugié
Droit international public
Personne de nationalité étrangère, victime de persécutions dans son État d'origine, qui trouve protection dans un État d'accueil.

Conv. Genève, 28 juill. 1951
■ Voir aussi : *Asile diplomatique*

Refus de dépôt
Droit des sûretés
Décision du service chargé de la publicité foncière qui interdit, en raison d'un manquement grave, la publicité d'un acte ainsi que son opposabilité, qui pourront intervenir ultérieurement après régularisation.
■ Voir aussi : *Publicité foncière*

Refus de vente (pour discrimination) ■ Voir *Pratique discriminatoire*

Régence
Histoire médiévale – Histoire moderne
Mode de gouvernement du royaume pendant la minorité du souverain.

Régie
Droit administratif
Mode de gestion d'un *service public* dans lequel le service est totalement intégré au *budget* principal de la *per-*

sonne publique. Concrètement, un service géré en régie est assuré directement par les services et le personnel de la personne publique.

Régie d'avances, de recettes ■ Voir
Régisseur d'avances et de recettes

R

Régime communautaire ■ Voir
Communauté entre époux

Régime complémentaire de retraite
Droit social
Système de protection sociale complémentaire obligatoire, d'origine légale ou conventionnelle (généralisé, dans ce cas, à l'ensemble des travailleurs par les pouvoirs publics), instituant le bénéfice d'une pension de retraite supplémentaire à la retraite de base servie par la Sécurité sociale.

CSS, art. L. 921-1 et s.
■ Voir aussi : *PSC (protection sociale complémentaire)*

Régime dotal
Histoire – Droit des régimes matrimoniaux
Autrefois, *régime matrimonial* ne comportant aucune masse commune mais dont une partie des *biens* de l'épouse – les *biens dotaux* – était confiée à l'administration du mari, l'autre – les *biens paraphernaux* – étant laissé à sa libre administration et jouissance.

Régime juridique
Introduction au droit
Ensemble des règles de droit applicables à une situation.

■ Voir aussi : *Qualification*

R

Régime matrimonial
Droit des régimes matrimoniaux
Ensemble des règles régissant les relations pécuniaires des époux entre eux et dans leurs rapports avec les tiers.

   C. civ., art. 1387 et s.

Régime parlementaire
Droit constitutionnel
Classification doctrinale attribuée à un régime politique au sein duquel les organes de l'exécutif et les organes législatifs détiennent des pouvoirs mutuels d'autodestruction : le droit de dissolution et la responsabilité du gouvernement devant l'Assemblée des députés.

   ■ Voir aussi : *Dissolution*

Régime politique
Droit constitutionnel
Forme de gouvernement d'un État déterminée par des éléments juridiques, historiques, culturels et sociaux.

Régime présidentiel
Droit constitutionnel
Classification doctrinale attribuée au régime politique américain en raison de l'absence de moyen d'irrévocabilité réciproque entre le président et le Congrès.

Régime primaire impératif
Droit des régimes matrimoniaux
Ensemble des règles, pour la plupart *d'ordre public*, applicables à tous les époux quel que soit leur *régime matrimonial*.

   C. civ., art. 212 et s.

Régime sans communauté
Histoire – Droit des régimes matrimoniaux
Autrefois, *régime matrimonial* ne comportant aucune masse commune mais dont l'intégralité des *biens* était admi-nistrée par le seul mari. Ce régime est aujourd'hui prohibé.

Régime séparatiste ■ Voir *Séparation de biens*

Régime social des indépendants (RSI)
Droit de la protection sociale
Régime légal de sécurité sociale applicable à titre obligatoire aux travailleurs indépendants exerçant leur activité à titre principal sur le territoire national.

   CSS, art. L. 611-1 et s.

   ■ Voir aussi : *Caisse de base RSI (Régime social des indépendants)*

Région
Droit administratif
Collectivité territoriale créée par la loi n° 82-213 du 2 mars 1982. Elle a succédé aux *établissements publics* régionaux institués en 1972.

   CGCT, art. L. 4111-1

Régisseur d'avances et de recettes
Finances publiques
Fonctionnaire public nommé par un *ordonnateur* en accord avec le *comptable public* afin de manier des fonds publics. Le régisseur de recettes est autorisé à encaisser les recettes au nom du comptable, ce qui permet de faciliter le travail. Le régisseur d'avances a le droit de dépenser une partie des fonds pour des achats de faible montant. La pratique de la régie vise une exception à la séparation des ordonnateurs et des comptables. La pratique de la régie permet d'éviter d'externaliser le service tout en conservant une souplesse de gestion.

   D. n° 2012-1246, 7 nov. 2012, art. 22

Registre d'audience
Procédure civile

Registre tenu par le secrétariat de la formation de jugement, signé après chaque *audience* par le président de la juridiction et le secrétaire et sur lequel figurent des informations sur chaque audience telles que le nom des parties, leur comparution ainsi que le cas échéant les éventuels incidents d'instance.

CPC, art. 728

Registre du commerce et des sociétés (RCS)
Droit commercial – généralités

Registre tenu par le *greffe* du *tribunal de commerce* sur lequel sont tenus de se faire immatriculer, notamment, les *commerçants*, les *sociétés* et les *groupements d'intérêt économique*.

C. com., art. L. 123-1 et s., R. 123-31 et s., A. 123-12 et s.

Registre des dépôts
Droit des sûretés

Fichier tenu anciennement par la *conservation des hypothèques*, désormais par le service de la publicité foncière, qui contient les documents, remis au jour le jour, destinés aux formalités de publicité.

C. civ., art. 2453 et s.

▪ Voir aussi : *Publicité foncière*

Registre d'état civil
Droit des personnes et de la famille

Registre sur lequel sont inscrits les *actes d'état civil*. Ses feuilles sont officiellement numérotées et il est clos chaque année pour éviter les fraudes.

D. n° 62-921, 3 août 1962

▪ Voir aussi : *Répertoire civil*

Registre national des brevets
Propriété intellectuelle

Registre tenu par l'*Institut national de la propriété industrielle* où sont inscrits pour être opposables aux tiers tous les droits et actes transmettant ou modifiant les droits relatifs aux *brevets*.

CPI, art. L. 613

▪ Voir aussi : *Institut national de la propriété industrielle (INPI)*

Registre national des dessins et modèles
Propriété intellectuelle

Registre tenu par l'*Institut national de la propriété industrielle* où sont inscrits pour être opposables aux tiers tous les droits et actes transmettant ou modifiant les droits relatifs aux dessins et modèles.

CPI, art. L. 512-4

Registre national des marques (RNM)
Propriété intellectuelle

Registre tenu par l'*Institut national de la propriété industrielle* où sont inscrits pour être opposables aux tiers tous les droits et actes transmettant ou modifiant les droits relatifs aux *marques*.

CPI, art. L. 714-7

Registre du rôle ▪ Voir *Répertoire général*

Règle de conflit bilatérale
Droit international privé

Règle de conflit pouvant aboutir indifféremment à la désignation de la *loi* du *for* ou d'une loi étrangère.

Règle de conflit (de lois)
Droit international privé

Règle servant à la détermination formelle de la loi applicable à une *situation juridique* caractérisée par son *extra-*

néité, sans que ne soit abordé le contenu – le *fond* – de la loi applicable.

■ Voir aussi : *Conflit de lois (dans l'espace), Règle matérielle*

Règle de conflit unilatérale

Droit international privé

Règle de conflit ne pouvant aboutir qu'à la désignation de la *loi du for* et à la détermination de son champ d'application.

Règle de droit ou règle juridique

■ Voir *Droit, Norme*

Règle matérielle

Droit international privé

Règle qui tranche directement le *fond* du *droit* par la détermination d'un contenu aux lois applicables aux *situations juridiques* présentant un élément d'*extranéité*.

■ Voir aussi : *Règle de conflit (de lois)*

Règle d'or

Finances publiques

Nouvelle norme de discipline budgétaire instituée par la loi organique n° 2012-1403 du 17 décembre 2012, relative à la programmation et à la gouvernance des Finances publiques. Ce texte transpose en droit interne l'article 3 du Traité sur la stabilité, la coordination et la gouvernance au sein de l'Union européenne signé le 2 mars 2012 et en vigueur le 1er janvier 2013. Cette norme a été imposée par l'Allemagne après la crise des dettes souveraines de 2009-2010. Désormais, l'objectif à moyen terme de limitation des déficits des administrations publiques doit être fixé obligatoirement par la *loi de programmation des finances publiques*. Si l'État présente une dette publique supérieure

à 60 % du PIB, l'écart maximal par rapport à l'objectif peut être de 0,5 % du PIB ; si l'État présente une dette inférieure à 60 %, l'écart maximal peut atteindre 1 % du PIB.

■ Voir aussi : *Équilibre budgétaire*

Règle proportionnelle (de capitaux)

Droit des assurances

Règle applicable en cas de sous-assurance en vertu de laquelle l'indemnité due par l'assureur est, sauf stipulation contraire, réduite proportionnellement au rapport existant entre la valeur déclarée des capitaux assurés et leur valeur réelle appréciée au jour du sinistre.

C. assur., art. L. 121-5

Règle proportionnelle (de prime)

Droit des assurances

Sanction de la fausse déclaration non intentionnelle de l'assuré, découverte après sinistre, consistant en la réduction de l'indemnité due par l'assureur proportionnellement au rapport existant entre le taux de prime payé et celui qui aurait dû être payé si les risques avaient été complètement et exactement déclarés.

C. assur., art. L. 113-9

Règlement

Droit administratif

Acte unilatéral doté d'une portée générale et impersonnelle. Le domaine de la loi est défini de manière restrictive par la *Constitution* alors que celui du règlement dispose d'une compétence résiduelle. Le pouvoir réglementaire se subdivise en pouvoir réglementaire d'application de la loi et pouvoir réglementaire autonome. Contrairement à une idée répandue, les règlements autonomes sont peu nombreux. La fonction principale d'un règlement est d'appliquer la loi.

▪ Voir aussi : *Hiérarchie des normes, Acte administratif, Décret*

Droit de l'Union européenne

Acte juridique obligatoire de l'Union européenne, de portée générale et d'*applicabilité directe*, qui lie les États membres destinataires dans tous ses éléments.

TFUE, art. 288

Règlement d'administration publique (RAP)

Droit administratif

Ancêtre des *décrets* en *Conseil d'État*. N'existent plus.

Règlement amiable

Liquidation et redressement judiciaires

Nom donné, avant la réforme réalisée par la loi n° 2005-845 du 26 juillet 2005 relative à la *sauvegarde* des entreprises, à la procédure judiciaire offerte aux entreprises artisanales ou commerciales, aux personnes morales de droit privé ainsi qu'aux exploitations agricoles en difficultés sans être en état de *cessation des paiements* pour rechercher, avec l'aide d'un *conciliateur*, un accord avec les *créanciers*. *La suspension provisoire des poursuites* pouvait être ordonnée par le président du *tribunal de commerce* sur saisine du conciliateur si elle pouvait favoriser la conclusion de l'accord. La procédure de règlement amiable demeure en vigueur pour les exploitations agricoles en difficulté.

C. rur. pêche marit., art. L. 351-1 et s.

▪ Voir aussi : *Conciliation*

Consommation – Introduction au droit

Nom donné, avant sa réforme en 1995, à la procédure destinée, par l'élaboration d'un plan conventionnel de règlement approuvé par le *débiteur* et ses principaux créanciers, à régler la situation de surendettement des personnes physiques.

▪ Voir aussi : *Redressement judiciaire*

Règlement Bruxelles II ▪ Voir *Convention de Bruxelles II*

Règlement Bruxelles II *bis*

Droit de l'Union européenne

Règlement communautaire n° 2201/2003 du 27 novembre 2003 relatif à la compétence, la reconnaissance et l'exécution des décisions en matière matrimoniale et de responsabilité parentale, visant à renforcer la coopération judiciaire en matière civile et abrogeant le règlement dit *Bruxelles II*.

▪ Voir aussi : *Convention de Bruxelles, Convention de Bruxelles II*

Règlement d'atelier

Droit social

Acte réglementaire de droit privé réalisé par écrit et de façon unilatérale par l'employeur afin d'établir les règles applicables dans l'atelier (exclusivement) en matière d'hygiène, de sécurité et de discipline, notamment quant à la nature et à l'échelle des sanctions, à l'abus d'autorité en matière sexuelle et aux droits de la défense des salariés sanctionnés.

C. trav., art. L. 1311-1, L. 1311-2

▪ Voir aussi : *Pouvoir disciplinaire, Licenciement, Employeur, Règlement intérieur*

Règlement de copropriété
Droit des biens

Acte juridique qui contient l'ensemble des droits et obligations des copropriétaires, relatif aux parties communes et aux parties privatives.

Règlement intérieur
Droit social – Droit de la protection sociale

1. Acte réglementaire de droit privé réalisé par écrit et de façon unilatérale par l'employeur afin d'établir les règles applicables dans l'entreprise ou l'établissement (exclusivement) en matière d'hygiène, de sécurité et de discipline, notamment quant à la nature et à l'échelle des sanctions, à l'abus d'autorité en matière sexuelle et aux droits de la défense des salariés sanctionnés.
2. Acte réglementaire adopté au sein du conseil d'administration des caisses de sécurité sociale (à partir d'un règlement-type) afin de fixer les modalités de versement des prestations légales et extra-légales.

C. trav., art. L. 1311-1, L. 1311-2 ; CSS, art. L. 217-1

■ Voir aussi : *Pouvoir disciplinaire, Licenciement, Employeur, Caisses (locales) de sécurité sociale, Prestations (sociales), Règlement d'atelier*

Règlement de juges
Procédure civile

Nom anciennement donné à la procédure applicable en cas de *connexité* et de *litispendance*.

Règlement pacifique
Droit international public

Principe d'interdiction du recours à la force pour trancher les litiges entre États au profit de modes pacifiques tels la négociation, l'enquête, la médiation, la conciliation, l'arbitrage, le règlement judiciaire ou le recours à une organisation internationale.

Charte NU, 26 juin 1945, art. 33

■ Voir aussi : *Diplomatie*

Régularisation
Introduction au droit

Mise en conformité d'un acte aux exigences légales par l'accomplissement d'une formalité manquant à l'origine.

■ Voir aussi : *Confirmation, Ratification*

Régulation
Introduction au droit

Fait d'assurer le fonctionnement correct et équilibré d'un secteur complexe d'activité, au moyen d'un organe spécifique, ayant reçu des pouvoirs à cette fin.

Régulation budgétaire
Finances publiques

Pratique du ministère des Finances visant à réaliser des économies de dépenses en raison de l'insuffisance du taux de croissance. La régulation porte atteinte au principe d'annualité budgétaire car elle relève du pouvoir réglementaire et s'exerce souvent avec opacité.

Réhabilitation
Liquidation et redressement judiciaires

Rétablissement de la personne dans ses droits après l'expiration de la durée ou le relèvement total des déchéances, interdictions et incapacité consécutives à sa mise en *faillite personnelle* ou à l'interdiction qui lui a été faite de diriger, gérer, administrer ou contrôler, directement ou indirectement, certaines entreprises ou personnes morales.

C. com., art. L. 653-11

Réintégrande
Droit des biens
Action en justice exercée après un trouble de la *possession* ou de la *détention* d'un *immeuble*, subi lors d'une *voie de fait* à l'origine d'une dépossession.

C. civ., art. 2283 ; CPC, art. 1264 et s.
▪ Voir aussi : *Complainte, Dénonciation de nouvel œuvre*

Réintégration
Droit social
1. Situation de retour du salarié à une situation d'emploi antérieure et provisoirement abandonnée (réintégration à un poste de travail ; réintégration dans l'entreprise après un arrêt de travail ou un congé maternité, etc.).
2. Situation de réembauche ou de retour dans l'entreprise d'un personnel salarié licencié (suite à l'annulation de la mesure de licenciement), mis temporairement à la disposition d'une entreprise ou d'une entité utilisatrice ou, tout simplement, expatrié.

C. trav., art. L. 2422-1 à L. 2422-4
▪ Voir aussi : *Classification, Détachement temporaire (à l'étranger), Expatriation*

Réitération
Procédure civile
1. Nécessaire répétition d'un *acte de procédure* après un délai de réflexion (ex. : réitération de la requête en divorce par consentement mutuel).
Droit pénal
2. Une personne se trouve en état de réitération d'infractions lorsqu'elle a déjà été condamnée définitivement pour un crime ou un délit et qu'elle commet une nouvelle infraction ne réunissant pas les conditions de la récidive légale.

Les peines prononcées au titre de l'infraction commise en réitération se cumulent sans limitation de *quantum*, sans pouvoir être confondues avec les peines prononcées au titre de la condamnation précédente.

C. pén., art. 132-16-7

Réitération des enchères
Procédure civile
Remise en vente d'un bien vendu aux enchères, faute pour l'adjudicataire d'avoir payé le prix dans le délai qui lui était imparti.

CPC ex., art. R. 322-66

Relais
Droit administratif ▪ Voir *Lais et relais*

Relativité des conventions ▪ Voir *Effet relatif des contrats*

Relativité des traités
Droit international public
Absence d'effet légal d'un traité international à l'égard des tiers.

Conv. Vienne, 23 mai 1969, art. 34
▪ Voir aussi : *Clause de la nation la plus favorisée*

Relaxe
Procédure pénale
Décision du tribunal de police ou du tribunal correctionnel qui déclare l'innocence d'une personne qui a été traduite devant lui.

CPP, art. 470, 541

Relevé de forclusion
Procédure civile
Acte par lequel un juge lève l'obstacle à l'action que constitue sa forclusion en raison, par exemple, du fait que la personne était dans l'impossibilité d'agir.

CPC, art. 540, 541

Relevé d'identité
Procédure pénale ■ Voir *Contrôle d'identité, Vérification d'identité*

Relèvement
Droit pénal
Mesure extinctive des incapacités, déchéances et interdictions découlant d'une condamnation, décidée au moment de la condamnation ou postérieurement, à la demande de la personne condamnée.
C. pén., art. 132-21 ; CPP, art. 702-1, 703

Relèvement du nom
Droit des personnes et de la famille
Possibilité accordée par la loi, au plus proche successible, de porter le *nom* d'un parent mort pour la France alors qu'il était le dernier descendant de la famille, c'est-à-dire le dernier à pouvoir transmettre ce nom.

Remembrement
Droit rural
Distribution nouvelle de parcelles de terre effectuée sous l'autorité d'une commission départementale qui assure un transfert forcé de la *propriété* entre les propriétaires concernés.
C. rur. pêche marit., art. L. 123-1 et s.

Réméré ■ Voir *Rachat (faculté de)*

Remise ■ Voir *Rabais, ristournes et remises*

Remise de cause
Procédure pénale
Décision judiciaire de renvoyer l'examen d'une affaire à une audience ultérieure, dite de renvoi.
CPP, art. 461

Remise de dette
Droit des obligations
Acte par lequel un *créancier* accorde à son *débiteur* une réduction totale ou partielle de sa dette.
C. civ., art. 1282 et s.

Remises gracieuses
Finances publiques
Pouvoir accordé au ministre des Finances de réduire ou supprimer les sanctions pécuniaires prononcées par le juge des comptes à l'encontre des comptables publics. Il s'agit d'une manifestation de la justice retenue qui est contraire non seulement aux principes généraux du droit public, mais également à l'article 6, § 1 de la Convention européenne des droits de l'homme. La loi du 28 octobre 2008 a supprimé les remises sur les amendes et la loi de finances rectificative pour 2011 a réduit la portée des remises en obligeant les comptables à payer un minimum, y compris en cas de débet sans préjudice.

Remisier
Droit financier
Intermédiaire commerçant dont l'activité consiste à apporter aux *prestataires de services d'investissement* les ordres de bourse reçus de ses propres clients et à surveiller leur bonne exécution moyennant un pourcentage (« remise ») calculé sur le montant des ordres.

Remploi
Droit des régimes matrimoniaux
Utilisation de deniers *propres* d'un époux, obtenus après la vente d'un *bien propre*, pour acquérir un autre *bien* qui

sera lui-même qualifié de *propre* si certaines conditions sont respectées.

C. civ., art. 1406, 1434, 1435, 1436

▪ Voir aussi : *Emploi*

Rémunération mensuelle minimum

Droit social

Niveau mensuel minimum de rémunération auquel un salarié peut prétendre en cas de mise en chômage partiel ; ce niveau correspond à la valeur du SMIC multiplié par le nombre d'heures correspondant à la durée légale du travail pour le mois considéré. Il sert également de base au calcul minimum des cotisations de sécurité sociale (*assiette minimale*) dues pour toute activité salariée.

C. trav., art. L. 3232-1 ; CSS, art. R. 242-1

▪ Voir aussi : *SMIC (salaire minimum interprofessionnel de croissance), Assiette des cotisations*

Renonciation

Introduction au droit

Acte par lequel une personne abandonne un *droit*, c'est-à-dire perd volontairement la possibilité de s'en prévaloir. Compte tenu de ses effets, cet acte est un *acte de disposition.*

Renonciation à succession

Droit des successions et libéralités

Option soumise à formalité par laquelle *l'héritier* exprime sa volonté d'être exclu de la *succession* à laquelle il est appelé. L'héritier renonçant est considéré comme un étranger à la succession.

C. civ., art. 804 et s. ; CPC, art. 1339 et s.

▪ Voir aussi : *Acceptation pure et simple, Acceptation à concurrence de l'actif net*

Renonciation anticipée à l'action en réduction

Droit des successions et libéralités

Nouveau *pacte sur succession future* créé par la loi du 23 juin 2006 par lequel un *héritier* réservataire peut renoncer, par anticipation et avec l'accord de celui dont il a vocation à hériter, à une *action en réduction* contre une *libéralité* portant atteinte à sa *réserve.*

C. civ., art. 929 à 930-5

Renouvellement (droit au) ▪ Voir *Droit au renouvellement*

Renseignements généraux

Droit administratif

Services administratifs de *police* placés sous l'autorité du ministre de l'Intérieur. Ils sont chargés de surveiller la population afin de prévenir les troubles de l'ordre public. Ils informent le gouvernement de l'évolution des opinions politiques des citoyens afin de préparer les élections.

Rente

Droit de la protection sociale

Modalité de versement de prestations de sécurité sociale sous forme d'une pension versée de façon mensuelle ou trimestrielle.

● *Exemple,* rente accident du travail.

CSS, art. L. 434-2

▪ Voir aussi : *Accident du travail, Maladie professionnelle, Prestations (sociales), Assurance risques professionnels*

Rente viagère

Droit des contrats spéciaux

1. Revenus périodiques, appelés arrérages, versés par le débirentier au crédirentier pendant toute la vie de celui-ci ou d'une autre personne.

R

2. Contrat (de constitution de rente viagère) par lequel le débirentier s'engage, moyennant ou non une contrepartie, à verser périodiquement au crédirentier une somme déterminée, les arrérages, durant toute la vie de celui-ci ou d'un tiers.

C. civ., art. 759, 766, 1968 à 1983

Renvoi
Droit international privé

Mécanisme qui permet au *juge* du *for* de prendre en compte la *règle de conflit* étrangère pour la désignation de la *loi* applicable au *litige* qui lui est soumis, soit que cette règle de conflit renvoie à la loi du for, soit qu'elle renvoie à une loi relevant d'un autre *ordre juridique*.

■ Voir aussi : *Renvoi au premier degré, Renvoi au deuxième degré*

Renvoi à l'audience
Procédure civile

Décision par laquelle le président de la *chambre* à laquelle l'affaire a été confiée décide de la renvoyer à *l'audience* plutôt que de la confier à un *juge de la mise en état*.

CPC, art. 760, 761

Renvoi après cassation
Droit processuel

Disposition d'un arrêt de cassation désignant, pour qu'il soit à nouveau statué sur le fond, une juridiction de même nature et de même degré que celle dont la décision a été cassée.

Renvoi au deuxième degré
Droit international privé

Désignation par la *règle de conflit* du *for* d'une loi applicable au *litige*, qui, elle-même, déclare compétente une loi relevant d'un autre *ordre juridique*.

■ Voir aussi : *Conflit de rattachements*

Renvoi préjudiciel
Droit de l'Union européenne

Mécanisme permettant au juge national de poser une question au juge communautaire (la *Cour de justice de l'Union européenne*) en raison d'une difficulté se rapportant soit à l'interprétation d'une disposition des traités ou d'un *acte juridique de l'Union*, soit à l'appréciation de la validité d'un tel acte. La réponse de la Cour de justice de l'Union européenne à la question posée par la juridiction interne s'impose à cette dernière.

TFUE, art. 267

■ Voir aussi : *Coopération judiciaire*

Renvoi au premier degré
Droit international privé

Désignation par la *règle de conflit* du *for* d'une loi applicable au *litige*, qui, elle-même, déclare compétente la loi du for.

■ Voir aussi : *Conflit de rattachements*

Réparation intégrale (du dommage)
Droit des obligations

Principe de la *responsabilité* civile en vertu duquel tout le *dommage* causé mais rien que le *dommage* causé doit être réparé.

Repenti
Droit pénal

Délinquant qui collabore avec les services de police ou les services judiciaires, afin de permettre d'interrompre ou d'empêcher la perpétration future d'infractions et d'arrêter les personnes responsables et pouvant à ce titre bénéficier d'une réduction ou d'une exemption de peine dans certains cas.

▫ Voir aussi : *Dispense de peine, Exemption de peine*

Repentir ▫ Voir *Rétractation*

Repentir actif
Droit pénal
Action d'un délinquant consistant, postérieurement à la commission de l'infraction, à en réparer les conséquences dommageables, indifférente en principe à la qualification de l'infraction, mais parfois prise en compte lors du prononcé de la peine.

Répertoire de gestion des carrières uniques
Droit de la protection sociale
La réforme des retraites du 20 janvier 2014 a créé un répertoire pour lequel les régimes de retraite, de base et complémentaire, légalement obligatoires et les services de l'État chargés de la liquidation des pensions doivent régulièrement adresser à la Caisse nationale de l'assurance vieillesse des travailleurs salariés (CNAVTS) l'ensemble des informations concernant la carrière de leurs *assurés sociaux*.

CSS, art. L. 161-17-1-2
▫ Voir aussi : *Affiliation, Assuré social, Assurance vieillesse, Caisses nationales de sécurité sociale*

Répertoire civil
Droit des personnes et de la famille
Système d'information des tiers sur les événements qui affectent la personnalité juridique des individus, mais qui ne font pas l'objet d'un *acte d'état civil* au sens strict. Ce système est conçu comme un complément des *registres d'état civil*,

une mention en marge de l'acte de naissance devant signaler qu'il existe des renseignements concernant la personne au sein du répertoire civil. Ce répertoire recense : les *incapacités, l'absence, les régimes matrimoniaux*.

CPC, art. 1057 à 1061
▫ Voir aussi : *Registre d'état civil*

Répertoire général
Procédure civile
Document tenu par le *secrétariat-greffe* de la juridiction et où figure la date de la saisine, le numéro d'inscription, les noms des parties, la nature de l'affaire, la chambre à laquelle elle est distribuée, la date et la nature de la décision.

CPC, art. 726

Répertoire des métiers
Droit commercial – généralités
Registre tenu dans chaque chambre des métiers sur lequel sont tenus de se faire immatriculer les *artisans* dont l'activité n'est pas secondée par plus de dix salariés.

D. n° 98-247, 2 avr. 1998, art. 7 et s.

Répétition de l'indu
Droit des obligations
Action par laquelle le *solvens* qui a effectué un paiement qui n'était pas dû peut en obtenir remboursement.

C. civ., art. 1376 et s.
▫ Voir aussi : *Paiement de l'indu*

Réplique
Droit administratif
Terme de procédure administrative contentieuse. Tout recours contentieux commence par le dépôt d'une requête introductive d'instance du demandeur. Le défendeur répond alors par un mémoire en défense. Puis, le cas échéant, le

R

449

demandeur produit un mémoire en réplique. Enfin, le défendeur répond par un mémoire en duplique.

R Réponse ministérielle
Introduction au droit – sources du droit
Réponse des ministres aux questions écrites que peuvent leur poser les parlementaires afin de connaître l'orientation de leur action et d'être éclairés sur l'interprétation des lois et décrets. Ces réponses n'ont en principe aucune force obligatoire, mais elles ont une influence certaine sur les milieux professionnels concernés.

▪ Voir aussi : *Rescrit*

Réponses
Histoire romaine
Étym. : du latin *responsa*. Consultations données par les *jurisconsultes*.

Report en bourse
Droit financier
Report à une liquidation ultérieure de la réalisation sur un marché à terme d'une opération de bourse.

Report de crédits
Finances publiques
Exception au principe *d'annualité budgétaire* permettant de prolonger d'une année la durée des *crédits budgétaires*. Les reports sont autorisés dans tous les domaines des finances publiques. L'article 15 de la loi organique n° 2001-692 du 1er août 2001 a prévu que les dépenses de personnel ne pouvaient donner lieu à aucun report de crédits.

Repos compensateur
Droit social
Temps de repos spécialement accordé par la loi au travailleur qui s'est livré à des heures supplémentaires au-delà du contingent annuel d'heures supplémentaires.

C. trav., art. L. 3121-22 et s.

▪ Voir aussi : *Heures supplémentaires, Durée du travail*

Repos hebdomadaire
Droit social
Temps de repos d'une durée de vingt-quatre heures minimum accordé, à titre obligatoire et de façon hebdomadaire, à chaque salarié dans l'entreprise ; en principe, ce repos est réalisé le dimanche (repos dominical).

C. trav., art. L. 3111-1

▪ Voir aussi : *Durée du travail*

Représailles
Droit international public
Mesures illicites dirigées contre un État en réaction à un comportement inamical.

▪ Voir aussi : *Rétorsion*

Représentant ▪ Voir *Représentation*

Représentant de commerce
Droit social – Droit de la protection sociale
Catégorie de travailleur salarié chargé de la représentation des biens et/ou des services produits par un employeur (VRP-monocarte) ou plusieurs employeurs (VRP-multicartes) dans un secteur défini et selon des tarifs fixés à l'avance, mais n'ayant pas la possibilité de réaliser des opérations pour son compte personnel.

C. trav., art. L. 7311-2 à L. 7311-3, L. 7313-1 ; CSS, art. L. 311-3, 2°

▪ Voir aussi : *Voyageur-représentant-placier (VRP), Contrat de travail, Assujettissement*

Représentant des créanciers

Liquidation et redressement judiciaires

Dénomination donnée, avant sa suppression par la loi n° 85-98 du 25 janvier 1985, au *mandataire judiciaire à la liquidation des entreprises* désigné par le tribunal ouvrant une procédure de *redressement judiciaire* pour défendre l'intérêt collectif des *créanciers* du *débiteur*. La représentation des créanciers est depuis 2006 assurée par le *mandataire judiciaire*. Ce dernier participe, en cas d'ouverture d'une procédure de *sauvegarde*, de *redressement* ou *liquidation judiciaires*, à la *vérification des créances*, a qualité pour engager les actions utiles à la défense de l'intérêt collectif des *créanciers* et prend toute mesure pour les informer et consulter. Il peut, en outre, mettre en demeure un *associé* ou un *actionnaire* de verser les sommes restant dues sur le montant des *parts* et *actions* souscrites par lui. En cas de *liquidation judiciaire*, le mandataire judiciaire est désigné comme *liquidateur*. En cas d'adoption d'un *plan de sauvegarde* ou de *redressement*, il peut être nommé *commissaire à l'exécution du plan*.

C. com., art. L. 812-1 et s., L. 621-4, al. 3, L. 622-20, L. 624-1, L. 631-9, L. 631-18, L. 641-4, L. 641-5, L. 626-25, L. 631-19

▪ Voir aussi : *Administrateur judiciaire, Liquidateur*

Représentant du personnel

Droit social

Salarié exerçant des fonctions électives de représentation des intérêts du personnel dans l'entreprise, soit en qualité de délégué du personnel, soit comme membre de la délégation du personnel du comité d'entreprise, du comité d'hygiène, de sécurité et des conditions de travail (CHSCT) ou du comité de groupe.

C. trav., art. L. 2311-1, L. 2312-1 à L. 2312-5, L. 2321-1, L. 2322-1 à L. 2322-4, R. 2312-1

▪ Voir aussi : *Comité d'entreprise, Comité d'entreprise européen*

Représentant du peuple

Droit constitutionnel

Délégué des citoyens, élu ou nommé, chargé d'exprimer la volonté nationale en participant à la fonction législative. Si le président de la République et les parlementaires sont des représentants élus, les membres du gouvernement se présentent comme des représentants nommés.

Const. 4 oct. 1958, art. 3

Représentant des salariés

Liquidation et redressement judiciaires

Personne désignée, au sein de l'entreprise soumise à une procédure de *sauvegarde*, de *redressement* ou *liquidation judiciaires*, par le *comité d'entreprise*, les *délégués du personnel* ou, à défaut, les salariés pour participer à la *vérification des créances* salariales et, en l'absence de ces institutions, exercer les fonctions qui leur sont dévolues dans le cadre de ces procédures.

C. com., art. L. 621-4, R. 621-14, L. 625-1 et s., R. 625-1, L. 631-9, L. 641-1, II, al. 4

Représentation

Introduction au droit

Mécanisme d'origine légale, judiciaire ou conventionnelle pour lequel une personne, le représentant, agit au nom et pour le compte d'une autre, le représenté.

■ Voir aussi : *Mandat, Représentation (contrat de)*

Droit des successions et libéralités

Institution en vertu de laquelle un *héritier* exerce dans la *succession* ouverte les droits dont aurait disposé son ascendant prédécédé s'il avait survécu au *de cujus*. Par exemple, deux petits-enfants pourront venir en représentation de leur père prédécédé et concurrencer leur oncle dans la succession de leur grand-père. Ils prendront chacun un quart de la succession et leur oncle la moitié.

C. civ., art. 751 et s.

Représentation (contrat de)

Droit des contrats spéciaux

Catégorie de contrats par lesquels une personne agit au nom et pour le compte d'une autre (ex. : *mandat*) ou, par extension, agit pour le compte d'une autre mais en son propre nom (représentation imparfaite).

■ Voir aussi : *Commission, Convention de prête-nom*

Représentation en justice

Droit processuel

Pouvoir, né d'un *mandat ad litem,* d'accomplir des *actes de procédure* au nom et pour le compte d'une partie.

CPC, art. 18 et s., 411 et s.

Représentativité des syndicats

Droit social

Qualité reconnue à un syndicat et lui conférant un statut juridique particulièrement avantageux, lorsqu'il est directement considéré par la loi comme représentatif des salariés ou lorsque sa représentativité dans l'entreprise peut être vérifiée (ancienneté, indépendance,

résultats aux dernières élections du personnel...).

C. trav., art. L. 2121-1, L. 2122-1, L. 2141-9, L. 2141-12, L. 2314-8, L. 2324-11

■ Voir aussi : *Syndicat (professionnel), Délégué syndical, Section syndicale, Liberté syndicale*

Représenté ■ Voir *Représentation*

Reprise (droit)

Droit des contrats spéciaux

Droit conféré au bailleur par la loi d'écarter, dans certaines circonstances, le droit au *maintien dans les lieux* du preneur afin de récupérer l'usage de son *immeuble*.

Reprise d'apport franc et quitte

Histoire – Droit des régimes matrimoniaux

Autrefois, clause du *contrat de mariage* prévoyant la possibilité pour l'épouse renonçant à la communauté de reprendre les *biens* qui y étaient entrés de son chef, sans pour autant être tenue du passif commun.

Reprise d'engagements (société en formation)

Droit des sociétés

Opération consistant pour une société nouvellement créée à reprendre à son compte un certain nombre d'actes accomplis à son profit pendant la période de formation par les futurs associés. Cette reprise doit en principe être opérée par une décision de l'assemblée générale. Elle peut être directement opérée lorsque les actes en question ont fait l'objet d'un état annexé aux statuts, ou ont été accomplis en vertu d'un mandat donné dans les statuts à l'associé.

C. civ., art. 1843

Reprise d'instance

Procédure civile

Réactivation volontaire ou imposée, par voie de citation, d'une *instance* interrompue.

CPC art. 373 et s.

Reprise des propres

Droit des régimes matrimoniaux

Opération préliminaire au *partage* de la communauté par laquelle les époux reprennent leurs biens propres en nature.

C. civ., art. 1467

République

Histoire romaine

Étym. : du latin *respublica* « la chose publique ».

1. Concept selon lequel l'État devient l'affaire du peuple.

2. Désigne l'organisation politique à Rome de 509 à 207 avant J.-C.

Histoire moderne

Communauté politique subordonnée au roi et dépendante de lui.

Histoire révolutionnaire

Régime institutionnel et modèle politique fondé le 21 septembre 1792 et conçu comme un idéal et un combat.

République française

Histoire contemporaine

Régime institutionnel de la France dans lequel l'entité souveraine des citoyens est censée prendre une part active aux affaires publiques par l'intermédiaire de représentants élus ou amovibles : Première République (1792-1799), Deuxième République (1848-1851), Troisième République (1875-1940), Quatrième République (1944-1958), Cinquième République (1958-...).

Répudiation

Droit des personnes et de la famille

Déclaration unilatérale de volonté par laquelle une personne peut valablement mettre fin à une union légale, en renvoyant son conjoint. Ce procédé n'est pas admis en droit français pour le mariage.

■ Voir aussi : *Divorce*

Requérant

Droit européen

Justiciable qui introduit une requête devant la *Cour européenne des droits de l'homme* afin d'obtenir la condamnation d'un État partie à la *Convention européenne des droits de l'homme* pour violation d'un droit garanti par cette convention.

■ Voir aussi : *Demandeur*

Requête individuelle

Droit européen

Action introduite devant la *Cour européenne des droits de l'homme* par une personne physique, une *organisation non gouvernementale* ou un groupe de particuliers contre un État partie à la *Convention européenne des droits de l'homme*, défendeur, qui se voit reprocher une violation de cette convention.

Conv. EDH 4 nov. 1950, art. 34

■ Voir aussi : *Recours interétatique*

Réquisition

Droit administratif

Procédé permettant à l'administration de contraindre des particuliers, moyennant indemnisation, de lui fournir un bien ou un service.

Procédure civile

Conclusions du ministère public.

Res communis
Droit des biens
Formule latine désignant une *chose commune.*

Res derelictae
Droit des biens
Formule latine désignant une *chose* abandonnée volontairement par son propriétaire et susceptible d'appropriation par un tiers.
C. civ., art. 539, 713
■ Voir aussi : *Bien vacant et sans maître, Épave*

Res inter alios acta, alliis nec prodesse, nec nocere potest
Droit des obligations
Expression latine souvent citée par ses trois premiers mots signifiant littéralement « La chose convenue entre les uns ne nuit ni ne profite aux autres », qui pose le principe *d'effet relatif* du contrat.
■ Voir aussi : *Effet relatif des contrats*

Res judicata pro veritate habetur
Droit processuel
Expression latine signifiant que la chose jugée doit être tenue pour l'expression de la vérité.
C. civ., art. 1350, 1351

Res nullius
Droit des biens
Formule latine désignant une *chose* n'appartenant à personne et susceptible d'appropriation.
■ Voir aussi : *Res communis*
C. civ., art. 714

Res perit creditori
Droit des obligations – Droit des contrats spéciaux
Règle exceptionnelle selon laquelle les risques de perte ou de détérioration de la

chose sont supportés par le créancier de celle-ci.
■ Voir aussi : *Incoterms, Risques (théorie des), Res perit debitori, Res perit domino*

Res perit debitori
Droit des obligations – Droit des contrats spéciaux
Règle selon laquelle les risques de perte ou de détérioration de la chose sont supportés par le débiteur de celle-ci.
C. civ., art. 1722, 1788, 1790 ; Conv. Vienne, 11 avr. 1980, art. 67 et 69
■ Voir aussi : *Incoterms, Risques (théorie des), Res perit creditori, Res perit domino*

Res perit domino
Droit des obligations – Droit des contrats spéciaux
Règle selon laquelle les risques de perte ou de détérioration de la chose sont supportés par le propriétaire de celle-ci.
C. civ., art. 1138, 1647, 1730, 1789, 1810, 1884, 1933 ; C. com., art. L. 132-7
■ Voir aussi : *Incoterms, Risques (théorie des), Res perit creditori, Res perit debitori*

Rescision
Droit des obligations
Nom de l'action en *nullité relative* ouverte contre un acte pour cause de *lésion.*

Rescrit
Introduction au droit – sources du droit
1. *A*vis émis par une autorité sur l'interprétation d'une *norme* dont elle est l'auteur, en réponse à une demande qui lui a été adressée.
2. *A*vis émis par les autorités administratives ou juridictionnelles sur l'inter-

prétation d'une *norme*, en réponse à une demande qui leur a été adressée.

■ Voir aussi : *Avis, Réponse ministérielle*

Histoire romaine

Réponse écrite donnée par l'empereur romain sur une consultation juridique qui lui était demandée.

Réseau de distribution
Distribution

Ensemble contractuel résultant de l'addition des *contrats* analogues unissant le promoteur du réseau aux adhérents dans l'objectif d'harmoniser, par le respect de mêmes normes, les modalités de commercialisation des produits ou services.

■ Voir aussi : *Concession, Franchise (contrat de), Distribution sélective, Distributeur agréé*

Réseau ferré de France
Droit administratif

Établissement public industriel et commercial propriétaire des voies de chemin de fer qu'il est chargé de gérer. Le droit de l'Union européenne a séparé cette structure du reste de la SNCF.

Réserve
Droit des sociétés

Fraction des bénéfices sociaux laissés à disposition de la société.

C. com., art. L. 225-128, L. 225-130, L. 232-11, L. 232-12

■ Voir aussi : *Réserve légale*

Réserve héréditaire
Droit des successions et libéralités

Fraction du *patrimoine* réservée à certains *héritiers* et qu'aucune *libéralité* du *de cujus* ne peut entamer sans risquer une *action en réduction*. En présence de descendants, cette fraction est de la moi-

tié lorsqu'il y a un enfant, de deux tiers lorsqu'il y en a deux et de trois quarts lorsqu'il y en a trois et plus. En présence d'un conjoint-survivant et en l'absence de descendants, cette fraction est de un quart.

C. civ., art. 913, 914-1

■ Voir aussi : *Quotité disponible, Renonciation anticipée à l'action en réduction*

Réserve d'interprétation
Contentieux constitutionnel

Technique par laquelle le *Conseil constitutionnel* valide une disposition législative en précisant la manière dont elle doit être appliquée pour respecter la *Constitution*.

Réserve légale
Droit des sociétés

Prélèvement obligatoire dans les sociétés par actions et à responsabilité limitée permettant la constitution d'une garantie égale à 1/10e du capital social. La constitution du fonds est réalisée par un prélèvement minimum de 5 % sur les bénéfices nets jusqu'à réalisation de la réserve.

C. com., art. L. 232-10

Réserve de propriété (clause)
■ Voir *Clause de réserve de propriété*

Réserves d'interprétation
Contentieux constitutionnel

Technique juridictionnelle, subordonnant la constitutionnalité d'une *loi* à une interprétation de certaines de ses dispositions, délivrée dans les motifs et le dispositif de la décision constitutionnelle.

■ Voir aussi : *Autorité de la chose interprétée*

R

Résidence

Droit des personnes et de la famille
Lieu où la personne vit effectivement.
Ce lieu peut être distinct du *domicile*
(ex. : résidence secondaire), qui est le
lieu dont le droit français tient, en principe, compte. Cependant, certains textes
privilégient la résidence, notamment en
droit de la famille et en droit international privé.

■ Voir aussi : *Domicile*

Résiliation

Droit des obligations
Disparition, produisant ses effets pour
l'avenir seulement, d'un *contrat à exécution successive* qui n'est pas exécuté.

● *Exemple,* résiliation d'un contrat de
bail.

■ Voir aussi : *Caducité, Nullité, Résolution*

Résolution

Droit constitutionnel
1. Décision d'une assemblée parlementaire, rentrant dans la catégorie des actes
non législatifs, proposant de modifier le
règlement d'une assemblée, de créer une
commission d'enquête, de suspendre les
mesures privatives de liberté ou de poursuite d'un parlementaire, de formuler
des avis sur toute proposition d'acte
communautaire comportant des dispositions de nature législative.

■ Voir aussi : *Motion*

2. Décision, votée en terme identique par
l'Assemblée nationale et le Sénat à la
majorité absolue des membres les composant, de mettre en accusation le président de la République devant la Haute
Cour de justice.

Const. 4 oct. 1958, art. 68

Droit des obligations
Disparition rétroactive d'un *contrat synallagmatique* en cas d'*inexécution.*

C. civ., art. 1184

■ Voir aussi : *Caducité, Nullité, Résiliation*

Résolutoire ■ Voir *Clause résolu-
toire, Condition*

Respect du corps humain ■ Voir
*Indisponibilité du corps humain, Invio-
labilité du corps humain*

Responsabilité

*Introduction au droit – Droit pénal
– Droit des obligations*
Obligation de répondre d'un dommage
causé.

Responsabilité civile

Droit des obligations
Obligation de réparer un *dommage*
causé, en nature (ex. : destruction d'un
ouvrage) ou par équivalent (versement
de *dommages et intérêts*).

■ Voir aussi : *Responsabilité pénale*

Responsabilité contractuelle

Droit des obligations
Obligation pour un contractant qui
n'exécute pas les obligations nées de son
contrat de réparer le *dommage* subi par
son cocontractant.

C. civ., art. 1147

■ Voir aussi : *Responsabilité délictuelle ou quasi délictuelle*

Responsabilité délictuelle ou
quasi délictuelle

Droit des obligations
Obligation de réparer un dommage
causé volontairement ou involontaire-

ment à autrui en dehors de tout lien contractuel.

C. civ., art. 1382 et s.

■ Voir aussi : *Responsabilité contractuelle*

Responsabilité du fait d'autrui
Droit des obligations

Responsabilité délictuelle d'une personne qui répond des faits illicites commis par une autre (ex. : responsabilité des père et mère en cas de dommage causé par leurs enfants).

C. civ., art. 1384, al. 1 et s.

Responsabilité du fait des choses
Droit des obligations

Responsabilité délictuelle d'une personne du fait d'une chose qu'elle a sous sa *garde*.

■ Voir aussi : *Garde*

C. civ., art. 1384, al. 1

Responsabilité du fait personnel
Droit des obligations

Responsabilité délictuelle d'une personne causant à autrui un *dommage* par un fait illicite volontaire ou non.

C. civ., art. 1382, 1383

Responsabilité du fait des produits défectueux
Droit des obligations

Responsabilité civile spécifique instaurée par une loi du 19 mai 1988 inspirée d'une directive du 25 juillet 1985, établissant une responsabilité de plein droit du producteur mettant en circulation un produit qui n'offre pas la sécurité à laquelle on peut légitimement s'attendre.

C. civ., art. 1386-1 et s.

■ Voir aussi : *Obligation de sécurité, Produits défectueux, Risques de développement*

Responsabilité limitée (société à)
Droit des sociétés

Type de société commerciale dans laquelle les *associés* ne sont responsables des dettes sociales qu'à hauteur de leurs *apports*. Le *capital* de la *SARL* est divisé en *parts sociales* qui ne sont pas librement cessibles.

C. com., art. L. 223-1 et s.

Responsabilité objective ■ Voir *Faute objective*

Responsabilité pénale
Droit pénal

Obligation de répondre de ses actes délictueux en subissant une peine correspondante fixée par la loi.

■ Voir aussi : *Responsabilité civile*

Responsabilité politique
Droit constitutionnel

Obligation pour un organe politique de démissionner en cas d'échec électoral, de perte de confiance populaire ou parlementaire (dans le cas du gouvernement) ou de faute politique.

Const. 4 oct. 1958, art. 50

Responsabilité pour risque ■ Voir *Risque*

Responsabilité sociétale ou sociale de l'entreprise (RSE)
Droit social – Droit de la protection sociale – Droit de l'environnement

Développée à l'initiative d'un certain nombre d'institutions internationales (ONU, OIT, OCDE), la RSE invite les entreprises à inscrire leur politique dans le développement durable en prenant systématiquement en compte les impacts sociaux et environnementaux de leur activité et en adoptant des pratiques visant à l'amélioration de la société et à la protection de l'environnement. Cette démarche associe la logique économique, la responsabilité sociale et l'éco-responsabilité.

■ Voir aussi : *PSC (protection sociale complémentaire)*

Ressort
Procédure civile

1. *Compétence territoriale* d'une *juridiction.*

● *Exemple,* le tribunal territorialement compétent est, en principe, celui dans le ressort duquel demeure le défendeur.

2. *Compétence d'attribution* déterminée en fonction de la valeur des sommes en jeu.

● *Exemple,* au-delà d'une valeur de 10 000 €, les actions personnelles sont, en matière civile, du ressort du tribunal de grande instance, en deçà, du ressort du tribunal d'instance.

■ Voir aussi : *Jugement en premier ressort, Jugement en dernier ressort*

Ressortissant
Droit international public

Personne possédant la nationalité d'un État.

Restitution
Droit des obligations

Conséquence de la disparition rétroactive d'un *contrat* par *annulation* ou *résolution* en vertu de laquelle chaque partie doit rendre à son contractant la prestation qu'elle avait reçue de lui.

Procédure pénale

Remise des objets volés placés sous main de justice à leur propriétaire.

CPP, art. 99, 378, 478, 543

Restrictions quantitatives (Interdiction des)
Droit de l'Union européenne

Prohibition des atteintes à la libre *circulation des marchandises* que constitue toute réglementation étatique visant à restreindre les importations ou les exportations de marchandises entre États membres selon des critères quantitatifs.

TFUE, art. 34 à 37

■ Voir aussi : *Mesure d'effet équivalent (à des restrictions quantitatives)*

Rétablissement
Procédure civile

Remise de l'affaire au *rôle* après qu'elle en ait été retirée en raison d'une *radiation* ou d'un *retrait.*

CPC, art. 383

Rétablissement professionnel
Liquidation et redressement judiciaires

Procédure judiciaire inspirée de celle du *rétablissement personnel,* limitée au *débiteur* personne physique, exerçant une activité commerciale, artisanale, ou une activité professionnelle indépendante, ainsi qu'à tout agriculteur, dès lors qu'a été déclaré l'état de *cessation de paiements* et que l'ouverture d'une procédure de *liquidation judiciaire* a été demandée. La clôture de la procédure par le tribunal conduit à l'effacement de certaines *dettes* du débiteur.

C. com., art. L. 645-1 à L. 645-12

Rétablissement personnel
Consommation

Procédure d'apurement du passif d'une personne physique surendettée.

C. consom., art. L. 330-1 et s.

Rétention

Droit des sûretés

Droit conféré à un *créancier*, détenteur d'une *chose* de refuser de la restituer à son *débiteur* tant que celui-ci n'a pas intégralement respecté son engagement.

C. civ., art. 1612, 1673, 1948, 2286

Rétention de sûreté

Droit pénal

Mesure consistant en un placement d'un condamné en fin de peine dans un centre « socio-médico-judiciaire de sûreté » afin que lui soit proposée une prise en charge médicale, sociale et psychologique, lorsqu'il présente une « particulière dangerosité caractérisée par une probabilité très élevée de récidive » et pour lequel aucun autre dispositif de prévention de la récidive n'est suffisant car il existe un trouble grave de la personnalité. La personne doit avoir été condamnée, du chef d'infractions très graves, commises avec violence ou de nature sexuelle, à une réclusion criminelle d'une durée égale ou supérieure à quinze ans.

CPP, art. 706-53-13 et s.

Retenue à la source

Finances publiques

Modalité de perception des prélèvements obligatoires par laquelle les cotisations sont retenues sur les salaires. En France, les *cotisations sociales* et les prélèvements sociaux sont retenus à la source. L'*impôt sur le revenu* est au contraire perçu après déclaration des contribuables.

Réticence

Droit des obligations

Omission volontaire d'un fait par un contractant, qui peut être constitutive d'un *dol*.

C. civ., art. 1116

Retirement

Droit des contrats spéciaux

Obligation incombant à l'acheteur de retirer la chose vendue, c'est-à-dire d'en prendre *livraison*.

C. civ., art. 1657

■ Voir aussi : *Délivrance*

Rétorsion

Droit international public

Mesures diplomatiques respectueuses des obligations internationales dirigées contre un État en réaction à un comportement inamical.

■ Voir aussi : *Représailles*

Retour ■ Voir *Droit de retour*

Rétractation

Droit des contrats spéciaux

Faculté d'origine légale réservée à l'un des contractants, pendant un certain délai (le délai de rétractation), de renoncer à l'exécution d'un contrat.

● *Exemple,* vente à distance.

C. consom., art. L. 121-20 et s., L. 121-25, L. 121-69, L. 311-12 ; C. assur., art. L. 132-5-1, L. 211-16 ; CCH, art. L. 271-1 ; L. n° 89-421, 23 juin 1989, art. 6 ; C. trav., art. L. 1234-20 ; C. com., art. L. 145-58 ; CPI, art. L. 121-4

■ Voir aussi : *Arrhes, Dédit*

Procédure civile ■ Voir *Voie de rétractation*

Retrait (droit de)

Droit des contrats spéciaux

Faculté accordée par la loi à une personne, le retrayant, de se substituer à une autre, le retrayé, dans l'exécution d'un contrat.

C. civ., art. 1699 ; C. patr., art. L. 123-1

▪ Voir aussi : *Préemption*

Retrait litigieux
Droit des obligations

Acte par lequel, suite à une cession de créance litigieuse, le débiteur se substitue à l'acquéreur.

C. civ., art. 1699

▪ Voir aussi : *Cession de droits litigieux*

Retrait du rôle
Procédure civile

Mesure d'administration judiciaire emportant, à la demande de toutes les parties, suppression de l'affaire du rang des affaires en cours.

• *Exemple,* pour disposer du temps nécessaire pour rechercher un règlement amiable du litige.

CPC, art. 383

Retrait successoral
Droit des successions et libéralités

Faculté, remplacée aujourd'hui par un droit de préemption, pour un *héritier* d'écarter du *partage*, en l'indemnisant, une personne non *successible* à laquelle un cohéritier aurait cédé ses *droits successifs*.

C. civ., art. 841 anc.

Retraite
Droit social

1. Situation de cessation définitive d'activité dans laquelle se trouve un ancien travailleur du fait de son âge et d'une carrière professionnelle accomplie, le législateur distinguant la « mise à la

retraite » par l'employeur et le « départ volontaire » à la retraite.

2. Pension servie par l'assurance vieillesse à un assuré social ayant cessé définitivement son activité professionnelle et ayant demandé, du fait de son âge, la liquidation de ses droits à la retraite.

C. trav., art. L. 1237-4 et s. ; CSS, art. L. 351-1, L. 634-1, L. 642-1

▪ Voir aussi : *Retraite progressive, Préretraite*

Retraite supplémentaire
Droit social – Droit de la protection sociale

Prestations sociales complémentaires intervenant en sus des régimes de retraite – légaux et complémentaires – obligatoires, lesquelles résultent d'un *accord collectif de protection sociale complémentaire* négocié dans l'entreprise ou dans le groupe, afin d'améliorer le niveau de vie de toute ou partie des collaborateurs de l'entreprise une fois ces derniers partis en retraite.

CSS, art. L. 941-1 et s.

▪ Voir aussi : *Accord collectif de protection sociale complémentaire, PSC (protection sociale complémentaire), Retraites complémentaires*

Retraite progressive
Droit de la protection sociale

Modalité particulière de départ progressif à la retraite permettant d'obtenir la liquidation d'une partie de ses droits à l'assurance vieillesse tout en conservant une activité à temps partiel.

CSS, art. L. 351-15, L. 351-16, L. 634-3-1

▪ Voir aussi : *Retraite, Préretraite*

Retraites complémentaires

Droit social – Droit de la protection sociale

Systèmes de protection sociale complémentaire trouvant son origine dans un accord national interprofessionnel (ANI), généralisés à l'ensemble des travailleurs par les pouvoirs publics soit par extension, soit par l'effet de la loi, et instituant à titre obligatoire le bénéfice d'une pension de retraite complémentaire à la retraite de base servie par la Sécurité sociale (Association des institutions de retraite des cadres : AGIRC ; Association des régimes de retraite complémentaire : ARRCO).

CSS, art. L. 921-1 et s.

■ Voir aussi : *Accord national interprofessionnel (ANI), PSC (protection sociale complémentaire), Retraite supplémentaire*

Retranchement

Procédure civile

Procédure de *cassation* partielle, sans *renvoi*, permettant de rétablir la légalité d'une décision en supprimant la disposition litigieuse et en laissant subsister le restant.

■ Voir aussi : *Pourvoi, Cassation, Renvoi*

Retranchement (action en)

Droit des successions et libéralités

Action en réduction ouverte aux *enfants* issus ou non des deux époux contre les *avantages matrimoniaux* dépassant la *quotité disponible* entre *époux*.

C. civ., art. 1527, al. 2

Rétroactivité

Introduction au droit

Caractère d'un mécanisme qui produit, dans le temps, des effets antérieurs à sa constitution ou à sa réalisation.

Rétroactivité *in mitius*

Introduction au droit

Fait pour la *loi pénale plus douce* de régir les situations antérieures à sa promulgation, permettant ainsi aux prévenus de profiter des assouplissements apportés.

■ Voir aussi : *Loi pénale plus douce*

Rétroactivité de la loi

Introduction au droit

Fait pour la loi de régir des situations qui paraissaient définitivement réglées avant sa promulgation. La rétroactivité de la loi est interdite, mais par une règle de valeur législative, ce qui permet au législateur de passer outre.

C. civ., art. 2

■ Voir aussi : *Non-rétroactivité, Application immédiate de la loi*

Rétroactivité de la loi fiscale

Finances publiques

Principe qui a été reconnu par le Conseil constitutionnel dans sa décision n° 2011-166 QPC du 23 septembre 2011, concernant Yannick Noah qui se trouvait à l'étranger et refusait de payer ses impôts en France en se fondant sur sa propre interprétation de l'article 31 de la loi n° 1996-1182 du 30 décembre 1996, de finances rectificative pour 1996 afin d'écarter le principe de rétroactivité de la loi fiscale. Le Conseil a tranché en considérant que le principe de non-rétroactivité n'ayant de valeur constitutionnelle qu'en matière pénale, il était clair que la loi fiscale pouvait avoir une portée rétroactive. À partir d'un cas particulier, le Conseil a dégagé une règle générale.

Rétrocession d'honoraire
Droit processuel
Pratique consistant à reverser à un confrère une partie des honoraires perçus auprès d'un client.

Reus in excipiendo fit actor
Introduction au droit
Règle selon laquelle le défendeur qui invoque une *exception* doit la prouver (parce qu'il devient lui-même attaquant en présentant une prétention). Cet adage latin peut se traduire par « le défendeur en excipant devient demandeur ».

C. civ., art. 1315, al. 2

■ Voir aussi : *Actor incubit probatio*

Revendication ■ Voir *Action en revendication*

Revente
Droit des contrats spéciaux
Seconde vente conclue dans une succession de deux ventes ayant le même objet, qui ne s'analyse ni comme un *sous-contrat* ni comme une *cession de contrat*.

C. com., art. L. 110-1, L. 442-2, L. 624-18 ; C. civ., art. 2372

■ Voir aussi : *Réméré*

Revente à perte
Concurrence
Pratique restrictive de concurrence pénalement sanctionnée sauf exception consistant en la vente en l'état d'un produit à un coût inférieur à son prix d'achat effectif.

C. com., art. L. 442-2

Revenu
Introduction au droit
Somme d'argent périodique ou potentiellement renouvelable d'une personne.

Réversion
Pension servie par un ou plusieurs régimes d'assurance vieillesse, légaux ou complémentaires, au conjoint survivant d'un assuré social décédé. L'ouverture du droit à pension est placée sous conditions de ressources et d'âge. Lorsqu'elle est accordée, elle représente généralement une fraction de la (ou des) pension(s) de retraite du *de cujus*.

CSS, art. L. 353-1 et s.

■ Voir aussi : *Prestations (sociales), Assurance risques professionnels, Assurance décès, Assurance veuvage*

Revenu minimum d'insertion (RMI)
Droit de la protection sociale
Allocation de ressource minimale accordée à toute personne âgée d'au moins vingt-cinq ans et résidant régulièrement sur le territoire français, laquelle est normalement complétée par une action de réinsertion en direction de son bénéficiaire.

L. n° 88-1088, 1er déc. 1988 ; C. fam., ann. IV

■ Voir aussi : *Prestations (sociales), Revenu de solidarité active (RSA)*

Revenu de solidarité active (RSA)
Droit social
Allocation sociale qui vise à compléter les revenus d'une personne ou d'un ménage en fonction des revenus du travail, de la situation familiale et des autres ressources, en jouant le rôle de revenu minimum en l'absence de toute ressource ou de complément pour ceux

dont les revenus sont trop faibles pour sortir de la pauvreté ou du bas de l'échelle des salaires. N'étant pas une allocation différentielle, il est conçu de telle sorte qu'une augmentation des revenus du travail se traduise toujours par une amélioration des ressources.

L. n° 2006-1666, 21 déc. 2006, art. 146 ; L. n° 2007-1223, 21 août 2007, art. 18 à 23

■ Voir aussi : *Revenu minimum d'insertion (RMI)*

Revirement (de jurisprudence)
Introduction au droit

Adoption par une juridiction d'une position nouvelle (c'est-à-dire se distinguant de la position jusqu'alors établie sur la question tranchée).

■ Voir aussi : *Portée (d'une décision de justice), Jurisprudence*

Révision
Droit constitutionnel

Procédure de suppression, adjonction, modification de dispositions constitutionnelles, réalisée par le vote d'une loi constitutionnelle.

Const. 4 oct. 1958, art. 89

■ Voir aussi : *Loi constitutionnelle*
Procédure pénale

Recours pouvant être demandé au bénéfice de toute personne reconnue coupable d'un crime ou d'un délit quand un fait ou un élément inconnu au jour du procès établit l'innocence ou fait naître un doute sur la culpabilité du condamné.

CPP, art. 622 et s. ; L. n° 2014-620, 20 juin 2014

■ Voir aussi : *Erreur judiciaire*

Révocation
Introduction au droit

1. Déclaration unilatérale de volonté par laquelle une personne met fin à la mission, aux fonctions qu'elle avait confiées à une autre.

2. Déclaration unilatérale de volonté par laquelle une personne anéantit *un droit éventuel* dont elle est la source.

- *Exemple,* révocation d'un testament, d'une offre, d'une stipulation pour autrui non encore acceptée.

3. Anéantissement des *donations* pour inexécution des conditions, survenance d'enfants ou ingratitude.

Droit administratif

Sanction de l'administration vis-à-vis d'un *fonctionnaire* qui se trouve licencié pour des raisons disciplinaires. Concrètement, la révocation est prononcée avec ou sans suspension des droits à pension.

Révolution
Histoire

Brusque changement de l'ordre constitutionnel opéré par rupture avec l'ordonnancement juridique antérieur.

Histoire révolutionnaire

Au singulier et en majuscule : période désignant la Révolution française (1789-1799).

Rex imperator in regno suo
Histoire médiévale

« Le roi est empereur en son royaume ». Affirmation de l'indépendance du roi de France par rapport aux pouvoirs à vocation universelle (empire, papauté).

Ricochet ■ Voir *Dommage par ricochet*

R

Risque
Droit des assurances
Événement futur et incertain, défini par la police d'assurance, dont la réalisation est de nature à entraîner la garantie de l'assureur (vol, incendie, maladie, décès...).
Droit des obligations
Théorie consistant à rechercher le fondement de la responsabilité civile dans le risque qu'une personne fait courir aux autres, risque qu'elle crée en agissant (ex. : automobiliste) ou dont elle tire profit (ex. : chef d'entreprise).
■ Voir aussi : *Garantie*

Risques (acceptation des) ■ Voir *Acceptation des risques*

Risques (théorie des)
Droit des obligations
Théorie permettant de déterminer qui doit supporter l'inexécution d'un contrat en cas de perte ou de détérioration de son objet ou en cas d'impossibilité d'exécution.
■ Voir aussi : *Res perit creditori, Res perit debitori, Res perit domino*

Risques de développement
Droit des obligations – Droit des contrats spéciaux
1. Risques indécelables compte tenu de l'état des connaissances scientifiques et techniques au moment de la conception, de la fabrication et de la commercialisation d'un produit, mais que le développement de ces connaissances permet ultérieurement de révéler.
2. Cause d'exonération de la *responsabilité du fait des produits défectueux* consistant, pour le producteur responsable, à démontrer que l'état des connaissances scientifiques et techniques au

moment où le produit défectueux a été mis en circulation n'a pas permis de déceler l'existence du défaut.
C. civ., art. 1386-11, 4°, 1386-12
■ Voir aussi : *Produits défectueux, Responsabilité du fait des produits défectueux*

Ristourne ■ Voir *Rabais, ristournes et remises*

Rôle ■ Voir *Répertoire général*

Romano-germanique
Introduction au droit
Système des pays dans lesquels la loi constitue la principale source de droit (désigné par le terme de *Civil Law* dans les pays anglo-saxons).
■ Voir aussi : *Common Law*

Rompus
Droit des sociétés
Appellation des titres, droits de souscriptions en nombre insuffisant pour permettre à leur détenteur de participer à une opération de restructuration, d'émission ou d'échange de titres.

Royalties ■ Voir *Redevance*

Rupture du contrat de travail
Droit social
Cessation anticipée du contrat de travail (c'est-à-dire en dehors de l'arrivée de son terme), laquelle est strictement encadrée, que celle-ci résulte d'une décision unilatérale de l'employeur (licenciement, mise à la retraite), d'un accord intervenu entre les parties (rupture conventionnelle) ou lorsqu'elle concerne un salarié protégé (représentant du personnel, délégué syndical, conseiller prud'homal salarié, etc.). La

rupture est irrégulière lorsque les règles de forme et de procédure n'ont pas été respectées ; la rupture est abusive lorsque la rupture est dénuée de cause réelle et sérieuse. Dans tous ces cas, elle appelle le versement par l'employeur de dommages-intérêts.

C. trav., art. L. 1237-2, L. 1235-5, L. 1235-14

■ Voir aussi : *Démission, Licenciement, Retraite*

Rupture des pourparlers

Droit des obligations – Droit des contrats spéciaux

Interruption de la négociation d'un *contrat* à l'initiative de l'une au moins des parties ayant pour effet d'empêcher la conclusion du *contrat* envisagé et, à certaines conditions, d'engager la *responsabilité civile délictuelle* de son auteur.

R

Sabotage
Droit pénal

Crime politique consistant dans le fait de détruire, détériorer ou détourner un document, matériel, équipement ou système de traitement informatisé des données de manière à porter atteinte aux intérêts fondamentaux de la nation.

C. pén., art. 411-9

Saint-Siège
Droit international public

Organe dirigeant de l'Église catholique possédant la personnalité internationale et auquel les accords de Latran (11 févr. 1929) confient un territoire d'accueil, la Cité du Vatican.

Saisie
Procédure civile

1. *Procédure* rendant un bien provisoirement indisponible.

● *Exemple,* saisie conservatoire.

2. Procédure d'*exécution forcée* permettant à un créancier, muni d'un *titre exécutoire*, de faire placer un ou plusieurs biens appartenant à son débiteur sous contrôle judiciaire afin de les faire vendre et de se payer sur le prix.

▥ Voir aussi : *Titre exécutoire, Huissier de justice*

Saisie-appréhension
Procédure civile

Procédure de *saisie* permettant au *créancier* d'une obligation de délivrance ou de restitution d'entrer en possession d'un bien en allant le chercher, soit entre les mains de la personne tenue de le lui remettre, soit entre les mains d'un tiers.

CPC ex., art. L. 222-1, R. 221-1 et s.

Saisie-arrêt
Procédure civile

Ancienne *procédure* de *saisie* des biens détenus par un tiers pour le compte du débiteur, aujourd'hui remplacée par la *saisie-attribution.*

Saisie-attribution
Procédure civile

Procédure d'*exécution forcée* permettant l'attribution immédiate au profit du *créancier* d'une somme d'argent détenue par un tiers pour le compte du débiteur.

● *Exemple,* saisie des sommes déposées sur un compte en banque.

CPC ex., art. L. 211-1 et s., R. 211-1 et s.

Saisie brandon
Procédure civile

Nom anciennement donné à la *saisie-vente de récoltes sur pied.*

Saisie conservatoire
Procédure civile

Procédure de *saisie* permettant, afin de garantir le recouvrement d'une créance, au moins fondée en son principe, d'interdire temporairement au débiteur de disposer de son bien.

CPC ex., art. L. 521-1 et s., R. 521-1 et s.

Saisie contrefaçon

Procédure civile

Procédure par laquelle le titulaire d'un droit de *propriété intellectuelle* fait constater par un huissier, avec ou sans saisie réelle, la *contrefaçon* supposée de ses produits.

CPI, art. L. 615-5 (brevet), L. 716-7 (marque), L. 333-1 (œuvres), L. 332-4 (logiciels)

Saisie exécution

Procédure civile

Ancienne procédure d'*exécution forcée* sur biens meubles corporels, remplacée depuis 1993 par la saisie-vente.

Saisie-foraine

Procédure civile

Ancienne *procédure* de *saisie conservatoire*, qui, sur autorisation d'un juge, permettait de saisir les biens d'un débiteur de passage.

▪ Voir aussi : *Saisie conservatoire, Saisie-vente*

Saisie-gagerie

Procédure civile

Ancienne *procédure* de *saisie*, aujourd'hui remplacée par la *saisie conservatoire* de droit commun, par laquelle le bailleur d'un immeuble pouvait faire saisir les meubles meublants le garnissant.

Saisie immobilière

Procédure civile

Procédure judiciaire d'*exécution forcée* permettant de poursuivre la *saisie* et la vente d'un immeuble, dirigée soit contre le débiteur, soit contre un tiers détenteur

lorsque le créancier bénéficie d'un droit de suite.

CPC ex., art. L. 311-1 et s., R. 311-1 et s.

▪ Voir aussi : *Adjudication, Surendettement*

Saisie mobilière

Procédure civile

Terme générique désignant les saisies poursuivies sur un bien meuble.

Saisie de navires

Procédure civile

Procédure spéciale de *saisie*.

C. transports, art. L. 5114-20 et s.

Saisie des récoltes sur pied

Procédure civile

Procédure spéciale permettant dans les six semaines qui précèdent l'époque habituelle de leur maturité, la *saisie* des fruits agricoles sur pied.

CPC ex., art. R. 221-57 et s.

Saisie-revendication

Procédure civile

Saisie conservatoire spéciale permettant au propriétaire d'un bien meuble corporel ou au titulaire d'un droit réel sur celui-ci de demander au juge de le rendre indisponible afin d'obliger le tiers qui le détient, à le restituer.

CPC ex., art. L. 222-2, 222-17 et s.

Saisie des véhicules terrestres à moteur

Procédure civile

Procédure spéciale permettant la *saisie* d'un véhicule terrestre à moteur, soit par déclaration en préfecture, soit par son immobilisation.

CPC ex., art. L. 223-1 et s., R. 223-1 et s.

Saisie-vente
Procédure civile

Procédure de droit commun permettant de poursuivre l'*exécution forcée* des biens meubles corporels.

CPC ex., art. L. 221-1 et s., R. 221-1 et s.

Saisine
Contentieux constitutionnel

1. Opération consistant à déférer un texte juridique (loi votée, traité international) devant le juge constitutionnel et ayant pour effet principal de déclencher le contrôle de constitutionnalité.

Const. 4 oct. 1958, art. 61

2. Lettre adressée par les *requérants* au juge constitutionnel mentionnant parfois les griefs opposés à l'encontre d'une loi et publiée au *Journal officiel* de la République française en annexe de la décision constitutionnelle.

Droit des successions et libéralités

Prise de *possession*, au jour du décès, des biens successoraux, accordée de plein droit à l'héritier *ab intestat* ou au *légataire universel* (en l'absence d'héritier réservataire), lui permettant d'exercer immédiatement les droits du défunt sans avoir à accomplir la moindre formalité.

C. civ., art. 724, 1004, 1006, 1030, 1030-1

Salaire
Droit social

Prix du contrat de travail : il correspond à la somme due au salarié en contrepartie de sa prestation de travail. Le salaire est généralement composé d'une partie fixe (salaire de base), convenue dans le contrat de travail ou la convention collective applicable, à laquelle viennent généralement s'ajouter diverses *primes* et autres gratifications complémentaires, cet ensemble constituant l'*assiette des cotisations de sécurité sociale* (salaire brut).

C. trav., art. L. 3211-1

▪ Voir aussi : *Rémunération mensuelle minimum, Prime, Assiette des cotisations, SMIC (salaire minimum interprofessionnel de croissance), Cotisations de sécurité sociale*

Salaire différé
Droit des successions et libéralités

Créance dont est titulaire tout descendant ayant participé à l'activité d'une exploitation agricole familiale sans recevoir de rémunération et dont le paiement est prélevé sur la *succession* de l'exploitant.

C. rur. pêche marit., art. L. 321-13 et s.

Sanction législative
Droit constitutionnel

Prérogative constitutionnelle par laquelle le chef de l'État parachève la procédure législative en attestant qu'une loi votée exprime la volonté générale.

▪ Voir aussi : *Promulgation*

Sanction-réparation
Droit pénal

Peine pouvant être prononcée à la place ou en même temps qu'une peine d'emprisonnement ou d'amende encourue pour un délit et qui consiste en l'obligation de procéder à l'indemnisation du préjudice de la victime dans un délai et selon les modalités fixées par la juridiction.

C. pén., art. 131-8-1

Sanctions administratives
Droit administratif

Sanctions infligées par l'*administration* aux administrés. Elles peuvent être pé-

469

cuniaires ou prendre la forme de retrait d'une autorisation. Elles relèvent en principe de la compétence du juge administratif.

Satisfaction équitable
Droit européen

Indemnisation pécuniaire allouée par la *Cour européenne des droits de l'homme* au requérant victime d'une violation de la *Convention européenne des droits de l'homme* lorsque l'État défendeur ne se trouve pas en mesure de remédier aux conséquences de cette violation et que le requérant justifie d'un *préjudice matériel* ou *moral* suffisant.

Conv. EDH 4 nov. 1950, art. 41

Sauvegarde accélérée
Liquidation et redressement judiciaires

Procédure judiciaire constituant une déclinaison de la *sauvegarde financière accélérée*. Contrairement à la *sauvegarde « classique »*, la sauvegarde accélérée peut être ouverte même si le débiteur est en état de *cessation de paiements*, et ne peut être convertie en *redressement* ou *liquidation judiciaire*. Se caractérisant par sa rapidité – limitée à trois mois sous peine de clôture de la procédure par le tribunal –, elle présuppose un soutien suffisamment large de l'ensemble des créanciers au projet de plan pour rendre vraisemblable son adoption dans le délai imparti.

C. com., art. L. 628-1 à L. 628-8

■ Voir aussi : *Sauvegarde financière accélérée, Plan de sauvegarde*

Sauvegarde
Liquidation et redressement judiciaires

Procédure judiciaire ouverte sur demande et au bénéfice d'un *débiteur* qui, sans être en *cessation de paiements*,

justifie de difficultés qu'il n'est pas en mesure de surmonter. Elle a pour finalité de faciliter la réorganisation de l'entreprise afin de permettre la poursuite de l'activité économique, le maintien de l'emploi et l'apurement du passif.

C. com., art. L. 620-1

■ Voir aussi : *Sauvegarde accélérée, Sauvegarde financière accélérée, Plan de sauvegarde*

Sauvegarde (clause de)
Droit de l'Union européenne

Dérogation exceptionnelle et temporaire accordée à un État membre de l'*Union européenne* qui souhaite restreindre la portée de ses engagements communautaires (lors de son adhésion à l'Union par exemple).

■ Voir aussi : *Opting out (clause d')*

Sauvegarde financière accélérée (SFA)
Liquidation et redressement judiciaires

Procédure judiciaire ouverte sur demande et au bénéfice d'une entreprise débitrice, même en état de *cessation de paiements*, qui, engagée dans une procédure de *conciliation*, satisfait certains seuils et justifie avoir élaboré un projet de plan tendant à assurer la pérennité de l'entreprise dont l'adoption par les *établissements de crédit créanciers* et, s'il y a lieu, les *obligataires*, au regard de la nature de l'endettement, est vraisemblable dans un délai maximal de deux mois. Contrairement à la *sauvegarde « classique »*, la sauvegarde financière accélérée ne peut être convertie en *redressement ou liquidation judiciaire*.

C. com., art. L. 628-9

■ Voir aussi : *Sauvegarde, Sauvegarde accélérée, Plan de sauvegarde*

Sauvegarde de justice

Droit des personnes et de la famille

Régime de protection des *majeurs* souffrant d'une altération de leurs facultés mentales qui nécessite la mise en place d'une certaine protection, mais ne justifie pas de les priver de leur *capacité d'exercice*. Les majeurs sous sauvegarde de justice conservent l'exercice de leurs droits, mais l'annulation des actes qu'ils ont conclus est facilitée. Ce régime de protection est le plus léger, comparé aux deux autres régimes de protection : la *curatelle* et la *tutelle*.

C. civ., art. 491 à 491-6

▪ Voir aussi : *Curatelle, Tutelle, Incapable, Mandat de protection future*

Savoir-faire

Distribution

Ensemble d'informations pratiques, substantielles, identifiées, généralement secrètes détenues par une personne et faisant l'objet d'une protection.

▪ Voir aussi : *Secret de fabrique, Franchise (contrat de)*

Sceau

Introduction au droit

Cachet officiel détenu par une autorité publique et dont l'apposition sert à authentifier les documents.

Scellés

Droit processuel

Lien matériel fixé par un cachet de cire, marqué au sceau du *greffier*, destiné à empêcher l'ouverture d'un objet ou d'un local.

CPC, art. 1304

Schéma directeur

Droit administratif

Document administratif institué en 1967 et décentralisé en 1983 regroupant les grandes orientations de l'utilisation des sols et les projets d'infrastructure. Il est facultatif mais quand il existe il conditionne le *plan d'occupation des sols*. Il est valable dix ans.

C. urb., art. R. 122-25

Schéma directeur d'aménagement et d'urbanisme (SDAU)

Droit administratif

Ancienne dénomination du schéma directeur avant 1983.

Schisme

Histoire médiévale

Étym. : du grec *schisma*, « séparation ».
Scission de l'Église.

● *Exemple,* Schisme d'Orient (séparation en 1054 des églises orientales ou orthodoxes), grand schisme d'Occident 1378-1422 (scission entre deux papes rivaux).

Scission

Droit des sociétés

Opération conduisant à la disparition d'une société par la fragmentation de son patrimoine en différents ensembles apportés à des sociétés, nouvellement créées ou déjà constituées. Les associés de la société scindée recevant des parts ou actions des sociétés bénéficiaires.

C. civ., art. 1844-4 ; C. com., art. L. 236-1

▪ Voir aussi : *Fusion*

SDAU ■ Voir *Schéma directeur d'aménagement et d'urbanisme*

SDN ■ Voir *Société des Nations*

SEBC ■ Voir *Système européen de banques centrales (SEBC)*

Sécession
Droit constitutionnel
Droit accordé à une partie de la population vivant sur le territoire d'un État de cesser d'appartenir à l'ordre juridique étatique et de fonder un nouvel État.
Const. 4 oct. 1958, art. 53

Secours
Droit des personnes et de la famille
Devoir mutuel des époux de fournir au conjoint dans le besoin les ressources nécessaires pour vivre. Ce devoir prend la forme d'une obligation alimentaire entre époux et prend fin en cas de *divorce*.
C. civ., art. 212 et s., 303
■ Voir aussi : *Aliment, Prestation compensatoire*

Secret des correspondances ■ Voir *Correspondances (secret des)*

Secret des délibérations
Droit processuel
Principe de procédure interne française destiné à assurer l'indépendance des juges, en vertu duquel leurs délibérations sont secrètes.
CPC, art. 448

Secret de fabrique
Droit de la propriété intellectuelle
Procédés de fabrication originaux offrant des avantages industriels pratiques et commerciaux à celui qui les détient, inconnus ou difficilement accessibles aux concurrents, ayant une valeur patrimoniale certaine du fait de leur inaccessibilité.
CPI, art. L. 621-1

Secret de l'instruction
Procédure pénale
Obligation de discrétion à laquelle est tenue toute personne qui concourt à la procédure, au cours de l'enquête et de l'instruction.
CPP, art. 11

Secret professionnel
Droit pénal
Obligation de discrétion qui pèse sur certains professionnels et dont la violation par la révélation de confidences acquises lors de l'exercice de leurs fonctions ou missions constitue un *délit*, sauf dans les cas où un texte impose lui-même ces révélations.
C. pén., art. 226-13 et s.

Secrétaire d'État
Histoire moderne
Commissaires du roi titulaires de fonctions territoriales puis entièrement spécialisées (guerre, maison du roi, étrangers, marine).

Secrétariat du gouvernement
Droit constitutionnel
Ensemble des collaborateurs directs du Premier ministre chargé de préparer et de coordonner le travail gouvernemental.

Secrétariat-greffe
Droit processuel
Service d'administration d'un tribunal comprenant un ou plusieurs *greffiers en*

chef, assisté(s) de *greffiers* et dirigé par un chef de greffe.

CPC, art. 726 et s. ; COJ, art. L. 123-1, L. 123-2

Secte
Introduction au droit

Communauté d'inspiration spiritualiste caractérisée par le fait que les maîtres exercent un pouvoir absolu sur les membres, manipulent leur volonté. La dissolution de la personne morale constituée pour abriter cette communauté peut être prononcée lorsque est constaté l'assujettissement psychologique ou physique de membres et lorsque ses dirigeants ont été condamnés pour des infractions concernant les atteintes aux personnes ou à la dignité de la personne, l'exercice illégal de la médecine ou se sont livrés à des publicités mensongères.

L. n° 2001-504, 12 juin 2001

Section syndicale
Droit social

Antenne de représentation d'un syndicat professionnel dans une entreprise, laquelle, sans être soumise à des conditions de forme particulières, dispose d'un pouvoir d'information du personnel, d'organisation de réunions et éventuellement, d'un local syndical.

C. trav., art. L. 2142-1

▪ Voir aussi : *Syndicat (professionnel), Délégué syndical, Liberté syndicale, Liberté du travail*

Sécurité juridique
Introduction au droit

1. Idéal vers lequel le *droit* doit tendre en édictant des règles cohérentes, relativement stables et accessibles pour permettre aux individus d'établir des prévisions.

2. Droit pour un individu d'être fixé sur le contenu des dispositions qui lui sont applicables (c'est-à-dire droit de ne pas voir ses prévisions remises en cause par un revirement de *jurisprudence* ou par un texte *rétroactif*). La reconnaissance de ce droit suscite des discussions.

3. Nécessité de respecter la stabilité des situations qui amène à limiter les possibilités de les remettre en cause.

- *Exemple,* le refus de prendre en compte la lésion est justifié par la sécurité juridique.

▪ Voir aussi : *Droit acquis*

Sécurité juridique (principe de)
Droit de l'Union européenne

Principe général du droit de l'*Union européenne* visant à protéger les ressortissants des États membres de tout préjudice lié à une absence de lisibilité des actes juridiques qu'il édicte et dont ils sont les destinataires.

▪ Voir aussi : *Confiance légitime (principe de)*

Semi-liberté
Droit pénal

Modalité d'exécution de la peine privative de liberté, décidée par la juridiction de jugement ou le juge d'application des peines, qui permet au condamné de pouvoir sortir de l'établissement pénitentiaire afin d'exercer une activité professionnelle ou suivre un enseignement, le reste du temps devant être passé au sein de l'établissement.

C. pén., art. 132-25 et s. ; CPP, art. 723-1

Sénat
Histoire romaine

Étym. : du latin *seniores*, « les anciens ». Conseil de la cité de Rome, titulaire de l'*auctoritas* sous la période républicaine.

Droit constitutionnel

1. Dénomination officielle de la Chambre Haute de certains Parlements bicaméraux.

- Voir aussi : *Bicamérisme*

2. Assemblée représentant de manière égalitaire les États fédérés des États-Unis d'Amérique au niveau fédéral.

SEPA (*Single Euro Payments Area*)

Droit bancaire

Espace unique de paiement en euro, composé géographiquement des pays de l'*Union européenne* ainsi que de l'Islande, la Norvège, la Suisse, le Liechtenstein et Monaco. Depuis le 1er février 2014, le *virement* SEPA (SCT : SEPA Credit Transfer) et le prélèvement SEPA (SDD : SEPA Direct Débit) remplacent le *virement* ainsi que le prélèvement bancaire, national et transfrontalier.

SEPA (*Single Euro Payments Area*)

Droit de l'Union européenne

Espace unique de paiement en euros instituant au 1er février 2014 une norme unique européenne en matière de paiements, de prélèvements et de virements bancaires.

Sentence

Procédure civile

Nom traditionnellement donné aux décisions des juridictions arbitrales, parfois aussi aux décisions des *conseils de prud'hommes* ainsi qu'à celles des *tribunaux d'instance*.

- Voir aussi : *Arbitrage*

Séparation de biens

Droit des régimes matrimoniaux

Régime matrimonial conventionnel ou judiciaire dans lequel chacun des époux conserve la propriété de ses *biens* tout en étant corrélativement tenu des dettes qui en résultent.

C. civ., art. 1443, 1536 et s.

Séparation de corps

Droit des personnes et de la famille

Décision judiciaire qui autorise les époux à habiter séparément, organise les conséquences pécuniaires de leur séparation exactement comme dans le cas d'un *divorce*, mais ne prononce pas la rupture du lien conjugal. Les devoirs de fidélité et d'assistance sont donc maintenus et les époux ne peuvent pas contracter un autre *mariage*.

C. civ., art. 296 à 308

- Voir aussi : *Divorce*

Séparation des patrimoines

Droit des successions et libéralités

Institution qui permet aux créanciers successoraux, en cas *d'acceptation pure et simple*, d'éviter la confusion des patrimoines et de se payer sur les biens de la *succession* avant les créanciers héréditaires. Ce privilège a été bilatéralisé et permet désormais aux créanciers personnels de l'héritier de demander à être payés en priorité sur les biens de ce dernier non recueillis dans la succession. Ils évitent ainsi la confusion du patrimoine du défunt avec celui de leur débiteur.

C. civ., art. 878 et s., 2374-6°, 2383 et 2425

Séparation des pouvoirs
Droit constitutionnel

Doctrine constitutionnelle prônant la spécialisation des fonctions exercées par les organes de l'État afin d'éviter le cumul de tous les pouvoirs dans une même autorité.

DDHC 1789, art. 16

Septennat
Droit constitutionnel

Durée traditionnelle (1873-2002), fixée à sept ans, du mandat du président de la République française, abandonnée par la loi constitutionnelle du 2 octobre 2000.

▪ Voir aussi : *Quinquennat*

Séquestration
Droit pénal

Crime consistant à priver une personne de liberté et à la détenir prisonnière contre son gré hors les cas prévus par la loi.

C. pén., art. 224-1
▪ Voir aussi : *Prise d'otages*

Séquestre
Procédure civile

1. Dépôt, volontaire ou ordonné par un juge, d'un bien, objet d'un litige, entre les mains d'un tiers, chargé d'en assurer provisoirement la conservation.

● *Exemple,* lors d'une saisie, des meubles peuvent, dans l'attente de leur vente, être placés sous séquestre.

2. Nom donné à la personne chargée d'assurer la garde des biens placés sous séquestre.

C. civ., art. 1955

Serf
Histoire médiévale

Paysan dépendant de son seigneur, soumis à des charges et sujétions spécifi-ques et souffrant d'incapacités, notamment patrimoniales.

Serment
Introduction au droit

Affirmation solennelle par une personne de la réalité d'un fait ou d'un acte qu'elle invoque en sa faveur.

C. civ., art. 1357 à 1369
▪ Voir aussi : *Témoignage, Aveu*

Serment décisoire
Introduction au droit

Serment déféré à la partie adverse, c'est-à-dire demande faite par un plaideur à son adversaire d'affirmer solennellement la réalité d'un fait ou d'un acte que cet adversaire allègue. Le serment décisoire et son refus lient le juge.

C. civ., art. 1358 à 1365

Serment supplétoire
Introduction au droit

Affirmation solennelle de la réalité d'un fait ou d'un acte demandée par le juge à l'un des plaideurs et dont il reste libre d'apprécier la valeur.

C. civ., art. 1366 à 1369

Serpent monétaire européen
▪ Voir
Système monétaire européen (SME)

Service européen pour l'action extérieure (SEAE)
Droit de l'Union européenne

Organe d'assistance du *Haut représentant de l'Union pour les affaires étrangères et la politique de sécurité* pour l'accomplissement de ses fonctions de conduite de la politique étrangère et de sécurité commune de l'*Union euro-*

péenne et composé de hauts fonctionnaires et de diplomates des États membres.

Service fait (règle du)
Finances publiques

Règle de *comptabilité publique* appliquant l'article 1235 du Code civil à l'administration. Aucun paiement public ne peut intervenir sans contrepartie et donc sans cause. Ainsi, aucune facture ne sera payée sans que les fournitures ne soient livrées. Aucun fonctionnaire ne sera payé les jours de grève. Les loyers doivent être payés par le Trésor public à terme échu et les fonctionnaires aussi. Il appartient à l'ordonnateur de certifier la réalité du service fait au stade de la liquidation de la dépense. Il appartient au comptable de vérifier avant paiement que l'ordonnateur a bien certifié le service fait. Au cas où le comptable refuse de payer une dépense, l'ordonnateur est habilité à exercer son droit de réquisition. Toutefois, l'ordre de réquisition sera considéré comme irrégulier en cas d'absence totale de service fait.

D. n° 2012-1246, 7 nov. 2012, art. 31, 136

Service public
Droit administratif

Critère matériel de détermination de la compétence du juge administratif. Une activité de service public peut être exercée par des personnes privées. Dans ce cas, les actes pris par ces personnes peuvent être qualifiés d'*actes administratifs*. La question posée est celle de l'objet de l'activité. Selon les cas, le juge distinguera les services publics industriels ou commerciaux des services publics administratifs.

Service public administratif (SPA)
Droit administratif

Service public ayant des modalités d'organisation et de fonctionnement semblables aux administrations publiques, financé par des ressources constituant des impositions de toute nature et ayant un objet appartenant au droit public. Leur contentieux relève des juridictions administratives.

Service téléphonique au public
Droit commercial – Consommation

Service permettant au public de passer et de recevoir, directement ou indirectement, des appels nationaux ou nationaux et internationaux, en composant un ou plusieurs numéros du plan national ou international de numérotation téléphonique. Son fournisseur doit proposer aux *consommateurs* avec lesquels il est en relation contractuelle un dispositif leur permettant de signaler, par messages textuels, les appels et messages textuels non sollicités émis par des *professionnels* et le numéro de téléphone de leurs émetteurs.

C. P. et T, art. L. 32, 7° ; C. consom., art. L. 121-45, L. 121-47

Service public industriel ou commercial (SPIC)
Droit administratif

Service public exploité dans les mêmes conditions qu'une entreprise privée, financé par des *redevances* perçues sur les usagers et ayant un objet appartenant au droit privé. Leur contentieux relève des juridictions judiciaires.

CGCT, art. L. 2224-1, L. 2224-2

Services bancaires de paiement
Droit bancaire

Services délivrés exclusivement par les établissements de crédit contrairement aux services de paiement, comme la délivrance de chèques, l'émission et la gestion de monnaie électronique.

C. monét. fin., art. L. 311-1, L. 311-3

Services déconcentrés de l'État
Droit administratif

Services de l'État dans la *région* et le *département* placés sous l'autorité du *préfet*. Les services déconcentrés relevant directement d'une autre hiérarchie que celle du préfet sont ceux de l'éducation nationale, des services financiers, des armées et de la justice.

■ Voir aussi : *Déconcentration*

Services de paiement
Droit bancaire

Services permettant : – le versement ou le retrait d'espèces sur un compte de paiement et les opérations de gestion d'un compte de paiement ; – les virements, prélèvements et paiements accomplis avec une carte de crédit ou un dispositif similaire associés à un compte de paiement ou à une ouverture de crédit ; – l'émission d'instruments de paiement et/ou l'acquisition d'ordres de paiement ; – les services de transmission de fonds ; les opérations de paiement par téléphone ou ordinateur adressés à l'opérateur lorsque celui-ci agit uniquement en qualité d'intermédiaire entre l'utilisateur de services de paiement et le fournisseur de biens ou services. Ne sont pas considérés comme des services de paiement, dès lors qu'ils sont établis sur support papier, les chèques, mandats postaux, chèques de voyage, chèques-restaurant et autres titres de services.

C. monét. fin., art. L. 314-1, I et II

Services de santé au travail (SST)
Droit social

Services médicaux du travail placés auprès de l'entreprise (de façon interne ou externe, selon la taille de celle-ci), composés d'un ou de plusieurs « médecins du travail » et dont la mission est de prévenir l'altération de la santé des travailleurs, notamment en surveillant les conditions d'hygiène et de sécurité au travail ; de même, c'est au médecin du travail qu'il appartient de se prononcer sur l'éventuelle inaptitude physique (totale ou partielle) du travailleur.

C. trav., art. L. 4621-1

■ Voir aussi : *Fiche individuelle de prévention, Inaptitude physique, Licenciement, Employeur*

Services votés
Finances publiques

Part du *budget de l'État* correspondant à la reconduction du budget de l'année précédente. Avant la loi organique n° 2001-692 du 1er août 2001, les services votés représentaient 95 % du budget général de l'État. Ils étaient votés en une seule fois après les mesures nouvelles. La portée de cette notion a été considérablement réduite depuis 2001. Actuellement, seul l'article 47, alinéa 4, de la Constitution parle de services votés en précisant qu'en cas de grand retard de procédure, l'autorisation de percevoir les impôts doit être votée par le Parlement alors que les services votés pourront être décidés par décret du Premier ministre.

Servitude
Droit des biens

Droit réel attaché à un *immeuble*, bâti ou non bâti, qualifié de *fonds dominant*, au détriment d'un autre immeuble, appelé *fonds servant*, et qui s'applique à tout propriétaire des deux fonds.

C. civ., art. 637 et s., 686 et s.

Servitude administrative
Droit des biens

Servitude légale imposée à un *fonds* privé au nom de la protection de l'intérêt général.

C. civ., art. 650

Servitude de cour commune
Droit des biens

Servitude qui empêche de construire sur un *fonds* ou qui interdit de dépasser une certaine hauteur, d'origine judiciaire ou conventionnelle, soumise à une décision préalable de l'Administration.

C. urb., art. L. 451-1 et s.

■ Voir aussi : *Servitude non aedificandi, Servitude non altius tollendi*

Servitude du fait de l'homme
Droit des biens

Servitude qui résulte d'un titre, de la prescription acquisitive ou de la destination du père de famille.

C. civ., art. 686 et s.

Servitude internationale
Droit international public

Attribution conventionnelle à un *État* du droit d'exercer des prérogatives de *souveraineté* sur le territoire d'un autre *État*.

Servitude *non aedificandi*
Droit des biens

Servitude qui empêche de construire sur un *fonds*.

Servitude *non altius tollendi*
Droit des biens

Servitude qui empêche de construire à partir d'une certaine hauteur.

Servitude de tour d'échelle
Droit des biens ■ Voir *Tour d'échelle*

Sessions
Droit constitutionnel

Périodes durant lesquelles se réunissent les *assemblées parlementaires*.

Const. 4 oct. 1958, art. 28 à 30

SFA
Liquidation et redressement judiciaires
■ Voir *Sauvegarde financière accélérée*

Sévices ■ Voir *Tortures et actes de barbarie*

SICAV ■ Voir *Société d'investissement à capital variable (SICAV)*

Siège
Droit processuel

Lieu où le tribunal est installé.

■ Voir aussi : *Audience foraine, Chambre détachée*

Siège (magistrat du)
Organisation judiciaire

Magistrat investi de la fonction de juger ainsi distingué des magistrats du *ministère public*.

Siège social
Droit des sociétés

Lieu auquel est fixé, par les statuts, le domicile d'une société et où se produisent les signes principaux de son existence juridique.

C. civ., art. 1837

Signature
Introduction au droit

Symbole apposé à un document par une personne et permettant d'identifier cette personne et ainsi d'attester qu'elle a consenti à l'acte ou qu'elle l'a rédigé (lorsque sa signature est nécessaire pour lui conférer un caractère authentique).

C. civ., art. 1316-4

■ Voir aussi : *Signature électronique*

Signature électronique
Introduction au droit

Procédé utilisé sur des supports immatériels, permettant l'identification fiable de la personne qui l'utilise et pouvant ainsi valablement attester de son consentement à un acte ou de sa participation à sa rédaction.

C. civ., art. 1316-4

■ Voir aussi : *Signature*

Signification
Procédure civile

Notification d'un *acte de procédure*, faite par un *huissier de justice*.

CPC, art. 651

Silence de l'administration
Droit administratif

Le silence a une valeur juridique quand il vient de l'*administration*.

Avant la loi du 12 novembre 2013 : le silence de plus de quatre mois équivaut à une décision implicite de rejet constituant un *acte administratif* susceptible d'être attaqué devant le juge administratif. Dans les cas où les textes le prévoient, le silence peut valoir acceptation.

Après la loi du 12 novembre 2013 : le silence de l'administration de plus de deux mois après la demande d'un administré vaut acceptation, sauf si la demande présente un caractère financier ou s'il s'agit des relations entre les agents publics et leur hiérarchie. La loi s'applique au 12 novembre 2014 pour l'État, et pour les collectivités territoriales, au 12 novembre 2015.

L. n° 2013-1005, 12 nov. 2013

Simulation
Droit des obligations

Opération dans laquelle les parties cachent leur volonté réelle manifestée dans un *acte secret* derrière un *acte apparent*. La simulation peut porter sur la nature du *contrat* (ex. : donation déguisée derrière une vente), sur l'*objet du contrat* (ex. : vente avec dissimulation d'une partie du prix) ou sur les parties (ex. : simulation par *interposition de personne*).

C. civ., art. 1321

■ Voir aussi : *Acte apparent, Acte secret, Interposition de personne*

Single Euro Payments Area
Droit bancaire ■ Voir *SEPA*

Sine die
Droit processuel

Locution latine signifiant « à une date indéterminée ».

Sinistre
Droit des assurances

Réalisation du risque garanti par l'assureur.

C. assur., art. L. 113-2, L. 124-1-1, L. 251-2

Situation juridique
Introduction au droit

Position dans laquelle se trouve une personne et que le droit prend en compte pour lui faire produire des effets juridiques.

- *Exemple,* lien de filiation entre deux personnes, position d'acheteur dans un contrat de vente.

■ Voir aussi : *Fait juridique, Acte juridique*

SME ■ Voir *Système monétaire européen*

SMIC (salaire minimum interprofessionnel de croissance)

Droit social – Droit de la protection sociale

Salaire horaire minimum institué par le législateur (depuis la loi du 2 janvier 1970) indexé sur le niveau général des prix à la consommation et révisé de façon annuelle ; il constitue également le niveau de rémunération minimum sur lequel sont calculées les cotisations de Sécurité sociale (assiette minimale).

C. trav., art. L. 3231-1 ; CSS, art. R. 242-1

■ Voir aussi : *SMIG (salaire minimum interprofessionnel garanti), Rémunération mensuelle minimum, Assiette des cotisations*

SMIG (salaire minimum interprofessionnel garanti)

Droit social – Droit de la protection sociale

Salaire horaire minimum institué par le législateur en 1950 qui a été par la suite remplacé par le *SMIC* ; pendant longtemps il a servi de base de référence pour l'évaluation forfaitaire de certains *avantages en nature* et *frais professionnels*

notamment à l'occasion du calcul des *cotisations de sécurité sociale.*

C. trav., art. D. 141-5 anc. ; A. min. 9 janv. 1975 et 26 mai 1975 (ab.)

■ Voir aussi : *SMIC (salaire minimum interprofessionnel de croissance), Rémunération mensuelle minimum, Assiette des cotisations, Avantage en nature, Frais professionnels / frais d'atelier, Cotisations de sécurité sociale*

Sociétaire

Introduction au droit

Personne membre d'une association.

Société

Introduction au droit

Personne morale instituée soit par un contrat entre deux ou plusieurs personnes, animées par une même volonté (*affectio societatis*), effectuant des *apports* en vue de partager le *bénéfice* ou de profiter de l'économie en résultant tout en ayant vocation aux pertes ; soit par l'acte de volonté d'une personne créant une entreprise unipersonnelle.

C. civ., art. 1832

Société d'acquêts

Droit des régimes matrimoniaux

Clause ajoutée au *régime matrimonial* de la *séparation de biens* en vue de créer une société particulière ayant pour objet la mise en commun des *acquêts* des époux.

Société par actions

Droit des sociétés

Société de capitaux dont le capital est divisé en actions négociables et librement transmissibles.

Société par actions simplifiée (SAS)

Droit des sociétés

Type particulier de société par actions pouvant être constituée par un actionnaire unique. La particularité marquante de la SAS tient à la grande liberté conférée aux actionnaires quant à l'organisation de la société.

C. com., art. L. 227-1 et s.

Société d'aménagement foncier et d'établissement rural (SAFER)

Droit rural

Société anonyme sans but lucratif, soumise à un agrément ministériel, dont l'objet est de favoriser les installations et les agrandissements d'exploitations agricoles par l'acquisition, la vente ou la conclusion de baux de fonds ruraux.

C. rur. pêche marit., art. L. 141-1 et s.

Société anonyme (SA)

Droit des sociétés

Société commerciale dont le *capital* est divisé en *actions.* La société anonyme est une *société de capitaux.* Les *actionnaires* sont au moins au nombre de sept, ils ne répondent des pertes qu'à concurrence de leurs *apports.*

C. com., art. L. 224-1 et s.

Société d'attribution

Droit immobilier

Société ayant pour objet de construire ou d'acquérir des immeubles en vue de les diviser par fractions destinées à être attribuées aux associés en propriété ou en jouissance.

CCH, art. L. 212-1 et s., L. 214-1 et s.

Société d'attribution d'immeuble à jouissance en temps partagé

■ Voir *Multipropriété*

Société à capital variable ■ Voir *Capital variable*

Société de capitaux

Droit des sociétés

Société dans laquelle la personnalité des associés n'est pas prise en considération à la différence des capitaux apportés. Les parts de telles sociétés sont en principe négociables, la transmission en est libre.

Société civile

Droit des sociétés

Type de société ayant un objet tourné vers la réalisation d'une activité non commerciale (libérale ; artisanale ; agricole) et pour laquelle les associés n'ont pas voulu retenir une formule de société commerciale par la forme.

C. civ., art. 1845 et s.

Société civile de moyens (SCM)

Droit des sociétés

Type de société civile permettant aux professionnels libéraux de mettre en commun des moyens d'exercice d'une activité libérale sans pour autant exercer en commun l'activité.

L. 29 nov. 1966

■ Voir aussi : *Profession libérale, Société civile professionnelle (SCP), Société d'exercice libéral (SEL)*

Société civile de placement immobilier

Droit des sociétés

Organisme de placement collectif ayant pour objet exclusif l'acquisition et la gestion d'un patrimoine immobilier locatif.

C. monét. fin., art. L. 214-1, L. 214-50 et s., L. 231-8 et s., R. 214-116 et s. ; AMF, Règl. gén., art. 422-1 et s.

Société civile professionnelle (SCP)
Droit des sociétés
Société constituée entre personnes physiques exerçant une même *profession libérale* et ayant pour objet l'exercice même de l'activité.

L. 29 nov. 1966

Société en commandite par actions (SCA)
Droit des sociétés
Société de capitaux composée de deux types d'associés : commandités et commanditaires (trois au moins). Les premiers ont une situation voisine d'associés de société en nom collectif, les seconds sont proches d'actionnaires de société anonyme.

C. com., art. L. 226-1 et s.

Société en commandite simple (SCS)
Droit des sociétés
Société de personnes composée de deux types d'associés : commandités et commanditaires. Les premiers ont une situation voisine d'associés de société en nom collectif, les seconds, non commerçants, n'assumant qu'une responsabilité limitée à leurs apports mais dont les parts, en raison d'un fort *intuitus personae,* voient leur cessibilité limitée.

C. com., art. L. 222-1 et s.

Société commerciale
Droit des sociétés
Type de société ayant un objet tourné vers la réalisation d'une activité commerciale. Certaines sociétés sont dites commerciales par la forme en ce que même tournées vers la réalisation d'un objet civil, elles reçoivent la qualification de société commerciale : société en nom collectif ; société en commandite simple ou par actions ; société à responsabilité limitée ; société anonyme.

C. com., art. L. 210-1 et s.

Société coopérative ■ Voir *Coopérative (société)*

Société coopérative ouvrière de production (SCOP)
Droit des sociétés
Type de société coopérative, créée sous la forme de société anonyme ou de société à responsabilité limitée, par des travailleurs souhaitant exercer une activité professionnelle au sein d'une entreprise qu'ils gèrent en commun et sur la base d'un rapport égalitaire sans considération du nombre de parts détenues dans le capital.

L. 19 juill. 1978

Société créée de fait
Droit des sociétés
Situation consécutive à la conduite de personnes ayant contribué à une action professionnelle ou économique dont elles ont partagé les bénéfices ou les pertes, adoptant sans en avoir véritablement conscience l'attitude d'associés.

C. civ., art. 1873

■ Voir aussi : *Société de fait*

Société d'économie mixte
Droit administratif
Société anonyme dont le capital est détenu par des *personnes publiques* et des

personnes privées. Depuis 1983, les *collectivités territoriales* peuvent détenir la majorité du capital d'une société d'économie mixte locale à condition que des partenaires privés soient actionnaires à au moins 20 %.

CGCT, art. L. 1521-1

Société d'épargne forestière
Droit des sociétés

Organisme de placement collectif ayant pour objet principal l'acquisition et la gestion d'un patrimoine forestier, et dont l'actif est constitué, d'une part, pour 60 % au moins de bois ou forêts, de parts d'intérêt de groupements forestiers ou de sociétés dont l'objet exclusif est la détention de bois et forêts et, d'autre part, de liquidités ou valeurs assimilées.

C. monét. fin., art. L. 214-1, L. 214-85 et s.

Société d'exercice libéral (SEL)
Droit des sociétés

Société constituée en vue de l'exercice d'une *profession libérale*. Exerçant une activité libérale, la SEL à un objet civil, mais sa forme est commerciale : société d'exercice libéral à forme anonyme, en commandite par actions, à responsabilité limitée (notamment unipersonnelle).

L. n° 90-1258, 31 déc. 1990

Société de fait
Droit des sociétés

Société entachée d'une cause de nullité qui n'en a pas moins eu une activité effective.

■ Voir aussi : *Société créée de fait*

Société en formation
Droit des sociétés

Situation d'une société en cours de création.

C. civ., art. 1843

Société d'intérêt collectif agricole (SICA)
Droit des sociétés

Société civile ou commerciale constituée par des agriculteurs (en nombre prépondérant), des commerçants et industriels et dont l'objet réside en la création, la gestion d'installations ou la délivrance de services dans l'intérêt d'une région.

Société d'investissement à capital variable (SICAV)
Droit des sociétés

Organisme de placement collectif en valeurs mobilières prenant la forme d'une *société anonyme* ou *par actions simplifiée* et dont le *capital* social peut être modifié par l'émission ou le rachat par la société d'actions.

C. monét. fin., art. L. 214-7, D. 214-3 à D. 214-5 ; AMF, Règl. gén., art. 411-4 à 411-9

Société d'investissement financier à capital fixe (SICAF)
Droit des sociétés

Créée en 2009, la société d'investissement financier à capital fixe est constituée sous forme de société anonyme et a pour objet la gestion d'un portefeuille d'instruments financiers, de dépôts et de liquidités, en diversifiant directement ou indirectement les risques d'investissement, dans le but de faire bénéficier ses actionnaires des résultats de cette gestion.

C. monét. fin., art. L. 214-1, 6°, L. 214-147 et s. ; C. com., art. 233-9, II, 1°

S

Société mère
Droit des sociétés
Société possédant une fraction importante du capital d'une société alors appelée filiale. La proportion du capital devant être détenue varie selon les branches du droit intéressées : 50 % pour le droit des sociétés, le droit fiscal appliquant un régime de faveur dit des sociétés mères et filiales dès 10 %.

C. com., art. L. 233-1
▪ Voir aussi : *Filiale*

Société mixte d'intérêt agricole
Droit des sociétés
Société commerciale constituée d'agriculteurs, commerçants et industriels, ayant pour objet la transformation et la distribution des productions agricoles. Les associés agriculteurs, s'ils sont statutairement minoritaires, conservent une position leur permettant de bloquer toute décision contrevenant à leurs intérêts.

Société nationale d'exploitation industrielle des tabacs et allumettes (SEITA)
Finances publiques ▪ Voir *Monopoles fiscaux*

Société des Nations (SDN)
Relations internationales
Première organisation internationale à vocation universelle créée à la suite de la conférence de Versailles (1919) afin d'assurer le maintien de la paix et de la solidarité entre les nations et composée de cinquante-quatre États membres avant la Seconde Guerre mondiale.

Pacte SDN, 28 juin 1919
▪ Voir aussi : *Organisation des Nations unies (ONU)*

Société en nom collectif (SNC)
Droit des sociétés
Société de personne et commerciale par la forme dans laquelle tous les associés ont la qualité de commerçant et garantissent indéfiniment et solidairement les dettes sociales.

C. com., art. L. 221-1 et s.

Société en participation
Droit des sociétés
Type de société non dotée de la personnalité morale.

C. civ., art. 1871 et s.

Société de personnes
Droit des sociétés
Société marquée d'un fort *intuitus personae* dans laquelle les associés sont considérés n'avoir accepté l'association qu'en considération de la personnalité de ses coassociés. À raison de cette caractéristique, la transmission des parts sociales est très strictement encadrée.

Société de placement à prépondérance immobilière à capital variable
Droit des sociétés
Organisme de placement collectif immobilier prenant la forme soit d'une société anonyme, soit d'une société par actions simplifiée à capital variable.

C. monét. fin., art. L. 214-89, L. 214-120 et s.

Société à responsabilité limitée (SARL) ▪ Voir *Responsabilité limitée (société à)*

Société de titrisation
Droit financier
Organisme de titrisation constitué sous forme d'une société anonyme ou de

société par actions simplifiée dont la gestion est assurée par une société de gestion de portefeuille ou une société de gestion de fonds communs de créances.

C. monét. fin., art. L. 214-42-1, L. 214-49 et s., L. 532-9, L. 214-48, I (dans sa rédaction antérieure à l'ordonnance n° 2008-556 du 13 juin 2008)

Société unipersonnelle ▪ Voir *Unipersonnelle (entreprise, société)*

SOCRATES (programme)

Droit de l'Union européenne

Ensemble de programmes d'incitations financières à la coopération entre établissements d'enseignement et de formation des États membres, adoptés par le *Conseil* afin de faciliter la mobilité des étudiants et des enseignants au sein de l'*Union européenne.*

● *Exemple,* programmes COMETT du 24 juillet 1986, ERASMUS du 15 juin 1987.

Soft law

Introduction au droit

Texte prenant la forme d'une règle de droit, mais qui se contente de prescrire un comportement sans le rendre expressément obligatoire. Syn. : Droit mou.

Soldes

Distribution

Ventes réglementées à bas prix précédées de publicité annonçant des réductions de prix tendant à l'écoulement des stocks.

C. com., art. L. 310-3, L. 310-5, R. 310-15 et s., A. 310-7 à 310-9

Solennel

Introduction au droit

Acte dont la validité est subordonnée par la loi à la réalisation de certaines formalités.

▪ Voir aussi : *Contrat consensuel, Ad validitatem*

Solidarité

Droit des obligations

État résultant d'une obligation solidaire.

▪ Voir aussi : *Obligation solidaire*

Solidarisme contractuel

Droit des obligations

Théorie en vertu de laquelle les parties à un contrat doivent agir de bonne foi afin d'assurer sa meilleure exécution possible dans leur intérêt commun.

▪ Voir aussi : *Bonne foi*

Solidarité ▪ Voir *Obligation solidaire*

Solidarité (principe de)

Droit de l'Union européenne

Principe selon lequel l'*Union européenne* et les États membres agissent de concert et dans un esprit d'entraide lorsqu'un État membre est la cible du terrorisme ou la victime d'une catastrophe naturelle ou humaine, y compris dans le domaine de l'énergie.

TFUE, art. 222

Solidarité ministérielle

Droit constitutionnel

Mise en œuvre de la responsabilité collective du gouvernement en régime parlementaire se traduisant par une démission de l'ensemble des membres qui le compose en cas de sanction politique.

▪ Voir aussi : *Gouvernement*

Solvabilité
Introduction au droit

Situation de la personne physique ou morale en mesure de faire face à ses *dettes.*

■ Voir aussi : *Insolvabilité*

Solvens
Droit des obligations

Terme latin désignant celui qui effectue un *paiement*, par opposition à l'*accipiens*, qui reçoit ce *paiement*.

■ Voir aussi : *Paiement de l'indu*

Sommation
Procédure civile

Acte extrajudiciaire, notifié par voie d'*huissier de justice*, donnant ordre au débiteur d'exécuter une obligation.

● *Exemple,* une mise en demeure.

Souche
Droit des successions et libéralités

Désigne, dans une *succession*, un groupe *d'héritiers* composé d'un auteur et de ses descendants.

C. civ., art. 753

■ Voir aussi : *Tête*

Soulte
Droit des contrats spéciaux

Somme d'argent versée par l'un des coéchangistes ou l'un des copartageants destinée à compenser l'inégalité de valeur des biens échangés ou des lots attribués.

C. civ., art. 826, 828, 832-4, 1407

■ Voir aussi : *Échange, Partage*

Source de droit
Introduction au droit

1. Organe, autorité ou mécanisme ayant le pouvoir de créer des règles de droit, c'est-à-dire des règles obligatoires dont le respect sera assuré, si besoin est, par la contrainte étatique. Les sources du *droit* sont en principe formelles, c'est-à-dire qu'elles sont formulées par un organe créé à cet effet (ex. : la loi). Mais d'autres éléments contribuent à la formation du droit (ex. : jurisprudence, doctrine) que certains classent dans les sources du droit, d'autres leur concédant seulement le titre d'autorité.

2. Élément ayant la faculté d'influer sur la création d'une règle de droit.

● *Exemple,* situation économique, sociale.

3. Élément permettant la création d'un *droit subjectif.*

● *Exemple,* contrat, responsabilité.
Syn. : source d'obligation.

Sous-assurance
Droit des assurances

Assurance dont la somme assurée est inférieure à la valeur réelle de la chose assurée.

C. civ., art. L. 121-5

■ Voir aussi : *Règle proportionnelle (de capitaux)*

Sous-contrat
Droit des obligations

Contrat conclu par une des parties à un contrat principal et un *tiers* dont l'objet reprend en tout ou partie l'objet de ce contrat principal.

● *Exemple,* sous-traitance, sous-location...

■ Voir aussi : *Chaîne de contrats, Groupe de contrats*

Sous-location

Droit des contrats spéciaux

Contrat de bail conclu entre un locataire originaire, dit locataire principal, et un sous-locataire.

> C. civ., art. 1717, 1735 ; L. n° 48-1360, 1er sept. 1948, art. 78 ; L. n° 89-462, 6 juill. 1989, art. 8 ; C. com., art. L. 145-31, L. 145-32 ; C. rur. pêche marit., art. L. 411-35

■ Voir aussi : *Sous-contrat*

Sous-ordre

Procédure civile

Collocation obtenue par les créanciers d'un débiteur, lui-même créancier colloqué dans une *procédure d'ordre* et conduisant au partage entre les créanciers du montant de la collocation du débiteur.

Sous-préfet

Droit administratif

Haut *fonctionnaire* nommé par décret du président de la République dans un *arrondissement* pour représenter le gouvernement. Il dépend hiérarchiquement du *préfet*.

■ Voir aussi : *Préfet*

Sous seing privé ■ Voir *Acte sous seing privé*

Sous-traitance

Droit des contrats spéciaux

1. Opération par laquelle un entrepreneur, dit entrepreneur principal, confie sous sa responsabilité tout ou partie de l'exécution du contrat d'entreprise ou du marché public qu'il a conclu avec le maître de l'ouvrage, à un autre entrepreneur, le sous-traitant, en vertu d'un sous-

contrat d'entreprise, le contrat de sous-traitance ou sous-traité.

> CCH, art. L. 231-13, L. 241-9 ; C. trav., art. L. 8232-1 à L. 8232-3, L. 8221-1 à L. 8221-2 ; L. n° 75-1334, 31 déc. 1975 ; C. transports, art. L. 1432-13, L. 3224-1, L. 4452-1

■ Voir aussi : *Sous-contrat*

2. Opération par laquelle un industriel confie tout ou partie de sa production à un tiers. Cette convention, désignée sous l'expression de sous-traitance industrielle, ne constitue pas un *sous-contrat*.

Souscripteur

Droit des assurances

Contractant de l'assureur débiteur de la prime.

> C. assur., art. L. 112-1 et s.

Souscription

Droit des sociétés

Acte ayant pour objet l'engagement du souscripteur d'intégrer une société par actions par la réalisation d'un apport.

Soutenabilité des Finances publiques

Finances publiques

Depuis le 1er janvier 2013, il est obligatoire de vérifier la soutenabilité des contrats avant leur signature. Cette vérification concerne les contrats de partenariat, les autorisations d'occupation temporaire du domaine public et les baux emphytéotiques hospitaliers. L'obligation emporte quatre conséquences préalables : 1° une étude préalable sur les conséquences de ces contrats sur les finances publiques ; 2° une étude préalable sur la disponibilité des crédits ; 3° une étude préalable sur la compatibilité de ces contrats avec les orientations de la politique immobilière de l'État ; 4° un accord de Bercy.

D. n° 2012-1093, 27 sept. 2012

Soustraction de mineurs ◼ Voir *Atteintes à l'exercice de l'autorité parentale et à la filiation*

Soutien abusif de crédit
Droit bancaire
Fait d'accorder ou maintenir un *crédit* à une entreprise en situation que l'*établissement de crédit* pouvait savoir irrémédiablement compromise. Il engage la *responsabilité* du dispensateur de crédit.

C. civ., art. 1382

Souvenirs de famille
Introduction au droit
Bien ayant appartenu à un membre de la famille et étant intimement lié à l'histoire de cette famille, par la valeur sentimentale et affective que ses membres lui confèrent et qui éclipse sa valeur vénale. Cette charge affective justifie, aux yeux de la jurisprudence, un régime dérogatoire favorisant la conservation de ces biens au sein de la famille.

● *Exemple,* décorations, portraits d'ancêtres.

Souveraineté
Droit constitutionnel
Ultime degré de la puissance légale et de la liberté attribué à l'État dans son territoire sur les sujets de droit.

Droit international public
Qualité juridique d'un État désignant l'absence de soumission de celui-ci à un sujet du droit international.

Souveraineté nationale
Droit constitutionnel
Doctrine constitutionnelle réservant aux représentants de la nation, seule titulaire de la souveraineté, l'expression de la volonté générale.

DDHC 1789, art. 3

Souveraineté populaire
Droit constitutionnel
Doctrine constitutionnelle attribuant la qualité de souverain au corps électoral et plaidant pour la généralisation des procédés de démocratie directe.

Const. 24 juin 1793, art. 25

Souverainisme
Droit constitutionnel
Doctrine politique d'opposition aux transferts de souveraineté nationale effectués vers les organisations supranationales telles que l'Union européenne.

Specialia generalibus derogant
Introduction au droit
Littéralement : ce qui est spécial déroge à ce qui est général. Maxime d'interprétation prônant, en présence de lois potentiellement applicables à un point et ne réglant pas la question de leurs rapports, l'application de celle dont le domaine est le plus restreint, le plus centré sur ce point.

◼ Voir aussi : *Generalia specialibus non derogant*

Spécialité (principe de)
Droit administratif
Principe applicable aux *services publics* et *établissements publics* dont l'objet est limité est spécialisé. Tout établissement public est une *personne publique* spécialisée. Un hôpital est spécialisé dans les soins. Les personnes publiques territoriales ne sont pas spécialisées car elles ont une clause générale de compétence.

Droit de la propriété intellectuelle

La protection accordée par la loi au titulaire d'une *marque* ne vaut que pour les services et produits désignés lors de l'enregistrement du signe auprès de l'*Institut national de la propriété industrielle.*

Spécialité budgétaire
Finances publiques

Ce principe, à la différence de tous les autres, ne joue qu'en matière de dépenses. Il sert aux élus à contrôler les dépenses à deux stades : au stade du vote, la spécialité signifie que le budget est voté par petites unités qui découpent le budget (par ex., pour le budget de l'État, le budget est voté par mission) ; au stade de l'exécution, la spécialité signifie que le budget doit être exécuté en respectant la répartition des dépenses (par ex., pour le budget de l'État, le budget est exécuté par programme). La spécialité est un principe de discipline.

LOLF, art. 7

Spécialité législative
Introduction au droit

Principe en vertu duquel une loi n'est applicable dans une collectivité d'Outre-mer que si une de ses dispositions le prévoit expressément.

Const. 4 oct. 1958, art. 73 et 74

Spécification
Droit des biens

Modalité de mise en œuvre de l'*accession mobilière* permettant la création d'une chose nouvelle en raison du travail d'une personne sur une chose qui appartient à une autre.

C. civ., art. 570 et s.

▨ Voir aussi : *Adjonction, Mélange*

Sponsoring ▨ Voir *Parrainage*

Stage
Droit social – Droit de la protection sociale

Période temporaire d'activité non rémunérée dans laquelle se trouve un travailleur potentiel auprès d'une entreprise, d'une administration ou d'une institution afin de compléter ou d'accompagner sa formation scolaire, universitaire ou professionnelle ; le régime de Sécurité sociale du stagiaire varie selon que le stage s'inscrit à titre obligatoire ou non dans le cadre d'un cursus de formation.

C. trav., art. L. 1132-1 ; CSS, art. L. 412-8, R. 412-5, R. 412-5-1, R. 373-1

▨ Voir aussi : *Formation professionnelle en alternance, Formation professionnelle continue, Contrat de travail, Employeur*

Standard juridique
Introduction au droit

Étalon abstrait (correspondant aux éléments normaux de la catégorie concernée) qui permet une comparaison d'une chose ou du comportement d'un individu avec les qualités d'une chose du même type ou avec le comportement que le même type d'individu aurait dû avoir dans les mêmes circonstances.

● *Exemple*, le standard du *bon père de famille*, qui permet d'apprécier la faute civile par rapport au comportement qu'aurait eu, dans les mêmes circonstances, une personne normalement prudente et avisée.

▨ Voir aussi : *In abstracto, In concreto*

Staries
Droit des transports

Délais de chargement et de déchargement de la cargaison imposés à l'*affréteur* au voyage et prévus dans la *charte-partie*.

D. n° 66-1078, 31 déc. 1966, art. 5, 9, 10

■ Voir aussi : *Affrètement, Jours de planche, Surestaries*

Statu quo
Introduction au droit

Terme utilisé pour désigner une situation qui n'a pas été modifiée ou pour réclamer le rétablissement de l'état originaire d'une situation.

Statut familial ■ Voir *Statut personnel*

Statut individuel ■ Voir *Statut personnel*

Statut personnel
Droit international privé

Catégorie juridique de *rattachement* englobant toutes les questions relatives à la personne et composée du statut individuel (*état, capacité*) et du statut familial extrapatrimonial (*mariage, divorce, filiation*).

■ Voir aussi : *Loi personnelle*

Statut réel
Droit international privé

Catégorie juridique de *rattachement* englobant toutes les questions relatives aux *biens* envisagés individuellement (*biens corporels* ou *incorporels*) ou en masse patrimoniale (*faillite, nationalisation, succession*).

■ Voir aussi : *Lex rei sitae*

Statuts
Introduction au droit

Acte de constitution d'une personne morale, association ou société. Le document formalisant la constitution est par extension qualifié de statuts, il contient un ensemble de stipulations permettant de préciser l'objet et le fonctionnement de la personne morale.

C. civ., art. 1835

Stevedore
Droit des transports

Entrepreneur de manutention exerçant son activité dans les ports de l'Atlantique, de la mer du Nord et de la Manche, chargé des opérations d'embarquement, de débarquement et de manipulation à terre des marchandises.

■ Voir aussi : *Acconier*

Stipulation
Droit des obligations

Clause prévue par les parties à un *contrat*.

Stipulation *post-mortem* ■ Voir *Promesse post-mortem*

Stipulation pour autrui
Droit des obligations

Opération par laquelle une partie, le stipulant, obtient de l'autre, le promettant, qu'il s'engage envers une troisième, le tiers bénéficiaire.

C. civ., art. 1121

■ Voir aussi : *Effet relatif des contrats, Porte-fort (promesse de)*

Stock-option (ou option de souscription ou d'achat d'action)
Droit des sociétés

Mécanisme qui permet à des salariés d'une société de souscrire ou d'acheter des actions pendant une certaine durée à un prix fixé initialement et qui ne peut varier. Ces salariés peuvent ainsi profiter des hausses boursières pour obtenir d'importantes plus-values.

C. com., art. L. 225-177, L. 225-178

Stricto sensu
Introduction au droit

Expression indiquant que l'on se réfère à la définition stricte du terme concerné, ce qui signifie que l'application de la règle étudiée ne doit pas être étendue au-delà de son interprétation littérale. Cette expression latine peut se traduire par « au sens strict ».

■ Voir aussi : *Lato sensu*

Stupéfiants (infractions relatives aux)
Droit pénal

Ensemble d'infractions qui ont pour point commun de porter sur des activités liées à des substances ou plantes classées comme stupéfiants, telles que leur production, leur fabrication, leur importation, leur acquisition ou leur utilisation et qui sont soumises à un régime procédural spécifique.

C. pén., art. 222-34 et s. ; CPP, art. 706-26 et s.

Subordination
Droit social – Droit de la protection sociale

Critère distinctif du contrat de travail et de l'assujettissement au régime général de sécurité sociale ; état de dépendance juridique et économique dans lequel se trouve le salarié par rapport à son employeur, lequel se manifeste par les ordres, les directives, le contrôle et le pouvoir de sanction de ce dernier, voire par la présence d'un service organisé de façon unilatérale par le donneur d'ouvrage.

C. trav., art. L. 1221-1 à L. 1221-3, L. 8221-6 ; CSS, art. L. 311-2, L. 311-3, L. 311-6, L. 311-11

■ Voir aussi : *Contrat de travail, Employeur, Préposé, Pouvoir disciplinaire, Assujettissement, Déclaration préalable à l'embauche*

Subornation de témoin
Droit pénal

Délit consistant à inciter une personne par l'emploi de promesses, offres, présents ou menaces, au cours d'une procédure ou en vue d'une demande en justice, soit à faire ou délivrer une déposition, une déclaration ou une attestation mensongère, soit à s'abstenir d'en faire une.

C. pén., art. 434-15 et s.

Subrogation
Introduction au droit

Remplacement dans un rapport de droit d'une chose par une autre dont elle suit le même régime (subrogation réelle) ou d'une personne par une autre dont elle pourra exercer les droits (subrogation personnelle).

Subrogation des poursuites
Procédure civile

Procédure permettant en cas de *saisies* réalisées successivement sur un même bien, au deuxième créancier saisissant d'être substitué au premier si celui-ci néglige de poursuivre la procédure.

CPC ex., art. R. 221-46, R. 322-27

Subrogatoire ■ Voir *Recours subrogatoire*

Subrogé curateur
Droit des personnes et de la famille
Personne physique organe de la curatelle chargée de surveiller le curateur (c'est-à-dire de vérifier la bonne exécution de sa mission) et de le remplacer lorsque ses intérêts sont en conflit avec ceux du mineur.

C. civ., art. 454

Subrogé tuteur
Droit des personnes et de la famille
Personne physique, organe de la *tutelle* chargé de surveiller le tuteur (c'est-à-dire de vérifier la bonne exécution de sa mission) et de le remplacer lorsque ses intérêts sont en conflit avec ceux du *mineur*.

C. civ., art. 409, 454

■ Voir aussi : *Tuteur, Conseil de famille*

Subside ■ Voir *Aliment, Action à fins de subsides*

Subsidiarité (principe de)
Droit de l'Union européenne
Principe selon lequel les institutions de l'*Union européenne* doivent considérer leur action comme subordonnée à l'incapacité du droit des États membres à mettre en œuvre les objectifs fixés par les traités à l'*Union européenne*.

TUE, art. 5 ; Prot. nº 2 sur l'application des principes de subsidiarité et de proportionnalité, annexé au TFUE
■ Voir aussi : *Proportionnalité (principe de), Attribution (principe d')*
Droit européen
Principe selon lequel le contrôle par la *Cour européenne des droits de l'homme*

du respect des droits énoncés à la *Convention européenne des droits de l'homme* est subordonné à l'*épuisement des voies de recours internes* afin de permettre aux États parties de remédier par eux-mêmes aux violations de la Convention.

Conv. EDH 4 nov. 1950, art. 35, 1º

Substitut à l'emprisonnement
Droit pénal ■ Voir *Alternative à l'emprisonnement*

Substitut général – Substitut
Organisation judiciaire
Membre du *ministère public* placé sous l'autorité d'un *procureur*.

Substitution fidéicommissaire
■ Voir *Libéralité résiduelle*

Substitution de motifs
Procédure civile
Technique de contrôle des décisions consistant pour la *Cour de cassation* à éviter la cassation en remplaçant un *motif* erroné par un motif de pur droit conduisant à la même solution.

CPC, art. 620
■ Voir aussi : *Cassation*

Successible
Droit des successions et libéralités
Celui qui est apte à recueillir une *succession*.

Succession
Droit des successions et libéralités
Transmission du *patrimoine* d'une personne du fait de sa mort.

C. civ., art. 368-1, 723 et s., 967

Succession anomale
Droit des successions et libéralités
Succession dans laquelle certains biens du défunt sont attribués en considé-

ration de leur nature ou de leur origine, par exception au principe d'unité de la succession. Le droit contemporain ne l'avait maintenue que pour l'adoption simple avant que la loi du 3 décembre 2001 n'en crée une autre avec le droit de retour des frères et sœurs en concours avec le conjoint et que la loi du 23 juin 2006 n'ajoute celui plus particulier de l'ascendant donateur.

> C. civ., art. 368-1, 738-2, 757-3
> ▨ Voir aussi : *Droit de retour*

Succession d'États

Droit international public

Substitution d'un État à un autre dans la détention d'un territoire.

> Conv. Vienne, 23 août 1978, succession d'États en matière de traité ; Conv. Vienne, 8 avr. 1983, succession des biens, archives et dettes de l'État

Succession future ▨ Voir *Pacte sur succession future*

Succursale

Droit commercial – généralités

Lieu de commercialisation des produits ou des services d'une entreprise, éloigné de l'entreprise principale, n'ayant pas de personnalité juridique propre mais jouissant d'une certaine autonomie de gestion.

Suffrage

Droit constitutionnel

Expression, positive (suffrage exprimé) ou négative (vote nul ou blanc), du vote d'un électeur lors d'un scrutin.

> ▨ Voir aussi : *Vote*

Suffrage universel

Droit constitutionnel

Modalité électorale attribuant à l'ensemble des citoyens le droit de participer à un scrutin.

> C. élect., art. L. 1er
> ▨ Voir aussi : *Électorat, Citoyen*

Sui generis

Introduction au droit

Caractère de ce qui a une nature originale, c'est-à-dire dont les caractéristiques ne peuvent correspondre à aucune des *qualifications* préexistantes. Cette expression latine peut se traduire par « de son propre genre ».

> ▨ Voir aussi : *Qualification*

Suite (droit de)

Droit des sûretés

Prérogative conférée au titulaire d'un *droit réel* muni d'une *sûreté* de pouvoir saisir le *bien* qui lui appartient, en quelques mains qu'il se trouve, pour poursuivre le paiement de sa créance.

> ▨ Voir aussi : *Préférence (droit de)*

Suivi socio-judiclaire

Droit pénal

Sanction comportant l'obligation pour certains délinquants sexuels de se soumettre, sous le contrôle du juge de l'application des peines, à des mesures de surveillance et d'assistance dont la durée est variable en fonction de la nature de l'infraction commise, destinées à prévenir la récidive.

> C. pén., art. 131-36-1 et s. ; CPP, art. 763-1 et s.

Sujet de droit ▪ Voir *Personnalité juridique*

Superficie (droit de)
Droit des biens

Droit réel lié à une dissociation d'origine conventionnelle ou par *prescription* de la *propriété* et conféré au propriétaire, le superficiaire, de tout ce qui est situé au-dessus du sol, la propriété du sous-sol et de la surface demeurant au bénéfice du tréfoncier.

C. civ., art. 553
▪ Voir aussi : *Tréfonds*

Superficies solo cedit
Droit des biens

Formule latine qui suppose que ce qui est au-dessus du sol s'incorpore au sol : le propriétaire du sol est aussi, par *accession*, propriétaire de ce qui est au-dessus comme les constructions notamment.

C. civ., art. 552 et s.

Supplément d'information
Procédure pénale

Acte d'information complémentaire demandé par une juridiction pénale lorsque les éléments de preuve lui semble incomplets.

CPP, art. 201, 283, 397-2, 463, 538

Support durable
Consommation

Tout instrument permettant au *consommateur* ou au *professionnel* de stocker des informations qui lui sont adressées personnellement afin de pouvoir s'y reporter ultérieurement pendant un laps de temps adapté aux fins auxquelles les informations sont destinées et qui permet la reproduction à l'identique des informations stockées.

C. consom., art. L. 121-16, 3°

Supplétif
Introduction au droit

Caractérise une règle qui s'applique à défaut de l'expression, par les personnes concernées, d'une volonté inverse, par opposition à impératif.

Supraconstitutionnalité
Droit constitutionnel

Doctrine postulant l'existence de principes intangibles supérieurs et extérieurs à la Constitution.

Surenchère
Droit des contrats spéciaux

Dans le cadre d'une procédure de saisie immobilière, faculté offerte à toute personne de provoquer une seconde adjudication en surenchérissant d'un dixième au moins du prix principal dans les dix jours de la première adjudication.

CPC ex., art. R. 322-50 et s.
▪ Voir aussi : *Folle enchère*

Surendettement
Consommation

Qualification juridique de l'état d'un particulier ne pouvant plus faire face, de bonne foi, au paiement de l'ensemble de ses dettes non professionnelles exigibles et à échoir.

C. consom., art. L. 330-1 et s.

Surestaries
Droit des transports

Supplément de fret dû par l'affréteur au voyage en cas de dépassement des *staries* lors du chargement et du déchargement de la marchandise.

D. n° 66-1078, 31 déc. 1966, art. 11
▪ Voir aussi : *Affrètement, Staries*

Sûreté

Droit des sûretés

Protection d'origine conventionnelle, légale ou judiciaire, conférée au créancier pour garantir le paiement de sa créance et échapper au concours des autres créanciers.

▪ Voir aussi : *Sûreté réelle, Sûreté personnelle*

Sûreté judiciaire

Procédure civile

Sûreté constituée sur un immeuble, un fonds de commerce ou des valeurs mobilières dans un but conservatoire et sur autorisation judiciaire.

▪ Voir aussi : *Mesure conservatoire* CPC ex., art. L. 531-1 et s., R. 531-1 et s.

Sûreté personnelle

Droit des sûretés

Protection fondée sur *l'action personnelle* susceptible d'être exercée par un créancier contre un tiers qui garantit le recouvrement de la créance en cas de défaillance du débiteur.

Sûreté réelle

Droit des sûretés

Protection fondée sur le *droit réel* dont bénéficie le créancier sur un *bien* mobilier ou immobilier appartenant au débiteur ou à un tiers.

Surnom

Droit des personnes et de la famille

Élément ajouté par l'entourage, le public au *nom* de famille d'un individu pour traduire un caractère particulier de sa personne ou de sa vie. Cet élément n'a pas de valeur juridique.

▪ Voir aussi : *Pseudonyme*

Sursis assorti de l'obligation d'accomplir un travail d'intérêt général

Droit pénal

Dispense provisoire d'exécution de la peine en totalité ou en partie, assortie de l'obligation, avec le consentement de l'intéressé, d'exécuter au profit d'une collectivité publique ou une association un travail non rémunéré pour une durée comprise entre quarante heures et deux cent dix heures, qui peut être révoquée en cas de nouvelle condamnation ou de non-respect de cette obligation.

C. pén., art. 132-54 et s.

▪ Voir aussi : *Travail d'intérêt général*

Sursis avec mise à l'épreuve

Droit pénal

Dispense provisoire d'exécution de la peine en totalité ou en partie, assortie d'obligations et de mesures de contrôle à respecter pendant un délai d'épreuve de durée variable, qui peut être révoquée en cas de nouvelle condamnation ou de non-respect des mesures imposées pendant ce délai.

C. pén., art. 132-40 et s. ; CPP, art. 739 et s.

Sursis simple

Droit pénal

Dispense provisoire d'exécution de la peine en totalité ou en partie qui peut être révoquée en cas de nouvelle condamnation.

C. pén., art. 132-29 et s. ; CPP, art. 735 et s.

Sursis à statuer
Procédure civile
Suspension provisoire de l'instance ordonnée par le juge, soit d'office, soit à la demande des parties.

▪ Voir aussi : *Exception dilatoire*

Surveillance électronique ▪ Voir *Placement sous surveillance électronique*

Surveillance judiciaire
Droit pénal
Mesure d'exécution des peines ayant pour objectif d'éviter que des condamnés pour des infractions très graves, présentant un état de dangerosité engendrant un risque avéré de récidive, ne se retrouvent sans suivi à l'issue de l'exécution de leur peine. Elle peut s'appliquer à des condamnés du chef de crimes et délits qui font encourir la peine du suivi socio-judiciaire à une peine privative de liberté égale ou supérieure à sept ans. Cette surveillance a vocation à être mise en œuvre lorsqu'un suivi socio-judiciaire n'a pas été prononcé ou lorsque le condamné ne peut pas bénéficier d'une libération conditionnelle car il présente un risque trop important de récidive. Dans le cadre de la mesure, la personne fait l'objet d'obligations construites sur le modèle du sursis avec mise à l'épreuve ou de la libération conditionnelle.
CPP, art. 723-29 et s.

Surveillance de sûreté
Droit pénal
Mesure de suivi, d'une durée de deux ans renouvelable, qui peut s'appliquer postérieurement à un suivi socio-judiciaire, une surveillance judiciaire ou une rétention de sûreté, à l'encontre de personnes qui ont été condamnées à une lourde peine de réclusion criminelle du chef d'infractions très graves, de nature sexuelle ou violentes, en raison de l'existence d'un risque important de récidive, la probabilité de sa survenance étant très élevée. Dans le cadre de la mesure, la personne doit respecter des obligations qui sont identiques à celles de la surveillance judiciaire.
CPP, art. 706-53-13 et s., R. 53-8-44 et s.

Suscription
Introduction au droit
Adresse de la destination ou de l'origine d'une lettre.

Suspect
Procédure pénale
Personne soupçonnée d'avoir participé à la commission d'une infraction sans que l'action publique ait été encore déclenchée.
CPP, art. préliminaire, 63, 77

Suspension
Droit des obligations
Arrêt temporaire du cours de la *prescription* qui reprend son cours en laissant subsister le temps déjà écoulé lorsque la cause de suspension disparaît, à la différence de *l'interruption*.
C. civ., art. 2251 et s.

Suspension provisoire des poursuites
Liquidation et redressement judiciaires
Effet de l'*homologation* ou du constat par le président du *tribunal de commerce* ou de grande instance de l'*accord amiable* conclu, dans le cadre d'une procédure de *conciliation*, entre le *débiteur* et ses principaux *créanciers* et, le cas échéant, avec ses cocontractants habi-

S

tuels. Toute action en justice et *voies d'exécution* des créanciers du débiteur sont, durant la durée d'exécution de l'accord, suspendues ou interdites.

C. com., art. L. 611-10-1

■ Voir aussi : *Arrêt des poursuites individuelles*

Consommation

Mesure ordonnée par le *juge* du *tribunal d'instance* sur saisine de la Commission de surendettement des particuliers après demande du *débiteur* aux fins de suspendre les *voies d'exécution* diligentées à l'encontre de ses *biens* ainsi que des cessions de rémunérations consenties par lui et portant sur des dettes autres qu'alimentaires. En cas d'urgence, la saisine du juge peut intervenir à l'initiative du président de la commission, du délégué de ce dernier ou du représentant local de la *Banque de France*.

C. consom., art. L. 331-5

■ Voir aussi : *Arrêt des poursuites individuelles*

Suspension de séance
Droit constitutionnel

Interruption momentanée, prononcée par le président d'une assemblée, de la séance parlementaire.

Suspension (pouvoir de)
Droit administratif

Privilège de l'administration qui peut légalement faire cesser le caractère exécutoire d'un *acte administratif* ou remettre en cause les compétences attribuées à une *autorité* administrative.

Suspicion légitime
Procédure pénale

Doute existant quant à l'impartialité d'une juridiction pénale, qui peut entraîner le dessaisissement de celle-ci par la

chambre criminelle de la *Cour de cassation*, à la requête d'une partie ou du ministère public.

CPP, art. 662

Syndic de copropriété
Droit des biens

Organe, représentant du *syndicat de copropriétaires*, nommé par l'assemblée générale pour une durée de trois ans avec pour mission notamment d'exécuter les décisions du syndicat et d'effectuer l'administration courante de l'immeuble.

Syndic de faillite
Liquidation et redressement judiciaires

Nom donné, avant sa suppression par la loi n° 85-98 du 25 janvier 1985, au représentant de la *masse* dans la procédure de règlement judiciaire ou de liquidation de biens. Outre la défense de l'intérêt collectif des *créanciers*, la mission de ce mandataire de justice consistait à assister le *débiteur* dans sa gestion en cas de règlement judiciaire, à le représenter en cas de liquidation de biens.

■ Voir aussi : *Mandataire judiciaire*

Syndicat (professionnel)
Droit social

Groupement ayant la personnalité juridique constitué par des personnes physiques (salariés, travailleurs indépendants) ou morales (employeurs) exerçant des professions identiques, complémentaires ou voisines afin d'organiser la défense des intérêts matériels et moraux, collectifs et individuels, des professionnels visés dans les statuts du syndicat. Le syndicat est représentatif et jouit de ce fait d'un statut particulièrement favorable, lorsqu'il est considéré comme tel par la loi ou lorsque sa représentativité dans l'entreprise peut être vérifiée (ancienneté, indépendance, résultats aux dernières élections du personnel...).

C. trav., art. L. 2122-1, L. 2131-1, L. 2141-9, L. 2141-12 et L. 2314-8 ▪ Voir aussi : *Délégué syndical, Section syndicale, Liberté syndicale, Représentativité des syndicats, Liberté du travail*

Syndicat de communes
Droit administratif

Établissement public de *coopération intercommunale* créé par la loi du 22 mars 1890 avec une vocation unique : gérer un seul *service public*. Depuis l'ordonnance du 5 janvier 1959, les syndicats peuvent avoir une vocation multiple.

CGCT, art. L. 5212-1 et s.

Syndicat de copropriétaires
Droit des biens

Organe doté de la *personnalité morale*, composé de l'ensemble des copropriétaires d'un *immeuble* bâti et tenu de la conservation de l'immeuble et de l'administration des parties communes.

Syndicat de fonctionnaires
Droit administratif

Syndicat professionnel regroupant les agents de la *fonction publique* par *administration* afin de représenter les *agents publics* auprès du ministre.

Syndicat intercommunal à vocation multiple (SIVOM)
Droit administratif ▪ Voir *Syndicat de communes*

Système européen de banques centrales (SEBC)
Droit de l'Union européenne

Organe financier indépendant de l'*Union européenne*, siégeant à Francfort, et chargé de la gestion de l'Union monétaire en veillant, en particulier, à la stabilité des prix. Il est composé de la *Banque centrale européenne (BCE)* et des banques centrales des États membres participant à *l'euro*.

TFUE, art. 127 et s. ; Prot. n° 4 sur les statuts du SEBC et de la BCE, annexé au TFUE

Système monétaire européen (SME)
Droit de l'Union européenne

Instrument de coordination des politiques monétaires qui créé l'écu et surveille la stabilité des cours. Il succède au serpent monétaire européen en 1979. Supplanté par l'institution de l'*Union économique et monétaire*, le SME reste d'actualité pour les États membres hors zone *euro*.

Tableau de synthèse
Finances publiques

Nouvelle norme de transparence budgétaire instituée par la loi organique n° 2012-1403 du 17 décembre 2012, relative à la programmation et à la gouvernance des finances publiques. Ce texte transpose en droit interne l'article 7 du Traité sur la stabilité, la coordination et la gouvernance au sein de l'Union européenne signé le 2 mars 2012 et en vigueur le 1er janvier 2013. Désormais, toutes les différentes catégories de lois de finances doivent présenter dès leur premier article un tableau de synthèse du solde de l'ensemble des administrations publiques. Au fond, la contrainte de l'équilibre a conduit à renforcer la transparence des finances publiques.

▧ Voir aussi : *Équilibre budgétaire*

Tacite prolongation
Droit des contrats spéciaux

Prolongation automatique du bail commercial au-delà du terme fixé par le contrat à défaut de congé ou de demande de renouvellement.

C. com., art. L. 145-9

Tacite reconduction
Droit des obligations

Renouvellement automatique d'un *contrat* consistant en la substitution au contrat échu d'un nouveau contrat, en principe identique au précédent et, sauf disposition ou volonté contraire, de durée indéterminée.

● *Exemple,* il y a tacite reconduction du bail lorsqu'au terme prévu, le locataire reste dans les lieux sans opposition du bailleur.

C. civ., art. 1738, 1759 ; C. assur., art. L. 113-15 ; C. consom., art. L. 136-1 ; L. n° 89-462, 6 juill. 1989, art. 10

▧ Voir aussi : *Prorogation, Tacite prolongation*

Tag
Droit pénal

Inscription, signe ou dessin, tracé sans autorisation préalable sur un bien privé ou public, dont la réalisation est susceptible de constituer un délit de *dégradation de biens*.

C. pén., art. 322-1, al. 2, 322-2 à 322-4, 322-17

Tantième
Droit des biens

Désigne la quote-part, formulée le plus souvent en millièmes, des parties communes attribuées à chaque copropriétaire en fonction notamment de la *contenance* de chaque lot. Permet en particulier de déterminer la répartition des charges versées par chaque copropriétaire.

Tantum devolutum quantum appellatum
Procédure civile

Expression latine signifiant que la *cour d'appel* n'est tenue d'examiner, parmi les questions précédemment soumises aux premiers juges, que celles qui sont expressément visées dans la *déclaration d'appel*.

CPC, art. 562 et s.

▧ Voir aussi : *Appel, Effet dévolutif*

Tapage nocturne
Droit pénal
Contravention de la troisième classe incriminant le fait de troubler volontairement par des bruits la tranquillité d'autrui pendant la nuit.

C. pén., art. R. 623-2

Tarif ▪ Voir *Redevance*

Tarif douanier commun (TDC)
Droit de l'Union européenne
Nomenclature des droits de douane communs aux États membres de l'*Union douanière au sein de l'Union européenne*.

TFUE, art. 31

Tarification
Droit de la protection sociale
Notification adressée par la Caisse d'assurance retraite et des conditions de travail (CARSAT) aux entreprises afin de fixer le montant annuel de leur taux de cotisation à l'assurance « accidents du travail et maladies professionnelles ».

CSS, art. R. 241-1, D. 242-6 et s.

▪ Voir aussi : *Cotisations de sécurité sociale, Assurance risques professionnels*

Taux d'appel
Droit de la protection sociale
Taux de cotisation supplémentaire appliqué aux entreprises afin d'assurer l'équilibre financier d'un régime de retraite complémentaire obligatoire (AGIRC et ARRCO), lequel n'ouvre droit à aucun point de retraite supplémentaire pour les salariés.

CSS, art. L. 922-6, L. 922-7

▪ Voir aussi : *PSC (protection sociale complémentaire)*

Taux de compétence
Procédure civile
Valeur au-dessus de laquelle une juridiction cesse d'être compétente.

● *Exemple,* au-delà de 10 000 €, le *tribunal d'instance* n'est plus compétent pour connaître, en matière civile, des actions personnelles.

COJ, art. L. 221-4

Taux contractuel
Droit de la protection sociale
Taux de cotisation appliqué à l'employeur par un régime de retraite complémentaire obligatoire (AGIRC et ARRCO) afin d'ouvrir des droits (points de retraite) à l'ensemble de son personnel.

CSS, art. L. 922-6, L. 922-7

▪ Voir aussi : *PSC (protection sociale complémentaire)*

Taux effectif global (TEG)
Consommation
Coût réel du montant des charges attachées au remboursement d'un crédit (intérêts, frais, commissions, rémunérations de toutes natures, directs ou indirects).

C. consom., art. L. 313-1, R. 313-1 ; C. monét. fin., art. L. 313-4

Taux de l'impôt
Finances publiques
Pourcentage ou quotité appliqué à la matière fiscale imposable. Les questions de taux relèvent du domaine de la *loi*. Cependant, les taux des *impôts locaux* sont votés directement par les conseils élus. Ils sont conditionnés par la loi nationale.

▪ Voir aussi : *Impôt*

Taux de ressort
Procédure civile

Taux en dessous duquel l'appel est interdit.

• *Exemple,* en matière civile, l'appel est interdit lorsque la valeur en jeu est inférieure à 4 000 €.

COJ, art. R. 221-4

▪ Voir aussi : *Jugement en dernier ressort*

Taxation d'office
Finances publiques

Prérogative du fisc qui a le droit de déterminer unilatéralement le montant de l'*impôt* dès lors que le contribuable n'a pas rempli son devoir de déclaration ou n'a pas répondu aux demandes de l'administration.

CGI, art. 168 ; LPF, art. L. 16, L. 69

Taxe
Finances publiques

Catégorie de prélèvement obligatoire appartenant aux impositions de toute nature (Const., art. 34). Une taxe est perçue à l'occasion d'un certain service. Elle bénéficie aux *personnes publiques* et relève du domaine de la loi.

Taxe d'effet équivalent (à des droits de douane)
Droit de l'Union européenne

Charge pécuniaire imposée au sein de l'*Union européenne* lors d'un franchissement de frontière et qui, assimilable à un droit de douane, est prohibée par les traités comme contrevenant à l'*Union douanière*.

TFUE, art. 30

Taxe foncière
Finances publiques

Impôt direct local dû par le propriétaire d'un bien immeuble au 1er janvier de l'année fiscale. Lorsqu'il s'agit de biens construits, on parle de taxe foncière sur les propriétés bâties. Depuis la loi n° 2009-1673 de finances pour 2010, les régions ne perçoivent plus le produit de la taxe foncière sur les propriétés bâties. Ce sont surtout les communes mais aussi les intercommunalités et les départements qui en bénéficient. Lorsqu'il s'agit de terrains cultivés ou non, on parle de taxe foncière sur les propriétés non bâties. Depuis la loi n° 2009-1673 du 30 décembre 2009, loi de finances pour 2010, le produit de la taxe foncière sur les propriétés non bâties est réparti entre les seules communes et intercommunalités. Cette loi a même ajouté une taxe additionnelle pour augmenter les ressources de ces budgets locaux.

CGI, art. 1380 et s.

Taxe d'habitation
Finances publiques

Impôt direct local dû par l'occupant d'un local d'habitation au 1er janvier de l'année fiscale. Depuis la loi n° 2000-656 du 13 juillet 2000, loi de finances rectificative pour 2000, la part régionale de la taxe d'habitation a été supprimée. Depuis la loi n° 2009-1673 du 30 décembre 2009, loi de finances pour 2010, le produit de la taxe d'habitation ne bénéficie plus aux départements. Par conséquent, le produit de cette taxe est partagé entre les communes et les intercommunalités.

CGI, art. 1407

Taxe parafiscale ▪ Voir *Parafiscalité*

Taxe professionnelle (TP)
Finances publiques

Impôt direct local dû avant 2010 par les entreprises ou toute activité industrielle et commerciale. Depuis la *loi de finances* pour 1999, son assiette ne portait plus que sur les immobilisations corporelles. La loi n° 2009-1673 du 30 décembre 2009, loi de finances pour 2010, a remplacé la taxe professionnelle par un ensemble de nouvelles ressources, la contribution économique territoriale, l'imposition forfaitaire sur les entreprises de réseaux, le fonds national de compensation de la taxe professionnelle, le fonds national de garantie individuelle de ressources et un panier d'impôts affectés aux budgets locaux.

■ Voir aussi : *Réforme de la taxe professionnelle, Contribution économique territoriale*

Taxe sur les transactions financières
Droit fiscal et comptable
Impôt à fort rendement perçu sur les opérations des marchés financiers (actions et obligations) au taux de 0,1 %, et sur les produits dérivés au taux de 0,01 %. Conçue par l'américain Tobin en 1972, elle a été reprise par le syndicat ATAC dans les années 1990, avant d'aboutir en droit positif après la crise financière de 2008. Sur le plan européen, une coopération renforcée pilotée par la France et l'Allemagne rassemble onze États sur vingt-huit.

L. fin. rect. pour 2012, n° 2012-352, 14 mars 2012, art. 5.

Taxe sur la valeur ajoutée (TVA)
Finances publiques
Impôt indirect créé en France par Maurice Lauré en 1954. Il porte sur les consommations de biens et services.

C'est l'impôt qui rapporte le plus à l'État. Les entreprises paient la TVA qui leur est remboursée par le *Trésor public*. Le poids final porte donc sur les consommateurs.

CGI, art. 256

Technicien
Droit processuel
Personne qualifiée à laquelle le juge confie, afin de l'éclairer sur une question de fait, le soin de procéder à une *mesure d'instruction*.

■ Voir aussi : *Constatation, Consultation, Expertise*

Technique juridique
Introduction au droit
1. Ensemble des éléments et des outils du raisonnement juridique (*qualification, présomption, fiction,* etc.).
2. Utilisation du raisonnement et des règles juridiques dans un domaine particulier.

● *Exemple,* technique contractuelle, technique législative.

Témoignage
Introduction au droit
Déclaration d'une tierce personne (le témoin) qui affirme l'existence d'un fait ou d'un acte qu'elle a constatée par elle-même.

C. civ., art. 1341 et s.

■ Voir aussi : *Témoin, Serment, Aveu, Commune renommée*

Témoin
Introduction au droit
Personne appelée, dans le cadre d'une enquête, à affirmer par une déclaration orale ou une attestation écrite l'exis-

tence d'un fait ou d'un acte dont elle a eu personnellement connaissance. Le témoin est astreint à prêter serment de dire la vérité.

CPC, art. 205 et s.

■ Voir aussi : *Témoignage*

Témoin assisté

Procédure pénale

Statut intermédiaire entre celui de simple témoin et de *mis en examen*, applicable en cours d'*instruction* à la personne qui est nommément visée par un réquisitoire introductif, une plainte ou une mise en cause par la victime, lorsqu'elle ne remplit pas les conditions légales pour être *mise en examen*, mais qu'il existe des indices rendant vraisemblable sa participation à l'infraction en tant qu'*auteur* ou *complice*.

CPP, art. 80-1, 113-1 et s., 197-1

Temps législatif programmé

Droit constitutionnel

Procédure parlementaire, ouverte par la Conférence des Présidents, impartissant des délais pour l'examen d'un texte à l'*Assemblée* nationale. En fixant à l'avance la durée des débats sur un texte, le TPL vise à lutter contre l'obstruction parlementaire tout en assurant à la minorité un temps supérieur à celui de la majorité (60 % contre 40 %).

RAN, art. 49-9

■ Voir aussi : *Ordre du jour*

Tenants

Droit des biens

Bordure d'un *fonds* sur ses grands côtés.

■ Voir aussi : *Aboutissants*

Tènement

Droit des biens

Réunion d'un ensemble d'*immeubles* contigus.

Tentative

Droit pénal

Comportement consistant à essayer de commettre une *infraction* dont le résultat n'a pas été atteint en raison de circonstances indépendantes de la volonté de son *auteur*, toujours punissable en matière de *crime*, punissable en matière correctionnelle si un texte le prévoit et en principe non punissable en matière de *contravention*, à condition de comprendre la réunion de deux éléments qui sont, d'une part, un *commencement d'exécution* de l'infraction et, d'autre part, une absence de désistement volontaire de l'auteur.

C. pén., art. 121-5

Terme

Droit des obligations

Événement futur et certain à la réalisation duquel est suspendue *l'exigibilité* (terme suspensif) ou l'extinction (terme extinctif) de l'*obligation*.

C. civ., art. 1185 et s.

■ Voir aussi : *Condition*

Territoire de l'État

Droit international public

Espace comprenant des éléments terrestres et non terrestres (espace aérien, éventuellement espace maritime) dans le cadre duquel l'État exerce sa souveraineté.

■ Voir aussi : *Espace aérien, Eaux intérieures, Mer territoriale, Frontière*

Territoire d'outre-mer (TOM)
■ Voir *Collectivités territoriales d'outre-mer*

Territoire sans maître
Droit international public
Espace terrestre inhabité n'appartenant à aucun État.

Terrorisme
Droit international public
Actes violents (prise d'otages, explosion d'aéronefs) commis contre les ressortissants ou les intérêts d'un État par des individus soutenus par des réseaux étatiques ou privés et réprimés au titre d'infraction internationale.

Droit pénal
Crimes et délits soumis à un régime procédural spécifique car ils visent des comportements graves en relation avec une entreprise individuelle ou collective destinée à troubler gravement l'ordre public, par l'utilisation de l'intimidation ou de la terreur.

C. pén., art. 421-1 et s. ; CPP, art. 706-16 et s.

Testament
Droit des successions et libéralités
Acte unilatéral toujours révocable par lequel une personne dispose de tout ou partie de ses *biens* pour le temps où il ne sera plus. Il peut être olographe, mystique ou authentique.

C. civ., art. 893 et s.

Testament authentique
Droit des successions et libéralités
Encore appelé testament par acte public, il est celui reçu par deux notaires ou par un notaire assisté de deux témoins.

C. civ., art. 976 et s.

Testament mystique
Droit des successions et libéralités
Testament rédigé par le testateur directement ou, sous sa direction, par un tiers puis clos, cacheté et scellé avant d'être remis au notaire en présence de deux témoins.

C. civ., art. 971 et s.

Testament olographe
Droit des successions et libéralités
Testament dont la validité est subordonnée au respect de trois solennités. Il doit être écrit, daté et signé de la main du testateur. Aucune autre formalité n'est requise.

C. civ., art. 970

Testament-partage
Droit des successions et libéralités
Acte par lequel une personne organise le *partage* de tout ou partie des *biens* qu'elle laissera à son décès entre ses *héritiers* présomptifs qui, en l'absence d'enfants, peuvent être ses frères et sœurs, des neveux et nièces, voire ses cousins ou cousines

C. civ., art. 1075 et s., 1079 et s.

■ Voir aussi : *Donation-partage, Libéralité partage, Partage d'ascendants*

Tête
Droit des successions et libéralités
Désigne, dans une *succession, l'héritier* qui vient de son propre chef.

C. civ., art. 744, 750, 753
■ Voir aussi : *Souche*

TFUE ■ Voir *Traité sur le fonctionnement de l'Union européenne*

Théorie de l'apparence ▪ Voir *Apparence (sens 2)*

Ticket modérateur
Droit de la protection sociale
Part contributive laissée à la charge des assurés sociaux lors de la prise en charge de divers frais médicaux par l'assurance maladie d'un des régimes de sécurité sociale.

CSS, art. L. 322-2

▪ Voir aussi : *Prestations (sociales), Assurance risques professionnels*

Ticket-repas (ou chèque-restaurant)
Droit social – Droit de la protection sociale
Titre de paiement permettant le paiement d'un repas pour lequel la part contributive de l'employeur est, sous certaines conditions précises, exonérée des cotisations de Sécurité sociale.

CSS, art. L. 131-4

▪ Voir aussi : *Rémunération mensuelle minimum, Avantage en nature, Assiette des cotisations, Cotisations de sécurité sociale*

Tierce opposition
Procédure civile
Voie de recours par laquelle une personne, qui n'était ni partie, ni représentée dans une instance, demande la *réformation* ou la *rétractation* de la décision rendue afin qu'elle lui soit inopposable.

CPC, art. 582 et s.

Tiers
Introduction au droit
Personne qui n'est pas partie à un acte juridique ou à un litige.

▪ Voir aussi : *Partie, Penitus extranei*

Tiers provisionnel
Finances publiques
Modalité normale de paiement de l'*impôt sur le revenu*. En attendant la liquidation de l'impôt, les contribuables paient des acomptes qui seront déduits du montant total de la cotisation annuelle.

Timbre (droits de)
Finances publiques
Impôts indirects payés sous la forme d'un achat de timbre fiscal ou de paiement sur états. Ces impôts sont payés à l'occasion de certaines formalités administratives. Ainsi, le *recours pour excès de pouvoir* comprend-il le paiement d'un droit de timbre de 15,2 € depuis la loi de finances pour 1994.

Time charter ▪ Voir *Affrètement*

Tirage pour compte
Droit bancaire
Personne mandatée par un donneur d'ordre pour tirer pour le compte de ce dernier une *lettre de change* ou un *chèque*.

C. com., art. L. 511-2, al. 3 ; C. monét. fin., L. 131-4, al. 2

▪ Voir aussi : *Mandat*

Tiré
Droit bancaire
Personne recevant du *tireur* d'un *chèque* ou d'une *lettre de change* l'ordre de payer à un bénéficiaire une certaine somme d'argent à une date déterminée.

C. com., art. L. 511-1 ; C. monét. fin., art. L. 131-2

Tireur
Droit bancaire
Personne émettant un *chèque* ou une *lettre de change* par lesquels elle donne

l'ordre au *tiré* de payer à un bénéficiaire une certaine somme d'argent à une date déterminée.

> C. com., art. L. 511-1 ; C. monét. fin., art. L. 131-2

Titre (juste)
Droit des biens

Acte juridique qui aurait dû transférer la *propriété* s'il avait été conclu avec le véritable propriétaire et pour lequel est admise la *prescription acquisitive* abrégée dès lors que notamment la *bonne foi* de l'acquéreur est constatée.

> C. civ., art. 2272

■ Voir aussi : *A non domino*

Titre de créance négociable
Droit financier

Titre financier au porteur émis au gré de l'émetteur, négociable sur un *marché réglementé* ou de gré à gré et représentant un *droit de créance*. Ces titres sont inscrits dans un compte-titres tenu par un intermédiaire habilité.

> C. monét. fin., art. L. 213-1, L. 213-2, L. 211-3, L. 542-1, 2º à 7º

Titre emploi-service entreprise (TESE)
Droit social

Dispositif facultatif destiné à simplifier les formalités sociales liées à l'emploi de salariés et à faire gagner du temps aux employeurs dans la gestion administrative de leur personnel. Il a remplacé le chèque emploi très petites entreprises.

> C. trav., art. L. 1273-1 et s. ; CSS, art. D. 133-5 et s.

Titre exécutoire
Procédure civile

Titre permettant de demander l'*exécution forcée* d'une *obligation*.

• *Exemple,* une décision de justice passée en force de chose jugée ou un acte notarié passé en la forme authentique.

> CPC ex., art. L. 111-3

Titre exécutoire européen
Procédure civile

Titre exécutoire spécial susceptible d'être exécuté sans formalités particulières dans la quasi-totalité des États membres de l'Union européenne (par ex., le règlement (CE) nº 805/2004 permet sous certaines conditions aux États membres de délivrer des titres exécutoires européens pour les créances incontestées).

Titre nominatif
Droit financier

Titre financier indiquant, au contraire du *titre au porteur*, le nom de son titulaire, dont l'inscription figure sur les comptes-titres de la société émettrice et se transmettant par *virement* de compte à compte.

> C. monét. fin., art. L. 211-1, L. 211-15, R. 211-1, R. 211-2 ; C. com., art. L. 228-1

Titre participatif
Droit financier

Titre émis par les *sociétés par actions* du secteur public et les *sociétés anonymes coopératives*, dont la rémunération comporte une partie fixe et une partie variable indexée sur l'activité et les résultats de la société. Leur remboursement n'intervient qu'à la *liquidation de la société* ou à son initiative une fois passé le délai de sept ans.

> C. com., art. L. 228-36, R. 228-49 et s.

Titre au porteur
Droit financier

Titre de créance n'indiquant pas, contrairement au *titre nominatif*, le nom de son titulaire, dont l'inscription figure sur les comptes-titres de la société émettrice et se transmettant, avant la *dématérialisation des valeurs mobilières*, de la main à la main, par simple *traditio*. Leur transmission s'effectue désormais par voie de *virement* de compte à compte entre intermédiaires agréés.

C. monét. fin., art. L. 211-1, L. 211-15, R. 211-1, R. 211-2 ; C. com., art. L. 228-1

Titre putatif
Droit des biens

Titre qui résulte de la pensée du possesseur d'un *bien*, non conforme à la réalité, et pour lequel la *prescription acquisitive* abrégée ne s'applique pas.

C. civ., art. 2265

▪ Voir aussi : *Titre (juste)*

Titre-restaurant
Droit social – Droit de la protection sociale

Titre spécial de paiement remis par *l'employeur* à son personnel salarié pour lui permettre d'acquitter en tout ou partie le prix de repas consommés au restaurant.

Ord. n° 67-830, 27 sept. 1967, art. 19 ; CSS, art. L. 131-4

▪ Voir aussi : *Rémunération mensuelle minimum, Avantage en nature, Assiette des cotisations, Cotisations de sécurité sociale*

Titres financiers
Droit financier

Ensemble regroupant les titres de capital émis par les sociétés par actions telles les valeurs mobilières, les titres de créances à l'exclusion des effets de commerce et des bons de caisse, ainsi que les parts ou actions d'organismes de placement collectif. Par principe négociables et transmissibles par virement de compte à compte, ils ne peuvent être émis que par l'État, une personne morale, un fonds commun de placement, un fonds de placement immobilier ou un fonds commun de titrisation. L'inscription du titre sur le compte-titres de l'acquéreur emporte son transfert de propriété.

C. monét. fin., art. L. 211-1, II, L. 211-14, L. 211-15, L. 211-17

▪ Voir aussi : *Négociabilité*

Titrisation
Droit bancaire

Opération par laquelle une entreprise, le plus souvent un établissement de crédit cède des créances qu'elle détient sur sa clientèle à un fonds commun de créances non doté de la personnalité morale qui en finance l'acquisition en émettant des titres sur le marché des capitaux.

C. monét. fin., art. L. 214-43 et s.

Tobar (doctrine de)
Relations internationales

Doctrine sud-américaine du début du XXe siècle suivant laquelle la reconnaissance internationale d'un gouvernement doit être précédée d'élections démocratiques organisées au sein de l'État concerné.

Conv. Amérique centrale, 20 déc. 1907

Tolérance (acte de simple)
Droit des biens

Acte effectué sur le *fonds* d'autrui, avec l'autorisation expresse ou tacite du propriétaire, non générateur d'une *possession* et non susceptible d'une *prescription*.

C. civ., art. 2262

Tontine
Droit des successions et libéralités

Clause, aussi appelée clause d'accroissement, par laquelle deux ou plusieurs personnes stipulent que le *bien* acquis par eux sera réputé appartenir rétroactivement au dernier survivant.

CGI, art. 754-A

Droit des assurances

Opération financière soumise au contrôle de *l'État* ayant pour objet de mettre en commun, au sein d'un groupement, des fonds ou des *revenus* destinés à être capitalisés puis répartis, à l'échéance convenue, entre les survivants.

C. assur., art. R. 322-139 et s.

Tortures et actes de barbarie
Droit pénal

Crime consistant à soumettre une personne à d'odieuses souffrances physiques.

C. pén., art. 222-1 et s.

Tour d'échelle
Droit des biens

Formule qui correspond au droit de pénétrer sur le *fonds* voisin afin de poser une échelle pour effectuer des réparations ou travaux sur son propre fonds.

Tour extérieur
Droit administratif

Modalité d'accès à la *fonction publique* s'ajoutant aux concours externes et internes. Le tour extérieur ne peut dépasser une limite quantitative fixée par les textes. La procédure est soumise à des règles d'ancienneté et d'âge.

Toxicomanie
■ Voir *Stupéfiants (infractions relatives aux)*

TPI
■ Voir *Tribunal pénal international (TPI)*

TPICE
■ Voir *Tribunal (de l'Union européenne)*

TRACFIN
Finances publiques

Organisme de lutte contre la *fraude* dirigé par l'État avec les établissements de crédit afin de lutter contre le blanchiment d'argent et les trafics illicites.

Traditio
Introduction au droit

Terme latin qui désigne la remise matérielle de la *chose*, la tradition est élément de formation des *contrats réels*.

Tradition républicaine
Contentieux constitutionnel

Comportement ou principe constitutionnel adopté sous un régime républicain et pouvant donner naissance, sous certaines conditions, à un principe fondamental reconnu par les lois de la République.

■ Voir aussi : *Principe fondamental reconnu par les lois de la République*

Trafic d'influence
Droit pénal

Délit consistant à solliciter ou agréer des offres, promesses, dons, présents ou avantages, pour abuser de son influence et permettre l'obtention d'une distinction, d'un emploi ou d'une décision favorable quelconque de la part d'une autorité ou administration publique.

■ Voir aussi : *Corruption*
C. pén., art. 432-11, 433-2

Trahison ■ Voir *Espionnage*

Traite
Droit bancaire
Synonyme de *lettre de change.*

Traite des êtres humains
Droit pénal
Délit ou crime consistant, en échange d'une rémunération, à recruter, transporter ou héberger une personne, en vue, soit de la mettre à disposition d'un tiers afin que soient commises contre elle des infractions graves (notamment agressions et atteintes sexuelles, proxénétisme, exploitation de la mendicité), soit de la contraindre à commettre tout crime ou délit.

C. pén., art. 225-4-1 et s.

Traité
Droit international public
Accord de volonté conclu entre deux ou plusieurs sujets du droit international et destiné à produire les effets qu'en attendent ses auteurs.

Conv. Vienne, 23 mai 1969
■ Voir aussi : *Ratification des traités*

Traité d'Amsterdam ■ Voir *Amsterdam (traité d')*

Traité CE ■ Voir *Traité instituant la Communauté européenne (ou Traité CE)*

Traité instituant la Communauté européenne (ou traité CE ou TCE)
Droit de l'Union européenne
Traité entre États européens signé à Rome le 25 mars 1957 et entré en vigueur le 14 janvier 1958, qui créé à l'origine la *Communauté économique européenne* (CEE), devenue la *Communauté européenne* (CE) avec la révision

opérée par le traité de *Maastricht*. Depuis l'entrée en vigueur du *traité de Lisbonne*, l'intitulé de « Traité instituant la Communauté européenne » est remplacé par le *Traité sur le fonctionnement de l'Union européenne (TFUE).*

Traité de Lisbonne ■ Voir *Lisbonne (traité de)*

Traité de Maastricht ■ Voir *Maastricht (traité de)*

Traité de Nice ■ Voir *Nice (traité de)*

Traité de Paris
Droit de l'Union européenne
Traité signé entre six États européens dont la France le 18 avril 1951, entré en vigueur le 15 juillet 1952, et instituant *la Communauté européenne du charbon et de l'acier* (CECA), véritable *marché commun* sectoriel.

Traité sur le fonctionnement de l'Union européenne (TFUE)
Droit de l'Union européenne
Traité fondant, avec le *Traité sur l'Union européenne (TUE)*, le socle de l'*Union européenne* depuis l'entrée en vigueur le 1er décembre 2009 du *Traité de Lisbonne* et qui organise le fonctionnement de l'Union, détermine les domaines, la délimitation et les modalités d'exercice de ses compétences.

TFUE, art. 1er

Traité sur l'Union européenne (ou traité UE ou TUE)
Droit de l'Union européenne
Traité conclu entre États membres des *Communautés européennes*, signé à *Maastricht* le 7 février 1992, entré en vigueur le 1er novembre 1993 et opérant à l'origine une restructuration de l'ordre

juridique communautaire autour de trois « piliers communautaires » (une zone d'*intégration* et deux zones de coopération politique). Depuis l'entrée en vigueur du *traité de Lisbonne*, le TUE constitue, avec le *Traité sur le fonctionnement de l'Union européenne* (TFUE), le socle textuel de l'*Union européenne*.

■ Voir aussi : *Amsterdam (traité d'), Nice (traité de), Piliers communautaires*

Traité UE ■ Voir *Traité sur l'Union européenne (TUE)*

Traitement inhibiteur de libido
Droit pénal
Mesure consistant en la prescription, par un médecin, de médicaments destinés à réduire la libido, pouvant être prononcée dans le cadre d'une injonction de soins qui accompagne un suivi socio-judiciaire, une surveillance judiciaire ou une libération conditionnelle.

C. santé publ., art. L. 3711-3 ; C. pén., art. 131-36-4 ; CPP, art. 729, 723-29 et s.

Traitement national (règle du)
Droit de l'Union européenne
Principe de *non-discrimination* fondée sur la *nationalité*, proclamé par les traités fondant l'*Union européenne* au profit de tout ressortissant d'un État membre.

TFUE, art. 18, 45

Tranches de l'impôt sur le revenu
Droit fiscal et comptable
Depuis 2012, l'*impôt sur le revenu* est organisé en six tranches de 0 % à 45 %. Tous les revenus de tous les contribuables sont placés sur le même plan et les taux augmentent selon le niveau de revenus. Au-dessus du seuil d'un million

d'euros, un taux de 75 % est appliqué de manière transitoire.

■ Voir aussi : *Impôt sur le revenu*

Traités de Rome
Droit de l'Union européenne
Traités signés le 25 mars 1957 et entrés en vigueur le 14 janvier 1958 (à l'origine entre six États européens, dont la France), et instituant, d'une part, la *Communauté économique européenne* (CEE) et, d'autre part, la *Communauté européenne de l'énergie atomique* (CEEA).

Transaction
Droit des contrats spéciaux
1. Contrat par lequel les parties mettent fin à un litige ou l'évitent en se consentant des concessions réciproques.

C. civ. art. 890, 2044 et s. ; CPC, art. 384 et 1441-4 ; CPP, art. 6, al. 3 ; C. assur., art. L. 211-9 et s. ; C. santé publ., art. L. 1142-14, L. 1142-15, L. 3122-1 et s. ; LPF, art. L. 247 et s. ; C. transports, art. L. 1721-1 et s.

■ Voir aussi : *Arbitrage, Homologation, Médiation, Reçu pour solde de tout compte*

2. Dans le langage courant, désigne toute sorte d'échanges commerciaux.

Transfèrement
Procédure pénale
1. Déplacement d'une personne détenue qui a été condamnée par une juridiction étrangère en direction du territoire français afin qu'elle y exécute la peine prononcée.

2. Conduite sous surveillance d'une personne détenue d'un établissement pénitentiaire à un autre, afin qu'elle y soit placée sous écrou, qui se distingue de l'extraction, n'emportant pas radiation de l'écrou dans l'établissement d'origine.

CPP, art. 713-1 et s., D. 290 et s.

Transit
Droit commercial – généralités
Passage temporaire de marchandises sur le territoire d'un État à destination d'un autre État *(importation-exportation)*.

Transitaire
Droit commercial – généralités
Commissionnaire spécialisé dans le *transit*, l'*importation* et l'*exportation* des marchandises. Effectue les formalités douanières.

■ Voir aussi : *Transit, Importation-exportation*

Translatif
Droit des obligations
Caractère d'un acte qui opère transfert d'un droit, en particulier d'un *droit réel*, d'une personne à une autre.

● *Exemple,* la vente est un contrat translatif.

Transmission à titre particulier
■ Voir *Ayant cause à titre particulier*

Transmission à titre universel
■ Voir *Ayant cause à titre universel*

Transmission universelle ■ Voir *Ayant cause universel*

Transparence (principe de)
Droit de l'Union européenne
Principe dit également « principe d'ouverture », visant, d'une part, à la promotion de l'accessibilité du public aux documents élaborés par les institutions de l'*Union européenne (*création d'un véritable *droit subjectif* à l'accès,

publicité des travaux et de la procédure législative) et, d'autre part, à l'accroissement de la lisibilité du droit de l'Union européenne par sa simplification ou sa codification.

TUE, art. 1er ; TFUE, art. 15

Transport (contrat de)
Droit des contrats spéciaux
Contrat d'entreprise ayant pour objet et finalité le déplacement d'une personne ou d'une chose par un transporteur chargé de la maîtrise de l'opération.

C. civ., art. 1782 à 1786 ; C. com., art. L. 133-1 et s. ; C. aviation, art. L. 321-1 et s., art. L. 322-1 et s. ; C. transports, art. L. 3222-1 et s., L. 4451-1 et s., L. 5421-1, L. 5422-1 et s., L. 6421-1 et s. ; C. dom. publ. fluv., art. 189-8 et s.

■ Voir aussi : *Chargeur, Connaissement, Lettre de voiture, Voiturier*

Transport sur les lieux
Procédure pénale
Déplacement sur le lieu où une infraction a été commise, effectué au cours de l'enquête ou de l'instruction par l'officier de police judiciaire, le juge d'instruction ou la juridiction de jugement, afin d'effectuer toutes constatations utiles.

CPP, art. 54, 92 et s., 456

Transsexualisme
Droit des personnes et de la famille
Sentiment profond d'appartenir au sexe opposé à son sexe génétique. Lorsque ce syndrome a donné lieu, dans un but thérapeutique, à un traitement médical permettant à l'individu d'avoir l'apparence physique du sexe opposé et que son comportement est également celui de ce sexe, la *jurisprudence* admet la

modification de son *état civil* pour le mettre en conformité avec sa nouvelle situation.

Travail d'intérêt général
Droit pénal

Peine alternative à l'*emprisonnement*, peine complémentaire facultative en cas de conduite en état d'ivresse ou modalité du sursis, obligeant la personne condamnée, majeure ou mineure entre seize et dix-huit ans, avec son consentement, à accomplir, pour une durée comprise entre quarante et deux cent dix heures, un travail non rémunéré au profit d'une personne morale de droit public ou d'une association habilitée, sur une période maximale de dix-huit mois.

CPP, art. 747-1 et s. ; C. pén., art. 131-8, 131-22, R. 131-12

Travail temporaire
Droit social

Opération de prêt de personnel salarié à une entreprise utilisatrice réalisée à titre onéreux dans un cadre strictement défini par la loi.

C. trav., art. L. 1251-2 à L. 1251-4, L. 8231-1

▪ Voir aussi : *Intérim, Prêt de main-d'œuvre, Marchandage, Contrat de travail, Employeur*

Travailleur social
Droit pénal

Personne qui a pour mission de vérifier que les condamnés placés sous certains régimes tels que l'obligation d'accomplir un *travail d'intérêt général*, satisfont aux mesures de contrôle et exécutent les obligations qui leur incombent.

C. pén., art. 132-44, 132-55

Travaux préparatoires
Introduction au droit

Document officiel rassemblant les débats et études relatifs à l'élaboration d'une *Constitution* ou au vote d'une *loi*.

Travaux publics
Droit administratif

Travaux immobiliers effectués soit par une *personne publique*, soit par une personne privée pour le compte d'une personne publique. Son but doit toujours être d'*intérêt général*. Depuis Napoléon, les dommages de travaux publics sont indemnisés par l'État, même sans faute.

Tréfonds
Droit des biens

Désigne le sous-sol d'un *fonds*.

C. civ., art. 552

▪ Voir aussi : *Superficie (droit de)*

Trentième indivisible
Finances publiques

Règle interdisant de diviser le prix d'une journée de travail. Les *fonctionnaires* de l'État ne pouvant être rémunérés qu'après *service fait*, une grève de quelques heures a pour conséquence l'absence de paiement du trentième indivisible.

Trésor
Droit des biens

Chose mobilière, cachée ou enfouie, découverte par l'effet du hasard sur laquelle aucune personne ne peut justifier sa *propriété*.

C. civ., art. 716

▪ Voir aussi : *Inventeur*

Trésor public
Finances publiques

Service de l'État non personnalisé créé par Napoléon en 1806, permettant au ministre des Finances de gérer l'ensemble des liquidités déposées sur le compte du *Trésor public*. Le compte du Trésor public est géré par la *Banque de France*. La direction du Trésor du ministère des Finances gère le Trésor public.

■ Voir aussi : *Unité de caisse*

Trésorier-payeur général (TPG)

Finances publiques

Comptable supérieur du Trésor ayant la qualité de comptable principal de l'État. Il est responsable du recouvrement de l'ensemble des recettes publiques, du paiement des dépenses publiques dans son *département*. Il est titulaire d'un pouvoir de *contrôle financier déconcentré*. Il met les comptes des *comptables publics* en état d'être jugés par les *juridictions financières* et exerce un pouvoir hiérarchique sur les comptables publics.

Tribun (de la plèbe)

Histoire romaine

1. Magistrats défenseurs de la plèbe sous la République.

2. Magistrature inférieure sous l'Empire.

Tribunal administratif (TA)

Droit administratif

Juridiction administrative du premier degré qui a remplacé les conseils de préfecture en 1953. Les TA sont juges de droit commun du contentieux administratif.

CJA, art. L. 211-1

■ Voir aussi : *Cour administrative d'appel (CAA), Conseil d'État*

Tribunal administratif international

Droit international public

Juridiction internationale à compétence restreinte rattachée à une organisation internationale chargée principalement des litiges relatifs à la fonction publique internationale et saisissable par des particuliers.

Tribunal des affaires de sécurité sociale

Organisation judiciaire

Juridiction d'exception, *échevinale* et *paritaire*, de l'*ordre judiciaire*, chargée de connaître des litiges relatifs au droit de la sécurité sociale.

CSS, art. L. 142-4 et s., R. 142-10 et s.

■ Voir aussi : *Juridiction échevinale, Juridiction paritaire*

Tribunal de commerce

Organisation judiciaire

Juridiction d'exception de l'*ordre judiciaire*, composée de *juges consulaires* élus par les commerçants et spécialisée dans les litiges commerciaux.

C. com., art. L. 721-1

Tribunal des conflits

Droit administratif

Juridiction paritaire composée de conseillers d'État et de conseillers à la *Cour de cassation*. Tribunal chargé de trancher les conflits de compétences entre les deux ordres de *juridiction*.

Tribunal correctionnel

Procédure pénale

Juridiction de droit commun du premier degré attachée au *tribunal de grande instance*, compétente pour juger les délits, composée, soit d'une formation

513

collégiale comprenant trois *magistrats*, soit d'une formation à juge unique dans le cas où le délit jugé est expressément prévu par la loi pénale.

CPP, art. 381 et s., 398-1

Tribunal de la fonction publique de l'Union européenne

Droit de l'Union européenne

Juridiction spécialisée de l'Union européenne entrée en fonction en 2005, composée de sept juges et chargée de statuer en première instance sur les litiges entre l'Union et ses agents. Ses décisions peuvent faire l'objet d'un *pourvoi* devant le *Tribunal (de l'Union européenne).*

Tribunal de grande instance (TGI)

Organisation judiciaire

Juridiction de droit commun du premier degré de l'*ordre judiciaire*, compétente pour connaître, outre des matières qui lui sont spécialement réservées, de celles que la loi n'a pas attribuées, en raison de la nature de l'affaire ou des sommes en jeu, à une autre juridiction.

COJ, art. L. 211-1, R. 211-1 et s.

■ Voir aussi : *Degré de juridiction*

Tribunal d'instance (TI)

Organisation judiciaire

Juridiction d'exception de l'*ordre judiciaire*, statuant à juge unique, chargée, outre ses compétences exclusives, de connaître en matière civile, des actions personnelles ou mobilières jusqu'à la valeur de 10 000 € et des demandes déterminées qui ont pour origine l'exécution d'une obligation dont le montant n'excède pas 10 000 €.

COJ, art. L. 221-1 et s., R. 221-1 et s.

Tribunal judiciaire ■ Voir *Ordre judiciaire*

Tribunal maritime commercial

Procédure pénale

Juridiction d'exception attachée au *tribunal de grande instance*, composée d'un magistrat et de quatre professionnels de la navigation maritime, compétente pour connaître d'infractions aux règles de la navigation marchande et de la police des navires.

Tribunal paritaire des baux ruraux

Organisation judiciaire

Juridiction d'exception de l'*ordre judiciaire*, présidée par le juge d'instance, assisté de deux assesseurs, l'un représentant les bailleurs et l'autre les preneurs et chargée de connaître des litiges relatifs aux baux ruraux.

C. rur. pêche marit., art. L. 491-1 et s.

Tribunal pénal international (TPI)

Procédure pénale

Juridiction internationale érigée en réponse à la perpétration de graves infractions telles que les crimes de génocide ou les crimes contre l'humanité, portant atteinte aux droits fondamentaux de la personne humaine, afin de juger les individus responsables.

Tribunal de police

Procédure pénale

Juridiction de droit commun du premier degré attaché au tribunal d'instance, compétente pour juger les *contraventions* de la cinquième classe. Les contraventions des quatre premières classes sont en principe de la compétence de la juridiction de proximité. Cependant, certaines contraventions des quatre premières classes peuvent être jugées par le tribunal de police dès lors qu'un décret en Conseil d'État l'a prévu et siégeant à juge unique.

CPP, art. 521 et s.

Tribunal (de l'Union européenne)
Droit de l'Union européenne

Nouvelle dénomination du Tribunal de première instance des Communautés européennes (TPICE) depuis l'entrée en vigueur du *traité de Lisbonne. Juridiction* communautaire de droit commun créée en 1989, siégeant à Luxembourg, composée de vingt-sept juges nommés pour six ans, statuant en première instance sur les recours communautaires dans les matières ne relevant pas directement des *tribunaux spécialisés* de l'Union ou de la *Cour de justice de l'Union européenne* et dont les *décisions* peuvent être déférées à *cette dernière* par un *pourvoi.*

TFUE, art. 254, 256

Tribunal prévôtal
Procédure pénale

Juridiction militaire en temps de guerre, composée d'un juge unique, compétente pour connaître des contraventions des quatre premières classes commises par toute personne justiciable des tribunaux aux armées.

C. just. mil., art. 479 et s.

Tribunal territorial des forces armées
Procédure pénale

Juridiction d'exception en temps de guerre, composée de cinq juges (dont deux magistrats de l'ordre judiciaire et trois juges militaires), compétente pour connaître des infractions commises par les membres des forces armées et toute personne qui sert des intérêts étrangers ennemis, à l'encontre d'un citoyen français, de ses biens ou des intérêts fondamentaux de la Nation.

C. just. mil., art. 1, 24 et s.

Tribunaux spécialisés (de l'Union européenne)
Droit de l'Union européenne

Juridictions de première instance adjointes au *Tribunal (de l'Union européenne)* et chargées de statuer sur certaines catégories de recours dans des matières spécifiques du droit de l'Union européenne, comme par exemple, le *Tribunal de la fonction publique de l'Union européenne.*

TFUE, art. 257

Trouble psychique
Droit pénal

Perturbation de la volonté due à une maladie des facultés mentales et qui est prise en compte pour moduler la *responsabilité pénale* de celui qui en est atteint.

Trouble psychique ou neuropsychique
Droit pénal

Maladie mentale désignée par le terme de démence antérieurement à la réforme du Code pénal, qui peut constituer lorsqu'elle existe au moment de la commission de l'infraction, soit une cause d'irresponsabilité pénale si elle a aboli le discernement ou le contrôle des actes, soit une cause d'atténuation de la responsabilité pénale si elle a altéré le discernement ou entravé le contrôle des actes, sans faire disparaître la responsabilité civile de l'auteur de l'infraction.

C. pén., art. 122-1

Trouble de voisinage
Droit des biens

Désagrément subi par une personne en raison de certains comportements de son voisin qui justifient la mise en œuvre d'une réparation pour le préjudice lié à ces troubles.

Trust
Droit des biens

Mécanisme présent dans les pays de *Common Law* par lequel une personne, le *settlor*, transfère la *propriété* d'un *bien* à une autre personne, le *trustee*, tenue de gérer ce bien et de le transmettre au propriétaire initial ou à un tiers bénéficiaire.

■ Voir aussi : *Fiducie*

TUE (ou Traité UE) ■ Voir *Traité sur l'Union européenne (TUE)*

Turpitude ■ Voir *Nemo auditur propriam turpitudinem allegans*

Tutelle
Droit des personnes et de la famille

Régime de protection applicable aux *mineurs* qui ne sont pas soumis à l'autorité parentale et aux *majeurs* qui souffrent d'une altération de leurs facultés mentales telle qu'elle justifie qu'ils soient privés de leur *capacité d'exercice*, c'est-à-dire qu'ils soient représentés de manière continue pour les actes de la vie civile par leur *tuteur*, sous la surveillance du *subrogé tuteur* et du *conseil de famille*. Ce régime est le plus protecteur (comparé à la *curatelle* et à la *sauvegarde de justice*).

C. civ., art. 390, 440 et s.

■ Voir aussi : *Curatelle, Sauvegarde de justice, Mandat de protection future*

Tuteur
Droit des personnes et de la famille

Organe de la *tutelle* qui a pour mission de veiller sur la personne de l'*incapable*, de le représenter dans tous les actes de la vie civile et d'administrer son patrimoine. Le tuteur peut être légal, c'est-à-dire désigné par la loi (ex. : C. civ., art. 406 qui désigne comme tuteur le conjoint de l'incapable), datif, c'est-à-dire choisi par le conseil de famille ou, pour les mineurs, testamentaire (c'est-à-dire désigné dans son testament par le dernier survivant des père et mère, à condition qu'il ait conservé l'autorité parentale).

C. civ., art. 397 et s., art. 446 et s.

■ Voir aussi : *Tutelle, Conseil de famille, Subrogé tuteur*

Tuteur *ad hoc*
Droit des personnes et de la famille

Personne chargée de représenter l'*incapable* dans une affaire particulière, car, sur ce point, les intérêts du tuteur sont en conflit avec ceux de l'incapable. Syn. : Administrateur *ad hoc*.

C. civ., art. 455

TVA ■ Voir *Taxe sur la valeur ajoutée (TVA)*

Tyrannie
Histoire

Pouvoir politique personnel fondé sur la suspension de la loi ; devenu aujourd'hui synonyme de dictature cruelle.

■ Voir aussi : *Despotisme*

Ubi lex non distinguit, nec non distinguere debemus
Introduction au droit

Maxime d'interprétation de formulation latine signifiant littéralement « là où la loi ne distingue pas, nous ne devons pas distinguer » selon laquelle lorsque la *loi*, la règle, emploie un terme sans apporter plus de précision, elle vise l'ensemble des hypothèses qui peuvent se ranger sous ce terme, ce qui interdit de réduire le champ d'application du texte en suggérant des restrictions qu'il n'évoque pas. Cette maxime permet de donner toute sa portée à un texte rédigé en termes généraux.

• *Exemple,* l'article 1384, alinéa 1er du Code civil prévoyant la responsabilité du fait des « choses », il n'y avait pas lieu de distinguer selon la nature des choses concernées, il a donc été appliqué aussi bien aux meubles qu'aux immeubles, aux choses animées qu'aux choses inanimées, etc.

UEM ▪ Voir *Union économique et monétaire*

Ultra petita
Procédure civile
Au-delà de ce qui est demandé.

Ultra vires
Droit des successions et libéralités
Raccourci de la formule latine *ultra vires hereditatis* signifiant que *l'héritier* ou le *légataire* est tenu sans limitation des *dettes* de la *succession.*
C. civ., art. 785, 873, 1012
▪ Voir aussi : *Intra vires*

UNEDIC (Union nationale des établissements d'indemnisation du chômage)
Droit social
Établissement public à caractère administratif chargé, au plan national, de la gestion de l'assurance chômage.
C. trav., art. L. 5427-1, L. 5427-7 à L. 5427-8, R. 5427-2
▪ Voir aussi : *Pôle emploi*

UNIDROIT ▪ Voir *Institut international pour l'unification du droit privé*

Unilatéral ▪ Voir *Acte unilatéral, Contrat unilatéral*

Unilatéralisme (ou méthode unilatéraliste) ▪ Voir *Règle de conflit unilatérale*

Union administrative
Droit international public
Structures de coopérations techniques interétatiques (ex. : Union télégraphique internationale 1865) qui, au XIXe siècle, constituent les premières formes d'instances internationales.

Union douanière
Droit de l'Union européenne
Ensemble des règles du droit de l'*Union européenne* organisant une frontière douanière unique entre les États membres par l'interdiction des droits de douane à l'importation et à l'exportation et des taxes d'effet équivalent, et pré-

voyant la mise en place d'un *tarif doua-nier commun*.

TFUE, art. 30 à 32

Droit international public

Mécanisme commercial de coopération interétatique régionale se traduisant par une unification douanière entre les États membres et par une mise en commun des tarifs douaniers extérieurs.

Union économique et monétaire (UEM)

Droit de l'Union européenne

Processus d'*intégration* monétaire ayant abouti à l'instauration d'une monnaie unique, l'*euro*, entre certains États membres de l'*Union européenne* et l'institution d'un *système européen de banques centrales* (SEBC) chargé de sa gestion.

TFUE, art. 127 et s.

■ Voir aussi : *Banque centrale européenne (BCE)*

Union européenne

Droit de l'Union européenne

Organisation internationale d'*intégration* et de coopération économique et politique instituée à l'origine entre les États membres de la *Communauté européenne* par le *traité de Maastricht*. L'Union européenne succède à la *Communauté européenne* par l'effet du *traité de Lisbonne*.

TUE, art. 1er

■ Voir aussi : *Traité sur l'Union européenne (TUE), Traité sur le fonctionnement de l'Union européenne (TFUE)*

Union libre ■ Voir *Concubinage*, Union civile

Union de recouvrement des cotisations de sécurité sociale et d'allocations familiales (URSSAF)

Droit social

Caisse de sécurité sociale du régime général de sécurité sociale chargée du recouvrement des cotisations et contributions sociales (CSG/CRDS) auprès des employeurs et des travailleurs indépendants.

CSS, art. L. 213-1

■ Voir aussi : *Caisses (locales) de sécurité sociale, Caisses nationales de sécurité sociale*

Unipersonnelle (entreprise, société)

Droit des sociétés

Type de société constituée d'un associé unique (dès l'origine ou par regroupement des parts en une seule main).

■ Voir aussi : *Entreprise unipersonnelle à responsabilité limitée (EURL), Entreprise individuelle à responsabilité limitée (EIRL)*

Unité de l'art

Propriété intellectuelle

Principe selon lequel le régime de protection instauré pour les dessins et modèles n'exclut pas l'application du régime de protection relatif aux droits d'auteurs. La protection des dessins et modèles s'effectue, alternativement ou cumulativement sur ces deux terrains.

CPI, art. L. 112-1, L. 112-2, 10°

■ Voir aussi : *Droit d'auteur, Dessin et modèle*

Unité budgétaire

Finances publiques

Principe budgétaire selon lequel les recettes et les dépenses doivent être rassemblées dans un document unique.

Pour l'État, le document s'appelle la *loi de finances*. D'une façon générale, le document unique s'intitule *budget*.

Unité de caisse
Finances publiques

Règle de *comptabilité publique* obligeant les *correspondants du Trésor* à déposer toutes leurs disponibilités sur le compte du *Trésor public*. Les différentes caisses publiques sont compensées entre elles. La *Banque de France* tient le compte du Trésor public.

L. org. n° 2001-692, 1er août 2001, art. 25 et 26

Unité européenne de coopération judiciaire
Droit de l'Union européenne

Organe de l'*Union européenne* dit « Eurojust », créé en décembre 2000, composé de *magistrats* et d'officiers de police et mis en place à l'origine dans le cadre du troisième *pilier* de l'Union afin de concourir au développement de la coopération politique dans son volet coopération judiciaire.

TUE (version Nice), art. 29, 31 ; TFUE, art. 85

▪ Voir aussi : *Piliers communautaires, Coopération policière et judiciaire en matière pénale, Coopération renforcée, Parquet européen*

Unité de formation et de recherche ▪ Voir *Faculté*

Universalité
Introduction au droit

1. De droit, désigne l'ensemble des *droits* et *obligations* d'une *personne*.
2. De fait, désigne une masse de *biens* soumise, en tant que telle, à un régime juridique particulier.

Universalité budgétaire
Finances publiques

Principe budgétaire selon lequel les recettes et les dépenses doivent être nettement séparées dans le budget. Deux règles constituent l'universalité : la règle de non-*affectation* des recettes et la règle du produit brut. Le fondement de ce principe est l'égalité des citoyens devant les impôts.

▪ Voir aussi : *Égalité fiscale*

Université
Droit administratif

Établissement public à caractère scientifique culturel et professionnel composé de facultés ou d'unités de formation et de recherche. Chaque université est un établissement public national comprenant un président et un conseil d'administration. Depuis 1984, deux autres organes délibérants ont été ajoutés : le conseil scientifique et le conseil des études et de la vie universitaire.

L. n° 84-52, 26 janv. 1984 ; L. n° 2007-1199, 19 août 2007

▪ Voir aussi : *Faculté*

Urbanisme
Droit administratif

Ensemble des règles et des opérations relatives à l'aménagement des espaces urbains. Le Code de l'urbanisme rassemble l'essentiel des règles applicables.

Urbanisme commercial
Distribution, consommation, concurrence

Réglementation contraignante encadrant l'implantation de surface commerciale de grande distribution.

Urgence
Contentieux constitutionnel

Demande présentée par le gouvernement au *Conseil constitutionnel* afin que le délai pour statuer sur la constitutionnalité d'une *loi* votée n'excède pas huit jours.

Const. 4 oct. 1958, art. 61-3

Usage (droit d')
Droit des biens

Droit réel attribuant, en tant que *démembrement de la propriété*, la faculté d'utiliser et de percevoir les *fruits* de la chose d'autrui dans les limites des besoins du titulaire de ce droit et ceux de sa famille.

C. civ., art. 625 et s.

■ Voir aussi : *Habitation (droit d')*

Usage d'entreprise
Droit social

Pratique constante et générale constatée dans l'entreprise qui génère des droits et des obligations pour les salariés concernés par l'usage.

■ Voir aussi : *Accord atypique, Coutume, Négociation collective*

Usage de faux
Droit pénal

Délit consistant à utiliser sciemment un document à valeur juridique créé ou altéré de manière frauduleuse, quel que soit le moyen employé.

C. pén., art. 441-1 et s.

■ Voir aussi : *Faux en écriture*

Usages ■ Voir *Coutume*

Usucapion ■ Voir *Prescription acquisitive*

Usufruit
Droit des biens

Droit réel temporaire constitué par *un démembrement de propriété* permettant à un *usufruitier* de se servir du *bien* ou d'en recevoir les *revenus*, mais non d'en disposer.

C. civ., art. 578 et s.

■ Voir aussi : *Nue-propriété*

Usufruitier
Droit des biens

Personne qui bénéficie de *l'usufruit* d'un *bien*.

Usure
Droit bancaire

Prêt d'argent à un taux d'intérêt excessif, constituant un *délit* pénal lorsqu'est dépassé le taux fixé par la loi.

C. consom., art. L. 313-3, L. 313-5 ; C. monét. fin., art. L. 313-5 et s. ; A. 24 août 2006

Usurpation
Droit pénal

Délit réprimant l'immixtion sans titre dans l'exercice d'une fonction publique afin d'accomplir un acte réservé aux titulaires de cette fonction ainsi que le port d'insignes et l'usage sans droit d'un titre, d'un diplôme ou de documents prouvant l'exercice d'une profession réglementée.

C. pén., art. 433-12 et s.

Usurpation d'identité
Droit pénal

Délit sanctionnant le fait de faire usage, même sur un réseau de communication au public en ligne, de l'identité d'une personne ou de données permettant de l'identifier, en vue de troubler sa tranquillité ou de porter atteinte à son honneur ou à sa considération.

C. pén., art. 226-4-1

Usus
Droit des biens
Attribut du droit de *propriété* qui confère la faculté d'user librement d'un *bien*.
■ Voir aussi : *Abusus, Fructus*

Ut singuli
Procédure civile
Action exercée par une seule personne.

Ut universali
Procédure civile
Action exercée dans un cadre universel.
● *Exemple,* action exercée au bénéfice d'une succession.

Utérin
Droit des personnes et de la famille
Terme utilisé pour désigner des personnes qui ont la même *mère*, mais pas le même *père*.
■ Voir aussi : *Germains, Consanguin*

Uti possidetis
Droit international public
Doctrine appliquée par les États nés de la décolonisation selon laquelle les frontières fixées par un État prédécesseur doivent être respectées par un État successeur.
■ Voir aussi : *Frontière*

Utilisation non dommageable du territoire
Droit international public
Directive de prudence invitant un État à ne pas causer de dommages à son territoire susceptibles de porter atteinte aux intérêts d'un État voisin.
Conv. 21 mai 1997, utilisation des cours d'eau internationaux

Utriusque partis allegationilus partis
Histoire médiévale
« Les arguments des deux parties ayant été entendus. » Formule systématique dans les jugements qui rappelle le principe du contradictoire.
■ Voir aussi : *Audite alteram partem*

Vacance
Introduction au droit
État d'un poste, d'une fonction qui n'a pas de titulaire.
Droit des successions et libéralités
État d'une *succession* qui n'est réclamée par personne.
C. civ., art. 811 et s.

Vacante
Droit des successions et libéralités
Se dit d'une *succession* : – non réclamée par un héritier et qu'il n'y a pas d'héritier connu ; – dont les *héritiers* connus ont tous renoncé ; – dont les héritiers connus n'ont pas opté, expressément ou tacitement dans un délai de six mois à compter de l'ouverture de la succession.
C. civ., art. 809 et s.

Vaine pâture
Droit rural
Droit conféré au propriétaire d'un troupeau de faire paître ses animaux sur le terrain d'autrui dans une même commune après l'enlèvement des récoltes et jusqu'à l'ensemencement.
C. civ., art. 648 ; C. rur. pêche marit., art. L. 651-1 et s.

Valeur fournie
Droit bancaire
Nom donné à la créance fondamentale du porteur d'un *effet de commerce* contre le précédent *endosseur*.

Valeur nominale (des actions)
Droit commercial – généralités – Droit des sociétés
Quote-part du *capital social* que représente une *action*.
C. com., art. L. 228-8

Valeur vénale
Droit des obligations – Droit des assurances
Estimation monétaire de la valeur d'un bien, compte tenu de l'état du marché, servant notamment de base au calcul de l'indemnité due par l'assureur ou le responsable d'un dommage.

Valeurs mobilières
Droit financier
Titres financiers émis par des personnes morales publiques ou privées, transmissibles par *virement* de compte à compte, conférant des droits identiques par catégories et donnant accès, directement ou indirectement, à une quotité du *capital* de la personne morale émettrice ou à un *droit de créance* général sur son *patrimoine*. Sont également des valeurs mobilières les parts de *fonds commun de placement*, de *fonds de placement immobilier* et de *fonds commun de titrisation*.
C. com., art. L. 228-1 ; C. monét. fin., art. L. 211-1, II, L. 211-2, L. 211-15

Valeurs du Trésor
Finances publiques
Ensemble des titres détenus par les créanciers du *Trésor public*. Ils sont placés sur les marchés par les spécialistes en valeurs du Trésor.

Validation législative
Droit constitutionnel
Loi votée pour des motifs d'*intérêt général* en vue de remédier aux consé-

quences de l'annulation juridictionnelle d'un acte administratif.

Valise diplomatique
Relations internationales

V

Principe de la liberté et de la protection des communications officielles entre un État accréditant et sa mission diplomatique.

▪ Voir aussi : *Diplomatie*

Valorisme
Droit des obligations

Principe en vertu duquel une *obligation de somme d'argent* doit être réévaluée lors du paiement afin de tenir compte de la dépréciation monétaire, par opposition au *nominalisme*.

▪ Voir aussi : *Dette de valeur, Nominalisme*

Variété végétale
Droit de la propriété intellectuelle

Constitue une « variété » un ensemble végétal d'un taxon botanique du rang le plus bas connu qui peut être : « 1° Défini par l'expression des caractères résultant d'un certain génotype ou d'une certaine combinaison de génotypes ; 2° Distingué de tout autre ensemble végétal par l'expression d'au moins un desdits caractères ; 3° Considéré comme une entité eu égard à son aptitude à être reproduit conforme ».

Sur cette variété peut être obtenu un certificat d'obtention végétale. Seules les variétés végétales ainsi définies peuvent être considérées comme une obtention végétale susceptible de faire l'objet d'un certificat.

CPI, art. L. 623-1 ; L. n° 2011-1843, 8 déc. 2011

▪ Voir aussi : *Certificat d'obtention végétale*

Vente
Droit des contrats spéciaux

Contrat organisant le transfert de la propriété d'un bien du patrimoine du vendeur à celui de l'acheteur, obligeant le premier à délivrer le bien vendu et le second à payer le prix convenu.

C. civ., art. 1582 et s. ; Conv. Vienne, 11 avr. 1980

Vente à la boule de neige
Consommation

Pratique commerciale illicite, également dénommée « vente pyramidale », consistant soit à offrir des marchandises au *consommateur* en lui faisant espérer l'obtention de ces marchandises à titre gratuit ou contre remise d'une somme inférieure à leur valeur réelle s'il apporte de nouveaux clients, soit à proposer à une personne de collecter des adhésions ou de s'inscrire sur une liste en exigeant d'elle le versement d'une contrepartie quelconque et en lui faisant espérer des gains financiers résultant d'une progression du nombre de personnes recrutées ou inscrites.

C. consom., art. L. 122-6

Vente CAF
Droit des transports

Vente au départ dite « coût, assurance, fret » dans laquelle le vendeur, en plus des obligations prévues dans la *vente FOB*, supporte les frais de transport de la marchandise jusqu'au port de destination convenu et doit souscrire à ses frais une assurance maritime couvrant les risques du transport.

C. transports, art. L. 5424-9 et s.

▪ Voir aussi : *Incoterms, Vente FOB*

Vente clés en main
Droit des contrats spéciaux

1. Expression parfois utilisée par la pratique pour désigner, en droit interne, la vente d'un immeuble neuf.

2. Dans les relations internationales, désigne l'opération contractuelle complexe portant sur l'entière réalisation (études préalables, conception, conseil, construction, installation, mise en service...) d'une usine ou d'un ensemble industriel prêts à fonctionner.

▪ Voir aussi : *Ingénierie*

Vente au comptant
Droit des contrats spéciaux

Vente dans laquelle l'acheteur s'engage à payer le prix au moment de la délivrance de la chose et dispensant le vendeur de délivrer tant que le prix n'a pas été payé.

C. civ., art. 1612, 1651

Vente à crédit
Droit des contrats spéciaux

Vente dans laquelle l'acheteur est dispensé de payer immédiatement le prix en ayant recours à un *crédit*.

D. 20 mai 1955 ; C. consom., art. L. 311-1 à L. 311-37

Vente aux enchères ▪ Voir *Encan (vente à l'), Enchères (vente aux)*

Vente à la dégustation
Introduction au droit

Vente ayant pour objet des choses qu'il est d'usage de goûter avant d'acheter, et qui n'est parfaite que lorsque l'acheteur a goûté et agréé la chose.

C. civ., art. 1587

Vente à distance
Consommation

Toute *vente* d'un bien ou d'une fourniture de service intervenant sans la présence physique simultanée d'un acheteur *consommateur* et d'un vendeur *professionnel* par le recours exclusif à une ou plusieurs techniques de communication à distance jusqu'à la conclusion du *contrat* (téléphone, ordinateur, télévision...). Cette forme de *vente* requiert de la part du *professionnel* respect d'obligations d'information précontractuelle envers le *consommateur* et dote ce dernier d'un droit de rétractation du contrat.

C. consom., art. L. 121-16, 1o, L. 121-16-1, I, L. 121-19 et s., L. 121-21

▪ Voir aussi : *Contrat à distance, Contrat électronique*

Vente à domicile
Consommation

Fait de démarcher, même à sa demande, une personne physique à son *domicile*, son lieu de travail ou sur tout lieu non destiné à la commercialisation de biens ou de services, aux fins de leur proposer la *vente*, la location-vente ou la *location* avec option d'achat de biens ou la fourniture de services.

C. consom., art. L. 121-1 et s.

Vente à l'essai
Droit des contrats spéciaux

Vente réalisée à condition que l'acheteur ait essayé la chose afin de juger si elle lui convient. À l'expiration de l'essai la vente est parfaite si l'acheteur conserve la chose.

C. civ., art. 1588

Vente en l'état futur d'achèvement

Droit immobilier
Vente d'immeuble à construire dans laquelle l'acquéreur acquiert immédiatement les *droits* sur le sol et la *propriété* des constructions existantes et devient propriétaire des ouvrages à venir au fur et à mesure de leur exécution.

C. civ., art. 1601-3 ; CCH, art. L. 261-3

Vente FOB

Droit des transports
Vente maritime au départ dite *free on board* ou *franco-bord* dans laquelle le vendeur a rempli son obligation de livraison et les risques sont transférés à l'acheteur lorsque les marchandises franchissent le bastingage du navire au port d'embarquement.

C. transports, art. L. 5424-5

■ Voir aussi : *Incoterms, Vente CAF*

Vente d'immeuble à construire

Droit immobilier
Contrat mixte de vente et d'entreprise par lequel le vendeur d'un terrain s'oblige envers l'acquéreur à édifier un immeuble sur celui-ci.

C. civ., art. 1601-1 à 1601-4, 1642-1, 1646-1, 1648, 2108-1 ; CCH, art. L. 261-1 à L. 261-22, R. 261-1 à R. 261-33 et s.

■ Voir aussi : *Contrat préliminaire à une vente d'immeuble à construire, Vente en l'état futur d'achèvement*

Vente jumelée

Consommation ■ Voir *Vente liée*

Vente liée

Consommation
Fait de subordonner la *vente* d'un produit ou la fourniture d'un service à l'achat d'une quantité imposée ou à l'achat d'un produit différent ou d'un autre service. Également dénommée « vente jumelée », cette pratique est illicite dès lors que la subordination constitue une pratique commerciale déloyale.

C. consom., art. L. 120-1, L. 122-1

Vente à perte

Concurrence ■ Voir *Revente à perte*

Vente avec primes

Consommation
Vente ou *offre* de vente de produits ou de *biens* ou toute prestation ou *offre* de prestation de services faite au *consommateur* et donnant droit à titre gratuit, immédiatement ou à terme, à une prime consistant en produits, biens ou services. Les primes sont interdites dès lors que la pratique en cause revêt un caractère déloyal.

C. consom., art. L. 121-35, L. 120-1

Vente avec promesse de rachat (*buy-back*)

Droit des contrats spéciaux
Vente promotionnelle par laquelle le vendeur s'engage à rembourser le *prix* d'achat à l'acquéreur, en général un consommateur, après une certaine durée d'utilisation et moyennant le respect de certaines obligations.

■ Voir aussi : *Réméré*

Vente pyramidale (à la chaîne)

Consommation ■ Voir *Vente à la boule de neige*

Vente à réméré ■ Voir *Réméré*

Vente à tempérament

Consommation ■ Voir *Achat à tempérament*

Vérification des créances
Liquidation et redressement judiciaires

Examen, par le *mandataire judiciaire* ou le *liquidateur*, des créances antérieures au jugement d'ouverture de la procédure de *sauvegarde*, de *redressement* ou *liquidation judiciaires* du *débiteur* et ayant fait l'objet d'une *déclaration*.

C. com., art. L. 624-1, R. 624-1 et s., L. 631-18, R. 631-29, L. 641-4, L. 641-5, R. 641-28

 Voir aussi : *Déclaration des créances, Admission des créances*

Consommation

Examen, par le *juge d'instance* saisi par la Commission de *surendettement* des particuliers, de la validité et du montant des *créances* invoquées contre un *débiteur* ayant engagé une procédure pour surendettement.

C. consom., art. L. 331-4, R. 332-3, R. 332-4

Vérification des dépens
Procédure civile

Possibilité donnée aux parties de demander au *greffier* de vérifier le montant des *dépens* réclamés.

CPC, art. 704 et s.

Vérification d'écriture
Introduction au droit – preuve

Procédure pouvant être utilisée par celui qui entend se servir d'un *acte sous seing privé* contesté par son auteur présumé. Cette procédure (visant à établir l'origine de l'écrit contesté) confère à l'acte, si elle aboutit, la même *force probante* qu'un *acte authentique*.

C. civ., art. 1322, 1323 ; CPC, art. 287 à 302

Vérification d'identité
Procédure pénale

Rétention d'une personne effectuée par un officier de police judiciaire dans les locaux de police, afin de vérifier son identité, dans le cas où elle refuse ou se trouve dans l'impossibilité de justifier de celle-ci.

CPP, art. 78-3 et s.

 Voir aussi : *Contrôle d'identité*

Vérifications personnelles du juge
Procédure civile

Possibilité donnée au juge de prendre, éventuellement en se transportant sur les lieux, personnellement connaissance des faits litigieux.

CPC, art. 179 et s.

 Voir aussi : *Mesure d'instruction*

Veto
Droit constitutionnel

Faculté du chef de l'État d'empêcher provisoirement l'entrée en vigueur d'une loi en provoquant son renvoi à un vote ultérieur devant les assemblées.

 Voir aussi : *Sanction législative*

Viager
Droit des biens

Droit non transmissible qui s'éteint au décès d'une personne.

C. civ., art. 617, 1968 et s.

 Voir aussi : *Rente viagère*

Vice caché
Droit des contrats spéciaux

Défaut non apparent rendant la chose vendue ou louée impropre à l'usage auquel on la destine et obligeant le vendeur ou le bailleur à garantie.

C. civ., art. 1641 et 1721 ; C. rur. pêche marit., art. 285 à 293

 Voir aussi : *Garantie des vices cachés*

V

Vice du consentement
Droit des obligations

Théorie découlant de *l'autonomie de la volonté* en vertu de laquelle une partie à un acte juridique n'est engagée par son consentement que si celui-ci est libre et éclairé, exempt *d'erreur*, de *dol* ou de *violence*.

C. civ., art. 1109 et s.

▪ Voir aussi : *Dol, Erreur, Violence*

Vice-président (États-Unis)
Droit constitutionnel

Personnalité élue en même temps que le président américain, appelée à le remplacer, momentanément (en cas d'empêchement) ou durablement (en cas de décès, destitution ou de démission) et qui préside, à titre honorifique, le Sénat américain.

Vices rédhibitoires ▪ Voir *Vice caché*

Victime par ricochet ▪ Voir *Dommage par ricochet*

Vie privée
Droit des personnes et de la famille

Correspond à tout ce qui appartient à l'intimité de la personne, cela regroupe sa vie sentimentale, conjugale, familiale, ses relations amicales, son état de santé, sa vie quotidienne à son domicile, ses loisirs, sa correspondance. Cet ensemble est protégé par le droit au respect de la vie privée, qui est un *droit de la personnalité*, c'est-à-dire dont toute personne bénéficie. Les atteintes à cette intimité peuvent donc faire l'objet de *sanctions* civiles et pénales.

C. civ., art. 9 ; C. pén., art. 226-1 et s.

▪ Voir aussi : *Droits de la personnalité, Correspondances (secret des)*

Vignette
Finances publiques

Taxe différentielle sur les véhicules à moteur. Impôt affecté aux *départements* et supprimé pour les particuliers à partir de la loi de finances pour 2001.

Ville nouvelle ▪ Voir *Agglomération*

Viol
Droit pénal

Crime constitué par un acte de pénétration sexuelle, de quelque nature qu'il soit, commis sur autrui par violence, contrainte, menace ou surprise.

C. pén., art. 222-23 et s.

Violation de domicile
Droit pénal

Délit consistant dans le fait, pour toute personne ou pour un dépositaire de l'autorité publique agissant dans l'exercice de ses fonctions, de pénétrer dans le domicile d'autrui, soit, dans le premier cas, par l'utilisation de manœuvres, menaces, voies de fait ou contrainte, soit, dans le second cas, en dehors des situations prévues par la loi.

C. pén., art. 226-4 et 432-8

Violation de la loi
Droit administratif

Principal cas d'ouverture du *recours pour excès de pouvoir*. *L'acte administratif* peut violer directement la règle de droit par une contradiction flagrante. La sanction de la violation de la loi est l'illégalité prononcée par le juge.

Violation de sépulture
Droit pénal

Délit consistant à porter atteinte à l'intégrité d'un cadavre ou à profaner sa sépulture, par quelque moyen que ce soit.

C. pén., art. 225-17

Violence
Droit des obligations

Vice du consentement par lequel une personne est physiquement ou moralement contrainte de s'engager dans un acte juridique, conduisant à la nullité relative de cet acte.

C. civ., art. 1111, 1112

■ Voir aussi : *Erreur, Dol, Vice du consentement*

Violences
Droit pénal

Infractions (*crimes*, *délits* et, plus rarement, *contraventions*) ou *circonstances aggravantes* de certaines infractions, caractérisées par une atteinte portée à l'intégrité physique ou psychique des personnes contre lesquelles elles s'exercent.

C. pén., art. 222-7 et s., 222-16, 311-4 et s., R. 625-1

Virement
Droit bancaire

Opération de transfert de somme d'argent du compte d'une personne appelée « donneur d'ordre » au compte d'une seconde dite « bénéficiaire », par simple jeu d'écritures.

Visa
Procédure civile

Texte mentionné en tête d'une décision de justice et qui lui sert de fondement.

Visa (en matière de chèque)
Droit bancaire

Mention du *tiré* sur un *chèque* consistant en la formule « Visa pour la somme de... » suivie de sa signature et attestant,

au jour de son apposition, l'existence de la *provision.*

C. monét. fin., art. L. 131-5, al. 2

Visite domiciliaire
Procédure pénale

Mesure d'*instruction* effectuée dans les conditions des *perquisitions* au domicile de la personne mise en examen ou d'un tiers, en sa présence, afin de rechercher les preuves d'une infraction.

CPP, art. 56 et s., 76 et s., 706-24

Vœu
Droit administratif

Délibération non décisoire d'un organisme collégial.

Voie d'eau internationale ■ Voir *Cours d'eau international*

Voie de fait
Droit administratif

Atteinte particulièrement grave de l'*administration* à la propriété privée ou aux libertés individuelles. En raison de son objet, le juge judiciaire sera compétent pour en trancher.

Voie parée (clause)
Droit des sûretés

Clause systématiquement prohibée, par laquelle le débiteur autorise le *créancier* à faire vendre à l'amiable, sans intervention préalable du *juge*, un bien donné en garantie de la *créance.*

C. civ., art. 2346

■ Voir aussi : *Pacte commissoire*

Voie de recours
Droit processuel

Possibilité donnée au justiciable de demander, soit un contrôle, soit un réexamen d'une décision le concernant (ex. : appel, opposition). On distingue les voies de recours ordinaires (opposition et appel) et extraordinaires (recours en révision, tierce opposition et pourvoi en cassation).

Voie de réformation
Droit processuel

Voie de recours conduisant à un réexamen de l'affaire en droit et en fait par une juridiction supérieure.

Voie de rétractation
Droit processuel

Voie de recours ouverte devant le juge qui a rendu la décision contre laquelle le recours est formé.

• *Exemple,* opposition.

Voirie
Droit administratif

Dépendance du *domaine public* ayant pour objet la circulation des personnes et des véhicules ainsi que des énergies et fluides.

Voiturier
Droit des transports

Transporteur par terre et par eau.

C. civ., art. 1782 ; C. com., art. L. 133-1 et s.

Voix délibérative, voix consultative
Droit administratif

Lors d'une prise de décision collégiale, les seules personnes habilitées à voter ont voix délibérative. Elles participent ainsi à la *délibération*. Au contraire, les personnes n'ayant que voix consultative n'ont aucun droit de vote.

Vol
Droit pénal

Délit consistant à soustraire frauduleusement une chose appartenant à autrui.

Lorsque la soustraction s'accompagne de *circonstances aggravantes*, la qualification du vol peut devenir criminelle.

C. pén., art. 311-1 et s.

Volonté générale
Droit constitutionnel

Processus de formation des normes juridiques imputables au peuple souverain dont le résultat est perçu comme une décision légitime.

• *Exemple,* « La loi votée n'exprime la volonté générale que dans le respect de la Constitution ».

▪ Voir aussi : *Peuple*

Vote
Droit constitutionnel

Expression de la volonté d'un électeur ou d'un parlementaire.

▪ Voir aussi : *Électorat, Électeur*

Vote bloqué
Droit constitutionnel

Technique parlementaire par laquelle le gouvernement demande à une assemblée de se prononcer par un vote unique sur tout ou partie d'un texte en discussion sans pouvoir l'amender.

Const. 4 oct. 1958, art. 44-3

Voyageur-représentant-placier (VRP)
Droit social -- Droit de la protection sociale

Catégorie de travailleur salarié chargé de la représentation des biens et/ou des services produits par un employeur (VRP-monocarte) ou plusieurs employeurs (VRP-multicartes) dans un secteur défini et selon des tarifs fixés à l'avance, mais n'ayant pas la possibilité de réaliser des opérations pour son compte personnel.

C. trav., art. L. 7311-3, L. 7313-1 et s. ; CSS, art. L. 311-3, 2°

■ Voir aussi : *Contrat de travail, Assujettissement*

VRP ■ Voir *Voyageur-représentant-placier (VRP)*

Vues

Droit des biens

Terme désignant une ouverture dans un mur, qui laisse passer la lumière et permet également de voir l'extérieur, ce qui justifie le respect d'une distance avec le *fonds* voisin.

C. civ., art. 678

■ Voir aussi : *Jours*

Warrant
Droit des sûretés

Sûreté réelle avec dépossession du débiteur, lorsque les biens sont placés chez un tiers convenu, mais aussi sans dépossession dans certains domaines spécifiques comme pour le *warrant agricole*, pétrolier ou hôtelier par exemple.

Warrant agricole
Droit rural

Sûreté réelle sans dépossession conclue par un agriculteur sur des *biens* qui concernent son exploitation, matériel et bétail notamment, supposant l'émission d'un titre qui précise le *gage* ainsi constitué, titre adressé au *créancier* et inscrit sur un registre tenu au greffe du tribunal d'instance du lieu de situation des biens *grevés*.

C. rur. pêche marit., art. L. 342-1 et s.

Zone

Droit international public

Espace maritime situé au-delà des plateaux continentaux des États côtiers, composé du fond des mers et de leur sous-sol et dont l'exploitation est placée, dans l'intérêt de l'humanité, sous le contrôle de l'Autorité internationale des fonds marins.

Conv. Montego Bay, 10 déc. 1982, art. 133 à 191

▪ Voir aussi : *Espace international*

Zone d'aménagement concerté (ZAC)

Droit administratif

Zone urbaine délimitée par l'*administration* pour être aménagée soit pour des constructions de logements ou d'activités économiques, soit pour des équipements collectifs.

C. urb., art. L. 311-1

Zone d'aménagement différé (ZAD)

Droit administratif

Zone péri-urbaine sur laquelle il existe un droit de préemption urbain. Cette zone est protégée en attendant de devenir une ZAC.

C. urb., art. L. 212-1

Zone d'attente

Droit administratif

Locaux situés dans un port ou un aéroport où sont placés les étrangers sans titre de séjour en attendant leur expulsion ou leur admission.

L. n° 92-625, 6 juill. 1992

Zone économique exclusive

Droit international public

Espace maritime s'étendant jusqu'à 200 milles marins au-delà de la ligne de base sur lequel l'État côtier exerce des droits souverains en matière économique.

Conv. Montego Bay, 10 déc. 1982, art. 73

▪ Voir aussi : *Mer territoriale, Ligne de base*

Zone d'entreprise

Droit administratif

Secteur sinistré dans lequel les entreprises bénéficient d'exonérations fiscales importantes pour lutter contre le chômage.

Zone Franc

Finances publiques

Ensemble des États dont les monnaies sont solidaires de la monnaie française.

Zone franche

Finances publiques

Zone à l'intérieur de laquelle se pratiquent des exonérations fiscales pour attirer les investisseurs.

Zone à urbaniser en priorité (ZUP)

Droit administratif

Zone urbaine délimitée par l'*Administration* afin de développer la construction de logements.

C. urb., art. L. 123-11

Cet ouvrage a été achevé d'imprimer en juillet 2014
sur les presses de Normandie Roto Impression s.a.s.
61250 Lonrai
N° d'impression : 1402729
Dépôt légal : août 2014

Imprimé en France